Deutsche Reden

Deutsche Reden

Herausgegeben von
Walter Hinderer

TEIL I

Von Berthold von Regensburg
bis Ludwig Uhland

Philipp Reclam jun. Stuttgart

Universal-Bibliothek Nr. 9672 [7]
Alle Rechte vorbehalten. © 1973 Philipp Reclam jun., Stuttgart
Gesamtherstellung: Reclam, Ditzingen. Printed in Germany 1981
ISBN 3-15-009672-3

Inhalt

TEIL II

Vorbemerkung

Daß »Rhetorik« in Deutschland ein traditionell negativer Begriff ist und »rhetorisch« selbst heute noch mit »schönrednerisch, phrasenhaft, schwülstig« definiert wird, weist auf das inzwischen sorgfältig sezierte Syndrom von verspäteter Nation und retardierter Gesellschaft zurück. Dabei ist Rhetorik die notwendige Theorie einer Praxis, die schon Aristoteles als die eigentliche Erscheinungsform des öffentlichen Lebens bestimmte; denn Rede ist nicht zuletzt politische und soziale Handlung. Die Voraussetzungen für die rationale Kontrolle des öffentlichen Lebens, die Korrektur dogmatischer Ideologeme und die Kritik repressiver Strategien liegen deshalb vornehmlich in der Erkenntnis der sprachlichen Bedeutungskonstitution intentionaler Redetexte. Jede Geschichte der Rhetorik und der Beredsamkeit eines Landes macht die kulturelle und gesellschaftliche Entwicklung überschaubar und liefert Materialien für die Reflexion der gegenwärtigen Situation. Gerade in der Zusammenschau historischer und aktueller Elemente des Phänomens Rede entsteht eine Basis für den Entwurf von Rationalisierungsmodellen politischer Praxis.

Bei der vorliegenden Sammlung deutschsprachiger Beredsamkeit vom Mittelalter bis zur Gegenwart wurden aus Hunderten von Zeugnissen symptomatische Beispiele der *geistlichen* (Predigt, Homilie, Sermon), *akademischen* (Vortrag, Ansprache, Vorlesung) und *politischen* Rede (Affirmation, Agitation, Debatte) ausgewählt. Kriterien der Auswahl waren die rhetorische Qualität der Texte, ihr historischer Stellenwert und auch der wirkungsgeschichtliche Aspekt. Oft stehen ein oder mehrere Exempel für eine ganze rhetorische Tendenz, also zum Beispiel die Predigtweise Bertholds für die Geiler von Kaisersbergs, die Meister Eckarts für die von Johann Tauler oder Heinrich Seuse, der Predigtstil Franckes für die pietistische und der Samuel Mayers für die jüdische Kanzelrede, die Reden Börnes und Grillparzers für den Typus Gedenkrede und die

Wilhelm Grimms und Feuerbachs für den Typus Kathederrede. Bei reichlicher dokumentierten Autoren wie etwa Herder, Schiller, Büchner, Nietzsche wurde, wenn möglich, auf
entlegenere und weniger bekannte Texte zurückgegriffen, wobei im Hinblick auf die erwähnten Paradigmen der Typus
Schulrede gleichzeitig die rhetorische Tradition einer Zeit veranschaulicht. Bis auf die Zeugnisse Börnes und Grillparzers, die
ein delegierter Redner vortrug, sind alle aufgeführten Reden
auch wirklich von den Autoren selbst gehalten worden. Die
Texte wurden meist vollständig abgedruckt, und zwar nach der
zuverlässigsten erreichbaren Vorlage, deren Sprachstand sie
auch reproduzieren. Die Überlieferung ist vor allem bei älteren
Redetexten problematisch, da es sich oft um Nachschriften von
Zuhörern handelt; trotzdem vermitteln auch solche Beispiele
der Anthologie eine adäquate Vorstellung der Redeleistung.
Letzte Genauigkeit in der Wiedergabe wird ohnedies erst mit
dem stenographischen Protokoll und durch die Tondokumenta-
tion erreicht.

Eine Sonderstellung innerhalb der aufgenommenen Redetexte
nimmt die unbekannte *Kriegspredigt* von Ulrich Zwingli ein;
von diesem interessanten Zeugnis hat sich leider nur der zusammenfassende Bericht eines Zeitgenossen erhalten, der für
sich genommen aber immer noch signifikant genug erschien.
Wenn die Redetexte feste Titel aufwiesen, wurden sie beibe-
halten, wenn nicht, wurden sie in den Fällen verändert, in
denen sich eine neue Formulierung anbot, die den Inhalt präg-
nanter bezeichnete. Um die Lektüre mittelhochdeutscher Texte
zu erleichtern, sind ihnen neuhochdeutsche Übersetzungen nach-
gestellt. Jeder Rede gehen Informationen über den Autor und
den historischen Zusammenhang, aus dem der Text stammt,
voraus und folgt ein Quellenverweis. Dabei habe ich auf
biographische Notizen über bekannte Autoren wie Goethe,
Schiller, Grillparzer, Hofmannsthal, Benn usw. entweder
verzichtet oder sie auf ein Minimum beschränkt. Für jedes
Dokument ist im allgemeinen Datum und Anlaß der Rede
genannt; bei den Predigten Bertholds von Regensburg, Mei-

ster Eckarts, Abrahams a Santa Clara, Marcellinus Dalhovers war ich auf Vermutungen oder ungefähre Angaben angewiesen, die als solche gekennzeichnet sind. Um die historische Distanz der Redetexte zu reduzieren, schienen häufig umfangreiche Erläuterungen nötig, in die dankbar etwa vorhandene Anmerkungen der Vorlagen eingearbeitet wurden.

Die vorliegende Anthologie versteht sich ebenso als exemplarisches Rede-Lesebuch wie als Dokumentation von über siebenhundert Jahren deutscher Geschichte, aber auch als Materialiensammlung für ein kritisches Studium der verschiedenen rhetorischen Praktiken aus den Bereichen von Kanzel, Katheder und Rostra. Ein überraschendes Nebenergebnis dieser Auswahl sehe ich in der Tatsache, daß man sie mühelos, wie mehrere Hinweise in der nachstehenden Einleitung beweisen, um ein Beträchtliches erweitern könnte. Ob das nicht gegen die häufig wiederholte These von der fehlenden deutschen Beredsamkeit spricht und zumindest ein begründeter Anlaß wäre, den Sachverhalt neu zu überdenken und zu differenzieren? Auch dazu möchte die Sammlung mit dem einführenden Essay anregen und ganz allgemein das öffentliche Interesse endlich wieder auf das wichtigste Kommunikationsmittel der sozialen und politischen Praxis lenken.

W. H.

Über deutsche Rhetorik und Beredsamkeit

Eine Einführung

Wenn der englische Essayist Thomas de Quincey von der deutschen Rhetorik abschätzig meint, sie sei »ein Nichts«,[1] so reproduziert er eine Einstellung, die sich mit dem Schweizer Ästhetiker und Lexikographen Johann Georg Sulzer (1720–79) auf diese Feststellung bringen läßt: »Deutschland scheinet (das sey ohne Beleidigung gesagt) in seiner gegenwärtigen Verfassung ein für die Beredsamkeit ziemlich unfruchtbarer Boden zu seyn [...]. Unsere Höfe sind für die deutsche Beredsamkeit unempfindlich; unsere Städte haben eine allzugeringe Anzahl Einwohner, die von schönen Künsten gerührt werden.« Von Johann Matthäus Meyfarts *Teutscher Rhetorica* (1634) bis zu dem Essay *Von deutscher Rede* (1965) von Walter Jens gilt in zahlreichen Äußerungen die Verfassung der Freiheit als die Bedingung der Möglichkeit politischer Rhetorik. An Tacitus anknüpfend, formuliert Jens das alte Axiom wieder neu: »Herrscht das Volk, regiert die Rede; herrscht Despotismus, dann regiert der Trommelwirbel.«

Gewiß, wo Gewalt und Repression das Argument und den Beweis ersetzen, kann es keine öffentliche Redekunst geben, und ein Demosthenes oder Cicero wären, wie der Praeceptor Germaniae Johann Christoph Gottsched einmal erklärte, im Kontext des Absolutismus und der Komplimentierrede zur Wirkungslosigkeit verdammt worden. Aber andererseits hat es zu allen Zeiten zumindest eine politische Rhetorik der Herrschenden gegeben, so daß man mit Friedrich Naumann »zwischen der aristokratischen und der demokratischen Rede«[2] unterscheiden sollte. Überdies hat Herder die Frage *Haben wir Deutsche Ciceronen?* folgendermaßen beantwortet: »Cicero könnte wohl vielleicht der beste Kanzelredner unter uns seyn; aber ein Cicero würde er nicht seyn.« Damit wird die spätere Behauptung de Quinceys schon deutlich korrigiert: ein Großteil der deutschen Rede nämlich ist Predigt. Sie umfaßte, wie

Herder rezeptionsästhetisch beschrieb, »alle Stände«, drang »durch alle Gewölbe« und traf den »wesentlichen Punkt der Menschheit«. Nichtsdestoweniger hat nach Herder auch die geistliche Rede gleich der akademischen eine problematische Seite: »Unser Schul- und Kanzelstil [...] sind aus wahren deutschen Eichen und Buchen [...], mit denen wir wohl keine Nation an uns locken, aber auch keinen Feind totschlagen werden.« Wie schon vor ihm der Jenaer Rhetoriker und Theologe Friedrich Andreas Hallbauer (1692–1750) führte Herder die Unterschiede zwischen antiker und deutscher Beredsamkeit auf die ganz anderen politischen und gesellschaftlichen Verhältnisse zurück. In diesem Zusammenhang wird auch das häufig diskutierte Dilemma der Rhetorik berührt: daß sie als ausgefeilte Kunst der Überredung jederzeit Schein für Sein, Lüge für Wahrheit ausgeben und beliebig die öffentliche Meinung im Sinne herrschaftsstabilisierenden Verhaltens steuern oder manipulieren kann.

Die Argumentation des Sokrates aus Platons *Gorgias* und *Phaidros* scheint noch anzuklingen, wenn Martin Luther die *echte* Redekunst, die aus der »Erkenntnis der Dinge«[3] wächst, von der *artistischen* abhebt. In seinen *Tischreden* erklärt er: »Wenn man rhetorisiert und viel Wort machet ohne Fundament, da nichts hinter ist, so ists nur ein geschmückt Ding, und geschnitzter und gemaleter Götze.« Die Alternative »Dialectica docet, rhetorica movet« nimmt Immanuel Kant in der *Kritik der Urteilskraft* auf, und er mißbilligt dort die »hinterlistige« Kunst, »welche die Menschen als Maschinen in wichtigen Dingen zu einem Urteile zu bewegen versteht, das im ruhigen Nachdenken alles Gewicht bei ihnen verlieren muß«. Es versteht sich von selbst, daß sub specie philosophiae eine Rhetorik, die wie nach Platons Darstellung in der Sophistik zum Selbstzweck wurde, verdächtig sein mußte. Um sie vom Vorwurf des »bloßen Scheins« zu befreien, machte Platons Gegenspieler Isokrates die Eudämonie, die »Hervorbringung des Zustandes der Vollkommenheit des menschlichen Lebens«,[4] zum rhetorischen Bildungsziel, so wie später die Philosophen und Theologen Prinzipien der Moral, der Ethik, der Wahrheit oder Erkenntnis. Vor allem in der Geschichte der deutschen Beredsamkeit wird die Verbindung von akademischer und geistlicher Rede beliebt, so daß sich zum Beispiel Adam Müller gegenüber den rhetorischen Meisterwerken der Antike, der Franzosen und Engländer auf eine »höhere Beredsamkeit« beruft. In dieser »christlichen« oder »neueren« Beredsamkeit sind für ihn die beiden Hauptinteressen des Menschen eins geworden, nämlich »Gottesdienst und Dienst der Menschlichkeit«.[5]

Nicht nur die deutsche Literatur scheint also im Zeichen der Säkularisierung zu stehen, sondern auch die deutsche Rede, die ja noch nach dem ästhetischen Selbstverständnis der Aufklärung mit der Dichtung in einen Kontext gehört. Nach Sulzers Definition ist die Beredsamkeit sowohl mit der Poesie als auch mit der Philosophie verwandt. Hinter dieser Auffassung steht noch die Tradition des mittelalterlichen Bildungssystems, in dem Rhetorik unter den sieben freien Künsten (Grammatik, Rhetorik, Dialektik, Arithmetik, Geometrie, Musik, Astronomie) die zweite Stelle einnahm.[6] Als Trivium erhielt sich die Kombination von Dialektik, Rhetorik und Grammatik bis ins 18. Jahrhundert hinein; sie bildete im 17. Jahrhundert in Gestalt der drei Instrumentalwissenschaften die Grundlage der humanistischen Bildung: statt Dialektik, die Lehre vom Denken, sagte man auch Logik, und Rhetorik wurde allgemein als die Lehre vom richtigen Sprechen und Darstellen verstanden. So skeptisch auch Luther gegenüber der antiken Philosophie gewesen ist, die Logik, Rhetorik und Poetik des Aristoteles ließ er gelten; denn »aus diesen Schriften könne die Jugend ›wol reden und predigen‹ lernen«.[7] Philipp Melanchthon wies dann auch der Eloquenz, den artes bene dicendi, eine besondere Stellung im Lehrplan für die protestantischen Schulen zu.

Mit der antiken Rhetorik wurden immer auch Lebenskunst und Bildungsideale vermittelt. Als sie nach dem Untergang der griechischen Stadtstaaten und der römischen Republik mehr und mehr auf alle Gebiete der Literatur übergriff und sich literarisierte, spielte sie bald eine dominierende Rolle in der europäischen Geistesgeschichte. Rhetorik hat in der Tat, wie Heinz Otto Burger[8] näher belegt, in Europa ebenso den Lebensstil der Aristokratie wie die Dichtung geprägt. Schon das Elegantia-Ideal, das sich seit Petrarca auszubreiten begann, war ja ein Bildungsbegriff, der seine Wurzeln in der antiken Rhetorik hatte. Meisterschaft auf dem Gebiet der Eloquentia bedeutete eben nicht nur eine technisch-formale Fertigkeit, sondern vor allem ein durchgebildetes Menschentum, *humanitas*. Nicht zuletzt mit diesem Bildungsanspruch, den man gleichermaßen in Ciceros *De Oratore* wie in Quintilians *Institutio oratoria* findet, mag man den »Repräsentationscharakter der deutschen Barockeloquenz«[9] erklären. Noch Goethe wird im *Wilhelm Meister* sagen, »der Edelmann ist, was er repräsentiert, der Bürger, was er produziert«.[10] Die Formel »Dasein heißt eine Rolle spielen«, die auch gleichzeitig eine von der Gesellschaft sanktionierte Erwartung beschreibt, gilt in besonderer Weise auch von der ars bene dicendi, obwohl bezeichnenderweise die gesamte humanistisch-lateinische Rhetoriktheorie von der politischen und sozialen Realität des 16. und 17. Jahrhunderts wie abgetrennt erscheint. Die absolutistische Kabinettspolitik ließ kein öffentliches genus deliberativum, keine *beratende* Rede zu, so daß die rednerische Praxis zwangsläufig auf die Fest- oder Prunkrede beschränkt blieb. Selbst Sulzer behauptet noch: »Nach der gegenwärtigen Lage der Sachen sind nur wenige Staaten, die zu den Geschäften der Regierung öffentlich auftretende Redner nöthig hätten.« Daß angesichts dieser Verhältnisse die deutsche Beredsamkeit sehr früh, wie Herder es ausdrückte, »in die Tempel geflohen« ist, erscheint als eine ebenso konsequente wie verständliche Reaktion.

Obwohl sich also in Deutschland im Bereich von Schule und Universität durchaus eine Kontinuität in der rhetorischen Tradition aufzeigen läßt, darf man darüber nicht vergessen, daß diese Tradition schon durch Form und Sprache (lange Zeit war nur Latein erlaubt) auf eine kleine Elite, den Geburtsadel und die nobilitas literaria oder nobilitas scientiae beschränkt war. An diesem Sachverhalt konnte auf Anhieb auch Luthers münd-

licher Sprachstil wenig ändern. In einer satirischen Rede *Inep-
tus orator* (1638) stellte der Marburger Rhetorikprofessor
Johann Balthasar Schupp, aber eben paradoxerweise in der
Gelehrtensprache, auf lateinisch fest: »In Schulen sind wir die
allerberühmtesten Lehrer, kommen wir aber aufs Rathaus oder
in die Kirche, so verursachen wir entweder ein Gelächter oder
ein Mitleiden.« Trotz der offensichtlichen Diskrepanz zwischen »rhetorischem Allmachtsanspruch« und dem »gemeinen
Leben« wurden daraus zunächst kaum Folgerungen gezogen.
Vor den Theoretikern der Frühaufklärung, vor Hallbauer und
Gottsched, hat vor allem der Rhetoriker und langjährige Rek-
tor des Zittauer Gymnasiums, Christian Weise, mit seinem
Politischen Redner (1677) die verschiedenen rhetorischen Teil-
gebiete der Zeit, nämlich Schuloratorie, höfischen Komplemen-
tierstil, bürgerliche Beredsamkeit, unter dem Aspekt einer
politischen Lebenslehre verknüpft und damit die bestehende
Isolierung durchbrochen.[11] Daß jede Zeit Rhetorik nach Funk-
tion und Inhalt immer wieder neu bestimmte und auch bestimmen mußte, beweist schon die antike Tradition von der
Sophistik über Platon, Isokrates, Aischines, Demosthenes und
Aristoteles bis zu Cicero und Quintilian. Eine Geschichte der
Beredsamkeit wird daher, wie Adolf Damaschke 1921 seinem
Überblick vorausschickte, gleichzeitig eine »Geschichte der
menschlichen Kulturentwicklung« sein und Fortschritte oder
Rückschritte auf sozialem, politischem und ökonomischem Ge-
biet registrieren.

Stationen der Kanzelrede

Wird über den Verfall der deutschen Beredsamkeit oder über
die Tatsache, daß sich von deutschen Reden im Vergleich zu den
Zeugnissen in England und Frankreich wenig Rühmliches berichten läßt, diskutiert, so impliziert das meist eine Vorstellung, die sich an der Blütezeit der antiken oder europäischen
politischen Beredsamkeit orientiert. Doch wie konnte es in

Deutschland angesichts der andersartigen gesellschaftlichen Verhältnisse und politischen Einrichtungen überhaupt eine parlamentarische Beredsamkeit geben? Wo war hier das Volk, so fragte noch Herder, wo waren »die versammelten Provinzen«, wo »die angeklagten Fürsten«, wo gab es hier »öffentliche Berathschlagung über Krieg und Frieden«? Abgesehen davon, daß zu allen Zeiten und bei allen Ländern große Redner eher zur Ausnahme als zur Regel gehören, hat in Deutschland die Kanzelrede sehr oft die Funktion des Politischen mit übernommen. Das gilt von Berthold von Regensburg, Geiler von Kaisersberg, Martin Luther, Thomas Müntzer, Abraham a Santa Clara so gut wie für Schleiermacher, Claus Harms, Carl Sonnenschein oder Martin Niemöller. Wenn Irmgard Weithase darauf hinweist, »daß [...] zwischen 1806 und 1848 [...] von seiten der Kanzelredner des öfteren zu den politischen Geschehnissen lebhaft Stellung genommen wurde«, so läßt sich das mit derselben Berechtigung für das Mittelalter reklamieren. Gerade in den Homilien und Sermonen kann man in Deutschland schon früh eine mehr öffentliche, auf die soziale Wirklichkeit zielende Predigtweise von einer introvertierten, religiöse Innenerlebnisse beschreibenden unterscheiden, wobei die letztere von Meister Eckart über Tauler und Seuse bis zu den im Kanzelstil verfaßten Schriften von Jakob Böhme und der pietistischen Rhetorik reicht.

In der rhetorischen Praxis beherrschte zweifelsohne lange Zeit die geistliche Beredsamkeit die deutsche Szene; von der Kanzel aus wurden »weiteste Kreise der Bevölkerung mit religiösen, philosophischen und ethischen Problemen bekannt gemacht«.[12] Aber es gab auch immer wieder Epochen, in denen sich mündliche und schriftliche Beredsamkeit aufs engste berührten. Im *Ackermann aus Böhmen* des Johannes von Tepl, in den Flugschriften und Pamphleten der Reformation und Gegenreformation, in den Schriften Ulrich von Huttens, in den Dramen von Gryphius und Lohenstein, der Prosa Lessings, Thomas Abbts, Justus Mösers, der Dichtung Goethes und Schillers, den Arbeiten Börnes und Heines, im Stil Nietzsches, überall stehen

Rede und Literatur in Korrelation, die sich im Theoretischen in
der Formel von Rhetorik und Poetik wiederholt. Nach Adam
Müller hatte Friedrich Schiller, der »größte Redner der deutschen Nation«, die dichterische Form nur gewählt, »weil die
Poesie eine Art von Publikum in Deutschland hatte, die Beredsamkeit aber keines«. Heinrich Heine gar bekannte in seiner
Denkschrift über Ludwig Börne, den er hämisch die »Seele der
Propaganda« nannte: »Ich wollte durchaus ein großer Redner
werden, und wie Demosthenes deklamierte ich zuweilen am
einsamen Meeresstrand.« So ironisch diese Ausführungen auch
formuliert sind, daß ein Großteil der Intelligenz vom politischen Gebiet ins literarische abgedrängt wurde, davon liefert
die Geschichte der deutschen Beredsamkeit genügend Beispiele.
Im 18. Jahrhundert, mit dem Aufkommen der Genie- und
Organismusästhetik, lösten sich Dichtung und Literatur mehr
und mehr von der Tradition der Rhetorik und übernahmen
gleichzeitig einen Teil ihres Bildungsprogramms. Man könnte
auch ebenso von einer allmählichen Verschriftung der Rhetorik
sprechen, die dem Rückzug der schreibenden und lehrenden
Intelligenz vom öffentlichen Leben ins Private und der von
Friedrich Nietzsche apostrophierten »Innerlichkeit« korre-
spondiert. Nicht zuletzt gegen diesen »einsamen Mut in den
Studierstuben«, gegen diesen Mißbrauch der Buchdruckerkunst
wendet sich der Konservative Adam Müller, und die Klagen
Ludwig Börnes und der Jungdeutschen werden auf dem Fuße
folgen. In diesen Kontext gehört auch die berühmte Äußerung
Nietzsches: »Der Deutsche liest nicht laut, nicht fürs Ohr, sondern bloß mit den Augen: er hat seine Ohren dabei ins Schub-
fach gelegt.«[13] Das Problem hat die Vertreter der deutschen
Beredsamkeit von Johann Geiler von Kaisersberg bis Theodor
Mundt beschäftigt, der in seiner *Kunst der deutschen Prosa*
(1837) die Situation dergestalt veranschaulicht hat: »Der
Deutsche schreibt nicht um zu sprechen, sondern man sieht
immer, daß er sich eigens dazu an den Tisch setzt, um zu schreiben.« Diese Diskrepanz zwischen Rede- und Schreibstil ist
kaum ein Erbstück der Kanzleisprache, die schon innerhalb

des Barock von Gegenströmungen unterlaufen wurde, sondern eher eine Resultante der philosophischen und mystischen Tradition von Eckart über Böhme zu Hegel.

Der Hauptunterschied zwischen der Kultur des Mittelalters und der Neuzeit läßt sich, wie das Irmgard Weithase näher ausführt, kurz so bestimmen, daß die erstere auf dem gesprochenen, die zweite auf dem geschriebenen und gedruckten Wort beruht. Von Karl dem Großen bis in die Zeit der deutschen Klassik wurde die »Mitteilungs- und Ausdrucksfunktion der gesprochenen Sprache«[14] von der Kanzel herab ausgebildet. Doch hieße das nicht die Bemühungen der Schulrhetorik, der deutschen Sprachgesellschaften im 17. Jahrhundert, die Beiträge der akademischen und epideiktischen Rede übersehen? Es sei in diesem Zusammenhang nochmals daran erinnert, daß Deutsch in den Schulen erst im Laufe des 15. und 16. Jahrhunderts gesprochen und auf den Hochschulen als Vorlesungssprache erst im 17. Jahrhundert verwandt wurde. Obwohl Christian Thomasius keineswegs als erster Vorlesungen in deutscher Sprache gehalten hat, wie man oft lesen kann, so scheint er doch sehr früh die repressive Strategie durchschaut zu haben, »daß die gantze Welt mit dem höchst schädlichen Irrthum eingenommen ist / daß zwischen Gelehrten und gemeinen Leuten ein solchen Unterschied seyn müsse / daß die Gelahrtheit einen besonderlichen Ehren-Stand in dem gemeinen Wesen haben müsse / und daß dannenhero die Wahrheit / die so leichte ist / daß sie auch von den gemeinen Leuten verstanden werden könne / nichts tauge«.[15]

Ausschließlich die Kanzelredner sprachen lange Zeit nicht bloß eine durch Bildung und Stand privilegierte Schicht an, sondern das gesamte Volk. Dabei beschränkten sich ihre Predigten keineswegs auf Erbauung und Erklärung der Schrift, sondern sie bezogen immer auch Gegenstände aus dem Alltagsleben ein. Weil sich die Predigten im Mittelalter ebenso an Analphabeten richteten, ergab sich früh die Notwendigkeit, die Darstellungsweise, den Inhalt und die Sprache so einfach wie möglich zu halten. Man unterschied im ganzen Mittelalter zwischen Predigten *ad populum*, die fürs Volk auf Deutsch gehalten wurden, und Predigten *ad clerum*, für die selbstverständlich Latein obligatorisch war. Die Form der Predigt entwickelte sich von der mehr schlichten, »erklärenden und erzählenden Homilie« zum »kunstvolleren Sermon«,[16] der ein gewähltes Thema logisch durchgliederte. Der Prediger löste sich gleichzeitig von den patristischen Vorbildern, brachte seinen persönlichen Ausdruck in den Redestil ein und sprach direkt die Zustände und Probleme seiner Zuhörer an. Berthold von Regensburg zum Beispiel, der alle Tonarten der Rede vom feinen Humor bis zum gewaltigen Pathos beherrschte, bezieht in seinen Predigten immer die gesellschaftliche Situation seines Publikums mit ein und macht diese in seinen lebhaften, überhaupt nicht formelhaften Anreden deutlich.

Ist für die Rede Bertholds der zeitgeschichtliche Bezug charakteristisch, so für die Predigtweise des Mystikers Eckart die adäquate sprachliche Vermittlung seiner inneren Erkenntnis. Nicht um den äußeren Menschen geht es Eckart dabei, wie es in dem einzigen von ihm selbst aufgezeichneten Sermon paradigmatisch heißt, sondern allein um den »innern edeln menschen«. Die Specifica mystischer Rhetorik, die in Korrelation zum mystischen Denken steht, lassen sich hier im Modell studieren. Sie wiederholen sich bei Tauler, Seuse, Daniel von Czepko, Angelus Silesius, Jakob Böhme und strahlen bis ins 20. Jahrhundert aus. Während also die mystische Rhetorik, das gilt auch für die pietistische, vor allem ein religiöses Erlebnis reproduzieren und weitergeben will, steht bei den Volkspredigern die Diskussion von äußeren Sachverhalten oder die Kritik an bestimmten sozialen Mißverhältnissen im Zentrum der Predigt. Wie Berthold plädierte auch Geiler von Kaisersberg, der wohl populärste Redner des 15. Jahrhunderts, furchtlos und mit scharfer Zunge vor Kaiser, Adel und Kirchenfürsten für soziale Gerechtigkeit. Als 1481 während einer Hungersnot Kornwucherer die Notlage der Unterprivilegierten ausnutzten, forderte Geiler von der Kanzel herab die Armen auf, sich mit Gewalt das Korn aus den Häusern der Reichen zu holen.[17] Die Aufgaben eines christlichen Predigers beschrieb Geiler in der für ihn bezeichnenden Weise folgendermaßen: »Ein guter Prediger muß in die Posaune stoßen. Die Posaune läßt im Kampfe nur einfache, aber kräftige Weisen ertönen und setzt damit ein ganzes Heerlager in Bewegung [...]. Derselbe Posaunenschall gilt dem König wie dem Heerführer, den Hauptleuten wie den Soldaten. So soll auch der Prediger zu allen ohne Unterschied sprechen [...], seine Stimme ertöne in dem Ohre der Könige und Regenten, der Geistlichen und Weltlichen, der Jünglinge und Greise: von jedem fordere er Gerechtigkeit, Keuschheit, Demut, Liebe. Der Posaunenbläser läßt nicht ab, in das Horn zu stoßen, wie auch die Pfeile um ihn schwirren, die Kugeln sausen und der Boden zittert unter dem Donner der Geschütze: er kennt keine Furcht und läßt seine Stimme ertönen bis zum Tode.«[18]

Wenn nach Geiler das Niveau der geistlichen Beredsamkeit wieder absinkt, so mag das mit der Erfindung des Buchdrucks, das heißt mit einer Verlagerung des akustischen auf den optischen Sinn in Zusammenhang gebracht werden,[19] eine befriedigende Erklärung liefert es nicht; denn es kann keine Frage sein, daß die Buchlektüre auf einen kleinen Kreis beschränkt blieb. Selbst im Jahre 1591 erschienen in Deutschland nur 930 Bücher, von denen dazu noch 605 in lateinischer Sprache geschrieben waren. Die Ziffern sind zwar später sprunghaft angestiegen, so daß Adam Müller im Jahre 1818 in der Tat zu Recht behaupten kann: »Die in unseren Tagen am weitesten verbreitete Anwendung der Redekunst ist die Schriftstellerei«, aber des Rätsels Lösung für den oben erwähnten Sachverhalt findet man eher bei Cicero. Dieser meinte nämlich in *De Oratore*: Obwohl es, was Dichter und Redner betreffe, gewiß außergewöhnliche Begabungen gebe, so müsse »man doch sagen, daß man selbst unter dieser winzigen Gruppe, will man einen sorgfältigen Vergleich mit unseren eigenen Produkten und denen Griechenlands anstellen, immer noch weit weniger gute Redner als Dichter findet«.

Martin Luther behauptete der Buchdruckerkunst zutrotz »die

bannende Kraft des gesprochenen Worts«.[20] Für ihn sind Buchstaben tote und erst »die mündliche Rede [...] lebendige Wörter«. Die Rede ist ihm überdies eine Art specifica differentia zwischen Mensch und Tier. Das Echo davon steht in Herders wichtiger Schulrede *Von der Ausbildung der Rede und Sprache in Kindern und Jünglingen* (1796): »Wie Rede und Sprache den Menschen vom Tier unterscheidet, so gibt es eine Kunst der Sprache und Rede, die unter den Menschen selbst vielleicht einen so großen Unterschied macht als die Rede zwischen Tieren und Menschen.« Zwar verhält sich Luther zum Thema Rhetorik und Kunst der Rede ablehnend (konservativ beharrte er auf der mittelalterlichen Vormachtstellung von Logik und Dialektik, welche die Renaissance durchbrochen hat), aber das hindert ihn ebensowenig wie später Bismarck daran, ein Meister der von ihm verachteten Kunst zu werden. Obwohl er die Lehre, das docere, über die Gefühlserregung, das movere, erhebt, scheut er sich nicht, die zweite Redefunktion durchaus in den Dienst der ersten zu stellen. Er verurteilt die flache Schönrednerei der Schulrhetorik ebenso wie den überhitzten Redestil der religiösen Schwarmgeister; er plädiert für die klare, kurze, durchdachte Predigt, die mit »guter Stimme« vorgetragen wird, wobei sich der Redner der Gebärdensprache der höfischen Rhetorik enthalten soll. Bei Luther war die Predigt auf der einen Seite Glaubensbekenntnis, auf der anderen Ausdruck der eigenen Persönlichkeit, »ganz Leib und Seel« arbeiteten daran. Er verfluchte alle Prediger, »die in Kirchen nach hohen, schwer und subtilen Dingen trachten«, und gestand in den *Tischreden*: »Wenn ich allhie predige, lasse ich mich aufs Tiefste herunter, sehe nicht an die Doctores und Magistros, [...] sondern auf den Haufen junger Leute, Kinder und Gesinde, der in die hundert oder tausend da sind; denen predige ich, nach denselben richte ich mich, sie dürfens. Wollens die Andern nicht hören, so stehet die Tür offen.«

Er verwarf die Grundsätze der antiken Rhetorik und paßte sie den Erfordernissen seines Publikums und seines Glaubens an, für den er, wie seine Schriften und Predigten zeigen, selbst der beste Agitator war. So wie Luther, den Schottel später als einen »Meister teutscher Wolredenheit« feierte, bevorzugte auch Zwingli, seit 1518 Leutpriester am Zürcher Münster, den einfachen und persönlichen Predigtstil. Während Luther und Zwingli von der antiken Rhetoriktradition abrückten, knüpften sowohl Melanchthon als auch Andreas von Ypern (1511 bis 1566), der die Grundlagen für die Homiletik der reformierten Kirche entwickelte, wieder an die antike Rhetorik an. Wie im weltlichen Bereich ist auch in der geistlichen Beredsamkeit erst spät auf die Praxis die Theorie gefolgt. Zu den ersten rhetorischen Lehrbüchern in deutscher Sprache gehören die *Anleitung zur Redekunst* von Heinrich Geisler und der *Spiegel der waren rhetoric uß Marco Tulio Cicerone un andern getütscht*, beide im Jahre 1493 erschienen. Es waren zwar keine selbständigen Werke, aber sie enthielten wenigstens auf deutsch Anweisungen zur Rede-, Brief- und Kontraktkunst, während die in lateinischer Sprache abgefaßten Versuche der Homiletik von Melanchthon (*De rhetorica libri tres*, 1519) und Andreas von Ypern (*De formandis concionibus sacris, seu de interpretatione S. S. populari Libr. II*, 1552) die Predigt wieder eindeutig in die Nachfolge der Antike stellten.

Den größten Einfluß auf die protestantische Kanzelberedsamkeit hatte bezeichnenderweise nicht die erste evangelische Pastoralanweisung von Johann Eberlin aus Ulm, die 1525 unter dem Titel *Wie sich ein Diener Gottes Worts in all seinem Thun halten soll* erschien, sondern die von Erasmus 1535 veröffentlichte Schrift *Ecclesiastes sive de ratione concionandi*. Die hier nach dem Vorbild antiker Rhetorik propagierte Ausrichtung der geistlichen nach der weltlichen Beredsamkeit und deren Elegantia-Ideal, was gerade Luther und Zwingli mit dem Hinweis auf ihre besondere, ganz andere Redesituation ablehnten, führte zu einer neuen Latinisierung und Gräzisierung der deutschen Sprache und beschränkte sie als Kommunikationsmittel wieder auf eine kleine privilegierte Schicht. Hinzu kam, daß auch in den Schulen durch die Ideologie der Humanisten bis Anfang des 17. Jahrhunderts kaum rhetorische Übungen

in deutscher Sprache abgehalten wurden, so daß in der Tat, wie
Paracelsus kritisierte, der lateinkundige Schüler nicht einmal
»seinem Vatter, Bruder, Schwester, oder Freunden, inn seiner
eygnen Teutschen Mutter sprach [...] ein Missiven, oder Bitt-
schrift stellen«²¹ konnte. Obwohl Luthers Sprache und sein
Predigtstil auch in der langen Reihe lateinisch verfaßter Lehrbücher der Homiletik²² stets Vorbildcharakter behielt, so hat
doch fraglos nach Luther der Predigtstil von seiner Ursprüng-
lichkeit und Farbe verloren.

Im 17. Jahrhundert wird dann die Sprache vom Kanzleideutsch
und der Komplimentiersprache, dem Zeitstil des Barock mit-
geprägt. Die geistliche Beredsamkeit beginnt sich im 17. Jahrhundert der weltlichen Rede anzunähern, wie auch ein Geistlicher das auf Jahrzehnte hinaus maßgebende Lehrbuch der
Rhetorik schreibt: Johann Matthäus Meyfart. Während die
homiletische Theorie bis zu Christian E. Simonettis *Vernünftiger Anleitung zur geistlichen Beredsamkeit* (1712) die lateinische Sprache bevorzugte, verbreitete sich unter den Predigern
des Barock bald die Neigung, von der weltlichen »Wol-Reden-
heit« zu profitieren, à la mode »mit hohen Worten« einherzu-
traben, wie ein zeitgenössischer Kritiker kolportiert, und die
Rede »mit vielen poetischen Blümlein« zu schmücken. Moses
wird in solcher Manier dann bald zum »gehörnten Gesetzgeber«, David zum »gekrönten Harfenschläger« und das Gewissen zu einem »unter der linken Brust bellenden Hündchen«.²³
Selbst Christian Weise, der mit seinen Realiensammlungen und
rhetorischen Lehrbüchern das Bürgertum für seine politische
und gesellschaftliche Rolle vorbereiten wollte, dehnte sein Er-
ziehungsprogramm auf die Kanzelredner aus und lehrte ihnen
»die Kunst, emblematische Predigten zu machen«, die vor allem
in Sachsen große Verbreitung gefunden hat. In seinen *Anweisungen, erbaulich zu predigen* (1762) hielt es deshalb der in
seiner Zeit berühmte Kanzelredner Johann Lorenz von Mosheim noch für angebracht, vor dieser Realienmethode und
emblematischen Verfahrensweise zu warnen. Dabei hatte schon
1727 ein Geistlicher im Hinblick auf diesen Predigtstil in schö-

ner Resignation erklärt: »seither predigen eine Kunst geworden, sey kein Glück mehr in der Welt«.

Je mehr die Kanzelrede verweltlichte, das heißt sich dem höfischen Stil anpaßte, desto mehr vergrößerte sich der Abstand
zum allgemeinen Publikum. Zur Barockisierung der Sprache
kam noch eine Theatralisierung der Gestik. Kein Wunder, daß
ernsthafte zeitgenössische Prediger von einer Prostituierung
des »heiligen Predigtamtes« zu sprechen begannen. Trotzdem
gelang es einigen außergewöhnlichen Kanzelrednern – vor
allem im süddeutschen Raum –, eben diese barocken Elemente,
die sprachliche Ornamentik, die Hyperbeln, Parallelismen,
Wiederholungen, Allegorien, Personifizierungen, Frage-und-
Antwort-Spiele, zu faszinierenden Predigten zu gestalten. Der
bekannteste und berühmteste katholische Redner der Zeit war
zweifelsohne Abraham a Santa Clara (Johann Ulrich Megerle), den man zu Recht als ein barockes Gegenstück zu Geiler
von Kaisersberg verstanden hat. Beide unterscheiden sich zwar
nach Redesituation und Sprachstil, aber nicht in ihrer scharfen
Beobachtungsgabe und Zeitkritik. »Abraham ist mit Herz und
Kopf«, so bewunderte Wilhelm Scherer[24], »in jener Zeit des
Buhlens um Hofgunst, obwohl ihm die höchsten Kreise offen
standen, stets ein echter und ganzer Plebejer geblieben.« Auch
als Hofprediger in Wien (seit 1677) geißelte er schonungslos
die sozialen Mißstände seiner Zeit. In einer Predigt erinnerte
er an das damals noch bekannte Revolutionslied des oberöster-
reichischen Bauernaufstandes (1626) unter Stephan Fadinger
und zitierte mit Bedacht die Stelle: »Als Adam ackerte und
Eva spann, wo war denn damals der Edelmann?«

Originelle katholische Prediger im süddeutschen Raum sind
auch, um ein paar signifikante Beispiele zu geben: der Augusti-
ner Ignatius Ertl (1645–1713), der in der Vorrede zu seinen
Adventspredigten das Diktum aufstellte: »Ein Prediger muß
die Seelen gewinnen und nicht die Wort verkaufen«; der
Münchner Franziskanerpater Marcellinus Dalhover (gest.
1707) und der Kapuziner Clemens von Burghausen (1693
bis 1731), welcher so manches erfolgreiche »geistliche Donner-

wetter« von der Kanzel auf seine Gemeinde herabließ, um
»alle unordentliche Gemütsregungen zu lauter Aschen [zu] verbrennen«.

Im protestantischen Norddeutschland baute vor allem Philipp
Jakob Spener (1635–1705), der ab 1686 Oberhofprediger in
Dresden und ab 1691 Propst an der Nikolaikirche in Berlin
war, die Überformung der Predigt durch die weltliche »Wolredenheit« (eloquentia) energisch ab. Ähnlich wie die Predigtweise Meister Eckarts gilt die Intention des Pietisten Spener
vor allem dem inneren und nicht dem äußeren Menschen, für
den die »Zierlichkeit, welche die Ohren der Zuhörer kaetzelt«,
das adäquate Kommunikationsmittel sein mochte. »Die Goett-
lichen warheiten aber sind« nach Spener »von solchem liecht
und kraft / daß sie auch in ihrer einfalt vorgetragen selbs in
die seelen eindringen und ihre kraft nicht erst von menschlichen
wolredenheit zu entlehnen bedoerffen«.[25] Spener wollte mit seinen klaren, schmucklosen, stets schriftlich ausgearbeiteten Predigten, die er dann auswendig vortrug, die Gemeinde »erbauen«. Ähnlich wie Luther verwarf er die Rhetorik als Kunst
der Überredung und praktizierte einen bewußt gediegenen
Predigtstil, der jede Theatralik auch in der Gestik vermied.
Seine Predigten haben entscheidend die protestantische Kanzelberedsamkeit von August Hermann Francke (1663–1727),
Johann Jakob Rambach (1693–1735), Johann Lorenz von
Mosheim (1694–1755) bis zu Herder beeinflußt. Wohl sprach
Francke mit größerem Temperament, erreichte bei Mosheim
die deutsche Kanzelrede eine »Feinheit und Kultur des Aus-
drucks«[26], wie man es vordem nicht gehört hatte, und predigte
Herder abwechslungsreicher, aber bei allen stand im Mittel-
punkt der Rede nach gut lutherischer Tradition Erbauung und
Lehre. In Mosheims Predigten zeigte sich schon eine Tendenz
zu stärkerer Rationalität, die dann ein Kennzeichen der protestantischen Predigt der Aufklärungszeit bilden wird. Bei den
Reden des Grafen Zinzendorf, der im übrigen die geistliche
Rhetorik der »Brüdergemeine« weitaus weniger bestimmt hat
als etwa Johann Baptist von Albertini, mischten sich höfischer

und akademischer Kollektivstil mit dem individuellen Ausdruck eines religiösen Enthusiasmus.

Im 18. Jahrhundert setzte sich unter den protestantischen Predigern auch immer mehr die Ansicht durch, daß für die jungen Theologen eine homiletische Ausbildung unerläßlich sei. Zu den bekanntesten Predigern dieser und der folgenden Epoche gehören neben dem allzu genialischen Lavater, neben Herder, Schleiermacher und Harms auch die homiletischen Theoretiker Franz Volkmar Reinhard (1753–1812) und Franz Theremin (1780–1846), die sich beide neben der antiken Rhetorik auf die französische Homiletik stützten. Während sich Reinhard auf ein gebildetes Publikum wandte, in seinen Predigten den »höhern Ton« der Büchersprache verwandte, also die Kanzelrede bewußt literarisierte und den Lehrcharakter in den Vordergrund stellte, machte Theremin die Ethik zur Grundlage der geistlichen Beredsamkeit. Sprachen Reinhard und Theremin mehr ein akademisches Publikum an, so setzte der ebenso umstrittene wie gefeierte Johann Heinrich Bernhard Dräseke (1774–1849), der es bis zum Bischof von Magdeburg brachte, wieder weltliche Mittel der Redekunst ein, um die Menge an sich zu ziehen. Der Herausgeber einer Auswahl von Dräsekes Predigten, Gustav Viehweger, meinte noch 1890: »Alles strömte ihm zu und Alles lauschte seinen Worten, vom König bis herab zum Arbeiter.«[27] Doch liest man heute von diesem angeblichen »Jean Paul auf der Kanzel« Predigttexte, denen eine solch große Wirkung nachgerühmt wird, so scheint diese weniger durch den Inhalt des Textes als durch die schauspielerhafte und sprecherische Darbietungsform Dräsekes hervorgerufen worden zu sein. Solche um diese Zeit offenbar beliebte Personalunion von deklamatorischem Akteur und Prediger bekämpfte Friedrich Schleiermacher, der nach lutherischer und pietistischer Tradition das Predigtziel wieder auf die Erbauung ausrichtete.

Standen Reinhard und Theremin unter dem Einfluß der französischen Kanzelrede, so Schleiermacher unter dem der englischen. Er verband Theorie und Praxis, plädierte für einen der persönlichen Begabung des Predigers angemessenen Redestil, unterschied scharf zwischen der gedruckten und frei gesprochenen Predigt. Er selbst notierte sich nur Stichworte, bevor er sprach. Und das, was schriftlich ausgearbeitet bei ihm so durchreflektiert und zuweilen abstrakt wirkt, muß durch den persönlichen Vortrag ebenso lebendig wie luzid geworden sein. Die Methode seiner Predigtweise selbst war dialektisch; wie der geschickte akademische Redner entwickelte er seine Gedanken im Gespräch mit den Zuhörern. Nicht umsonst gehen Kanzelrede und Kathederrede bei Schleiermacher eine Synthese ein; er hat sich auch über beide in ähnlicher Weise theoretisch geäußert und bei ihnen drei grundlegende Elemente unterschieden: »das dialektische Verfahren, die Einheit zwischen Redner und Zuhörerschaft und den Tatcharakter der Rede«.[28] Wenn er auch in der Theorie die beiden Redegattungen nach ihren Intentionen, hier Erbauung und dort Erkenntnis, voneinander abhebt, in seinen Predigten mischt sich beides. Schleiermacher nahm auch im Gegensatz zu vielen Zeitgenossen regelmäßig zu den wichtigsten politischen Ereignissen Stellung, beispielsweise zur preußischen Niederlage von 1806/07, zu den Befreiungskriegen von 1813 bis 1815, zum Wartburgfest und den Demagogenverfolgungen. Mit seinen leider nur zu einem kleinen Teil überlieferten politischen Predigten knüpft Schleiermacher an eine rühmliche Tradition der Kanzelberedsamkeit an, die bis zu Berthold von Regensburg zurückreicht. Sie machten ihn dergestalt auch in politischen Kreisen bekannt, daß Freiherr vom Stein sein Redetalent für die eigenen Reformpläne einspannen wollte.

Eine der faszinierendsten Predigergestalten des 19. Jahrhunderts ist zweifelsohne der dithmarsische Müllerssohn Claus Harms, der von Anfang an auch an den sozialen Problemen seiner Gemeinde Anteil nahm. Im Gegensatz zu Schleiermacher möchte er zugunsten der inhaltlichen Gestaltung der Rede vom vorgeschriebenen Bibeltext und der damit verbundenen hermeneutischen Pflicht absehen; denn er stellte wie später ähnlich Dietrich Bonhoeffer kritisch fest: »Von den Lippen gewisser

Prediger lauten die Worte: ›unser Heiland und Erlöser‹, wie
unter den Briefen die Worte: ›Ihr Freund und Diener‹. Der
Charakter ihrer Predigten aber ist dieser: Sie lassen statt der
Arzenei das Recept einnehmen.«[29] Gleich vielen Theologen im
20. Jahrhundert verknüpfte er bereits das Schicksal der Kirche
unlöslich mit dem »freien apostolischen Wort«; ohne lebendige
Rede mußte seiner Ansicht nach »alles Andere Stück- und
Flickwerk« bleiben. Wie Berthold von Regensburg kennzeichnet auch Harms die soziale Rolle seiner Zuhörer durch die
Anrede, spricht er über Wucher, über Armut, Reichtum, Ehe-
probleme und Alltagssorgen aller Art. Obgleich seine Predigten
außerordentlich spontan wirken, waren sie oft schriftlich konzipiert, aber sie blieben eben auch in der schriftlichen Formulierung Rede. Von der Trennung zwischen Politik und Religion
hielt er wenig; in der dritten Auflage der *Winterpostille* (April
1816) vermerkte er vielmehr, daß »die Politik, keine zu haben,
eine falsche und für den Staat wie für die Kirche verderblich
sey«. Was die Kanzelberedsamkeit seiner eigenen Zeit betraf, so äußerte er sich ziemlich pessimistisch: »Wir predigen
uns bald von den Kanzeln hinunter, oder die letzten Leute aus
den Kirchen und das Christentum aus der Welt hinaus.«[30]
War im 16. Jahrhundert die mündliche Rede und Sprache
weitgehend durch die Kirche geprägt worden, was nicht zuletzt auch mit der zentralen Stellung zusammenhing, die die
Predigt im protestantischen Gottesdienst einnahm, so gab die
Kanzelberedsamkeit im 17. und 18. Jahrhundert schrittweise
ihre Vormachtstellung an die weltliche Beredsamkeit ab. In der
Goethezeit wurde sie wesentlich von der Dichtkunst, später
auch von der Deklamations- und Rezitationskunst beeinflußt.
Um 1838 sucht auch die katholische Kirche, wie Johann Baptist Zarbl im *Handbuch der katholischen Homiletik* bezeugt,
den Anschluß der geistlichen Rede an die »allgemeine Kultur
des schön gesprochenen Wortes«. Aber nicht wegen der Säkularisierung der Kanzelberedsamkeit, von der man schon im
17. Jahrhundert gesprochen hatte, ließ die Bedeutung der geistlichen Rede nach, sondern weil sich neben ihr endlich auch die

politische Rede, der populäre akademische Vortrag, die literarische Rede und andere Redegattungen zu entwickeln begannen. An wirkungsvollen Kanzelrednern im 20. Jahrhundert
wäre auf katholischer Seite an erster Stelle das Predigerphäno-
men Carl Sonnenschein zu nennen, mit dem wohl kaum einer
der bedeutenden protestantischen Redner konkurrieren kann:
weder Karl Barth noch Martin Niemöller oder Paul Tillich.

Über die Kathederrede
und die rhetorischen Elemente in der Literatur

Als der Pädagoge Wolfgang Ratichius aus national-patrioti-
schen Gründen 1612 auf dem deutschen Reichstag in Frankfurt a. M. den Vorschlag unterbreitete, an den Schulen die
deutsche Sprache einzuführen und damit eine »friedliche Einigung des ganzen Reiches« zu bewirken, warf ihm bald darauf
die nobilitas scientiae vor, daß er die Wissenschaft »in das
gemeine Volk hinunterziehen« wolle. Der elitäre Bildungsadel
hatte immerhin erkannt, daß diese Reformversuche auf soziale
Veränderung zielten, und wachte eifersüchtig darüber, daß die
Bildungsmittel in der Verfügungsgewalt der kleinen privilegierten Schicht verblieben. Christian Thomasius wird dann am
Ende des Jahrhunderts diese Strategie bewußt machen und
damit den Weg zur Verwirklichung der Popularisierungsidee
von Bildung und Wissen ebnen. Dabei hätte es im 16. und
17. Jahrhundert für die Pflege von deutscher Sprache und Rede
neben dem patriotischen auch noch ein ökonomisches Argument gegeben, mit dem Tilemann Olearius in seiner *Deutschen
Sprachkunst* (1630) aufwartete. Er machte hier darauf aufmerksam, »wie hochschädlich in allem Handel und Wandel /
ja gantzen Menschlichen Leben« es sei, »wann einer seine meinung nicht kan von sich geben«.
Obwohl die didaktische Methode des Ratichius in der Folgezeit
begeisterte Anhänger wie Johann Amos Comenius, Johann

Michael Moscherosch, Johann Balthasar Schupp und Erhard Weigel fand, blieb an den meisten Anstalten, vor allem den Gelehrtenschulen, die Hauptsprache Latein. Man übte also in einer fremden Sprache die aus einem fremden Kontext stammenden Reden einer anderen Nation ein und exerzierte hier neben der epideiktischen Rede die seit Aristoteles gültigen Genera von gerichtlicher und beratender Rede, obwohl jedem Lehrer der Rhetorik bewußt sein mußte, daß angesichts der politischen Praxis in Deutschland weder an gerichtlicher noch an beratender Rede ein Bedarf vorhanden war. Der rhetorische Unterricht, der dergestalt auf Schulen und Universitäten gepflegt wurde, war nicht nur konservativ und exklusiv,[31] sondern von einer merkwürdigen Indifferenz gegenüber den gesellschaftlichen Erfordernissen der eigenen Zeit. Bezeichnenderweise produzierte diese humanistisch-lateinische Rhetorikschule, von einigen spärlichen Ausnahmen abgesehen, nicht einmal in der epideiktischen Rede, auf dem Gebiet des Herrscherlobs oder der Gedenkrede, überdurchschnittliche Leistungen. Der langjährige Kanzler Herzog Ernsts des Frommen von Sachsen-Gotha, Veit Ludwig von Seckendorff (1626–92) betonte im Zusammenhang mit seinen beachtenswerten affirmativen Reden sogar eigens, daß sie »nicht nach der Kunst der Rhetoric abgefasset«[32] seien. Mochte von Seckendorff aus welchen Gründen auch immer etwas übertrieben haben, so muß doch an dem praktischen Wert der humanistischen Rhetorik für die deutsche Redepraxis gezweifelt werden. Das kann gleichermaßen für den weltlichen wie für den homiletischen Bereich gelten. In dem Augenblick, in dem sich die Rhetorik aus der Verbindung mit dem öffentlichen Leben zu lösen begann, auf das sie ursprünglich fixiert war, wurde sie in der Tat eine Art l'art pour l'art, die nur noch Bildungsinhalte vermittelte oder der Schulung des lateinischen Stils diente.

Auf das Mißverhältnis von antiker Rhetorik und deutscher Staatsverfassung wiesen bereits die ersten deutschsprachigen Rhetoriker hin. So meinte beispielsweise Daniel Richter 1660 in seinem *Thesaurus oratorius novus*: »Wir leben alle meist

jetzo unter einem Monarchico statu, also wird die Art zu reden /
so Demosthenes und Cicero meistentheils zu dem gemeinen
Volck in statu Democratico [. . .] / uns nicht bequem fallen.«
Nicht selten wird die Abwesenheit von Öffentlichkeit mit dem
Mangel an einheitlicher mündlicher sprachlicher Ausbildung
erklärt. Die Bemühungen der verschiedenen Sprachgesellschaften im Zeitalter des Barock um das mündliche Deutsch haben
ebenso eine sozialpolitische Funktion wie die frühen Versuche
deutscher Katheoerreden von Kaspar Stieler (1632–1707) und
Christian Thomasius (1655–1728). Gerade Stieler wollte in
seinem rhetorischen Programm Deutsch zum »Stats Stylo«
(Staatsstil), zur offiziellen Sprache in allen Angelegenheiten
des öffentlichen Lebens, erklären. Mit seiner Forderung, der
Staatsmann solle die »ihm anvertrauten Geschäfte Teutsch«
vortragen, griff er allerdings noch über die Wirklichkeit seiner
Zeit hinaus. Aber trotzdem gelang es den unermüdlichen Versuchen einiger fortschrittlicher Gelehrter, die Reihe reicht von
Paracelsus über Schupp, Stieler, Thomasius, Leibniz bis zu
Wolff und Gottsched, Deutsch langsam als Wissenschafts- und
Bildungssprache durchzusetzen. Schon 1663 hatte Schupp mit
folgenden Worten den Einsatz gegeben: »Warumb sollte ich
nicht in teutscher Sprache eben so wohl lehren können, wie ich
Gott erkennen, lieben und ehren solle, als in lateinischer? Warumb sollte ich nicht eben so wohl in teutscher Sprache lehren
können, wie ich einem Kranken helfen wolle auf Teutsch als
auf Griechisch oder Arabisch? Die Franzosen und Italiener
lehren und lernen alle Facultäten und freien Künste in ihrer
Muttersprache.«[33]
Die Kleinstaaterei, die Stabilisierungstendenzen der herrschenden Klasse und die modische Kopiersucht der ausländischen
Vorbilder durch die kleinen deutschen Fürstenhöfe stellten solchen Bemühungen zweifelsohne schwere Hindernisse entgegen.
Man muß in diesem Zusammenhang erinnern, daß noch Friedrich II. sich wehrte, eine deutsche Literatur überhaupt zur
Kenntnis zu nehmen. Der eigentliche Trennungsschnitt von der
antiken Rhetorik erfolgte erst in dem Augenblick, als in den

rhetorischen Übungen die deutsche Dichtung zum maßgeblichen Vorbild erhoben wurde; das geschah allerdings erst im 18. Jahrhundert. Zwar löste man sich nun von dem direkten Einfluß der antiken Rhetorik und bemühte sich um eine eigenständige deutsche Redekunst, aber diese stand nun von Anfang an unter dem Primat der Dichtung. Nicht umsonst nehmen in Deutschland ab dem 18. Jahrhundert die Dichter-Redner eine Vorrangstellung innerhalb der deutschen Beredsamkeit ein, aber auch, wie man hinzufügen muß: die Katheder-Redner; denn die Blütezeit des deutschen philosophischen Idealismus war, so hebt Friedrich Naumann 1914 in seiner *Kunst der Rede* hervor, »voll von Kathederberedsamkeit«.

Angesichts des traditionellen engen Zusammenhanges von Rhetorik und Poetik mag die Vorrangstellung der Dichtung nicht weiter bemerkenswert erscheinen, zumal schon seit der Renaissance die antike Rhetorik auf dem Gebiet der Dichtung ihre eigentliche Basis gefunden hatte. Auch im Barock war ja neben den mannigfachen Formen des Komplimentierstils das Hauptanwendungsgebiet für die Rhetorik eben die Dichtung. Noch in der Poetik und Ästhetik des 18. Jahrhunderts[34] läßt sich das Dispositionsschema der antiken Rhetorik nachweisen. Seit Aristoteles unterscheidet man hier die Gegenstände der Rede, nämlich *pragma* (Sache), *pathos* (Leidenschaft) und *ethos* (Charakter); jedem Gegenstand ist eine entsprechende Stilart zugeordnet: der *pragmatische* (beschreibende und beweisende), der *pathetische* (bewegende und mitreißende) und der *ethische* (beruhigende und ausgleichende) Stil. Die Stilgattungen wiederum beziehen sich auf die drei traditionellen Wirkungsfunktionen: auf das probare oder docere, movere oder permovere oder flectere, conciliare oder delectare. Als die eigentliche Aufgabe des Redners wird nun nicht der Sachbeweis, den er mit dem Philosophen gemeinsam hat, angesehen, sondern die Leidenschafts- und Charakterdarstellung. Mit denselben Begriffen wird auch in der Dramentheorie des 17. und 18. Jahrhunderts argumentiert. Noch hinter der Ästhetik des »Schönen« und »Erhabenen«, von »Anmut« und »Würde«

läßt sich deutlich das Schema von Ethos und Pathos erkennen.[35]

Die ursprünglich wertneutralen Redegegenstände wurden unter dem Einfluß der stoischen Tugendlehre ins Moralische umfunktioniert: die Pathossituation demonstrierte nun die Qualitäten der Erhabenheit, die magnitudo animi (Seelengröße), magnanimitas, den Höchstwert der Renaissance- und Barockästhetik, und die Ethossituation, die res humanae, das Gesellig-Freundliche, das Anmutende.[36] Wenn im Mittelpunkt des Barocktheaters die magnanimitas (Großmut) und das Ideal der constantia (Beständigkeit) steht, so verlangt dies die pathetische Stilhaltung. Ist die Pathossituation charakteristisch für die Tragödie, so die Ethossituation für die Komödie. Mit dem Abbau der Heroismusideologie in der Aufklärung durch Lessing und Wieland und andere wird der Ethos-Begriff wieder aufgewertet. Das rhetorische Dispositionsschema hat sich zwar über die Zeiten mit jeweils neuen Inhalten aufgeladen, aber es bleibt als wirkungsästhetisches Prinzip trotz der verschiedenen Akzent- und Bedeutungsverschiebungen bis in die Ästhetik des 19. Jahrhunderts virulent.

Im 19. Jahrhundert, am Ende der »Kunstperiode«, wird allerdings auch wieder von Adam Müller, Börne, Heine, Gutzkow, Wienbarg und Mundt die kommunikationspragmatische Funktion der Rhetorik entdeckt. Man wertet auch häufig in polemischer Absicht die vergangene Epoche der Poesie gegen die Gegenwart der Prosa ab. In der neunten Vorlesung seiner *Ästhetischen Feldzüge* verkündet Ludolf Wienbarg 1834 paradigmatisch: »Unsere Dichter sind prosaischer geworden, unsere Prosaiker aber poetischer, und das ist ein bedeutsamer Wechsel, [...] weil Prosa unsere gewöhnliche Sprache und gleichsam unser tägliches Brot ist, weil unsere Landstände in Prosa sprechen, weil wir unsere Person und Rechte nachdrücklicher in Prosa verteidigen können als in Versen.«

Wenn man einmal davon absieht, daß die Affektenlehre, deren Ausläufer bis zu Clemens Brentanos »Gemütserregungskunst« reichen, direkt aus der Rhetorik stammt, so griff die dichtende und philosophierende oder lehrende Intelligenz vom 18. Jahrhundert an mehr oder weniger bewußt auf die psychagogischen Mittel der Rhetorik zurück, um das bürgerliche Publikum zu überreden oder zu überzeugen. Wie Klopstock, Lessing, Lenz, Herder, Goethe, Schiller, Heine, Hofmannsthal drängt es auch Forster, Fichte, Görres, List, Feuerbach, Nietzsche zur Rede. Oft sind schriftliche und mündliche Beredsamkeit, wie in den *Patriotischen Phantasien* (1774) von Justus Möser und der *Friedens-Predigt an Deutschland* (1808) von Jean Paul, um nur zwei Beispiele zu nennen, untrennbar miteinander verknüpft. In der Rede *Wie weit sich der Nutzen der Regeln in der Beredsamkeit und Poesie erstrecke* wies Christian Fürchtegott Gellert bereits darauf hin, daß sowohl die Regeln der Poesie als auch der Beredsamkeit das Verfahren lehren, »die Welt zu überreden, ihr zu gefallen, sie zu rühren«. Zumindest seit 1693, seit Christian Weises *Gelehrtem Redner*, suchte man auch die akademische Ausbildung mit der rhetorischen zu verbinden. Im gleichen Jahr lehnte es Christian Thomasius in seiner Programmschrift *Vom elenden Zustand der Studenten* ab, »einen complimentischen Stylum« zu gebrauchen; er schreibt in der Tat »fein cordat und offenhertzig, als einem Professori zukommt« und warnt mit einem Seitenblick auf die »Vornehmen und Reichen«: »Man spielet im gemeinen Leben *keine Compliment-Comödie*, und ich habe noch keinen gesehen, der im gemeinen bürgerlichen Leben oder bey Hofe die Formuln hätte anwenden können, die in vielen Büchern, welche den Gebrauch der teutschen Sprache anweisen wollen, enthalten sind.« Diese Kritik polemisiert eindeutig gegen Weises *Politischen Redner* (1677), der Schuloratorie, höfische Komplimentiertechnik und bürgerliche Beredsamkeit auf die öffentliche bürgerliche Praxis zu beziehen sucht, deutet aber auch schon auf die Gefahren hin, die entstehen, wenn die oratorische Ausbildung nicht mit entsprechender Schulung von Denken und Vernunft verbunden wird. »Für einen ganz ungebildeten Kopf wird Redekunst«, so warnte auch später Fichte, der sich ernsthaft mit Plänen für eine Rednerschule beschäftigte, »die leidige Kunst zu schwat-

zen.« Wie Gellert, Kant, Herder, Schleiermacher betonte er
den Zusammenhang von Reden und Denken und entwickelte
als Ziel der akademischen Rede das Überzeugen. Er forderte
außerdem für angehende Universitätsprofessoren eine »besondere Übung oder Prüfung in der Kunst des akademischen Vortrags«.[37] In vielem setzte Fichtes Programm Vorstellungen
Gottscheds und anderer Mitglieder der Deutschen Gesellschaft
zu Leipzig fort; Heinrich Gottlieb Schellhofer etwa bezeichnete
es als den Endzweck der Redekunst, »daß wir andere überzeugen, und ihnen die Gedanken, die wir hegen, beybringen wollen«[38], und Hanns Carl von Kirchbach sprach 1727 über *Die
nöthige Verbindung der Beredsamkeit mit der Gelehrsamkeit*.

So wie man auf der einen Seite die Rhetorik im 18. Jahrhundert belletrisiert, zeigt sie auch eine Tendenz zur Verwissen-
schaftlichung. »Die Rhetorik wird als eine Wissenschaft betrachtet«, so faßt Irmgard Weithase zusammen, »die ein um-
fangreiches Wissen (Gelehrsamkeit) mit der Fähigkeit, es
sprachlich und sprecherisch überzeugend darzustellen (Beredsamkeit), verbindet.« Waren die Literaten des 18. Jahrhunderts oft gleichzeitig Prediger oder stammten sie zumindest
aus einem Predigerhaus, so trafen sich wie etwa bei Herder und
Schleiermacher auch öfters der Gelehrte und Pfarrer in einer
Person. Die geistliche Beredsamkeit strahlte ebenso auf die akademische und literarische aus wie umgekehrt die akademische
und literarische Beredsamkeit auf die geistliche. Schillers Feststellung: »Das Theater und die Kanzel sind die einzigen Plätze
für uns, wo die Gewalt der Rede waltet«, wäre notwendig auf
den Katheder auszudehnen. Selbst die erste Phase der politischen Beredsamkeit in Deutschland ist vom Stil der Kathederrede geprägt, und zwar gereichte das den Reden in der Frankfurter Paulskirche, wenn auch oft das Gegenteil behauptet
wird, keineswegs zum Nachteil. Daß aus »einem lebenden und
redenden Volke immer mehr ein grübelndes und schreibendes
Volk« wurde, lag sicher nicht an den rhetorisch begabten Dichtern und Gelehrten, sondern an der Gestalt, wie Ernst Moritz

Arndt in der Schrift *Über Volkshaß und über den Gebrauch
einer fremden Sprache* (1813) ausführt, »welche das teutsche
Reich und die teutsche Art bekommen hatte«. Von Adam Müller an wies man auch im 19. Jahrhundert immer wieder auf die
bewußtseinsverändernde Kraft der lebendigen, mit dem öffentlichen Leben verbundenen Rede hin und kritisierte die abstrakte Gelehrtensprache. Ernst Moritz Arndt forderte deshalb
die Denker seiner Zeit auf, »in dem Volke« zu leben, um die
gesellschaftliche Erfahrung auch sprachlich adäquat reproduzieren zu können. Nur durch die Beteiligung der unteren Schich-
ten war es seiner Ansicht nach möglich, die von den Gelehrten
abgenützte und dem Leben entzogene Sprache wieder zu erneuern.

So wenig seit dem 18. Jahrhundert die Reihe der Schriftsteller
und Dichter abgerissen ist, denen die Rede ein wichtiges Mittel
der Äußerung bedeutet, so wenig scheint es heute an überzeugen-
den Beispielen der Katheberberedsamkeit oder der populären
Vortragsweise zu fehlen, obwohl die Tradition der antiken
Rhetorik nicht mehr wie zur Zeit Schillers und Büchners in der
Schule gepflegt wird. Von Lessing bis Heine, von Goethe bis
Thomas Mann, von Büchner bis Enzensberger, Walser und
Fried demonstriert deutsche Literatur auf vielfältige Weise die
verschiedenen – besonders die imaginativen und affektorien-
tierten – Elemente der ars oratoria. Seit Thomasius, Gellert,
Görres, Schleiermacher, Fichte, Schelling, Ernst Abbe, Kuno
Fischer, Gustav Roethe und Theodor Lipps[39] praktiziert die
Kathederrede erfolgreich die alten attizistischen Prinzipien der
Klarheit, Deutlichkeit und Verständlichkeit. Bewußt vermei-
det sie die von Hallbauer wie Kant verurteilte psychagogische
Technik des Überredens, »die sich der Schwächen der Menschen« zu eigennützigen Zwecken bedient und dabei die Frei-
heit des einzelnen verletzt; sie macht den Sachbeweis, die Über-
zeugung, die Pragma- und Ethosdarstellung zum Redeziel. Der
Redner, der überzeugen will, so führte schon Friedrich Andreas
Hallbauer in *Anweisung Zur Verbesserten Teutschen Oratorie*
(1725) aus, spricht für den Zuhörer, während der Redner, der

bloß überrede und sein Publikum täusche, nur für sich selbst spreche. Wenn Hallbauer dann noch die Beredsamkeit mit ethischen Prinzipien und den Kriterien der Wahrheit verknüpft, so schließt er damit an eine bestimmte Tradition der antiken Rhetorik an, die durch die Namen Isokrates und Platon, so konträr und verschieden ihre Auffassungen im einzelnen auch sein mochten, gekennzeichnet ist.

Von Anfang an wird in der deutschen Kathederrede das mäeutische und dialektische Verfahren des Sokrates, wie es Platon in seinen Dialogen vorführt, adaptiert. In der Schrift *Deducierter Plan einer zu Berlin zu errichtenden höheren Lehranstalt* (1807) empfahl Fichte beispielsweise das sokratische Gespräch und »Conversatoria« als eine lebensnahe Art der Wissensvermittlung. Auch Schleiermacher verurteilte in seiner Arbeit *Gelegentliche Gedanken über Universitäten in deutschem Sinn* (1808) die verbreitete Monologisierung beim akademischen Vortrag und plädierte für den aktiven Mitvollzug der Zuhörer. Der Kathedervortrag sollte nach seiner Ansicht danach streben, »einerseits das gemeinschaftliche Innere der Zuhörer, ihr Nichthaben sowohl als ihr unbewußtes Haben dessen, was sie erwerben sollen, andererseits das Innere des Lehrers, sein Haben dieser Idee und ihre Tätigkeit in ihm recht klar ins Licht bringen«. Der Redner muß gewissermaßen vor dem Zuhörer sein Wissen entstehen lassen und dialektisch etwaige Verstehenshürden antizipieren und abbauen. Diese populäre und produktive Vortragsweise[40], wie sie Schleiermacher definierte, hat später Sigmund Freud mit großem Erfolg praktiziert. Er verwickelte seine Zuhörer im Vortrag in ein imaginäres Streitgespräch, legte ihnen Einwände in den Mund, ließ sie am Prozeß seiner Einsichten partizipieren, vergaß aber darüber nicht, außer dem Lehren (docere) auch zu unterhalten (delectare). Seine berühmten *Vorlesungen zur Einführung in die Psychoanalyse* hielt er ursprünglich frei und zeichnete sie erst danach dank seines phonographischen Gedächtnisses auf. Doch mit dieser Fähigkeit steht Freud unter den Kathederrednern allein; denn die akademische Rede ist wie die Gedenkrede

meist schon schriftlich ausgearbeitet, ehe sie vorgetragen wird.
Zu den bemerkenswerten Kathederrednern der Gegenwart gehören die Philosophen Theodor W. Adorno und Ernst Bloch
und die Physiker Max Planck, Max Born und Werner Heisen-
berg. Daß die sozialistische Redetechnik mit ihren ideologie-
kritischen Diskursen, ihren Appellen an rationale Überle-
gungen und der Ausbreitung von statistischem Material als
Beweis Elemente der Kathederrede aufnimmt,[41] dokumentieren bereits Georg Büchners *Hessischer Landbote* und die Reden
Ferdinand Lassalles.

Zum Kontext der politischen Rede

Eine fast vollständige Diagnose des Syndroms der weltlichen
Beredsamkeit in Deutschland lieferte Gottsched in seiner *Deutschen Sprachkunst* (1748). Unter den Ursachen nannte er
Kleinstaaterei, das Fehlen eines kulturellen Mittelpunktes,
einer gemeinsamen Sprache. Man findet diesen Katalog ebenso
bei Sulzer, Herder, Goethe, Adam Müller, Heine; er führt zur
stereotypen Klage über den Verfall der deutschen Beredsamkeit. Welche Folgerungen wurden daraus gezogen und welche
Kuren verschrieben? Der Professor und Prediger Johann Matthäus Meyfart wollte in seiner *Teutschen Rhetorica* (1634) mit
der »WolRedenheit« in der Zeit des Dreißigjährigen Kriegs
die nationale Einheit fördern. Er demonstrierte die Macht der
Beredsamkeit, »welche bey allen freyen und frewdigen Völ-
ckern geherrschet / die Gerichte besessen / die Rhatschläge re-
gieret / die Bottschafften außgefertiget / die Regimenter geordnet / die Kriege geführet / die Gesetze angeschaffet / die
Bösen gestraffet / die Frommen belohnet / die Verzagten auff-
gemundert / und die Grimmigen erschrecket«. Indem Meyfart die Funktionen der öffentlichen Rede ziemlich vereinfacht
nach dem antiken Schema des genus iudicale, deliberativum,
demonstrativum (Gerichts-, Parlaments- und Lobrede) beschreibt, macht er gerade auch auf ihre aktuellen Möglichkeiten

aufmerksam; er weist beispielsweise auf die Tatsache hin, »daß die vortrefflichsten Kriegshelden und Siegesfürsten / mit ihren gelehrten Lippen mehr als mit den scharffen Wehren verrichtet«.

Die ersten Versuche der theoretischen Begründung einer weltlichen deutschen Beredsamkeit antworteten einem spezifischen politischen Kontext. Dabei machte es einen Unterschied, ob sich solche Antworten auf die höfische oder bürgerliche Gesellschaft bezogen, ob sie ideologisch ein affirmatives oder ein kritisches Verhältnis zur bestehenden Feudalherrschaft artikulierten. Wenn Thomasius in der erwähnten Rede *Vom elenden Zustand der Studenten* (1693) den Komplimentierstil als eines Professors unwürdig ablehnt und betont, daß ihm arme Studenten, die Interesse zeigen, lieber seien als »Vornehme und Reiche, die in zehen Stunden einmahl kommen«, so spricht daraus ein politisches bürgerliches Selbstbewußtsein, das das höfische Rollenspiel, das »Kronenspiel«, wie es bei Gryphius[42] heißt, ablehnt. Aus dieser Perspektive kritisiert Thomasius den *Politischen Redner* Christian Weises, der das höfische Barockideal von dem allen Lebenslagen gewachsenen homo politicus mit seinem Rhetoriklehrbuch auf bürgerliche Verhältnisse übertragen wollte. Zwar bietet Weise das vielseitigste rhetorische Programm im 17. Jahrhundert,[43] aber es kann andererseits keine Frage sein, daß er mit der Umfunktionierung des höfischen Komplimentierwesens die sprachliche Renommiersucht des Bürgertums, die sprachlichen Formen gesellschaftlicher Anpassung und die bald beliebte Praxis der Parole »als Bürger leben und als Halbgott denken«[44] wesentlich befördert hat.

Das Phänomen selbst scheint trotz anhaltender Gegenpositionen über Jahrhunderte hin die deutsche Szene bestimmt zu haben. In einer Schulrede merkt Herder 1796 kritisch an: »Entweder antworten wir wie Unteroffiziere mit dem Knittel ›Hum! ham!‹ ohne zu fragen, ob der andere daraus klug werde, oder wir sprechen wie dienstbare Lakaien, komplimentenvoll, herumgehend um die Wahrheit.« Carl Gustav Jochmann, der weitgereiste, im französischen Revolutionsjahr geborene Liv-

länder, beobachtet in seiner Schrift *Über die Sprache* (1828):
»Das öffentliche Leben der Deutschen geht in Schreibstuben
und auf Paradeplätzen vor«, und zieht daraus den sentenz-
haften Schluß: »Herren und Knechte sind selten gute Sprecher.« Noch nach Bismarcks Reichsgründung leitete Friedrich
Nietzsche die Schriftsprache aus dem höfischen Kanzlei- und
Komplimentierstil ab und begründete den Vorgang mit der
traditionellen Ehrfurcht des Deutschen »vor allem, was vom
Hofe kam«; um als vornehm zu gelten, affektierte man »einen
höfischen Klang, wenn man sprach, und die Affektation wurde
zuletzt Natur«.[45] Diesen historischen Kollektivstil sieht Nietzsche in seiner Zeit durch einen »Klangzauber« ersetzt: durch
das Offiziersdeutsch, das auch den wilhelminischen Sprechstil
charakterisiert, den Thomas Mann in den *Buddenbrooks* beschreibt. Nietzsche kommentiert diese neue Mode: »Welche
Anmaßung, welches wütende Autoritätsgefühl, welche höh-
nische Kälte klingt aus diesem Gebrüll heraus!« Nicht nur die
deutsche Rede, sondern auch die Schrift wird sich durch diesen
Sprechstil »militarisieren« und den deutschen Charakter entsprechend prägen, prophezeite Nietzsche ahnungsvoll. »Fast
in jeder Rede des ersten deutschen Staatsmanns« hörte er schon
einen »Akzent, den das Ohr eines Ausländers mit Widerwillen
zurückweist«.
Daß diese Erscheinung so symptomatisch werden konnte, liegt
weniger an der seit dem 17. Jahrhundert konstatierten Tatsache, daß Deutschland keine republikanische Freiheit besaß,
denn das hätte ja noch nicht eine Nationalsprache verhindern
müssen, sondern an der ökonomischen Rückständigkeit des
Bürgertums, eines der Resultate des Dreißigjährigen Kriegs. Es
fehlte in Deutschland längere Zeit an einer breiteren gebildeten
Mittelschicht, so daß auch Sulzer schreiben konnte: »Noch ver-
trägt das deutsche Ohr alles [. . .], wenn es nur nicht gegen eine
Nationalmode streitet. In schönen Künsten aber ist noch nichts
zur Mode worden.« Da Jochmann zufolge in den »höchsten
und in den niedrigsten Ständen eines Volkes« sich »die er-
giebigsten Quellen« der sprachlichen »Verunstaltung« ausbil-

den, oben der »Kanzleistil der Machthaber und ihrer Verwal-
tungs- und Regimentsbehörden«, unten der »Redeschlendrian
des Pöbels«, machte er den bürgerlichen Mittelstand zum
Hauptträger der neuen Gesellschaft; er sollte die sowohl
sprachliche als ethisch-politische Erneuerung einleiten.

Ohne Kulturzentren, ohne ökonomische und politische Einheit,
aufgespalten in Hunderte von kleinen, rückständigen Fürsten-
tümern, ohne gemeinsame Sprache, ohne revolutionäre Alterna-
tiven und ohne demokratische Verfassung, belastet von einem
langen Religionskrieg und einer verspäteten industriellen Entwicklung, wie konnte sich hier eine Basis für politische Beredsamkeit entwickeln? Und kam es gar einmal zu einer rhetorisch-
agitatorischen Meisterleistung wie Büchners *Hessischem Land-
boten*, dann reagierten die Adressaten nicht. Schon die ersten
Theoretiker der deutschen Beredsamkeit wie Friedrich Andreas
Hallbauer und Thomas Abbt betonten die Korrelation von
Republik und politischer Rede, weil nach ihrer Ansicht rhetorischer Einsatz nur dort nutzen und wirken konnte, wo ein
Bedürfnis vorhanden war. Selbst der konservative Adlige
Rudolf Abraham von Gersdorf leugnete in einer Rede vor der
Deutschen Gesellschaft in Leipzig nicht, daß »wo der Pöbel
alle Gewalt in seinen Händen hat, die Beredsamkeit weit nöthi-
ger sey, als in einem Reiche, wo alle Macht bey seinem höchsten
Oberhaupte stehet«[46]. Die Folgerungen, die aus solchen Über-
legungen gezogen werden, spiegeln wiederum deutlich die ideologischen Interessen wider: entweder man sucht durch Beredsamkeit die Veränderung der politischen Verhältnisse zu bewirken und ihr die verweigerte Basis zu schaffen, oder man
beschränkt sie auf Panegyrik, auf Hof-, Grab-, Gedenk- und
Hochzeitsreden und weicht auf Literatur oder Wissenschaft
aus. Interessant ist in diesem Zusammenhang, daß um 1783
von der pädagogischen wissenschaftlichen Richtung aus ein
Vorschlag zur Erziehung von Volksrednern unterbreitet wurde.
Er stammte von dem Direktor der Königlichen Realschule zu
Berlin, Andreas Jakob Hecker, der mit der Rede gleich die Bildung einer nichtvorhandenen Öffentlichkeit anregen wollte.

In seiner Abhandlung *Gedanken über die beste Art des Vortrags der Rhetorik und der Bildung populärer Volksredner auf Schulen* beschreibt Hecker fünfundvierzig Jahre vor Jochmann den Ausdrucksstil des Volksredners als eine Synthese zwischen den Sprachen der obersten und der niedersten Gesellschaftsschichten. Aber es blieb, nimmt man die Kanzelrede und deren alle Stände umfassendes Publikum aus, bei den von Herder um 1792 dergestalt beschriebenen Verhältnissen: »Mit wem man deutsch sprach, der war ein Knecht, ein Diener. Dadurch also hat die deutsche Sprache nicht nur den wichtigsten Teil ihres Publikums verloren, sondern die Stände selbst haben sich dergestalt in ihrer Denkart entzweiet, daß ihnen gleichsam ein zutrauliches gemeinschaftliches Organ ihrer innigsten Gefühle fehlet. Beide sind auf ihrem getrennten Wege nicht so weit fortgeschritten, als sie in Wirkung und Gegenwirkung aufeinander hätten kommen mögen, indem der eine Teil meistens an Phrasen, an Worten ohne Gegenstand, leer von innerer Bildung, hangen bleiben mußte, dem andern hingegen bei aller Mühe des Fortstrebens ewig und immer eine Mauer entgegengestellt war, an welcher leere Schälle zurückprallten. Ohne eine gemeinschaftliche Landes- und Muttersprache, in der alle Stände als Sprossen eines Baumes erzogen werden, gibt es kein wahres Verständnis der Gemüter, keine gemeinsame patriotische Bildung, keine innige Mit- und Zusammenempfindung, kein vaterländisches Publikum mehr.«[47] Im Begriffsvokabular der Zeit ist das die beste Zusammenfassung der Ursachen, die zu der vielbeklagten Misere der öffentlichen Rede in Deutschland geführt hat.

Will man die Anfänge deutscher politischer Beredsamkeit lokalisieren, so muß man an die ersten agitatorischen Reden während der Zeit der Bauernaufstände erinnern, an die Flut der Flugschriften und Pamphlete im 16. Jahrhundert. Doch die auf Veränderung der gesellschaftlichen Verhältnisse drängenden Reden oder Sendschriften eines Florian Geyer, Wendelin Hipler, Thomas Müntzer oder Ulrich von Hutten blieben fast wirkungslos. Daß dies nicht nur ein Resultat erfolgreicher Repression durch die Feudalmächte war, sondern auch zum Teil auf mangelnde Kommunikation zwischen den Bauern und ihrer Führung zurückging, schildert Adolf Damaschke[48] am Beispiel zweier Reden Florian Geyers und Wendelin Hiplers. Nach dem Dreißigjährigen Krieg hatte sich ohnedies wieder die Herrschaft des Feudaladels aufs neue etabliert, so daß sich die weltliche Beredsamkeit auf Repräsentation und Huldigung beschränkte. In diesem Zusammenhang wären vor allem die *Teutschen Reden* (gehalten zwischen 1660 und 1685) von Veit Ludwig von Seckendorff zu nennen; außerdem die zwischen 1685 und 1716 gehaltenen Amtsreden des Königsberger Staatsdieners Friedrich Wilhelm von Canitz und die epideiktischen Reden (Prunk- und Lobreden) des Breslauer Syndikus Samuel von Königsdorff. Um die Zeit Christian Weises beispielsweise galt die Trauerrede auf Kaiser Leopold I., die von Königsdorff 1705 gehalten hat, noch als Vorbild für den damals üblichen rhetorischen Stil. Zwar kritisierte sie dann Gottsched als übertrieben und machte sich Schubart später über die darin verwandte Ornamentik lustig, aber sie blieb immerhin bis Ende des 18. Jahrhunderts bekannt.[49] Gerade auch diese fürs 17. Jahrhundert typischen affirmativen Reden zeigen paradigmatisch den Einfluß des Zeitstils auf die rhetorische Praxis; wenn sie später kritisiert wurden, so geschah das bezeichnenderweise weniger wegen der ihnen immanenten Ideologie, als vielmehr wegen ihres manieristischen, asianischen Stils.

Wie sehr das Bürgertum der herrschenden Rhetorikauffassung immer wieder ihre eigenen Intentionen gegenüberzustellen versuchte, beweisen die Lehrbücher von Gottfried Polycarp Müller, Johann Andreas Fabricius, Friedrich Andreas Hallbauer, Johann Christoph Gottsched und Basilius Christian Bernhard Wiedeburg. Obwohl in der Praxis im 18. Jahrhundert die geistliche, akademische und literarische Rede überwog, gab es doch schon erste Beispiele von herrschaftskritischen bürgerlichen politischen Reden, wie etwa die patriotischen Schulreden des Karlsruher Gymnasialprofessors Ernst Ludwig Posselt (1763 bis 1804) belegen. ›Patriotisch‹ hatte um diese Zeit noch die Be-

deutung von ›demokratisch, bürgerlich, antifeudalistisch‹. Wie
die Begriffe ›Vaterland‹, ›Freiheit‹, ›Patriotismus‹, die durchaus synonym gebraucht werden, seit den siebziger Jahren des
18. Jahrhunderts mit geradezu »dichterischer Begeisterung«
aufgeladen werden, beweisen die Reden Gottfried August Bürgers, Fichtes, Johann Joseph Görres' so gut wie die bedauer-
licherweise nicht überlieferten Reden Börnes, von denen Heine
wenigstens eine gehört und den Redner dabei folgendermaßen
charakterisiert hat: »Er sprach sehr gut, bündig, überzeugend,
volksmäßig; nackte, kunstlose Rede, ganz im Bergpredigter-
ton.«
Wenn Walter Jens das Ende der scholastischen Rhetorik um
1750 ansetzt und es folgendermaßen signalisiert: »Die Chrie
tritt ab, die Propaganda wird wichtig«[50], so hängt das fraglos
mit den intensiver werdenden Emanzipationsbestrebungen des
deutschen Bürgertums zusammen, wovon nicht zuletzt die
Schriftsteller von Lessing, Wieland, Schiller bis Büchner und
Heine beredte Zeugnisse geliefert haben. Während der zweiten
Hälfte des 18. Jahrhunderts dringen auch zunehmend politische Kategorien in Poetik und Rhetorik ein.[51] Kann man auch
noch nicht von einer Politisierung der Literatur wie im Falle
des Jungen Deutschland sprechen, so hat doch die Aufklärungs-
ideologie gerade die gesellschaftlichen Aspekte von Literatur
und Poetik dergestalt betont, daß ein Rezensent in der *Neuen
Bibliothek der schönen Wissenschaften und freyen Künste* 1793
schreiben konnte: »Die gegenwärtige Zeit ist die Zeit der Politik, und kaum finden wir außer ihr noch einen Gegenstand,
welcher im Stande wäre, unsere Aufmerksamkeit auf sich zu
ziehen.« Doch steht das nicht im Widerspruch zu Äußerungen
Herders, Schubarts oder Adam Müllers? Im Gegenteil: noch
die Klagen über die Abwesenheit des politischen Erkenntnis-
interesses belegen die um die Jahrhundertmitte einsetzende
Veränderung der Bewußtseinsstellung. Christian Daniel Schubarts epigrammatische Aussage aus dem *Kurzgefaßten Lehrbuch der schönen Wissenschaften*: »Deutschland kann, nach
seiner Verfassung, keine Meisterstücke in der politischen Bered-

samkeit haben«, wäre daher wie mehrere Folgerungen dieser
Art von 1730 bis 1820 als direkte Aufforderung zu dechiffrie-
ren, eben eine solche Verfassung der Freiheit zu schaffen und
durchzusetzen.

Begann sich in England schon 1688, in Amerika mit der Unab-
hängigkeitserklärung (1776), in Frankreich mit der Revolution (1789) eine öffentliche Beredsamkeit auszubilden und eine
feste Tradition der parlamentarischen Rede zu entwickeln, so
folgte Deutschland diesen Vorbildern nur zögernd. In seiner
dreibändigen, viel zu wenig bekannten *Geschichte des ersten
deutschen Parlaments* (1849) hat Heinrich Laube die schwie-
rige politische Situation entfaltet, unter der die Frankfurter
Nationalversammlung im Mai 1848 in der Paulskirche zu-
sammentrat, um unter anderem über Inhalte jener lange er-
sehnten Verfassung der Freiheit zu beraten. Das Dilemma jener
Zeit verdankte seine Existenz nicht nur den absoluten Monar-
chien, sondern auch dem »Absolutismus der Demokratie«.
Laube illustrierte die Situation folgendermaßen: »Revolution
auf Revolution in jedem Loche. Und zwar kleinsten Stiles;
Ideal der Bierbank; Winkelrevolution von Winkeladvokaten
wie in Altenburg und in ähnlichen Turnanstalten der verzerr-
ten Demokratie.« Kein Wunder, daß sich angesichts dieser Vorgänge alle politischen Hoffnungen auf Frankfurt konzentrier-
ten. Man tat später die dort stattgefunden Diskussionen
leichtfertig ab und vergaß offenbar, daß dieses erste deutsche
Parlament in der Tat, wie Laube darlegt, »die Lösung des Wirr-
warrs in der deutschen Frage [...] aus dem Wuste der Phan-
tasterei und Intrige« herausgearbeitet hat. Auch abwertende
Urteile über das Niveau der Reden lassen sich nur mit dem
Mangel an Sachkenntnis erklären. Redner wie Ludwig Simon,
Robert Blum, Ernst Moritz Arndt, Heinrich von Gagern,
Friedrich Dahlmann und andere sind Meister der politischen
Beredsamkeit und brauchen keinen Vergleich zu scheuen.

Nach der Auflösung des ersten deutschen Parlaments setzten
sich die parlamentarischen Anfänge in Landesparlamenten, im
Preußischen Abgeordnetenhaus, im Norddeutschen Reichstag

fort, bis dann die verschiedenen Ansätze am 21. März 1871 zum Deutschen Reichstag zusammengefaßt wurden. Zum erstenmal erhielt nun, wie Eberhard Jäckel[52] ausführt, die Nation »eine im ganzen Staatsgebiet gewählte und allseits anerkannte Volksvertretung«. Zu den berühmtesten Rednern gehörte neben Bismarck sein ausdauernder und sachkundiger Gegner Eugen Richter, die Sozialisten August Bebel und Wilhelm Liebknecht, wie sich überhaupt im 19. Jahrhundert die sozialistische Rhetorik zu entwickeln beginnt. Neben der Betonung der argumentierenden Elemente, der Pragmadarstellung kennzeichnet den sozialistischen Stil, auch in den schriftlichen Dokumenten, wie die ersten Abschnitte des *Kommunistischen Manifests* von Marx/Engels beweisen, schon früh die agitatorische Tendenz. Musterbeispiele der sozialistischen Rhetorik liefern im 19. Jahrhundert die Reden von Ferdinand Lassalle, im 20. Jahrhundert die Reden von Karl Liebknecht und Rosa Luxemburg. Bereits im 19. Jahrhundert wurde in Deutschland von verschiedenen Richtungen die öffentliche Rede als politische Waffe benutzt; das dokumentieren die Reden Fichtes an seine Nation, die patriotischen Reden Schleiermachers und Claus Harms' so gut wie die Verteidigungsreden Friedrich Lists vor dem Württemberger Gericht und Ludwig Simons vor der Nationalversammlung. Sowohl die konservativen und gemäßigten als auch die progressiven und radikalen politischen Ideologien haben überzeugende Sprecher gefunden. Im 20. Jahrhundert reicht das Spektrum von Liebknecht, Luxemburg, Rathenau, Stresemann, Wirth, Naumann bis zu Heuss, Carlo Schmid und Adolf Arndt.

Die Reden des Dritten Reiches dagegen sind bezeichnenderweise trotz ihrer Wirkung auf die Zeitgenossen ohne jegliches rhetorische Niveau; sie arbeiten weniger, wie Hitler empfahl, mit Methoden des Bayreuther Passionsspiels und des katholischen Rituals und mit Mitteln der Volkssprache, sondern sie knüpfen mit ihren klischeehaften Wendungen, zu Schlagwörtern getrimmt, eher an den realitätsarmen, abstrakten, monologisierenden Papierstil des deutschen Bürokratismus und den von Nietzsche so vernichtend charakterisierten Offiziersstil an. Weder sprachliche noch ideologische Kriterien vermögen den Wirkungsmechanismus der faschistischen Reden aufzuklären, denn er besteht primär aus außerrhetorischen Elementen, aus dem, was Hans Mayer[53] die »Theaterform« der Rhetorik genannt hat. Während früher der politische Redner, auch wenn er agitierte, immer allein »mit seiner Person, Sprache und Kraft seines Gedankens« stand, will der moderne Propagandist schon wirken, bevor er noch den Mund öffnet. Mayer führt dazu aus: »So hatten Drittes Reich und vordem Mussolinis Faschismus sorgfältig das Spektakel bereitet, dem als Höhepunkt die Rede eingebaut sein sollte: Aufmarsch und Musik und Stimmung, Farben und Fahnen und Paukenschläge und Gelächter. Die Rede war bloß noch ein Bestandteil des großen Schauspiels.« Überdies könnte man an den faschistischen Reden des Dritten Reiches leicht demonstrieren, wie die Qualität der politischen Ideologie auch ihren Niederschlag in der Sprache findet und das sprachliche Material dergestalt den Bewußtseinsstand der Sprecher und Rezipienten spiegelt. In synchronischen Schnitten wäre allerdings der Zusammenhang noch dadurch zu differenzieren, daß man in eine solche Untersuchung jeweils Exempel aus anderen Redegattungen dieser Epoche – der gerichtlichen, akademischen und geistlichen Rede – einbezieht. Denn erst eine vergleichende rhetorische Analytik kann neben der Geschichte der Rhetorik und Beredsamkeit Kriterien für eine dringend nötige rhetorische Kritik liefern.

Rhetorik und Kommunikation

Fragt man nach dem begrifflichen Selbstverständnis der Rhetorik in Deutschland, so läßt sich hier ab Mitte des 18. Jahrhunderts, verursacht durch die Organismusästhetik, den deutschen Idealismus und den vielgenannten »Weg nach Innen«[54], eine antirhetorische Tendenz sistieren, die allerdings genaugenommen nur eine bestimmte Vorstellung von Rhetorik diskre-

ditiert, um an deren Stelle eine neue zu setzen. Wenn man heute
noch im Lexikon »rhetorisch« als »schönrednerisch, phrasenhaft, schwülstig« definiert findet, so ist das ein Ergebnis dieser
Tendenz, in die die Abwendung der Aufklärungsrhetorik von
der Barockrhetorik ebenso eingegangen ist wie die Kritik der
affektbetonten Auffassung der Sturm-und-Drang-Generation
an der Rationalisierung der Rhetorik während der Aufklärungszeit.

Was die Begriffsgeschichte betrifft, so kann man wohl zusam-
menfassend präzisieren, daß ›Rhetorik‹, ›Oratorie‹, ›Redekunst‹ immer die theoretische Seite der rhetorischen Disziplin
meinen. Im 17. Jahrhundert bevorzugte man im allgemeinen
den Ausdruck ›Rhetorik‹. Weise und seine Schüler allerdings
ziehen ›Oratorie‹ vor. Im 18. Jahrhundert trifft man neben-
einander die Begriffe ›Oratorie‹ und ›Redekunst‹, bis sich dann
›Redekunst‹ durchzusetzen beginnt. Unter ›Wohlredenheit‹
versteht man im 18. Jahrhundert nur noch Merkmale des
sprachlichen Ausdrucks, des Stils. ›Beredsamkeit‹ bezeichnet,
was auch Sulzers Artikel belegt, überwiegend die praktische
Seite der Rhetorik. Er schreibt ihr nach antikem Muster drei
Funktionen zu: unterrichten (docere), überzeugen (probare),
rühren (movere, conciliare). Von diesen Funktionen leitet er
die drei Hauptgattungen der Rede ab: die lehrende Rede, die
auf den Verstand der Zuhörer wirkt; die unterhaltende Rede,
welche die Einbildungskraft unterhält; die rührende Rede,
die sich an die Affekte der Zuhörer wendet, Leidenschaften erregt oder besänftigt. Er unterscheidet von den Anlässen her
Lobreden (genus demonstrativum), Staatsreden (genus deliberativum) und gerichtliche Reden (genus iudicale). Nach
Quintilian skizziert Sulzer den Aufbau einer Rede folgendermaßen: 1. Eingang (exordium), 2. Erzählung des Sachverhalts
(narratio), 3. Bestimmung der abzuhandelnden Frage (propo-
sitio), 4. Abhandlung oder Beweis (probatio), 5. Beschluß (con-
clusio, peroratio). Nach der Erzählung (narratio) kann auch
eine Ausschweifung (egressio) erforderlich werden, und vor
dem nach Sulzer wichtigsten Teil der Rede, der Abhandlung

oder dem Beweis (probatio), ist eine Einteilung (partitio) möglich.

In allen Rhetoriklehrbüchern bildet es einen stehenden Gemeinplatz, daß die Teile entsprechend der Redeintentionen variiert werden sollen. Zur Rede selbst gehören der Reihe nach: Erfindung (inventio), Anordnung (dispositio), der sprachliche Ausdruck (elocutio), die Einprägung der Rede ins Gedächtnis, der mündliche Vortrag einschließlich der Gestik. Schon die Tatsache, daß die meisten Rhetoriklehrbücher Gedächtnisübungen empfehlen, korrigiert die verbreitete Meinung, als Reden nur gelten zu lassen, was nicht schriftlich fixiert wurde.[55] Ein Redner wie Ferdinand Lassalle wirkte nicht weniger überzeugend, weil er ein Manuskript benutzte. Selbst die Mehrzahl der Homiletiker empfahl den Predigern, den Text ihrer Predigt lieber vorher schriftlich auszuarbeiten als aus dem Stegreif zu sprechen. Auch im Altertum wurden häufig die Reden schriftlich präpariert und dann erst – aus dem Gedächtnis – vorgetragen. Natürlich soll ein Redner nicht, wovor Max Dessoir zu Recht warnt, »wie ein Buch« sprechen: die Eigenart der Rede muß vielmehr bei dem schriftlich fixierten Wortlaut erhalten bleiben.

In der rhetorischen Lehre vom Ausdruck (elocutio), die auch für die schriftliche Beredsamkeit galt, unterschied man zwischen Tropen, die eine Vorstellung verbildlichen, und den Figuren, welche die Satzfügung gestalten. Zu den Tropen rechnete man etwa: Periphrase, Hyperbel, Emphase, Synekdoche, Litotes, Metapher; zu den Figuren: Geminatio, Redditio, Anapher, Epipher, Antithese, auch Apostrophe, Exclamatio, Interrogatio, Prolepsis, Synonyme, Ellipse, Zeugma.[56] Innerhalb des antiken Dispositionsschemas von Pragma-, Ethos- und Pathos-Darstellung dienten Tropen und Figuren vor allem als Ausdrucksmittel von Ethos und Pathos; man setzte sie auch ein, um die Beweise zu verstärken und die Aussagen zu verdeutlichen. Die Akzentuierung der verschiedenen Ausdrucksmittel richtet sich nach der Redegattung, der Redefunktion, dem Stoff, dem Zweck der Rede, aber auch nach dem herrschenden Epochenstil, der unterschiedliche Sprachqualitäten hervorhebt.

Die Redegattungen werden in ihrer Struktur meist auf die Gerichtsrede zurückgeführt, die zwei Systeme ausgebildet hat: die Lehre vom Status und die von der Topik. Unter Status verstand man die sich aus zwei einander widerstreitenden Behauptungen ergebende und zu lösende Frage, also der eigentliche Vorwand der Rede. Topos meint den Fundort für Beweise und Argumente, welche der Erhellung der Problemsituation dienen. Eine der bekanntesten, aber auch abgenutztesten Topoi ist die captatio benevolentiae, mit welcher der Redner das Wohlwollen des Publikums zu erlangen suchte. Die Lehre vom Topos und Status spielt wie das Dispositionsschema von Pragma, Ethos und Pathos auch eine entscheidende Rolle in den politischen, homiletischen und epideiktischen Reden. Was außerdem einer Zeit als primäre Redefunktion galt, lehnte eine andere ab. Überredung als Kunst der Rede geriet während der Aufklärung genauso in Verruf wie zu manchen Zeiten die Rhetorik als Kunst des Überzeugens. Doch kann man ganz allgemein von den beiden generellen Redefunktionen oder Redehandlungen, dem Überreden und Überzeugen, mit Hellmut Geißner behaupten: »Der Überredete ist Gegenkommunikationen leichter zugänglich als der Überzeugte.«[57] Allerdings wird es vom Inhalt und der Beschaffenheit der Überzeugung abhängen, inwieweit der Überzeugte zu einer Korrektur seiner Überzeugung, einer Reflexionsinnovation, fähig ist oder nicht, inwieweit auch der Überzeugte nicht doch wieder überredet, das heißt durch Handlungsreflexe verändert werden kann. Gerade bei neuen Formen der Rede, wie Wirtschaftsrede, Werberede, Propagandarede,[58] zeigt sich, daß die alten Kategorien der Rhetorik für eine Analyse nicht mehr ausreichen. Rhetorik als vielschichtige Disziplin vereinigt historische, politische, literarische, religionsgeschichtliche, ideengeschichtliche, soziologische, stilgeschichtliche und kommunikationswissenschaftliche Perspektiven; nicht umsonst ist die Rede das wichtigste Produktionsmittel des öffentlichen Bewußtseins.

Eine Rede setzt sich zusammen aus Qualitäten des Inhalts, der Darstellung, der Kommunikation und der Wirkung. Der Redner steht in einem Beziehungsgefüge von Redesituation, sprachlicher Kommunikation und Beschaffenheit der Rezipienten oder Kommunikatoren. Die Struktur der Rede wird ebenso von dem Zweck, der Intention der Rede wie von der Redesituation und dem Erwartungshorizont des Publikums abhängen. Die rhetorische Analytik muß nach Geißner außerdem »in jedem der drei semiotischen Parameter jeweils Sprachliches, Sprecherisches und Rhetorisches teils quantifizieren, teils qualifizieren und ihre Korrelationen bestimmen als Konstituierendes des Großzeichens Rede«[59]. Das ist natürlich erst möglich, wenn die Reden auch akustisch dokumentiert sind. Trotz allem scheint es legitim zu sein, Reden vornehmlich als intentionale Texte zu analysieren; denn die Qualität einer Rede hängt nur sekundär vom Akustischen oder von der Vortragsweise ab. In diesem Zusammenhang kann man wohl sinngemäß mit Claus Harms argumentieren, daß ein »guter Vortrag« keineswegs »eine schlechte Predigt gut« macht, sondern vielmehr, daß ein »schlechter Vortrag« selbst »eine gute Predigt schlecht« macht. Die Qualität des Textes oder der Zeichenfunktionen braucht zur kommunikationspragmatischen Erfüllung die entsprechende Qualität der Vortragsweise; aber ohne Text leistet der Vortrag nichts, womit nicht geleugnet werden soll, daß das Darstellungstalent allein zuweilen beträchtliche Wirkungen zustande gebracht hat, die von einem anderen historischen Kontext und der bloßen Textrezeption her später nicht mehr verständlich sind.[60] Überschüsse der Vortrags- gegenüber der Textleistung zeigen sich nicht selten bei Massenreden oder demagogischen Reden. Schon Sulzer gab zu bedenken: »Man hat Beyspiele genug, daß hitzige Köpfe ohne Verstand und Einsicht, politische und religiöse Schwärmer, durch leidenschaftliche Reden, darin man Verstand oder Gründlichkeit vergeblich sucht, unglaublich viel ausgerichtet haben.« Es gibt Redesituationen, in denen der Redner sprachlich gar nichts mehr leisten muß, da der Zustand, den seine Rede intendiert,

schon vorhanden ist: entweder eine explosive, revolutionäre
Stimmung oder die von Propagandafunktionären durch außer-
rhetorische Mittel vorbereitete Einstellung, die der präparierte
Rhetor mit seinen primitiven Sprechrollen leicht erreichen und
steigern kann.

So wichtig auch die persönliche Ausstrahlung des Redners, die
Stimme, die Gebärdensprache, die Geschicklichkeit seiner Ak-
tionen auch sein mögen, der Redner steht nicht über dem Gehalt seiner Rede. Gerade in der Massenrede tritt das Argument
hinter der Person des Redners zurück und wird die »kontra-
diktorische Rhetorik« durch den »affektbetonten Monolog«[61]
ersetzt. Der Propagandaredner bedient sich des Kollektivstils[62]
einer Partei, bestätigt also mehr oder weniger bereits vorhandene Meinungen, Urteile und Vorurteile, reproduziert Klischees, Schlagworte und verzichtet auf alle Differenzierungs-
möglichkeiten des sprachlichen Ausdrucks, auf »alle Halb- oder
Zwischentöne der Rede«[63]. In der Rede dokumentiert sich nicht
nur falsches oder richtiges Bewußtsein, sondern lassen sich auch
am Gebrauch der Sprache durch den Sprecher die Realitäts-
perspektive und der historische Stellenwert ablesen; denn auch
für einen Redetext gilt als Kriterium, welche Funktion er innerhalb der sprachlichen Produktionsverhältnisse seiner Zeit
hat, ob er durch Klischees neue Wirklichkeitserfahrung und Be-
wußtseinserweiterung unterbindet oder aber alte Denk- und
Erfahrungsmodelle in der Sprache kritisch verändert. In einer
Zeit, in der die meisten politischen Redner sich ihre Reden von
Fachleuten schreiben lassen, wird die Analyse des Kollektivstils noch wichtiger. Der individuelle Sprechstil ist zum kollek-
tiven Sprechstil einer Partei oder eines Apparates geworden,
was etwa auf die Reden Barzels oder Wehners zutrifft, nicht
aber auf die Reden von Heuss oder Carlo Schmid. Selbst eine
politische Gruppe, die einen politischen Kollektivstil bewußt
verändern will, um auch neue politische Erfahrungen durchzusetzen, läuft Gefahr, selbst wieder einen neuen Kollektivstil
zu schaffen (wie die soziologische Rhetorik der außerparla-
mentarischen Opposition beweist), der ebenfalls wieder der

Veränderung bedarf, will er nicht in Leerformeln und Schlag-. worten erstarren. Die Kriterien für eine Kritik rhetorischer Texte haben also gleichermaßen sprachliche wie ideologische, noetische und soziologische Aspekte. Auch bei einer Rede kommt es darauf an, was sie an kritischem Potential enthält. An dieser Qualität liegt es unter anderem, daß Reden die eigene Redesituation und den geschichtlich bedingten Kommunikationsrahmen transzendieren. Solche Reden verbinden auch die drei klassischen Redefunktionen für ein lohnendes Redeziel; das ist auch der Grund, warum Jubiläumsreden, Eröffnungsreden, Festreden, Einweihungsreden, Gesellschaftsreden, selbst ein großer Teil affirmativer, epideiktischer und panegyrischer Reden, meist ihrem einmaligen Redeanlaß, ihrer situationsbedingten Gebrauchsfunktion verhaftet bleiben und sich darin erschöpfen.

Gustave Le Bon meinte in seiner Studie über die *Psychologie der Massen* (1895): »Man könnte allein aus den Knochen der Menschen, die der Macht der Worte und Redewendungen zum Opfer fielen, eine höhere Pyramide als die des alten Cheops erbauen.« Diesem Sachverhalt verdankt nun Rhetorik unter anderem den schlechten Ruf, obwohl sie selbst das Heilmittel für die Krankheit ist, die man ihr nachsagt. Von Anfang an machten die rhetorischen Lehrbücher die Steuerungsvorgänge, die Techniken der Meinungsmanipulation, welche die Herrschenden zu allen Zeiten und in allen Ländern zur Stabilisierung ihrer Herrschaft benutzten, transparent und einsehbar und informierten über die positiven Möglichkeiten des wichtigsten Produktionsmittels des öffentlichen Bewußtseins. Praxis und Theorie der Rhetorik gehören zum notwendigen Rüstzeug der politischen und gesellschaftlichen Bildung, sie üben soziales Verhalten ein, schützen vor Mißbrauch und erziehen zu einem sprachkritischen Bewußtsein. »Es liegt im Interesse aller anständigen Parteien«, warnte Friedrich Naumann 1914, »daß nicht die politische Rede im ganzen durch die Rabulisten und Klopffechter in Mißkredit gebracht wird.« Wie begründet diese Warnung war, hat die historische Erfahrung bestätigt.

Nicht zuletzt deswegen will diese Auswahl deutscher Reden wieder den Blick auf die vernachlässigte Tradition der echten Redekunst lenken, die wie Martin Luther meinte, aus der »Erkenntnis der Dinge« wächst.

Anmerkungen

1. Vgl. Gauger, S. 44. (Die Literaturverweise beschränken sich auf den Namen des Autors und auf Seitenangaben, wenn der Titel unter den Bibliographischen Hinweisen aufgeführt ist; sind außerdem die Titel, aus denen zitiert wird, im Kontext genannt, so wurde auf Seitenbelege verzichtet.)
2. Naumann, S. 690 f.
3. Vgl. Weithase, S. 83.
4. Werner Jaeger, *Paideia*. Berlin ³1959. Bd. 3. S. 135.
5. Müller, S. 192.
6. Vgl. Curtius, S. 45 ff.
7. Vgl. Böckmann, S. 321.
8. *Dasein heißt eine Rolle spielen*, S. 211–232.
9. Böckmann, S. 342 ff.
10. Jürgen Habermas, *Strukturwandel der Öffentlichkeit. Untersuchungen zu einer Kategorie der bürgerlichen Gesellschaft.* Neuwied u. Berlin 1962. S. 23.
11. Vgl. dazu Barner, S. 162 ff., 167 ff., 176 ff.
12. Stötzer, S. 60.
13. Nietzsche, S. 714.
14. Weithase, S. 1.
15. Zitiert bei Stötzer, S. 187 f.
16. Weithase, S. 12; ursprünglich verstand man unter »Homilie« die Textpredigt und unter »Sermon« die Themapredigt (vgl. Merkel, S. 442).
17. Vgl. Weithase, S. 50.
18. Zitiert bei Weithase, S. 42.
19. Weithase, S. 80.
20. Weithase, S. 81.
21. Zitiert bei Weithase, S. 64.
22. Vgl. die bei Weithase (Bd. 2, Anm. 130, S. 30) genannten Titel von Weller, Pangratius, Osiander, Andreä und Humius; aus der Redepraxis selbst wären an in ihrer Zeit bekannten protestantischen Predigern des 16. und 17. Jahrhunderts noch zu nennen: Justus Jonas, Johann Bugenhagen, Johann Brenz, Johann Mathesius, Johann Arndt, Christian Scriver und Balthasar Schupp.

23. Vgl. dazu Weithase, S. 129, 131 f.
24. *Vorträge und Aufsätze zur Geschichte des geistigen Lebens in Deutschland und Österreich*. Berlin 1874. S. 163.
25. Zitiert bei Weithase, S. 142.
26. Weithase, S. 159.
27. Dräseke, *Ausgewählte Predigten*. Mit einer einleitenden Monographie von Gustav Viehweger. Leipzig 1890. S. XI.
28. Weithase, S. 221.
29. Harms, *Lebensbeschreibung*. In: C. H., Ausgewählte Schriften und Predigten. Flensburg 1955.
30. Zitiert bei Weithase, S. 241.
31. Vgl. Barner, S. 150 ff.
32. Barner, S. 155.
33. Weithase, S. 266, 270.
34. Vgl. dazu die Arbeiten von Dockhorn, Meyer und Ueding.
35. Dockhorn, S. 57 ff.
36. Dockhorn, S. 63.
37. Vgl. Weithase, S. 413.
38. Zitiert bei Weithase, S. 308.
39. Abbes Vorträge und Reden sind enthalten in *Gesammelte Abhandlungen*, Jena 1906, Bd. 3; über Fischer und Lipps vgl. Dessoir, S. 56. Von Gustav Roethes »hinreißender Beredsamkeit« sprach Julius Petersen (eine der bekanntesten Reden von Roethe war die auf Friedrich den Großen am 28. Januar 1926 vor der Preußischen Akademie der Wissenschaften).
40. Vgl. dazu Schillers Unterscheidung von wissenschaftlichem, populärem oder didaktischem und schönem Vortrag und die Auseinandersetzung mit Fichte (Meyer, Ueding).
41. Vgl. Jens, *Rhetorik*, S. 436.
42. Vgl. Hans-Jürgen Schings, *Papinianus*, in: Gerhard Kaiser (Hrsg.), Die Dramen des Andreas Gryphius, Stuttgart 1968, S. 174 ff., 187 ff.
43. Barner, S. 167 ff.
44. Vgl. dazu Wolf Lepenies, *Melancholie und Gesellschaft*. Frankfurt a. M. 1969. S. 83–88.
45. Nietzsche, S. 110.
46. Zitiert bei Weithase, S. 309.
47. Herder, *Haben wir noch das Publikum*, S. 121 f.
48. *Geschichte der Redekunst*, S. 182.
49. Vgl. dazu Stötzer, S. 234 ff.
50. *Von deutscher Rede*, S. 14.
51. Vgl. dazu die Arbeit von Jäger.
52. *Deutsche Parlamentsreden*, Bd. 1, S. 16.
53. *Rhetorik und Propaganda*, S. 109.
54. Vgl. etwa Storz, S. 6.

55. Z. B. Dovifat: »Eine abgelesene Rede ist nie eine Rede« (S. 34); Frank-
    Böhringer: »Rhetorik ist die Kunst der freien, d. h. nicht wörtlich an
    eine Vorlage gebundene Rede« (S. 9).
56. Vgl. dazu Lausberg, *Elemente*, passim.
57. *Rede in der Öffentlichkeit*, S. 55.
58. Vgl. dazu Dessoir, S. 76 f., 108; Weller, S. 113 f.; Geißner, *Rede in der
    Öffentlichkeit*, S. 55 f.; Reiners, S. 80 ff.; Mayer, S. 104 ff.
59. *Rhetorische Analytik*, S. 361.
60. In diese Kategorie gehören viele Wahlkampfreden; auch die mit Groß-
    veranstaltungen verbundenen geistlichen Reden des in den fünfziger
    Jahren erfolgreichen Jesuitenpaters Leppich (in Amerika liefert Billy
    Graham das adäquate Paradigma).
61. Mayer, S. 109.
62. Vgl. Zimmermann, S. 169.
63. Mayer, S. 110.

Bibliographische Hinweise

Diese Auswahl aus der umfangreichen Literatur soll als Orientierungs- und Arbeitshilfe dienen. Ausführliche bibliographische Angaben enthalten die in den Gruppen 2, 4 und 6 aufgeführten Titel von Barner, Curtius, Dyck, Fischer, Gordon, Hildebrandt-Günther, Jens, Linn, Roedemeyer und Weithase. Einen Überblick über das Schrifttum zur Rhetorik in den sechziger Jahren im Bereich der Germanistik gibt Birgit Stolt in »Studia neophilologica. A journal of Germanic and Romanic philosophy« 41 (1969) S. 325–338.

1. Anthologien, Sammlungen

Bayerische Barockprediger. Hrsg. von Georg Lohmeier. München 1961. (Auswahl unter dem Titel »Geistliches Donnerwetter – Bayerische Barockpredigten« bei dtv, München 1967.)

Bibliothek jüdischer Kanzelredner. Eine chronologische Sammlung von Predigten, Biographien und Charakteristiken der vorzüglichsten jüdischen Prediger. Hrsg. von M. Kayserling. Berlin 1872.

Das Buch der deutschen Reden. Dokumente deutscher Redekunst. Hrsg. von Rudolf K. Goldschmit. Stuttgart 1925.

Das Buch deutscher Reden und Rufe. Hrsg. von Anton Kippenberg und Friedrich von der Leyen. Leipzig 1943.

Büchner-Preis-Reden 1951–1971. Mit einem Vorwort von Ernst Johann. Stuttgart 1972. (Reclams UB Nr. 9332-34.)

Deutsche Akademie-Reden. Hrsg. von Fritz Strich. Bern 1923.

Deutsche Denkreden. Besorgt von Rudolf Borchardt. München 1925.

Deutsche Parlamentsreden. Hrsg. von Eberhard Jäckel, Detlef Junker u. Axel Kuhn. 3 Bde. (1871–1918, 1919–1933, 1949–1970). Frankfurt a. M. 1970/71. (Fischer Bücherei.)

Deutsche Predigten des 13. und 14. Jahrhunderts. Hrsg. von Hermann Leyser. 1838. Darmstadt 1970 (reprographischer Nachdruck).

Deutsche Reden. Selected and edited with notes by Rudolf Tombo, Sr., and Rudolf Tombo, Jr. Boston 1905.

Deutsche Reden in schwerer Zeit. 3 Bde. Berlin 1914/15.

Herrschaft durch Sprache. Politische Reden. Hrsg. von Walter Schafarschik. Stuttgart 1973. (Arbeitstexte f. d. Unterricht, Reclams UB Nr. 9501/01a.)

Reden, die die Welt bewegten. Hrsg. von Karl Heinrich Peter. Stuttgart 1959. (Auswahl unter dem Titel »Berühmte politische Reden des 20. Jahrhunderts« in Goldmanns Gelben Taschenbüchern.)

Reden und Redner des ersten deutschen Parlaments. Hrsg. von Georg Mollat. Osterwieck (Harz) 1895.

Unsterblichkeit. Deutsche Denkreden aus zwei Jahrhunderten. Besorgt und eingeleitet von Gerhart Pohl. Berlin 1942.

Vor der Entscheidung. Reden und Botschaften aus drei Jahrtausenden von Staatslenkern und Feldherren in Zeiten des Krieges. Hrsg. von Franz Iblher. Berlin 1940.

2. Allgemeine, grundlegende oder einführende Literatur

Hermann Ammann: *Die menschliche Rede.* Lahr (Schwarzwald) 1925.

Ernst Robert Curtius: *Europäische Literatur und lateinisches Mittelalter.* Bern ²1954. (Bes. Kapitel 3–8.)

Adolf Damaschke: *Volkstümliche Redekunst.* Jena 1918.

Adolf Damaschke: *Geschichte der Redekunst. Eine erste Einführung.* Jena 1921.

Max Dessoir: *Die Rede als Kunst.* München 1940.

Klaus Dockhorn: *Macht und Wirkung der Rhetorik.* Bad Homburg, Berlin u. Zürich 1968. (Bes. wichtig auch für die Zusammenhänge zwischen Rhetorik, Poetik, Ästhetik.)

Emil Dovifat: *Rede und Redner. Ihr Wesen und ihre politische Macht.* Leipzig 1937.

Erich Drach: *Die redenden Künste.* Leipzig 1926.

Erich Drach: *Redner und Rede.* Berlin 1932.

Ewald Geißler: *Rhetorik.* Leipzig u. Berlin ²1918. 2 Bde.

Hellmut Geißner: *Rede in der Öffentlichkeit. Eine Einführung in die Rhetorik.* Stuttgart, Berlin, Köln u. Mainz 1969. (Überblick über Redegeschichte, Hermeneutik der Rede, rhetorische Kommunikation, Analytik und Kritik.)

Hellmut Geißner: *Rhetorische Analytik.* In: Proceedings of the Sixth International Congress of Phonetic Sciences, Prag 1967. Prag 1970. S. 361–363.

Walter Jens: *Rhetorik.* In: Merker/Stammler, »Reallexikon der deutschen Literaturgeschichte«. 2. Auflage. Berlin u. New York. Bd. 3, 5. Lieferung 1971, S. 432–456. (Sehr informativ, mit umfangreicher Bibliographie.)

Georg Klaus: *Die Macht des Wortes.* Berlin 1972.

Josef Kopperschmidt: ›*Kritische Rhetorik*‹ statt ›*Moderner wissenschaftlicher Rhetorik*‹. In: Sprache im technischen Zeitalter 45 (1973) S. 18–58.

Heinrich Lausberg: *Handbuch der literarischen Rhetorik.* 2 Bde. München 1960. (Das grundlegende Werk über rhetorische Begriffe.)

Heinrich Lausberg: *Elemente der literarischen Rhetorik.* München [2]1963.

Heinrich Lausberg: *Rhetorik.* In: Literatur 2/2. Frankfurt a. M. 1965. S. 474–482. (Fischer Lexikon 35/2.)

Heinz Lemmermann: *Lehrbuch der Rhetorik. Die Kunst der Rede und des Gesprächs.* München [2]1968.

Friedrich Naumann: *Die Kunst der Rede.* In: Fr. N., Werke. Politische Schriften. Hrsg. von Theodor Schieder. Bd. 5. Köln u. Opladen 1964. S. 660–706.

Adolf Philippi: *Die Kunst der Rede.* Leipzig 1896.

Ernst von Possart: *Die Kunst des Sprechens.* Berlin 1909.

Ludwig Reiners: *Die Kunst der Rede und des Gesprächs.* Bern u. München 1955.

Rhetorik, Ästhetik, Ideologie. Aspekte einer kritischen Kulturwissenschaft. Stuttgart 1973.

Friedrich Karl Roedemeyer: *Rede und Vortrag.* Berlin 1933.

Friedrich Karl Roedemeyer: *Die Sprache des Redners.* München u. Berlin 1940.

Irmgard Weithase: *Zur Geschichte der gesprochenen deutschen Sprache.* 2 Bde. Tübingen 1961. (Grundlegende, bisher materialreichste Darstellung des Themas mit umfangreichem Anmerkungsapparat und ausführlicher Bibliographie.)

Maximilian Weller: *Das Buch der Redekunst. Die Macht des gesprochenen Wortes in Wirtschaft, Technik und Politik.* Düsseldorf 1954.

Maximilian Weller: *Die besten Regeln der Rhetorik aus zwei Jahrtausenden. Aussprüche zur Redekunde in der systematischen Anordnung eines Lehrbuchs.* Düsseldorf 1969.

3. Literatur zum Bereich Homiletik, Predigt, Kanzelrede

Joachim Dyck: *Ornatus und Decorum im protestantischen Predigtstil des 17. Jahrhunderts.* In: Zeitschrift für deutsches Altertum, 94 (1965) S. 225 ff.

Hellmut Geißner: *Verkündigen. Gedanken über Sprache und Sprechen.* In: Diakonia, H. 2 (1966) S. 69–79.

Theodor Harnack: *Geschichte und Theorie der Predigt und der Seelsorge.* Erlangen 1878.

Daniel Heinrich Hering: *Die Lehre von der Predigt.* Berlin 1905.

Ernst Lange: *Zur Theorie und Praxis der Predigtarbeit.* Stuttgart u. Berlin 1968.

Carl Georg Heinrich Lentz: *Geschichte der christlichen Homiletik, ihrer Grundsätze und der Ausübung derselben in allen Jahrhunderten der Kirche.* Braunschweig 1839.

Anton Linsenmayer: *Geschichte der Predigt in Deutschland von Karl dem Großen bis zum Ausgang des 14. Jahrhunderts.* München 1886.

Gottfried Merkel: *Predigt/Rede*. In: Literatur 2/2. Frankfurt a. M. 1965. S. 442–457. (Fischer Lexikon 35/2.)

Friedrich Niebergall: *Die moderne Predigt*. Tübingen 1929.

Richard Rothe: *Geschichte der Predigt von den Anfängen bis auf Schleiermacher*. Bremen 1881.

Carl Heinrich Sack: *Geschichte der Predigt in der deutschen evangelischen Kirche von Mosheim bis auf die letzten Jahre von Schleiermacher und Menken*. Heidelberg 1866.

Birgit Stolt: ›*docere, delectare*‹ *und* ›*movere*‹ *bei Luther*. In: Deutsche Vierteljahrsschrift für Literaturwissenschaft und Geistesgeschichte 44 (1970) S. 433–473.

Franz Theremin: *Die Beredsamkeit eine Tugend oder Grundlinien einer systematischen Rhetorik*. Gotha 1888.

Johann Baptist Zarbl: *Handbuch der katholischen Homiletik*. Landshut 1838.

4. Literatur zum Bereich deutsche Rhetorik und Beredsamkeit

Wilfried Barner: *Barockrhetorik. Untersuchungen zu ihren geschichtlichen Grundlagen*. Tübingen 1970. (Materialreiche Zusammenfassung der Entwicklung im Barock, umfangreiche Bibliographie, die auch die zahlreichen rhetorischen Lehrbücher der Epoche aufführt.)

Paul Böckmann: *Formgeschichte der deutschen Dichtung*. Hamburg 1949. (Bes. Kapitel 4 u. 5.)

Friedrich Bouterwek: *Geschichte der Poesie und Beredsamkeit seit dem Ende des 13. Jahrhunderts*. 4 Bde. Göttingen 1801–19.

Heinz Otto Burger: *Dasein heißt eine Rolle spielen. Studien zur deutschen Literaturgeschichte*. München 1963. (Vor allem die relevanten Studien IV, V, VI, IX, X.)

Heinz Otto Burger: *Renaissance, Humanismus, Reformation. Deutsche Literatur im europäischen Kontext*. Bad Homburg v. d. H., Berlin u. Zürich 1969. (Analysiert u. a. die humanistische ›ars movendi‹.)

Joachim Dyck: *Ticht-Kunst. Deutsche Barockpoetik und rhetorische Tradition*. Bad Homburg v. d. H., Berlin u. Zürich 1966.

Joachim Dyck: *Philosoph, Historiker, Orator und Poet. Rhetorik als Verständnishorizont deutscher Literaturtheorie des 17. Jahrhunderts*. In: Arcadia 4 (1969) S. 1–15.

Ludwig Fischer: *Gebundene Rede. Dichtung und Rhetorik in der literarischen Theorie des Barock in Deutschland*. Tübingen 1968. (Wichtige Darstellung mit detaillierter Bibliographie.)

Christian Fürchtegott Gellert: *Wie weit sich der Nutzen der Regeln in der Beredsamkeit und Poesie erstrecke*. In: C. F. G.'s sämtliche Werke. Karlsruhe 1818. Bd. 5. S. 100–126.

Christian Fürchtegott Gellert: *Von den Ursachen des Vorzugs der Alten vor den Neuern in den schönen Wissenschaften, besonders in der Poesie und Beredsamkeit*. In: ebenda, S. 236–255.

Joachim Goth: *Nietzsche und die Rhetorik*. Tübingen 1970. (Gedrängte, perspektivenreiche Studie.)

Johann Gottfried Herder: *Haben wir Deutsche Ciceronen?* und *Sollen wir Ciceronen auf der Kanzel haben?* Aus: Von einigen Nachbildungen der Römer. In: J. G. H., Sämtliche Werke. Hrsg. von B. Suphan. Berlin 1877. Bd. 1. S. 497–513.

Johann Gottfried Herder: *Haben wir noch das Publikum und Vaterland der Alten?* In: Herders Werke in fünf Bänden. Berlin u. Weimar 1964. Bd. 5. S. 117–153.

Johann Gottfried Herder: *Von der Ausbildung der Rede und Sprache in Kindern und Jünglingen*. In: ebenda, S. 362–371.

Alfred Heubaum: *Geschichte des deutschen Bildungswesens seit der Mitte des 17. Jahrhunderts*. Berlin 1905.

Renate Hildebrandt-Günther: *Antike Rhetorik und deutsche literarische Theorie im 17. Jahrhundert*. Marburg a. d. Lahn 1966.

Walter Hinderer: *Das kluge Amphibium. Über Adam Müller*. In: Der Monat, H. 243 (1968) S. 80–86.

Gustav René Hocke: *Manierismus in der Literatur*. Reinbek bei Hamburg 1959. (Bes. Teil 3, S. 123 ff.)

Walter Jens: *Von deutscher Rede*. München 1969. (Neben dem Titelessay enthält der Band Studien über rhetorische Aspekte bei Lessing, Müller, Büchner, Nolde, Thomas Mann und Hofmannsthal.)

Carl Gustav Jochmann: *Wodurch bildet sich eine Sprache?* In: C. G. J., Die Rückschritte der Poesie und andere Schriften. Hrsg. von W. Kraft. Frankfurt a. M. 1967. S. 42–82.

Heinrich Lausberg: *Rhetorik und Dichtung*. In: Der Deutschunterricht, Jg. 18 (1969) H. 6, S. 47–93.

Marie-Luise Linn: *Studien zur Rhetorik und Stilistik im 19. Jahrhundert*. Marburg a. d. Lahn 1964. (Wichtige Arbeit zu dem rhetorischen Zusammenhang im 19. Jahrhundert.)

Herman Meyer: *Schillers philosophische Rhetorik*. In: H. M., Zarte Empirie. Stuttgart 1963. S. 337–389. (Erste begründende Analyse der rhetorischen Einflüsse auf Schiller.)

Adam Müller: *Zwölf Reden über die Beredsamkeit*. Mit einem Essay und einem Nachwort von Walter Jens. Frankfurt a. M. 1967.

Friedrich Nietzsche: *Vom Klang der deutschen Sprache*. Aus: Die fröhliche Wissenschaft, Nr. 104. In: F. N., Werke in drei Bänden. Hrsg. von K. Schlechta. München 1960. Bd. 2. S. 110 f. – Außerdem Nr. 247. Aus: Jenseits von Gut und Böse. Ebenda, S. 714 f.

Armand Nivelle: *Kunst- und Dichtungstheorien zwischen Aufklärung und Klassik*. Berlin 1960.

Erwin Rotermund: *Der Affekt als literarischer Gegenstand. Zur Theorie und Darstellung der Passiones im 17. Jahrhundert.* In: Die nicht mehr schönen Künste. Hrsg. von H. R. Jauß. München 1968. S. 239 bis 269.

Friedrich Schiller: *Ueber die nothwendigen Grenzen beim Gebrauch schöner Formen.* In: Schillers Werke. Nationalausgabe. Weimar 1963. Bd. 21. S. 3–27.

Birgit Stolt: *Studien zu Luthers Freiheitstraktat. Mit besonderer Rücksicht auf das Verhältnis der lateinischen und der deutschen Fassung zu einander und die Stilmittel der Rhetorik.* Stockholm 1969.

Gerhard Storz: *Unsere Begriffe von Rhetorik und vom Rhetorischen.* In: Der Deutschunterricht, Jg. 18 (1966) H. 6, S. 5–14.

Ursula Stötzer: *Deutsche Redekunst im 17. und 18. Jahrhundert.* Halle (Saale) 1962. (Klare, allgemeinverständliche Darstellung.)

Johann Georg Sulzer: *Allgemeine Theorie der schönen Künste.* Reprografischer Nachdruck der 2. vermehrten Auflage Leipzig 1794. Hildesheim 1967. 4 Bde. (Artikel ›Beredsamkeit‹, Bd. 1, S. 364–380; Artikel ›Rede‹, Bd. 4, S. 20–41; Artikel ›Redekunst; Rhetorik‹, Bd. 4, S. 41–66; Artikel ›Redner‹, Bd. 4, S. 69–72.)

Christian Thomasius: *Vom elenden Zustand der Studenten.* In: Chr. Th., Kleine deutsche Schriften. Mit einer Einleitung versehen und hrsg. von J. O. Opel. Halle (Saale) 1894. S. 123–162.

Gert Ueding: *Schillers Rhetorik. Idealistische Wirkungsästhetik und rhetorische Tradition.* Tübingen 1971. (Systematisiert und erweitert die Ansätze von Herman Meyer.)

Heidetraut von Weltzien-Höivik: *Die rhetorische Struktur von Börnes Prosa, aufgezeigt an seinen Theaterkritiken.* Diss. Colorado 1968.

Christian Winkler: *Elemente der Rede. Die Geschichte der Theorie in Deutschland von 1750–1850.* Halle (Saale) 1931.

Marianne Wychgram: *Quintilian in der deutschen und französischen Literatur des Barock und der Aufklärung.* In: Friedrich Mann's Pädagogisches Magazin, Abhandlungen vom Gebiete der Pädagogik und ihrer Hilfswissenschaften. H. 803. Langensalza 1921. (Materialreiche, für das Verständnis der Entwicklung in Deutschland unentbehrliche Darstellung.)

5. Literatur zum Bereich politische Rede

Kenneth Burke: *Die Rhetorik in Hitlers ›Mein Kampf‹ und andere Essays zur Strategie der Überredung.* Frankfurt a. M. 1967. (edition suhrkamp 231.)

Hildegard Gauger: *Die Kunst der politischen Rede in England.* Tübingen 1952.

Hans-Wolf Jäger: *Politische Kategorien in Poetik und Rhetorik der zweiten Hälfte des 18. Jahrhunderts.* Stuttgart 1970.

Eduard Kurka: *Wirksam reden – besser überzeugen. Einführung in die sozialistische Rhetorik.* Halle (Saale) 1970.

Heinrich Laube: *Das erste deutsche Parlament.* In: H. L.'s gesammelte Werke in fünfzig Bänden. Hrsg. von H. H. Houben. Leipzig 1909. Bde. 36, 37, 38.

Walter Magaß: *Das öffentliche Schweigen. Gibt es Maßstäbe für die Kunst der öffentlichen Rede in Deutschland.* Heidelberg 1967.

Hans Mayer: *Rhetorik und Propaganda.* In: H. M., Zur deutschen Literatur der Zeit. Reinbek bei Hamburg 1967. S. 104–117.

Theodor Pelster: *Die politische Rede im Westen und Osten Deutschlands.* Düsseldorf 1966.

Lutz Winckler: *Studie zur gesellschaftlichen Funktion faschistischer Sprache.* Frankfurt a. M. 1970.

Hans Dieter Zimmermann: *Die politische Rede. Der Sprachgebrauch Bonner Politiker.* Stuttgart, Berlin, Köln u. Mainz 1969.

6. Literatur zum Bereich
Sprache und Gesellschaft, Kommunikation

David K. Berlo: *The Process of Communication.* New York 1961.

Walter Dieckmann: *Information oder Überredung.* Marburg a. d. Lahn 1964.

Brigitte Frank-Böhringer: *Rhetorische Kommunikation.* Quickborn bei Hamburg 1963.

Hellmut Geißner: *Rhetorische Kommunikation.* In: Sprache und Sprechen. Hrsg. von W. L. Höffe u. H. Geißner. Düsseldorf-Ratingen 1969. S. 70 bis 81.

George N. Gordon: *Persuasion. The Theory and Practice of Manipulative Communication.* New York 1971. (Mit kritisch ausgewählter Bibliographie.)

Josef Kopperschmidt: *Einführung in die persuasive Kommunikation.* Stuttgart 1973.

Gerhard Maletzke: *Grundbegriffe der Massenkommunikation.* München 1964.

Annamaria Rucktäschel (Hrsg.): *Sprache und Gesellschaft.* München 1972.

Wilbur Schramm (Hrsg.): *Grundfragen der Kommunikationsforschung.* München 1970.

Hugo Steger: *Zwischen Sprache und Literatur.* Göttingen 1967.

Wolf-Dieter Stempel (Hrsg.): *Beiträge zur Textlinguistik.* München 1971.

Harald Weinrich: *Linguistik der Lüge.* Heidelberg 1966.

Deutsche Reden

BERTHOLD VON REGENSBURG

um 1210 bis 1272

Um 1210 in Regensburg geboren, gilt Berthold als der bedeu-
tendste deutsche Prediger des Mittelalters. Hermann von Alt-
aich schreibt, daß er 1250 ein berühmter Prediger mit oft
40 000 Zuhörern gewesen sei. Nach Aventin soll noch im 15.
und 16. Jahrhundert das Volk von nah und fern zum Grabe
des Minoritenpredigers gepilgert sein. Er war David von
Augsburg verbunden, der ihn später als Sozius und Sekretär
auf vielen Predigtreisen begleitete, die Berthold nach Bayern,
ins Rheinland, ins Elsaß, in die Schweiz, durch Schlesien,
Österreich, Mähren und Thüringen führten. Meist sprach er
im Freien, vom Mauerturm oder von einer auf einem Baum
errichteten Kanzel; seine mitreißende Beredsamkeit beschrei-
ben mehrere zeitgenössische Berichte. Bei allen erhaltenen 71
deutschen Predigten handelt es sich um Nachschriften und Be-
arbeitungen, die nur eine mittelbare Vorstellung von den viel-
fältigen rhetorischen Fähigkeiten Bertholds vermitteln. In der
homiletischen Technik hält sich der Franziskaner an die im
13. Jahrhundert üblichen Praktiken der Bettlerorden. Inhalt
der Predigten sind die Beziehung von Glaube und Leben, die
Laster und sozialen Mißstände der Zeit und Aufforderung
zur Buße.
Die hier abgedruckte Predigt wurde, wie der Eingang andeu-
tet, am 4. Juli, vermutlich 1263 oder 1264, gehalten.

Von der ûzsetzikeit[1]

Wer ist der wîse kneht, der getriuwe kneht, dem sîn herre sîn
guot bevilhet[2], und er dâ mite getriuwelîchen wirbet, sô sprichet er: ›nû wis frô, getriuwer kneht, gang in die freude dînes
herren! dû bist getriuwe gewesen über ein wênic: nû wis frô,

getriuwer kneht, gang in die freude dînes herren!‹[3] Den wîsen
kneht, den getriuwen kneht, den dürfen wir niht verre suochen:
daz ist der guote sant Uolrich[4], des tac wir hiute begên. Der
was bischof hie ze Augesburc unde gar ein getriuwer kneht.
Unde dar umbe hât in got gesetzet über allez sîn guot, wan er
hât getriuwelîchen geworben unde wîslîchen mit dem guote,
daz er im bevalch. Im bevalch der almehtige got diz bistuom
hie ze Augesburc, daz er dar über pfleger wære und herre über
liute und über guot und über sêle und über lîp. Des pflag er gar
getriuwelîche, und er nam niht unrehter stiure noch unrehter
zölle, noch brandes noch roubes noch deheiner unrehten wîse
pflac er niht. Er schuof guoten fride in sînem bistuome unde
guotez gerihte geistlîchez unde werltlîchez, unde kristenlîche
lêre die vestente[5] er und ûfente[6] sie mit allem dem daz er solte.
Und alsô pflag er des bistuomes, der liute und ir lîbes und ir
guotes und ir sêlen und ir êren. Und alsô sullent alle die tuon,
den der almehtige got sîn guot bevilhet, daz ist die heilige
kristenheit, als man dâ liset in dem heiligen êwangeliô: ›daz
himelrîche glîchet einem acker, dâ schatz inne verborgen lît;
swâ den ein mensche vindet, daz verkoufet allez sîn guot unde
koufet den acker, daz ieman der schatz werde anders danne
im.‹[7] Unde der schatz ist diu heilige kristenheit, die got eht
tiure erkoufte. Unde swem diu bevolhen ist diu heilige kristenheit, diu sol im gar wol bevolhen sîn, wan des rehten menschen
sêle dîu ist unserm herren ein lieber schatz, unde swem der
selbe schatz bevolhen wirt, der sol sîn gar wîslîchen unde getriuwelîchen pflegen, alsô daz unser herre zuo im spreche: ›nû
wis frô, getriuwer kneht, dû bist getriuwe gewesen über ein
wênic guotes: nû wil ich dich setzen über allez mîn guot; nû wis
frô, getriuwer kneht, gang in die freude dînes herren!‹ Als der
guote sant Uolrich getân hât, alsô sullent alle die tuon, den der
almehtige got die heilige kristenheit bevolhen hât, daz ist der
bâbest und ander geistlîche rihter: den ist der schatz bevolhen
des almehtigen gotes, der kristenmenschen sêle. Sô mac der
bâbest in allen landen niht gesîn, unde dâ von muoz ein ieglich
lant geistlîche lêrer hân, und halt ein ieglich kristenmensche

mac geistlîcher lêre niht enbern. Unde dâ von hât der bâbest
bischöve und ander pfaffeheit gesetzet unde in geistlîche lêre
verlihen, daz sie den gewalt haben ze binden unde ze enbinden.
Unde dâ von ist der pfaffeheit gar nôt, daz sie wol gelernet
haben von guoter kunst unde von guoter wîsheit, wan ez ist gar
maniger leie gebreste an den liuten. Sie sullent ze rehte kiesen
in der bîhte, welher hande gebreste der mensche habe. Ir jungen
priester (die alten wizzent ez selbe wol), ir sullet wizzen, wie
ir einen ieglîchen menschen berihten sullet in der bîhte, ob ez
ûzsetzic oder ûzgebrosten sî, wâ ez ûzgebrosten sî oder wâ ez
ûzsetzic sî. Ez wære gar ein schedelich dinc ob man einen menschen zige daz er ûzsetzic wære und in hin ûz von den liuten
setzte, und ez aller ûzsetzikeit unschuldic wære unde niuwen
ûzgebrosten wære: ez wære gar übel getân. Sô wære daz noch
alse schedelîcher, daz man bî den liuten lieze der ûzsetzic wære:
man sol die ûzsetzigen von den liuten tuon unde die ûzge-
brostenen bî den liuten lâzen. Unde sô ir daz gar erkennet,
welhez ûzgebrosten sî oder welhez ûzsetzic sî, sô sult ir dannoch für baz wizzen, wâ der mensche ûzsetzic sî: ob er an
dem hâre ûzsetzic sî oder an dem fleische oder an dem
velle oder an dem barte oder an dem gewande oder an den
hiusern. Unde daz daz wâr sî, daz hât uns got erzöuget in
der alten ê[8]. Dâ liset man von ûzsetzigen liuten, die wâren
ûzsetzic an dem hâre und an dem velle und an dem barte und
an dem gewande und an den hiusern[9]. Unde dar umb ist es
gar nôt, daz sie wol gelêret sîn die dâ die kristenheit sullen
berihten. Unde dar umb, ir herren und ir frouwen, ir sult iuwer
kinder niht harte twingen zuo lernunge. Sô ir seht, daz sie ungerne lernen, sô sult ir sie dâ von lân; als ir seht, daz sie trüge-
ner und lügener sîn wellen, sô sult ir iuch der sünden erlâzen,
wan alle die sêle die sie alsô versûmen, dâ müezen sie gote an
dem jungesten tage umbe antwürten. Sô habet ir dar umbe
kleine sorge, daz eht man iu die kirchen lîhe, daz ir die niezet
und einem armen pfeffelîn ein wênic dar umbe gebet, daz ir
einem frumen pfaffen niht vil gebet. Ir sult einen leien ûz im
machen, einen krâmer oder einen schuochsuter oder swaz ez

danne sî. Daz ist wæger danne daz der schatz unsers herren
versûmet werde. Und ir, her vitzduom[10], ir sult gar wol wizzen,
swenne ir sie zuo der wîhe leitet, wer der wîhe wert sî. Unde
wîhet ir durch liebe oder durch bete ieman, der ungelêret ist
unde der wîhe niht wert ist, dâ müezet ir gote umbe antwürten
an dem jungesten tage, wan sie sullen gar wol wizzen, wer ûzgebrosten ist oder wer ûzsetzic ist. Ze gelîcher wîse sô stêt ez
umbe die sünden. Ir jungen priester, swer ûzsetzic sî in der
bîhte, dem sult ir unsern herren niemer geben oder erlouben,
weder mit gesundem lîbe, weder mit siechem lîbe noch vor dem
ende noch an dem ende, ez ensî danne daz der mensche wâre
riuwe gewinne unde lûterlîche buoze enpfâhe nâch der gnâde
gotes unde nâch iuwern staten. Daz ist: tœtlîchiu sünde daz ist
ûzsetzikeit; sô sint die tegelîchen sünde ûzgebrochenheit. Dâ
von wære ez gar ein schedelich dinc, swer in der bîhte daz
übersæhe, daz er eine tegelîche sünde zuo einer tœtlîchen
machte oder eine tœtlîche für eine tegelîche machte in der bîhte:
daz wære gar ein schedelich dinc; unde dannoch ouch, welher
leie diu sünde wære unde diu ûzsetzikeit. Unde dar umb, ir
hêrschaft, ir bûliute, ir sult iuwern zehenden gar willeclîche
unde gar durnehteclîche[11] geben. Ir wænet allez, die priester
die iuwer pfarrer sint, die sagen ez iu durch ir selbes gefuore,
durch daz in der zehende werde. Daz ist niht. Unde gedenkent
danne etewenne alsô iuwer sumelîche: ›wê, ez schadet dem
pfaffen niht vil, ob im des zehenden ein teil engêt: sie habent
doch umbe sus gnuoc, sie sint rîch und habent vil mê dan ich:
mir ist sîn vil nœter danne in.‹ Die gedenkent vil tœrlîchen.
Joch was ez hie vor daz man den zehenden ûf dem velde verbrante unde nieman ze nutze wart, unde wolte des got eht niht
enbern, man müeste in durnehteclîchen unde genzlîchen geben.
Daz daz wâr sî daz er des zehenden teils niht wil gerâten, daz
erzöuget er uns in dem paradîse. Dô er Adâme allez daz machte
undertân daz in dem paradîse was, dô verbôt er im einen boum:
den wolte er im selben hân. Nû seht, waz wir dâ von unsælden
iemer mêr haben sît anegenge der werlte[12]! Allez dar umbe, daz
Adam einen einigen apfel stal von unsers herren teile, daz er

im dâ selber hete genomen, dar umbe haben wir iemer mêr wol
sehs tûsent jâr unsælde, nôt und angest gehabt. Waz tuon wir
hie in disem armen jâmertal, in hunger und an durste und an
froste und in angest und in hitze, unde niemer guoten tac gehaben, unde müezen dannoch der sêle vorhte haben, daz wir
uns ze allen zîten müezen hüeten, als liep uns himelrîche sî, vor
unser selbes fleische unde vor des tiuvels ræten unde der werlte
üppikeit, unde dannoch manic tûsent ander stricke, die uns die
tiuvele alle tage legent; unde dannoch, ob wir hiute leben, daz
wir eht niht enwizzen, ob wir morne leben, und enwizzen dannoch niht welhez tôdes wir ersterben, weder wir verbrinnen in
dem fiure oder ertrinken in dem wâge[13], ob wir uns ervallen oder
ersturzen. Nû seht, die ungenâde alle samt haben wir niwan dâ
von, daz her Adam dem almehtigen gote sînen teil ruorte[14]
wider sînen willen unde wider sîn gebot; wan wir wæren alle
samt mit lîbe unde mit sêle ze himelrîche komen, âne müewe und
âne kumber. Nû seht, wie gar griulîchen daz der almehtige got
richet, der im sîn teil mit unrehte nimet, daz ist der zehende.
Des wil der almehtige got niht enbern: als wênic er des boumes
gerâten wolte in dem paradîse, als wênic wil er des zehenden
teils gerâten alles des, daz iu ûf erden wehset, ez sî wîn oder
korn oder swelher leie ez ist, ez sî obz oder swaz ez sî. Des sult
ir niun teil haben, unde gebet unserm herren daz zehende teil,
wan des wil er niht gerâten, und er hât ez iu als vesteclîchen
verboten, als er Adâme daz obz verbôt, wan ez ist sîn teil und
es bestêt iuch niht. Sô wellet ir iuwern snitern lônen ê irz verzehendet. Als irz danne verzehendet habet, sô sullet ir danne
iuwern wercliuten lônen von dem niunden teil, unde niht von
dem zehenden teile; wan swer im des nimet ihtesiht, des sêle
wirt niemer rât von êwen unze êwen. Dâ vor hüete sich alliu
diu werlt, daz ieman dem almehtigen gote an sînem zehenden
kein leit tuo. Wan dô man in verbrante ûf dem velde, dô ge-
torste im nieman dehein leit dran getuon. Und ir müget in nû
zehenstunt gerner unde durnehteclîcher unde genzlîcher geben
danne dô man in verbrante: wan man leget in nû nützelîchen
an. Sît diu kristenheit sô gar wol guoter lêre bedarf unde wîser

pfaffeheit, sô hât man daz nû von der kristenheit ûf gesetzet,
daz man in der pfaffeheit geben sol, daz sie deste baz grôze
wîsheit unde grôze kunst gelêren mügen, daz sie dem almehtigen gote sînen lieben schatz wol behüeten künnen, des rehten
kristenmenschen sêle, als der guote sant Uolrîch und als der
guote sant Nicolaus[15] unde manic ander heilige, die daz himelrîche hânt besezzen mit wîser lêre unde die dâ wol bekanten
die wîsheit von der ûzgebrostenheit.

Die dâ ûzsetzic sint an dem hâre, daz ist zweier hande ûzsetzikeit. Diu ein ist an den pfaffen unde diu ander ist an den leien.
Die sult ir gar wol bekennen, ir gelêrten liute, die, den ez bevolhen ist, in der bîhte und âne bîhte. Diu eine ist: ir sult sehen
an der pfaffen hâr oder der schuoler, die dâ wîhe hânt enpfan-
gen. Die lâzent ir hâr wahsen wider reht durch hôhvart unde
durch lôsheit; daz ist gar ein grôziu ûzsetzikeit. Geschiht es im
nôt, ir sult im unsers herren niemer gegeben mit gesundem lîbe
noch mit siechem lîbe, wan buoze nim ich alle zît ûz. Diu ander
ûzsetzikeit diu ist an der leien hâre, die ir hâr windent unde
snüerent oder die ez anders machent oder verwent[16] danne ez
in der almehtige got gegeben hât. Sô tragent sumelîche[17] man
hâr sam die frouwen lanc. Ir herren, merket mir daz gar eben:
alle die als langez hâr tragent als diu wîp, daz sie rehte wîbes
herzen tragent als diu wîp und an deheiner stat einen man ver-
stên mügent. Pfî dich, Adelheit, mit dînem langen hâre, daz dû
niht enweist wie übel ez dir stêt unde wie lesterlîchen! Und ir
frouwen, ir leget daz jâr wol halbez an iuwer hâr. Ich wil als
verre dar umbe niht reden als ich solte, ich wil dich deheine
îtelkeit lêren: dû kanst ir selbe gnuoc. Und alsô ir jungen priester sullet gar wol bekennen die miselsuht an dem hâre, daz ir
wizzet, wer an dem hâre ûzsetzic sî und wer ûzgebrochen sî an
der tinnen. Daz selbe sint die frouwen allermeist, die ez dâ sô
nœtlîchen machent mit dem hâre unde mit dem gebende[18] unde
mit den sleigern[19], die sie gilwent[20] sam die jüdinne und als die
ûf dem graben gênt und als pfeffinne[21]: anders nieman sol
gelwez gebende tragen. Ir frouwen, ir sult den mannen dehein
gelwez gebende vor tragen, unde des sullent sie iu ouch niht

hengen. Ich sage iu, wie sie her Salomôn heizet an der heiligen
geschrift: er heizet sie schentelâ. Nû wizzet ir wol, swer ein
biderber man[22] ist der heizet der meier[23] oder der schult-
heize[24] oder wie er danne heizet; sô heizet sîn hûsfrouwe diu
meierin oder diu schultheizin. Als danne diu frouwe den namen
verdienet, daz sie heizet schentelâ von dem gelwen gebende, sô
verliuset der man sînen namen, unde der man muoz nâch der
frouwen heizen. Nû wie diu frouwe heizet schentelâ, sô heizet
der man mit allem rehte schandolf. Nû seht, ir herren, wie
gerne ir des gestaten müget, daz ir den namen gewinnet der dâ
heizet schandolf!
Unde die dâ geheizen sint ûzsetzic an dem velle, pfî, daz ist
aller ûzsetzikeite wirstiu[25], die diu werlt ie gewan! Daz sint
die geverweten unde die gemâlten. Sich verwent manige unde
velschent daz antlütze unsers herren, daz er selbe nâch im gebildet hât. Alsô verwete sich einiu in der alten ê, unde des selben tages, dô sie sich gar wol geverwet hete, dô gelac sie des
selben nahtes an dem grunde der helle, und alsô lît sie noch dâ
unde muoz iemer dâ sîn, die wîle got ein herre in dem himel ist.
Diu heizet frou Jesabêl[26], unde brâhte irn man, den künic, dar
zuo, daz er gar ein schandolf wart von ir schanden unde daz er
einen schemelîchen tôt verdiente und ouch schemelîche ein ende
nam unde sie selber dar zuo. Ir verwerinne, pfî! schemest dû
dich des antlützes, daz dir der almehtige got gegeben hât, des
schœnen antlützes, sô schamet er sich dîn ouch iemer und iemer
in sînem rîche êweclîche unde wirfet dich an den grunt der hellen, dâ dîn eht niemer mêr rât wirt, zuo froun Jesabêln unde
zuo hern Lucifer, der sich ouch hœher wolte hân gemachet dan
in got geschuof. Daz sult ir jungen priester gar wol wizzen, waz
ir in dar umbe ze buoze gebet. Wan als vil ein ûzsetzigez harter
zervallen ist danne daz ander, als vil ist ein ûzsetzigiu houbet-
sünde vil ûzsetziger danne diu ander unde martelhafter dâ ze
helle und ouch ze büezen.
Die ûzsetzic sint an dem barte, daz sint die, die dâ übel zungen
tragent. Der sint sibenzehene, die gar vinnic über irn bart sint.
Her Meineider, ir sît gar vinnic[27] über iuwern bart und ir kumet

niemer in daz rîche unsers herren. Ir priester, ir sult in grôze
buoze geben unde frumeclîche buoze, wan ez ist der gar grôzen
vinnen[28] einiu. Unde die ungetriuwen râtgeben, als Achitoffel:
der tet als ungetriuwe ræte, daz manic mensche den lîp dâ von
verlôs. Und ein unsæliger hiez Balaam: der tet einen rât, dâ von
wol vier unde zweinzic tûsent ir lîp verlurn. Und alsô sitzent
zwelfe zesamen in einer stat unde râtent, daz vil manic tûsent
menschen dâ von verderbet wirt an lîbe und an guote; und an
der sêlen ouch: wan ein ieglich mensche muoz dâ von deste kran-
ker an der sêle sîn unde werden, swenne man ez verderbet an
dem guote, âne die gar vollekomenen liute. Jâ dû ungetriuwer
râtgebe, dû kanst ez niemer mêr gebüezen! Und wære daz halt,
daz dû dem almehtigen gote alle die sêle und alle die lîbe gebüez-
test, die von dînem ungetriuwen râte verlorn werdent, sô möh-
test dû daz guot armen liuten unde witwen unde weisen niemer
vergelten, daz sie von dir verliesent. Sô ræest dû hie einen unrehten zol oder ein unreht ungelt oder eine nôtstiure oder eine
unrehte münze, daz dû eht den armen liuten ûffe den rücke
gesetzest, daz sie beschetzet werden von dînem ungetriuwen
râte, den dû dînem herren tuost umb ein lützel guotes. Unde
dû wirdest erslagen bî dînem herren an lîbe und an sêle, alse
an sînes herren sîten der ungetriuwe Balaam umbe sînen ungetriuwen rât. Daz ist ouch der grœsten ûzsetzikeit einiu, die
diu werlt ie gewan, und es ist gar nôt daz man wîslîchen râten
künne umbe die selben vinne. Unde liegen in der bîhte ist gar
ein argiu vinne, unde dâ einer dem andern sîn guot abe erliuget.
Dâ sult ir gar wol drûf sehen, ir jungen priester. Sô ist diu lügen
aber gar vil ûzsetziger, dâ man einen menschen von sînen êren
liuget. Sô ist diu aber vil grœzer, dâ man einen menschen von
sînen friunden liuget, der einem menschen sînen lîp mit lügen
nimet. Sô ist díu aller lügen grœstiu unde wirstiu, diu dâ wider
den heiligen geist ist, als die heiden, juden unde ketzer, die lie-
gent aller lügen wirste, die diu werlt ie gewan oder iemer mêr
gewinnen mac. Daz sult ir jungen priester allez gar wol besehen unde wîslîche in der bîhte, welher leie ein ieglîchiu ûzsetzi-

keit sî, an dem barte und anderswâ; und under den sibenzehe-
nen, welhe swære oder ringe²⁹ sî, unde wie vil einiu grœzer und
schedelîcher sî danne die andern. Pfî, dû pfennincprediger, wie
gar dû zervallen bist umbe dînen bart! Dû bist der aller wirsten
ûzsetzel einer, den dû werlt ie gewan oder iemer mêr gewinnen mac, wan dîn ûzsetzikeit diu ist als grôz, daz sie manigen
ûzsetzic machet, daz sîn niemer rât wirt. Wan dû bist ein morder, dû verderbest dem almehtigen gote ein michel teil sêlen.
Swenne dû ûf stêst unde vergibest einem alle die sünde die er
ie getete umb einen einigen helbelinc oder umb einigen pfen-
ninc, sô wænet er, er habe gebüezet, unde wil für baz niht mêr
büezen. Dû morder gotes unde der werlte unde maniger kri-
stensêle, die dû ermordest mit dînem valschen trôste, daz ir
niemer mêr rât wirt! Unde dû, schelter, dû bist eht ouch gar
zervallen umbe dînen bart. Schelter³⁰ unde fluocher, dîn ûzsetzikeit diu schînet unde stinket ûz aller ûzsetzikeit unde unrei-
niget manige sêle, daz ir niemer rât wirt. Daz sult ir ouch gar
flîzeclîche besehen, welher leie ûzsetzikeit an schelten und an
fluochen sî. Ez fluochent etelîche einem vihe, einem hunde; daz
ist gar sünde. Sô fluochet daz einem menschen; daz ist aber
sünder. Sô fluochent etelîche unde scheltent die heiligen; daz
ist aber sünder. Sô scheltent etelîche unser frouwen; daz ist
ouch gar unde gar sünde. Sô scheltent etelîche den almehtigen
got unde fluochent im; daz ist aber sünder und aller flüeche
wirste und aller schelten wirste, wan ez fluochte der engel hundert tûsent und ahtzic tûsent menschen in einer naht ze tôde.³¹
Unde dar umbe, ir jungen priester, ir sult gar wol wizzen in der
bîhte, welher leie schelten oder fluochen ez sî gewesen. Ez sprichet meistic diu mêrre menige³²: ›ich schilte gerne, ich fluoche
gerne.‹ Sô sint die schelter unde die fluocher gar ungelîch. Einer
ist tûsentstunt vinniger umbe sînen bart danne der ander. Dar
umb ist der pfaffeheit gar nôt guoter künste und guoter wîsheit. Sô heizent ein teil mortbeter, unde sint gar zervallen umb
iren bart vor ûzsetzikeit. Unde spötter, die werltlîcher liute
spottent; daz ist gar übel getân. Der aber geistlîcher liute spottet, daz ist michel wirs getân. Daz sult ir allez wizzen in der

bîhte. Und ungetriuwe ræte, die einen versûment durch miete
an dem guote oder an dem lîbe oder an den êren, alse fürspre-
chen. Sô lobet der einen der ze schelten ist; sô schiltet der einen
der ze loben ist. Sô maniger leie ist diu ûzsetzikeit an dem
barte, daz ez nieman verenden mac.
Sô sint etelîche ûzsetzic an dem gewande.[33] Drîer leie ûzsetzikeit ist an dem gewande, an wüllînem gewande, an belzînem
gewande[34] und an lînînem gewande. Alsô sult ir drîer leie
ûzsetzikeit kiesen, ir priester, in der bîhte an dem gewande.
Diu ein ist, ob ez hôhverteclîche gesniten ist, als ir herren und
ir frouwen nû pfleget. Ir gebet nû mêr von einem gewande ze
lône, danne ir daz gewant koufet. Nû vitschenvêch[35], nû
vitschenbrûn[36], hie den lewen, dâ den hirz, dâ den têren und
hie den affen. Und ir frouwen, ir machet ez gar ze nœtlîche mit
iuwerm gewande, mit iuwern röckelînen: diu næwet ir sô maniger leie unde sô tôrlîche, daz ir iuch möhtet schamen in iuwerm
herzen. Diu ander ûzsetzikeit diu ist: ob ir ez eht alse hôhver-
teclîchen traget, daz ir iuwern lîp dâ mite brankieret[37] unde
gampenieret[38], unde wizzet niht, wie ir gebâren sullet. Dâ mite
sô ruckent siez herwider, sô swenzelieret sie danne an sô
manigen enden mit ir gewendelech, daz man eht ir war neme
unde daz sie îtelkeit und ir üppikeit vollebringen. Diu dritte
ûzsetzikeit ist diu aller wirste. Die sult ir gar wol bedenken in
der bîhte, wan diu ist etewenne grôz und etewenne kleine, und
ist aller ûzetzekeite schedelîchestiu, daz sie nieman gebüezen
mac vil selten oder iemer. Unde dar umbe sô hüete sich alliu
diu werlt vor der ûzsetzikeit. Daz ist: ob sie daz gewant mit
unrehte gewunnen haben, mit wuocher oder mit fürkoufe oder
mit dingesgeben oder mit satzunge oder mit trügenheit an
koufe, an sînem antwerke oder mit diupheit oder mit roube
oder mit swelhem unrehtem gewinne oder mit unrehtem gerihte. Daz ist ein ûzsetzikeit, diu vaste klebet unde vil liute mit
ir zer hellen ziuhet von dem frônen himelrîche, dâ ir niemer
mêre rât wirt von êwen ze êwen. Wan alle die, die unreht guot
wizzentlîche erbent, den geschiht alsam unz an daz vierzigeste
künne. Owê, daz ie dehein touf ûf dich kam, daz sô manic

tûsent sêle von dir verworfen wirt mit der selben ûzsetzikeit
an den grunt der helle daz ir niemer mêre rât wirt! Wâ sitzest
dû dâ vor mînen ougen? dû bist in fremedem gewande her
komen, als der wîssage dâ sprichet zuo der küneginne, hern
Jeroboâmes wîp: ›ganc her în!‹ sprach er, ›ich bekenne dich vil
wol, daz duz diu küneginne bist.‹[39] Alsô sitzet manic mensche
hie vor mînen ougen in fremedem gewande, daz dû mit unrehten gewinnen manigen tac manigem armen menschen abe gebrochen hâst: dem mit unrehtem gerihte, dem mit gewalt. Daz
sult ir herren, ir jungen priester, gar wol erkiesen in der bîhte;
und alse liep iu himelrîche sî, sô sult ir in unsern herren got niemer gegeben, weder mit gesundem lîbe, weder mit siechem lîbe,
weder mit geheizen noch âne geheize; wan manige geheizent iu,
sie wellen gelten unde widergeben nâch gnâden unde nâch rehte.
Dâ sullet ir iuch niht an kêren: wan als sie unsern herren enpfâ-
hent, sô sint sie ouch der sie ê dâ wâren. Dâ von sô heizet iu
guote geheize tuon, daz sie durnehteclîche gelten unde widergeben als verre sie ez geleisten mügen unde die liute wizzen.
Und ir sult ir halt niht bestaten in deheinem gewîhten frîthove
noch an deheiner gewîhten stat. ›Bruoder Berhtolt, war suln
wir in danne tuon?‹ Dâ sult irn an daz velt[40] ziehen, als ein
schelmigez rint[41]: wan er ist ûzsetzic unde schelmic unde sol
in ouch dehein getouftiu hant niemer mêr an gerüeren für daz
diu sêle ûz dem lîbe kumt. ›Wie, bruoder Berhtolt, wie sol
man im danne tuon?‹ Dâ sol man im ein seil an den fuoz legen,
einen rinc soltû machen an dem seile unde solt im den rinc an
den fuoz legen mit einem gäbelehtem holze (allez dar umbe
daz eht dîn getouftiu hant iendert an in rüere) unde solt danne
daz seil zuo ziehen unde binden dînem rosse zuo dem zagel[42],
unde heiz in ûf daz velt ziehen. ›Bruoder Berhtolt, ob diu
swelle danne hôch ist unde wirn an die swellen bringen, sô
müezen wir in dannoch an grîfen.‹ Niht, in deheine wîse! ir
sult eine gruoben in die erden graben under der swellen unde
sult in under der swellen hin an daz velt ziehen als ein schelmigez rint zuo dem galgen unde zuo des galgen friunden oder an
daz wilde mos, wan der lîp ist des tiuvels als ouch diu sêle. Ez

ist allez ûzsetzic, dâ von sol man ez allez tuon von der gemeinde der heiligen kristenheit. Und ir kint, ir sult ê von
iuwern vätern loufen, ê ir daz unrehte guot von in erbet; dienet einem herren: iu ist verre bezzer ein smæhelich leben ûf
ertrîche, wan daz ir hie ûf ertrîche eine kurze wîle ein wênic
wol lebet unde danne iemer mêr êwiclîche mit dem tiuvel brinnet in der êwigen martel. Sît durch den almehtigen got arm,
wan er was gar arm durch iuwern willen, und er sprichet ouch
in dem êwangeliô: ›sælic sint die armen, wan daz himelrîche ist
ir.‹[43] Ir seht wol, wie liep kint vater unde muoter sint. Sô müe-
zent sie sich von in scheiden swenne sie ûzsetzic werdent, daz
kint von dem vater unde der vater von dem kinde unde diu
muoter von dem kinde unde diu frouwe von dem wirte unde
der wirt von der frouwen unde der bruoder von der swester
unde diu swester von dem bruoder, als sie ûzsetzic worden
sint, niht wan von des lîbes ûzsetzikeit alleine. Sô ist díu
ûzsetzikeit gar unde gar schedelîcher: wan des lîbes ûzsetzikeit
diu wert niwan eine wîle ûf ertrîche, die wîle der mensche
lebet; aber sô er gestirbet, sô ist diu sêle als lieht und alse
schœne, sam des aller tiwersten keisers sêle, der ie krône ge-
truoc, ist eht sie âne tôtsünde. Und dâ von ist diu ûzsetzikeit
tûsentstunt schedelîcher, diu dâ heizet gîtikeit. Unde dâ von
gewinnet alle samt wâren riuwen unde geltet unde gebet wider
durch die liebe unsers herren, daz ir iht ûzsetzic werdet von
aller der gemeinde, die diu heilige kristenheit hât, unde von
aller der freude, die die heiligen in dem himelrîche habent,
unde von der barmherzikeit des almehtigen gotes, daz der
niemer mêr deheine erbermede über dich gewinnet. Pfî, gîtiger
mensche, daz dû dich des alles wilt verzîhen umbe ein wênic
guotes, daz dû doch hinder dir muost lâzen unde zergenclich
ist! Unde dar umbe soltest dû hundert künicrîche niht nemen
für daz antlütze unsers herren, daz sô wünneclich unde sô
schœne ist, des almehtigen gotes! Wan dâ wirdest dû von geworfen von rehte als ein ûzsetzel, der gar unde gar zervallen
ist, wan dû wirdest geworfen von aller heiligen gemeinde und
mîner frouwen sant Marîen, daz sie dir niemer mêre deheines

guoten gebitet umb ir liebez trûtkint. Und alle die in der selben ûzsetzikeit sint, die sol man fliehen als man von rehte tuot die vinnigen liute alle. Ir hêrschaft, ir sult sie fliehen und schiuhen mit iuwern kinden, daz ir íuwer kint ír kinden niht geben sult. Unde tuot irz dar über, sô verkoufet ir sie in den êwigen tôt, nû ze dem êrsten an der sêle, und an dem jungesten tage an dem lîbe und an der sêle. Ir knehte und ir dierne, ir sult sie schiuhen mit iuwerm dienste unde sult in niht dienen, wan swaz sie iu gebent daz ist eht allez vinnic, und allez daz ir lebet daz wirt vinnic, und allez daz ir habet daz wirt vinnic, und allez daz ir ezzet unde trinket daz wirt allez vinnic in iuwerm lîbe und iuwer sêle, ob irz wizzentlîche mit in niezet. Ir süne und ir töhter, ir sult sie fliehen, daz ir des vinnigen guotes iht erbet. Unde tuot ir des niht, sô sît ir als vinnic als sie an lîbe und an sêle. Nû seht, ir hêrschaft alle samt, wie gerne ir die ûzsetzikeit fliehen unde schiuhen müget!

Sô sint etelîche ûzsetzic an den hiusern. Die sol man ouch gerne schiuhen, wan zweier leie ûzsetzikeit lît an den hiusern. Diu eine ist: ob dû unrehtvertige liute in dînem hûse hâst, in dînem schirme oder in dînem dienste oder in dîner kost, oder ob sie dir zins dâ von gebent: sô bist dû gar vinnic an dînem hûse, oder ob dû mêr hiuser hâst denne einz. Swen dû dar inne beheltest, der unrehtez leben an im hât, mit dîner wizzende unde mit dînem willen, sô bist dû gar ûzsetzic, unde dir sol dehein priester unsern herren niemer gegeben alle die wîle diu ûzsetzikeit an dir klebet. Dû solt reiniu hiuser haben, dû solt reine gesinde haben, dû solt rehte mâze und rehte wâge in dînem hûse haben: sô wirt dir got wegende mit der rehten mâze unde mit der rehten wâge. Dar umbe sult ir rehte liute in iuwern hiusern haben, die dâ lebent mit der rehten mâze, die niht mit unkiuschem leben umbe gênt noch mit êbrechen noch mit roube noch mit brande, noch die in der âhte noch in dem banne niht ensint. Und alle, die dâ sô getâne liute behaltent unde heyent in den hiusern, die sint ûzsetzic an den hiusern unde vinnic an der sêle. Ir herren, die dâ lant unde liute habent, die gêt diu ûzsetzikeit an, die dâ haltent strâzenrouber

unde diebe unde lantrouber unde gewaltesære[44], unde die den
liuten schedelîche fuoter snîdent oder gras, unde die æhter behaltent oder verbannen liute unde ketzer: swer die wider reht
hiuset oder hovet unde schirmet oder in ir koste hât, die müe-
zent alle gote dar umbe antwürten. Die armen liute habent
ouch üzsetzikeit an irn hiusern. Daz sint die dâ unfuore trî-
bent, die umb ein genäschelîn zwei in eine kamer stôzent. Sich,
alliu diu werlt diu möhte dîne martel niht erlîden, die dû dar
umbe lîden muost. Dû bist gar vinnic an der sêle. Ir priester,
ir sullet in unsern herren niemer gegeben weder mit gesundem lîbe noch mit siechem lîbe. Und alle, die sô getâner dinge
in ir hiusern gestatent ze tuonne, ez sîn gastgeben[45] oder ander
liute: swelich gastgebe oder wînman mit sîner wizzende sô
getâner dinge gestatet oder spiles, ez sî gelîches spiles oder
ungelîches, der ist üzsetzic an sînem hûse unde vinnic an der
sêle unde des wirt niemer rât von êwen ze êwen, die wîle got
in dem himel ein herre ist. Diu ander üzsetzikeit, diu an den
hiusern lît, diu ist: diu hiuser sullent reine gesinde haben; sô
sullent sie ze dem andern mâle reiniclîche erbûwen sîn. Ir herren, daz gêt iuch aber an, ir ritter, daz ir als gerne hiuser
bûwet mit armer liute schaden. Der muoz iu eine woche helfen, der einen tac, ie dar nâch und iuch guot dunket; der mit
sîme vihe und mit im selben, unde der mit sîme knehte, und
erwürget etewenne sîn vihe an iuwern hiusern, daz der acker
allez daz jâr deste wirser wirt gebûwen. Sô muoz der sînen
kneht dar lîhen oder er selber dâ sîn unde sûmet sich, daz ez
im ein jâr schaden muoz. Sô muoz im dér stiure dar zuo geben, daz irz in eime jâre niht überwindet. Daz ist allez grôz
üzsetzikeit, und iuwerr sêle wirt niemer rât. Sô sint ouch ander
liute hiuser in der üzsetzikeit, daz ist: daz sie mit unrehtem
gewinne dar gebûwen sint. Unde dâ von liset man in der alten
ê,[46] daz man alliu jâr dar gienc, unde was ein stein üzsetzic,
den hiez man üzbrechen. Ze dem andern jâre sô gienc man
aber: was danne einer oder zwêne üzsetzic, sô brach man sie
aber ûz. Wâren danne der steine ze vil üzsetzic, sô muoste
man daz hûs zerfüeren und an daz velt füeren. Sich, was mei-

net daz? Dâ ist uns bî bezeichent, daz ir jungen priester alliu jâr in der bîhte besehen sullet, ob der wuocheræere oder der fürköufer iendert kein pfunt unrehtes guotes habe, daz er daz gelte unde widergebe. Ze dem andern jâre, sô tuot aber daz selbe. Pfî, gîtiger, wie gar an sô manigem ende dû an dem blate stâst! Ich kan eht niendert mich vor dir verbergen. Und alsô sullet ir alliu jâr besehen, wie vil er unrehtes guotes habe. Wil ab er sîn niht bîhten noch gelten noch widergeben, sô sol man daz hûs gar zerbrechen und ûz an daz velt füeren. Unde daz ist alsô gemeinet, daz dise gîtigen liute niht wellen von dem unrehten guote lân, sô sol man sie über irn danc dâ von bringen: man sol in gebieten ûf daz capitel unde sol sie mit geistlîchem gerihte dar zuo twingen, daz sie gelten unde wider-geben. Unde swenne es der geistlîche rihter niht enbern wil, sô muoz er im allez daz gelten unde widergeben, daz er im ze rehte sol. Und alsô was der guote sant Uolrîch, des hôchgezît man hiute begêt in der heiligen kristenheit an etelîcher stat, ein getriuwer kneht und ein wîser kneht mit rehtem gerihte unde mit rehter lêre unde mit allen guoten dingen. Unde dâ von hât in got gesetzet über allez sîn guot unde sprichet nû: ›wis frô, getriuwer kneht! ganc in die freude dînes herren.‹ Unde daz wir daz alle verdienen mit dem guote, daz uns got verlihen und bevolhen hât (daz ist diu heilige sêle unde der heilige touf unde die fünf sinne), daz wir dâ mit alsô gewer-ben, daz er frœlîche zuo uns spreche, zuo den gelêrten unde zuo den ungelêrten an dem jungesten tage: ›nû wis frô, ge-triuwer kneht! ganc in die freude dînes herren‹: daz uns daz allen widervarn müeze, nû des êrsten an der sele und an dem jungesten suontage an lîbe und an sêle, daz verlîhe uns der vater unde der sun unde der heilige geist unde mîn frouwe sant Marîâ. Âmen.

Quelle: Berthold von Regensburg. Vollständige Ausgabe seiner deutschen Predigten mit Einleitungen und Anmerkungen von Franz Pfeiffer und Joseph Strobl. Mit einer Bibliographie und einem überlieferungsgeschicht-lichen Beitrag von Kurt Kuh. Berlin: de Gruyter 1965. (Deutsche Neu-drucke, Reihe: Texte des Mittelalters, Bd. I.) S. 110–123.

Anmerkungen

1. Übersetzung des Textes siehe S. 87.
2. anbefahl, anvertraute.
3. Matth. 25,21.
4. Bischof Ulrich von Augsburg (890–973), der beim Ungarneinfall 955 die Stadt verteidigte, 993 heiliggesprochen wurde. Ulrichstag ist der 4. Juli.
5. verankerte, machte fest.
6. erhöhte.
7. Matth. 13,44.
8. im alten Testament.
9. 3. Mose 13.
10. Verwalter, Statthalter.
11. vollkommen, auch treu, fromm.
12. Anfang der Welt.
13. im Wasser (Bedeutung von Meer, Strom, Fluß, See, Teich).
14. berührte, ergriff.
15. legendärer Heiliger, der seit dem 10. Jahrhundert auch in Deutschland verehrt wird; Schutzpatron u. a. der Schiffer und Kaufleute; Nikolaustag ist der 6. Dezember. Heute vielfach mit Knecht Ruprecht gleichgesetzt.
16. färben.
17. zahlreiche.
18. Bandschleifen, Kopfputz der Frauen.
19. Kopftüchern.
20. die sie gelb machen.
21. Pfaffendirne.
22. rechtschaffener, ehrenwerter Mann.
23. Amtmann, Gutsverwalter; führt für einen Feudalherren die Aufsicht über die Bewirtschaftung der Güter, übt auch niedere Gerichtsbarkeit aus.
24. derjenige, der Schulden, Verpflichtungen verschreibt; Ortsvorsteher im Dorf, Bürgermeister in der Stadt.
25. ûzsetzikeite wirstiu: die schlimmste Form des Aussatzes.
26. 2. Kön. 9,30–37.
27. rasend, toll.
28. Schmerzen.
29. vornehm oder gering.
30. Lästerer.
31. 2. Kön. 19,35.
32. diu mêrre menige: die überwiegende Mehrheit.
33. 3. Mose 13,47–59.
34. Pelzgewand.
35. gefleckter Pelz.

36. brauner Pelz.
37. prunken.
38. tänzeln.
39. 1. Kön. 14,6.
40. hier ›Schindanger‹.
41. schelmigez rint: von der Pest befallenes Rind.
42. Schweif.
43. Matth. 5,3.
44. Gewalttäter.
45. Gastwirte.
46. 3. Mose 14,34–45.

Übersetzung

Von der Aussätzigkeit

Wer ist der weise Knecht, der getreue Knecht, dem sein Herre sein Gut anbefiehlt? Wenn der damit getreu waltet, so spricht der Herre: »Nun sei froh, getreuer Knecht, geh ein in die Freude deines Herren. Du bist getreu gewesen über ein wenig! Nun sei froh, getreuer Knecht, geh ein in die Freude deines Herren!« Den weisen Knecht, den getreuen Knecht, den brauchen wir nicht weit suchen. Das ist der gute sant Ulrich, des Tag wir heute begehn. Der was Bischof hie zu Augsburg und gar ein getreuer Knecht. Darum hat ihn Gott gesetzet über all sein Gut, denn er hat getreu verwaltet und weise das Gut, das der ihm anbefahl. Ihm anbefahl der allmächtige Gott dies Bistum hie zu Augsburg, daß er darüber Pfleger wäre und Herre über Leute und über Gut und über Seele und über Leib. Des pflag er treulich. Und er nahm nicht ungerecht Steuer noch ungerecht Zölle; noch Brand noch Raub noch irgendein ander Unrecht tat er. Er schuf guten Frieden in seinem Bistume und gut Gericht, geistlich und weltlich; und christliche Lehre, die befestigte er und erhöhte sie mit allem, was er konnte. Und also pflag er auch des Bistumes, der Leute und ihres Leibes und ihres Gutes und ihrer Seelen und ihrer Ehren. Und also sollen alle die tun, denen der allmächtige Gott sein Gut anbefiehlt: nämlich die heilige Christenheit, wie man da lieset in dem heiligen Evangelio: »Das Himmelreich gleichet einem Acker, darinnen ein Schatz verborgen liegt; wenn den ein Mensch findet, der verkaufet all sein Gut und kaufet den Acker, daß niemand anders der Schatz werde als ihm.« Und der Schatz ist die heilige Christenheit, die Gott teuer erkaufte. Und wem die anbefohlen ist, die heilige Christenheit, dem soll sie gar wohl anbefohlen sein, denn des gerechten Menschen Seele, die ist unserm Herren ein lieber Schatz. Und wem dieser selbe Schatz anvertraut wird, der soll sein gar weislich und treulich pflegen, also daß unser Herre zu ihm spreche: »Nun sei froh, getreuer

Knecht, du bist getreu gewesen über ein wenig Gut! Nun will ich dich
setzen über all mein Gut. Nun sei froh, getreuer Knecht, geh ein in die
Freude deines Herren!« Wie der gute sant Ulrich getan hat, also sollen
alle die tun, denen der allmächtige Gott die heilige Christenheit anbefohlen hat: nämlich der Papst und andre geistliche Richter. Denen ist der
Schatz anbefohlen des allmächtigen Gottes: der Christenmenschen Seele.
Es kann aber der Papst in allen Landen nicht sein, und darum muß ein
jeglich Land geistliche Lehrer han, und halt ein jeglich Christenmensch
kann geistlicher Lehre nicht entbehren. Darum hat der Papst Bischöfe und
andre Pfaffheit gesetzet und ihnen geistlichen Auftrag verliehen, auf daß
sie die Gewalt han zu binden und zu entbinden. Und darum ist der Pfaffheit gar nötig, daß sie wohl gelernet han gute Kunst und gute Weisheit,
denn es ist gar mancherlei Gebreste an den Leuten. Sie sollen recht finden
in der Beichte, welcherlei Gebresten der Mensch habe.
Ihr jungen Priester (die alten wissen es selber wohl), ihr sollt wissen, wie
ihr einen jeglichen Menschen in der Beichte, ob er ausschlägig oder
ausschlägig sei, wo er ausschlägig sei oder wo er aussätzig sei. Es wäre gar
ein schädlich Ding, wenn man einen Menschen des zeihe, daß er aussätzig
wäre und ihn hinweg von den Leuten setzte und er doch aller Aussätzigkeit unschuldig und nur ausschlägig wäre. Das wäre gar übel getan. Das
wäre aber noch schädlicher, daß man bei den Leuten den ließe, der aussätzig wäre. Man soll die Aussätzigen von den Leuten tun und die Aus-
schlägigen bei den Leuten lassen. So ihr das ganz und gar erkennet, was
ausschlägig oder was aussätzig sei, so sollet ihr dennoch hierbei wissen,
wo der Mensch aussätzig sei: ob er am Haare aussätzig sei oder am Fleische oder an der Haut oder am Barte oder am Gewande oder an den
Häusern. Daß das wahr ist, das hat uns Gott gezeiget im Alten Bunde. Da
lieset man von aussätzigen Leuten, die waren aussätzig an dem Haare und
an der Haut und am Barte und am Gewande und an den Häusern. Und
darum ist es gar nötig, daß die wohl gelehret seien, die die Christenheit
sollen unterweisen. Und darum, ihr Männer und ihr Frauen, ihr sollt eure
Kinder nicht sehr zwingen zum Lernen. So ihr seht, daß sie ungerne lernen, so sollt ihr sie davon lassen. Wenn ihr seht, daß sie Betrüger und
Lügner sein wollen, so sollt ihr sie davon abhalten. Ihr sollt euch der
Sünden enthalten, denn all die Seelen, die ihr also versäumet, die müssen
sich Gotte am Jüngsten Tage darum verantworten. Ihr sollt einen Laien
aus ihm machen, einen Kramer oder einen Schuster oder was es sonst sei.
Das ist besser, als daß der Schatz unsres Herren versäumet werde.
Und Ihr, Herr Vitzthum, ihr sollt gar wohl wissen, wann ihr sie zu der
Weihe leitet, wer der Weihe wert sei. Und weihet ihr aus Liebe oder auf
Bitten jemand, der ungelehret ist und der Weihe nicht wert ist, so müßt
ihr Gott euch verantworten am Jüngsten Tage. Ihr sollt gar wohl wissen,
wer ausschlägig ist und wer aussätzig ist.
Ebenso steht es um die Sünden. Ihr jungen Priester, wer aussätzig ist in

der Beichte, dem sollt ihr unsern Herren nimmer geben oder zugestehen, weder bei gesundem Leibe, weder bei siechem Leibe noch vor dem Ende noch an dem Ende; es sei denn, daß der Mensch wahre Reue gewinne und lautre Buße empfahe nach der Gnade Gottes und durch eure Hilfe. *Todsünde, das ist Aussätzigkeit; die täglichen Sünden sind Ausschlag.* Darum wäre es gar ein schädlich Ding, wer in der Beichte das übersähe, daß er eine tägliche zu einer Todsünde mache oder eine Todsünde zu einer täglichen. Das wäre gar ein schädlich Ding. Und dann müssen sie auch wissen, welcher Art die Sünde ist und die Aussätzigkeit. Und darum ihr Leute, ihr Bauerleute, ihr sollt eure Zehnten gar willig und gar vollständig geben. Ihr wähnet alle, die Priester, die eure Pfarrer sind, die sagen es euch zu ihrem Vorteile, auf daß ihnen der Zehnte werde. So ist es nicht. Und manchmal denken einige unter euch also: »Ach, es schadet dem Pfaffen nicht viel, ob ihm vom Zehnten ein Teil entgeht. Sie han doch sonst genug, sie sind reich und han viel mehr als ich. Mir ist es viel nötiger als ihnen.« Die denken wie Toren. Es was hievor, daß man den Zehnten auf dem Felde verbrannte und er niemand zunutze ward. Doch wollte Gott auf ihn nicht verzichten, man sollte ihn voll und ganz geben. Daß das wahr sei, daß er des zehnten Teils nicht entraten will, das zeiget er uns im Paradiese. Da er Adam alles das machte untertan, das in dem Paradiese was, da verbot er ihm einen Baum, den wollte er für sich selber han. Nun seht, was wir dadurch für Unsälde han seit Angange der Welt, allein darum, daß Adam einen einzigen Apfel stahl von unsers Herren Teile. Daß er ihn sich selber hatte genommen, darum han wir wohl sechstausend Jahr Unsälde, Not und Angst gehabt. Was wir hie tun in diesem armen Jammertal, in Hunger und in Durst und in Frost und in Hitze und in Angst, so werden wir nimmer einen guten Tag han und müssen dennoch für unsre Seele Furcht han, daß wir uns zu allen Zeiten müssen hüten, wenn uns das Himmelreich lieb ist, vor unserm eignen Fleische und vor des Teufels Räten und der Welt Üppigkeit und noch manch tausend andern Stricken, die uns die Teufel alle Tage legen. Und dennoch, wenn wir heute leben, wissen wir nicht, ob wir morgen leben, und wissen nicht, welches Todes wir sterben, ob wir verbrennen im Feuer oder ertrinken in der Woge, ob wir uns zu Tode fallen oder stürzen. Nun seht, die Ungnade allesamt han wir nur davon, daß Herr Adam dem allmächtigen Gotte seinen Teil anrührte wider seinen Willen und wider sein Gebot, sonst wären wir allesamt mit Leib und mit Seele in das Himmelreich kommen, ohne Mühe und ohne Kummer. Nun seht, wie gar greulich das der allmächtige Gott rächt, wenn man ihm seinen Teil mit Unrecht nimmt, das heißt den Zehnten. Darauf will der allmächtige Gott nicht verzichten. So wenig er des Baumes entraten wollte im Paradiese, so wenig will er auf den zehnten Teil verzichten von all dem, das auf Erden wächst, es sei Wein oder Korn oder welcherlei sonst, Obst oder was es auch sei. Davon sollt ihr neun Teile han, aber gebet unserm Herren den zehnten Teil. Denn er will nicht darauf

verzichten, und er hat es euch so sehr verboten, wie er Adame das Obst
verbot, denn es ist sein Teil, und es gehört euch nicht. So sollt ihr euern
Schnittern lohnen, ehe ihr's verzehntet. Wenn ihr dann verzehntet habt, so
sollt ihr euern Werkleuten lohnen von dem neunten Teil und nicht von
dem zehnten Teil; denn wer davon etwas nimmt, dessen Seele wird nimmer Rat von Ewigkeit zu Ewigkeit. Davor hüte sich all die Welt, daß
jemand dem allmächtigen Gotte an seinem zehnten Teile Leid tue. Denn
da man ihn verbrannte auf dem Felde, wagte ihm niemand ein Leid daran
tun. Und ihr könnt ihn nun zehnmal lieber und besser und gänzlicher
geben, als da man ihn verbrannte, denn man wendet ihn nun nützlich an.
Da die Christenheit gar wohl guter Lehre bedarf und weiser Pfaffheit, so
hat man das nun in der Christenheit eingesetzt, daß man ihn der Pfaffheit
geben soll, auf daß sie desto besser große Weisheit und große Kunst lehren
können, auf daß sie dem allmächtigen Gotte seinen lieben Schatz wohl
behüten, des rechten Christenmenschen Seele, wie der gute sant Ulrich und
der gute sant Nikolaus und manch ander Heiliger, die das Himmelreich
han erworben mit weiser Lehre, und die da wohl unterschieden die Weisheit vom Ausschlage.

Der *Aussätzigkeit am Haare* ist zweierlei. Die eine ist an den Pfaffen, und
die andre ist an den Laien. Die sollt ihr gar wohl kennen, ihr gelehrten
Leute, ihr, denen es anvertraut ist in der Beichte und ohne Beichte. Ihr
sollt sie sehen an der Pfaffen Haar oder dem der Schüler, die da die
Weihen empfangen han. Die lassen ihr Haar wachsen wider Recht aus
Hoffart und aus Leichtsinn. Das ist gar eine große Aussätzigkeit. Ihr sollt
ihnen unsern Herren nimmer geben, weder bei gesunden Leibe noch bei
siechem Leibe. Buße nehm ich allezeit aus.

Die andre Aussätzigkeit, die ist an der Laien Haar, die ihr Haar wickeln
und schnüren oder die es anders machen oder färben, als es ihnen der allmächtige Gott geben hat. So tragen etliche Männer die Haare lang wie die
Frauen. Ihr Herren, merket mir das genau! Alle, die so langes Haar tragen
wie die Weiber, han auch rechte Weiberherzen wie die Weiber und können
an keiner Stelle einen Mann vorstellen. Pfui über dich, Adelheid, mit deinem langen Haare, daß du weißt, wie übel es dir steht und wie
lästerlich! Und ihr Frauen, ihr wendet wohl ein halb Jahr auf euer Haar.
Ich will weiter davon nicht reden, wie ich sollte. Ich will doch keine Eitelkeit lehren, du kennst ihrer selber genug. Und also, ihr jungen Priester,
ihr sollt gar wohl erkennen die Miselsucht an dem Haare, auf daß ihr
wißt, wer an dem Haare aussätzig ist und wer ausschlägig an der Stirn.
Das sind die Frauen zu allermeist, die sich so hoffärtig machen mit dem
Haare und mit dem Gebände und mit den Schleiern. Die gilben sie wie die
Jüdinnen und wie die, die auf den Graben gehen, und wie Pfäffinnen.
Niemand anders soll gelbes Gebände tragen. Ihr Frauen, ihr sollt vor den
Männern kein gelbes Gebände tragen, und sie sollen es an euch auch nicht
hängen. Ich sage euch, wie sie Herr Salomon heißet in der Heiligen Schrift.

Er heißet sie Schentela. Nun wißt ihr wohl, wer ein biedrer Mann ist, der heißet der Meier oder der Schultheiß oder sonstwie. So heißet seine Hausfraue die Meierin oder die Schultheißin. Wenn aber die Fraue den Namen verdienet, daß sie heißet Schentela von dem gelben Gebände, so verlieret der Mann seinen Namen, und der Mann muß nach der Frauen heißen. Wie nun die Fraue heißet Schentela, so heißet der Mann mit allem Rechte Schandolf. Nun seht, ihr Herren, ob gerne ihr das erlauben könnt, daß ihr den Namen gewinnet, der da heißet Schandolf.

Und die da geheißen sind *Aussätzige an der Haut*, pfui, das ist aller Aussätzigkeit Schlimmste, die die Welt je gewann! Das sind die Gefärbten und die Gemalten. Es färben sich manche und fälschen das Antlitz unsres Herren, das er selbst nach sich gebildet hat. So färbte sich eine im Alten Bunde, und am selben Tage, da sie sich gar wohl gefärbt hatte, da lag sie in derselben Nacht auf dem Grunde der Höllen. Also liegt sie noch dort und muß immer dort sein, solange Gott ein Herre in dem Himmel ist. Sie heißet Jesabel und brachte ihren Mann, den König, dazu, daß er gar ein Schandolf ward durch ihre Schande, und daß er einen schmählichen Tod verdiente und auch schmählich ein Ende nahm und sie selber dazu. Ihr Färberinnen, pfui! Schämst du dich des Antlitzes, das dir der allmächtige Gott geben hat, des schönen Antlitzes, so schämet er sich deiner auch immer und immer in seinem Reiche ewiglich und wirft dich auf den Grund der Höllen, wo dein nimmermehr Rat wird, zu Frau Jesabeln und zu Herrn Luzifer, der sich auch höher wollte han gemachet, als ihn Gott schuf. Und ihr jungen Priester sollt gar wohl wissen, was ihr ihnen darum als Buße gebet. Denn wie ein Aussätziger härter gefallen ist als eine andrer, so ist eine aussätzige Hauptsünde viel aussätziger als die andre und marterhafter in der Hölle und auch schwerer zu büßen.

Die *aussätzig sind an dem Barte*, das sind die, die da boshafte Zungen tragen. Deren sind siebzehn, die gar unrein an ihrem Barte sind. Herr Meineider, ihr seid gar unrein an eurem Bart, und ihr kommet nimmer in das Reich unsers Herren. Ihr Priester, ihr sollt ihnen große Buße auferlegen und vollständige Buße, denn es ist der gar großen Aussätzigkeit eine. Und die ungetreuen Ratgeber wie Achitoffel! Der tat so ungetreuen Rat, daß manch Mensch das Leben dadurch verlor. Und ein Unseliger hieß Balaam, der tat einen Rat, durch den wohl vierundzwanzigtausend ihr Leben verloren. Und also sitzen zwölfe zusammen in einer Stadt und raten, daß manch tausend Menschen dadurch verdorben werden an Leben und an Gute und an der Seele auch. Denn ein jeglich Mensch muß dadurch desto kränker an der Seele sein und werden, wenn man ihn verdirbt am Gute, außer die ganz vollkommenen Leute. Fürwahr du ungetreuer Ratgeber, du kannst es nimmermehr büßen! Und geschähe das, daß du dem allmächtigen Gotte all die Seelen und all die Leben büßtest, die durch deinen ungetreuen Rat verloren werden, so brächtest du das Gut armen Leuten und Witwen und Waisen nimmer wieder, das sie durch dich ver-

lieren. So ratest du hie zu einem unrechten Zoll oder zu einem unrechten
Ungelde oder zu einer Notsteuer oder zu einer unrechten Münze, die du
den armen Leuten auf den Rücken setzest, auf daß sie geschatzt werden
durch deinen ungetreuen Rat, den du deinem Herren gibst um lützel Gut.
Und du wirst erschlagen mit deinem Herren an Leib und an Seele, wie an
seines Herren Seite der ungetreue Balaam um seines ungetreuen Rates. Das
ist auch der größten Aussätzigkeit eine, die die Welt je gewann, und es ist
gar nötig, daß man weise rate wegen dieser Aussätzigkeit.

Auch Lügen in der Beichte ist eine gar arge Aussätzigkeit, und so einer
dem andern sein Gut ablüget. Da sollt ihr gar wohl drauf sehen, ihr jungen Priester. Es ist die Lüge aber gar viel aussätziger, so man einen Menschen um seine Ehre bringet. Es ist aber die viel größer, so man einen
Menschen von seinen Freunden bringet und so man einen Menschen um
Leben durch Lügen bringet. Die ist aller Lügen größte und schlimmste, die
da wider den Heiligen Geist ist, wie die Heiden, Jüden und Ketzer. Die
lügen aller Lügen schlimmste, die die Welt je gewann oder jemals gewinnen kann. Das sollt ihr jungen Priester alles gar wohl beachten und klug
in der Beichte, welcher Art eine jegliche Aussätzigkeit sei, am Barte oder
anderswo, und unter den siebzehn, welche schwer oder geringe ist, und
wieviel eine größer und schädlicher sei als die andern.

Pfui, du Pfenningprediger, wie ganz bist du verdorben um deinen Bart.
Du bist der allerschlimmsten Aussätzigen einer, den die Welt je gewann
oder gewinnen kann. Denn deine Aussätzigkeit, die ist so groß, daß sie
manchen aussätzig macht, daß seiner nimmer Rat wird. Denn du bist ein
Mörder, du verdirbst dem allmächtigen Gotte ein groß Teil Seelen. Wenn
du aufstehst und vergibst einem all die Sünden, die er je tat, um einen
einzigen Helbling oder um einen einzigen Pfenning, so wähnet er, er habe
gebüßet und will fürder nicht mehr büßen. Du Mörder Gottes und der
Welt und mancher Christenseele, die du mordest durch deinen falschen
Trost, daß ihrer nimmermehr Rat wird!

Und du Schelter, du bist auch gar verdorben um deinen Bart. Schelter und
Flucher, deine Aussätzigkeit, die scheinet und stinket aus aller Aussätzigkeit und macht unrein manche Seele, daß ihrer nimmer Rat wird. Darauf
sollt auch ihr gar fleißig sehen, welcherlei Aussätzigkeit an Schelten und
an Fluchen ist. Es fluchen etliche einem Vieh, einem Hunde; das ist gar
Sünde. So fluchet der einem Menschen, das ist abermals Sünde. So fluchen
etliche und schelten die Heiligen, das ist abermals Sünde. So schelten etliche
unsre liebe Frauen, das ist ganz und gar Sünde. So schelten etliche den
allmächtigen Gott und fluchen ihm, das ist abermals Sünde und aller
Flüche schlimmster und alles Scheltens schlimmstes, denn es verfluchte der
Engel hunderttausend und achtzigtausend Menschen in einer Nacht zu
Tode. Und darum, ihr jungen Priester, ihr sollt gar wohl wissen in der
Beichte, welcherlei Schelten oder Fluchen es gewesen sei. Es spricht zumeist
der größte Teil: »Ich schelte gerne, ich fluche gerne.« Es sind aber die

Schelter und die Flucher gar ungleich. Einer ist tausendmal unreiner um seinen Bart als der andre. Darum ist gar übel getan. Wer aber geistlicher Leute spottet, das ist viel schlimmer getan. Das sollt ihr alles wissen in der Beichte. Und ungetreue Räte lassen einen im Stich um Lohn am Gute oder an dem Leibe oder an den Ehren, wie Fürsprecher. So lobet der einen, der zu schelten ist, und schilt der einen, der zu loben ist. So mancherlei ist die Aussätzigkeit am Barte, daß es niemand zu Ende bringen kann.

Etliche aber sind *aussätzig am Gewande.* Dreierlei Aussätzigkeit ist an dem Gewande, an wollnem Gewande, an pelzenem Gewande und an leinenem Gewande. Also sollt ihr dreierlei Aussätzigkeit herausfinden, ihr Priester, in der Beichte an dem Gewande. Die eine ist, ob es hoffärtig geschnitten ist, wie ihr Herren und ihr Frauen nun tut. Ihr gebet jetzo mehr für ein Gewand zum Lohne, als ihr das Gewand zahltet. Jetzo ganz bunt, jetzo ganz braun, hie den Löwen, da den Hirsch, da den Toren und hie den Affen. Und ihr Frauen, ihr machet es gar zu zierlich mit euerm Gewande, mit euern Röckchen. Die näht ihr so mannigfach und so recht wie Toren, daß ihr euch solltet schämen in euerm Herzen. Die andre Aussätzigkeit, die ist, ihr traget es so hoffärtig, daß ihr mit euerm Leibe prunket und tänzelt und gar nicht wisset, wie ihr euch gebaren sollt. Die rücken es hin und her, so schwänzeln die dann überall mit ihrem Gewändelchen, daß man sie wahrnehme, und daß sie Eitelkeit und Üppigkeit treiben.

Die dritte Aussätzigkeit ist die allerschlimmste. An die sollt ihr gar wohl denken in der Beichte. Denn die ist manchmal groß und manchmal klein und ist aller Aussätzigkeit schädlichste, daß sie niemand büßen kann, selten oder nimmer. Und darum so hüte sich alle Welt vor der Aussätzigkeit, nämlich, daß ihr das Gewand auf unrechte Weise gewonnen habt durch Wucher oder durch Vorkauf oder durch Dingesgeben oder durch Satzung oder durch Betrug im Handel, im Handwerke oder durch Diebstahl oder durch Raub oder durch sonst welch unrechten Gewinn oder unrecht Gericht. Das ist eine Aussätzigkeit, die fest klebet und viel Leute mit sich zur Höllen ziehet aus dem heiligen Himmelreiche, daß ihrer nimmermehr Rat wird von Ewigkeit zu Ewigkeit. Denn alle, die unrecht Gut wissentlich erben, denen geschieht also bis ins vierzigste Glied. O weh, daß je eine Taufe über dich kam, daß so manch tausend Seele verworfen wird durch diese Aussätzigkeit bis auf den Grund der Höllen, daß ihrer nimmer Rat wird! Wo sitzest du nur vor meinen Augen? Du bist in fremdem Gewande herkommen, wie der Prophet da spricht zu der Königin, Herrn Jeroboams Weib: »Geh herein! sprach er, ich kenne dich gar wohl, daß du's, die Königin, bist.« Also sitzet manch Mensch hie vor meinen Augen in fremdem Gewande, daß du durch unrecht Gewinn manchen Tag manch

armem Menschen abgenommen hast, dem durch unrecht Gericht, dem mit
Gewalt. Das sollt ihr Herren, ihr jungen Priester, gar wohl herausfinden
in der Beichte. Und wenn euch das Himmelreich lieb ist, so sollt ihr ihnen
unsern Herren Gott nimmer geben, weder bei gesundem Leibe, weder bei
siechem Leibe, weder auf Versprechen noch ohne Versprechen. Denn manche versprechen euch, sie wollten büßen und wiedergeben nach Gnade und
nach Recht. Daran sollt ihr euch nicht kehren. Denn wenn sie unsern Herren empfahen, so sind sie auch die, die sie ehevor waren. Darum so laßt
euch gute Versprechen geben, daß sie vollständig büßen und wiedergeben,
soweit sie es leisten können und es die Leute wissen. Und ihr sollt sie be-
statten auf keinem geweihten Friedhof noch an keiner geweihten Stätte.
»Bruder Berthold, was sollen wir ihnen denn tun?« Ihr sollt ihn auf das
Feld ziehen wie ein räudig Rind, denn er ist aussätzig und räudig, und es
soll ihn auch keine getaufte Hand nimmermehr anrühren. »Wie Bruder
Berthold, wie soll man ihm denn tun?« Man soll ihm ein Seil an den Fuß
legen; einen Ring sollst du machen an dem Seile und sollst ihm den Ring
um den Fuß legen mit einem gabelförmigen Holze. (Alles darum, daß
deine getaufte Hand nirgend ihn anrühre.) Und dann sollst du das Seil
zuziehen und einem Roß an dem Zagel binden, und laß ihn auf das Feld
ziehen. »Bruder Berthold, wenn die Schwelle dann hoch ist und wir ihn an
die Schwelle bringen, so müssen wir ihn doch angreifen.« Nein, in keiner
Weise! Ihr sollt eine Grube in die Erden graben, unter der Schwelle, und
sollt ihn unter der Schwelle hin auf das Feld ziehen, wie ein räudig Rind
an den Galgen und zu des Galgen Freunden oder auf das wilde Moos,
denn der Leib ist dem Teufel wie auch die Seele. Es ist alles aussätzig.
Darum soll man es alles tun durch die Gemeinde der heiligen Christenheit.

Und ihr Kinder, ihr sollt lieber von euren Vätern laufen, eh ihr unrecht
Gut von ihnen erbet. Dienet einem Herren! Euch ist weit besser ein niedrig
Leben auf Erden, denn daß ihr hie auf Erden eine kurze Weile ein wenig
wohl lebet und dann immer ewig mit dem Teufel brennet in der ewigen
Marter. Seid um des allmächtigen Gottes arm, denn er was gar arm um
euretwillen, und spricht auch in dem Evangelio: »Selig sind die Armen,
denn das Himmelreich ist ihrer.« Ihr seht wohl wie lieb einander, Kinder,
Vater und Mutter sind. Aber sie müssen sich von ihnen scheiden, wenn
jene aussätzig werden, das Kind von dem Vater und der Vater von dem
Kinde und die Mutter von dem Kinde, und die Fraue von dem Manne
und der Mann von der Fraue, und der Bruder von der Schwester und die
Schwester von dem Bruder, wenn sie aussätzig worden sind, nur um des
Leibes Aussätzigkeit allein. So ist *die* Aussätzigkeit ganz und gar schädlicher. Denn des Leibes Aussätzigkeit, die währet nur eine Weile auf Erden, so lange der Mensch lebet. Aber so er stirbet, so ist die Seele so licht
und so schön wie des allerteuersten Kaisers Seele, der je eine Krone trug,
ist sie nur ohne Todsünde. Und darum ist die Aussätzigkeit tausendmal

schädlicher, die da heißet Gitigkeit. Und darum gewinnet allesamt wahre Reue und büßet und gebet zurück um die Liebe unsres Herren, auf daß ihr nicht aussätzig werdet in der Gemeinde, die die heilige Christenheit heißet, und von all der Freude, die die Heiligen im Himmelreiche han, und von der Barmherzigkeit des allmächtigen Gottes, daß der nimmermehr Erbarmen über dich gewinnet. Pfui, gitiger Mensch, daß du doch auf das alles verzichten willst um ein wenig Gut, das du doch hinter dir mußt lassen und das vergänglich ist! Und darum solltest du hundert Königreiche nicht nehmen für das Antlitz unsres Herren, das so wonnesam und so schön ist! Denn du würdest davon verdorben mit Haut als ein Aussätziger, der ganz und gar verfallen ist, denn du würdest verworfen von all der heiligen Gemeinde und von meiner lieben Frauen sant Marien, daß sie dir nimmermehr etwas Gutes erbittet von ihrem lieben Trautkinde.

Und alle, die in derselben Aussätzigkeit sind, die soll man fliehen, wie man mit Recht tut allen aussätzigen Leuten. Ihr Leute, ihr sollt sie fliehen und scheuen mit euren Kindern, daß ihr eure Kinder ihren Kindern nicht gebt. Und tut ihr's dennoch, so verkaufet ihr sie in den ewigen Tod, hie zu dem ersten an der Seele und am Jüngsten Tage am Leibe und an der Seele. Ihr Knechte und ihr Mägde, ihr sollt sie scheuen mit eurem Dienste und sollt ihnen nicht dienen. Denn was sie euch geben, das ist alles unrein und alles, was ihr lebet, das wird unrein, und alles, was ihr habet, das wird unrein, und alles, was ihr esset und trinket, das wird alles unrein an eurem Leibe und eurer Seele, wenn ihr's wissentlich mit ihnen genießet. Ihr Söhne und ihr Töchter, ihr sollt sie fliehen, daß ihr des unreinen Gutes nicht erbet. Tut ihr das nicht, so seid ihr ebenso unrein wie sie an Leib und an Seele. Nun seht, ihr Leute allesamt, wie sehr ihr die Aussätzigkeit fliehen und scheuen sollt.

Etliche sind *aussätzig an den Häusern*. Die soll man auch gerne meiden, denn zweierlei Aussätzigkeit liegt an den Häusern. Die eine ist, wenn du schlechte Leute in deinem Hause hast, in deinem Schirm oder in deinem Dienste oder in deiner Kost, oder wenn sie dir Zins davon geben: so bist du gar unrein an deinem Hause, oder wenn du mehr Häuser hast als eines. Wenn du einen darin beherbergst, der ein unrecht Leben führt mit deinem Wissen und mit deinem Willen, so bist du gar aussätzig, und dir soll kein Priester unsern Herren nimmer geben, solange die Aussätzigkeit an dir klebet. Du sollst reine Häuser haben, du sollst rein Gesinde han, du sollst rechtes Maß und rechte Wage in deinem Hause han; so wird dir auch Gott wägen mit dem rechten Maße und mit der rechten Wage. Darum sollt ihr rechte Leute in euern Häusern han, die da leben mit dem rechten Maß, die nicht mit unkeuschem Leben umgehen, noch mit Ehrbrechen, noch mit Raub, noch mit Brand, noch in der Acht, noch in dem Banne sind. Und alle, die solche Leute herbergen und hegen in den Häusern, die sind aussätzig an den Häusern und unrein an der Seele.

Ihr Herren, die ihr Land und Leute habt, euch geht die Aussätzigkeit an, wenn ihr Straßenräuber haltet und Diebe und Landräuber und Vergewaltiger, und die den Leuten zum Schaden Futter schneiden oder Gras, und die Geächtete bei sich aufnehmen oder gebannte Leute und Ketzer. Wer die wider Recht hauset oder hofet und schirmet oder in der Kost hat, der muß sich darum vor Gotte verantworten.

Die armen Leute han auch Aussätzigkeit an ihren Häusern. Das sind die, die da ein schlechtes Leben führen, die um des Naschens zwei in eine Kammer stoßen. Sieh, all die Welt, die möchte deine Marter nicht leiden, die du darum leiden mußt. Du bist gar unrein an der Seele. Ihr Priester, ihr sollt ihnen unsern Herren nimmer geben, weder bei gesundem Leibe noch bei siechem Leibe. Und alle, die solche Dinge in ihren Häusern erlauben, es seien Gastgeber oder andere Leute, – welch Gastgeber oder Weinwirt mit seinem Wissen solche Dinge gestattet oder solches Spiel (es sei gleiches Spiel oder ungleiches), der ist aussätzig an seinem Hause und unrein an der Seele, und dessen wird nimmer Rat von Ewigkeit zu Ewigkeit, dieweil Gott im Himmel ein Herre ist.

Die andre Aussätzigkeit, die an den Häusern liegt, die ist: die Häuser sollen rein Gesinde han, und zum andern sollen sie rein erbaut sein. Ihr Herren, das geht euch an! Ihr Ritter, die ihr also gerne Häuser bauet mit armer Leute Schaden! Der muß euch die Woche helfen, den einen Tag, je darnach es euch gut dünket, der mit seinem Vieh und mit sich selber und der mit seinem Knechte und richtet manchmal sein Vieh an euren Häusern zugrund, daß der Acker das Jahr desto schlechter bebaut wird. Der muß seinen Knecht darleihen oder selber da sein und läßt ungetan, was ihm ein Jahr schadet. Es muß ihm der Steuer dazu geben, daß er's in einem Jahre nicht verwindet. Das ist alles große Aussätzigkeit, und eurer Seele wird nimmer Rat.

So sind auch andrer Leute Häuser in der Aussätzigkeit, weil sie mit unrechtem Gewinne erbaut sind. Und davon lieset man im Alten Bunde, daß man alle Jahr hinging; und war ein Stein aussätzig, den ließ man ausbrechen. Im andern Jahre, so ging man abermals hin. Waren dann einer oder zwei aussätzig, so brach man sie abermals aus. Waren dann der Steine zuviel aussätzig, so mußte man das Haus zerstören und auf das Feld werfen. Sieh, was bedeutet das? Damit ist uns gesagt, daß ihr jungen Priester alle Jahr in der Beichte darauf sehen sollt, ob der Wucherer oder der Vorkäufer nie kein Pfund unrechten Gutes habe, auf daß er das büße und wiedergebe. Im andern Jahre, so tut abermals dasselbe. Pfui, Gitiger! Wieviel mal stehst du auf demselben Blatte! Ich kann nirgends mich vor dir verbergen! Und also sollt ihr alle Jahr daraufsehen, wieviel er unrecht Gut habe. Will er es aber nicht beichten noch büßen noch wiedergeben, so soll man das Haus ganz und gar zerstören und hinaus auf das Feld führen. Und das heißt also: wenn diese gitigen Leute nicht wollen von unrechtem Gute lassen, so soll man sie wider ihren Willen davonbringen. Man soll sie gebieten in das Kapitel und soll sie mit geistlichem Gerichte dazu zwingen, daß sie büßen und wiedergeben. Und wenn der geistliche Richter nicht darauf verzichtet, so muß jener ihm alles das büßen und wiedergeben, wie er mit Recht soll.

Und also was der gute sant Ulrich, dessen Fest man heute begeht in der heiligen Christenheit an etlichen Stätten, ein getreuer Knecht und ein weiser Knecht mit rechtem Gerichte und mit rechter Lehre und mit allen guten Dingen. Und darum hat ihn Gott gesetzet über all sein Gut und spricht: »Nun sei froh, getreuer Knecht! Geh ein in die Freude deines Herren!« Möchten wir das alle erwerben durch das Gut, das uns Gott verliehen und anvertraut hat (nämlich die heilige Seele und die heilige Taufe und die fünf Sinne), möchten wir damit also umgehen, daß er fröhlich zu uns spreche, zu den Gelehrten und zu den Ungelehrten am Jüngsten Tage: »Nun sei froh, getreuer Knecht, geh ein in die Freude deines Herrn!« Daß uns allen das widerfahr, zum ersten an der Seele und am Jüngsten Tage an Leib und an Seele, das verleihe uns der Vater und der Sohn und der Heilige Geist und meine liebe Fraue sant Maria. Amen.

Quelle: Bertholds von Regensburg ›Deutsche Predigten‹. Übertr. u. eingel. von Otto H. Brandt. Jena: Diederichs 1924. S. 50–63.

um 1260 bis 1327/28

Der bedeutendste deutsche Mystiker und Schöpfer der deut-
schen philosophischen Begriffssprache, der Lehrer Taulers und
Seuses, war auch als Prediger berühmt. Meister Eckart hat den
Sermon »Von dem edlen Menschen«, den er wohl wegen des
hohen Anlasses weitgehend schriftlich fixierte, vor der Köni-
gin Agnes von Ungarn vorgetragen. Josef Quint datiert nach
Heinrich Roos (»Zur Datierung von Meister Eckarts Trost-
buch«, in: Zeitschrift für deutsche Philologie 57, 1932, S. 224
bis 233) die Predigt auf das »Spätjahr 1312 oder Frühjahr
1313«, aber die Annahme erscheint mir einleuchtender, daß
sie während der Zeit, als Eckart Generalvikar von Böhmen
(1307–11) war, gehalten wurde, wahrscheinlich zwischen
1308 und 1311, was Gabriel Théry (»Le Benedictus Deus de
Maître Eckhart«, in: Mélanges Joseph de Ghellinck, S. J.,
Tome II, Gembloux: Duculot 1951, p. 905–935) auch für
Meister Eckarts »Buch der göttlichen Tröstungen« an-
nimmt.

Von dem edlen Menschen[1]

Unser herre sprichet in dem êwangeliô: ›ein edel mensche vuor
ûz in ein verrez lant enpfâhen im ein rîche und kam wider‹.
Unser herre lêret uns in disen worten, wie edel der mensche
geschaffen ist in sîner natûre und wie götlich daz ist, dâ er
zuo komen mac von gnâden und ouch, wie daz der mensche
dar zuo komen sol. Ouch ist in disen worten gerüeret ein grôz
teil der heiligen geschrift.
Man sol ze dem êrsten wizzen und ist ouch wol offenbâr, daz
der mensche hât in im zweierhande natûre: lîp und geist. Dar
umbe sprichet ein *geschrift*: swer sich selben bekennet, der
bekennet alle crêatûren, wan alle crêatûren sint eintweder lîp

oder geist. Dar umbe sprichet diu geschrift von dem mensch-
lîchen, daz in uns ist ein mensche ûzerlich und ein ander mensche innerlich.

Ze dem ûzerlîchen menschen hœret allez, daz der sêle ane-
haftende ist, begriffen und vermischet mit dem vleische, und
hât ein gemeine werk mit einem und in einem ieglîchen gelide
lîphafticlîche als daz ouge, daz ôre, diu zunge, diu hant und
des glîche. Und daz nemmet diu geschrift allez den alten menschen, den irdischen menschen, den ûzern menschen, den vîent-
lîchen menschen, einen dienstlîchen menschen.

Der ander mensche, der in uns ist, daz ist der inner mensche,
den heizet diu geschrift einen niuwen menschen, einen himelschen menschen, einen jungen menschen, einen vriunt und
einen edeln menschen. Und daz ist, daz unser herre sprichet,
daz ›ein edel mensche vuor ûz in ein verrez lant und enpfienc
im ein rîche und kam wider‹.

Noch sol man wizzen, daz sanctus *Jeronimus*² sprichet und
ouch die *meiste*r sprechent gemeinlîche, daz ein ieglich mensche
von dem, daz er mensche ist, hât einen guoten geist, einen
engel, und einen bœsen geist, einen tiuvel. Der guote engel
rætet und âne underlâz neiget er, daz guot ist, daz götlich ist,
daz tugent und himelschlich ist und êwic ist. Der bœse geist
rætet und neiget alle zît den menschen ûf daz zîtlich und
zergenclich ist und waz untugent ist, bœse und tiuvelisch. Der
selbe bœse geist hât alle zît sîn kôsen mit dem ûzern menschen,
und durch in lâget er heimlîche alle zît des innern menschen,
rehte als der slange hâte sîn kôsen mit vrou Êven und durch
sie mit dem manne Âdam kôsete. Der inner mensche daz ist
Âdam. Der man in der sêle³ daz ist der guote boum, der alles
âne underlâz bringet guote vruht, von dem ouch unser herre
sprichet.⁴ Ez ist ouch der acker, dar în got sîn bilde und sîn
glîchnisse hât îngesæjet und sæjet den guoten sâmen, die wurzel aller wîsheit, aller künste, aller tugende, aller güete: sâmen
götlîcher natûre. Götlîcher natûre sâme der ist gotes sun, gotes
wort.⁵

Der ûzer mensche der ist der vîentlich mensche und der bœse, der unkrût hât dar ûf gesæjet und geworfen. Von dem sprichet sant *Paulus*[6]: ich vinde in mir, daz mich hindert und dem wider ist, daz got gebiutet und daz got rætet und daz got hât gesprochen und sprichet in dem hœhsten, in dem grunde mîner sêle. Und anderswâ sprichet er und klaget: ›owê mir unsæligen menschen! wer lœset mich von disem tœtlîchen vleische und lîbe?‹ Und er sprichet ouch anderswâ, daz des menschen geist und sîn vleisch alle zît wider einander strîtent. Daz vleisch rætet untugent und bôsheit; der geist rætet minne gotes, vröude, vride und alle tugent. Der dâ volget und lebet nâch dem geiste, nâch sînem râte, der gehœret ze dem êwigen lebene. Der inner mensche ist der, von dem unser herre sprichet, daz ›ein edel mensche vuor ûz in ein verrez lant enpfâhen im ein rîche‹. Daz ist der guote boum, von dem unser herre sprichet, daz er alle zît bringet guote vruht und niemer bœse, wan er wil güete und neiget in güete, in güete in ir selber swebende, unberüeret von diz und von daz. Der ûzer mensche ist der bœse boum, der niemer enmac guote vruht bringen.

Von adel des innern menschen, des geistes, und von untiuricheit[7] des ûzern menschen, des vleisches, sprechent ouch heidenische meister *Tullius*[8] und *Senecâ*, daz enkein redelich sêle enist sunder got; sâme gotes ist in uns. Hæte er einen guoten, wîsen und vlîzigen werkman, sô betrüejete er dester baz und wüehse ûf ze gote, des sâme er ist, und würde diu vruht glîch ein natûre gotes. Birboumes sâme wehset ze birboume, nuzboumes sâme in nuzboum, sâme gotes in got. Ist aber, daz der guote sâme hât einen tumben und einen bœsen werkman, sô wehset unkrût und bedecket und verdringet den guoten sâmen, daz er niht ûzliuhtet noch ûzwahsen enmac. Doch sprichet *Origenes*[9], ein grôz meister: wan got selber disen sâmen îngesæjet und îngedrücket und îngeborn hât, sô mac er wol bedecket werden und verborgen und doch niemer vertilget noch in im verleschet; er glüejet und glenzet, liuhtet und brinnet und neiget sich âne underlâz ze gote.

Der êrste grât des innern und des niuwen menschen, sprichet sant *Augustînus*[10], ist, sô der mensche lebet nâch dem bilde

guoter und heiliger liute und aber noch gât an den stüelen und
heltet sich nâhe bî den wenden, labet sich noch mit milche.

Der ander grât ist, sô er iezent anesihet niht aleine die ûzerlîchen bilde, ouch guote liute, sunder er löufet und îlet ze lêre
und ze râte gotes und götlîcher wîsheit, kêret den rücke der
menscheit und daz antlitze ze gote, kriuchet der muoter ûz
der schôz und lachet den himelschen vater ane.

Der dritte grât ist, sô der mensche mê und mê sich der muoter
enziuhet und er ir schôz verrer und verrer ist, entvliuhet der
sorge, wirfet abe die vorhte, als, ob er möhte sunder ergerunge
aller liute übel und unreht tuon, es enluste in doch niht; wan
er ist mit minne gebunden alsô mit guotem vlîze mit gote, unz
er in gesetzet und in gewîset in vröude und in süezicheit und
sælicheit, dâ im unmære ist allez daz, daz dem unglîch ist und
vremde.

Der vierde grât ist, sô er mê und mê zuo nimet und gewurzelt
wirt in der minne und in gote, alsô daz er bereit ist ze enpfâ-
henne alle anevehtunge, bekorunge, widermüete und leit lîden
williclîche und gerne, begirlîche und vrœlîche.

Der fünfte grât ist, sô er lebet allenthalben sîn selbes in vride,
stille ruowende in rîcheit und in übernutze[11] der obersten un-
sprechelîcher wîsheit.

Der sehste grât ist, sô der mensche ist entbildet und überbildet
von gotes êwicheit und komen ist in ganze volkomen ver-
gezzenlicheit zergenclîches und zîtlîches lebens und gezogen ist
und übergewandelt in ein götlich bilde, gotes kint worden ist.
Vürbaz noch hœher enist enkein grât, und dâ ist êwigiu ruowe
und sælicheit, wan daz ende des innern menschen und des
niuwen menschen ist êwic leben.

Von disem innern edeln menschen, dâ gotes sâme und gotes
bilde îngedrücket und îngesæjet ist, wie der sâme und daz bilde
götlîcher natûre und götlîches wesens, gotes sun, erschîne und
man sîn gewar werde und ouch etwenne verborgen werde,
sprichet der grôze meister *Origenes* ein glîchnisse, daz gotes
bilde, gotes sun, ist in der sêle grunde als ein lebender brunne.
Der aber erde, daz ist irdische begerunge dar ûf wirfet, daz

hindert und bedecket, daz man sîn niht erkennet noch gewar
wirt; doch blîbet er in im selben lebende, und sô man die erde,
diu von ûzwendic oben dar ûf geworfen ist, abenimet, sô er-
schînet er und wirt man sîn gewar. Und sprichet, daz disiu
wârheit bezeichent ist in dem êrsten buoche *Moisi*[12], dâ geschriben ist, daz Abraham hâte gegraben in sînem acker lebende
brunnen, und übeltætige liute vulten sie mit erden; und dar
nâch, dô diu erde wart ûzgeworfen, dô erschinen die brunnen
lebende.

Noch ist des wol ein ander glîchnisse: diu sunne schînet âne
underlâz; doch, sô ein wolke oder nebel zwischen uns und
der sunne ist, sô enwerden wir des schînes niht gewar. Und
ouch, sô daz ouge in im selber krank ist und siech oder bedecket
ist, sô ist im der schîn unbekant. Ouch hân ich etwenne ein
offenbâr glîchnisse gesprochen: sô ein meister bilde machet
von einem holze oder von einem steine, er entreget daz bilde
in daz holz niht, mêr er snîdet abe die spæne, die daz bilde
verborgen und bedecket hâten; er engibet dem holze niht,
sunder er benimet im und grebet ûz die decke und nimet abe
den rost, und denne sô glenzet, daz dar under verborgen lac.
Diz ist der schaz, der verborgen lac in dem acker, als unser
herre sprichet in dem êwangeliô.[13]

Sant *Augustînus*[14] sprichet: sô des menschen sêle sich zemâle
ûfkêret in die êwicheit in got aleine, sô schînet und liuhtet
daz bilde gotes; swenne aber diu sêle sich kêret ûzwert, joch
in die tugende ûzerlîcher üebunge, sô wirt alzemâle diz bilde
bedecket. Und daz meinet, daz die vrouwen daz houbet bedecket hânt und die mannesnamen blôz nâch sant *Paulus* lêre.
Und dar umbe: allez, daz sich der sêle niderkêret, daz nimet
des selben, in daz ez sich kêret, ein decke, ein houbettuoch;
daz sich aber ûftreget der sêle, daz ist blôz gotes bilde, gotes
geburt, unbedecket blôz in blôzer sêle. Von dem edeln menschen, wie gotes bilde, gotes sun, sâme götlîcher natûre in uns
niemer vertilget wirt, aleine er bedecket werde, sprichet künic
Dâvît in dem salter[15]: aleine valle in den menschen manigerleie îtelkeit, lîden und jâmerkeit, nochdenne blîbet er in dem

bilde gotes und daz bilde in im. Daz gewære lieht liuhtet in der vinsternisse, aleine man des niht gewar enwerde.

›Niht enahtet‹, meinet *daz buoch der minne*[16], ›daz ich brûn bin, ich bin doch schœne und wol gestalt; aber diu sunne hât mich entverwet‹. Diu sunne ist daz lieht dirre werlt und meinet, daz daz hœhste und daz beste, daz geschaffen und gemachet ist, decket und entverwet daz bilde gotes in uns. ›Nemet abe‹, sprichet *Salomôn*[17], ›den rost von dem silber, sô liuhtet und glenzet ûz daz aller lûterste vaz‹, daz bilde, gotes sun, in der sêle. Und daz ist, daz unser herre meinet an disen worten, dâ er sprichet, daz ›ein edel mensche vuor ûz‹, wan der mensche muoz aller bilde und sîn selbes ûzgân und dem aleine gar verre und gar unglîch werden, jâ, ob er wil und sol den sun nemen und sun werden in des vaters schôz und herzen.

Allerleie mittel ist gote vremde. ›Ich bin‹, sprichet got, ›der êrste und der jungeste‹. Underscheit enist noch in der natûre gotes noch in den persônen nâch der natûre einicheit. Diu götlîche natûre ist ein, und ieglîchiu persône ist ouch ein und ist daz selbe ein, daz diu natûre ist. Underscheit in wesene und in wesunge wirt genomen ein und ist ein. Dâ ez niht inne enist, dâ nimet ez ein und hât und gibet underscheit. Dar umbe: in dem einen vindet man got, und ein muoz er werden, der got vinden sol. ›Ein mensche‹, sprichet unser herre, ›gienc ûz‹. In underscheide envindet man noch ein noch wesen noch got noch rast noch sælicheit noch genüegede. Bis ein, daz dû got mügest vinden! Und wærlîche, wærest dû rehte ein, sô blîbest dû ouch ein in underscheide und underscheit würde dir ein und enmöhte dich iezent nihtes niht hindern. Ein blîbet glîche ein in tûsentwarbe tûsent steinen als in vier steinen, und tûsentwarbe tûsent ist als wærlîche ein simpel zal, als vieriu ein zal ist.

Ez sprichet ein heidenischer *meister*[18], daz daz ein ist geborn ûz dem obersten gote. Sîn eigenschaft ist wesen ein mit einem. Swer ez suochet under gote, der triuget sich selber. Ouch sprichet der selbe meister ze dem vierden mâle, daz diz ein mit nihte eigenlîcher vriuntschaft enhât dan mit juncvrouwen oder megeden, als sant *Paulus*[19] sprichet: ich hân iuch kiuschen juncvrouwen getriuwet und gelobet dem einen. Und alsô solte der mensche wesen, wan alsô sprichet unser herre: ›ein mensche gienc ûz‹.

Mensche in der eigenschaft sînes namen in dem latîne meinet in einer wîse den, der sich alzemâle under got neiget und vüeget, allez, daz er ist und daz sîn ist, und ûfwert got aneschouwet, niht daz sîn, daz er hinder im, nider im, bî im weiz. Daz ist volliu und eigeniu dêmüeticheit; den namen hât er von der erden. Dar abe ich nû niht mê sprechen wil. Ouch meinet daz wort, sô man sprichet mensche, etwaz, daz über natûre ist, über zît ist und über allez daz, daz ze der zît ist geneiget oder nâch zît smacket, und daz selbe spriche ich ouch von stat und von lîphafticheit. Noch vürbaz enhât der mensche in einer wîse mit nihte niht gemeine, daz ist, daz er nâch disem noch nâch dem niht gebildet noch gelîchet sî und von nihte niht enwizze, daz man in im niergen des nihtes niht envinde noch gewar werde und daz im daz niht alsô gar benomen sî, daz man dâ aleine vinde blôz leben, wesen, wârheit und güete. Wer alsô getân ist, der ist ›ein edel mensche‹, jâ minner noch mê.

Noch ist ein ander wîse und lêre, waz unser herre heizet einen edeln menschen. Man sol ouch wizzen, daz, die got blôz bekennent, die bekennent ouch mit im die crêatûre; wan bekantnisse[20] ist ein lieht der sêle, und alle menschen begernt von natûre bekantnisse, wan joch bœser dinge bekantnisse ist guot. Nû sprechent die *meister*[21], daz, sô man bekennet die crêatûre in ir selber, daz heizet ein âbentbekantnisse, und dâ sihet man die crêatûre in bilden etlîcher underscheide; sô man aber die crêatûre in gote bekennet, daz heizet und ist ein morgenbekantnisse, und alsô schouwet man die crêatûre âne alle underscheide und aller bilde entbildet und aller glîcheit entglîchet in dem einen, daz got selber ist. Diz ist ouch der edel mensche, von dem unser herre sprichet: ›ein edel mensche gienc ûz‹, darumbe edel, daz er ist ein und daz er bekennet got und crêatûre in einem.

Noch wil ich sprechen und rüeren einen andern sin, waz der
›edel mensche‹ sî. Ich spriche: sô der mensche, diu sêle, der geist
schouwet got, sô weiz er ouch und bekennet sich bekennende,
daz ist: er bekennet, daz er schouwet und bekennet got. Nû
hât gedunket etlîche liute und schînet gar gelouplich, daz
bluome und kerne der sælicheit lige in bekantnisse, dâ der geist
bekennet, daz er got bekennet; wan, daz ich alle wunne hæte
und ich des niht enwiste, waz hülfe mich daz und waz wunne
wære mir daz? Doch enspriche ich sicherlîche des niht. Aleine
ist daz wâr, daz diu sêle âne daz doch niht sælic wære, doch
enliget diu sælicheit dar ane niht; wan daz êrste, dâ sælicheit
ane geliget, daz ist, sô diu sêle schouwet got blôz. Dâ nimet si
allez ir wesen und ir leben und schepfet allez, daz si ist, von
dem grunde gotes und enweiz von wizzenne niht noch von
minne noch von nihte alzemâle. Si gestillet ganze und aleine
in dem wesene gotes, si enweiz niht dan wesen dâ und got.
Sô si aber weiz und bekennet, daz si got schouwet, bekennet
und minnet, daz ist ein ûzslac und ein widerslac ûf daz êrste
nâch natiurlîcher ordenunge; wan nieman bekennet sich wîzen,
wan der ouch wîz ist. Dar umbe, der sich bekennet wîzen,
der bûwet und ist ûftragende ûf wîz-wesenne, und er nimet
niht sîn bekennen sunder mittel und unwizzende noch von
der varwe; sunder er nimet ir bekennen und ir wizzen von
dem, daz iezent wîz ist, und enschepfet niht bekennen von der
varwe aleine in ir selber, mê er schepfet bekennen und wizzen
von geverwetem oder von wîzem und bekennet sich wîzen.
Wîz ist vil minner und vil ûzerlîcher dan wîz-wesen. Ez ist vil
anderz diu want und daz fundament, dar ûf diu want gebûwen ist.
Die *meister*[22] sprechent, daz ein ander kraft ist, dâ von daz
ouge sihet, und ein ander kraft, dâ von ez bekennet, daz ez
sihet. Daz êrste, daz ez sihet, daz nimet ez alzemâle von der
varwe, niht von dem, daz geverwet ist. Herumbe ist daz al
ein, ob daz, daz geverwet ist, ein stein sî oder ein holz, ein
mensche oder ein engel: daz ez aleine varwe habe, dâ liget allez
sîn wesen ane.

Alsô spriche ich, daz der edel mensche nimet und schepfet allez
sîn wesen, leben und sælicheit von gote, an gote und in gote
blôz aleine, niht von got bekennenne, schouwenne oder min-
nenne oder swaz dem glîch ist. Dar umbe sprichet unser herre
herziclîche wol, daz daz êwic leben ist: bekennen got aleine
einen wâren got, niht: bekennen, daz man got bekennet. Wie
solte der mensche bekennen sich got bekennende, der sich selben
niht enbekennet? Wan sicherlîche, der mensche der bekennet
sich selben und anderiu dinc zemâle niht dan got aleine, jâ, in
dem, dâ er sælic wirt und sælic ist, in der wurzeln und in dem
grunde der sælicheit. Sô aber diu sêle bekennet, daz si got bekennet, sô bekennet si von gote und sich.

Und nû ist ein ander kraft, alsô ich dâ von hân gesprochen,
von der der mensche sihet, und ein ander kraft ist, von der er
weiz und bekennet, daz er sihet. Wâr ist daz, daz nû hie in
uns diu kraft edeler und hœher ist, von der wir wizzen und bekennen, daz wir sehen, dan diu kraft, von der wir sehen; wan
diu natûre beginnet irs werkes an dem krenkesten, aber got
der beginnet sîner werke an dem volkomensten. Natûre machet
den man von dem kinde und daz huon von dem eie, aber got
machet den man vor dem kinde und daz huon vor dem eie.
Natûre machet daz holz ze dem êrsten warm und hitzic, und
dar nâch sô machet si daz wesen des viures; aber got gibet
ze dem êrsten daz wesen aller crêatûre und dar nâch in der zît
und doch sunder zît und sunder allez daz, daz dar zuo gehœret. Ouch gibet got den heiligen geist ê dan die gâben des heiligen geistes.

Alsô spriche ich, daz sælicheit enist âne daz niht, der mensche
enbekenne und wizze wol, daz er got schouwet und bekennet,
doch enwelle got des niht, daz mîn sælicheit dar ane lige! Dem
anders genüeget, der habe ez im selber, doch erbarmet es mich.
Hitze des viures und wesen des viures sint gar unglîch und
wunderlîche verre von einander in der natûre, aleine sie gar
nâhe sint nâch der zît und nâch der stat. Gotes schouwen und
unser schouwen ist zemâle verre und unglîch einander.

Dar umbe sprichet unser herre gar wol, daz ›ein edel mensche

vuor ûz in ein verrez lant enpfâhen im ein rîche und wider
kam‹. Wan der mensche muoz in im selber ein sîn und muoz daz
suochen in im und in einem und nemen in einem: daz ist schouwen got aleine; und herwider komen daz ist wizzen und bekennen, daz man got bekennet und weiz. Und alle dise rede
hât vorgesprochen der wîssage *Ezechiel*[23], dô er sprach, daz
ein michel adeler mit grôzen vlügeln, mit langen gelidern vol
vedern manigerleie kam ze dem lûtern berge und nam daz
mark oder den kernen des hœhsten boumes und zôch abe die
hœhe sînes loubes und brâhte daz herabe. Daz unser herre
heizet einen edeln menschen, daz nemmet der wîssage einen
grôzen adeler. Wer ist danne edeler wan der einhalp geborn ist
von dem hœhsten und von dem besten, daz crêatûre hât, und
anderhalp von dem innigesten grunde götlîcher natûre und des
einœde? Ich, sprichet unser herre in dem wîssagen *Osee*[24], wil
die edeln sêle vüeren in ein einœde, und ich wil dâ sprechen in
ir herze ein mit einem, ein von einem, ein in einem und in
einem ein êwiclîche. Âmen.

Quelle: Meister Eckarts Buch der göttlichen Tröstung und Von dem edlen
Menschen (Liber »Benedictus«) unter Benutzung bisher unbekannter
Handschriften neu hrsg. von Josef Quint. Berlin: de Gruyter 1952. S. 67
bis 80.

Anmerkungen

1. Übersetzung des Textes siehe S. 108.
2. Gemeint ist der Kirchenlehrer Hieronymus (347 bis 419 oder 420),
   und zwar sein Comm. in Ev. Matth. III c. 18,10 f. (Mignes Patrologia Latina, Bd. 26, S. 135), wo es heißt: »Magna dignitas animarum,
   ut unaquaeque habeat ab ortu nativitatis in custodiam sui angelum
   delegatum.«
3. Mit »man in der sêle« bezeichnet Eckart die ›oberste Vernunft‹.
4. Vgl. dazu Matth. 7,17: »Also ein jeglicher guter Baum bringt gute
   Früchte; aber ein fauler Baum bringt arge Früchte.« Für das Folgende
   siehe auch Matth. 13,24 ff.
5. Eckart spielt hier auf Luk. 8,11 (»Der Same ist das Wort Gottes«)
   an.
6. Die im folgenden von Eckart ziemlich frei zitierten und übersetzten

Stellen beziehen sich auf Paulus' Briefe an die Römer (7,23 f.) und
Galater (5,17–23; 6,8).

7. Minderwertigkeit.

8. Gemeint ist der römische Politiker, Rhetor und Philosoph Marcus
Tullius Cicero (106–43 v. Chr.).

9. Origines (185–254), griechischer Kirchenvater und Philosoph; Mignes
Patrologia Graeca, Bd. 12, S. 234 f.; 235 f.; 359.

10. Eckart bezieht sich im folgenden auf den Kirchenvater Augustinus, De
vera religione (Mignes Patrologia Latina, Bd. 34, S. 143 f.).

11. ›übernuz‹ bedeutet mhd. ›übermäßiger Ertrag, Zinsen‹; man könnte
sinngemäß umschreiben mit ›unter höchster Ausnützung‹.

12. 1. Mose 26,14 ff.

13. Matth. 13,44.

14. Vgl. Augustinus, De trinitate, XII, c. 7 n. 10 (Mignes Patrologia Latina, Bd. 42, S. 1003 f.).

15. Vgl. Psalm 4,2–7.

16. Buch der Liebe, Hoheslied 1,5 f.

17. Sprüche 25,4.

18. Es handelt sich um den lateinischen Schriftsteller Ambrosius Theodosius Macrobius und dessen »Commentarii in Somnium Scipionis I, c. 6
n. 7–10«, hrsg. von Fr. Eyssenhardt, Leipzig 1893, S. 496,30–498,2.

19. Siehe 2. Kor. 11,2.

20. Erkenntnis.

21. Eckart bezieht sich hier auf Augustinus und Thomas von Aquin; für
die Belegstellen vgl. Anm. 36 von Josef Quint in seiner Edition des
Sermons »Von dem edlen Menschen« (s. Quelle).

22. Hinweise und Belegstellen bei Josef Quint, a. a. O., Anm. 40.

23. Hesekiel 17,3 f.

24. Hosea 2,16.

Übersetzung

Vom edlen Menschen

Unser Herr spricht im Evangelium: ›Ein edler Mensch zog aus in ein fernes
Land, sich ein Reich zu gewinnen, und kehrte zurück‹ ⟨Luk. 19,12⟩. Unser Herr lehrte uns in diesen Worten, wie edel der Mensch geschaffen ist in
seiner Natur und wie göttlich das ist, wozu er aus Gnade zu gelangen vermag, und überdies, wie der Mensch dahin kommen soll. Auch ist in diesen
Worten ein großer Teil der Heiligen Schrift berührt.

Man soll zum ersten wissen, und es ist auch deutlich offenbar, daß der
Mensch in sich zweierlei Naturen hat: Leib und Geist. Darum sagt eine
Schrift: Wer sich selbst erkennt, der erkennt alle Kreaturen, denn alle

Kreaturen sind entweder Leib oder Geist. Darum sagt die Schrift vom Menschen, es gebe in uns einen äußeren und einen anderen, den inneren Menschen.

Zu dem äußeren Menschen gehört alles, was der Seele anhaftet, jedoch umfangen ist von und vermischt mit dem Fleische und mit und in einem jeglichen Gliede ein körperliches Zusammenwirken hat, wie etwa mit dem Auge, dem Ohr, der Zunge, der Hand und dergleichen. Und dies alles nennt die Schrift den alten Menschen, den irdischen Menschen, den äußeren Menschen, den feindlichen Menschen, einen knechtischen Menschen.

Der andere Mensch, der in uns steckt, das ist der innere Mensch; den heißt die Schrift einen neuen Menschen, einen himmlischen Menschen, einen jungen Menschen, einen Freund und einen edlen Menschen. Und der ist gemeint, wenn unser Herr sagt, daß ›ein edler Mensch auszog in ein fernes Land und sich ein Reich gewann und wiederkam‹.

Man soll fürderhin wissen, daß Sankt Hieronymus und auch die Meister gemeinhin sagen, ein jeglicher Mensch habe von Anbeginn seines menschlichen Daseins an einen guten Geist, einen Engel, und einen bösen Geist, einen Teufel. Der gute Engel rät und treibt beständig an zu dem, was gut ist, was göttlich ist, was Tugend und himmlisch und ewig ist. Der böse Geist rät und treibt den Menschen allzeit hin zu dem, was zeitlich und vergänglich ist und was Untugend, böse und teuflisch ist. Derselbe böse Geist hält beständig Zwiesprache mit dem äußeren Menschen, und durch ihn stellt er heimlich allzeit dem inneren Menschen nach, ganz so wie die Schlange mit Frau Eva plauderte und durch sie mit dem Manne Adam ⟨vgl. 1 Mos. 3,1 ff.⟩. Der innere Mensch ist *Adam*. *Der Mann* in der Seele ist der gute Baum, der immerfort ohne Unterlaß gute Frucht bringt, von dem auch unser Herr spricht ⟨vgl. Matth. 7,17⟩. Er ist auch der Acker, in den Gott sein Bild und Gleichnis eingesät hat und darein er den guten Samen, die Wurzel aller Weisheit, aller Künste, aller Tugenden, aller Güte sät: den Samen göttlicher Natur ⟨2 Petr. 1,4⟩. Göttlicher Natur Same, das ist Gottes Sohn, Gottes Wort ⟨Luk. 8,11⟩.

Der äußere Mensch, das ist der feindliche Mensch und der böse, der Unkraut darauf gesät und geworfen hat ⟨vgl. Matth. 13,24 ff.⟩. Von dem sagt Sankt Paulus: Ich finde in mir etwas, was mich hindert und wider das ist, was Gott gebietet und was Gott rät und was Gott gesprochen hat und noch spricht im Höchsten, im Grunde meiner Seele ⟨vgl. Röm. 7,23⟩. Und anderswo spricht er und klagt: ›O weh mir unseligem Menschen! Wer löst mich von diesem sterblichen Fleische und Leibe?‹ ⟨Röm. 7,24⟩. Und er sagt wieder anderswo, daß des Menschen Geist und sein Fleisch allzeit widereinander streiten. Das Fleisch rät Untugend und Bosheit: der Geist rät Liebe Gottes, Freude, Frieden und jede Tugend ⟨vgl. Gal. 5,17 ff.⟩. Wer dem Geiste folgt und nach ihm, nach seinem Rate lebt, dem gehört das ewige Leben ⟨vgl. Gal. 6,8⟩. Der innere Mensch ist der, von dem unser Herr sagt, daß ›ein edler Mensch auszog in ein fernes Land, sich ein Reich zu gewinnen‹. Das ist der gute Baum, von dem unser Herr sagt, daß er allzeit gute Frucht bringt und nimmer böse, denn er will die Gutheit und neigt zur Gutheit, wie sie in sich selbst schwebt, unberührt vom Dies und Das. Der äußere Mensch ist der böse Baum, der nimmer gute Frucht zu bringen vermag ⟨vgl. Matth. 7,18⟩.

Vom Adel des inneren Menschen, des Geistes, und vom Unwert des äußeren Menschen, des Fleisches, sagen auch die heidnischen Meister Tullius und Seneca: Keine vernunftbegabte Seele ist ohne Gott; der Same Gottes ist in uns. Hätte er einen guten, weisen und fleißigen Ackerer, so würde er um so besser gedeihen und wüchse auf zu Gott, dessen Same er ist, und die Frucht würde gleich der Natur Gottes. Birnbaums Same erwächst zum Birnbaum, Nußbaums Same zum Nußbaum, Same Gottes zu Gott ⟨vgl. 1 Joh. 3,9⟩. Ist's aber so, daß der gute Same einen törichten und bösen Ackerer hat, so wächst Unkraut und bedeckt und verdrängt den guten Samen, so daß er nicht ans Licht kommt noch auswachsen kann. Doch spricht Origenes, ein großer Meister: Da Gott selbst diesen Samen eingesät und eingedrückt und eingeboren hat, so kann er wohl bedeckt und verborgen und doch niemals vertilgt noch in sich ausgelöscht werden; er glüht und glänzt, leuchtet und brennt und neigt sich ohne Unterlaß zu Gott hin.

Die erste Stufe des inneren und des neuen Menschen, spricht Sankt Augustin, ist es, wenn der Mensch nach dem Vorbilde guter und heiliger Leute lebt, dabei aber noch an den Stühlen geht und sich nahe bei den Wänden hält, sich noch mit Milch labt.

Die zweite Stufe ist es, wenn er jetzt nicht nur auf die äußeren Vorbilder, darunter auch auf gute Menschen, schaut, sondern läuft und eilt zur Ehre und zum Rate Gottes und göttlicher Weisheit, kehrt den Rücken der Menschheit und das Antlitz Gott zu, kriecht der Mutter aus dem Schoß und lacht den himmlischen Vater an.

Die dritte Stufe ist es, wenn der Mensch mehr und mehr sich der Mutter entzieht und er ihrem Schoß ferner und ferner kommt, der Sorge entflieht, die Furcht abwirft, so daß, wenn er gleich, ohne Ärgernis aller Leute zu erregen, übel und unrecht tun könnte, es ihn doch nicht danach gelüsten würde; denn er ist in Liebe so mit Gott verbunden in eifriger Beflissenheit, bis der ihn setzt und führt in Freude und in Süßigkeit und Seligkeit, wo ihm alles das zuwider ist, was ihm ⟨= Gott⟩ ungleich und fremd ist.

Die vierte Stufe ist es, wenn er mehr und mehr zunimmt und verwurzelt wird in der Liebe und in Gott, so daß er bereit ist, auf sich zu nehmen alle Anfechtung, Versuchung, Widerwärtigkeit und Leid-Erduldung willig und gern, begierig und freudig.

Die fünfte Stufe ist es, wenn er allenthalben in sich selbst befriedet lebt, still ruhend im Reichtum und Überfluß der höchsten unaussprechlichen Weisheit.

Die sechste Stufe ist es, wenn der Mensch entbildet ist und überbildet von

Gottes Ewigkeit und gelangt ist zu gänzlich vollkommenem Vergessen vergänglichen und zeitlichen Lebens und gezogen und hinüberverwandelt ist in ein göttliches Bild, wenn er Gottes Kind geworden ist. Darüber hinaus noch höher gibt es keine Stufe, und dort ist ewige Ruhe und Seligkeit, denn das Endziel des inneren Menschen und des neuen Menschen ist: ewiges Leben.

Für diesen inneren, edlen Menschen, in den Gottes Same und Gottes Bild eingedrückt und eingesät ist, – wie nämlich dieser Same und dieses Bild göttlicher Natur und göttlichen Wesens, Gottes Sohn, zum Vorschein komme und man seiner gewahr werde, wie er aber auch dann und wann verborgen werde, – dafür trägt der große Meister Origenes ein Gleichnis vor: Gottes Bild, Gottes Sohn, sei in der Seele Grund wie ein lebendiger Brunnen. Wenn aber jemand Erde, das ist irdisches Begehren, darauf wirft, so hindert und verdeckt es ihn, so daß man nichts von ihm erkennt oder gewahr wird; gleichviel bleibt er in sich selbst lebendig, und wenn man die Erde, die von außen daraufgeworfen ist, wegnimmt, so kommt er wieder zum Vorschein und wird man ihn gewahr. Und er sagt, daß auf diese Wahrheit hingedeutet sei im ersten Buche Mosis, wo geschrieben steht, daß Abraham in seinem Acker lebendige Brunnen gegraben hatte, Übeltäter aber füllten sie mit Erde; danach aber, als die Erde herausgeworfen worden war, kamen die Brunnen lebendig wieder zum Vorschein ⟨1 Mos. 26,14 ff.⟩. Noch gibt's dafür wohl ein weiteres Gleichnis: Die Sonne scheint ohne Unterlaß; jedoch, wenn eine Wolke oder Nebel zwischen uns und der Sonne ist, so nehmen wir den Schein nicht wahr. Ebenso auch, wenn das Auge in sich selbst krank ist und sieh oder verschleiert, so ist ihm der Schein nicht erkennbar. Überdies habe ich gelegentlich ein deutliches Gleichnis vorgetragen: Wenn ein Meister ein Bild macht aus Holz oder Stein, so trägt er das Bild nicht in das Holz hinein, sondern er schnitzt die Späne ab, die das Bild verborgen und verdeckt hatten; er gibt dem Holze nichts, sondern er benimmt und gräbt ihm die Decke ab und nimmt den Rost weg, und dann erglänzt, was darunter verborgen lag. Dies ist der Schatz, der verborgen lag im Acker, wie unser Herr im Evangelium spricht ⟨Matth. 13,44⟩.

Sankt Augustinus sagt: Wenn des Menschen Seele sich vollends hinaufkehrt in die Ewigkeit, in Gott allein, so scheint auf und leuchtet das Bild Gottes; wenn aber die Seele sich nach außen kehrt, und sei's selbst zu äußerlicher Tugendübung, so wird dies Bild vollkommen verdeckt. Und dies soll bedeuten, daß die Frauen das Haupt bedeckt tragen, die Männer aber entblößt, nach Sankt Paulus' Lehre ⟨vgl. 1 Kor. 11,4 ff.⟩. Und darum: Alles das von der Seele, was sich niederwärts wendet, das empfängt von dem, zu dem es sich kehrt, eine Decke, ein Kopftuch; dasjenige der Seele aber, was sich emporträgt, das ist bloßes Bild Gottes, Gottes Geburt, unverdeckt bloß in entblößter Seele. Von dem edlen Menschen, wie nämlich Gottes Bild, Gottes Sohn, der Same göttlicher Natur in uns nimmer vertilgt wird, wenngleich er verdeckt werden mag, sagt König David im Psalter: Obzwar den Menschen mancherlei Nichtigkeiten, Leiden und Schmerzensjammer befällt, so bleibt er dennoch im Bilde Gottes und das Bild in ihm ⟨vgl. Ps. 4,2 ff.⟩. Das wahre Licht leuchtet in der Finsternis, wenngleich man es nicht gewahr wird ⟨vgl. Joh. 1,5⟩.

›Nicht achtet darauf‹, meint das Buch der Liebe, ›daß ich braun bin, ich bin doch schön und wohlgestaltet; aber die Sonne hat mich entfärbt‹ ⟨Hohel. 1,5⟩. »Die Sonne« ist das Licht dieser Welt und meint, daß selbst das Höchste und Beste, das *geschaffen* und *gemacht* ist, das Bild Gottes in uns verdeckt und entfärbt. ›Nehmt weg‹, spricht Salomon, ›den Rost von dem Silber, so leuchtet und glänzt hervor das allerlauterste Gefäß‹ ⟨Spr. 25,4⟩, das Bild, Gottes Sohn, in der Seele. Und das ist es, was unser Herr in jenen Worten sagen will, da er spricht, daß ›ein edler Mensch aus-zog‹, denn der Mensch muß aus allen Bildern und aus sich selbst ausgehen und allem gar fern und ungleich werden, wenn anders er wirklich den Sohn nehmen und Sohn werden will und soll in des Vaters Schoß und Herzen.

Jederart Vermittlung ist Gott fremd. ›Ich bin‹, spricht Gott, ›der Erste und der Letzte‹ ⟨Geh. Offenb. 22,13⟩. Unterschiedenheit gibt es weder in der Natur noch in den Personen entsprechend der Einheit der Natur. Die göttliche Natur ist Eins, und jede Person ist auch Eins und ist dasselbe Eine, das die Natur ist. Der Unterschied zwischen Sein und Wesenheit wird als Eins gefaßt und ist Eins. Erst da, wo es ⟨d. h. dieses Eine⟩ sich nicht mehr in sich verhält, da empfängt, besitzt und ergibt es Unterschiede. Darum: Im Einen findet man Gott, und Eins muß der werden, der Gott finden soll. ›Ein Mensch‹, spricht unser Herr, ›zog aus.‹ Im Unterschied findet man weder das Eine noch das Sein noch Gott noch Rast noch Selig-keit noch Genügen. Sei Eins, auf daß du Gott finden könntest! Und wahr-lich, wärest du recht Eins, so bliebest du auch Eins im Unterschiedlichen, und das Unterschiedliche würde dir Eins und vermöchte dich nun ganz und gar nicht zu hindern. Das Eine bleibt gleichmäßig Eins in tausendmal tausend Steinen wie in vier Steinen, und Tausendmaltausend ist ebenso ge-wiß eine einfache Zahl, wie die Vier eine Zahl ist.

Ein heidnischer Meister sagt, daß das Eine aus dem obersten Gott geboren sei. Seine Eigenart ist es, mit dem Einen eins zu sein. Wer es unterhalb Gottes sucht, der betrügt sich selbst. Und zum vierten, sagt derselbe Mei-ster, hat dieses Eine mit nichts eigentlichere Freundschaft als mit Jung-frauen oder Mägden, wie denn Sankt Paulus spricht: ›Ich habe euch keusche Jungfrauen dem Einen angetraut und verlobt‹ ⟨2 Kor. 11,2⟩. Und ganz so sollte der Mensch sein, denn so spricht unser Herr: ›*Ein* Mensch zog aus.‹

»Mensch« in der eigenen Bedeutung des Wortes im Lateinischen bedeutet in einem Sinne den, der sich mit allem, was er ist und was sein ist, unter Gott beugt und fügt und aufwärts Gott anschaut, nicht das Seine, das er hinter,

unter, neben sich weiß. Dies ist volle und eigentliche Demut; diesen Namen
hat er von der Erde. Davon will ich nun nicht weiter sprechen. Wenn man
»Mensch« sagt, so bedeutet dieses Wort auch etwas, was über die Natur,
über die Zeit und über alles, was der Zeit zugekehrt ist oder nach Zeit
schmeckt, erhaben ist, und das gleiche sage ich auch mit Bezug auf Raum
und Körperlichkeit. Überdies noch hat dieser »Mensch« in gewisser Weise
mit nichts etwas gemein, das heißt, daß er weder nach diesem noch nach
jenem gebildet oder verähnlicht sei und vom Nichts nichts wisse, so daß
man in ihm nirgends vom Nichts etwas finde noch gewahr werde und daß
ihm das Nichts so völlig benommen sei, daß man da einzig finde reines
Leben, Sein, Wahrheit und Gutheit. Wer so geartet ist, der ist ein »edler
Mensch«, fürwahr, nicht weniger und nicht mehr.

Noch gibt es eine andere Erklärungsweise und Belehrung für das, was unser Herr einen »edlen Menschen« nennt. Man muß nämlich auch wissen, daß
diejenigen, die Gott unverhüllt erkennen, mit ihm zugleich die Kreaturen
erkennen: denn die Erkenntnis ist ein Licht der Seele, und alle Menschen
begehren von Natur nach Erkenntnis, denn selbst böser Dinge Erkenntnis
ist gut. Nun sagen die Meister: Wenn man die Kreatur in ihrem eigenen
Wesen erkennt, so heißt das eine »Abenderkenntnis«, und da sieht man
die Kreaturen in Bildern mannigfaltiger Unterschiedenheit; wenn man
aber die Kreaturen in Gott erkennt, so heißt und ist das eine »Morgen-
erkenntnis«, und auf diese Weise schaut man die Kreaturen ohne alle
Unterschiede und aller Bilder entbildet und aller Gleichheit entkleidet in
dem Einen, das Gott selbst ist. Auch dies ist der »edle Mensch«, von dem
unser Herr sagt: ›Ein edler Mensch zog aus‹: darum edel, weil er Eins ist
und Gott und Kreatur im Einen erkennt.

Noch auf einen andern Sinn dessen, was der »edle Mensch« sei, will ich zu
sprechen kommen und eingehen. Ich sage: Wenn der Mensch, die Seele, der
Geist Gott schaut, so weiß und erkennt er sich auch als erkennend, das
heißt: er erkennt, daß er Gott schaut und erkennt. Nun hat es etliche Leute
bedünkt, und es scheint auch ganz glaubhaft, daß Blume und Kern der
Seligkeit in jener Erkenntnis liegen, bei der der Geist erkennt, *daß* er Gott
erkennt; denn, wenn ich alle Wonne hätte und wüßte nicht darum, was
hülfe mir das und was für eine Wonne wäre mir das? Doch sage ich mit
Bestimmtheit, daß dem nicht so ist. Ist es gleich wahr, daß die Seele ohne
dies wohl nicht selig wäre, so ist doch die Seligkeit nicht darin gelegen;
denn das erste, worin die Seligkeit besteht, ist dies, daß die Seele Gott
unverhüllt schaut. Darin empfängt sie ihr ganzes Sein und ihr Leben und
schöpft alles, was sie ist, aus dem Grunde Gottes und weiß nichts vom
Wissen noch von Liebe noch von irgend etwas überhaupt. Sie wird ganz
still und ausschließlich im Sein Gottes. Sie weiß dort nichts als das Sein
und Gott. Wenn sie aber weiß und erkennt, daß sie Gott schaut, erkennt
und liebt, so ist das der natürlichen Ordnung nach ein Ausschlag aus dem
und ein Rückschlag in das Erste; denn niemand erkennt sich als weiß denn

der, der wirklich weiß ist. Darum, wer sich als weiß erkennt, der baut und trägt auf dem Weiß-Sein auf, und er nimmt sein Erkennen nicht unmittelbar und noch unwissend direkt von der Farbe, sondern er nimmt das Erkennen ihrer ⟨d. h. der Farbe⟩ und das Wissen um sie von dem ab, was da gerade weiß ist, und schöpft das Erkennen nicht ausschließlich von der Farbe an sich; vielmehr schöpft er das Erkennen und Wissen von Gefärbtem oder von Weißem und erkennt *sich* als weiß. Weißes ist etwas viel Geringeres und viel Äußerlicheres als das Weiß-Sein ⟨oder: *die* Weiße⟩. Etwas ganz anderes ist die Wand und das Fundament, darauf die Wand gebaut ist.

Die Meister sagen, eine andere Kraft sei es, mit Hilfe derer das Auge sieht, und eine andere, durch die es erkennt, *daß* es sieht. Das erstere: daß es *sieht*, das nimmt es ausschließlich von der Farbe, nicht von dem, was gefärbt ist. Daher ist es ganz einerlei, ob das, was gefärbt ist, ein Stein sei oder Holz, ein Mensch oder ein Engel: einzig darin, daß es Farbe habe, liegt das Wesentliche.

So auch, sage ich, nimmt und schöpft der edle Mensch sein ganzes Sein, Leben und seine Seligkeit bloß nur von Gott, bei Gott und in Gott, nicht vom Gott-Erkennen, -Schauen oder -Lieben oder dergleichen. Darum sagt unser Herr beherzigenswert treffend, ewiges Leben sei dies: Gott allein als den einen, wahren Gott zu erkennen ⟨Joh. 17,3⟩, nicht aber: zu erkennen, daß man Gott erkennt. Wie sollte denn auch der Mensch sich als Gott-erkennend erkennen, der *sich selbst* nicht erkennt? Denn sicherlich, der Mensch erkennt sich selbst und andere Dinge überhaupt nicht, vielmehr nur Gott allein, fürwahr, wenn er selig wird und selig ist in der Wurzel und im Grunde der Seligkeit. Wenn aber die Seele erkennt, *daß* sie Gott erkennt, so gewinnt sie zugleich Erkenntnis von Gott und von sich selbst.

Nun ist aber eine andere Kraft – wie ich ausgeführt habe –, vermöge derer der Mensch sieht, und eine andere, durch die er weiß und erkennt, *daß* er sieht. Wahr ist es zwar, daß jetzt, hienieden, *in uns* jene Kraft, durch die wir wissen und erkennen, *daß* wir sehen, edler und höher ist als die Kraft, vermöge derer wir sehen; denn die Natur beginnt ihr Wirken mit dem Geringsten, Gott aber beginnt bei seinen Werken mit dem Vollkommensten. Die Natur macht den Mann aus dem Kinde und das Huhn aus dem Ei; Gott aber macht den Mann vor dem Kinde und das Huhn vor dem Ei. Die Natur macht das Holz zuerst warm und heiß, und danach erst läßt sie das Sein des Feuers entstehen; Gott aber gibt zuerst aller Kreatur das Sein und danach in der Zeit und doch ohne Zeit und jeweils gesondert alles das, was dazu ⟨d. h. zum Sein⟩ hinzugehört. Auch gibt Gott den Heiligen Geist eher als die Gaben des Heiligen Geistes.

So also sage ich, daß es zwar Seligkeit nicht gibt, ohne daß der Mensch sich bewußt werde und wohl wisse, *daß* er Gott schaut und erkennt; doch verhüte Gott, daß meine Seligkeit darauf beruhe! Wem's anders genügt, der behalte es für sich, doch erbarmt's mich. Die Hitze des Feuers und das Sein des Feuers sind gar ungleich und erstaunlich fern voneinander in der Natur, obzwar sie nach Zeit und Raum gar nahe beieinander sind. Gottes Schauen und unser Schauen sind einander völlig fern und ungleich.

Darum sagt unser Herr gar recht, daß ›ein edler Mensch auszog in ein fernes Land, sich ein Reich zu gewinnen, und zurückkam‹. Denn der Mensch muß in sich selber Eins sein und muß dies suchen in sich und im Einen und empfangen im Einen, das heißt: Gott lediglich *schauen*; und »zurückkommen«, das heißt: wissen und erkennen, *daß* man Gott erkennt und weiß.

Und alles hier Vorgetragene hat der Prophet Ezechiel vorausgesprochen, als er sagte, daß ›ein mächtiger Adler mit großen Flügeln, mit langen Gliedern voll mancherlei Federn zu dem lautern Berge kam und entnahm das Mark oder den Kern des höchsten Baumes, riß ab die Krone seines Laubes und brachte es herunter‹ ⟨Ez. 17,3 f.⟩. Was unser Herr einen edlen Menschen heißt, das nennt der Prophet einen großen Adler. Wer ist denn nun edler, als der einerseits vom Höchsten und Besten, was die Kreatur besitzt, geboren ist und zum andern aus dem innersten Grunde göttlicher Natur und dessen Einöde? ›Ich‹, spricht unser Herr im Propheten Osee, ›will die edle Seele führen in eine Einöde, und ich will dort sprechen in ihr Herz‹ ⟨Os. 2,16⟩. Eines mit Einem, Eines von Einem, Eines in Einem und in Einem Eines ewiglich. Amen.

Quelle: Meister Eckharts Traktate. Hrsg. u. übers. von Josef Quint. Stuttgart: Kohlhammer 1963. S. 498–504.

MARTIN LUTHER

1483–1546

*Die drei hier abgedruckten Sermone gehören zu den soge-
nannten insgesamt 8 Invocavitpredigten, die Luther zur Fa-
stenzeit vom 9. bis 16. März 1522 gehalten hat und die zu
Recht als der Höhepunkt seiner Predigertätigkeit gelten. Obwohl sie nur durch Nachschriften eines Zuhörers überliefert
sind, vermitteln sie eine hinreichende Vorstellung von dem
rhetorischen Talent Luthers und lassen noch die dramatischen
Vorgänge jener Tage ahnen. Beunruhigt von den Nachrichten
über Radikalisierungstendenzen in seiner Wittenberger Gemeinde, war Martin Luther am 6. März 1522 von der Wart-
burg zurückgekehrt. Kurz zuvor hatte er an Hartmut von
Kronberg geschrieben: »Alle meine feind sampt allen teuffeln
wie nahe sie mir kommen sind (vielmal), haben sie mich doch
nicht troffen, wie ich jetzt troffen bin von den unsern: und
muß bekennen, das mich der rauch ubel in die augen beisset
und kutzlet mich fast im herzen. Hie wil ich (dacht der teuffel) dem Luther das hertz nehmen und den steiffen geist matt
machen, den griff wird er nit versteen noch uberwinden.« In
einem an den Kurfürsten gerichteten Schreiben (7. März) erklärt er: »durch mein abwesen (ist zu Wittenberg) mir der
Satan in meine hurden gefallen und wie itzt alle welt schreiet
(und auch war ist), etlich stuck zugerichtet hat, die ich mit keiner schrift stillen kann, sondern muß mit selbstwertiger person und lebendigem mund und oren da handeln.« Er ist ebenso in Sorge »vor einer großen emporung in Deutschlanden,
damit Gott deudsche nation straffen wird«, und beschließt,
auch ohne Schutz des Kurfürsten zu seiner Gemeinde zurückzukehren. Mit den 8 Sermonen wollte Luther seine Anhänger
in Wittenberg wieder auf den richtigen Weg bringen. Statt
einer gewaltsamen Revolution plädierte er für eine mehr evo-
lutionshafte, gemäßigte Veränderung; allein durch das Wort
und den wachen Glauben, also durch innere Erneuerung, nicht*

durch äußere Gewalt, soll das Alte überwunden werden. »Ich
bin dem ablas und allen papisten entgegen gewesen«, predigt
er im 2. Sermon, »aber mit keyner gewalt, ich hab allein got-
tes wort getrieben, gepredigt und geschrieben, sonst hab ich
nichts gethan.«
Die Texte werden nach A, der meiner Ansicht nach origineller-
ren, wenn auch in manchem fehlerhaften Fassung, abgedruckt
und nicht nach der üblichen Bearbeitung Aurifabers.

Drei Predigten

1

Dominica Invocavit

Wir seindt allsampt zů dem tod gefodert und wirt keyner für
den andern sterben, Sonder ein yglicher in eygner person für
sich mit dem todt kempffen. In die oren künden wir woll
schreyen, Aber ein yeglicher můß für sich selber geschickt sein
in der zeyt des todts: ich würd denn nit bey dir sein noch du
bey mir. Hierjnn so muß ein yederman selber die hauptstück
so einen Christen belangen, wol wissen und gerüst sein, und
seindt die, die eüwer lieb vor vil tagen von mir gehört hat.
Zum ersten, wie wir kinder des zorns seind und all unßer
werck, synn und gedancken sonderlich nichts sein. Hirjnnen
müssen wir einen klaren starcken spruch haben solchs bezey-
gende. Als ist der spruch S. Pauli zun Ephesern 2.[1] den merck
wol (und wiewol jr vil sein in der Bibel, aber ich wil eüch nit
mit vil sprüchen uberschütten) ›wir seind all kinder des zorns‹.
Und nymm dir nicht für sprechendt: Ich hab ein altar ge-
bawet, messe gestifft etc.
Zum andern, das uns got sein eingebornen son gesant hat, auff
das wir in jn gläuben, und der in jn vertrawen wirt, sol der
sünde frey sein und ein kind gottes. Wie Johan.[2] an seinem er-

sten cap. sagt: ›Er hat jn gewalt gegeben, kinder gottes zů
werden, allen den, die in seinen namen glauben‹. Alhie solten
wir alle in der Bibel wol geschickt sein und mit vilen sprüchen
gerüst dem teüffell fürhalten. In den zweyen stücken spür ich
noch keynen fehel oder mangel, sonder sie seyn euch reinlich
gepredigt und wer mir leyd, wann es anders geschehen were;
ja ich sihe es wol unnd darffs sagen, das jr gelerter dann ich
bin, nit allein einr, zwen, drey, vier, sonder wol zehen oder
meher, die so erleücht sein jm erkentnuß.

Zum dritten müssen wir auch die liebe haben und durch die
liebe einander thůn, wie uns got gethan hat durch den glauben, on welche die liebe der glaub nit ist. Als sant Paulus sagt
1. Corin. 2.[3] ›wenn ich gleich als der engel zungen het und künde
auffs aller höchst vom glauben reden und hab die liebe nit, so
bin ich nichts‹. Alhie, lieben freündt, ist es nitt fast gefelt?
und spür in keynem die liebe und merck fast woll, das jr gott
nit seyt danckpar gewesen umb solchen reichen schatz und
gabe.

Hie last uns zůsehen, das auß Wittenberg Cavernaum werd.[4]
Ich sihe wol, das jr vil wyst von lere zureden eüch gepredigt,
von dem glauben und liebe, und ist nit wunder: kan doch
schier ein esell lection singen, solt jr dann nit die lere oder
wörtlin reden und leren? Also lieben freündt, das reich gottes,
das wir sein, steet nit in der rede oder worten, sonder in der
thåttigkeit, das ist in der that, in den wercken und ubungen.[5]
Got wil nit zuhörer oder nachreder haben, sonder nachvölger
und uber. Und das in dem glauben durch die liebe. Dann der
glaub on die liebe ist nit gnugsam, ja ist nit ein glaub, sonder
ein schein des glaubens, wie ein angesicht jm spiegel[6] gesehen
ist nicht ein warhafftigs angesicht, sonder nür ein scheyn des
angesichts.

Zum Vierdten ist uns auch not die gedult: denn wer den glauben hat, got vertrawet und die liebe seinem nechsten erzeygt,
in der er sich teglich ubt, ja der kan nit on verfolgungen sein,
denn der teüffel schlåfft nit, sonder gibt jm gnůg zuschaffen,
und die gedult wirckt und bringet die hoffnung, welche sich

frey ergibt und in got sich geschwindet, und also durch vil anfechtung und anstösse nympt der glaub ymmer zů und wirt
von tag zů tag gesterckt. Sollichs hertz mit tugenden begnadet
kan nymmer růen noch sich erhalten, sonder geüst sich widerumb auß zů dem nutz und wolthůn seinem brůder, wie jm von
got geschehen ist.

Alhie, lieben freündt, můß nitt ein jederman thůn was er recht
hat, sonder sehen was seinem brůder nützlich und fürderlich
ist, wie Paulus[7] sagt ›Omnia mihi licent, sed non omnia ex-
pediunt‹, ›Alle ding mögen wir wol thůn, aber alle ding sind
nit fürderlich‹, wenn wir sind nit alle gleich starck jm glauben,
dann etliche under euch haben ein starckern glauben wen ich.
Darumb müssen wir nit auff uns oder unser vermügen sehen
und ansehen, sonder unsers nechsten, dann got durch Mosen[8]
gesprochen hat ›ich hab dich getragen und auffgezogen wie ein
můtter jrem kind thut‹. Was thůt die můtter jrem kinde?

Zum ersten gibt sie jm milch, darnach ein brey, darnach eyr
und weyche speyß: wo sie es zum ersten gewendte unnd herte
speyß gebe, würde auß dem kinde nichts gůts. Also sollen wir
auch thůn unserm brůder, gedult mit jm tragen ein zeyt lang
und seine schwacheit gedulden und helffen tragen, jm auch
milchspeyß geben, wie uns geschehen ist, biß ich auch starck
werde, und nit allein gen hymel fare, sonder unser brüder, die
jetzt nit unser freündt sein, mit pringen: solten alle mütter jre
kinder weck werffen, wo weren wir blieben? Lieber brůder,
hastu genug gesogen, schneyd jo nit also bald den dutten ab,
sonder laß dein brůder auch saugen, wie du gesogen hast. Ich
hette es nicht so weyt getriben, als es geschehen ist, wer ich alhie gewest. Die sach ist wol gůt, aber das eylen ist zů schnell,
denn auff jenner seyten sind auch noch brůder und schwester,
die zů uns geborn, die müssen auch noch herzů.

Merck ein gleichnyß: die Son hat zway ding, als den glantz
und die hitze. Es ist kein künigk also starck, der den glantz
der sonnen bygen oder lencken müge, sonder bleybt in seinen
stellen geörtert. Aber die hitz läßt sich lencken und bygen und
ist al weg umb die sonne. Also der glaub, můß allzeyt reyn

unbeweglich in unsern hertzen bleyben und müssen nit davon
weychen, sonder die liebe beügt und lenckt sich, unser nechsten
begreyffen und volgen mag. Es sein ettliche, die künden wol
rennen, etlich wol laüffen, etlich kaüm kriechen. Darumb müssen wir nit unser vermügen, sonder unsers brüders betrachten,
uff das der schwache jm glauben, so er dem starcken volgen
wolt, nit vom teüffel zuryssen werde. Darumb, lieben brüder,
volgend mir, jch hab es jo nye verderbt. Ich bin auch der erste
gewest, den gott auff diesen plan gesetzt hat. Ich kan jo nit
entlaüffen, sonder also lang bleiben, als es got verleycht. Ich
bin auch der gewest, dem es got zum ersten offenbart hat, auch
solche seine wort zů predigen. Ich bin auch gewiß, das jr das
lauter wort gottes handt.

Darumb last uns das mit forcht und demůt handlen und eyner
dem andern under den füssen liggen, die hende zů samen rey-
chen, einer dem andern helffen; ich wil das mein thůn, als ich
schuldig bin, und meyne euch wie ich meine sele meyne, dann
wir streytten nit wider den Bapst oder Bischoff etc. Sonder
widder den teüffel, lassent jr euch bedünckenn, er schläfft? Er
schläfft nitt, sonder er sicht das ware liecht auffgeen: das es jm
nit under die augen gieng, wolte er gerne zů der seyten ein-
reyssen, und er wirt es thůn, werden wir nicht auff sehen. Ich
kenn jn wol, ich hoff auch, ob got wil, ich bin sein herre: lassen
wir jm ein füß breyt nach, so sehen wir, wie wir sein loß werden. Der halben haben alle die gejrret, die darzů geholffen und
verwilliget haben, die Messe abzethůn, nicht das es nit gůt wår
gewesen, sonder das es nit ordenlich gethan ist. Du sprichst: es
ist recht auß der schriefft; jch bekenn es auch, aber wo bleybt
die ordenung? dann es ist in eym frevel gescheen on alle ordnung, mit ergernyß des nechsten: wann man solt gar mit ernste
zuvor dar umb gebetten haben und die öbersten darzů genommen haben, so wüste mann, das es auß gott geschehen were. Ich
wolt es auch wol angefangen haben, wenn es gůt wer gewest
und wenn es nit so ein böß ding wåre umb die Messe, so wolt
ich sie wider aufrichten, dann ich weyß es nicht zů widerfech-
ten, jch wil es auch eben gesagt haben. Dann vor den Papisten

und groben kopffen kündt ichs wol thůn, dann ich wolt sprechen: was weystus, ob es in eynem gůten geyste oder bösen geschehen ist, seytmal das werck an jm selber gut ist. Aber vor
dem teüffel weyß ich nitt zusůchen. Dann wenn der teüffel
den jhenigen, so das spil angefangen, am sterben diese sprüche
oder der gleichen würd vorhalten: ›Omnis plantatio, quam non
plantavit pater meus, eradicabitur‹[9], oder den ›Currebant et
non mittebam eos‹[10], wie wolten sie bestan? er stöst sie in die
helle. Aber ich wil jm wol in dem eyne spieß vor die nasen
halten, das jm auch die weldt zů eng sol werden, dann ich weyß
jo, das ich von dem radt zů predigen (wiewol ich mich gewert
hab) gerüffen bin. Also wolt ich eüch auch gerne haben wie
mich, hetten jr mich auch künden darjnn fragen.
Ich bin ja nit so ferne gewest, jr hetten mich künden mit
schrhefften erreychen. Seytmal ich nit das geringst stück herge-
schickt[11]: wólt jr etwas anfahen und ich solts verantwurten, das
were mir zuschwár, ich werde es nit thůn. Alhie mercket
mann, das jr den geyst nit habt, wiewol jr ein hoch erkentnuß
der schriefft habt. Mercket die beyden stück ›müssen sein‹ und
›frey sein‹: dann ›můß sein‹ ist das, was die notturfft fodert
und můß unbeweglich besteen, als do ist der glaub, den laß ich
mir nit nemen, sonder můß den allezeyt in meynem hertzen
haben und vor jederman frey bekennen. ›Frey sein‹ aber ist
das, welchs ich frey habe und mag es gebräuchen oder lassen,
also doch, das mein brůder den nutz und nit ich davon habe.
Und macht mir nitt auß dem ein ›můß‹ ein ›frey sein‹, wie jr
gethan habt, auff das jr nit vor die jhenigen, so durch ewer
liebe lose freyheit verleytet habt, rechenschafft mußt geben.
Denn wann du eynen darzů raytzest, den freytag fleysch zů
essen, und er jm sterben angefochten würdt und also gedenckt:
›O wee mir, das ich fleysch gessen hab und nit besteen kan‹,
von den wirt got rechenschafft von dir fodern. Ich wolt auch
wol vil ding anheben, da mir wenig volgen würden, was
hülffs aber? dann ich weyß, die sollichs angefangen haben,
wann es zum treffen würdt gan, nit besteen künden und würden die ersten sein, die da würden zurück tretten. Wie würd

es sein, wenn ich den haüffen uff den plan brechte, und ich
(der ich der erste bin gewesen, die andern angehalten) und
wolt fliehen den todt, nit frölich warten: wie solte der arme
haüff verfürt werden. Hierumb last uns den andern auch so
lang milch speyß geben, wie uns geschehen, biß sie auch jm
glauben starck werden. Dann jr ist noch vil, die uns sonst zů-
fallen und wolten gerne diß ding auch mit haben und annemen, besonder sie konden es nit wol begreyffen, dieselbigen
treyben wir zurück. Darumb last uns unser nechsten liebe er-
zeygen: werden wir des nicht thůn, so wirt unßer thůn nicht
beschehen[12]; müssen wir doch auch ein zeyt lang mit jn gedult
haben und nit verwerffen den der noch schwach jm glauben
ist, wie vil meer thůn und lassen, so es die liebe erfodert und
uns nit an unserm glauben schaden bringt. Werden wir nit Got
ernstlich bitten und uns in die sach recht schicken, so sihet mich
das spil an, das alles der jamer, so auff die Papisten und uns
angefangen, wirt uber uns kommen. Hierumb han ich lenger
nit künden außbleyben, sonder habe müssen komen, sollichs
euch zusagen; nůn ist gnůg von der Messe, morgen wöllen wir
von den bylden[13] sagen.

2

Am Montag nach Invocavit

Lieben freünd, jr habt gestern gehört die haüptstück eins
Christenlichen menschen, wie das gantze leben und wesen sei
glauben und lieben. Der glaube ist gegen got gerecht, die liebe
gegen den menschen und nåchsten an der liebe, mit wolthůn,
Wie wir entpfangen haben von got on unnsern verdienst und
werck. Also seindt zwey dingk. Das eyne das nötlichest, das
also geschehen můß und nicht anders. Das ander, das da frey
ist und unnötig, das mag mann halten oder nit, one gefer des
glaubens unnd der hell. In den zweyen dingen můß die liebe
handlen mit dem nåchsten, wie uns von got geschehen, und
můß also die rechte strasse geen, weder zů der lyncken noch zů

der rechten seytten fallen. In den dingen, die da ›müssen‹ und
von nötten seyn (Also da ist in Christum glauben) handelt die
liebe dannocht also, das sie nit zwinget oder zů strenge fert.
Also die Meß ist ein böß ding und gott ist jr feynd, in dem also
sie geschehe, als were sie ein opffer und verdienstlich werck,
der halb müssen sie abgethan werden. Hie ist keyn frag oder
zweyffel, Als wenig du fragen solt, ob gott an zubetten sey.
Hierjnn seynd wir der sachen gantz eins, das die sonderliche
messe[14] müssen abgethan sein. Wie ich auch davon geschriben
hab und wolt, das in der gantzen weldt weren abgethan und
alle die gemeyne Euangelische Messe gehalten, dennocht sol
die liebe hirjnn nit gestrenge faren und mit gewalt abreyssen.
Aber predigen soll mans, schreiben und verkündigen, das die
Messe in der weyße gehalten sonderlich ist: doch sol mann
niemants mit dem haer darvon ziehen oder reyssen, dann
gotte sol mans herjnn geben und sein wort alleyne würcken
lassen, nit unser zůthůn und werck. Warumb? dann jch hab
nit in meiner gewalt oder handt jr hertzen (der menschen) als
der häffner den leymen, mit jm zuschaffen nach meynem gefallen. Ich kan nit weytter kommen dann zů den orn, jns hertz
kan ich nit kommen: dieweyl ich dann den glauben jns hertz
nit giessen kann, so kann noch sol ich niemants darzů zwingen
noch dringen, wenn got thut das alleyne und macht, das er[15]
vor jm hertzen lebt. Darumb sol mann das wort frey lassen
und nit unser werck darzu thůn: wir haben wol jus verbi[16] aber
nicht executionem[17]. Das wort soll wir predigen, aber die volge
sol got alleyn in seim gefallen sein.
So ich nů darein falle und wolt es mit gewalt ablegen, so seind
jr vil, die das müssen ein geen und wissen nit, wie sie darjnnen
sein, ob es recht oder unrecht sey, sprechende: Ich weyß nicht,
ob es recht oder unrecht ist, weyß nicht, wie ich daran sey, Ich
habe der gemeyne und gewalt volgen müssen. So wirt dann
auß dem gezwang oder gebot alleyn ein spiegel fechten, ein
eüsserlich wesen, ein affenspil, und wirt also ein menschliche
satzunge, scheynende heylige oder gleyßner: dann da ist keyn
gůt hertze, da gebe ich dann nichts uberall darauff. Man můß

der leüte hertz zum ersten fahen, das geschicht aber, wenn ich
gottes wort alleyne treybe, predige das Euangelium und sage:
lieben herrn oder pfaffen, tret ab von der Messe, es ist nit
recht, jr sündiget daran, das wil ich euch gesagt haben. Aber
wolt jn keyn satzungen machen, auch auff keyn gemeyne ordnung dringen, wer da volgen wolte, der volgete, wer nicht
wôlt, belibe aussen: mit dem viel das wort unden in das hertze
und würcket, also wirt der nûn gefangen und schuldig gibt,
geet hien und felt von der Messe, morgen kômpt ein ander.
Also würckt got mit seinem wort meer, wenn wan du und ich
allen gewalt auff einen haüffen schmeltzen. Also wenn du das
hertze hast, so hastu jn nûn gewonnen: also mûß dann das
ding zu letst von jm selbs zufallen und auff hôren, und wenn
darnach alle gemüt und synn zusamen stympte und vereynigt
wurdt, so thû man dann abe: wo aller gemût und hertz nicht
dabey ist, das laß got walten, da bit ich dich umb, du machst
nichts gûts; nit das ich die Meß wôll wider auffrichten, sonder laß sie liggen in gottes namen, der glaüb wil nit gefangen
noch gebunden seyn noch durch ordnung an ein werck geôrtet
sein. Da richt dich nach, dann jr werden sollichs nit hinauß
füren, das weyß ich, werden jrs aber hinauß füren mit solichen
gemeynen gebotten, so wil ich alles, was ich geschrieben und
gepredigt hab, widerrûffen, jch will auch nicht bey eüch stan
und wil eüch darumb gesagt han: was kan dirs schaden, hastu
doch deinen glaüben reyn und starck zû gotte, das dir das ding
nit schaden kan.

Darumb erfodert es die liebe, das du mitleyden hast mit dem
schwachen. Also haben alle Aposteln gethan. Paulus do er eins
mals gegen Athenis kam, Act. xvij.[18] In ein mechtige stat, da
fande er jm tempel gepaüte alte altar, da gieng er von eynem
zû dem andern und besach sie alle, aber er rûrt keinen mit
keym fûß an, sonder trat mitten auff den platz und sagte, das
es eytel abgôttereisch ding weren, bat sie, sie solten davon
seyn, reyß auch der keynen mit gewalt ab. Da das wort jre
hertzen fasset, da fyelen sie selber ab, darnach zufyel das ding
von jm selber. Also wenn ich hette gesehen, das sie hetten

Messe gehalten, so hette ich wöllen predigen und sie verma-
nen. Hetten sie sich daran gekört, so hett ich sie gewonnen, wo
aber nicht, so hett ich sie dannocht nit mit den haren und gewalt davon geryssen, sonder das wort lassen handlen und für
sie gebetten, dann das wort hat hymel und erd geschaffen und
alle ding, das muß es thůn und nit wir armen sünder. Summa
summarum predigen wil ichs, sagen wil ichs, schreyben wil
ichs. Aber zwingen, dringen mit der gewalt wil ich nyemants,
dann der glaube wil willig, ungenötigt angezogen werden.
Nempt ein exempel von mir. Ich bin dem ablas und allen papisten entgegen gewesen, aber mit keyner gewalt, jch hab allein gottes wort getrieben, gepredigt und geschrieben, sonst
hab ich nichts gethan. Das hat, wenn ich geschlafen han, wenn
ich wittenbergisch bier mit meynem Philipo[19] und Amßdorff[20]
getruncken hab, also vil gethan, das das Bapstum also schwach
worden ist, das jm noch nye keyn Fürst noch Keyser so vil
abgebrochen hat. Ich hab nichts gethan, das wort hatt es alles
gehandelt und außgericht. Wann ich hett wöllen mit unge-
mach faren, ich wolt Teützsch lanndt in ein groß plůt vergies-
sen gebracht haben, ja ich wolt woll zů Wurmbß[21] ein spil an-
gericht haben, das der keyser nit sicher wer gewesen. Aber was
were es? ein narren spill wer es gewesen. Ich hab nichts gemacht, ich hab das wort lassen handeln. Was meynt jr wol was
der teüffel gedenckt, wann mann das ding wil mit rumor auß-
richten? er sitzt hinder der hellen und gedenckt: O, wie sollen
nůn die narren so ein feyns spil machen. Aber dann so geschicht jm leyd, wann wir alleyn das wort treyben und das
alleyn wercken lassen: das ist almechtig, das nympt gefangen
die hertzen, und wenn die gefangen seyn, So muß das werck
hinnach von jm selbs zufallen. Ein grob exempel. Es waren vor
zeytten auch secten under den jüden und Heyden umb des
gesetz Mosy[22] willen, der beschneydung halben: jhenne woltens
halten, die nit. Da kam Paulus, predigt[23], man möchts halten
oder nit, wenn daran were kein macht gelegen, und solten
auch keyn ›müssen‹ darauß machen, sonder frey lassen, man
halts oder nitt, wäre ongefår. Biß zů der zeit Jero. der kam

und wolt ein ›müssen‹ darauß machen und ein ordnunge und
satzunge darauß machen, Man solts abthůn. Da kam Sant Augustinus und was der sant paulus meynung, Man mȯcht das
halten oder nit; sant Jeronymus was wol hundert meyll von
sant Paulus meynunge. Da lieffen die zwen doctores gar hart
mit den kȯpffen zusamen: do nůn sant augustinus starb, do
bracht es sant Jeronymus dahien, das mann es müste ab-
thon.

Darnach kament die Bȧpste, die wolten auch etwas dar zů
thůn und machten auch gesetze: da wůchsen auß des eynigen
gesetzes abthounge[24] taüsentterley gesetz, das sie uns gantz mit
gesetz uberschüttet handt. Also wirt es hie auch zugan: das
eyn gesetz macht bald zwey, zway machen drey etc.

Das ist jetzunder gnůg von den dingen, die da nȯttig seyn, last
unns zůsehen, das wir nit die schwachen Conscientien[25] ver-
füren.

<h2 style="text-align:center">3</h2>

Am dinstag nach Invocavit

Wir haben gehȯrt die stück, die da ›müssen seyn‹ und nȯttig
seyn, die da geschehen müssen, das und kein anders: die winckel messen oder sonderlichen messen müssen abgethan sein.
Dann alle werck und ding müssen seyn, welche von gott geboten seyn oder verboten und die hohe maiestat also verordnet hat. Aber man soll keynen mit den haren davon oder
darzů thůn, dann ich kan keynen gen hymel treyben oder mit
knůtlen darzů schlagen. Diß ist grob genug gesagt: Ich meyne,
jr habt es verstanden. Nůn volgen die ding, die unnȯttig sein,
sonder frey gelassen von gotte, die mann halten mag oder nit,
als Eelich zů werden oder nitt, Münnich und Nonnen auß den
klȯstern geen. Die ding seindt frey und müssen von nyemant
verboten seyn, werden sie aber verboten, so ist es unrecht,
wann es ist wider gottes ordnung. In den dingen, die da frey
seindt, als eelich werden oder nicht, sol man sich also halten:

kanstus halten on dein beschwerunge, so halt es, aber es müß
keyn gemeyn gebot gemacht werden, sonder sol ein yeder frey
sein. Also ist ein Pfaff, Münch oder Nonne, die sich nicht enthalten kann, der neme ein weyb unnd sy ein man, auff das
deynem gewyssen geradten werde, und sich uff[26], das du gerüst
und geharnyscht bist, das du kanst vor got und der welt besteen, wenn du angefochten würdest, sonderlich am sterben
von dem theüffel. Es ist nicht genüg, das du sprechen woltest:
der und der hat es gethan, jch hab dem gemeynen haüffen ge-
folget, als unns hatt der Probst Doctor Carlestatt[27], Gabriel[28]
oder Michael[29] gepredigt. Neyn, Ein yetlicher müß vor sich
steen und gerüst sein, mit dem theüffel zü streytten: du müst
dich gründen auff eynen starcken, klaren spruch der schrifft,
da du besteen magst: wenn du den nit hast, so ist es nit müglich, das du bestan kanst, der teüffel reyst dich hinweck wie
ein dürre blat. Darumb welche pfaffen weyber genommen haben oder Nonne eynen man zü errettung jrer gewissen, müssen
sie auff eym klaren spruch ston, als ist der S. Pauls[30] (wie wol jr
sonst mer seindt[31]): ›Es werden zü den letzten zeyten kommen,
die vom glauben werden tretten und werden anhangen den
jrrigen geysten und jns teüffels leere‹ (jch meyne, sant Pauls
habs grob gnüg außgestochen) ›und sie werden verbieten die ee
und die speyß, welche got geschaffen hat‹. Den spruch wirt dir
der teüffel nit umbstossen oder fressen, ja er wirt von dem
spruch umbgestossen und gefressen werden. Derhalben welcher Münch oder Nonne sich zü schwach befindet die keüscheyt zuhalten, der sehe auff seyn gewissen: ist sein hertz und
gewissen also gesterckt, das er besteen kan mit gütem gewissen,
der neme ein weyp und sy ein man. Und wolte got alle Münch
und Nonnen hörten diese predig und hetten den verstandt
und lieffen alle auß den klöstern und hörten alle klöster auff,
die in der gantzen welt seind, das wolte ich. Aber nü sie den
verstandt nit haben (dann es predigt jn niemants) und hören,
das sie an andern enden hinauß geen, die nü wol gerüst sein,
wöllen sie denen volgen und haben jre gewissen noch nitt gesterckt, wissen es auch nit, das es frey sey, das ist böse. Noch

ist es besser, heraussen böse dann darjnnen. Darumb sprich ich: was got hat frey gemacht, das soll frey bleyben; verbeüt dirs aber yemants, als der Bapst gethan hat, der Antichrist, dem saltu nit volgen. Wer es on schaden thůn kan und zů liebe dem nechsten ein kappe tragen oder platten[32], die weyl dirs an deinem glauben nit schadet: die kappe erwürget dich nicht, wan du sie schon trägest. Also, lieben freünde, es ist klar genůg gesagt, jch meyne, jr soltens verstan unnd keyn gebott auß der freyheit machen Sprechende[33]: der pfaff hat ein weyb genommen, darumb müssen sie alle weyber nemmen, noch nitt; der Münch oder Nonne ist auß dem kloster gangen, darumb müssen sie alle herauß gan, noch nit; der hat die bylder gebrochen und verbrant, darumb mussen wir sie alle verbrennen, noch nit, lieber brůder; oder der priester hatt keyn weyb, darumb můß keyn priester eelich werden, noch nit: dann die keüscheyt nit halten künden, nemen weyber, welche aber keüscheyt halten, den ist es gůt, das sie sich mügen enthalten, da in die leben jm geyste und nicht jm fleysche. Es soll sie auch nit anfechten jr gethan gelübte, Als die Münche geloben gehorsam, keüscheyt und armůt (wiewol sie darneben reych genůg sind). Dann wir künnen nichts geloben widder gottes gebot. Gott hat es frey gemacht, Eelich werden oder nit. Vnd du narr understeest dich, auß dieser freyheit ein gelübde wider gottes ordenung zů machen. Darumb můst du lassen ein freyheit bleyben und nit ein zwang lassen darauß machen, dann dein gelübnyß ist wider gottes freyheit. Nempt ein gleychnyß: wenn ich gelopte, jch wölt meinen vater jns maůl schlagen oder yemandts das sein nemen, Meynstu, das got würde ein wolgefallen darjnnen haben? Nůn, als wenig ich die gelübte solte halten, Meynem vattern jns maůl zů schlagen, also wenig solte ich halten keüscheyt durch gelübte erzwungen. Dann gott hat es beyder seytten anders verordnet. Got hat verordnet, ich sol frey sein, fisch oder fleysch zů essen, und sol da keyn gebot sein. Der halben alle Karthaüser, alle Münche und Nonnen tretten von gottes ordenunge und freyheit und meynen, wenn sy fleysch essen, sie werden verunreynet.

Von Byldtnussen

Nůn das wir zů den byldern kommen: umb die bilder ist es auch so gethan, das sie unnöttig, sonder frey sein, wir mügen sie haben oder nicht haben, wie wol es besser were, wir hetten sie gar nicht. Ich bin jn auch nit holt.[34] Umb der bilder wil hat sich ein grosser streyt[35] erhaben zwüschen dem Römischen Keyser und dem Bapst: der Keyser meynet, er hett gewalt, es solten keyne bilder sein, der Bapst aber, sie müsten seyn, und haben beyde gefelt. Darumb auch vil blůt vergossen ist worden, aber der Bapst ist oben gelegen und der Keyser muste verliesen. Warumb das? sie wolten auß der freyheit ein ›müssen‹ machen. Das kan got nit leyden. Woltestu es anders machen dann die hoche maiestat beschlossen hatt? noch nit, du wirst es lassen. Ir leset jm gesetz[36], Exod' .xx. ›Du solt dir keyn bild machen oder gleichnyß weder der dinge, die jm hymmel seind, weder auf erdt noch jm wasser‹. Darauff steet jr, das ist ewer grundt. Last uns nůn sehen, wenn unser widersåcher werden sprechen: Das erst gebot dringt dahyn, Wir sollen alleyne einen got anbetten und keyn bilde, wie es auch hernach volget ›Du solt sie nit anbetten‹, und sprechen, das das anbetten ist verbotten und nicht das machen, und also machen sie uns den grundt wanckende und ungewyß. Ja, sprichstu, es steet jm text ›Du solt keyn bilder machen‹. Sie sprechen, es steet auch da ›Du solt nit anbetten‹. Wer wil nůn in solichen wancken so kün sein unnd wil die bilde zůreyssen? Ich nit. Laßt unns nůn weytter geen. Sprechen sie: hat nit Noe[37], Abraham, Jacob altar gepawet? Wer wil das leůcknen? wir müssen zugeben. Weytter hatt nicht Moses[38] eyne örne schlange auffgericht? Num. xxij. als wir in seinem .iiij. bůch lesen. Was magstu denne sprechen, Moses hatt es verbotten, Wir sollen kayn bild machen, und er machet selber eins. Ich meyne, ein schlange sey jo auch ein byldnuß'. Was wöllen wir darzů sagen? Weytter lesen wir nitt auch, das zwen vögel[39] warn aufs propiciatorium gemacht? wie? da, eben da got wolte angebettet sein. Alhie müssen wir bekennen, das mann bilder haben und machen mag, aber anbetten sol wir sie nit, und wenn man sie

anbettet, so solt man sie zerreyssen und abthůn. Wie dann
der kůnig Ezechias .4. Reg. 18. thât⁴⁰, Do er die schlange von
Mosi auffgericht zerbrach. Nůn wer wil da so kůn sein und
sprechen, so er da zur antwurt gefodert würde: Sie haben
die bilder angebettet. Sie werden sprechen: bistu der man,
der uns schüldigen darff, Wir haben sie angebettet? meynet jr, das sie es bekennen würden, wie wol es doch war
ist. Aber wir künden sie nit dahin dringen, das sie es bekennen müssen. Sehet, wie haben sie nůr gethan, da ich die werck
on den glåuben verworffen hab. Sie sprechen: meynstu nit,
das wir nitt den glåuben haben oder die werck on den glåuben thůn? Da kan ich sy dann nit weytter zwingen, sonder
můß meine pfeyffen wider in die taschen stecken, dann wenn
sy ein hår breyt⁴¹ erlangen, so machen sie wol hundert meylen
darauß. Derhalben solt mann es geprediget haben, wie bilder
nichts weren, mann thete gotte keynen dienst daran, wann
man die auffrichte: so würden sy wol von jm selber zergeen.
Als ich gethan habe, also thâte Paul zů Athen, da gieng er in
jre kirchen und besah all jr abgötterey, schlůg aber keyn jns
maul, sonder tradt mitten uff den platz und sprach ›Ir menner
von Athen, jr seyt alle abgöttereysch‹ etc.⁴² Wider die abgötter
prediget er, aber er reyß kainen mit gewalt weg. So wiltu zu-
faren und ein růmor anrichten, die altar zerbrechen, die bilder
wegk reyssen. Meynst du die bilder durch die weyß auß zu-
tilgen? Neyn, du wirst sie wol stercker auffrichten durch diese
weyse. Ob du schon die bilder wie umbstößt, Mainst du, du hast
zů Nürmberg und in aller welt auch umb gestossen? Noch nit.
S. Paulus, als wir in Act. lesen⁴³, Saß in ein schiff, da waren die
zwillingen⁴⁴ angemalt oder geschnytzt. Er ließ sich darjnne füren und fragte nit darnach. Er reyß sie auch nicht ab. Ey můst
Lucas so eben die zwillinge beschreybenn? ane zweyffell er
hat wöllen dar durch anzeygen, das die eüsserlichen dinge dem
glåuben keynen schaden zůfügen mügen. Alleyne das hertze
můß nicht daran hangen und sich nit darauff wagen. Sollichs
müssen wir predigen und sagen und das wort, Wie gesagt,
alleyne würcken lassen. Das můß die hertzen der menschen

züvor gefangen annemen und erleüchten: wir werden nicht die seyn die es thůn werden. Darumb berümen sich die Aposteln[45] jres diensts, ministeri, und nit der volge, Executionis[46]. Davon ist jetzunder gnůg.

Quelle: D. Martin Luthers Werke. Kritische Gesamtausgabe. 10. Bd. III. Abt. Weimar: Böhlau 1905. S. 1–30.

Anmerkungen

1. Eph. 2,3.
2. Joh. 1,12.
3. Die Stelle ist eine Zusammenziehung aus 1. Kor. 13,1 und 2.
4. In Aurifabers Bearbeitung von 1564 und schon in der Sammlung der 27 Predigten von 1523 ist der offensichtliche Fehler im Originaldruck korrigiert; es muß natürlich heißen: »Hier laßt uns zusehen, daß aus Wittenberg nicht Kapernaum werde.« Luther spielt hier zweifelsohne auf Luk. 10,15 bzw. Matth. 11,23 an.
5. Vgl. 1. Kor. 4,20.
6. Vgl. 1. Kor. 13,12.
7. 1. Kor. 6,12.
8. 5. Mose 1,31; im hebräischen Text steht der Vater-Sohn-Bezug.
9. Matth. 15,13 (»alle Pflanzen, die mein Vater nicht gepflanzt hat, werden ausgerissen«).
10. Jer. 23,21 (»sie liefen und ich habe sie nicht gesandt«).
11. In den 27 Predigten (und ähnlich bei Aurifaber) heißt es: »Sintemal dies nicht das geringste Stück ist, dessentwegen Ihr zu mir hättet schicken können.« Diese Korrektur scheint mir unnötig; Luther betont hier m. E., daß er etwas verantworten soll, wovon er gewiß nie geschrieben hat.
12. bestehen.
13. Bildern.
14. sonderliche messe: Messen, die ohne Anwesenheit der Gemeinde abgehalten wurden, also ›Privatmessen‹.
15. In der Ausgabe der 27 Predigten und von Aurifaber wird diese Stelle nicht auf Gott (er), sondern auf das Wort (es) bezogen; deshalb die freie Umschreibung: Gott ›macht das Wort lebendig in der Menschen Herzen‹. Im Kontext von A ließe sich diese Stelle aber auch sinngemäß auf den Glauben beziehen.
16. jus verbi: Rederecht.
17. die ausführende Gewalt.
18. Apg. 17,16 f.
19. Philipp Melanchthon (1497–1560), deutscher Reformator, Humanist und Hauptmitarbeiter Luthers.
20. Nikolaus von Amsdorf (1483–1565), Freund Luthers, Professor der

Theologie, wirkte für die Reformation in Wittenberg, Magdeburg und Naumburg.

21. Worms.   22. Mose.

23. 1. Kor. 7,18 f.   24. Abtun, Abschaffung.

25. Gewissen.   26. sich uff: sich darauf.

27. Doktor Karlstadt, eigentlich Andreas Bodenstein (1480–1541), seit 1505 an der Universität Wittenberg, seit 1510 am Wittenberger Allerheiligenstift, trat 1519 für Luther gegen Johann Eck auf; im Streit um das Abendmahl war er später Gegner Luthers.

28. Gabriel Zwilling (Didymus) (1487–1558), protestantischer Theologe, hatte sich früh Luther angeschlossen, beteiligte sich zunächst an Karlstadts radikalen Reformen, ließ sich dann aber gleich von Luther nach dessen Rückkehr von Bestrebungen dieser Art abbringen. Er blieb von nun an im Lager Luthers, als einer der bedeutendsten Prediger seiner Zeit.

29. Michael Stifel (um 1487 bis 1567), Mathematiker, zunächst Augustinermönch, dann lutherischer Prediger, seit 1559 Professor in Jena.

30. 1. Tim. 4,1 u. 3.

31. wie wol jr sonst mer seindt: wenngleich es ihrer noch mehr gibt.

32. Tonsur der Mönche.

33. Sprechende: indem Ihr sprecht.

34. Ich mag sie (die Bilder) ja auch nicht.

35. Gemeint ist der Bilderstreit des 8. Jahrhunderts: Kaiser Leo III. (717 bis 741) verbot durch ein Edikt (730) den von Mönchen unterstützten Bilderfetischismus, der an Aberglauben grenzte; Papst Gregor III. (wie schon Papst Gregor II.) verdammte dagegen die Bilderfeinde. Der Streit zwischen Ikonoklasten und Ikonodulen zerrüttete das Reich.

36. 2. Mose 20,4.   37. Noah.

38. 4. Mose 21,9.

39. Gemeint sind die zwei Cherubim an den beiden Enden der Bundeslade (vgl. 2. Mose 37,7).

40. 2. Kön. 18,4.

41. bedeutet soviel wie: ein Haarbreit Raum.

42. Apg. 17,22 ff.   43. Apg. 28,11.

44. Es handelt sich um die Dioskuren Kastor und Pollux, die Zwillingssöhne des Zeus, die als Galionsfiguren am Schiff angebracht waren.

45. Röm. 11,13.   46. Ausführung.

THOMAS MÜNTZER

um 1490 bis 1525

Einer der ersten Revolutionäre der deutschen Geschichte und gelehrtesten Geistlichen seiner Zeit. Wurde um 1490 in Stolberg (Harz) geboren, wuchs in Quedlinburg auf, wurde Priester und verließ die Universität als Magister. Er führte ein unstetes Wanderleben als Lehrer und Priester, war 1514 in Verschwörungen gegen den Erzbischof von Magdeburg verwickelt, um 1519 trat er in Kontakt mit Luther, der ihn 1520 nach Zwickau als Prediger empfahl; dort schloß sich Müntzer dem Kreis um den Sektierer Nikolaus Storch an und verwarf Schrift und Schriftglauben als tote Dinge. Er fühlte sich kraft seines neuen Geistglaubens berufen, die Welt zu reformieren und das Gottesreich auf Erden zu errichten. Nachdem er vergeblich versucht hatte, in Böhmen ans Hussitentum anzuknüpfen, ließ er sich 1523 in Allstedt als Pfarrer nieder, wo er Bürger, Bauern und Bergleute gegen die Obrigkeit zu mobilisieren begann. 1524 gründete er den »Getreulichen Bund göttlichen Willens«, der alle Frommen vom gemeinen Mann bis zum Fürsten gegen die Gottlosen vereinigen sollte.

In der sogenannten »Fürstenpredigt« über das 2. Kapitel Danielis beschwor Müntzer seinen Landesherrn, Herzog Johann von Sachsen, die Feinde der Auserwählten mit dem Schwert zu vernichten; »denn ein Gottloser hat kein Recht zu leben, so er die Frommen verhindert«. Sollten sich die Fürsten dieser Aufgabe nicht unterziehen, so würde man »sie erwürgen ohne alle Gnade«. Herzog Johann hatte die Predigt wahrscheinlich am 1. Juli 1524 als Probepredigt in Auftrag gegeben, da Müntzer ohne kurfürstliche Bestätigung in Allstedt angestellt worden war.

Müntzer hielt die Predigt am 13. Juli 1524 in der Allstedter Schloßkirche, anwesend waren neben Herzog Johann und dessen Sohn, Kurprinz Johann Friedrich, der kurfürstliche Kanzler Dr. Gregor Brück und der Rat Dr. Hans von Grefendorf.

Bereits zwischen dem 13. und 20. Juli wurde die Schrift ge-
druckt, denn schon am 20. Juli sandte der Allstedter Steuer-
beamte Hans Zeiß ein Exemplar an den kursächsischen Hof-
prediger Georg Spalatin. Als die Fürstenpredigt ohne Erfolg
blieb, schlug sich Müntzer ganz auf die Seite der sozial Unter-
privilegierten; er wollte die Fürsten und Herren, »die Grund-
suppe des Wuchers, der Dieberei und Räuberei«, vertreiben
und als ein neuer Johannes das Gottesreich auf Erden ver-
wirklichen. 1524 aus Allstedt, bald auch aus Mühlhausen ver-
trieben, nahm er in Süddeutschland Beziehungen zu den Wie-
dertäufern und aufständischen Bauern auf. 1525 organisierte
er den Bauernkrieg in Thüringen; nach der entscheidenden
Schlacht von Frankenhausen am 15. Mai 1525 wurde Müntzer
gefangengenommen und am 27. Mai auf dem Feld vor Mühl-
hausen hingerichtet.

Die Fürstenpredigt[1]

Erstlich wart der text des obgemelten vntherschidts[2] der wey-
sagung des propheten Daniells nach seynen klaren worten
vorzelet vnd vordolmetzschet vnd auff solchs die gantze predig mit verfassen des text gesatzt / wie folget.
Es ist zu wissen / daz der armen elenden zurfallenden Christenheyt / widder zu rathen noch zu helffen ist / es sey dann
das die fleissigen vnuordroßnen[3] Gottis knechte / teglich die Biblien treiben mit syngen lesen vnd predigen. Aber do mit wirt
der kopff der zarten[4] pfaffen / stetlich grosse stösse müssen
leyden oder seins hantwercks abgehn[5]. wie sol man ym aber
anders thun die weyl die Christenheyt so jemerlich durch reys-
sende wolffe vorwüstet ist? wie geschrieben ist Esaie. 5.[6]
Psal. 79.[7] vom weingarten Gottis / vnnd sant Paul leret wie
man sich in götlichen lobsengen vben soll. Ephe. 5.[8] Dann
gleich wie zur zeyt der lieben propheten. Jesaia. Hiere. Eze-
chelis vnd der andern / die gantze gemein der außerwelten

Gottis also gantz vnd gar in die abgöttische weise geraten war / das yr auch Got nit helffen möcht sonder müste sie lassen gefangen wegfuren / vnd sie vnter den Heiden so lange peinigen / biß das sie seynen heiligen namen widder erkanthen / wie geschrieben steth. Esaia. 29.[9] Hiere: 15.[10] Ezechielis. 36.[11] Psal. 88.[12] Also auch nichts des do weniger / ist bey vnser veter vnd vnser zeit die arme christenheit nach viel höcher vorstocket / vnd doch mit eynem vnaußsprechlichen scheine Göttlichs namens. Luce. 21.[13] 2. Thimo. 3.[14] do sich der teufel vnd seyne diner hubsch mit schmucken. 2. Corin. 11.[15] Ja also hubsch das die rechten Gottis freunde do mit verfurt werden / vnd mit dem höchsten vorgewanten[16] fleyß kaum mercken mügen / iren irthumb wie Mat. 24.[17] klerlich angezeygt. Dis macht alles die getichte[18] heilickeit vnd das heuchlische entschuldigen[19] der gotlosen feynde gottis / do sie sagen / die christliche kirch kan nit irren / so sie doch den irtumb zu vorhütten darumb durch das wort gottis stetlich soll erbawet werden vnd vom irtumb errhalten[20] / ia auch die sunde irer vnwissenheit erkennen soll. Leuit: 4. Osee. 4. Malach. 2. Esaie. 1.[21] Aber daz ist wol war / Christus der sohn gotis vnd seine Aposteln / ia auch vor ym seyne heylgen Propheten / haben wol ein rechte reyne christenheit angefangen / den reinen weitzen In den acker geworffen / das ist das thewre wort gotis in die hertzen der außerwelten gepflantzet / wie Matth. 12. Marci. 4. Luce. 8. geschrieben / vnd Ezechi. 36.[22] aber die faulen nachlessigen diner der selbigen kirchen / haben solchs mit emsigem wachen nit wollen volfaren[23] vnd erhalten / sonder sye haben das yre gesucht nit was Jhesu Christi war / Philip. 2.[24] Der halben haben sie den schaden der gotlosen das ist daz vnkraut krefftig lassen einreissen. Psal. 79.[25] do der eckstein hie angezeicht nach kleine gewesen ist / von welchem Esaias. 28.[26] saget. Ja er hat nach die welt nit gar erfullet / er wirt sie aber gar bald erfullen vnd voll voll machen / drumb ist der auffgerichte eckstein im anfang der newen Christenheit bald verworffen von den bawleuten / das ist von den regenten[27]. Psal. 117. vnd Luce. 20.[28] Also sag ich ist die angefangen kirche baufellig

worden an allen orthen biß auff die zeyt der zurtrenten welt[29].
Luce. 21. vnd hie Danielis. 2. Esdre. 4.[30] dann Egesippus vnd
Eusebius[31] sagen am. 4. buch am. 22. vnterschidt der christlichen kirchen / das die christliche gemein ein Jungfraw bliben
sey nit lenger dann biß auff die zeyt des todes der Aposteln
schuller / vnnd balde dornach ist sie ein ebrecherin worden /
wie dann zuuorn vorkündigt war durch die lieben Aposteln.
2. Petri. 2.[32] Und in geschichten der Aposteln hat sant Paul
gesagt zu den hyrten der schaffe gottis mit klaren hellen worten. Act. 20.[33] Habt achtung drauff auff euch selber vnd auff
die gantze herden vber wilche euch der heilge geist gesatzt hat /
zu wechtern / das yr sollet weiden die gemeine gottis / wilche
er durch sein blůtt erworben hat / dann ich weiß das nach meynem abschied werden vnter euch reissende wolffe kummen die
der herden nit verschonen werden. Es werden auch von euch
selber menner auff stehn die do verkarte[34] lere reden die jůn-
ger nach sich selbs zu zyhen. Drumb seht drauff. Des gleichen
stet im sendebrieff des heylgen Aposteln Jude.[35] Apoca: 16.[36]
zeycht es auch an. Derhalben warnet vns vnser herr Christus
vor falschen propheten zu hůten. Math. 7.[37] Nu ist klar am
tage / das kein ding gott sey es geklagt also schlym vnd gering
geachtet wird / als der geist Christi / vnd mag doch niemant
selig werden der selbige heilge geyst vorsicher yn dann zuuorn
seiner seligkeit / als geschrieben ist. Roma: 8. Luce. 12. Joan:
6. vnd 17.[38] Wie wollen wir armen wôrmlein aber, hie zu
kummen? weil wir die wirdickeit der gotlosen in solcher ach-
barkeit halten / das leider Christus der zarte sohn gottis vor
den grossen titeln und namen dieser welt scheinet wie ein
hanff potze[39] oder gemalts menlin. Unnd er ist doch der ware
stein der vom großen berge ins meer wirt geworffen. Psal. 45.[40]
von der prechtigen vppickeit diser welt. Er ist der stein der on
menschen hende vom grossen berge gerissen der do heisset
Jesus Christus. 1. Cor. 10.[41] Da der geborn wart gleich do die
haubtschalckeit[42] im schwang ging. Luce. 1. 2.[43] zu den zeiten
Octauiani do die gantze welt im schwang ging vnd geschatzt
wart. do hat ein amechtiger im geist[44] ein elender drecksack

wollen die gantze welt haben / die ym doch nyrgent zu nutze
war / dann zu pracht vnd hoffart. Ja er ließ sich důncken er
wer alleyn gross. O wie gar klein ist da der eckstein Jhesus
Christus gewesen in der menschen augen / er wart vorweyset
in den vihstall wie ein hinwerffen⁴⁵ der menschen Psa. 21.⁴⁶
Hirnach verworffen yn die schrifftgelarten Psa: 117. Mat. 21.
Marci. 12. Luce. 20.⁴⁷ wie sie noch heut des tages pflegen / ja
sie haben entlich gar wol die passion mit ym gespilet seindt⁴⁸
das der lieben Aposteln schuller gestorben sint. Sie haben den
geyst Christi vor eynen spotvogel gehalten vnd thun es noch
wie geschrieben stet Psal. 68.⁴⁹ Sie haben yn gantz visirlich⁵⁰
gestollen wie die diebe vnd mörder. Joannis. 10.⁵¹ Sie haben
die schaff Christi der rechten stymme beraubet / vnd haben
den waren gekreutzigten Christum zum lauttern fantastischen
götzen gemacht / wie hat das zugangen? Antwort. Sie haben
die reyne kunst Gottis verworffen / vnd an sein stat einen
hubschen feynen gulden hergot gesetzt do die armen bawren
vor schmattzen wie Oseas⁵² klerlich gesagt hat am 4. ca: vnd
Hieremi. 4. im buch der betrubnis⁵³ saget / die do vorhin gutte
gewurtzte speyse assen die haben nu dreck vnd koeth do vor
vberkummen. O leider des erbarmlichen grewels / do von
Christus selbst redet. Matth. 24.⁵⁴ das er so iemmerlich vorspottet wirt mit dem teuffelischen Meß halten / mit abgöttischem
predigen / geberden vnd leben / vnnd doch darnoch nit anders
do ist dann ein eytell höltzener hergott. Ja ein abgöttischer
höltzener pfaff / vnnd ein grob tolpelisch vnd knuttelisch
volck / wilchs doch das aller geringste vrteil von got nit beschlissen kan / ist das nit ein iamer / sunde vnnd schande? Ich
halt ye⁵⁵ die thier des bauchs. Philip. 3.⁵⁶ vnd die schwein do
von Matth. 7. 2. Pe: 2.⁵⁷ geschriben steth haben den edlen stein
Jesum Christum gantz vnd gar mit füssen zur treten als viel
sie vermocht haben. Do ist er worden zum fuß hadder⁵⁸ der
gantzen welt / drumb haben vns alle vngleubige turcken Heiden vnd Juden auffs billichste vorspottet vnd vor narren gehalten / als man tolle menschen halten soll⁵⁹ die yres glaubens
geist nit wollen hören nennen / drumb ist das leiden Christi nit

anders dann ein iarmerckt bey den vorzweyfelten buben wie
nye keyn spitzknecht gehabt hat / vnd wie der. 68. Psal.[60] saget. Drumb yr theuren brüder sollen wir auß diesem vnflat
erstehn / vnd gottis rechte schuller werden von Gott geleret.
Joan. 6. Matth. 23.[61] so wil vns von nöten sein grosse mechtige
stercke die vns von oben hernidder vorlihen werde solche vn-
außsprechliche boßheyt zu straffen vnd zu schwechen / das ist
die aller klerste weyßheyt gottis. Sapietie. 9.[62] wilche allein von
der reynen vngetichten forcht gottis entspreuset[63] / die selbige
muß vnns alleyn mit gewaltiger handt wapnen zur rache widder die feinde gottis mit dem höchsten yfer zu Gott als geschrieben stet. Sapientie. 5. Joan: 2. Psal. 68.[64] Do ist gar kein
entschuldigen mit menschlichen oder vornunfftigen anschle-
gen / dann der gotlosen gestalt ist vber alle massen schön vnnd
listig / wie die schöne korn blume vnter den gelben ehern[65] des
weytzes. Ecc: 8.[66] aber solchs muß die weißheit gotis[67] erkennen.

Czum andern mussen wir den grewel weitter vnd wol ansehn
der diesen stein vorachtet / sollen wir aber das recht an yhn
erkennen / so mussen wir der offenbarung gottis teglich gewertig sein. O das ist gantz thewer vnd seltzam worden in der
schalckhafftigen welt. Dann die listigen anschlege der spitz
klugen[68] wurden vns alle augenblick vber fallen / vnd noch vil
höher in der reinen kunst Gottis vorhindern. Sapien. 4. vnd
Psal. 36.[69] Solchem muß man vorkummen[70] in der forcht gotis.
wan die selbige allein in vns gantz vnd reyne vorsorget[71] würde / dann so möchte die heylge christenheit leychtlich wider
zum geist der weißheit vnd offenbarung götlichs willens kummen. Diß alles ist verfasset in der schrifft. Psal. 144. Psal. 110.
Prouer. 1.[72] Die forcht gottis aber muß reine sein on alle menschen oder creaturen forcht. Psa. 18. Esaie. 66. Luce 12.[73] O
die forcht ist vns hoch von nöten. Dann gleich so wenig als
man seligklich zeweyen herren dienen magk. Matth. 6.[74] so
wenig mag man auch gott vnd creaturen seliglich förchten /
Gott mag sich auch vber vns nit erbarmen (als die mutter
Christi vnsers herrn saget[75]) es sey dann das wir yn auß gan-

tzem hertzen allein forchten Drumb sagt gott. Malach. 1.[76] Byn
ich ewer vatter wo ist dann mein ehre? byn ich ewer herre wo
ist dann meyne forcht? Also yr theuren Fursten ist not das wir
in diesen gantz verlichen[77] tagen. 1. Timo 4.[78] den allerhôchsten
fleiß vorwenden wie alle liebe veter in der Biblien vorzceych-
net vom anfang der welt solchem hinderlistigen vbel zu begegnen. Dann die zeyt ist itzt ferlich vnd die tage seint bôse.
2. Timo. 3. Ephe. 5.[79] worumb? Allein dorumb / das die edle
krafft gottis so gar iemmerlich geschendet vnd vor vneret
wirt / das die armen groben menschen also durch die heyllo-
sen schrifftgelerten verfurdt werden mit grossem geplauder[80] / als der prophet Micheas. 3.[81] do von saget / wilchs itzt
fast aller schrifft gelerten art ist vnnd gar wenig außgenom-
men / das die leren vnd sagen / das gott seynen lieben freunden seyne gôttlichen geheimnis nit mehr offenbare durch
rechte gesichte oder sein mûntlichs wordt etc. bleiben also bey
yrer vnerfarnen weyse. Eccle. 34.[82] vnd machen von den menschen die mit der offenbarung gottis vmb gehn ein sprich
wort[83] / wie die gotlosen tethen dem Hieremie. 20. capit[84]: Hôr
hat dir Got auch newlich zu gesprochen? oder hastu den
mundt gottis newlich gefraget vnd mit ym geradtschlaget?
Hast du den geyst Christi? Solchs thun sie mit grossem hon
vnd spot / war es nit ein grosses / das zur zeyt Hieremi. geschah? Jeremias warnete das arme blinde volck vor der pein
des gefencknis zu Babilonien / gleich wie der frume Loth seine
tochter menner. Genn: 19.[85] aber es dunckt sie gar nerrisch sein /
sie sagten zu den lieben propheten. Ja ia got solte die menschen wol so veterlich warnen / was ist aber nw dem spôtti-
schen hauffen in der Babilonischen gefencknis widerfahren?
Nit anders dann das sie durch diesen heidnischen kûnigk Nebucadnezar zcu schanden worden / sih hie den text on[86]. Er hat
die rede gottis angenommen vnd war doch ein mechtiger wuet-
rich / vnd ein ruthe des volcks der außerwelten die sich widder
got versundigt hatten. Aber von[87] blintheit vnd verstockung
des gotes volckes mûste die aller hôchste gute also der welt erkleret werden wie Sant Paul. Roma: am. 11. vnd Ezéchiel

am. 23. sagen[88]. Also hie zur vnterricht sag ich also / das gott der almechtige nit allein die ding die in vielen iaren zu kůnfftig waren weisete dem heidenischen kônige zur vnausprechlichen schmach der hals storrigen vnter dem volck gottis / welche keynem propheten wolten gleuben / gleychermassen seint auch die vnuersuchten[89] menschen zu vnsern zeyten / sie seint der straffe gotis nit gewertig / wenn sie die selbigen gleich vor augen sehn / waz sol dann gott der almechtige mit vns zu schaffen haben? drumb muss er vns sein guthe entzihen. Nu folgt der text.[90]

Der kônig Nebucadnezar hatte eynen trawm wilcher yhm vorschwant etc.

Was sollen wir hie zu sagen? Es ist ein vnausprechliche ia vngewônliche vnd hessige[91] sache von treumen der menschen zu reden. Der vrsach / das die gantze welt vom anfang biß an her durch die trewmer[92] betrogenn ist wie geschriben stet. Deut. 13. Ecclesi. 34.[93] Der halben in diesem capi: an gezeygt / das der kônig den klugen warsagern vnd trewmern nit gleuben wolte do er sprach.[94] Saget mir meinen trawm / darnoch die außlegung / sunst wurdet yr mir eytel betrigklicheit vnd lůgen sagen / was war das? Sie vormochten vnd kunten ym den trawm nicht sagen vnd sprachen. O lieber kônig / es mag dir den traum kein mensch auff erden sagen / dann allein die gôtter die kein gemeinschafft mit den menschen auff erden haben. Ja noch yrem vorstande redten sie recht in vernunfftiger weise. Sie hatten aber keinen glauben zu got / sonder es waren gottlose heuchler vnd schmeichler die do redten was die herren gern hôren / gleych wie itzt zu vnser zeyt die schrifftgelerten thun die do gern gele bißlen[95] essen zu hofe. Aber das ist wider sie das do geschriben stet Hieremie am. 5. cap. vnd am. 8. was ist mehr do.[96] Es saget der text hie / es můsten menschen sein die do gemeynschafft im hymmel hetten. O das ist den klůglingen ein bitter kraut. vnd es wil doch der heilge Paulus also haben zun Philippern am. 3. Cap.[97] Nach[98] wolten solche gelerten gleych wol die geheimnis gotis außlegen. O der buben hat itzt die welt auß der massen viel die sich solches offentlich

vermessen. Und von den selbigen saget Esaias am. 58. cap.[99]
Sie wollen meine wege wissen / gleich wie daz volck das do
meine gerechtickeit volfüret hette. Solche schrifftgelerten
seindt die warsager die do offendtlich die offenbarung gottis
leugknen / vnd fallen doch dem heyligen geyst in sein handt-
werck / wollen alle welt vnterrichten / vnd was yrem vnerfarnen verstande nit gemeß ist / das muß yn als bald vom teuffel
sein / vnd seint doch yrer eygen seligkeit nit vorsichert / wilchs
doch nothalben sein solt. Roma: 8.[100] Sie künnen hübsch vom
glauben schwatzen / vnd einen truncken glauben ein brawen
den armen vorwirreten gewissen. Diß macht alles das vnbe-
schidne vrteil[101] vnd grewel / wilchen sie haben von der hessi-
gen betrigerey der gantz vorfluchten vorgifftigenn Mönch-
trewme / durch wilche der teuffel alle seynen willen ins werck
bracht / ia auch viel frumer außerwelten vnerstatlich[102] betrogen hat / wenn sie on allen bescheit den gesichten vnnd trewmen
mit yhrem tollen glauben stracks stadt gegeben haben. Und
also yre regel[103] vnnd loße pockfintzerey[104] durch offenbarung
des teuffels beschriben / wider wilchs die Colloser am. 2. capi.
hefftig gewarnet seint vom heilgen Paulo. Aber die verfluchten mönche trewmer haben nit gewust wie sie solten der krafft
gottis gewertig sein / dar vber seint sie in eynem verkarthen
synne vorstockt / vnnd sein itzdt der gantzen welt von tag zcu
tage dar gestalt zu sunden vnnd schanden / wie die vnthetigen
lotter buben / noch[105] seint sie blint in yrer torheyt. Nichts anders hat sie verfurt vnd nach auff diesen heutigen tag ye weytter verfüret / dann der affter glaube / do sie on alle erfarne
ankunfft[106] des heyligen geystes des meysters der forcht gottis
mit vorachtung göttlicher weyßheit das guthe nicht vom bößen
(vnter dem guten schein vordecket) absundern. Uber wilche
schreyet gott durch Esaiam am. 5. capitel.[107] Weh euch die yr
das gute böße heysset / vnnd das böse guth. Drumb ists nit
frumer menschen art das gute mit dem bösen verwerffen.
Dann der heylge Paulus saget zun Thessaloniern. 5. cap.[108] Ir
sollet die weissagung nit vorachten versucht es alles waz vnter
dem aber gut ist daz behaltet etc.

Czum dritten. Solt yr die meynung wissen / das gott seinen außerwelten also gantz vnd gar holtselig ist / das wen er sie im aller
geringsten kündt warnen. Deut. 1. vnd 32. cap: Matth. 23.[109] er
thet es auffs höchst / wann sie das selbige vor grossem vnglau-
ben empfahen kunten. Dann hie stymmet dieser text Danielis
mit dem heilgen Paulo gleich zu den Corint. am. 2. ca.[110] vnd ist
genomen auß dem heylgen Esaia am. 64. capi. sagende. Das
kein Auge gesehn / kein ore gehört hat / vnnd in keyns menschen hertz kummen ist / das selbige hat got den bereytet die yn
lieben aber vns hat es got offenbart durch seinen geist / dann
der geist erforschet alle ding ya auch die tieffe der gotheit etc.
Drumb ist das kürtzlich[111] die ernstliche meynung / wir müssen wissen[112] vnd nit allein in windt gleuben / was vns von got
gegeben sey odder vom teuffel oder natur. Dann so vnser
natürlicher vorstandt do selbst soll zur dinstpargkeit des glaubens gefangen werden. 2. Corin. 10. so muß er kummen auff
den letzten grad aller seiner vrteyl / wie zun Römern am ersten cap: vnd Baruch. 3. angezeycht.[113] Der vrteyl mag er aber
keins beschlissen mit gutem grund seyns gewissens on gottis
offenbarung.[114] Do wirdt der mensch klerlich fynden das er mit
dem kopff durch den hymmel nit lauffen kan / sonder er muß
erstlich gantz vnd gar zum innerlichen narren werden. Esaie.
29. 33. Abdie. 1. 1. Corin. 1.[115] O das ist dann der klugen
fleischlichen wollustigen welt gar ein seltzamer wint. Du volgen als bald die schmertzen wie eyner gebererin. Psal. 47.
Joan. 16.[116] Do fyndet Daniel vnd ein jtzlicher frumer mensch
mit ym das ym aldo alle ding gleych so vnmügklich seindt wie
andern gemeinen menschen von gotte zur forschen. Das
meindt der weyse man. Eccle: 3.[117] do er saget. Wer do wil
außforschen gottis herlickeyt der wirt von seinem preiß vor-
druckt[118]. Dann ye mehr die natur noch gotte greifft / ye weytter sich die wirckung des heylgen geists vonn yhr entfrembdet
wie klerlich anzeycht der. 138. Psalm.[119] Ja wenn sich der
mensch verstunde auff den vorwitz des natürlich liechts[120] / er
würd on zweyfel nit vil behelff suchen mit gestollner schrifft /
wie die gelerten mit eynem stucklein oder zweyen thun.

Esaie. 28. Jere. 8.[121] sondern er würde balde empfynden die
wirckung göttlichs wordts auß seynem hertzen quellen. Joan: 4.
Ja er dorffte[122] der faulen wasser in brun nit tragen Jere: 2.
wie itzunt vnser gelerten thun / die verwickeln die natur mit
der genade on allen vnterscheit. Sie vorhindern dem wort seinen ganck[123]. Psal. 118.[124] welcher vom abgrund der selen
herkömpt. als Moses saget. Deu. 30.[125] Das wort ist nit weit
von dir / sih es ist in deinem hertzen etc. Nu fragstu villeicht
wie kumpt es dann ins hertz? Antwort. Es kumpt von Gott
oben her nidder in eyner hochen verwunderung / wilchs ich
itzt lass bestehn biß auff ein ander mal. Und diese verwunderung ob es gotis wort sey oder nit hebet sich on wann eyner
ein kint ist von. 6. oder. 7. iaren wie figurirt ist Num. am.
19.[126] Drumb treget sant Paul heruor den Mosen vnd Esaiam
zun Römern am. 10. ca.[127] vnd redet do vom innerlichen worte
zu hören in dem abgrund der selen durch die offenbarung
gottis. Und wilcher mensch dieses nit gewar vnd empfindtlich
worden ist durch das lebendige gezceugnis gottis. Roma: 8.
der weiß von gotte nichts gründtlich zu sagen / wenn er gleich
hundert tausent Biblienn hett gefressen. Darauß mag ein itzlicher wol ermessen / wie fern die welt noch vom christen glauben sey / noch[128] wil niemant sehn oder hören. Sol nw der
mensch des worts gewar werden vnd das er sein empfintlich
sey so muß ym gott nemen seyne fleischlichen luste / vnd wenn
die bewegung von Gott kumpt ins hertz das er töthen wil alle
wollust des fleisches das er yhm do stadt gebe das er seiner
wirckung bekummen mag. Dann ein thirischer mensch vor-
nimpt nit was got in die sele redet. 1. Corin. 2. sonder er muss
durch den heilgen geyst geweiset werden auff die ernstliche
betrachtung des lauttern reinen vorstands des gesetzes. Psal.
18.[129] sunst ist er blint im hertzen vnd tichtet ym einen höltzern
Christum vnd vorfuret sich selber. Drumb sih hie zu wie sawer
es dem lieben Daniel[130] ist worden dem könige das gesichte
außzulegen / vnnd wie fleissig er got drumb besucht vnd gebeten hat? Also auch zur offenbarung gottis muß sich der mensch
von aller kürtzweil absondern / vnd eynen ernsten mut zur

warheit tragen. 2. Corin. 6. vnd muß durch die vbung solcher
warheit die vnbetriglichen gesicht vor den falschen erkennen.
Der halben spricht der liebe Daniel am. 10. cap. Es soll ein
mensch verstandt haben in den gesichten / vff das sie nit alle
zu vorwerffen seint. etc.

Czum vierden solt yhr wissen. Das ein außerwelter mensch
der do wissen will wilch gesicht oder trawm / vonn Gott / natur oder teuffel sey / der muss mit seinem gemůth vnnd hertzen auch mit seynem naturlichen vorstande abgeschiden sein
von allem zeitlichen trost seines fleisches / vnnd muß ym gehn
wie dem lieben Joseph in Egipten. Genn. 39.[131] vnd alhie Daniel in diesem capi. Dann es wirt kein wollustiger mensch annemen. Luce. 7. dann die disteln vnd dornen das seynt die
wolluste diser welt als der herr saget. Marci. 4. vordrucken alle
wirckung des worts das Gott in die selen redet. Drumb wann
got schőn sein heiliges wort in die selen spricht. so kan es der
mensch nicht hőren so er vngeübt ist / dann er thut keinen
einkehr oder einsehn in sich selber vnd in abgrundt seiner
selen. Psal. 48.[132] Der mensch wil sein leben nit kreutzigen mit
seinen lastern vnnd begirden / wie Paulus leret der heilge
Apostel[133] / drumb bleibet der acker des wort gottis voll disteln
vnd dőrnen / vnd vol grosser stauden / wilche alle weck mussen zcu diesem werck gottis / auff das der mensch nit nachles-
sig oder faul befunden werde. Proue: 24.[134] darnoch so sicht
man die mildigkeit[135] des ackers vnd zum letzen das gute ge-
wechse / dann wirt der mensch erst gewar das er gotis vnd
des heilgen geists wonung sey in der lenge seiner tage. Ja das er
warhafftig geschaffen sey allein der vrsach das er gottis ge-
zeugnis in seinem leben erforschen sol. Psa. 92. vnnd. 118.[136]
Des selbigen wirt er itzt gewar in den teilen durch bildreiche
weyse / itzt auch im gantzen im abgrund des hertzen. 1. Corint. 13. Zum andern muß er gar wol zu sehn / das solche figurn gleichnis in den gesichten oder trewmen mit allen yren
vmbstendigkeiten in der heilgen Biblien bezeuget seint / auff
das der teufel nit darneben einreysse vnd vorterbe die salbe
des heilgen geistes mit yrer sussickeit / als der weise man von

den fligen saget die do sterben. Eccle. 10.[137] Zum dritten / muss
der außerwelte mensch achtung haben auff das werck der gesichte / das es nit rausser quelle durch menschliche anschlege /
sonder einfaltig her fliesse nach gottis vnuorrücklichem willen / vnd muß sich gar eben vor sehn das nit ein stiplen[138] doran
gebreche was er gesehn habe / dann es muß tapffer ins werck
kummen. Aber wenn der teuffel etwas wircken wil so verraten yn doch sein faule fratzen vnd seine lugen gucken doch zu
letzt heruor / dann er ist ein lugner. Joan. 8. Das selbige ist
hie in disem ca: gar klar an gezeicht vom könige nebucadnezar vnd darnoch am. 3. im werck beweiset. Dann er hatt dy
vermanung gotis gar schwind vergessen. daz haben on zweifel
seine fleischlichen begir die er auff die luste vnd creaturn erstrecket hat verursacht Dann also muss es gehn / wann ein
mensch wil seiner wollust stetigklech pflegen / mit gottis werck
zcu schaffen haben / vnd in keinem betrübnis sein / so kan yn
auch die krafft des wordt gottis nit vmbschetigen[139]. Luce. 8.
Got der almechtige weiset die rechten gesichte vnd trewme
seinen geliebten freunden am aller meisten in yrem höchsten
betrübnis / als er thet dem frumen Abraham. Genn. 15. vnd.
17.[140] do ist ym got erschinen do er sich in grosser forcht ent-
satzte. Item der liebe Jacob do er mit grosser betrübnis flüch-
tick ward vor seinem bruder Esau / do kam ym ein gesicht das
er die leyttern am himmel sah auff gericht vnd die Engel gottis auff vnd ab steygen. Genn. 28.[141] darnoch do er wider heim
zoch / hat er sich vber die massen vor seynem bruder Esau
geforcht do erschein ym der herr im gesicht do er ym die huffen[142] zur knyrschet vnd mit ym ringet. Genn. 32.[143] Item der
frume Joseph wardt verhasset von seinen brüdern / vnnd in
solchem betrübnis hatte er zwey nötliche gesichte. Genn. 37.[144]
vnd darnoch in seynem hertzlichen betrübnis in Egipten im
gefencknis wart er also hoch von gott erleuchtet das er alle
gesichte vnnd trewm kunth außlegen. Genn. 39. vnd. 40. vnd.
41.[145] Uber alles diß wirt den vnuorsuchten wollustigen schwey-
nen den klüglingen vor gehalten / der ander heylge Joseph in
Math. am ersten vnd andern ca.[146] Er hatte vier trewme do er

geengestet wart in seiner betrůbnis / vnnd wardt durch die
trewme vorsicherdt / wie auch die weysen im schlaffe vnter-
richtet vom Engell zu Herode nit widder zu kummen. Item
die lieben Aposteln haben můssen mit dem hôchsten fleysse
der gesichte gewertigk seyn / wie es in yren geschichten klerlich
beschriben ist. Ja es ist ein rechter Apostlischer / Patriarchi-
scher / vnnd Prophetischer geist auff die gesichte warten vnd
die selbigen mit schmertzlichem betrůbnis vberkommen[147] /
drumb ists nicht wuuder[148] das sie bruder mastschwein vnd bruder sanffte leben[149] vor wirffet. Job. 28. Wann aber der mensch
das klare wort gottis in der selen nicht vornummen hatt / so
muß er gesichte haben / wie sant Peter in den geschichten der
aposteln vorstund das gesetz nicht. Leuit. am. 11. capitel[150] /
er zweifelte an der speise vnd an den Heyden sie zu seiner ge-
selschafft zu nemen. Act: 10.[151] Do gab ym gott ein gesicht im
vberschwangk seins gemůtes / do sach er ein leynen tuch mit vier
zipffeln vom himmel auff die erden gelassen voll vier fussiger
thier / vnd hôrte eyne stym sagend / schlachte vnnd yß. Des gleichen hatte der frume Cornelius do er nicht wust wie er thun
solte. Actorum. 10. Auch do Paulus gen Troaden kam / erschein
yhm ein gesicht in der nacht / das war ein man von Macedonien der stund vnd badt yn vnnd sprach / kum her nidder gen
Macedonien vnnd hilff vns. Do er aber solchs gesicht gesehn
hatte / trachten wir saget der text do. Actorum. 16.[152] also balde
zu reysen gen Macedonia / dann wir waren gewiß daz vns der
herr do hin beruffen hatte. Item do sich Paulus forchte zu
predigen in Corintho. Act. 18.[153] do sagte der herr in der nacht
durch ein gesichte zu yhm. Du solt dich nicht fôrchten etc. Es
soll sich niemandt vnterstehn dir zcu schaden dann ich hab ein
großes volck in dieser stadt etc. Und was ist noht viel ge-
zceugknis der schrifft vor zu wenden. Es wer nimmer mehr
můgklich in solchen weitleufftigen ferlichen sachen / als do
rechte prediger Hertzogen vnd regenten haben das sie sich
allenthalben solten bewaren sicherlich vnd vngetaddelt zu
handeln / wann sie in der offenbarung gottis nicht lebten / wie
Aaron[154] hôret von Mose / vnd Dauid[155] von Nathan vnd Gad.

Der halben waren die lieben Aposteln der gesichte gantz vnd gar gewonet / wie der text beweret[156] in den geschichten am. 12. capitel[157]. Do der Engel zu Petro kam vnd furet yn auß dem gefencknis Herodis / vnd es dunckte yn er hette ein gesichte / er wuste nicht das der Engel das werck seiner erlösung an yhm volfuret. Wer aber Petrus der gesichte nit gewondt gewesen wie solt yn dann solchs gedunckt haben ein gesichte sein. Dorauß schlies ich nu / das wer do wil auß fleischlichem vrteyl also vnbeschiden den gesichten feint sein vnd sie alle vorwerffen oder alle auff nemen on allen bescheidt[158] / darumb das die falschen trewmer der welt solchen schaden gethan haben durch die ehrgeizigen oder genießsucher / der wirt nicht wol an lauffen[159] / sonder wirdt sich stossen an den heylgen geist. Johelis am. 2. capitel[160] / do Gott klerlich saget wie dieser text Danielis von der voranderung[161] der weldt. Er will sie in den letzten tagen anrichten das sein nam soll recht gepreiset werden / er wil sie vonn yrer schande entledigen / vnd wil seinen geist vber alles fleisch außgissen vnd vnser söne vnd töchter sollen weyssagen / vnd sollen trewme vnnd gesichte haben etc. Dann so die Christenheit nicht solt Apostolisch werden. Act. 27.[162] do Johel vorgetragen wird / warumb solt man dann predigen? Wo zu dienet dann die Biblien von gesichten?[163] Es ist war / vnd weiß vor war[164] / das der geist gottis itzt vilen außerwelten frumen menschen offenbart eine trefliche vnuberwintliche zukünfftige reformation von grossen nöthen sein vnd es muß volfüret werden / es were sich gleich ein itzlicher wie er wil / so bleibet die weyssagung Danielis vngeschwecht / ob yr wol nimant gleuben wil / wie auch Paulus zun Römern am. 3. capi: saget. Es ist dieser text Danielis also klar wie die helle sonne / vnd das werck geht itzdt im rechten schwangke vom ende des funfften reichs der welt.[165] Das erst ist erkleret[166] durch den gulden knauff das war das reich zu Babel. Das ander durch die silbern brust vnd arm / das war das reich der Medier vnd Persier. Das dritte war das reich der krichen[167] wilchs erschallet mit seiner klugheit durch das ertz an gezeycht. Das vierde das Römische reich / wilchs mit dem schwert gewonnen

ist / vnd ein reich des zcwingens gewesen. Aber das funffte[168]
ist dis das wir vor augenn haben / das auch von eysen ist vnd
wolte gern zwingen aber es ist mit kothe geflickt / wie wir vor
sichtigen augen sehn eytell anschlege[169] der heucheley die do
krymmet vnd wymmet[170] auff dem gantzen erdtreich. Dann
wer nit plasteuckenn[171] kan der muss ein toller kopff sein. Man
sicht itzt hubsch wie sich die őle[172] vnd schlangen zu sammen
vorvnkeuschen auff einem hauffen. Die pfaffen vnd alle bőse
geistlichen seint schlangen wie sie Joannes der teuffer Christi
nennet. Matthei. 3. vnd die weltliche herren vnd regenten
seint őle wie figurit ist Leuit. am. 11. capitel[173] von vischen etc.
Do haben sich die reich des teufels mit tone beschmiret. Ach
lieben herren wie hubsch wirt der herr do vnter die alten tőpff
schmeissen mit einer eysern stangen Psal. 2. Darumb yr aller
thewrsten liebsten regentenn lerndt ewer vrteyl recht auß dem
munde Gottis / vnd last euch ewre heuchlisch pfaffen nit ver-
fűren / vnd mit getichter gedult vnd gute auff halten. Dann
der stein[174] an hende vom berge gerissen ist groß worden / die
armen leien vnd bawrn sehn yn viel scherffer an dann yr. Ja
got sey gelobt er ist so gross worden wann euch andere herren
odder nachpawrn[175] schon vmb des Euangelion willenn wolten
verfolgen / so wurden sie von yrem eygen volck vortrieben
werden / das weis ich verwar. Ja der steyn ist groß do hatt
sich die blőde welt lange vor geforcht er hat sie vber fallen do
er noch kleine war / was sollen wir dann nw thun / weyl er so
groß vnnd mechtig ist worden? vnnd weil er so mechtig
vnuorzcőgklich auff die grosse seul gestrichen vnd sie bis auff
die alten tőpff zcu schmettert hat? Drumb yhr thewren regenten vonn Sachssen / tretet keck auff den eckstein wie der
heylige Petrus tath. Matthei am. 16. vnnd sucht die rechte
bestendickeyt gőttliches willens / er wirt euch wol erhalten
auff dem stein. Psalm: 39.[176] Ewre genge werden richtig sein /
suchet nohr stracks gottis gerechtigbeit vnd greyffet die sache
des Euaugelion tapffer an. Dann got steth so nah bey euch das
yhrs nicht gleubt / warumb wolt yr euch dann vorm gespenst
des menschen entsetzen Psalmo. 117.[177] Seht hie den text wol

an. Der kônig Nebucadnezar wolte die klugen darumb tôthen
das sie ym den trawm nicht kunthen außlegen. Es war vor-
dienter lohn. Dann sie wolten sein gantzes reich mit irer klugheit regiren vnd kunthen solchs nicht do zcu sie doch gesatzt
waren. Solcher massen seindt auch itzt vnser geistlichen vnnd
ich sag euch vorwar. Wann yhr der Christenheyt schaden so
wol erkennen môchtet vnd recht bedencken so wurdet yr eben
solchen yfer gewinnen / wie Jehu der kônig. 4. Regum. 9. vnd
am. 10.[178] vnd wie das gantze buch Apocalip: dar von
anzceycht. Und ich weiss vor war das yhr euch so mit grosser
noth wurdet enthalden dem schwert sein gewalt zu vnterneh-
men. Dann der erbermlich schade der heilgen Christenheit ist so
groß worden das yhn noch zur zeit kein zunge mag auß reden.
Drumb muß ein newer Daniel auff stehn vnd euch ewre offenbarung auß legen / vnd der selbige muß forn wie Moses leret.
Deut: 20.[179] an der spitzen gehn. Er muss den zcorn der Fursten
vnd des ergrymten volcks vorsunen[180]. Dann so yr werdet recht
erfaren den schaden der christenheyt / vnd betriegerey der falschen geistlichen vnd der vorzweifelten bôsewicht / so werdet
yhr also auff sie ergrymmen / das es niemandt bedencken magk.
Es wirt euch anzweyfel vordrissen vnd sehr zu hertzen gehn /
das yr also gûtigk gewesen seyt / nach dem sie euch mit den
aller sussesten worten zcu den aller schendtlichsten vrteyln
geleytet haben. Sapien. 6.[181] widder alle auffgerichte warheit.
Dann sie haben euch genarret / das ein yeder zun heylgen
schwuer / die Fursten seindt heydnische leuthe yres ampts halben / sie sollen nicht anders dann burgerliche einigkeyt erhalten. Ach lieber ia / do fellt vnnd streycht der grosse stein balde
drauff. vnd schmeist solche vornûnfftige anschlege[182] zcu bo-
dem do er saget. Matthei am. 10. Ich bin nicht kummen frid
zu senden sonder das schwert. Was soll man aber mit demselbigen machen? Nicht anders dann die bôsen die das Euangelion vorhindern weck thun[183] vnd absundern / wolt yr anders
nicht teuffel sonder diener gottis sein / wie euch Paulus nennet
zcun Rômern am. 13. Ir dôrfft nicht zcweyffeln Gott wirt
all ewr widdersacher zu drûmmern schlaen die euch zu vor-

folgen vndtherstehn. Dann sein handt ist noch nicht vorkör-
tzet wie Esaias sagdt. 59. Drumb mag er euch noch helffen vnd
wil es thun wie er dem außerwelten könige Josia vnd andern
die den namen gottis vorthediget haben bey gestanden hat.
Also seyt yr Engell wo yr recht thun wollet / wie Petrus saget.
2. Petri. 1. Christus hat befolen mit grossem ernst. Luce. 19.
vnnd spricht. Nemet meyne feynde vnnd würget mir sie vor
meynen augenn. Warumb. Ey darumb das sie Christo sein regiment vorterbet / vnd wollen noch dar zu yre schalckeit vnter
der gestalt des Christen glaubens vorteidigen / vnd ergern mit
yrem hinterlistigen schandtdeckel[184] die gantze welt. Drumb
saget Christus Math. 18. Wer do eynen auß die-
ßen kleinen ergert / ist ym besser das man ym einen Mülstein
an den hals hencke vnd werff yn in das tieffe mehr. Es glosire
wer do wil hin vnd her. Es seindt die wort Christi. Darff nw
Christus sagen / wer do eynen von den kleynen ergert / was
sol man dann sagen / so man eynen grossen hauffen ergert[185]
am glauben? das thun die ertz bösewicht die die gantze wellt
ergern vnnd abtrinnigk machen vom rechten Christen glauben / vnnd sagen. Es sol die geheimnis gottis niemandt wissen.
Es sol sich ein itlicher halten noch yren worten vnnd nicht
nach yren wercken. Matthei am. 23. Sie sprechen. Es sey nicht
von nöten das der glaub beweret sey wie das golt im fewr.
1. Petri. 1.[186] Psalmo. 139. Aber mit der weise were der Christen glaub erger dann ein hundes glaub / wann er hofft ein
stuck brots zcu empfahen / so der tisch gedeckt wirdt. Solchen
glawben bilden[187] die falschenn gelerthen der armen blinden
welt vor. Das ist jhn nicht seltzam / dann sie predigen allein
vmb des bauchs willen. Philipp. am. 3. capitel. Sie können
vonn hertzen nicht anders sagen. Matthei. am. 12. capitel. Solt
yhr nw rechte regenthen sein / so müst yhr das regimenht bey
der wortzeln anheben / vnd wie Christus befolen hat. treibt
seyne feinde von den außerwelten. Dann yhr seyt die mitler
do zu.[188] Lieber gebt vns keyne schale fratzen vor / das die
krafft gotis es thun sol an ewr zu thun des schwerts[189] es möcht
euch sunst in der scheyden vorrusten. Got geb es sage euch wil-

cher gelerther was er wil. Szo sagedt Christus gnung. Matthei.
am. 7. Joannis am. 15. capitel[190]. Ein itzlicher bawm der nicht
guthe frucht thut der soll ausgerodt werden vnd ins fewr geworffen. So yhr nw die larue der welt wegk thut / so werdet
yhr sie bald erkennen mit rechtem vrteyl. Joannis am. 7. capitel. Thut ein recht vrteil auß gottis befelh / yr habt hůlff gnungk
dozcu. Sapientie am. 6. dann Christus ist ewr meyster. Matthei am. 23. capitel[191]. Drumb lasset die vbeltheter nit lenger leben / die vnss vonn Gott ab wenden. Deut. 13.[192] Dann ein
gottloser mensch hat kein recht zcu leben wo er die frumen
vorhindert. Exodi am. 22. capitel[193] saget got Du solt die vbel-
tether nicht lebenn lassenn. Das meynet auch sant Paulus do er
vom schwerdt saget der regenten das es zcur rache der bösen
vorlihen sey vnnd schutz der frumen. Roma. am. 13. capitel.
Gott ist ewr beschirmung vnd wirdt euch leren streyten widder
seine feinde. Psalmo am. 17.[194] Er wirdt ewre hende leuff-
tigk[195] machen zcum streytte vnnd wirdt euch auch erhalten.
Aber yhr werdet darüber ein grosses Creutz vnd anfechtung müssen leyden / auff das euch die forcht gottis erkleret
werde / das mag on leyden nicht gescheen aber es kost euch
nichts mehr dann die ferligkeyt[196] vmb gots willen gewoget[197] /
vnd das vnnütz geplauder der widdersacher. Dann so der
frume Dauid schon vonn seynem Schlos wurde vortriben vom
Absalom / er kam doch entlich widder drauff / wann Absalom
erhangen vnd erstochen wirdt. Drumb yhr thewren veter von
Sachssen ir must es wogen vmb des Euangelion willen / aber
Gott wirt euch freuntlich steupen[198] wie seine aller liebsten
söhne. Deut. 1.[199] wann er in seynem kortzenn zcorn inbrün-
stigk[200] ist / seligk seindt dann alle die sich do auff Gott vorlas-
senn. Saget alleyn frey mit dem geist christi / ich will mich vor
hundert tausent nit fürchten ob sie mich schon umblagern. Ich
halt aber alhie werden mir vnser gelerten die gůttigkeit Christi vorhalten / wilche sie auff yre heucheley zerrhen / aber sie
sollen do kegen[201] ansehn auch den yfer[202] Christi. Joannis.
2. Psalmo. 68.[203] do er die wortzeln der abgötterey vorstöret /
wie Paulus saget zcun Colloß: am. 3. capitel[204] das vmb der

selbigen willen der zorn gottis nicht mag wegk gethan werden
von der gemeyne. Hat er nw noch vnnserm ansehn das kleyne
hernidder gerissen[205] / er wůrde on zcweyfel auch der götzen
vnd bilder nicht geschonet habenn wo si do weren gewesen.
Wie er dann selber durch Mosen befolen hat. Deut. 7.[206] do er
saget / yr seyt ein heylges volck / yr sollet euch nit erbarmen
vber die abgöttischen / zur brecht yre altar / zur schmeisset yre
bilde vnnd vorbrennet sie auff das ich mit euch nicht zörne.
Diese wort hat Christus nicht auff gehaben / sonder er wil sie
vns helffen erfullen. Mat. 5. Es seindt die figurn alle durch
die propheten außgelget aber diß seindt helle klare wordt
wilche ewigk můssen bestehn. Esaie. 40.[207] Gott kan heut nicht
ia sagenn vnnd morgen nein / sonder er ist vnwandelbar in
seinem worte Malach. 3. 1. Regum. 15. Nume. 22.[208] Das aber
die Aposteln der Heyden abgötter nicht vorstöret haben. Antwort ich also. Das sant Peter ein forchtsamer man gewesen
ist. Galla: 2.[209] hat er geheuchelt mit den Heyden / er war aller
Aposteln figur / das auch Christus vonn ym sagte. Joann[210]:
am letzten / das er sich gantz hefftig vorm tode geforchtet
hatt / vnnd dem selbigen darumb durch solchs keyne vrsach
gegeben ist leychtlich zcu ermessen. Aber sant Paul hat gantz
hart geredt wider die abgötterey. Actorum. 17.[211] hett er sein
leer kunt auffs höcst treiben bey den von Athenis / er hett
anzcweifel die abgötterey gar hernidder geworffen wie got
durch Mosen befolen hatte / vnd wie es auch hernach mals
durch die merterer geschach / in bewerten Historien. Drumb
ist vns mit der heylgen gebrechen oder nochlassen[212] keyn vrsach gegeben den gottlosen yre weyse zu lassen / noch dem sie
gottis namen mit vns bekennen / sollen sie vnter zweien eins
erwelen / den christen glauben gar verleugkinen / oder die abgötter weck thun. Math. 18. Das aber vnser gelerten herkommen vnnd sagen mit dem Daniel mit yhrer gottlosen gestolle-
nen weise / das der widder christ[213] soll an handt[214] vorstöret
werden. Ist also viel. Er ist schon vorzcaget wie das volck[215]
war / do die außerwelten ins gelobte landt wolten / wie Josua schreybet. Er hat gleych wol in der scherffe des schwerts

yrer nit verschonet. Sich an den 43. psal / vnnd 1. Paralip.
14.[216] do wirstu finden die auflösung / also. Sie haben das lant
nicht durch das schwerdt gewonnen / sonder durch die krafft
gottis / aber das schwerdt war das mittel / wie vns essen vnd
trincken ein mittel ist zu leben / also nötlich ist / auch das
schwerdt die gotlosen zu vertilgen. Rom: am. 13. Das aber
dasselbige nw redlicher weyse vnnd fuglich geschee / so sollen
das vnnser thewren veter die Fursten thun / die Christum mit
vnns bekennen. Wo sie aber das nicht thun / so wirt yhn das
schwerdt genommen werden. Danielis am. 7. capitel / dann sie
bekennen yhn also mit den worten vnd lengknen sein mit der
tath. Titum. 1. Also sollen sie den feinden vor tragen[217] den
fride Deut. 2.[218] wollen sie geistlich sein vnd die kunst gottis
nit berechnen 1. Petri. 3. so soll man sie wegk thun. 1. Corint. 5. Aber ich bitt vor sie mit dem frumen Daniel / wo sie
gottis offenbarung nicht widder sein[219] / wo sie aber das wid-
derspiel treiben. das man sie erwürge on alle gnade wie Iß-
kias. Josias. Cirus. Daniel. Helias. 3. Regum. 18.[220] die pfaffen
Baal vorstöret haben / anders mag die christliche kirche zcu
yrem vrsprung nicht widder kummen. Man muß das vnkraut
außreuffen auß dem weingarten gottis in der zceyt der ernd-
ten / dann wirt der schöne rothe Weytz bestendige wortzeln
gewinnen vnnd recht auff gehn. Matth. 13. die engel aber
wilche yre Sicheln dar zu scherffen / seint die ernsten knechte
gottis die den eyfer götlicher weyßheit volfüren Mala-
chie. 3.

Nebucad Nezar vernam die götlichen weißheit im Daniele /
er vilnider vor ym noch dem yn die krefftige warheit vber-
wunden hatte / aber er wardt bewegt wie ein rohr vorm
winde wie das das. 3. ca: beweiset / des gleichen seint itzt vber
die masse vil menschen die das Euangelion mit grossen freuden
annemen / die weil es also feyn freuntlich zugeht. Luce. 8.
aber wann gott solche leuthe wil auff den test[221] adder auffs
fewr der bewerung setzen. 1. Pe. 1. Ach do ergern sie sich
ym[222] aller geringsten wortlein wie Christus im Marco am. 4.
ca: vorkündigt hat. In der massen werden sich ane zweifel vil

vnuorsuchter menschen an dyesem bůchlein ergern / drumb
das ich mit Christo sage. Luce. 19. vnd Matth. 18. vnd mit
Paulo. 1. Corint. 5. vnd mit der vnterrichtung des gantzen
gôttlichen gesetzes / das man die gotlosen regenten sunder-
lich[223] pfaffen vnd mônche tôdten sol die vns das heylge Euangelion ketzerey schelten vnnd wollen gleich wol die besten
Christen sein / do wirt die heuchlische getichte gůttigkeit vber
die masse ergrimmet vnd erbittert / do wil sie dann die gotlosen vortedigen vnd saget Christus habe niemandt getôdtet etc.
Und wyl die freunde gottis also gantz jemmerlich schlecht dem
winde befelhen[224] / do ist erfullet die weissagung Pauli. 2. Timo. 3. In den letzten tagen werden die liebhaber der lůste wol
ein gstalt der gůttickeit haben aber sie werden vorleucknen
ire krafft. Es hat kein ding auff erden ein besser gstalt vnd
larue[225] dann die getichte gůte / drumb seint alle winckel vol
eytel heuchler / vnther welchen keiner so kůn ist das er die
rechte warheyt môchte sagen. Drumb das die warheyt môchte
recht an den tag bracht werden / do můst yr regenten (got gebe
yr thuts gerne adder[226] nicht) euch halten nach dem beschlus
dieses capitels[227] / das der Nebucad Nezar hat den heyligen
Daniel gesetzt zum Amptman / auff das er mochte guthe
rechte vrteyl volfüren / wieder heylige geyst saget[228]. Psalmo.
57.[229] dann die gottlosen haben kein recht zculeben / allein was
yhn die außerwelten wollen gůnnen / wie geschriben steet im
buch des außgangs am. 23.[230] Frewet euch yr rechten freunde
Gottis das den feyndenn des Creutzes das hertz in die bruch[231]
gefallen ist / sie můssen recht thun wie wol sie es keinmal ge-
trewmet hat. So wyr nhun Gott fôrchten / warumb wollen wir
vns vor losen vntůchtigen menschen entsetzen? Numeri am.
14. Josua am. 11.[232] Seyt noer[233] keck / der wil das regiment
selbern haben dem alle gewalt ist gegeben im hymmel vnd
auff erden. Math. am letzten.[234] Der euch aller liebsten bewar
ewigk. Amen.

Quelle: Thomas Müntzer, Politische Schriften. Mit Kommentar hrsg. von
Carl Hinrichs. Halle (Saale): Niemeyer 1950. S. 5–28.

Anmerkungen

1. Der eigentliche Titel lautete: Auslegung des andern unterschieds Danielis deß propheten gepredigt auffm schlos zu Alstet vor den tetigen theuren Herzogen und vorstehern zu Sachsen durch Thomas Müntzer diener des wordt gottes. Alstedt MDXXIIII. Übersetzung des Textes siehe S. 159.
2. Kapitel.   3. unverdrossen.
4. verwöhnten.
5. seins hantwercks abgehn: sein Handwerk verfehlen.
6. Jes. 5,1–7.   7. Ps. 80,9–14.
8. Eph. 5,19.   9. Jes. 29,17–24.
10. Jer. 15,11–16.   11. Hes. 36,8–12.
12. Ps. 89,31–38.   13. Luk. 21,8.
14. 2. Tim. 3,5.   15. 2. Kor. 11,13–15.
16. aufgewandten.   17. Matth. 24,24.
18. vorgegeben, erfunden.
19. Müntzer spielt hier auf die katholische Absolution als dem ›heuchlerischen Lossprechen von der Schuld‹ an.
20. freihalten.
21. Hos. 4,6; Mal. 2,1–7; Jes. 1,10–17.
22. Matth. 12,1–8; Mark. 4,26–29; Luk. 8,5–15; Hes. 36,29.
23. vollführen.   24. Phil. 2,21.
25. Ps. 80,9–14.
26. Dieser Eckstein im Traume Nebukadnezars (Dan. 2,34 f., 44 f.) vernichtet die vorangehenden vier Königreiche und stellt das ewige Reich Gottes dar. Siehe auch Jes. 28,16.
27. Diese sind die Feinde des Evangeliums.
28. Ps. 118,22 f.; Luk. 20,17 f.
29. biß auff die zeyt der zurtrenten welt: Diese letzte Epoche der Weltgeschichte, wie sie in Dan. 2,31 ff. symbolisch geschildert wird, deutet Müntzer als das herrschende kirchlich-feudale Zeitalter.
30. Luk. 21,10; Dan. 2,35; Esra 4.
31. Aus den nicht überlieferten fünf Büchern des Hegesipp zitiert Eusebius von Caesarea in seiner Kirchengeschichte, Buch IV, 22,4 f.
32. 2. Petr. 2,12–15.   33. Apg. 20,28–31.
34. verkehrte.   35. Judas 4–19.
36. Offb. 16,13.   37. Matth. 7,15.
38. Röm. 8,9; Luk. 12,8; Joh. 6,63; 17,2 f.
39. Vogelscheuche.   40. Dan. 2,45; Ps. 46,3.
41. Dan. 2,45; 1. Kor. 10,4.
42. Wahrscheinlich nicht mit ›Bösartigkeit‹ o. ä. zu übersetzen, sondern, wie Carl Hinrichs vorschlägt, mit ›Hauptknechtschaft‹, Sklaverei.
43. Luk. 1; 2.

44. Bedeutet soviel wie ein ›Gottloser‹.
45. Auswurf.   46. Ps. 22,7 ff.
47. Ps. 118,22; Matth. 21,44–46; Mark. 12,10–12; Luk. 20,17–19.
48. seitdem.   49. Ps. 69,11 f.
50. offensichtlich.   51. Joh. 10,1.
52. Hos. 4,4 ff.   53. Klagel. 4,5.
54. Matth. 24,15.   55. Ich glaube ja, daß …
56. Phil. 3,19.   57. Matth. 7,6; 2. Petr. 2,22.
58. Lumpen, auf dem man sich die Füße abtritt.
59. wie man Menschen für toll halten soll.
60. Ps. 69,11 f.   61. Joh. 6,45; Matth. 23,8 ff.
62. Spr. 9,10.
63. welche allein der reinen, echten Gottesfurcht entspringt.
64. Spr. 5,12; Joh. 2,17; Ps. 69,10.   65. Ähren.
66. Pred. 8,14.   67. Wissen von Gott.
68. Überklugen.   69. Spr. 4,16; Ps. 37,12 ff., 32 ff.
70. zuvorkommen.   71. angesammelt.
72. Ps. 145,18 ff.; 111,5.10; Spr. 1,7.
73. Ps. 19,10; Jes. 66,2; Luk. 12,4 f.
74. Matth. 6,24.   75. Vgl. Luk. 1,50.
76. Mal. 1,6.   77. gefährlichen.
78. 1. Tim. 4,1 ff.   79. 2. Tim. 3,1; Eph. 5,15 f.
80. Geschwätz.   81. Micha 3,5 ff.
82. Sir. 34.   83. im Sinne von ›Gespött‹.
84. Jer. 20,7 f.   85. 1. Mose 19,14.
86. Dan. 2,47.   87. wegen der.
88. Röm. 11,22; Hes. 23,22–35.   89. ungeprüften.
90. Dan. 2,1–13.   91. hassenswerte.
92. Das Wort schließt auch die Bedeutung ›Traumdeuter‹ mit ein.
93. 5. Mose 13,2 ff.; Sir. 34,7.   94. Dan. 2,3 ff.
95. leckere Bissen.   96. Jer. 5,13.31; 8,8 f.
97. Phil. 3,20.   98. Dennoch.
99. Jes. 58,2.   100. Röm. 8,16.
101. Gemeint ist damit eine ›falsche Anschauung‹, die auf Unkenntnis der
     richtigen Lehre beruht.
102. unstatthaft.   103. Gesetz, Satzung.
104. Bei dieser Wortprägung Müntzers wurde viel gerätselt; m. E. bezieht
     sich diese Stelle deutlich auf Kolosser 2,8: die ›loße pockfintzerey‹
     verbildlicht die ›lose Verführung‹ des Bibeltextes.
105. außerdem.
106. im Sinne von Erfahrung, Kenntnis des Ursprungs, Beginns.
107. Jes. 5,20.   108. 1. Thess. 5,20 f.
109. 5. Mose 1,42 ff.; 32,29; Matth. 23,37.
110. 1. Kor. 2,9 f.   111. kurz.

112. Betonung des Erkenntnishaften, Bewußtseinsmäßigen beim Glauben, was später noch differenziert wird.
113. 2. Kor. 10,5; Röm. 1,18–23; Baruch 3,12–38.
114. Diese Stelle besagt, daß die richtige Erkenntnis auf Gottes Offenbarung gründen muß.
115. Jes. 29,10 ff.; 33,18; Obadja 1,8; 1. Kor. 1,18 ff.
116. Ps. 48,7; Joh. 16,21.   117. Pred. 3,11.
118. zerdrückt.   119. Ps. 139,6.
120. vorwitz des natürlich liechts: Anmaßung des natürlichen Verstandes.
121. Jes. 28,9 ff.; Jer. 8,8.   122. brauchte.
123. Gang.   124. Ps. 119,110.
125. 5. Mose 30,14.   126. 4. Mose 19.
127. Röm. 10,8.20.   128. dennoch.
129. Ps. 19,8 f.   130. Dan. 2,18.
131. 1. Mose 39.   132. Ps. 49,21.
133. Gal. 5,24.   134. Spr. 24,30 f.
135. Fruchtbarkeit.   136. Ps. 93; 119,95.125.
137. Pred. 10,1.   138. Stückchen.
139. umschatten.   140. 1. Mose 15,1–6; 17,1 ff.
141. 1. Mose 28,12.   142. Hüfte.
143. 1. Mose 32,25 f.   144. 1. Mose 37,5–11.
145. 1. Mose 39,20; 40; 41.   146. Matth. 1,20 ff.; 2,13.19 ff.
147. erlangen.   148. Wunder.
149. bruder mastschwein vnd bruder sanffte leben: Luther.
150. 3. Mose 11.   151. Apg. 10,10 ff.
152. Apg. 16,8 ff.   153. Apg. 18,9 f.
154. 2. Mose 4,15.   155. 2. Chron. 29,25.
156. beweiset.   157. Apg. 12,7 ff.
158. Unterscheidung.
159. nicht wol an lauffen: nicht gut, wohl ankommen.
160. Joel 2,26 f.; 3,1–4.   161. Veränderung.
162. Apg. 2,16 ff.
163. Was hat es wohl für einen praktischen Zweck, daß in der Bibel von Gesichten berichtet wird?
164. vor war: fürwahr.
165. An dieser Stelle spricht Müntzer von seinen eschatologischen Vorstellungen; auch das fünfte Weltreich geht gerade zu Ende, und es wird nun der Geist Gottes in den Auserwählten zur Herrschaft gelangen und an die Stelle der bisherigen Staats- und Gesellschaftsordnung treten.
166. Dan. 2,32 ff.   167. Griechen.
168. das ›Heilige Römische Reich Deutscher Nation‹.
169. Absichten.
170. krymmet vnd wymmet: krümmet und wimmelt.

171. betrügen.   172. Aale.
173. 3. Mose 11,10 ff.
174. Stein, der nach Dan. 2,34 das letzte Weltreich zermalmen wird.
175. Nachbarn.   176. Ps. 40,3.
177. Ps. 118,6.   178. 2. Kön. 9 u. 10.
179. 5. Mose 20,2.
180. versöhnen; mit dem neuen Daniel meint Müntzer sich selbst.
181. Spr. 4.
182. vernünfftige anschlege: Eingebungen des Verstandes.
183. weck thun: wegtun, beseitigen.
184. Deckmantel.
185. ›ergert‹ sonst im Sinne von ›verschlechtern‹ gebraucht, hier soviel wie ›am rechten Glauben hindern‹.
186. 1. Petr. 17.   187. bilden vor: vorgaukeln.
188. Müntzer erinnert die beiden Fürsten, Herzog Johann und dessen Sohn, an ihre Aufgabe: sie sollten den Kampf gegen die Feinde Christi aktiv mit dem Schwert für die Auserwählten entscheiden.
189. an ewr zu thun des schwerts: ohne daß Ihr das Schwert hinzutut.
190. Matth. 7,19; Joh. 15,2.6.   191. Matth. 23,8.
192. 5. Mose 13,6.   193. 2. Mose 22,1 ff.
194. Ps. 18,35.   195. geläufig.
196. Gefährlichkeit.   197. gewaget.
198. züchtigen.   199. 5. Mose 1,31.
200. entbrannt.   201. dagegen.
202. Eifer, Zorn.   203. Joh. 2,15 ff.; Ps. 69,10.
204. Kol. 3,5 ff.   205. Vgl. Joh. 2,15.
206. 5. Mose 7,5 f.   207. Jes. 40,8.
208. Mal. 3,6; 1. Sam. 15; 4. Mose 22,6.
209. Gal. 2,11 ff.   210. Joh. 21,15–19.
211. Apg. 17,16–31.   212. Nachlässigkeit.
213. Antichrist.
214. an handt: ohne Gewalt (vgl. Dan. 2,34).
215. die Kanaaniter (vgl. Jos. 5,1).
216. Ps. 44,4; 1. Chron. 14,10 f.   217. anbieten.
218. 5. Mose 2,26 ff.   219. zuwider, dagegen sein.
220. Hiskia: 2. Kön. 18,4 ff.; Josea: 2. Kön. 23,5; Cyrus: 2. Chron. 36,22 f.; Daniel: Dan. 6,27; Elia: 1. Kön. 18,40.
221. Brenntiegel.   222. am.
223. besonders.
224. dem winde befelhen: nur dem Wind anvertrauen.
225. Larve.   226. oder.
227. Dan. 2,48 f.
228. im Sinne von ›eingibt‹.
229. Ps. 58,11 f.

230. 2. Mose 23,29–33.
231. Hose.
232. 4. Mose 14,9; Jos. 11,6.
233. nur.
234. Matth. 28,18.

Übersetzung

Die Fürstenpredigt

Erstlich wird der Text des obgemeldeten Unterschieds der Weissagung des Propheten Daniel nach seinen klaren Worten erzählet und verdolmetschet und auf solches die ganze Predigt mit Verfassen des Textes gesetzt, wie folget.

Es ist zu wissen, daß der armen elenden zerfallenden Christenheit weder zu raten noch zu helfen ist, es sei denn, daß die fleißigen unverdrossenen Gottesknechte täglich die Biblien treiben mit Singen, Lesen und Predigen. Aber damit wird der Kopf der zarten Pfaffen stetig große Stöße müssen leiden oder seines Handwerks abgehen. Wie soll man ihm aber anders tun, dieweil die Christenheit so jämmerlich durch reißende Wölfe verwüstet ist, wie geschrieben ist Jesaias 5, Psalm 79 vom Weingarten Gottes. Und Sant Paul lehret, wie man sich in göttlichen Lobgesängen üben soll, Ephe. 5. Denn gleichwie zur Zeit der lieben Propheten Jesaias, Jerem., Hesekielis und der anderen die ganze Gemein der Auserwählten Gottes also ganz und gar in die abgöttische Weise geraten war, daß ihr auch Gott nit helfen konnte, sondern mußte sie lassen gefangen wegführen und sie unter den Heiden so lange peinigen, bis daß sie seinen heiligen Namen wieder erkannten, wie geschrieben steht, Jesaias 29, Jere. 15, Hesekiel 36, Psalm 88, also auch nichts destoweniger ist bei unsern Vätern und unsrer Zeit die arme Christenheit noch viel höher verstocket und doch mit einem unaussprechlichen Scheine göttlichen Namens, Lucae 21, 2. Timo. 3, damit sich der Teufel und seine Diener hübsch schmücken, 2. Korinther 11. Ja also hübsch, daß die rechten Gottesfreunde damit verführet werden und mit dem höchsten angewandten Fleiß kaum merken können ihren Irrtum, wie Matth. 24 klärlich anzeigt. Dies macht alles die gedichtete Heiligkeit und das heuchlerische Entschuldigen der gottlosen Feinde Gottes, da sie sagen, die christliche Kirch kann nit irren, so sie doch, den Irrtum zu verhüten, darum durch das Wort Gottes stetig soll erbauet werden und vom Irrtum abgehalten, ja auch die Sünde ihrer Unwissenheit erkennen soll, Levit 4, Hosea 4, Maleach. 2, Jesaias 1. Aber das ist wohl wahr, Christus, der Sohn Gottes, und seine Apostel, ja auch vor ihm seine heiligen Propheten haben wohl eine rechte reine Christenheit angefangen, den reinen Weizen in den Acker geworfen, das ist das teure Wort Gottes in die Herzen der Auserwählten gepflanzet, wie Matth. 12, Marci 4, Lucae 8 geschrieben und Hesek. 36. Aber die faulen nachlässigen Diener derselbigen Kirche haben solches mit emsigen Wachen nit wollen vollführen und erhalten, sondern sie haben das ihre gesucht, nit was Jesu Christi war, Philipp. 2. Derhalben haben sie den Schaden der Gottlosen, das ist das Unkraut, kräftig lassen einreißen, Psalm 79, da der Eckstein, wie angezeigt, noch kleiner gewesen ist, von welchem Jesaias 28 saget. Ja er hat noch die Welt nit ganz erfüllet, er wird sie aber gar bald erfüllen und voll, voll machen. Drum ist der aufgerichtete Eckstein im Anfang der neuen Christenheit bald verworfen von den Bauleuten, das ist von den Regenten, Psalm 117 und Lucae 20. Also sag ich, ist die angefangne Kirche baufällig worden an allen Orten bis auf die Zeit der zertrennten Welt, Lucae 21 und Danielis 2, Esra 4. Auch Egesippus und Eusebius sagen im 4. Buch am 22. Unterschied von der christlichen Kirche, daß die christliche Gemein eine Jungfrau blieben sei nit länger denn bis auf die Zeit des Todes der Apostelschüler, und bald darnach ist sie eine Ehbrecherin worden, wie denn zuvor verkündigt war durch die lieben Apostel, 2. Petri 2. Und in Geschichten der Apostel hat Sant Paul gesagt zu den Hirten der Schafe Gottes mit klaren hellen Worten, Act. 20: »Habt Achtung drauf auf euch selber und auf die ganze Herde, über welche euch der heilige Geist gesetzt hat zu Wächtern, daß ihr sollet weiden die Gemeine Gottes, welche er durch sein Blut erworben hat. Denn ich weiß, daß nach meinem Abschied werden unter euch reißende Wölfe kommen, die der Herde nit verschonen werden. Es werden auch von euch selber Männer aufstehen, die da verkehrte Lehre reden, die Jünger nach sich selbst zu ziehen. Drum seht drauf!« Desgleichen steht im Sendebrief des heiligen Apostel Judae. Apoka. 16 zeigt es auch an. Derhalben warnet unser Herr Christus, uns vor falschen Propheten zu hüten, Matth. 7. Nun ist klar am Tage, daß kein Ding, Gott sei es geklagt, also schlimm und gering geachtet wird als der Geist Christi, und kann doch niemand selig werden, derselbe heilige Geist versichere ihn denn zuvor seiner Seligkeit, wie geschrieben ist, Röm. 8, Lucae 12, Joh. 6 und 17. Wie wollen wir armen Würmlein aber hiezu kommen, dieweil wir die Würdigkeit der Gottlosen in solcher Achtbarkeit halten, daß leider Christus, der zarte Sohn Gottes, vor den großen Titeln und Namen dieser Welt scheinet wie ein Hanfputze oder gemaltes Männlein? Und er ist doch der wahre Stein, der vom großen Berge ins Meer wird geworfen, Psalm 45, von der prächtigen Üppigkeit dieser Welt. Er ist der Stein, der ohn Menschenhände vom großen Berge gerissen, der da heißet Jesus Christus, 1. Korinther 10, der geboren ward, gleich da die Hauptschalkheit in Schwang ging, Lucae 1 und 2, zu den Zeiten Octaviani, da die ganze Welt in Schwang ging und geschatzt ward. Da hat ein Ohnmächtiger im Geist, ein elender Drecksack, wollen die ganze Welt haben, die ihm doch nirgend zu Nutze war denn zu Pracht und Hoffart. Ja, er ließ sich dünken, er wär allein groß. O, wie gar klein ist da der Eckstein Jesus Christus gewesen in der Menschen Augen. Er ward verwiesen in den Viehstall wie ein Wegwurf der Menschen, Psalm 21. Hiernach verwarfen ihn die Schriftgelehrten, Psalm 117, Matth. 21, Marci 12, Lucae 20, wie sie noch heutigen Tages pflegen. Ja sie haben endlich gar wohl die Passion mit ihm gespielet, seit daß der lieben Apostel Schüler gestorben sind. Sie haben den Geist Christi für einen Spottvogel gehalten und tun es noch, wie geschrieben steht, Psalm 68. Sie haben ihn ganz visierlich gestohlen wie die Diebe und Mörder, Johannis 10. Sie haben die Schaf Christi der rechten Stimme beraubet und haben den wahren gekreuzigten Christum zum lautern phantastischen Götzen gemacht. Wie ist das zugangen? Antwort: Sie haben die reine Kunst Gottes verworfen und an seine Statt einen hübschen feinen güldnen Herrgott gesetzt, davor die armen Bauern schmatzen, wie Hosea klärlich gesagt hat im 4. Kapitel und Jeremias 4 im Buch der Betrübnis saget: »Die da zuvor gute gewürzte Speise aßen, die haben nun Dreck und Kot davon überkommen.« O weh des erbärmlichen Greuels, davon Christus selber redet, Matth. 24, daß er so jämmerlich verspottet wird mit dem teuflischen Meßhalten, mit abgöttischen Predigen, Gebärden und Leben, und doch dennoch nichts anders da ist denn ein eitel hölzerner Herrgott! Ja, ein abgöttischer hölzerner Pfaff und ein grob tölpelisches und ein grob knüttelisches Volk, welches doch das allergeringste Urteil von Gott nit beweisen kann. Ist das nit ein Jammer, Sünde und Schande? Ich halt je, die Tier des Bauchs, Philipp 3, und die Schwein, davon Matth. 7, 2. Petri 2 geschrieben steht, haben den edlen Stein Jesum Christum ganz und gar mit Füßen zertreten, soviel sie vermocht haben. Da ist er worden zum Fußhader der ganzen Welt. Drum haben uns alle ungläubigen Türken, Heiden und Juden aufs billigste verspottet und für Narren gehalten, wie man tolle Menschen halten soll, die ihres Glaubens Geist nit wollen hören nennen. Drum ist das Leiden Christi nit anders denn ein Jahrmarkt bei den verzweifelten Buben, wie nie kein Spießknecht gehabt hat und wie der 68. Psalm saget. Drum, ihr teuren Brüder, sollen wir aus diesem Unflat erstehen und Gottes rechte Schüler werden, von Gott gelehret, Joh. 6, Matth. 23, so wird uns vonnöten sein große mächtige Stärke, die uns von oben hernieder verliehen wird, solche unaussprechliche Bosheit zu strafen und zu schwächen. Das ist die allerklarste Weisheit Gottes, Sapientiae 9, welche allein von der reinen ungedichteten Furcht Gottes entsprießt. Dieselbige muß uns allein mit gewaltiger Hand wappnen zur Rache wider die Feinde Gottes mit dem höchsten Eifer zu Gott, wie geschrieben steht, Sapientiae 5, Joh. 2, Psalm 68. Da ist gar kein Entschuldigen mit menschlichen oder vernünftigen Anschlägen, denn der Gottlosen Gestalt ist über alle Maßen schön und listig, wie die schöne Kornblume unter den gelben Ähren des Weizens, Ecc. 8. Aber solches muß die Weisheit Gottes erkennen.

Zum andern müssen wir den Greuel weiter und wohl ansehen, der diesen Stein verachtet. Sollen wir aber das Recht an ihm erkennen, so müssen wir der Offenbarung Gottes täglich gewärtig sein. O, das ist ganz teuer und seltsam worden in der schalkhaftigen Welt! Denn die listigen Anschläge der Spitzklugen würden uns alle Augenblick überfallen und noch viel höher an der reinen Kunst Gottes verhindern, Sapient. 4 und Psalm 36. Solchem muß man zuvorkommen in der Furcht Gottes. Wenn dieselbige allein in uns ganz und reine versorget würde, dann so könnte die heilige Christenheit leichtlich wieder zum Geist der Weisheit und Offenbarung göttlichen Willens kommen. Dies alles ist verfasset in der Schrift, Psalm 144, Psalm 110, Prover. 1. Die Furcht Gottes aber muß rein sein ohn alle Menschen- oder Kreaturenfurcht, Psalm 18, Jesaias 66, Lucae 12. O die Furcht ist uns hoch vonnöten! Denn gleich so wenig als man selig zweien Herren dienen kann, Matth. 6, so wenig kann man auch Gott und Kreaturen selig fürchten. Gott kann sich auch über uns nit erbarmen – wie die Mutter Christi unsres Herrn saget –, es sei denn, daß wir ihn aus ganzem Herzen allein fürchten. Drum sagt Gott, Maleach. 1: »Bin ich euer Vater, wo ist dann meine Ehre? Bin ich euer Herre, wo ist dann meine Furcht?« Also, ihr teuren Fürsten, ist not, daß wir in diesen ganz gefährlichen Tagen, 1. Tim. 4, den allerhöchsten Fleiß anwenden wie alle lieben Väter, so in der Biblien verzeichnet vom Anfang der Welt, solchem hinterlistigen Übel zu begegnen. Denn die Zeit ist jetzt fährlich, und die Tage sind böse, 2. Tim. 3, Ephe. 5. Warum? Allein darum, daß die edle Kraft Gottes so gar jämmerlich geschändet und verunehret wird, daß die armen groben Menschen also durch die heillosen Schriftgelehrten verführet werden mit großem Geplauder, wie der Prophet Micha im 3. davon saget, welches jetzt fast aller Schriftgelehrten Art ist, und gar wenig ausgenommen. Die lehren und sagen, daß Gott seinen lieben Freunden seine göttlichen Geheimnisse nit mehr offenbare durch rechte Gesichte oder sein mündliches Wort etc. Bleiben also bei ihrer unerfahrnen Weise, Eccl. 34, und machen von den Menschen, die mit der Offenbarung Gottes umgehen, ein Sprichwort, wie die Gottlosen taten dem Jeremiae 20. Kapit. Hör, hat zu dir Gott auch neulich gesprochen? Oder hast du den Mund Gottes neulich gefraget und mit ihm geratschlaget? Hast du den Geist Christi? Solches tun sie mit großem Hohn und Spott. War es nit ein Großes, das zur Zeit Jeremiae geschah? Jeremias warnete das arme blinde Volk vor der Pein des Gefängnisses zu Babylonien, gleichwie der fromme Lot seiner Tochter Männer, Gen. 19, aber es dünket sie gar närrisch zu sein. Sie sagten zu den lieben Propheten: Ja, ja, Gott sollte die Menschen wohl so väterlich warnen. Was ist aber nun dem spöttischen Haufen in dem babylonischen Gefängnis widerfahren? Nichts andres, denn daß sie durch diesen heidnischen König Nebukadnezar zu Schanden worden. Sieh hie den Text an. Er hat die Rede Gottes sich angeeignet und war doch ein mächtiger Wüterich und eine Rute des Volks der Auserwählten, die sich wider Gott versündigt hatten. Aber aus Blindheit und Verstockung des Gottesvolkes müßte die allerhöchste Güte also der Welt erkläret werden, wie Sant Paul Röm. im

11. und Hesekiel im 23. sagen. Also hie zum Unterricht sag ich also, daß Gott der Allmächtige nit allein die Ding, die in vielen Jahren zukünftig waren, weisete dem heidnischen Könige zur unaussprechlichen Schmach der Halsstarrigen unter dem Volk Gottes, welche keinem Propheten wollten glauben. Gleichermaßen sind auch die unversuchten Menschen zu unsern Zeiten. Sie sind der Strafe Gottes nit gewärtig, wenn sie dieselbige gleich vor Augen sehen. Was soll dann Gott der Allmächtige mit uns zu schaffen haben? Drum muß er uns seine Güte entziehen. Nun folgt der Text.

Der König Nebukadnezar hatte einen Traum, welcher ihm verschwand etc.

Was sollen wir hiezu sagen? Es ist eine unaussprechliche, ja ungewöhnliche und hässige Sache, von Träumen der Menschen zu reden. Der Ursach, daß die ganze Welt vom Anfang bis anher durch die Träumer betrogen ist, wie geschrieben steht, Deut. 13, Eccl. 34. Derhalben ist in diesem Kapitel gezeigt, daß der König den klugen Wahrsagern und Träumern nit glauben wollte, da er sprach: »Saget mir meinen Traum, darnach die Auslegung, sonst würdet ihr mir eitel Betrüglichkeit und Lügen sagen!« Was war das? Sie vermochten und konnten ihm den Traum nicht sagen und sprachen: »O lieber König, es kann dir den Traum kein Mensch auf Erden sagen denn allein die Götter, die keine Gemeinschaft mit den Menschen auf Erden haben.« Ja, nach ihrem Verstande redeten sie recht in vernünftiger Weise. Sie hatten aber keinen Glauben zu Gott, sondern es waren gottlose Heuchler und Schmeichler, die da redeten, was die Herren gern hören, gleichwie jetzt zu unsrer Zeit die Schriftgelehrten tun, die da gern geile Bißlein essen am Hofe. Aber das ist wider sie, das da geschrieben steht, Jeremiae im 5. Kap. und im 8. Was ist mehr da! Es saget der Text hie, es müßten Menschen sein, die da Gemeinschaft im Himmel hätten. O, das ist den Klüglingen ein bitter Kraut, und es will doch der heilige Paulus also haben bei den Philippern im 3. Kap. Nachmals wollten solche Gelehrten gleichwohl das Geheimnis Gottes auslegen. O, der Buben hat jetzt die Welt dermaßen viel, die sich solches öffentlich vermessen. Und von denselbigen saget Jesaias im 58. Kap.: »Sie wollen meine Wege wissen gleichwie das Volk, das da meine Gerechtigkeit vollführet hätte.« Solche Schriftgelehrten sind die Wahrsager, die da öffentlich die Offenbarung Gottes leugnen und fallen doch dem heiligen Geist in sein Handwerk, wollen alle Welt unterrichten. Und was ihrem unerfahrenen Verstande nit gemäß ist, das muß ihnen alsbald vom Teufel sein. Und sind doch ihrer eigenen Seligkeit nit sicher, welches doch nothalber sein sollte, Röm. 8. Sie können hübsch vom Glauben schwatzen und einen trunknen Glauben einbrauen den armen verwirreten Gewissen. Dies macht alles das unbescheidne Urteil und Greuel, welches sie haben von der hässigen Betrügerei der ganz verfluchten, vergifteten Mönchsträume, durch welche der Teufel allen seinen Willen ins Werk brachte, ja auch viel frumme Auserwählte betrogen hat, wenn sie ohn allen Bescheid den Gesichten und Träumen mit ihrem tollen

Glauben stracks stattgegeben haben. Und ist also ihre Rede und lose Bockfinzerei durch Offenbarung des Teufels geschrieben, wider welches die Kolosser im 2. Kap. heftig gewarnet sind vom heiligen Paulo. Aber die verfluchten Mönchsträumer haben nit gewußt, wie sie sollten der Kraft Gottes gewärtig sein. Darüber sind sie in einem verkehrten Sinne verstockt und sind jetzt der ganzen Welt dergestalt zu Sünden und Schanden wie die untätigen Lotterbuben. Auch sind sie blind in ihrer Torheit. Nichts andres hat sie verführt und noch auf diesen heutigen Tag je weiter verführet denn der Afterglaube, da sie ohn alle erfahrne Ankunft des heiligen Geistes, des Meisters der Furcht Gottes, mit Verachtung göttlicher Weisheit das Gute nicht vom Bösen, so unter dem guten Schein verdecket, absondern. Über welche schreiet Gott durch Jesaiam im 5. Kapitel: »Weh euch, die ihr das Gute bös heißet und das Böse gut.« Drum ists nit frummer Menschen Art, das Gute mit dem Bösen zu verwerfen, denn der heilige Paulus saget zu den Thessalonichern 5. Kap.: »Ihr sollet die Weissagung nit verachten. Versucht es alles; was unter dem aber gut ist, das behaltet etc.«

Zum dritten sollt ihr die Meinung wissen, daß Gott seinen Auserwählten also ganz und gar holdselig ist, daß, wenn er sie im allergeringsten könnte warnen, Deut. 1. und 32. Kap., Matth. 23, er tät es aufs höchste, wenn sie dasselbe vor großem Unglauben empfangen könnten. Denn hie stimmet dieser Text Danielis mit dem heiligen Paulo überein mit den Korinth. im 2. Kap. und ist genommen aus dem heiligen Jesaia im 64. Kap., sagend: »Das kein Auge gesehen, kein Ohr gehört hat und in keines Menschen Herz kommen ist, dasselbige hat Gott denen bereitet, die ihn lieben. Aber uns hat es Gott offenbart durch seinen Geist, denn der Geist erforschet alle Ding, ja auch die Tiefe der Gottheit etc.« Drum ist das kurz die ernstliche Meinung, wir müssen wissen und nit allein in den Wind glauben, was uns von Gott gegeben ist oder vom Teufel oder Natur. Denn so unser natürlicher Verstand daselbst soll zur Dienstbarkeit des Glaubens gefangen werden, 2. Kor. 10., so muß er kommen zu dem letzten Grad aller seiner Urteil, wie zu den Römern im 1. Kap. und Baruch 3 angezeigt. Der Urteil kann er aber keins beschließen mit gutem Grund seines Gewissens ohn Gottes Offenbarung. Da wird der Mensch klärlich finden, daß er mit dem Kopf durch den Himmel nit laufen kann, sondern er muß erstlich ganz und gar zum innerlichen Narren werden, Jesaias 29, 33, Abdiae 1, 1. Kor. 1. O das ist dann der klugen fleischlichen wollüstigen Welt gar ein seltsamer Wind! Da folgen alsbald die Schmerzen wie einer Gebärerin, Psalm 47, Joh. 16. Da findet Daniel und ein jeglicher frummer Mensch mit ihm, daß ihm allda alle Ding gleich so unmöglich sind wie andern gemeinen Menschen von Gotte zu erforschen. Das meint der weise Mann, Eccl. 3, da er saget: »Wer da will ausforschen Gottes Herrlichkeit, der wird von seinem Preis erdrückt.« Denn je mehr die Natur nach Gott greift, je weiter sich die Wirkung des heiligen Geists von ihr entfremdet, wie klärlich anzeiget der 138. Psalm. Ja, wenn sich der Mensch verstünde auf den Vorwitz des natürlichen Lichts, er würd ohn Zweifel nit viel Behelf suchen mit gestohlner Schrift, wie die Gelehrten mit einem Stücklein oder zweien tun, Jesaias 28, Jere. 8, sondern er würde balde empfinden die Wirkung göttlichen Worts aus seinem Herzen quellen, Joh. 4. Ja er brauchte die faulen Wasser in den Brunnen nit zu tragen, Jere. 2, wie jetzund unsre Gelehrten tun. Die verwickeln die Natur mit der Gnade ohn allen Unterschied, sie verhindern dem Wort seinen Gang, Psalm 118, welcher vom Abgrund der Seelen herkommt, wie Moses saget, Deut. 30: »Das Wort ist nit weit von dir, sieh, es ist in deinem Herzen etc.« Nun fragst du vielleicht, wie kommt es dann ins Herz? Antwort: Es kommt von Gott oben hernieder in einer hohen Verwunderung, welches ich jetzt laß stehen bis auf ein andermal. Und diese Verwunderung, ob es Gottes Wort sei oder nit, hebet sich an, wenn einer ein Kind ist von 6 oder 7 Jahren, wie figuriert ist, Num. im 19. Drum träget Sant Paul hervor den Mosem und Jesaiam zu den Römern im 10. Kap. und redet da vom innerlichen Worte zu hören in dem Abgrund der Seelen durch die Offenbarung Gottes. Und welcher Mensch es nit gewahr und empfänglich worden ist durch das lebendige Zeugnis Gottes, Röm. 8, der weiß von Gotte nichts gründlich zu sagen, wenn er gleich hunderttausend Biblien hätte gefressen. Daraus kann ein jeglicher wohl ermessen, wie fern die Welt noch vom Christenglauben ist. Noch will niemand sehen oder hören. Soll nun der Mensch des Wortes gewahr werden und daß er seiner empfänglich ist, so muß ihm Gott nehmen seine fleischlichen Lüste, und wenn die Bewegung von Gott kommt ins Herz, daß er töten will alle Wollust des Fleisches, daß er ihm da stattgebe, daß er seine Wirkung bekommen kann. Denn ein tierischer Mensch vernimmt nit, was Gott in die Seele redet, 1. Kor. 2, sondern er muß durch den heiligen Geist gewiesen werden auf die ernstliche Betrachtung des lautern reinen Verstands des Gesetzes, Psalm 18, sonst ist er blind im Herzen und dichtet sich einen hölzernen Christum und verführet sich selber. Drum sieh hie zu, wie sauer es dem lieben Daniel ist worden, dem Könige das Gesichte auszulegen, und wie fleißig er Gott drum gesucht und gebeten hat! Also auch zur Offenbarung Gottes muß sich der Mensch von aller Kurzweil absondern und einen ernsten Mut zur Wahrheit tragen, 2. Kor. 6, und muß durch die Übung solcher Wahrheit das unbetrügliche Gesicht von dem falschen erkennen. Derhalben spricht der liebe Daniel im 10. Kap.: Es soll ein Mensch Verstand haben in den Gesichten, auf daß sie nit alle zu verwerfen seien etc.

Zum vierten sollt ihr wissen, daß ein auserwählter Mensch, der da wissen will, welch Gesicht oder Traum von Gott, Natur oder Teufel ist, der muß mit seinem Gemüt und Herzen, auch mit seinem natürlichen Verstande abgeschieden sein von allem zeitlichen Trost seines Fleisches, und es muß ihm gehen wie dem lieben Joseph in Ägypten, Gen. 39, und allhie Daniel in diesem Kap. Denn das wird kein wollüstiger Mensch vorgeben, Lucae 7,

denn die Disteln und Dornen – das ist die Wollust dieser Welt, als der
Herr saget, Marci 4 – verdrücken alle Wirkung des Worts, das Gott in
die Seelen redet. Drum, wenn Gott schön sein heiliges Wort in die Seelen
spricht, so kann es der Mensch nit hören, so er ungeübt ist, denn er tut
keine Einkehr oder Einsehen in sich selber und in den Abgrund seiner
Seelen, Psalm 48. Der Mensch will sein Leben nit kreuzigen mit seinen
Lastern und Begierden, wie Paulus lehret, der heilige Apostel. Drum bleibet
der Acker des Worts Gottes voll Disteln und Dornen und voll großer
Stauden, welche alle wegmüssen zu diesem Werk Gottes, auf daß der
Mensch nit nachlässig oder faul erfunden werde, Prov. 24. Dennoch so
sieht man die Mildigkeit des Ackers und zum letzten das gute Gewächse.
Dann wird der Mensch erst gewahr, daß er Gottes und des heiligen Geists
Wohnung ist auf die Länge seiner Tage, ja daß er wahrhaftig geschaffen
ist allein aus der Ursach, daß er Gottes Zeugnis in seinem Leben erforschen
soll, Psalm 92 und 118. Desselbigen wird er jetzt gewahr in den Teilen
durch bildreiche Weise, jetzt auch im ganzen in den Abgrund des Herzens,
1. Kor. 13. Zum andern muß er gar wohl zusehen, daß solcher Figuren
Gleichnis in den Gesichten oder Träumen mit allen ihren Umständigkeiten
in der heiligen Biblien bezeuget sind, auf daß der Teufel nit daneben ein-
reiße und verderbe die Salbe des heiligen Geistes mit ihrer Süßigkeit, wie
der weise Mann von den Fliegen saget, die da sterben, Eccle. 10. Zum
dritten muß der auserwählte Mensch Achtung haben auf das Werk der
Gesichte, daß es nit herausquelle durch menschliche Anschläge, sondern
einfältig herfließe nach Gottes unverrücklichem Willen, und muß sich gar
eben vorsehen, daß nit ein Stüberlein daran gebreche, was er gesehen hat,
denn es muß tapfer ins Werk kommen. Aber wenn der Teufel etwas wirken will, so verraten ihn doch seine faulen Fratzen, und seine Lügen
gucken doch zuletzt hervor, denn er ist ein Lügner, Joh. 8. Dasselbige ist
hie in diesem Kap. gar klar angezeigt vom Könige Nebukadnezar und
danach im dritten im Werk bewiesen. Denn er hatte die Vermahnung
Gottes gar geschwind vergessen. Das haben ohn Zweifel seine fleischlichen
Begierden, die er auf die Lust und Kreaturen erstrecket hat, verursacht.
Denn also muß es gehen, wenn ein Mensch will seiner Wollust stetig pflegen, mit Gottes Werk zu schaffen haben und in keiner Betrübnis sein, so
kann ihn auch die Kraft des Wortes Gottes nit umschatten, Lucae 8. Gott
der Allmächtige weiset die rechten Gesichte und Träume seinen geliebten
Freunden am allermeisten in ihrer höchsten Betrübnis, wie er tat dem
frummen Abraham, Gen. 15. und 17. Da ist ihm Gott erschienen, da er sich
in großer Furcht entsetzte. Item, der liebe Jakob, da er mit großer Betrübnis flüchtig ward vor seinem Bruder Esau, da kam ihm ein Gesicht, daß er
die Leiter am Himmel sah aufgerichtet und die Engel Gottes auf- und ab-
steigen, Gen. 28. Darnach, da er wieder heimzog, hat er sich über die Maßen vor seinem Bruder Esau gefürchtet. Da erschien ihm der Herr im
Gesicht, da er ihm die Hüfte zerknirschte und mit ihm rang, Gen. 32. Item

der fromme Joseph ward gehasset von seinen Brüdern, und in solcher Betrübnis hatte er zwei nötliche Gesichter, Gen. 37. Und darnach in seiner herzlichen Betrübnis in Ägypten im Gefängnis ward er also hoch von Gott erleuchtet, daß er alle Gesichte und Träum konnte auslegen, Gen. 39 und 40 und 41. Über alles dies wird den unversuchten wollüstigen Schweinen, den Klüglingen, vorgehalten der andre heilige Joseph, Matth. im ersten und andern Kap. Er hatte vier Träume, da er geängstet ward in seiner Betrübnis, und ward durch die Träume versichert, wie er auch die Weisen im Schlafe unterrichtet vom Engel, zu Herodes nit wiederzukommen. Item, die lieben Apostel haben müssen mit dem höchsten Fleiße der Gesichte gewärtig sein, wie es in ihren Geschichten klar beschrieben ist. Ja, es ist ein rechter apostolischer, patriarchalischer und prophetischer Geist, auf die Gesichte warten und dieselben mit schmerzlicher Betrübnis überkommen. Drum ists nicht wunder, daß sie Bruder Mastschwein und Bruder Sanftleben verwirfet, Hiob 28. Wenn aber der Mensch das klare Wort Gottes in der Seele nicht vernommen hat, so muß er Gesichte haben, wie Sant Peter in den Geschichten der Apostel verstand das Gesetz nicht, Levit im 11. Kapitel. Er zweifelte an der Speise und an den Heiden, sie zu seiner Gesellschaft zu nehmen, Act. 10. Da gab ihm Gott ein Gesicht im Überschwang seines Gemütes. Da sah er ein leinen Tuch mit vier Zipfeln, vom Himmel auf die Erde gelassen, voll vierfüßiger Tier und hörte eine Stimm, sagend: Schlachte und iß. Desgleichen hatte der fromme Cornelius, da er nicht wußte, wie er tun sollte, Actorum 10. Auch da Paulus gen Troadem kam, erschien ihm ein Gesicht in der Nacht. Das war ein Mann von Mazedonien. Der stund und bat ihn und sprach: »Komm hernieder gen Mazedonien und hilf uns.« Da er aber solches Gesicht gesehen hatte, trachten wir, saget der Text da, Actorum 16, alsobald zu reisen gen Mazedonia, denn wir waren gewiß, daß uns der Herr dahin berufen hatte. Item, da sich Paulus fürchtete zu predigen in Korintho, Act. 18, da sagte der Herr in der Nacht durch ein Gesicht zu ihm: »Du sollst dich nicht fürchten etc. Es soll sich niemand unterstehen, dir zu schaden, denn ich hab ein großes Volk in dieser Stadt etc.« Und was ist nötig, viel Zeugnis der Schrift vorzuwenden. Es wär nimmermehr möglich in solchen weitläuftigen, fährlichen Sachen, als da rechte Prediger Herzoge und Regenten haben, daß sie sich allenthalben sollten bewahren, sicherlich und ungetadel zu handeln, wenn sie in der Offenbarung Gottes nicht lebten, wie Aron hörte von Mose und David, von Nathan und Gad. Derhalben waren die lieben Apostel der Gesichte ganz und gar gewohnt, wie der Text bewähret in den Geschichten im 12. Kapitel. Da der Engel zu Petro kam und führte ihn aus dem Gefängnis Herodis und es dünkte ihn, er hätte ein Gesicht, wußte er nicht, daß der Engel das Werk der Erlösung an ihm vollführte. Wär aber Petrus der Gesichte nit gewohnt gewesen, wie sollte ihn dann solches gedünkt haben, ein Gesichte zu sein? Daraus schließ ich nun, daß, wer da will aus fleischlichem Urteil also unbescheiden den Gesichten feind sein und sie alle verwerfen oder alle aufnehmen ohn allen Bescheid, darum, daß die falschen Träumer der Welt solchen Schaden getan haben durch die Ehrgeizigen oder Genußsucher, der wird nicht wohl anlaufen, sondern wird sich stoßen an den heiligen Geist, Joel im 2. Kapitel, da Gott klärlich saget, wie dieser Text Danielis, von der Veränderung der Welt. Er will sie in den letzten Tagen anrichten, daß sein Nam soll recht gepriesen werden. Er will sie von ihrer Schande entledigen und will seinen Geist über alles Fleisch ausgießen, und unsere Söhne und Töchter sollen weissagen und sollen Träume und Gesichte haben etc. Denn so die Christenheit nicht wird apostolisch werden, Act. 27, so im Joel vorgetragen wird, warum sollte man dann predigen? Wozu dienet dann die Biblien mit den Gesichten? Es ist wahr, und ich weiß fürwahr, daß der Geist Gottes jetzt vielen auserwählten frummen Menschen offenbart eine treffliche unüberwindliche zukünftige Reformation von großen Nöten, und es muß vollführet werden, es wehre sich gleich ein jeglicher, wie er will, so bleibet die Weissagung Danielis ungeschwächt, ob ihr wohl niemand glauben will, wie auch Paulus zu den Römern im 3. Kap. saget. Es ist dieser Text Danielis also klar wie die helle Sonne, und das Werk geht jetzt im rechten Schwange vom Ende des fünften Reichs der Welt. Das erste ist erkläret durch den güldnen Knauf, das war das Reich zu Babel, das andere durch die silberne Brust und Arm, das war das Reich der Medier und Persier. Das dritte war das Reich der Griechen, welches erschallet mit seiner Klugheit, durch das Erz angezeigt. Das vierte das Römische Reich, welches mit dem Schwert gewonnen ist und ein Reich des Zwanges gewesen. Aber das fünfte ist dies, das wir vor Augen haben, das auch von Eisen ist und wollte gerne zwingen. Aber es ist mit Kot geflickt, wie wir mit sichtigen Augen sehen eitel Anschläge der Heuchelei, die da krümmet und wimmet auf dem ganzen Erdreich. Denn wer nit betrügen kann, der muß ein toller Kopf sein. Man sieht jetzt hübsch, wie sich die Aale und Schlangen zusammen verunkeuschen auf einem Haufen. Die Pfaffen und alle bösen Geistlichen sind Schlangen, wie sie Johannes, der Täufer Christi, nennet, Matth. 3, und die weltlichen Herren und Regenten sind Aale, wie figuriert ist Levit im 11. Kapitel von Fischen etc. Da haben sich die Reiche des Teufels mit Ton beschmieret. Ach, lieben Herren, wie hübsch wird der Herr da unter die alten Töpf schmeißen mit einer eisernen Stange, Psalm 2. Darum, ihr allerteuersten liebsten Regenten, lernt euer Urteil recht aus dem Munde Gottes und laßt euch von euren heuchlischen Pfaffen nit verführen und mit gedichteter Geduld und Güte aufhalten! Denn der Stein, vom Berge gerissen, ist groß worden. Die armen Laien und Bauern sehen ihn viel schärfer an denn ihr. Ja, Gott sei gelobt, er ist so groß worden: wenn euch andere Herren oder Nachbarn schon um des Evangelions willen wollten verfolgen, so würden sie von ihrem eignen Volk vertrieben werden. Das weiß ich fürwahr. Ja, der Stein ist groß, davor hatte sich die blöde Welt lange gefürchtet. Er hat sie überfallen, da er noch klein war.

Was sollen wir denn nun tun, weil er so groß und mächtig ist worden und weil er so mächtig unverzüglich auf die große Säul gestrichen und sie bis auf die alten Töpf zerschmettert hat? Drum, ihr teuren Regenten von Sachsen, tretet keck auf den Eckstein, wie der heilige Petrus tat, Matth. im 16., und sucht die rechte Beständigkeit göttlichen Willens! Er wird euch wohl erhalten auf dem Stein, Psalm 39. Eure Gänge werden richtig sein, suchet nur stracks Gottes Gerechtigkeit und greifet die Sache des Evangelions tapfer an! Denn Gott steht so nah bei euch, daß ihrs nicht glaubet. Warum wollt ihr euch dann vorm Gespenst des Menschen entsetzen, Psalm 117? Seht hie den Text wohl an! Der König Nebukadnezar wollte die Klugen darum töten, daß sie ihm den Traum nicht konnten auslegen. Es war verdienter Lohn. Denn sie wollten sein ganzes Reich mit ihrer Klugheit regieren und konnten solches nicht, dazu sie doch gesetzt waren. Solchermaßen sind auch jetzt unsre Geistlichen, und ich sag euch fürwahr, wenn ihr der Christenheit Schaden so wohl erkennen könntet und recht bedenken, so würdet ihr eben solchen Eifer gewinnen, wie Jehu der König, 4. Regum im 9. und im 10., und wie das ganze Buch Apocalip. davon anzeigt. Und ich weiß fürwahr, daß ihr euch so mit großer Not würdet enthalten, dem Schwert seine Gewalt anzumessen. Denn der erbärmliche Schade der heiligen Christenheit ist so groß worden, daß ihn noch zur Zeit keine Zunge kann ausreden. Drum muß ein neuer Daniel aufstehen und euch eure Offenbarung auslegen, und derselbe muß vorn, wie Moses lehret, Deut. 20, an der Spitze gehen. Er muß den Zorn der Fürsten und des ergrimmten Volkes versühnen. Denn so ihr werdet recht erfahren den Schaden der Christenheit und Betrügerei der falschen Geistlichen und der verzweifelten Bösewicht, so werdet ihr also auf sie ergrimmen, daß es niemand bedenken kann. Es wird euch ohn Zweifel verdrießen und sehr zu Herzen gehen, daß ihr also gütig gewesen seid, nachdem sie euch mit den allersüßesten Worten zu den allerschändlichsten Urteilen geleitet haben, Sapient. 6, wider alle aufgerichtete Wahrheit. Denn sie haben euch genarret, daß ein jeder zu den Heiligen schwür, die Fürsten sind heidnische Leute ihres Amtes halber, sie sollten nichts anders denn bürgerliche Einigkeit erhalten. Ach, Lieber, ja, da fällt und streicht der große Stein balde drauf und schmeißt solche vernünftige Anschläge zu Boden, da er saget, Matth. im 10.: »Ich bin nicht kommen, Fried zu senden, sondern das Schwert.« Was soll man aber mit demselbigen machen? Nichts andres denn die Bösen, die das Evangelion verhindern, wegtun und absondern, wollt ihr anders nicht Teufel, sondern Diener Gottes sein, wie euch Paulus nennet zu den Römern im 13. Jhr braucht nicht zweifeln, Gott wird all eure Widersacher in Trümmer schlagen, die euch zu verfolgen unterstehen. Denn seine Hand ist noch nicht verkürzet, wie Jesaias saget 59. Drum kann er euch noch helfen und will es tun, wie er dem auserwählten Könige Josia und andern, die den Namen Gottes verteidiget hatten, beigestanden hat. Also seid ihr Engel, wo ihr recht tun wollet, wie Petrus saget, 2. Petri 1.

Christus hat befohlen mit großem Ernst, Lucae 19 und spricht: »Nehmet meine Feinde und würget mir sie vor meinen Augen.« Warum? Ei darum, daß sie Christo sein Regiment verderben und wollen noch dazu ihre Schalkheit unter der Gestalt des Christenglaubens verteidigen und ärgern mit ihrem hinterlistigen Schanddeckel die ganze Welt. Drum saget Christus, unser Herr, Matth. 18: »Wer da einen aus diesen Kleinen ärgert, ist ihm besser, daß man ihm einen Mühlstein an den Hals hänge und werfe ihn in das tiefe Meer.« Das glossiere, wer da will, hin und her. Es sind die Wort Christi. Darf nun Christus sagen, wer da einen von den Kleinen ärgert, was soll man dann sagen, so man einen großen Haufen ärgert am Glauben? Das tun die Erzbösewicht, die die ganze Welt ärgern und abtrünnig machen vom rechten Christenglauben und sagen, es solle das Geheimnis Gottes niemand wissen, es solle sich ein jeglicher halten nach ihren Worten und nicht nach ihren Werken, Matth. im 23. Sie sprechen: es sei nicht vonnöten, daß der Glaub bewähret sei wie das Gold im Feuer, 1. Petri 1, Psalm 139. Aber in der Weise wäre der Christenglaub ärger denn eines Hundes Glaub, wenn er hofft, ein Stück Brot zu empfangen, so der Tisch gedeckt wird. Solchen Glauben bilden die falschen Gelehrten der armen blinden Welt vor. Das ist ihnen nicht seltsam, denn sie predigen allein um des Bauchs willen, Philipp. im 3. Kap. Sie können von Herzen nichts andres sagen, Matth. im 12. Kap. Wollt ihr nun rechte Regenten sein, so müßt ihr das Regiment bei der Wurzel anheben und wie Christus befohlen hat. Treibt seine Feinde von den Auserwählten, denn ihr seid die Mittler dazu. Liebe, gebt uns keine schalen Fratzen vor, daß die Kraft Gottes es tun soll ohn euer Zutun des Schwerts, es könnte euch sonst in der Scheide verrosten. Gott gebe es! Sage euch welcher Gelehrter, was er wolle, so saget Christus genug, Matth. im 7., Joh. im 15. Kapitel: »Ein jeglicher Baum, der nicht gute Frucht tut, der soll ausgerodet werden und ins Feuer geworfen.« So ihr nun die Larve der Welt wegtut, so werdet ihr sie bald erkennen mit rechtem Urteil, Joh. im 7. Kapitel. Tut ein recht Urteil aus Gottes Befehl! Ihr habt Hülf genug dazu, Sapientiae im 6. Denn Christus ist euer Meister, Matth. im 23. Drum lasset die Übeltäter nit länger leben, die uns von Gott abwenden, Deut. 13. Denn ein gottloser Mensch hat kein Recht zu leben, wo er die Frommen verhindert. Exodi im 22. Kap. saget Gott: »Du sollst die Übeltäter nicht leben lassen.« Das meinet auch Sant Paulus, da er vom Schwert saget der Regenten, daß es zur Rache der Bösen verliehen sei und zu Schutz der Frommen, Röm. im 13. Kapitel. Gott ist eure Beschirmung und wird euch lehren streiten wider seine Feinde, Psalm im 17. Er wird eure Hände läuftig machen zum Streite und wird euch auch erhalten. Aber ihr werdet darüber ein großes Kreuz und Anfechtung müssen leiden, auf daß euch die Furcht Gottes erklärt werde. Das kann ohne Leiden nicht geschehen, aber es kostet euch nichts mehr denn die Fährlichkeit, um Gottes willen gewürget, und das unnütze Geplauder der Widersacher. Denn so der fromme David schon von seinem Schloß wurde vertrieben von Absalom, er kam doch endlich wieder drauf, wenn Absalom erhangen und erstochen wird. Drum, ihr teuren Väter von Sachsen, ihr müßt es wagen um des Evangelions willen. Aber Gott wird euch freundlich stäupen wie seine allerliebsten Söhne, Deut. 1, wenn er in seinem kurzen Zorn inbrünstig ist. Selig sind dann alle, die sich da auf Gott verlassen. Saget allein frei mit dem Geist Christi. »Ich will mich vor hunderttausend nit fürchten, ob sie mich schon umlagern.« Ich halt aber, allhie werden mir unsre Gelehrten die Gütigkeit Christi vorhalten, welche sie auf ihre Heuchelei zerren, aber sie sollen dagegen ansehen auch den Eifer Christi, Johannis 2, Psalm 68, da er die Wurzel der Abgötterei zerstörte, wie Paulus saget zu den Kolossern im 3. Kap., daß um derselbigen willen der Zorn Gottes nicht kann weggetan werden von der Gemeine. Hat er nun nach unserm Ansehn das Kleine herniedergerissen, er würde ohn Zweifel auch der Götzen und Bilder nicht geschonet haben, wo sie da wären gewesen, wie er denn selber durch Mosem befohlen hat, Deut. 7, da er saget: »Ihr seid ein heiliges Volk. Ihr sollet euch nit erbarmen über die Abgöttischen. Zerbrecht ihre Altäre, zerschmeißet ihre Bilder und verbrennet sie, auf daß ich mit euch nicht zürne.« Diese Wort hat Christus nicht aufgehoben, sondern er will sie uns helfen erfüllen, Matth. 5. Es sind die Figuren alle durch die Propheten ausgeleget, aber dies sind helle klare Wort, welche ewig müssen bestehen, Jesaias 40. Gott kann heut nicht ja sagen und morgen nein, sondern er ist unwandelbar in seinem Worte, Maleachi 3, 1. Regum 15, Num. 22. Daß aber die Apostel der Heiden Abgötter nicht zerstöret haben, antwort ich also, da Sant Peter ein furchtsamer Mann gewesen ist, Gal. 2, hat er geheuchelt mit den Heiden. Er war aller Apostel Figur. Das sagte auch Christus von ihm, Joh. am letzten, daß er sich ganz heftig vorm Tode gefürchtet hatte. Und daß demselbigen darum durch solches keine Ursache gegeben, ist leichtlich zu ermessen. Aber Sant Paul hat ganz hart geredet wider die Abgötterei, Actorum 17. Hätt er seine Lehr können aufs höchste treiben bei denen von Athenis, er hätt ohn Zweifel die Abgötterei gar hernieder geworfen, wie Gott durch Mosen befohlen hatte und wie es auch hernachmals durch die Märterer geschah in bewährten Historien. Drum ist uns mit der Heiligen Gebrechen oder Nachlassen keine Ursach gegeben, den Gottlosen ihre Weise zu lassen. Nachdem sie Gottes Namen mit uns bekennen, sollen sie unter zweien eines erwählen, den Christenglauben gar verleugnen oder der Abgötter wegtun, Matth. 18. Daß aber unsre Gelehrten herkommen und sagen mit dem Daniel mit ihrer gottlosen gestohlenen Weise, daß der Widerchrist soll zerstöret werden, ist allzu viel. Er ist schon verzaget, wie das Volk war, da die Auserwählten ins gelobte Land wollten, wie Josua schreibet. Er hat gleichwohl in der Schärfe des Schwerts ihrer nit verschonet. Sieh an den 43. Psalm und 1. Chronika 14, da wirst du finden die Auflösung also. Sie haben das Land nicht durch das Schwert gewonnen, sondern durch die Kraft Gottes. Aber das Schwert war das Mittel, wie uns Essen und Trinken ein Mittel ist zu leben. Also nötlich ist auch das Schwert,

die Gottlosen zu vertilgen, Röm. im 13. Daß aber dasselbe nun redlicher-
weise und füglich geschehe, so sollen das unsre teuren Väter, die Fürsten,
tun, die Christum mit uns bekennen. Wo sie aber das nicht tun, so wird
ihnen das Schwert genommen werden, Danielis im 7. Kap. Denn sie bekennen ihn also mit den Worten und leugnen sein mit der Tat, Titum 1. Also
sollen sie den Feinden vortragen den Frieden, Deut. 2. Wollen sie geistlich
sein und über die Kunst Gottes nit Rechenschaft geben, 1. Petri 3, so soll
man sie wegtun, 1. Kor. 5. Aber ich bitt für sie mit dem frummen Daniel,
wo sie wider Gottes Offenbarung nicht sind. Wo sie aber das Widerspiel
treiben, erwürge man sie ohn alle Gnade, wie Hiskias, Josias, Cyrus,
Daniel, Elias, 3. Regum 18. den Pfaffen Baal zerstöret haben. Anders
kann die christliche Kirche zu ihrem Ursprung nicht wieder kommen. Man
muß das Unkraut ausraufen aus dem Weingarten Gottes in der Zeit der
Ernte. Dann wird der schöne rote Weizen beständige Wurzeln gewinnen
und recht aufgehen, Matth. 13. Die Engel aber, welche ihre Sicheln dazu
schärfen, sind die ernsten Knechte Gottes, die den Eifer göttlicher Weisheit
vollführen, Maleachi 3.

Nebukadnezar vernahm die göttliche Weisheit im Daniele. Er fiel nieder
vor ihm, nachdem ihn die kräftige Wahrheit überwunden hatte, aber er
ward bewegt wie ein Rohr vorm Winde, wie das das 3. Kap. beweiset.
Desgleichen sind jetzt über die Maßen viel Menschen, die das Evangelion
mit großen Freuden annehmen, dieweil es also fein freundlich zugehet,
Lucae 8. Aber wenn Gott solche Leute will auf das Feuer der Bewährung
setzen, 1. Petri 1, ach, da ärgern sie sich im allergeringsten Wörtlein, wie
Christus im Marco im 4. Kap. verkündigt hat. Dermaßen werden sich
ohne Zweifel viel unversuchte Menschen an diesem Büchlein ärgern, drum
daß ich mit Christo sage, Lucae 19 und Matth. 18 und mit Paulo 1. Kor. 5,
und mit der Anweisung des ganzen göttlichen Gesetzes, daß man die gottlosen Regenten, sonderlich Pfaffen und Mönche töten soll, die uns das
heilige Evangelion Ketzerei schelten und wollen gleichwohl die besten
Christen sein. Da wird die heuchlerische gedichtete Gütigkeit über die
Maßen ergrimmet und erbittert, da will sie dann die Gottlosen verteidigen
und sagen, Christus habe niemand getötet etc. Und weil die Freunde Gottes also ganz jämmerlich schlecht dem Winde befehlen, da ist erfüllet die
Weissagung Pauli, 2. Tim. 3. In den letzten Tagen werden die Liebhaber
der Lüste mehr eine Gestalt der Gütigkeit haben, aber sie werden verleugnen ihre Kraft. Es hat kein Ding auf Erden eine bessre Gestalt und Larve
denn die gedichtete Güte. Drum sind alle Winkel voll eitel Heuchler, unter
welchen keiner so kühn ist, daß er die Wahrheit möchte sagen. Drum daß
die Wahrheit möchte an den Tag gebracht werden, da müßt ihr
Regenten – Gott gebe, ihr tuts gerne oder nicht – euch halten nach dem
Beschluß dieses Kapitels, daß der Nebukadnezar den heiligen Daniel hat
gesetzt zum Amtmann, auf daß er möchte gute rechte Urteil vollführen,
wie der heilige Geist saget, Psalm 57. Denn die Gottlosen haben kein

Recht zu leben, allein was ihnen die Auserwählten wollen gönnen, wie geschrieben steht im Buch des Ausgangs im 23. Freuet euch, ihr rechten Freunde Gottes, daß den Feinden des Kreuzes das Herz in die Bruch gefallen ist! Sie müssen recht tun, wiewohl sie es keinmal geträumet hat.

So wir nun Gott fürchten, warum wollen wir uns vor losen, untüchtigen Menschen entsetzen, Numeri im 14., Josua im 11. Seid nur keck! Der will das Regiment selber haben, dem alle Gewalt ist gegeben im Himmel und auf Erden, Matth. im letzten. Der euch Allerliebsten bewahr ewig! Amen.

Quelle: Thomas Müntzer, Sein Leben und seine Schriften. Hrsg. u. eingel. von Otto H. Brandt. Jena: Diederichs 1933. S. 148–163.

ULRICH (HULDRYCH) ZWINGLI

1484–1531

Der Schweizer Reformator, der als Feldprediger an den Schlachten bei Pavia (1512), Novara (1513), Marignano (1515) teilgenommen hatte und beim zweiten der Kappeler Kriege fiel (11. Oktober 1531), war nicht nur, was die religiösen Grundsätze und die Neuordnung der kirchlichen Verhältnisse betraf, in vielem radikaler als Luther, sondern auch engagierter in sozialer und politischer Hinsicht. Immer wieder griff der Zürcher Pfarrer mit Predigten in die politischen Geschehnisse seiner Zeit ein. Obwohl sein Kanzelwort von großem Einfluß war, ist keine seiner politischen Predigten überliefert worden.

Bei der hier mitgeteilten Kriegspredigt Zwinglis handelt es sich um eine zusammenfassende Nachschrift, die man erst in diesem Jahrhundert in den Archiven auffand. Der Urheber dieser Nachschrift hielt sich während der Tage in Zürich auf, als dort die Niederlage der Franzosen und der verbündeten Schweizer Hilfstruppen bei Pavia (24. Februar 1525), der größten Schlacht des Jahrhunderts, bekannt wurde. Zwingli hatte früher vor dem Soldbündnis mit Franz I. von Frankreich gewarnt und predigte nun, da die Ereignisse seine Prognosen bestätigten, nochmals gegen die Unsitte des Söldnerwesens oder ›Reislaufens‹. Er greift dabei besonders den Schweizer Neu-Adel an, der im Sold auswärtiger Fürsten stand und sich durch das Reislaufen, eine Art von Menschenhandel, bereicherte. Zwingli geht in diesem Zusammenhang auf den Herzog Ulrich von Württemberg ein, um sich gegen Anschuldigungen zu verteidigen, daß er dem Herzog erlauben wolle, was er ansonsten verwehre. Welche Wirkung von den Predigten Zwinglis ausging, dafür liefert der Verfertiger der Nachschrift die Probe aufs Exempel: er, ursprünglich keineswegs ein Anhänger des Großmünsterpfarrers, verließ die Kirche als ein Überzeugter.

Kriegspredigt

*Ein Missive[1] von einem frommen Eidgnossen zuo sinem Fründ
geschriben, innhaltend ein Summ[2] einer Predig, die ietz kurz-
lich zuo Zürich ist beschehen[3]*

Min willig Dienst zůvor, Lieber, Getrüwer. Als[4] ich zum nechsten[5] mit dir verließ[6], ich welte gen Zürich und den Zwingli ouch
selbs hören, also was[7] ich Fritag und Samßtag[8] da, und solt er
die selben zwen Tag gepredigt haben, sagt man mir, er kunde
vor Gescheften[9] nit selbs predigen, aber doch uff Sunntag wurde er gewüßlich selbs predigen. Also nam ich mir Gescheft für,
daß ich da bleib[10], nun[11] daß ich inn horte; dann ich versach
mich wol[12], er wurde sich lassen merken[13] von des Unfals[14] wegen, so uns in Meiland ze Handen gangen[15]. Aber am Fritag
predget Meister Löw[16] und am Samßtag Herr Caspar[17] an des
Zwinglis Stat, und sunst lißt der Schůlmeister zum Frowen
Münster[18] all Tag ouch ein Stund. Aber ich hab da gar nüt gehört, das unkristenlich sye, sunder die Warheit all min Tag nie
luterer. Darumb ô welte Got, daß all unser Eidgnossen sölich
Predger hetten, so stůnde es an[19] Zwyfel bas, weder[20] es stat.
Ich kum aber wider uff den Zwingly. Als er am Suntag[21] an[22]
die Canzel kam, zücht er für das Erst an[23], uß was Ursach er ein
Zyt klar nit vil von Kriegens wegen gestraft und ballget[24] (also
redt er; denn ich hab die Houptartikel und ettliche sundere[25]
Wort angezeichnet) hette, namlich darumb, daß es nit not
were[26]. Dann ein ersamer Rat ein Zyt har so geflissen[27] gewesen
mit Verhüten der Kriegen, daß es nit not sye gsin, daß er fast
manete[28]. Darzů lege imm nit daran, daß ettlich redtind[29], er
were[30] nit me so ruch[31] als ettwan; dann ein Vatter sölle nit
haderen und bitter sin, wenn die Kind recht wandlend[32]. Darumb habe er in dem Stuck[33] ouch mit den Geistlichen ein Zyt
har nit vil gerucht[34], daß[35] ein ersamer Rat sich hierinn wol und
cristenlich gehalten habe. Wo man recht gange, da durffe[36] man
nit weren oder manen. Wo man aber nachlasse, denn[37] müße
man schryen. Mit vil anderen Worten, ließ sich ouch mercken,

sy söltend lûgen[38], daß sy mitt den richen Munchen und Nunnen[39] so richtig hindurch giengind[40], als mit den armen.

Zum anderen zougt[41] er an von des Wirtenbergers[42] wegen, daß man im[43] ungûtlich[44] tät, so man redte, er hette umb sinentwillen geschwigen. Denn es hette Warnens sinthalb nit bedörffen[45]; ein ersamer Rat hette so ernstlich als vormals ie gewert mit Tor beschließen und vor versehen[46], daß imm da nüdt gemanglet hab, darumb er nit genötiget sye, ze manen. Aber daß er oft Red mitt imm, dem Herzogen, gehept[47], sye den meren Teil von anderen Dingen gewesen, weder[48] von Kriegen. Doch so welle er heruß lassen[49], was er von siner Herren wegen von Zürich mitt imm geredt habe: »Herr, ir sprechend, daß üch die Früntschaft miner Herren von Zürich wol fröwe. So lûgend[50] und verschuttend's[51] nit widerumb, und, wie ir inen zûgseit[52] habend, also lassend inen ire Knecht unufgewyglet[53]!«

Zû dem dritten zeigt er an, daß es ein anders wer[54] mitt des Wirtenbergers Kriegen, weder[55] mitt eim anderen. Wann der Wirtenberger kriegte nach sinem Vatterland[56] und Erb, so kriegtind ettlich Herren, anderen das Iren ze nemmen. Sprach ouch, er were ettwan treffenlich[57] wider inn gsin, darumb daß die Keiserschen dazmal so vil vermöchtend, daß sy dem Herzogen verschlûgind[58], daß sin Handel nit möchte für kommen[59]. Und gab ein Byspil by im selbs: es hetten ünser Eidgnossen uff ettlichen Tagen[60] sin Geschrift, die er wider den ufgerichten[61] Eggen uß hett lassen gan[62], schlecht[63] nit weder hören noch sehen[64]; aber des Eggen Geschrift hettind sy mitt inen heingfürt und vil daruß gemacht[65]. Also wer es dem Herzogen ouch ergangen: da er vorhar umb sin Land kam, da mocht[66] er ouch nit zû Verhörung kommen. Er[67] sye ouch selbs von den Keiserlichen[68] verfürt gewesen durch ettlich Zûreden, dem Herzogen getan, die er selbs demnach erfunden hab erdacht sin[69]. Was aber in diser Sach das Best werde sin, daß man imm die Knecht abmane[70] oder lasse, werde ein ersamer Rat wol kunnen treffen. Mitt vil mer Worten, sagt ouch offenlich, daß die Keiserischen nit gehalten hettind den Vertrag, so durch sy getroffen were.

Zum fierden[71] hůb er an, von der Eidgnoschaft Kriegen zu reden, warlich mitt sölichem Ernst, daß da vil Menschen weinetend und sufzetend, daß mich nit bedunken wolt, daß weder er noch die biderben Lüt vil Fröiden an unserm Unfal hettind[72]. Und zeigt an, warumb der allmechtig Got ein Eidgnoschaft hette lassen ufkommen[73], namlich von der uppigen Edlen wegen[74], denen er nit hat wellen verträgen[75], daß sy so schantlich und unerlich mitt biderben Lüten lebtind[76], damitt das aller uppiger Adel sähe, daß Gott das Unrecht in die Lenge nit lasse ungerochen.

Zum funften zeigt er an, daß unser fromen Vorderen[77] sölher Fryheit und Gnad Gottes so fro sind gewesen, daß sy gar ein gotzfürchtig, fromm, christenlich Leben gefürt habend und dem Rechten sölchen Schutz geben, daß ouch ire Vyend[78] hand müßen von inen reden: sy syend ein fromm, Recht liebhabend Volck. Es syend ouch oft biderb Lütt durch sy widerumb zůrecht kommen, die sunst rechtlos mustend ligen[79], und sy syend war Kristenlüt gsin, ob sy glich in vil Dingen der Ler halb nit recht bericht[80] sind gewesen; dann ein Christenman sye ein unschuldiger, frommer, warhaftiger Mensch. Alldiewil man nit fromklich leb, so sye es ein Glichßnery, daß[81] man sich Christen rume. So nun unser Vorderen die Fromkeit und Unschuld an inen gehept haben, so sye es gewüß, daß ir Handlung von Got sye; darumb syend sy ouch unüberwunden bliben von allen Fürsten und Herren, alle die Wyl sy so unverletzlich und unschuldiklich lebdtend.

Zum sechsten fürt er in[82], daß, sittemmal Got unsern Vorderen sölche Gnad getan hette und sy umb ir Einfaltikeit behůt[83], so volgete: wenn wir unserer Vorderen Harkommen verlassen wurdend, so wurde ouch Got sin Hand und Gnad von uns ziehen. Das zeigte er mitt vil ernstlichen Worten an, daß nieman hett mögen darwider reden und ich selbs (wie wol ich zů Ufsatz da was[84]) ganz und gar der Meinung worden bin, daß, wellend wir unserer Vorderen Fryheit und Er behalten, so mußend wir ouch unserer Vorderen Unschuld an uns haben.

Zum siebenten hůb er an, zweyerley Adels anzeigen, die einer

Eidgnoschaft vil me Schadens brechtind, denn der vorder[85] Adel ie getan hette; dann dise werind inmitz under den unse-ren[86]. Der erst Adel sind die Pensiöner[87], die er »Birenbra-ter«[88] nampt[89], darumb daß sy daheim sitzend hinderm Ofen, und ist kein Herr, der ein Huffen Geltz[90] hat, sy könnend im darhinder kommen, verheißend imm große Ding, die sy zů-wegen wellind bringen mitt biderber Lütten Kinden[91], uff die sy also lurend[92], alle Sachen verheißend, und weißt aber der fromm Vatter daheimen nüdt darumb, und seit im ouch der Pensiöner nit darvon; noch so[93] merktet[94] er umb sinen Sun[95] mit frömbden Herren. Die habend groß Huffen zesamen ge-leit[96] und mugend wirs[97] schaden dann keine frömde Herren. Die andern Edlen sind die Houptlüt[98]: die tretend so kostlich in Silber, Siden, Gold und Edelgstein herin, daß es vor Sunn und Man[99] ein Schand sye, er geschwyge Gottes und der Men-schen. Einer sye oberthalb[100] guldin[101] und unden sidin[102], der ander unterhalb guldin und oben sidin, und sye alles mitt so vil gehownen[103] Löcheren verfensteret[104], daß ein Spott ist, daß man's vor den Ougen lasse herumb gan.

Zum achten hůb er an, mitt sölchen Worten ze straffen: »Ir wussend wol, biderben Lüt, daß es bißhar min Bruch[105] nit gsin ist, mit denen Worten: ›Blůtsuger‹, ›Blůtäglen‹[106] ze schel-ten, wiewol man's uff mich ane[107] die Warheit redt, wie-wol ich sunst ruch[108] gnůg red und straff. Aber ie doch so můß ich offenlich anzeigen, wem doch die Houptlütt glich syend, und gilt mir glych[109], ob ieman daran bduret[110]; dann das Byspil ist an im selbs nit so bös, als die sind. Warumb solt ich's dann nit sagen? Sy sind den Metzgeren glych, die das Vich[111] gen Costenz[112] tribend. Die tribend ein Huffen hinus und nemmend das Gelt darumb und kommend ane das Vich wider-umb her und kommend denn widerumb, tůnd im aber[113] also für und für. Also tůnd die Pensiöner und Houptlüt: denen hat es (ußgenommen ein Fart[114]) allweg[115] gelungen, daß sy uß al-len Schlachten und Geschütz (nit weiß ich, wo sy sich hin stel-lend) wider hein kommend, und bringend die Wetschger[116] voll Geltz und hand biderber Lüten Kind vertriben[117], und von

Stund an[118] widerumb uf! und bringend ein anderen Huffen; den vertribend sy ouch. Nun lůgend[119], ob man die Verkramer[120] tür[121] gnůg schelten könne! Sehend ouch, wie das ein gar vil schedlicher Adel ist weder der vordrig! Die sind unser Vätter, Brůder, Fründ[122] und Nachpuren[123]; so hettend sich jheni geschempt[124], daß sy ünsers Geschlechtz gewesen werind, deßhalb man dester bas[125] sich mocht vor inen hůten.«

Zum nünden hůb er an, gar tür[126] ze reden: »Ir wüssend, daß ich am Anfang min Hals daran gesetzt han[127], die Vereinigung[128], die man umb Geltz willen gemacht hab zů Zerrüttung einer loblichen Eidgnoschaft, die werde ane großen Schaden und Schand nit ußgan. Also sag ich uff ein nüws[129], daß es noch nit uß ist; es můß noch wirß[130] gan. Daran setz ich ouch Lib und Leben, es sye dann, daß man sich endere. Ursach: die Pensiöner sitzend den Merteil an den Regimenten[131]. Die mögend der Pensionen nit manglen[132]; so werdend sy ouch die niemer[133] verbieten. Ich han ouch das dick[134] gesehen, daß die offenlich schryend: ›Man sol verschweren[135], aller Herren můßig ze gan‹. Ja, wenn inen die Hand under dem Vaß lag[136], denn so[137] stůnd der arm gmein Man und wand[138], es wer warer Ernst, und lobt Got, daß man den Weg gan welte. So was es nun[139] ein Flucht[140], daß man nit über sy wuschte[141]; die Houptlüt verfůrind[142], wie vil Schiffen sy wellind, so zücht man allweg den Hůt gegen inen ab[143]. Treit[144] ein Wolf ein Gans oder zwo ein Schaff hinweg, so stürmend[145] alle Kilchhörinen[146] über inn. Aber über die, so mengen stolzen[147] Man ververfůrend, stürmpt nieman und tůt inen nieman umb kein Mißtritt[148] nüdt. Man gtarf[149] inen ouch nůdt tůn; dann man můß die Knecht nach Innhalt der Vereinung[150] lassen louffen[151]. Hie sicht man, wie götlich die Vereinung sye, als dise Machlüt fürgend[152]: ›Es můß doch nieman louffen, denn der gern wil‹. Aber sy nemmend sich der Dingen an, als ob's ir eigen Sach sye, und gewunnend nit Růw[153], biß sy alle Menschen darin bringend. Ist das nütz[154], daß ein Eidgnoschaft in eim sölichen Stat[155] ist, daß sy iren eignen Kinden nit darf verbieten, daß sy der Vereinung nach nit louffind, daß sy den Zůgang můßend lassen offen stan, es sye inen lieb oder

leid? So nun die Sach also stat, daß Pensiöner nit weren werdend[156] und die Houptlüt ungestraft blibend, so ist nüdt ze
hoffen, daß man von sölchem sorglichen[157] Stand kommen
müg, sunder ze besorgen, daß alle, die nit werind[158], ouch hie-
nach müßind[159]. Ja«, sprach er, »ich sag's ouch gwuß: Kerend
ir nit allen Flis an, daß das Übel gestraft werd, so wirt üch
Got mitt dem Schuldigen straffen. Dann Got laßt sölichen
Mûtwillen und Hindergang[160] des gmeinen frommen Mans nit
ungerochen, und alle die Wyl das Übel nit gebesseret wirt, so
hört Got nit uf ze straffen, sunder er gryft ouch die Lawen[161]
an, die nit mit aller Kraft helffen wellend das Übel vertriben
und verbannen.«

Zum zehenden fûrt er stark in[162], wie man den göttlichen
Zorn versünen[163] und widerumb ze Rûwen und Gnaden kommen möcht. Gott hette geredt: »Tû den Bösen vonmitz under
dir dennen!« [1. Kor. 5,13]. Also mûßte es ouch kurz[164] sin:
weltind wir ze Rûwe kommen, mûstend wir die Pensiöner und
Houptlüt under uns von dannen tûn. Doch lert er disen Weg:
were es Sach, daß[165], die sich vergangen hand mitt dem Gytt[166],
bekert wurdend, daß sy irer Mißtat ein gewissen Ruwen[167] anzeigtind, so sölte man ein Benügen[168] haben, wenn man ire Güter den armen Witwen und Weisen, die sy darzû bracht hand,
mitteile. Dann kurz so mûß man die Rychtag[169], die sölicher-
gstalt sind zûsamen gleit[170], widerumb zertrechen[171], glich als
die Schärhuffen[172], und das sy[173] denocht die ringst Arzny[174],
oder aber die Huffen reizend in die Ewikeit andre, daß sy ouch
sölcher bößen Gstalt[175] nach Gût stellend[176]. So sy aber die
Gelthuffen sehend zertrochen werden, hûte sich ein ieder dar-
vor. Thû man das nit, so sölle man das Ruher[177] an die Hand
nemmen, nammlich die wüssenhaften[178] Machlüt, die mitt offe-
nen Lugen habend ettlich Ort getoren überreden[179]: sy wissend
wol, wie bald sy in die Vereinung gangind, so sye Zürich schon
darinn – mitt welcher Kunst vil Orten einsmals darin gelogen
sind, wiewol in eim ersamen Rat, so vil er verstanden hab, noch
nie keiner hab gturen raten[180], daß man sölle in die Vereinung
gan –, dieselben wüssenhaften Machlüt sölle man dermas

straffen, daß sy ein Byspil in die Ewikeit syend, daß einer nit mit sölcher Untrüw hinder sinen Herren fürgange[181]. Er riete ouch hie fast[182], daß man in sölichen Straffen, wo man sy über-ein[183] bruchen müße, daß man die Pensionshuffen nüt zertre-chen[184] welte, dise Mas hielte[185], daß man allein die aller grös-ten Pensiöner und Machlütt oder Houptlüt neme; dann das Übel sye zů groß und möchte noch größeren Schaden bringen, wo man ze vil inziehen[186] welte. Vermeint ouch: so mengen der Machlüten man ab täte[187], so menig tusend biderber Lüten wurde man ersparen. Es dörffe wenig sorgen[188]; man er-kenne sy wol an irem berlichen Ufgang[189] und Bracht[190]; redt ouch tür[191] und hoch, daß sich nun[192] nieman keins Gůten ver-sehe[193], es werde dann der Falsch[194], der herin gebrucht sye, gestraft.

Zum einliften[195] ermant er die von Zürich, Hoch und Nider, daß sy Got getrülichen[196] bätind, daß er inen Kraft gebe, sölichs vor allen Gemeinden und großen Räten fürzebringen, ouch allenthalb anzeigtind, daß man zůsehe und das ware Gotz Wort trülich und offenlich ließe predigen; so wurdind alle Ding wider recht, Gotzforcht, Liebe, Früntschaft und Friden. Wo das nit, were kein Gůtz ze hoffen. Wo aber die von Zürich sich hierin fromklich wurdend halten und aber inen nit gevol-get[197], so hettend sy sich von der Straff Gottes entschuttet[198]. Wo aber das nüt, so wurde inen Got ir Tragkeit[199] nit schenken; dann es sye noch so meng biderb Man in einer Eidgnoschaft, den übel bdure[200] an denen Bůben. Wo sy allein ettweren[201] hettind, der inen herfür hulfe[202], wurden sy ouch denen zů-springen, die das Gotzwort und Friden haben weltind, doch alles ane[203] Ufrůren, wo es ienen[204] sin mag.

Zum zwölften ermant er fest, wie ein ieder in sinem Gebett hierinn sölte engstig[205] sin, daß uns Got rechten Verstand ver-lihen welte, daß wir uns das Recht und War ließind gefallen.

Also, lieber Fründ, hat Zwingli prediget nach der Summ, die ich in Artickel gestellt hab; dann er sy nit also hat gezellt, sun-der ich also angezeichnet. Aber die Wort alle und den Ernst wußte ich nüt mit der Feder zů verfolgen. Gott verlihe uns, daß

wir die Warheit erkennend! Dann da ist mins Bedunkens nüdt geredt, dann das die Noturft gewesen sye[206].
Geben an Sant Fridlis Tag im 25. Jar [207].

Quelle: Zwingli, Hauptschriften. Zwingli der Prediger, II. Teil. Bearb. von Oskar Farner. Zürich: Zwingli-Verlag 1941. S. 5–14.

Anmerkungen

1. Sendbrief.
2. enthaltend die Zusammenfassung.
3. gehalten wurde.
4. Wie.
5. letzthin.
6. besprochen hatte.
7. war.
8. am 3. und 4. März 1525.
9. infolge vieler Arbeit.
10. blieb.
11. nur.
12. ich erwartete bestimmt.
13. er würde sich aussprechen.
14. Mißgeschickes, Niederlage; gemeint ist die Schlacht von Pavia, 24. Februar 1525.
15. zugestoßen.
16. Leo Jud, Pfarrer an St. Peter.
17. Kaspar Großmann (Megander), Pfarrer an der Predigerkirche.
18. Oswald Myconius.
19. ohne.
20. besser, als.
21. 5. März.
22. auf.
23. führte er zunächst aus.
24. gescholten.
25. besondere.
26. notwendig sei.
27. beflissen, wachsam.
28. daß er stark warnen mußte.
29. Auch sei es ihm gleichgültig, wenn manche sagen.
30. wehre.
31. streng.
32. leben.
33. in dieser Hinsicht.
34. gescholten.
35. weil.
36. brauche.
37. dann.
38. schauen.
39. Mönchen und Nonnen.
40. so geradeswegs vorgehen.
41. zeigt.
42. des Herzogs Ulrich von Württemberg.
43. d. h. Zwingli.
44. unrecht.
45. bedurft, gebraucht.
46. Vorsorge getroffen.
47. gehabt.
48. als.
49. bekanntgeben.
50. nehmt euch in acht.
51. verschüttet, verscherzt es.
52. zugesagt.
53. wiegelt, hetzt ihre Soldaten nicht auf.
54. daß es etwas anderes sei.
55. als.
56. Kriege führe um seines Vaterlandes willen.

57. sehr, entschieden.   58. allerlei in den Weg legten.
59. vorangehen, sich günstig entwickeln.
60. Tagsatzungen.   61. aufgereizten.
62. Gemeint sind Streitschriften, die Zwingli im August und November
    1524 gegen Dr. Johannes Eck von Ingolstadt geschrieben hatte.
63. schlechterdings.   64. Ergänze: wollen.
65. ein großes Wesen damit gemacht.
66. konnte.   67. d. h. Zwingli.
68. von den Anhängern des Kaisers.
69. die er selber hernach als erdichtet gefunden habe.
70. d. h. den Soldaten das Reislaufen im Dienste des Württembergers
    verbiete.
71. viertens.
72. Dies wurde offenbar den Zürchern von den inneren Orten vorge-
    worfen.
73. siegreich werden.   74. des hochmütigen Adels wegen.
75. gestatten.   76. umgingen.
77. Vorfahren.   78. Feinde.
79. darnieder liegen.   80. unterrichtet.
81. wenn.   82. führte er aus.
83. um ihrer Einfachheit willen behütete.
84. d. h. eigentlich in übelwollender Absicht erschienen war.
85. frühere.   86. mitten unter uns.
87. Bezieher von Pensionen als Entgelt für fremden Gewalthabern ge-
    leistete Dienste.
88. Birnenbrater.   89. nannte.
90. Haufen Geld.
91. mit Kindern, Söhnen ehrbarer Leute.
92. lauern.   93. noch so: trotzdem.
94. marktet, feilscht.   95. Sohn.
96. gelegt.   97. schlimmer.
98. d. h. Söldnerführer.   99. vor Sonne und Mond.
100. d. h. in der obern Hälfte seines Gewandes.
101. von Gold.   102. von Seide.
103. ausgeschnitten.
104. mit Öffnungen, Schlitzen versehen.
105. Brauch, Gewohnheit.
106. Blutsauger, Blutegel = Wucherer, Erpresser.
107. ohne.   108. derb.
109. ist mir gleichgültig.   110. Anstoß nimmt.
111. Vieh.
112. Konstanz, wo die aus der Ostschweiz besuchten großen Viehmärkte
     stattfanden.
113. wieder.

114. mit einer Ausnahme. Zwingli spielt auf die Schlacht von Bicocca an, wo am 27. April 1522 3000 in französischen Diensten kämpfende Eidgenossen fielen.

115. immer.

116. Reisetasche, Mantelsack.

117. verschachert.

118. sofort.

119. schaut.

120. Krämer, Händler.

121. heftig.

122. Verwandte.

123. Nachbarn.

124. jene dagegen hätten sich geschämt.

125. besser, eher.

126. eindringlich.

127. aufs bestimmteste vorausgesagt habe.

128. Gemeint ist die von den zwölf Orten 1521 mit Frankreich geschlossene »Vereinigung«, von der sich Zürich auf Betreiben Zwinglis fernhielt.

129. neuerdings.

130. schlimmer.

131. in den Regierungen.

132. auf ... nicht verzichten.

133. niemals.

134. oft.

135. schwören.

136. d. h. wenn sie in einer schlimmen Lage waren, sich in der Klemme befanden.

137. dann.

138. glaubte.

139. nur.

140. eine Ausflucht.

141. auf sie griff.

142. mögen wegführen.

143. d. h. erweist man ihnen stets Achtung.

144. Trägt.

145. läuten Sturm.

146. Kirchgemeinden.

147. stattlichen.

148. Missetat.

149. darf, wagt.

150. gemäß dem Wortlaut der Vereinbarung.

151. Gemeint ist das Reislaufen.

152. wie diese Anstifter vorgeben.

153. geben keine Ruhe.

154. nützlich.

155. Zustand.

156. die sich nicht wehren werden.

157. gefährlichen.

158. die sich nicht wehren.

159. auch daran glauben müssen.

160. Hintergehung, Betrug.

161. Lauen, Unentschiedenen.

162. legte er eindringlich dar.

163. versöhnen.

164. kurz gesagt.

165. im Falle, daß die.

166. der Habsucht.

167. sichere Reue.

168. Genüge.

169. Reichtümer.

170. gelegt worden.

171. zerteilen, zerstreuen.

172. Maulwurfshaufen.

173. sei.

174. mildeste Arznei.

175. auf solch schlimme Weise.

176. nach Besitz streben.

177. das schärfere Mittel.

178. offenkundigen.

179. zu überreden gewagt.

180. zu raten gewagt.

181. so betrügerisch hinter dem Rücken seines Herrn vorgehe.

182. eindringlich.

183. durchaus.

184. auseinanderreißen.

185. die Methode anwende.

186. verhaften.

187. d. h. tötete.

188. Es koste wenig Mühe.

189. offenbaren Aufwand.

190. Prahlen.

191. teuer.

192. nur.

193. nichts Gutes erwarte.

194. die Falschheit.

195. elften.

196. treulich.

197. Ergänze: würde.

198. gelöst, befreit.

199. Trägheit, Nachlässigkeit.

200. der sehr Anstoß nehme.

201. jemanden.

202. heraushülfe.

203. ohne.

204. irgend.

205. gewissenhaft darauf bedacht.

206. sinngemäß: diese Rede sei seiner Ansicht nach in der Tat notwendig gewesen.

207. 6. März 1525.

ABRAHAM A SANTA CLARA

1644–1709

Die zeitgeschichtliche Praxis machte aus dem bei Meßkirch in Baden als Johann Ulrich Megerle geborenen, am Jesuitenkolleg in Ingolstadt und an der Benediktiner-Universität in Salzburg erzogenen Augustiner-Barfüßer den wohl sprachgewaltigsten Kanzelredner seiner Epoche, von dem Schiller eine Predigt (»Auff, auff ihr Christen« 1683) als Vorbild für die Kapuzinerpredigt in »Wallensteins Lager« nahm. Seinen von Pestepidemien heimgesuchten Zeitgenossen predigt Abraham a Santa Clara unübertrefflich farbig, einfallsreich, volkstümlich-direkt und witzig gegen den um sich greifenden Sittenverfall. Angesichts der Bedrohung Europas durch die Türken stellt er wie Daniel Casper von Lohenstein (1635–83) in seinen Dramen das habsburgische Kaiserreich als die erhaltende Macht des christlichen Abendlandes dar und ruft zu einem Bund der europäischen Staaten auf. Volksnah redet er in der Manier Geilers von Kaisersberg (1445–1510) und Murners (1475–1537), diese allerdings noch an rhetorischer Wirksamkeit übertreffend, sowohl dem Hof als dem Land ins Gewissen. Um 1670 war er Wallfahrtsprediger im Kloster Taxa bei Augsburg, 1672 Bußprediger in Wien und 1677 Subprior und kaiserlicher Hofprediger. 1683 gab er das Amt eines Priors in Wien auf und zog als Sonntagprediger nach Graz. Er reiste dreimal in wichtigen Ordensangelegenheiten nach Rom (1686/ 1689/1692) und lebte ab 1695 in Wien, wo er am 1. Dezember 1709 starb.
Bei dem hier abgedruckten Text über das Leitthema der Zeit, die Unbeständigkeit alles Irdischen, handelt es sich um eine echte, zeitlich allerdings nicht fixierbare Predigt; sie stammt vermutlich aus einer früheren Periode (vielleicht um 1672) von Abraham a Santa Claras Predigertätigkeit und ist zuerst in dem Band »Abrahamische Lauber-Hütt« (1721) im Druck erschienen.

Der alte Hafen scheppert

Der Hafen hat viel Ritz und Spalt
Darumb nicht g'fallt / er bricht gar bald.

Wer die Welt nennet ein Meer / der nennt sie recht; das Meer hat allerley gefåhrliche Klippen / Wûrbl und Sand-Bånck / also auch die Welt / darinnen stosset mancher an eine harte Felsen / sage / an einen harten Kopf an / also / daß sein Glück völlig zu Scheittern geht: In dem Meer fressen die grosse Fisch die kleine / so fressen dann auch in der Welt die Menschen untereinander / einer ist dem andern nachstellig und aufsåtzig.

Wer die Welt nennet einen Glücks-Hafen / der nennt sie recht / dann aus dem Glůcks-Hafen hebt mancher eine goldene Schalen / der andere eine schlechte Pfeiffen / auf gleichen Form ist die Welt eingericht / dieser hebt ein wohleintreffendes glückseeliges Zetl / die meisten aber lauter Falso und Nulla, Nulla, Nulla.

Wer die Welt nennet ein Comôdi oder Schauplatz / der nennt sie recht / dann auf diesem Schauplatz agiret bald einer einen Kônig / bald einen Bauren / in der Welt wird einer bald erhebt bald unterdruckt / heunt[1] ist er ein Herr / Morgen wieder leer / bald ein Edler / bald wieder ein Bettler.[2]

Wer die Welt nennet einen Garten / der nennt sie recht / dann wie in einen Garten Blumen und Unkraut untereinander / so seynd in der Welt Gute und Bôse vermischt.

Wer die Welt nennet ein Narrn-Håusl / der nennt sie recht / dann nach Aussag des weisen Manns kap. I. 16. Stultorum infinitus est numerus, der Narrn ist eine unendliche Zahl.

Wie aber soll ich die Welt nennen? Holla Welt! ich frag dich? Was vor einen Titl soll ich dir zueignen? Wer bist du? Sags her / hast du es verstanden? Holla! Die Welt antwortet mir durch den Echo in dem Wôrtlein Holla! Olla, das heisst auf Lateinisch ein Hafen oder ein Topff / so ist dann die Welt ein irrdischer Topff? Ja / ja / in diesen Topff ist ein wunderliche Allapatrida[3] / wann dann also so kan ich nicht anderst als de-

nen Weibern nachfolgen; wann die Weiber auf den Marck
gehen / Kuchl-Geschirr und andere Sachen einzukauffen / so
brauchen sie allzeit einen sonderbahren Witz und Verstand /
wann sie da und dort ein schönes Geschirr sehen / schön grün
glassirt / gläntzend / so seynd sie nicht gleich da / nehmen und
kauffen solches / tragen es nacher Haus / sondern klopffen
vorhero daran / wann es einen Runtz[4] oder abbrechichen
Klang hat / da sagen sie: ihr Narrn / der Hafen scheppert ja /
hat aber der Topff einen langen klangsamen Klang / so heissts
alsobald: der ist gut; Indeme dann GOtt gleich anfangs einen
Haffner abgegeben / und ein solches irrdisches Geschirr /
nemblich den Erdboden verfertiget / so glaube ich gewiß / daß
von denen Händen des Göttlichen Haffners dieses Geschirr in
aller Vollkommenheit seye ausgemacht worden / weilen aber
der Adam einen harten Apfel hat lassen durchfallen / so
zweiffle ich / ob es noch in voriger Gestalt seye: Welt! was bist
du? sag an / Holla! Olla, bey meiner Treu der Hafen scheppert / vorwahr gantz ein kurzer Klang / modicum[5], dieses bekennet Benedictus, und darumb / sagt er / hab ich diesen Hafen nicht geacht / sondern nur ausgelacht. Daß dieser grosse
irrdische Topff scheppert / sagt darzu / ja: Hieronymus, Ber-
nardus, Franciscus, Onuphrius, Paulus der Eremit, Antonius[6]
und unzahlbare andere / welche alle diesen gebrechlichen
Topff verlassen / und in die abgelegniste Einöde geflohen.
Es ist einstens ein Spannier mit gantz langsamen und gravitä-
tischen Schritten über ein Eyß[7] gegangen / es ware aber das
Eyß an ein oder andere Ort schon ziemlich zerspalten / dahero
er unversehens durch das Eyß in das Wasser geplumpsst / und
ihm fast die Hirn-Schalen zerschnitten / wie man ihn mit grosser Müh endlich aus dem Eyß gezogen / schickte man augen-
blicklich umb einen Barbierer / der wendete den möglichsten
Fleiß an / und suchte ob nicht etwann dem Hirn ein Schaden
geschehen / da er nun lang gesucht / stehet ungefehr ein Narr
auf der Seiten / Herrle! Herrle! sagt er / was suchst so lang?
Der Barbierer antwortete: das Hirn / ey bey Leib nicht! ver-
setzte der Narr / der Gimpl hat ja kein Hirn / dann wann er

ein Hirn gehabt håtte / so wurde er vorhero geschaut haben /
ob das Eyß gantz ist oder nicht; dieses sag ich auch / derselbe
hat kein Hirn der der Welt zu viel traut und auf sie baut.
Möchte doch gern wissen / warumb unser lieber HErr und
Heiland eben lauter Fischer zu seinen Aposteln und Jůngern
auserkohren / es wurden ja andere Handwercker sich auch gefunden haben / welche redlich und ehrliche Leut gewesen /
warumben nicht Becken? Es hått sich gar wohl geschickt / daß
die das Brod des Wort GOttes als die rechte Seelen-Speiß håtten vorgetragen. Warumben nicht Schlosser? Es hått sich gar
wohl geschickt / daß diese denen unwissenden und in Irrthum
lebenden Leuten håtten die Thůr des Himmels aufgesperrt.
Warumb nicht Zimmerleut? Es hått sich gar wohl geschickt /
daß sie mit ihren Hacken dem Menschen håtten ein Laiter im
Himmel verfertiget. Warum nicht Maurer? Es hått sich gar
wohl geschickt / daß sie das sichtbahrliche Jerusalem auf Erden / nemblich die Römische Kirchen håtten aufgebaut. Warumb nicht Bildhauer? Es hått sich gar wohl geschickt / daß sie
das Bildnuß des Menschen / so in etwas verderbt / wieder mit
ihrer Lehr renovirt håtten. Warumb nicht Bauren? Es hått sich
gar wohl geschickt / daß sie den Weeg und die Bahn zu den
Himmel gemacht håtten. Warumben endlich nicht Kauffleut?
Es hått sich gar wohl geschickt / wann sie die Waar und Wahrheit des Göttlichen Worts håtten ausgelegt. Warumben gleich
Fischer? Und da sie schon Apostel waren / hat er sie gleichwohl noch Fischer genennt / Seelen-Fischer / die Menschen
aber benahmste er Fisch: Neben andern Ursachen finde ich
darumb / damit die Menschen sich sollen erkennen / daß sie
Fisch seynd / was ist aber ein Fisch? Es ist kein Thier auf der
Welt / welches ein so unbeståndiges Leben hat / als ein Fisch /
wann derselbe nur ein wenig ausser den Wasser / so erbleicht
er schon / der Ursachen hat Christus lauter Fischer zu seinen
Aposteln genommen / und uns Menschen Fisch genennt / damit wir sollen erkennen / wie unbeståndig und wancklmůthig
das Menschliche Leben sey.
Der König Ezechias (wie ihm GOtt den Tod angekůndet)

wurde gantz Melancholisch / hat das Gesicht gegen der Wand
gewend und bitterlich geweinet 4 Reg. 20. 2.[8] Warumb das
Gesicht gegen der Wand? Es seynd viel Herrn und Edelleut
umb ihn herumb gestanden / und also hat er sich vielleicht geschämt / daß er solle vor ihnen weinen wegen des Todts / weilen er von allen als ein weiser König geachtet war / mithin
hätten die Lackey gesagt: Pfui Teuffel! ist das nicht ein Spott /
daß er sich also vor den Tod fürcht / er hat ja vor diesen längst
gewust / daß er sterben muß / daß das Menschliche Leben unbeständig / alles ungewiß / allein der Tod ist gewiß: Zu einer
jedwederen Sach kann ich sagen *vielleicht.* Wann ein Weib
glückseelig entbunden wird und einen Sohn gebähret, so sagt
Christus in dem heiligen Evangelio / erfreuet sie sich / und
nicht allein sie vor sich selbsten, sondern auch andere Weiber /
die werden zum Kindlmahl geladen / die Frau G'vatterin / die
Oberg'vatterin / die Unterg'vatterin / die Nachbahrn / die Bekannte / die Verwandte / die Frau Gespielin / die Frau Gespä-
nin, die Hauß-Frau / wann nun der Tisch mit wohl ausge-
zierten, polirten / geschmuckten / geschmackten Pasteyen und
Pastetten geziert / wann die süsse Speisen / die verzuckerte
Trachten[9] / die schleckerische Possen und Bissen einen Anfang
nehmen / beynebens auch die vergolde Kandl[10] einen Kallop[11]
herumtantzen / da fangen sie zu plepern und zu plapern an /
eine sagt: Vielleicht wird dieses Büberl ein Doctor werden wie
Bartolus und Baldus, die andere / vielleicht wird es ein Mahler
werden / wie Barrhasius, vielleicht wirds ein Soldat und vortrefflicher General-Feld-Herr werden / wie Alexander / vielleicht wirds einmahl ein Geistlicher werden / vielleicht wirds
ein Burgermeister werden? Vielleicht wirds mein Töchterl
heurathen? Vielleicht wirds etc. etc.? Vielleicht wirds lernen
was der Vatter? Vielleicht? Zu allen Sachen vielleicht / aber
dieses kan keine sagen: Vielleicht wirds sterben / dann das
Sterben lasst kein *Vielleicht* zu / sondern ist gewiß / *omnes
morimur & quasi aquæ dilabimur in terram, wir sterben alle
und verfallen uns in die Erden wie das Wasser.* Zum Sterben
allein ist ein Gewißheit / gewiß und wann sterben ungewiß /

wo sterben und wie sterben ungewiß / dahero traue dem
Menschlichen Leben nicht / welches allein beständig in der Unbeständigkeit ist.

Pius der Dritte Rômische Pabst hat gemeint er wolte lang leben in dem Pabstum / hat jedoch keinen Bestand[12] gehabt / hat
nur 26. Tage gelebt. Damasus der Anderte hat gemeint er
wolte lang leben als Vicarius Christi, hat keinen Bestand gehabt / hat nur 23. Tag gelebt in Pabstum. Cælestinus der
Vierdte Rômische Pabst hat gehofft eine Weil zu leben auf
den Rômischen Stuhl / hat aber erfahren die Unbeständigkeit / indem er nur 17. Tag gelebt. Stephanus der Andere Rômische Pabst / der hat verhofft ein ziembliche Zeit zu leben /
hat aber gesehen das Widerspiel / da er nur 4. Tag gelebt /
und dieses ist gleichfalls zu verstehen von Kaysern / Kônigen
und Monarchen / welche es selbsten erfahren / daß über ein
kleines leben und über ein kleines nicht mehr leben / eine
gantz benachbarte Freundschafft; hat sich dannenhero niemand zu verlassen auf seine Gesundheit / gesunden Leib /
leibliche Stârcke / starcke Glieder / gleich wie GOtt durch einen eintzigen Blaser den ersten Menschen die Seel und das
Leben gegeben / als kan das Leben wieder durch einen eintzigen Blaser genommen werden.

Ich klopffe auf ein andere Seiten / da scheppert der Hafen
wieder / wie da? Die Freundschafft hat einen Bruch. Unser
lieber HErr und Heyland / nachdem er 40. gantzer Tag hart
gefastet / so kommt der Teuffel zu ihm / und bringt ihm einen
Stein / den soll er zu Brod machen / ey du plumper Teuffel!
wann du Christum wilst versuchen / so musst du ihm etwas
Gutes geben / und nicht einen Stein: Zum andern ist diß zu
verwundern / indeme der bôse Feind kurtz vorhero gesehen /
daß unser HErr sich dermassen gedemütiget / und sich wie ein
Sünder von Joanne Baptista in dem Jordan hat tauffen lassen / und zwar vor allen Volck / diese Demuth wuste der Sa-
than allzuwohl / und versuchte ihn gleichwohlen zu dreymah-
len / warumben? Darum sagt der Heilige Leo Serm. 4. de
pass.[13] es hat zwar der bôse Feind gesehen die Heiligkeit und

Demut Christi in dem Tauff / hat ihn aber dennoch versucht /
weilen er vermeint / er seye ein purer Mensch / und der Ursachen auch verånderlich / so ist dann der Mensch verånderlich?
Ja freylich / beförderist in der Freundschafft / heunt Freund /
Morgen Feind / heunt thut er die Fůß zucken und bucken /
Morgen wůnscht er den Teuffel auf den Rucken / heunt heisst
es: der Herr ist Patron / morgen schaut er dich nicht mehr an /
bald kůsst er dich und will dich fressen vor Lieb kehr umb ein
Hand / heisst er dich einen Schelm und Dieb / alle Freundschafft der Welt ist unbeståndig / fordrist die an besten glån-
tzet / dann sie ist gleich einen Fůrniß / der öffters einen faulen
Holtz einen Glantz anstreichet / welches doch inwendig voller
Wůrm ist.
Maria Stuarta ware eine Königin in Schottland / diese wurde /
dem Schein nach von der Königin Engeland Nahmens Elisabeth dergestallten geliebet / daß sie ihr einen kostbahren Dia-
mant pråsentirt / welcher in der Mitte den Form eines ge-
schnittenen Hertz hatte / diesen gabe sie der Königin Stuartæ
zu einen gewissen Unterpfand der unzertrennlichen Liebe und
Freundschafft; aber O Unbeståndigkeit der Menschlichen
Treu! bald hat diese lasterhaffte falsche Elisabeth das Parolla[14] gebrochen / und gezeiget / daß das Parolla Parollæ[15] sey
indem sie Mariam Stuartam als eine Königin in das Gefång-
niß werffen / und endlich auf einer öffentlichen Schaubühne
mit dem Beil von dem Leben zum Tod hat hinrichten lassen.
Des Jobs[16] Weib hat ihren Herrn so lieb gehabt / daß sie ihn
nicht anderst genennt als ihr Hertz und ihren Schatz / alle ihre
Gedancken waren von dem Job / all ihr Schmeichln und
Heuchln ware umb den Job / all ihr Vergnůgen war bey den
Job / wann er nur etliche wenige Stund von ihr ausbliebe / da
weinte sie schon umb ihren Mann / was sie ihm nur in denen
Augen ansahe / dieses alles hat sie gethan aus Lieb zu ihren
Mann / O wohl ein recht goldenes Weib! ein treues Weib! ein
liebes Weib! ein holdseeliges Weib! ein höffliches Weib! ein
Weib über alle Weiber! jedoch nur ein wenig Gedult / diese
Liebe wird bald hincken und stincken; so bald der Job durch

Zulassung GOttes aussåtzig wurde / da sicht und sucht ihn das
Weib auf dem Misthauffen / weilen er auch voller Ge-
schwůhr / Eyter und Beilen ware / schnaltzt sie ihn in das Gesicht / und spricht: Benedic Deo & morere, *gesegne deinen
GOtt und sterbe* / glaubs gar gern / das Weib hat es darumben gethan und gewůnscht / damit sie bald wieder einen andern Mann bekomme / auf solche Weiß machen es die Weiber /
sie kōnnen ihre Månner schertzen und hertzen / flattirn und
caressirn[17] / aber / aber / aber sie tragen den Fuchs-Balg im Busen herumb und mōcht manche Sopherl ihren Stopherl lieber
in dem Grab als lebend bey Gut und Haab sehen.

Einen wunderseltsamen Traum hat gehabt der Kōnig Nabu-
chodonosor[18] / dem hat getraumt als sehe er einen großmåchti-
gen Baum / der mit dem Gipffel bald den halben Teil des
Himmels erreichte / auf welchen die alleredliste Frůchten waren / und die Vōgl des Luffts sassen und frassen auf diesen
Baum / darauf traumete ihm / als seye eine Stimm vom Himmel gekommen / die da sagte: Daß man den Baum umb-
haue / alsobalden seynd alle Vōgel fortgeflohen / und haben
den Baum verlassen; dieser Baum hat bedeut jenen Monarchen / der in dem Pracht und Macht hochgestiegen / wie er
aber von GOtt abtrůnnig worden / und gefallen / da seynd
alle seine Hof-Herrn abgeflohen und haben den Reißaus genommen / solchen Baum seynd gleich alle Reiche und glůck-
seelige Leuth / so lang sie genug zu tractirn / so lang seyn die
Schmarotzer umb sie / geben sich vor die grōste und beste
Freund aus / so bald aber die Taffel abnimmt / die Beutel leer
werden / und der Stammen-Baum sambt dem Gut und Muth
zerfallet / da fliegen auch die Vōgel / die Ertz-Vōgel / die
Speiß-Vōgel / die Spatt-Vōgel[19] / die Spott-Vōgel hinweg / da
sihet man alsobald die unbeståndige Freundschafft deren
Menschen; dieses hat einstens einer probirt / ob er sein aus-
bůndiger Freund seye? Der ihm alles versprochen / daß er mit
ihme treu beståndig leben und sterben wolle / und zwar in
einer unzerbrechlichen Freundschafft / der erste Freund gedachte davon ein Prob zu machen / thut eines / sticht ein Kalb

ab / stecket dasselbe in einen Sack / daß der Sack gantz blutig und sehr durchgeschlagen / tragt diesen Sack bey nächtlicher weil[20] in das Haus seines Freunds / Ach! sagt er / allerliebster Herr Bruder! ich bin in das gröste Unglück geraten / ich habe aus gähen Zorn meinen Bruder umbgebracht / es weiß solches kein eintziger Mensch / damit man aber nicht etwann in meinen Haus suchen möchte / so bitte ich den Herrn Bruder zum schönsten / er möchte diesen Sack vergraben etc. etc. Potz tausend! ey kein Gedancken / sagt der andere / da wurd mich der Teixl[21] reitten / ich möchte einbiessen und könte umb Haus und Hof kommen / bewahr mich GOtt! darauf hebt der / so den Sack getragen / so viel er gekönnt / den Sack auf / und schlagt den andern darmit nieder / sprechend: Ey du Schelm! so bist du nur ein Freund in der Freud und nicht in dem Leid?

O unbeständige Freundschafft zwischen Amnon und seiner Schwester! O unbeständige Freundschafft zwischen David und den Saul! O unbeständige Freundschafft zwischen Joseph und seinen Brüdern! also ist die Freundschaft in der Welt unbeständig / wanckelmüthig / falsch / erlogen und betrogen.

Anjetzo klopffe ich an einen andern Ort an / und schaue wie die Welt ist in denen Ehren / ein jeder ist und geht gern hoch / der Heilige Evangelist Marcus erzehlet / wie daß die Jünger und Apostel Christi einsmahls unter ihnen einen Zanck angefangen / quisnam eorum videretur esse major, wer unter ihnen der gröste / der erste / oder gar der Papst seye? Gedenck einer / Heilige Leuth und Apostel / die stets GOtt bei ihnen und mit ihnen hatten / schlechte einfältige Fischer waren / haben doch untereinander gezanckt / wer der Vornehmst unter ihnen / welches ihren HErrn und Meister verschmacht. Jetzo ist nicht zu verwundern / daß Iulius Caesar von solcher Ehrsucht gewesen daß er einmahl in einen Marckfleck gesagt: Malo hic esse Primus, quam Romae Secundus, ich will da lieber seyn der Erste als zu Rom der Anderte. Mich wundert auch nicht / daß Hermenefridi eines Denemarckischen Königs Ehegemahlin ihren eigenen Herrn dem König diesen Possen gethan / indem sie einmahl / wie beede zu Taffel gegangen /

den Tisch nur halben Theil bedecken lassen / der König fragte: Warumb? Darumb antwortete sie / den andern halben Theil soll er gleichwohl bedecken mit des Königs in Franckreich seinen Güthern / als dem er das halbe Reich von Denemarck so spöttlich abgetretten hat / und hat so lang den König angetrieben / biß daß Hermenefridus das gantze Reich zu erobern / dem König in Franckreich einen Krieg angekündet / ob es ihm zwar nicht gelungen; also trachtet man allenthalben nach Ehren / dessentwegen nicht umsonst Homo der erste Buchstaben H. eine Aspiration ist / weilen ein jeder aspirirt.

Wie ist aber die Ehr und Hochheit! Modicum unbeständig; der grosse Alexander / dieser Macedonische König / dieser Welt-Monarch / diese gebohrne Majestät und Groß-Gott auf Erden / ist so weit gekommen / daß ihm auch die Welt zu eng war / und wo er seine Waffen nur hingebraucht / dort hat er Victori und Sieg erhalten / jedoch wie lang hat es gedauret? Modicum über ein kleine Zeit / ihm wurde in denen beliebtisten und belobtisten Jahren mit Gifft vergeben / ist 30. gantzer Tag unbegraben gelegen / biß er endlich eine 4. Schuch²² lange Gruben erhalten / den vorhero der gantze Erdboden nicht groß genug gewesen. Valerianus²³ der Kayser ist mit solchen Begierden und Jubl des Volcks auf den Römischen Thron erhebt worden / daß er reich ware an Schätzen und Plätzen / Pracht und Macht / Streit und Bescheidenheit / jedoch Modicum, wie lang? Er ward in einer Schlacht von Sapore dem Persianischen König gefangen / und ist in eine solche elende Dienstbahrkeit gerathen / daß er allzeit dem Sapori wann er zu Pferd gesessen / seinen Rucken statt eines Schämels darreichen muste. Belisarius²⁴ ein Groß-Fürst Iustiniani, ein Herr deren Gothen / ein Herr deren Wenden / ein Herr der Posianer, ein Schrecken der Wälschen / ein Forcht des gantzen Erdboden / hingegen wie lang? Modicum über eine kleine Zeit seynd ihm die Augen ausgestochen worden. Wer ist Cræsus²⁵ gewest? Ein König mit Gold und Geld so überhäufft / daß bey ihm das Gold wie das Eysen geacht war / ist endlich mit harten eysernen Ketten gefangen und gebunden worden / daß er darinnen mühseelig sein Leben geendet. Wer ist gewesen Dionysius in seiner Regierung? Ebenfalls ein Kayser / Modicum über ein kleines ist er so arm worden / daß er zu Corintho muste einen armen Schulmeister abgeben / und die Ferl statt eines Scepters brauchen. Wer ist Henricus Quartus[26] gewest? Mehrmahlen ein Kayser / ein reicher und vortrefflicher Monarch / Modicum, über ein kleines / wurde er seiner Würde entsetzt / muste die Kost bettln von dem Bischoff zu Speyer / und als er lang in den Koht herumb paschete / starb er zu letzt ohne Schuch wie ein elender Bettler. O Modicum! Dahero sagt gar wohl der Heilige Gregorius: profecto multa gloria in alto cernitur, sed nulla stabilitate solidatur, dieser jetzigen Welt alle ihre Glori ist zwar in einer grossen Hochheit / aber nicht beständig / dessentwegen Theodosius der Dritte seinen Kayserlichen Purpur hinweg gelegt / die Kron abgenommen / und eine Mönchs-Kappen aufgesetzt / dessentwegen Lotharius der Kayser all sein Haab und Gut denen Kirchen verlassen / und freywillig den Ordens-Habit des Heiligen Benedicti angezogen. Dessentwegen Winochus ein Hertzog alle seine Würden verachtet / freywillig in ein Closter getretten / wo er von seiner Obrigkeit die Säu zu hütten verschaffet worden. Dieses haben alle gethan / weilen sie gesehen die Unbeständigkeit der Menschen Ehr.

Klopff ich auf eine Seiten dieses runden Geschirr der Welt / auf welche ich immer will / so finde ich halt / daß es allenthalben scheppert / und klappert / nicht beständig in Klingen und Klangen / darumb ist es Wunder über Wunder / daß man gleichwohl dieses unbeständige Wesen also liebet / nach demselbigen also trachtet / als wanne es unzerbrechlich und ewig bestehen wurde.

Dieser Ursachen hat nicht unbillig Christus der HErr seinen Aposteln und Jüngern 40. Tag nach seiner Heiligen Urstand immer und immer von dem Reich GOttes gepredigt / loquens de Regno Dei. Viertzig gantzer Tag? Warumb so lang von einer eintzigen Materi? Wann ein Prediger solte alleweil von einer Materi ein halbes Jahr reden / wie wurden die Leuth

nicht die Kôpff zusamm stossen / schauts wurden einige sagen:
Der Pfaff kan nichts anders als die alte Leyrn / die Becher
seynd ihm halt lieber als die Bûcher: und gleichwohlen hat
Christus gantzer 40. Tag von einer Sach gelehret und geprediget / dieses thâtte er aber darumben / damit er dardurch die
Gemûter der Apostel von denen Weltlichen Sachen môchte abziehen / und sie zu denen ewigen unzergânglichen Gûtern leiten / dahero hat auch GOtt anfânglich dem Menschen das
Hertz erschaffen auf ein so wunderbahrliche Manier / daß es
nemblich oberhalb gantz breit und untenher ganz gespitzt /
zu zeigen / daß es von der Erden wenig gedencken soll / aber
wohl das meiste von dem Ewigen / GOtt hat auch den Menschen erschaffen aufrecht mit denen Augen gegen den Himmel / nicht wie die Thier zur Erden geneigt / hiervon schreibt
der Poet Ovidius:

> Pronaque cum spectent animalia cætera terram,
> Os homini sublime dedit, cælumque tueri
> Iussit, et erectos ad sydera tollere vultus.

> Das unvernûnfftig Vieh thut nur die Erd beschauen /
> Jedoch des Menschen Aug ist in die Hôch gericht /
> Damit es stâts betracht die schône Himmels-Auen /
> Und alle seine Werck nach GOttes Willen schlicht.

Was ist die Welt? Modicum ein Linsen-Muß des Esau / was ist
der Himmel? Ein ewiges Abendmahl. Was ist die Welt? Modicum, eine trieffaugende Lia[27] / was ist der Himmel? Eine Eng-
lisch glantzende Rachel. Was ist die Welt? Modicum, voller
Egyptischen Zwiffel / was ist der Himmel? Ein Land / welches
ewig von Milch und Hônig fliesset. Was ist die Welt? Modicum, ein Kirbis-Blatt Jonâ / was ist der Himmel? Ein ewig
grûnnender Baum des Lebens. Was ist die Welt? Ein alte aus-
gedorrte Cystern / in welche Joseph geworffen / was ist der
Himmel? Ein ewig fliessender Quelle der lebendigen Wâsser.
Was ist die Welt? Modicum, ein Esels Kûhnbacken des Sam-
sons / was ist der Himmel? Ein Mund-Becher des Josephs.
Was ist die Welt? Modicum, eine schlechte Magd Agar / was

ist der Himmel? Eine ewige Braut des HErrn. Was ist die Welt? Modicum, eine Schoß einer betrügrischen Dalilâ / was ist der Himmel? Eine ewige Schoß des Abrahams.

Derohalben Sursum corda! hinauf mit denen Hertzen / hinweg von dem Zergånglichen / hinauf zu dem Ewigen: Jacob hat 7 Jahr gedient umb die schöne Rachel / hat sie doch gleichwohlen nicht überkommen / sondern es ward ihm die håßliche / wilde / garstige Lia beigelegt / dannenhero muste er noch 7 Jahr umb die Rachel dienen / so lang dienen wegen eines Weib in der Welt? Pfui! du unbeståndige / abwendige / mißverståndige Welt! wir wollen noch tausendmahl lieber dienen umb den Himmel / diese schöne Rachel gebe uns O grosser GOtt hierzu deine Gnad / verleihe uns Glück und Stårcke / erteile uns den Willen / und erhalte den Willen / verschaffe uns die Begierd und entzinde die Begierd / daß wir verlassen / verachten / verwerffen das Modicum das kleine / und nichts anders suchen dann das Ewige / endlichen auch erwerben und erben das Ewige. Amen.

Quelle: Auswahl aus Abraham a S. Clara. Hrsg. von Karl Bertsche. Bonn: Marcus & Weber 1911. S. 3–12.

Anmerkungen

1. heute.
2. Die Metapher vom Welttheater ist für die Barockzeit symptomatisch, ebenso wie die Auffassung »Dasein heißt eine Rolle spielen« (vgl. dazu Heinz Otto Burger, Dasein heißt eine Rolle spielen, München 1963, S. 75–93).
3. span. ollapotrida, ›Mischmasch, Durcheinander‹.
4. wahrscheinlich vom mhd. runs, ›Rinne‹; gemeint ist eine schadhafte Stelle, durch die Wasser ›rinnt‹.
5. Olla modicum: bescheidener, mittelmäßiger Hafen.
6. Namen von Heiligen der katholischen Kirche.
7. Eis.
8. König Hiskia von Juda (715–686 v. Chr.); die Stelle, auf die Abraham a Santa Clara hier anspielt, findet sich in 2. Kön. 20,1 ff.
9. Trachten: Traktament = das angebotene Mahl.
10. Kannen.

11. Galopp.
12. Daß Abraham als Exempel für die Sterblichkeit des Menschen die Päpste zitiert, ist keineswegs typisch für die Zeit. Er will damit die soziale Gleichstellung vor dem Tod betonen, ein alter Gedanke, der etwa auch im »Ackermann aus Böhmen« (1400) von Johannes von Tepl (um 1350 bis um 1414) ausgesprochen wird.
13. Von dem Kirchenlehrer Leo I. (gest. 461 in Rom) sind 96 sermones erhalten.
14. Versprechen.
15. Wortspiel; Parollae wahrscheinlich für pároli = Bezeichnung für erhöhten Einsatz im Pharaospiel (Kartenspiel).
16. Hiob.
17. schmeicheln.
18. Nebukadnezar, s. Dan. 2,1 ff.
19. Vielleicht Druckfehler für Spaßvögel.
20. Zeit.
21. Teufel.
22. Schuh.
23. Valerian (Publius Licinus Valerianus, um 190 bis 260).
24. Belsazar.
25. Krösus.
26. Heinrich IV. (1050–1106).
27. Schwester Rahels.

MARCELLINUS DALHOVER

gest. 1707

*Als ein zu seiner Zeit bekannter und origineller Prediger, er-
griff der in München geborene Franziskanerpater nicht selten
Partei für die Ehefrauen und erteilte ihnen etwa Ratschläge,
wie sie ihre trunksüchtigen Männer behandeln sollten; andererseits wird von ihm berichtet, daß er einmal »einer Frauens-
person, die ein weitausgeschnittenes Kleid trug, von der Kanzel herunter sein Sacktuch zugeworfen mit der Aufforderung,
sie möge sich bedecken«. Dalhover predigte in Regensburg,
Ingolstadt, München und Landshut, wo er am 6. März 1707
starb. 1687 und 1700 erschienen seine beiden wichtigsten Pre-
digtsammlungen: »Areolae oder Gartenbethlein, bestehend
von unterschiedlichen Blumen . . .« und »Miscellanea oder allerhand Bueß- und Passionsreden . . .« Die hier aufgenommene Predigt, die Dalhover vermutlich um 1672 gehalten hat,
beschäftigt sich mit dem Thema Lüge und Betrug. Sie bezich-
tigt zwar vor allem Edelleute und Politiker des unchristlichen
Machiavellismus, illustriert aber auch durch verschiedene andere Exempel, wie das Teufelswerk, Lug und Trug, auf der
Welt verbreitet ist. Die Perspektive, in der hier die Zauberin
dargestellt wird, enthüllt den im Barock gerade auch in kirchlichen Kreisen weitverbreiteten Aberglauben, gegen den ein
Friedrich von Spee (1591–1635) schon 1631 mit seiner muti-
gen ›Cautio criminalis‹ angetreten war.*

Omnis homo mendax,
alle Menschen seind Lügner

Was der Prophet Oseas[1] einst beklagt, sprechend: fluchen und
lügen hat Oberhand gewonnen, das läßt sich annoch klagen.
Das gesambt vernünftige Geschöpf, wenig – außer der gerecht

verbliebenen Engeln – ausgenommen, muß da sich schuldig
bekennen und die Culpa sprechen.

Wollen wir das durch des verlogenen Teufels fünffache Lüge
hintergangene Menschengeschlecht betrachten, so hat es von
dem Lügen-Vater und -Meister so viel erlernet, daß ein könig-
licher Prophet hat singen und schreiben dürfen: omnis homo
mendax. Gewißlich, wann auf eine jede Lüge ein Maulstreich
gehören sollte, wurden die mehriste mit geschwollenen Backen
anzuschauen sein. Dieses wär ein Spiel!

So ist die heilige Wahrheit aus manchem Hofe ausgebannet
und an ders Statt die Simulation und Luge eingeschlichen, daß
einer singen und pfeifen mag:

> Der niemand traut, gewaltig lügt,
> Das Placet singt, alle betrügt,
> Der spielt zu Hof den Meister.

Bei den Edelleuten wird man zwar viel Parole finden und hören, aber sie haben ihr Credit ziemblich verloren. Man sagt:
Edelmännisch sei Versprechen und Bäurisch halten.

Was soll ich von den Schreibern sagen? Diese seind ordinari
Rechenmeister oder in der Arithmetique mehr als ihnen gebührt erfahren. Die fünf Spezies liegen ihnen gewaltig im
Kopf und auf der Feder. Sehet in das Evangelium, wie jener
so fürträglich numeriert hat! Er befahl dem Schuldner anstatt
100 Tonnen Öls 50 zu schreiben. Item anstatt 100 Malter
Weizen 80 zu setzen. Und dieses seind geschriebene Lugen.
Will ich die Schreiber, das ist die Zeitungsschreiber, betrachten, so wird neben anderen Unwahrheiten nit selten ein Nulla
zu viel oder zu wenig sein. Occasions – Kerls! Was anbelangt
die Spezies Additionis und Substractionis, da seind sie Meister, indem sie Dicta und Scripta[2] zu verkehren wissen und
darvon und darzu tun, nachdem es das Interesse erfordert.
Diesem Abgott zu Lieb und Ehr wissen sie per Hyperboles[3]
aus wenigem viel und aus vielen wenig hervür zu künsteln;
wie auch per superlativos, wo sich auch kaum der Positivus
finden läßt, zu amplifizieren und zu multiplizieren. So ist

ihnen auch diviso nicht unbekannt wie ein jeder leicht sehen mag. Dieses von denen Schreibern in tota sua Latitudine[4]. Unter diese Menschen-Zunft gehören viel. Omnis homo mendax.

Was halt dero Andacht von den Kramern und Kaufleuten? Ein Künstler malte den Teufel vor in einer Parocke[5]; warum in einer Parocke? Er antwortete: darumb, weil ihm die Kramer und Kaufleut das eine Ohr abgeschworen, tragt er, die Schande zu verhüllen, eine Parocke. Ich aber bin der Meinung, es seien ihm nit nur ein Ohr abgeschworen, sondern beide. Der Teufel hol mich, heißt es, wann mich die War nit selber mehrs gekostet! Bei Gott, es war erst einer da vorm Laden, so mir zehn Groschen mehrers hat aufgeboten! Ich kunte tausend Eide schwören, daß die War frisch sei! Des Teufels bin ich, sagt der Roßtäuschler, wann nit dieser Schimmel auf neun Renneter das Beste gewonnen, wie er dann mir zu neunzehn Malen bereits auf 98 Gulden gekommen wäre, und was der Lügen mehr. Omnis homo mendax.

Was haben bei euch, ihr Herren, die Bettler, was haben solche für ein Credit? O diese Gesellen lügen! Gewiß ist, daß sie öfter lügen als beten. Will sagen sie, will fleißig beten. Aber verlasset euch nit auf der Bettler beten! Wann sich so oft die Balken müßten biegen, als die Bettler lügen, wehe euren Stuben und Kammern! Wehe euren Speisgäden und Getreidböden! Jener Bettler, indem er sich viel Jahr als einen Stummen lugenhaft vorgestellet, hat sich, auf gähliges[6] Anfragen, wie lang bist du stumm? grob verschnacklet und vergessen, da er geantwortet: Herr, sechs Jahr. Und ich weiß von einem, so sich für ein Einfüßler, als wäre ihm der andere Fuß abgenommen worden, lange Zeit hinaus gelogen und mit sotaner[7] Praktik nit umb ein weniges sich bereicheret. Höret wie! Er postierte sich nämblich an die bevölkerte Landstraßen und vergrub den einen Fuß in eine proportionierte Gruben oder Loch, den anderen streckte er mit vielen Haderlumpen, aber mehreren Lugen umbwunden, gegen die vorbei reisende Leute herfür, mit der allgemeinen Bettler-Rhetorique: O gebt einem armen Bettler, so einen Fuß bei der Nördlinger Schlacht für das Römisch Reich[8] fechtend verloren, ein heiliges Almosen! Gewißlich hat dieser Lügner durch solche Impostur und Trüge mehr erbeutet, als bei gedachter Schlacht, welche er nur dem Namen nach erkannte. Aber einsmals warden eben selbiger Gegend, allwo der Bettler so viel Leut betrogen, die Pferde mit ihrem Wagen laufend, so ihm ohne Zweifel den gesunden Fuß gequetschet haben würden. Er aber wollte dem Unglück vorbeugen und des gefährlichen Wagens und dessen Rädern nit länger erwarten. Was mach ich? Dieser Wagen hat aus einem Ein- einen Zweifüßler gemacht, indem der Bettler mit zweien Füßen eilends darvon gelofen, aber der gebührenden Strafe nit entronnen ist. Er wurde erlofen[9] und den Kopf kürzer gemacht.

> Glückselig bist, o armer Tropf,
> Daß du allein verlierst den Kopf,
> Sonst wärst gar grädert worden.

Ich mach mir bei jetzigen Weltläuften keinen Skrupel mehr, sagt ein gewisser Politicus, absonderlich seithero ich des Machiavelli herrliche Schriften durchlesen. Wann man nur nit lügt bis sich die Balken biegen oder so einfältig, daß andere pfeifen möchten. O was vorsichtige Regeln hat der teure Machiavellus[10] uns Herren Politicis gegeben! Fraus, lehrt er, necessaria est omnibus, quicumque ex parvis initiis crescere conantur, der Betrug ist allen vonnöten, welche aus schlechtem Stand über sich wöllen kommen[11]. Welcher als dann desto weniger was Schandliches an sich hat, je mehr man ihn verbergen und mit einem Praetext-Mäntelein verhüllen kann. Lang schon vorher ist der göttliche Plato eben solcher Meinung gewesen. Necessarium enim videtur, spricht er, dann es ist notwendig, daß große Herren sich öfters der Lügen bedienen, und dies zu Nutz der Untertanen. – Gilt solches dem Fürsten, warumb nit auch den Untertanen? Er ist auch Herr in seinem Haus. Er hat so wohl Untertanen als ein Fürst. Und wann Plato sagt, dieses sei notwendig wegen des Nutzens der Unter-

tanen, warumb soll es verboten sein wegen des eigenen? Der
sein Sach jetzt auf die Wahrheit gründet, der kommet hinten
an. Helf, was helfen mag!

Cappus, ein Hauptkerrel und Erzvogel, hat unlängst einen
Hühnermann Namens Simpulum hauptsächlich ertappt, ge-
spaßigist überlistet und aller Hennen vast auf einmal beraubet. Cappus verfügte sich zu einem Oberen eines mir bekannten Klosters, ihme bedeutend, wie sein Vetter Simpulus lange
Zeit in einem sehr üblen Stand sich befunden, nit gebeichtet
und der Höllen eben darumb stracks in den Rachen gelofen.
Nun, so hab er, Cappus, mit der Gnad Gottes so viel bei ihm
ausgewirkt, daß er sein sündiges Leben zu bessern und sogar
eine Generalbeicht abzulegen, Gott sei Dank, sich resolviert
habe. Und also sei er, Cappus, da Bittens, Ihro Hochwürden
möchten so gütig sein, sich dieses irrigen Schäfels väterlich anzunehmen. Morgen will ich meinen Vetter in die Klosterkir-
chen liefern, auf daß er seine sarcina ablegen und sich mit
seinem liebsten Gott rechtgeschaffen aussöhnen möge. Un-
maßgäblich aber wäre sein, des Cappi Rat, wann Ihro
Hochwürden den Vetter im Kloster Beicht hören wollte, teils
wegen vermutlicher Länge der Beicht, anderen, so etwan auch
zu beichten Willens nit überlästig zu sein, teils damit selbe
durch eifrige Ermahnung ihme nachtrüklicher zuzusprechen
bessere Gelegenheit haben möchte. In allweg replizierte der
Obere. Ich will ihn sogar in meine Cellen führen und meiner-
seits nichts ermangeln lassen. Auf welche Vertröstung sich
Cappus demütigst bedankt und nächst Kussung des Scapu-
liers[12] des Oberen Abschied genommen.

Kaum ward der morgige Tag angebrochen, da fand sich Cappus mit einigen Trägern bei dem Meyrhof des Simpuli, sagt
ihm anstatt des obgedachten Oberen einen guten Tag wie
auch, daß er ein paar hundert Hennen für ein nächst künftiges
hohes Fest vonnöten habe, welche er, Simpulus, ihme Cappo,
als des Klosters Schaffner, behändigen solle umb durch gegenwärtige Träger an ihr Ort gleich liefern zu können. Simpulus soll mit ihme nach dem Kloster sich verfügen und die

bare Bezahlung jetzt gleich abholen. Wer war fröhlicher als der gute Simpulus! Zweihundert Hühner waren in die Steigen geschlagen und dem bewußten Kloster zugetragen. Vor der Kirchentür macht Cappus die Träger halten, weilen sich nit geziemet so viel Hennen in das Gottshaus hinein zu tragen. Ihro Hochwürden sein Herr werde alsbaldige Anschaffung verfügen, daß sie an das gehörige Ort übernommen wurden. Kaum waren diese Wort dem Simpulo in das Ohr gesprochen, da er ihn, mit Vermelden, daß seine Hochwürden vermutlich jetzt Beicht sitze, mit sich in die Kirchen hinein geführt. Cappus nahet sich andächtig zum Beichtstuhl und bedeutet dem Herrn Oberen seines Vettern Gegenwart, welcher sich alsobald aus dem Beichtstuhl erhoben und den Hennenmann Simpulum freundlichst nach sich in seine Cellen geladen, so gleich gefolgt guter Hoffnung die Bezahlung seiner zweihundert Hennen abzuholen. Cappus aber ist gleich aus der Kirchen entschlichen und hat die Hennen allzugleich in ein Ort tragen lassen, wo man weder ihn, noch die Hennen mehr erfragt hat. – Sehet, was die Lugen für reich ersprießende Effecten nach sich ziehen! – Aber höret wie es dem Simpulo in der Cellen des gedachten Herren Oberen ergangen, wie mir als ein Evangelium erzählet worden ist.

Der Obere hat sich in einen Sessel darnieder gesetzt und dem Simpulo nieder zu knien befohlen mit freundväterlicher Vermeldung: wiewohl der Simpulus getan, daß er nach so lang übel geführtem Leben durch die Gnad Gottes in sich selbsten gegangen und sich zu einer rechtschaffenen Beicht entschlossen habe. Kniet nur nieder mein guter Freund und fanget an! – Was, replizierte der Hennenmann, was? Ich soll beichten? Ich soll ein sündiges Leben geführt haben? Ich handle mit Hennen und bin ein ehrlicher Mann. Ich will mein Geld für meine Hennen, so euer Schaffner heunt hat abgeholt. Mithin lief er die Cellen auf und ab und wiederholte öfters: ich führe kein böses Leben, Pater, ich will nur mein Geld haben. Der Obere antwortete und sprach: ei Sohn, seid gebenedeit und kniet hin! Oder wie, habt ihr so geschwind euere gut Fürsätz über Haufen geworfen? Kniet und beichtet! So ich euch was schuldig bin, will ich nach der Beicht schon mit euch zu recht kommen. O liebster Sohn, laßt euch vom Teufel nit betrügen! Gehorcht der Stimme des Herrn, so euch so gnädiglich daher gerufen hat. – Was Beicht und Buß, erwiderte der Hennenmann, ich suche mein Geld für meine Hennen. Wann zahlt man mich einmal? Ihr ärgert mich, Pater! – Ja wohl nit, antwortete der Pater, ihr, liebster Sohn, ärgert mich, weilen ihr euch vom Teufel laßt übermeistern und ihm Glauben gebt, als wäre ich euch schuldig! Ist es dann jetzt Zeit, wo ihr zu beichten gekommen, die Schulden zu fordern? O du verfluchtes Interesse, welches du so viel tausend in die Hölle führest und die Leut zu Narren machst! O Vater der Lichter, habe Mitleiden mit diesem elenden Menschen, welchen das zeitliche Gut gänzlich vernarret, welcher auch die ewigen Güter in so schlechtem Respekt hat! Sohn, jetzt kniet und beichtet, ich will euch alle Liebseligkeit erzeigen!

Der Hennenmann kame endlich wieder zur Rede und sprach: für wen, Pater, haltet ihr mich denn? Ich bin der Hennenmann, so euch meine Hennen verkauft und will mein Geld haben. Darauf ergriff der Obere ein Kruzifix und sagte voller Eifer: ich beschwöre dich durch Christum den Gekreuzigten, daß du die Gelegenheit, dich zu Gott zu bekehren, nit mehr außer acht lassest! Und dir, vermaledeiter Teufel, der du solchen Gewalt brauchest über diese arme Seele, daß sie so elendiglich aberwitzet und durch das eitle Interesse ganz unsinnig geworden, dir, o vermaledeiter Teufel, befilche ich, daß du alsobald abweichest! Vicit Leo de tribu Juda: fugite partes adversae!

Ach, mich Unglückseligen, schrie der Hennenmann weinend auf, ich suche mein Geld und soll vom Teufel besessen sein! Ich glaube vielmehr, der Teufel habe meine Hennen hin. Habt ihr nit euren Schaffner zu mir geschickt, so zweihundert Hennen von mir müßte abfordern für euer Kloster? Eben dieser hat mich zu euch in die Kirchen geführt, daß ihr mich bar ausbezahlt. – O nein, antwortete der Herr Obere, gestern kam der verlogene Lecker zu mir mit Vermelden, wie daß sein Vetter in üblen Stande sich befinde und sich zu einer wahren Beicht resolviert habe mit Bitten als heunt möchte ich ihne unter mich nehmen und die Beicht innerhalb meines Klosters anhören. O jetzt merk ich, daß er ein Betrüger seie. Mein Freund, mir ist leid umb euch, ich sorge, dieser Vogel hat alle eure Hühner hinweg.

O weh, meine Hennen! Jetzt bin ich schön am Bettelstab! Ach, meine zweihundert Hühner! Schnell, ich will sehen, ob ich den Betrüger etwan erfrage! – Aber er fragt noch darnach.

Nun, ihr Herren, was gedunkt euch? Hat nicht der Cappus seine Kunst löblich gespielet? Hat er nit mit leichter Mühe sein Vorhaben künstlichst hinausgeführt? Ich gebe einen Taler, daß ich des Spiels in des Herren Oberen Cellen hätte mögen ein Zuschauer sein. Cappus passiert als ein Hauptkerl.

Zwar seind solche Lugen dem armen Hennenmann sehr schädlich gewesen und eben darum unter die schweristen Sünden zu zählen, aber was, sagt nit Machiavellus ein Politicus muß die Sünd nit achten? Einem Politicus ist alles erlaubt und nichts Sünd, als wann er sich auf der Lug, ihm die Händ in des anderen Sack, ertappen läßt. Ja, wann ihm auch seine Hand in dem fremden Sack erwischt sollte werden, muß er laugnen, daß es seine Hand seie.

So weit ist es bei denen Herren Politicis kommen. Mit laugnen und lügen, ja auch mit falsch Schwören wissen sie sich aus der Schlinge zu ziehen. Omnis homo mendax.

Lügen wird von den verkehrten Menschen für eine Weisheit gehalten. Aber sotane Weisheit ist irdisch, tierisch und teuflisch. Dahero der heilige Dorotheus die Lüge genannt hat: prolem diaboli, ein Kind des Teufels. Wem sollen solch nachdenkliche Sprüch nit das Abscheuen gegen die Lüge erwekken?

Ein Bauersmann hatte einst ein gewisses Geld, so in eine Blatter[13] gewicklet war, auf die Bank gelegt. Da er aber nachgehends das Geld besser versichern wollte, vernimmt er, daß selbiges verloren. Er befragt darüber seine Hausfrau; so nichts

darumb wissen wollte. Gleich darauf verfügt er sich zu einer
alten Trude[14] mit Begehren, ihm zu sagen wer das Geld gestohlen. Die Trud erzeigt sich willfährig. Vorhero aber for-
mierte sie mit der Kreide einen Kreis, in welchen sie den Bauern hinein gestellt mit dem Verbot, sich daraus nit zu erheben.
Darauf eilte sie in ihr Zimmer über ihren Kasten, der Bauer
aber heimlich nach ihr. Die Trud fragt ihren Teufel mit folgenden Worten: Ein Mann hat Geld verloren, wer ist der,
welcher solches gestohlen? Der Teufel antwortete: Die
Schwein hat zwar solches in sich geschlickt; du aber sage: die
Hausfrau hab solches entnommen umb es mit dem Pfarrherren liederlich zu vergeuden. Die Trud sperrt ihren Kasten zu,
der Bauer stellt sich in seinen Kreis, jene eilt zu ihme und
bedeutet ihm, wie daß die Hausfrau die Diebin, als welche das
Geld gestohlen, umb selbiges mit dem Pfarrherren liederlich
durch zu jagen. Aber der Bauer glaubt der Lug keines Wegs,
sondern sticht die Schwein ab und findet seinen Beutel. Darauf er sich zur Obrigkeit verfügt, die Trude angezeigt, so
nachmals im Feuer ihre Künsten abgebüßet. Sehet, wer der
Lügen Vater! Mendacium proles diaboli!

Quelle: Bayerische Barockprediger. Hrsg. von Georg Lohmeier. München:
Süddeutscher Verlag 1961. S. 138–143.

Anmerkungen

1. Hosea.
2. Geredetes und Geschriebenes.
3. Übertreibungen (rhetorischer Begriff).
4. ganz in ihrer Ausdrucksweise.
5. Perücke.
6. heftiges.
7. solcher.
8. Sieg der Kaiserlichen über die Schweden bei Nördlingen im Jahre 1634.
9. ergriffen.
10. Dalhover spielt auf Machiavellis (1469–1527) Werk »Il principe« (1513) an, wo unter anderem eine von ethischen Normen unabhängige Machtpolitik propagiert wird.

11. über sich hinauskommen wollen.
12. wörtlich: nach Küssen des Skapuliers (Teil der Ordenstracht, der über dem Hauptgewand getragen wurde).
13. Beutel, Tasche, Sack.
14. Trude, Drude = Zauberin, Hexe.

AUGUST HERMANN FRANCKE

1663–1727

*Der bekannte Pietist, Prediger und Gründer der Franckeschen
Stiftungen, seit 1692 Pastor und Professor in Halle a. d.
Saale, vertrat als Theologe zwar die lutherische Lehrmeinung,
aber er wandte sich scharf gegen die Orthodoxie, die ihn sowohl aus Leipzig wie Erfurt vertrieb. Unter seinen Predigten,
die eine weite Verbreitung in seiner Zeit fanden, ist die vorliegende Streitpredigt deshalb von besonderem Interesse, weil
sie Franckes Auseinandersetzung mit der hallischen Geistlich-
keit ebenso beredt wie paradigmatisch dokumentiert; er hat
sie am 8. Sonntag nach Trinitatis (14. August) im Jahre 1698
in der St.-Georgen-Kirche zu Glaucha bei Halle gehalten und
bald darauf in Druck gegeben.*

Von den falschen Propheten

Erster Theil

Wenn denn nun Geliebte in dem HErrn / zu handeln ist von
den *falschen Propheten* / so haben wir aus den Worten des
HErrn Jesu zu lernen I) *welche dieselbigen sind? Sehet euch
für* / spricht unser Heyland / *für den falschen Propheten* / die
in Schaaffs-Kleidern zu euch kommen / innwendig aber sind
sie reissende Wölffe. Was durch Propheten verstanden werde /
kann uns aus Heil. Schrifft wohl bekandt seyn / nehmlich /
diejenigen hiessen Propheten / die den Geist GOttes hatten /
und durch denselben das Volck lehreten und unterrichteten
von ihrem Heyl und ihrer ewigen Seeligkeit / die der Heil.
Geist auch in alle Wahrheit leitete / und sie zum Werck des
HErrn tüchtig gemacht hatte. Nun aber stehet allhier von den
falschen Propheten. So sind denn nun diejenige falsche Pro-

pheten / die sich dafür ausgeben / daß sie rechte Propheten seyn / und sind es nicht; die sich dafür ausgeben / daß sie den Menschen die Wahrheit lehren / und thun es nicht; die sich dafür halten / und dafür von den Menschen wollen gehalten seyn / daß sie ihre Zuhörer auff den rechten Weeg weisen / und verführen sie in den Abgrund der Höllen hinein. Unser Heyland beschreibet sie deutlich: Die in Schaaffs-Kleidern zu euch kommen; innwendig sind sie reissende Wölffe. Demnach so gehören zwey Stücke zu einem falschen Propheten / erstlich der Schaaffs-Peltz / und denn das Wolffs-Hertz: Beydes muß nun erkandt werden. Was ist denn das / in Schaaffs-Kleidern: Was ist das für ein Schaaffs-Peltz / darein sich die reissenden Wölffe verkleiden?

Ein solcher Schaaff-Peltz ist vornehmlich die *vorgewandte Orthodoxie*, oder reine Lehre. Denn weil die falschen Propheten das Reich GOttes in der Krafft in ihrer Seele niemals geschmäcket und erfahren: so haben sie nichts bessers / als den äusserlichen Buchstaben der Lehre / wie sie in gewisse Theses und Sätze abgefasset ist. Auff solche Theses und Lehr-Sätze pochen und trotzen sie / wenden die Orthodoxie in allen Stücken vor / und mißbrauchen dieselbe zum Deckmantel ihres fleischlichen Eiffers und Boßheit: wie solches aus dem Exempel der Pharisäer und Schrifftgelehrten zusehen / die allezeit auff Mosen und seine Lehre trotzeten / und doch dieselben / wenn unser Heyland auff die wahre Krafft drang / und dieselbe in Worten und Wercken bewieß / unter dem Schein der Orthodoxie verwarffen. So sagten sie / z. e. daß er nicht recht von dem Sabbath lehrete: daß er den Sabbath nicht hielte: und ob gleich unser Heyland die Menschen am Sabbath heylete / und also würckliche Wercke der Liebe / die von Mose auch gebothen waren / ausübete; so brieffen sie sich doch auff die Orthodoxie, und wendeten für / als ob CHristus dawider handelte. Damit bezauberten sie das Volck / daß es dachte: Ey! das sind heilige Leute / daß würden unsere Pharisäer und Schrifftgelehrten ja nimmer thun / die bleiben doch bey der reinen Lehre; wie halten sie doch so vest auff Mosen / und auff die Lehr-Sätze der ältesten? Es muß doch mit dem JEsu von Nazareth nicht recht seyn / sonst würden unsere Lehrer Ihm keine Heterodoxie oder falsche Lehre imputiren und beymessen. Siehe / so ist die Orthodoxie oder reine Lehre ein Schaaff-Peltz / wenn nehmlich der Mensch sich auff den *äusserlichen Buchstaben* verlässet / und doch die Krafft derselben weder jemals geschmäcket noch erfahren hat. Daraus denn ein jeder Verständiger wol sehen kann / daß man die Orthodoxie oder Reinigkeit in der Lehre an sich selbst keines weges gering schätzet / oder einen Mischmasch in der Lehre billige und gut heisse: sondern daß man nur die Heucheley derjenigen Lehrer bestraffe / welche sich mit dem Schein ihrer gefasseten Lehr-Sätze äusserlich schmincken / und das Geheimniß des Glaubens / und die Krafft der Lehre JEsu CHristi und seiner Apostel in keinem reinen Gewissen haben und besitzen; gleich wol aber für rechtschaffene Lehrer wollen gehalten seyn.

Ein solcher Schaaffs-Peltz ist auch der *äusserliche Beruff* / darauff sich falsche Propheten beruffen / und umb deßwillen sie sich für Diener GOttes und CHristi halten: denn weil sie von der Landes-Obrigkeit beruffen / und in das Ambt gesetzet worden sind / und darauff Brieff und Siegel empfangen / meynen sie genugsames Zeugniß daran zu haben / daß sie Lehrer aus GOtt seyn: Ob gleich / wenn ihr Gewissen recht sollte geprüffet werden / sich es wol finden möchte / daß man durch gar schlimme Weege ins Ambt gekommen / und als ein Dieb und Mörder zur unrechten Thür in den Schaaff-Stall hinein gestiegen[1]; in dem man sich etwa vorhero durch Bittschrifften insinuiret / und sich also sorgfältig umb Patronen beworben; daß ich nicht sage / wie man wol durch Gaben und Geschencke / durch Heyrathen und andere dergleichen krumme Weege ins Ambt eingeschlichen; nicht in hertzlicher und brennender Liebe / dem HErrn CHristo Seelen zu gewinnen / sondern nur / daß man sein Stück Brodt haben / und dabey in grossen Ehren und guter Gemächlichkeit des Fleisches leben möge. Nichts desto weniger / wenn ein Brieff da ist / den man auffweisen kann / daß man zu dem Ambt beruffen / oder bestellet sey / so heisset es: Hab ich nicht meinen ordentlichen Beruff; bin ich nicht ein verordneter Diener CHristi? Da man doch billig darnach fragen sollte: Ob man auch durch GOttes Geist gesendet / und durch denselben tüchtig gemacht sey das Ambt des Geistes in der Krafft zu führen / und also wahrhafftig von GOtt beruffen sey / und das Zeugniß davon in seinem Hertzen habe.

Ein solcher Schaaff-Peltz ist ferner *die äusserliche Autorität* / da man nehmlich sich auff die reinen Theologos unserer Kirchen beruffet / deroselben Autorität vorschützet / und im Gegentheil nicht darauff siehet / wie man möge in dem Grunde der Lehre unsers HErrn JEsu bevestiget werden; Da muß z. e. Lutherus vielen falschen Lehrern zum Schaaff-Peltz dienen; indem sie sich mit seiner Autorität schmücken / und sich darauff beruffen / daß sie sich nach seinem Namen nennen / und mit Ihm einerley Lehre führen; da doch der Glaube und Geist Lutheri nicht in ihnen ist. Denn ja Lutherus nicht das Seinige gesuchet / sondern die Ehre des lebendigen GOttes / und Leib und Leben umb des Evangelii willen gewaget hat: da hingegen diese bey dem Evangelio ihre eigne Ehre / Nutz und Beqvehmlichkeit / und also gantz das Widerspiel suchen.

Ein solcher Schaaff-Peltz muß auch seyn das *theure Wort GOttes* selbst / damit man sich äusserlich schmücket / und vorgiebt / man bleibe alleine bey der heil. Schrifft: ja eben daher nehmen falsche Propheten Gelegenheit / rechtschaffene Knechte GOttes zu verkleinern und zu verlästern / wenn sie denselben nur auffbürden mögen / daß sie nicht allein bey der H. Schrifft blieben / sondern auch auff unmittelbare Offenbahrung giengen. O! da meynet man / da habe man sich so wohl und vest gesetzet / daß nun niemand einem das in Zweiffel ziehen dürffe; Siehe! da muß GOttes Wort der Schaaff-Peltz seyn: da heißt es / man wolle allein dabey bleiben; man wolle von keinen unmittelbaren Offenbahrungen etwas wissen / sondern sich allein an das geschriebene Wort GOttes halten. Worunter aber von den falschen Propheten nichts an-

ders gesuchet wird / als daß sie treue Knechte GOttes / die da
die Menschen auff die Erleuchtung des Heil. Geistes und die
innerliche Offenbarung CHristi im Hertzen nach GOttes
Wort weisen / verdächtig machen wollen / als ob sie Feinde wären des geschriebenen Worts / und nur auff unmittelbare Offenbahrungen warteten / und darauff die Leute wiesen; hingegen sich vor der Welt in den Credit setzen / als ob sie rechte
Eyfferer für das Wort GOttes und wahre Lehrer wären: da
doch die Erfahrung bezeuget / daß sie nichts weniger sind / indem sie an statt des lautern Wortes GOttes ihre menschliche
Weißheit und Worte vorbringen / dasselbe auff tausendfältige
Art verkehren / den Leuten es nicht in die Hände geben / noch
auff ein dem Worte GOttes in allen Stücken gemässes Leben /
nach dem Befehl CHristi / dringen.

Ja ein solcher Schaaff-Peltz muß auch seyn *CHristi Name*
und *Christi Verdienst*: in dem man solches nur äusserlich vor-
wendet / und den Namen haben will / daß man sich allein
auff CHristum verlasse / und auff sein Verdienst leben und
sterben wolle. Sehen nun solche falsche Propheten / daß andere nebst den Glauben an das Verdienst JEsu / auff ein
rechtschaffenes Wesen und innerliche Heiligung dringen /
und nach der heil. Schrifft einen solchen Glauben / der durch
die Liebe thätig ist / und uns zu neuen Creaturen machet /
erfordere; so machen sie bald ein Geschrey / als ob die Menschen in dem Werck der Rechtfertigung auff die guten Wercke
gewiesen würden; da heißt es bald / man spanne den Bogen zu
hoch; Das Verdienst CHristi werde dadurch geschmähet; man
könnte die Leute wohl auff solche Weyse melancholisch machen / und in Verzweifflung stürtzen / und was dergleichen So-
phistereyen mehr seyn. Und das hat denn bey Unverständigen
einen grossen Schein / daß sie auch wol solchen Lügen glauben / und dencken: Es ist auch wahr; man thut der Sache zu
viel; das Verdienst CHristi muß es doch alles thun; denn
wenn wir so fromm leben könnten / was hätte er nöthig gehabt für uns zu sterben / u.s.f.? O wie wird manch unschuldig,
und einfältig Hertz durch solche Lügen und Verketzerungen

bezaubert / und umb Seel und Seeligkeit gebracht: wie ja die Erfahrung lehret.

Zu solchem Schaff-Peltz gehöret auch das *äusserliche ehrbare Leben* / daß man nehmlich nicht in Hurerey / in Trunckenheit oder in andern groben Sünden erfunden wird / sondern sich so auffführet / daß die Menschen sagen: Ey das ist doch ein feiner Theologus und exemplarischer Prediger; man weiß gleich wol nichts böses von ihm zusagen; er lebt doch nicht wie andere / sondern als es einem Theologo und frommen Prediger zukömmt. Und da lehret die Erfahrung / daß die / so unter diesem Schaaff-Peltz einhergehen / einem grössern Schaden thun / als andere / deren Epicurisches Wesen offenbar ist. Denn wenn ein Lehrer in Uppigkeit / in Hurerey / in Trunckenheit / in Hoffarth / in Ehr-Geitz lebet / so kann jedermann leicht erkennen / daß er dem Teuffel / der Welt und dem Bauche diene / und daß er nicht CHristo und seinem Worte folge. Da braucht jederman das Wort: *Man soll nach seinen Worten thun / und nicht nach seinen Wercken.*[2] Aber jene / die den Schein des Gottseeligen Wesens ohne die wahre Krafft annehmen[3] / sind der Welt in ihrer Heucheley nicht so offenbar / werden auch nicht dafür angesehen / daß sie falsche Propheten seyn sollten: denn weil sie ehrbar leben / und die groben äusserlichen Laster hefftig straffen; so werden die Menschen durch diesen Schaaff-Peltz betrogen / daß sie sagen; Sie sind doch auch rechtschaffene Lehrer; sie sagen es den Leuten gut genug / wenn sie nur darnach thun wollten; so straffen sie auch die Laster mit grossem Ernst / und eiffern genug darwider. Damit bleiben denn die Zuhörer auch in solcher bloß-äusserlichen und bürgerlichen Ehrbarkeit stecken / und kommen nicht zu einer gründlichen Veränderung des Hertzens / darauff sie von solchen Pharisäischen Lehrern nicht gewiesen werden. Sehet / das alles / und noch ein mehrers gehöret zu der falschen Propheten ihrem Schaaff-Peltz!

Nun aber stehet allhier: *Innwendig sind sie reissende Wölffe.* Welches ist denn nun das Wolffs-Hertz der falschen Propheten? oder was für Leute sind denn inwendig reissende Wölffe?

Antwort: Das sind solche / welche sich dafür ausgeben / daß sie andere bekehren / und das Ambt des Geistes führen wollen / da sie selbst noch nicht zu CHristo kommen sind / selbst GOTT noch nicht erkannt und gesehen haben / und also noch in der Unarth ihres unreinen und thierischen Hertzens stehen. Ein Wolff ist ein reissendes Thier / er verschonet der Heerde nicht; sondern er raubet die Schaaffe / und verschlinget dieselbigen: Also sind auch geartet die falschen Propheten. Sie haben ein Wolffs-Hertz / das ist / sie führen das Ambt nicht aus lauterer Liebe zu den Seelen der Menschen; sondern umb ihrer eigenen und der ihrigen Versorgung willen. Dahero sie nur darauff sehen / daß sie im Ambte die Gebühren bekommen / Schätze sammlen / reich werden mögen / wie ihre Accidentia und Besoldung möge verbessert werden / damit sie fein viel beylegen / und also ihre Kinder und Kindes-Kinder nach einander wohl versorgen mögen. Daher sie auch keine Arbeit in ihrem Ambte übernehmen / wo nicht auch ein Accidens davon zu erwarten ist. Das heißt denn *das Fette fressen / und sich mit der Wolle kleiden / und das gemäßtete schlachten / aber die Schaaffe nicht weyden.* Ezech. XXXIV,3. Und das ist eben die Eigenschafft eines reissenden Wolffes. Paulus klaget gar schmertzlich über solche Lehrer in der Epistel an die Philipper cap. II,21. *Sie suchen alle* / spricht er / *das Ihrige / und nicht / was JEsu CHristi ist:* will aber umb deßwillen solche nicht für rechtschaffene erkennen. Solcher Eigen-Nutz bringet das Laster des Geitzes mit sich: Daher auch denn das Sprichwort kommen ist; *daß die Pfaffen geitzig sind.* Davon der seelige Lutherus sagt / daß es synechdochice zu verstehen sey / nehmlich / nicht als ob alle / sondern daß die meisten unter den Lehrern so wären. Solcher Geitz bringet denn nun auch mit Dieberey und Mord: wie unser Heyland sagt bey dem Johanne cap. X,8: *Alle die vor mir kommen sind / die sind Diebe und Mörder gewesen.* Das scheinet ja wol eine harte Rede zu seyn / daß unser Heyland so gar mit Dieben und Mördern umb sich wirfft: Aber es ist nicht zu hart geredet. Denn wenn einer zeitlich Guth stiehlet / so achtet man es nicht zu hart / daß

man einen solchen einen Dieb nennet; so jemand den Leib
tödtet / so achtet man es nicht zu hart / daß man einen solchen
einen Mörder nennet: Sollten denn die nicht Diebe und Mörder
genennet werden / welche nicht zeitlich Guth / sondern die Seelen der Menschen stehlen / welche nicht den Leib tödten sondern die Seele ermorden? Wie geschiehet aber das? Sollten
denn wol solche Menschen seyn / die da vorsetzlich und muthwillig die Seelen der Menschen ermorden? Es kann solches
auff zweyerley Weyse verstanden werden. Es geschiehet ja
wol ein Mord / wenn ein Mensch den andern mit der Faust
todt schlägt: aber derjenige / der durch seine Verwarlosung
einen Menschen umbkommen läßt / der ist in Wahrheit ja auch
ein Mörder. Man wird gewiß nicht allein die eine Mörderin nennen / welche die Hand an ihr Kind geleget / und solches
ermordet hat: sondern auch diejenige / welche ihr Kind todt
hungern liesse / oder es sonst nicht in acht nehme aus grosser
Nachlässigkeit / und indessen das Kind liesse den wilden Thieren in die Klauen gerathen. Siehe! solche wäre ja eben so wol
eine Mörderin zu nennen. Also geschiehet solcher Seelen-Mord
und Seelen-Raub im Lehr- und *Predigt-Ambt* grossen theils
durch *Verwahrlosung*; wie man im Ezech. XXXIV,4.5. zu sehen hat / da es heisset: *Der Schwachen wartet ihr nicht / und
die Krancken heylet ihr nicht / das Verwundete verbindet ihr
nicht / das Verirrete holet ihr nicht / und das Verlohrne suchet
ihr nicht / sondern streng und hart herrschet ihr über sie / und
meine Schaaffe sind zerstreuet / als die keinen Hirten haben /
und allen wilden Thieren zur Speise worden / und gar zerstreuet etc.* Wo denn nun solche Hirten sind / die sich des Ihrigen nur annehmen / und damit vergnüget sind / wenn sie
äußerlich das Ambt so weit verrichten / daß sie einmal hingehen / und eine ausgekünstelte / oder ausgeschriebene und
auswendig gelernete Predigt dem Volck vorsagen / Kinder
tauffen / und Sacrament reichen / sonsten aber das Volck in
seinem Irrwege gehen und in ihren sündlichen Gewohnheiten
fortfahren laßen / und zufrieden sind / wenn sie nur zur rechten Zeit zur Beicht und Heil. Abendmahl kommen / so dann

die Hand allen ohne Unterscheid auff den Kopff legen und
sprechen; Gehe hin im Frieden / deine Sünden sind dir vergeben: Solche sind falsche Propheten / Diebe und Mörder; damit
daß sie den Frieden verkündigen / da kein Friede ist; Daß sie
die Gnade GOttes verkündigen / da doch keine Gnade / sondern Zorn und Ungnade Gottes zuverkündigen ist. Und das ist
nun eben der größte Greuel in unserer Lutherischen Kirchen /
dadurch die Boßheit überhand genommen hat / nehmlich ob
man schon weiß / daß in einer Stadt und Gemeinde der größte
Hauffe in Sünden / Schanden und Lastern lebet / auch über
dieses auff öffentlicher Cantzel darauff schilt / und solches denen Leuten fürstellet / wie alles verderbet sey; Daß gleichwol
alle ohn Unterschied fein säuberlich absolviret und loß gesprochen werden von ihren Sünden / und nicht anders als liebe
Mit-Christen / liebe Söhne und Töchter geheißen und tractiret
werden. Siehe! das ist ein Zeichen / daß leider! mehrentheils in
unserer Kirchen / in denen Beicht-Stühlen falsche Propheten
sitzen müßen. Ich beurtheile damit keines weges diejenigen /
welche solchen Menschen die Absolution wiederfahren lassen /
die keine offenbare und äußerliche Kenn-Zeichen der Unbuß-
fertigkeit an sich haben / und / wenn ihnen ernstlich zugeredet
wird / gute Worte geben / die da bezeugen / daß sie solches annehmen und erkennen / über ihre Sünde Reu und Leid tragen /
von Hertzen GOttes Gnade suchen / und künfftig ihr Leben
beßern wollen: Denn in solchem Fall kann ja freylich ein Lehrer nicht ins Hertze sehen / und möchte man da wol in gewi-
ßem Verstande gelten lassen / was sonsten die falschen Propheten zur Entschuldigung ihrer Sorglosigkeit die Menschen
zu prüffen / und sich ihres Zustandes zuerkundigen / im
Munde führen; De occultis non judicat Ecclesia.[4] Meynen es
aber solche Lehrer mit denen Seelen rechtschaffen / so werden
sie dieselbe auch bey solchem vorgeben für Heucheley warnen / und ihre Gewißen rege zumachen suchen / damit das
Verborgene ihres Hertzens offenbar werden möge / nach
1. Cor. XIV,25. Aber wo die Wercke des Fleisches offenbar
sind; Wo man zum Exempel weiß / daß diese und jene in ihren

Häusern Unordnung verstatten / daß sie den Sonntag in ihren
Häusern entheiligen / damit / daß Sie darinnen allerhand
Greuel / als Säufferey / Völlerey / Tantzen / Springen und andere Eitelkeit vorgehen lassen / und man doch dieselben /
wenn sie zur lieben Beicht kommen / immer fein absolviret:
Siehe / wie ist es müglich / daß der ein wahrer Prophet sey /
der einem solchen Menschen / von dem er weiß / daß er in offenbaren Wercken des Fleisches lebet / die Gnade GOttes an-
kündiget / dem doch GOtt seinen Zorn will angekündiget wissen? Ja spricht man / Es saget doch dieser und jener seine
Beichte her / wer kan wissen / Ob er nicht / indem er das thut /
und die Absolution anhöret / auch noch einen guten Gedancken fasse: Allein / du thörichter Mensch / warumb stellest du
denn nicht vorher eine Prüffung an / ob einem solchen sein
Beichten ein rechter Ernst ist? Warumb fragest du nicht erst /
ob er auch von seinen offenbaren Wercken des Fleisches / darinn er lebet / abstehen wolle? Ist denn so große Gefahr darbey / wenn du ihn nicht so bald auff sein Begehren absolvi-
rest? Gesetzt auch / daß der Mensch nun in dem Augenblick /
da du mit ihm redest / einen guten Gedancken fassen sollte /
wird er denn darumb zur Höllen fahren / wenn du ihm die
Absolution so lange verweigerst / biß du eine Besserung erkennest? Wie aber / wenn er dir es nun einmal auch versichert
hat / fähret aber hernach in seinen groben Sünden und Lastern
fort / und kommet denn wieder: trauest du denn so gleich?
Und was wird endlich daraus / wenn er einmal nach dem andern dir mit Zusage der Besserung heuchelt / und du ihm wieder mit der Ankündigung der Gnade GOttes / und Vergebung
der Sünden heuchelst? Wirst du nicht mit ihm in die Grube
fallen? Darumb / welche auff diese Weyse denen Menschen
ohne Unterschied die Hände aufflegen / und sie also in ihrer
Unbußfertigkeit und Boßheit stärcken / die sind falsche Propheten / die die Wahrheit für nichts achten. Denn sie sollten
sagen: Ihr stehet unter dem Zorne GOttes / und unter dem
Fluch / und seyd nicht Kinder der ewigen Seeligkeit; offenbar
sind eure Wercke des Fleisches. Und wenn sie von solchen

Sünden abstünden / sich zu GOtt bekehrten / denn sollten sie
ihnen GOttes Gnade anzeigen: Aber so geht man gantz verkehrt mit den armen Seelen umb. Daher es denn auch geschicht / daß die Menschen es sich gar frembde düncken lassen /
wenn rechtschaffene Lehrer / die das Wort der Wahrheit recht
theilen / die Menschen / die in gesunden Tagen in Unbußfertigkeit gelebet / auff ihrem krancken Bette nicht trösten / weil
sie keine unbetrügliche Kenn-Zeichen der Busse an ihnen gewahr werden / noch sie als Creutz-Träger seelig preisen wollen. Denn sie sind es an den falschen Propheten anders ge-
wohnet / als welche mit den Krancken ohne Unterscheid gantz
freundlich umbgehen / und kein hart Wort mit ihnen reden /
sondern vielmehr alle Trost-Sprüche aus der Schrifft hervor-
suchen: und auff solche Weyse werden von denen falschen
Propheten viel 1000 Menschen in die Hölle hinein getröstet.
Inzwischen schmücket man sich mit GOttes Befehl / und meynet / es heisse gleichwol: *Tröstet / tröstet mein Volck;*[5] *Verge-
bet / so wird euch vergeben;*[6] und abermal: *Was ihr auff Erden
lösen werdet / soll auch im Himmel loß seyn;*[7] it. *Wisset ihr
nicht / welches Geistes Kinder ihr seyd;*[8] und abermal: *wie offt
soll ich meinem Bruder vergeben / der an mir sündiget*[9] u.s.f.
Welche und andere Sprüche auff diese Sache gantz verkehrt
und ungereimt gezogen und appliciret werden. Das arme
Volck aber kommt darüber in eine desto grössere Sicherheit
hinein / daß sie sich darauff verlassen und sagen: GOTT Lob
und Danck! du bist nun von deinem Beicht-Vater absolviret /
er hat dir die Hand auff den Kopff geleget / nun bist du wol
ein Kind GOttes / und trösten sich äusserlich damit / da sie
doch wol dem Teuffel in dem Rachen stecken. In Ansehung
nun / daß die Seelen solcher Gestalt verwahrloset und ihres
ewigen Heyls beraubet werden / mag es ja auch wol von solchen falschen Propheten heissen: *Inwendig sind sie reissende
Wölffe.*

Das ander Stück

Wir haben II. nun zu betrachten: *Wie solche falsche Prophe-*
ten zu erkennen sind. Unser Heyland saget es uns mit wenig
Worten v. 16: *An ihren Früchten* (spricht Er) *sollt ihr sie er-*
kennen / und abermal v. 20. *An ihren Früchten sollt ihr sie*
erkennen. Was könnte wol einfältiger / deutlicher und klärer
gesaget werden? Wie machens aber die falsche Propheten?
Siehe / weil sie mercken / das möchte sie treffen / wann die
Leute aus ihren Früchten von ihnen urtheilen sollten; so kehren sie dem HErrn CHristo das Wort im Munde umb / und
sagen: *An ihren Früchten* sey so viel; als an der Lehre. Was
heißt aber das / *an der Lehre erkennen?* Ist dann die Frucht
die Lehre? Es ist ja hier die Rede von demjenigen Ambte /
darinne sie die Lehre führen / und von welcher die Frucht folgen soll. Es ist offenbar / daß dieses insgemein eine Glosse ist
der falschen Lehrer / dadurch sie dem HErrn CHristo die
Worte im Munde verdrehen. Er spricht; *An ihren Früchten*
sollt ihr sie erkennen: Sie sprechen; an ihrer Lehre sollt ihr sie
erkennen. Was wollen sie damit haben? Das wird darunter gesuchet / daß wann einer nur die rechte Lehre und diejenigen
theses und Sätze / so man auff Universitäten von seinen Pro-
fessoren gehöret / und mit seinem natürlichen Verstand gefasset / behalte / dem Volck solche wiederumb vortrage / mit
Sprüchen der Heil. Schrifft solche bestätige: so sey man ein
wahrer und kein falscher Prophet zu nennen; Man habe nicht
darauff zu sehen / ob sein Leben mit der Lehre überein
komme; sondern wann er nur diejenige Lehr-Sätze also vortrage / wie er selbst gelehret sey / so könne man an solchen seinen Lehr-Früchten schon erkennen / daß er kein falscher Prophet sey. Ist dann das nun der rechte Verstand der Worte
CHristi? Ich sage / nein; sondern das heisset dem HErrn
CHristo das Wort im Munde umbkehren. Indessen will ich
das zugeben / daß die falschen Propheten an ihrer Lehre erkannt werden können: Aber was ist es für eine Lehre? Wir
müssen das Evangelium fein in seiner Connexion ansehen /

wie es mit dem vorhergehenden zusammen hange. In dem 5. 6. und 7. cap. des Evang. Matth. ist ein kurtzer Begriff der Lehre unsers HErrn JEsu CHristi. Nach derselben prüffe man die Lehre der falschen Propheten / ob sie damit eintreffe? Ich sorge / daß sie in dieser Probe / der sie sich doch unterwerffen wollen und müssen / gar schlecht bestehen möchten. Man betrachte doch nur / in welcher Lauterkeit und Krafft diese Berg-Predigt vorgetragen / und wie alle Worte darinn Geist und Leben seyn? Hingegen halte man dargegen die Art zu predigen / die heutiges Tages im Schwange gehet / und prüffe / ob sie wol damit übereinkomme? O wie hat diesselbe so gar eine andere Gestalt? CHristus trug den Willen seines Vaters mit einfältigen Worten vor / aber wie schmücken sich nicht heut zu Tage die falschen Propheten mit ihrer so genandten Prediger-Kunst / nach welcher sie den Text künstlich eintheilen / mit philosophischen und Lateinischen Terminis die partes benennen / und alle Worte abzirckeln und abmessen können; geschweige der vielen Controversien und Anziehung der Irrthümer der alten Ketzer / damit sie in ihren Predigten zuthun haben. An statt / daß man den lautern Sinn des Heil. Geistes dem Volcke vortragen / und ihre arme Seelen aus dem Verderben zuerretten suchen sollte / und ihnen auffs einfältigste den Weeg / wie ihnen geholffen werden könne / zeigen / höret man / daß sie dem Volcke vorschwatzen / was Cornelius a Lapide[10], was Kimchi und Raschi[11] und die alten Väter vor Auslegung haben / und die Zeit damit hinbringen. Was soll das bey dem armen Volck doch vor Nutzen schaffen? Mein! was sind die armen Seelen dadurch gebessert? Aber dabey bleibt es nicht / sondern weil sie nach ihrer Kunst auch das Auditorium zu delectiren suchen / siehe / so müssen auch feine Historien feine Sinnbilder / Emblemata und Symbola vorgestellet werden: Ursache / man habe ein gelahrtes Auditorium, und müsse also nicht nur dem gemeinen Volck / sondern auch den Gelehrten predigen; Eben als wenn die Gelehrten / welche nach dem Sprichwort insgemein die Verkehrtesten sind / die Einfalt / und daß ihnen die Wahrheit derbe und deutlich gesaget werde / nicht auch von nöthen hätten / oder als ob die Gelehrten Studierens halber in die Kirche giengen / und nicht vielmehr / daß ihnen der Weeg zur Seeligkeit einfältig gezeiget werde? Nun solche Art zu predigen ist heutiges Tages auffkommen / so daß man weit und breit gehen muß / ehe man höret / daß das Evangelium CHristi in der Krafft und Lauterkeit gelehret und verkündiget wird: Hingegen sind der meisten Predigten mit Menschen-Tand und allerhand Spreu menschlicher Erfindungen so durchmenget / daß die Leute / wenn sie heraus kommen / nicht wissen / was sie gehöret / sondern sprechen; Es war eine schöne gelahrte Predigt; wie schöne Historien bracht er nicht an! Wie war da so viel Latein / Griechisch und Ebräisch in der Predigt! Wenn man aber fraget / was habet ihr denn für eure arme Seele zur Erbauung behalten? So sprechen sie: Unser einer kann das so eben nicht nachsagen / noch so genau alles behalten; so müssen sich die armen Menschen ihrer Erbauung berauben / und umb ihre Seele und Seeligkeit betriegen lassen. Dahero höret noch siehet man auch nicht / daß sich einer bey solcher Prediger-Kunst mit Ernst zu seinem GOtt bekehrete / sondern wenn der liebe Sonntag kömmt / gehen sie zur Kirchen / setzen sich hin / singen und schreyen mit / sperren Maul und Nasen auff / und meynen / was für Speise sie für ihre armen Seelen bekommen. Allein so elend sie hinein gehen / so und noch viel elender kommen sie wieder heraus: Das Hertz ist leer / wie vorhin; weil ihnen die heylsame Lehre JEsu CHristi vom Glauben und der Gottseeligkeit / nicht in der Krafft / noch so lauter und hinlänglich vorgetragen wird / daß ihre Hertzen dadurch könnten überzeuget / und aus dem Verderben errettet werden. Daher bleiben sie / wie gesagt / ein Jahr wie das andere / Anno 98. so böse / als sie Anno 97 gewesen; und also bleibet alles im Verderben liegen.

Wie nun aus der gantzen Berg-Predigt CHristi die falschen Propheten in ihrer Lehr-Art beschämt und für unrichtig erkannt werden; also insonderheit / aus denen vor unserm Text unmittelbar vorhergehenden Worten / da unser Heyland sagt:

Gehet ein durch die enge Pforte / denn die Pforte ist weit /
und der Weeg ist breit / der zur Verdammnis führet / und ih-
rer sind viel / die darauff wandeln; und die Pforte ist enge /
und der Weeg ist schmal / der zum Leben führet / und wenig
sind ihrer / die ihn finden.[12] Denn da lehret ja die Erfahrung /
daß durch der meisten Lehrer ihre Predigten die Menschen
von der engen Pforte der Wiedergeburht / und von dem
schmalen Weege des Creutzes / und der Verleugnung abge-
führet werden / und hingegen der Weeg ihnen fein breit gemacht wird. Und wie können sie anders? So sie sich nicht selbst
verdammen und verwerfflich machen wollen in Erwegung /
daß sie selbst durch die enge Pforte nicht gegangen sind / noch
den schmalen Weeg betreten. Denn insgemein wird keiner den
Weeg zum Himmel seinen Zuhörern recht vorstellen können
noch wollen / als der denselben selber betritt: da hingegen die
andern sich sehr wohl in acht nehmen / daß sie den Weeg zum
Himmel ja nicht zu schmal machen / damit die Zuhörer nicht
etwan dencken mögen; Ey stehet es also umb den Weeg zum
Himmel-Reich / so ist unser Pfarrer selbst noch nicht darauff.
Und weil sie also selbsten auff den schmalen Weeg wenig halten / so können sie es auch an andern / die darauff mit Lehr
und Exempel weisen / nicht ertragen / sondern plaudern mit
bösen Worten: Man gehe zu weit / man suche es gar zu genau / man wolle vollkommen seyn. Da fänget man an das
Volck für heimlichen Gifft / für der Vollkommenheit zu warnen / da doch die Menschen noch wol tausend Meilen entfernet
sind von der Christlichen Vollkommenheit / davon unser
Heyland sagt beym Matth. V. *Seyd vollkommen / wie auch*
euer Vater vollkommen ist[13] / das ist rechtschaffen / daß ihr
nicht allein eure Freunde / sondern auch eure Feinde liebet. Da
warnet man die Menschen vor der Lehre von Haltung der Ge-
both / und suchet dieselbe durch Vorwand der menschlichen
Schwachheit und Unvollkommenheit aufzuheben: Hingegen
scheuet man sich nicht zu sagen / wie der liebe GOtt dieses und
jenes wol leyden könne / daß man tantze / spiele / Gesundhei-
ten trincke etc. das sey eine zugelassene Lust und indifferente

Sache / deren man sich so nicht entschlagen könne. Und also ist es mit andern Eitelkeiten mehr bewandt / daß man dieselbe zu indifferenten oder freyen Mittel-Dingen machet / darüber denn die Menschen fein auff den breiten Weeg gerathen / Fleisch und Blut den Zügel lassen und also ihr ewiges Heyl verschertzen. Da sage ich nun / daß solche Lehrer sich damit verrathen / daß sie falsche Propheten sind / die von der Lehre CHristi und seiner Apostel abweichen. Denn wir mögen die gantze heilige Schrifft durchblättern und durchsuchen / so werden wir nirgend finden / daß die wahren Propheten / CHristus und seine Apostel eine solche Lehre geführet; Das und das ist zulässig / oder dieß und das kann der liebe GOtt noch wol leyden / und was dergleichen mehr ist: sondern wir sehen / wie die Apostel des HErrn auff eine gründliche Aenderung des Hertzens und Sinnes gedrungen haben / und wie man sich CHristo innerlich und äusserlich gleich stellen müßte. Also lasset uns ja dieses wohl erkennen / daß das ein rechtes Kenn-Zeichen der falschen Propheten ist / wo man das Volck auff dem breiten Weeg also hingehen lässet / der zur Verdammniß abführet.

Ferner sollten die Lehr-Früchte verstanden werden: so muß man ja denn darauff sehen / was für Frucht die Lehre bey den Zuhörern schaffe. Denn da wissen wir ja / daß wenn von Früchten die Rede ist / solches von demjenigen effect oder Würckung / die eine Lehre hat / zu verstehen sey. So muß man demnach prüffen / ob die Zuhörer durch die Lehre bekehret / geändert und gebessert werden. Es ist ein bedencklich Wort / welches GOtt durch Jeremias im XXIII. Capitel v. 22. saget: *Wo sie / die Propheten / bey meinem Rathe blieben / und hätten meinem Volcke meine Worte geprediget / so hätten sie dasselbe von ihrem bösen Wesen / und von ihrem bösen Leben bekehret.* So ist es gewiß / wo GOttes Wort mit Ernst vorgetragen wird / wo es mit Geist und Krafft verkündiget wird / da greifft es die Hertzen der Menschen an: und wo Kinder des Friedens darunter sind / siehe so kommt der Friede auff sie / daß sie dadurch aus ihrem Verderben heraus geholet / und mit dem Liechte der Lebendigen erleuchtet werden. Fragt man solche aber / was sie denn vor Lehr-Früchte haben? Was sie mit ihren Predigten in ihrem Ambte vor Nutzen geschaffet / so lange sie darinne gewesen? So wissen sie von keinen andern zu sagen / als daß sie ja hoffen müßten / es werde GOttes Wort nicht leer wieder kommen seyn. Ja / wer GOttes Wort geprediget hätte / und dabey geblieben wäre: so wäre es frey-lich nicht leer wieder zurücke kommen. Aber wenn da hunder-terley Auslegungen / wenn da Historien / wenn da Meynun-gen / wenn da controversien, die lang abgethan sind / und daran kein Mensch mehr gedencket / wenn da kluge Fabeln und unnützes / ungeistliches Geschwätze auff die Bahn ge-bracht werden / und hergegen dasjenige / welches dazu ge-höret / daß das Hertz angegriffen / die Gewissen gerüget / und zur Busse erwecket werden / daß ihnen ihr Verderben und Elend recht unter die Augen gestellet / so denn die Mittel und Weege aus ihrem Elende heraus zu kommen gezeiget werden / verbissen oder doch verkehret und verstümmelt vorgetragen wird: so ist kein Wunder / daß man nicht weiß / was das Wort für Nutzen geschaffet habe. Ich kann mich dießfals wol auff die Erfahrung beruffen / daß ein Lehrer / der selber noch nicht zu GOtt bekehret ist / und nur den äußerlichen Schaff-Peltz des Beruffs / der Orthodoxie und des Eyffers für dieselbe hat / aber innwendig ein Wolff ist / deßen Hertz voll Eigen-nutz und mit Geitz durchtrieben ist / die Seelen verwahrlose / und keinen rechten Nutzen schaffe: weil ein solcher unmüg-lich die rechte Weißheit die Seelen zu GOtt zuführen haben kann. Ich kann das mit Grund der Wahrheit sagen / so lang mir GOtt mein Leben gegönnet / ist mir noch kein Exempel bekandt / daß von einem solchen Hirten ein Mensch aus sei-nem Verderben heraus geholet / und in einen rechtschaffenen Stand der Wiedergeburt und des Christenthums gesetzet / und in demselben weiter fort geführet worden wäre; Ein sol-ches Exempel, sage ich / weiß ich nicht: Weiß aber einer unter euch ein solches / so will ichs ihm gönnen. Mir ist noch kein Exempel bekandt: aber das hab ich wol gesehen / daß in solcher Gemeinde / da die Lehrer selber nicht bekehrt gewesen seyn / alles fein so bey dem alten Schlendrian geblieben ist / daß die Leute zur lieben Kirchen gegangen / daß man Sie in ihren Sünden als liebe Mit-Christen getröstet / und sie ohne Unterscheid bey ihrem Hoffart / Geitz / Ungerechtigkeit / Freßen und Sauffen zur Beicht und Heil. Abendmahl gelaßen hat / dabey denn niemand mit Ernst an die Bekehrung gedacht / sondern alles so fein ruhig und still geblieben ist / daß die Lehrer mit Ihren Zuhörern und diese wieder mit jenen wohl zufrieden gewesen; indem einer den andern geheuchelt hat. Sehet so ist mirs wol bekandt / und so hab ichs wol in der Erfahrung: also daß man die falschen Propheten auch wol an den Früchten erkennen mag. Ich begehre ja damit keines weeges zuläugnen / daß je zuweilen von einem solchen Lehrer aus dem Worte GOttes ein Spruch Heil. Schrifft vorgebracht werde / der etwa ein Hertze rühret; aber darinne bestehet ja gewiß noch nicht die gantze Führung der Seelen; da ist ja noch nicht das Ambt des Geistes / so geführet werden soll / dazu sie gewiß gantz untüchtig sind. Denn kommet nun einer / der durch das Wort GOttes in seiner Seele gerühret ist / zu einem solchen Lehrer / und saget Ihm seine Noth und Elend / wird ihm denn wol geholffen? Nein gar nicht. Denn da weiß ja ein solcher / als ein Blinder den Weeg selbst nicht / oder wie es nun anzugreiffen sey. Da ist ein solcher in den Weegen der Buße und des Glaubens unerfahrner Lehrer schon zufrieden / wenn es die Leute nur nicht mehr thun wollen: Ey sagen sie / Ihr wollt es doch nicht mehr thun? Und wenn das einer verspricht / sagen sie; so ists schon gut / und lassen ihn damit hingehen. Oder man fähret gleich mit dem Trost drüber her: Seyd getrost / eure Sünden sind euch vergeben / und machet also kurtze Arbeit / damit einem solche Seelen ja nicht zulange auff dem Halse bleiben / sondern man ihrer je ehe je lieber wieder loß werden möge (als wenn es nicht mehr kostete / daß der Mensch aus dem Irrthum geführet / und gründlich aus dem Verderben heraus gerißen werde). Daß man aber ein solches Schäfflein / so aus der Irre gerne heraus will / sollte

auff seine Achsel nehmen / und es zu der übrigen Heerde der
Heiligen und Geliebten GOttes tragen / wie unser Heyland
in seinem Vorbilde es gezeiget hat in dem 15. Capitel des
Evangelisten Sct. Lucae[14], und also der armen Seelen zustatten
kommen / ihr helffen und Mittel und Weege zeigen sollte /
wie sie Christum annehmen / und in ihn eingewurtzelt und
bevestiget werden könne / das bleibet wol zurück. Wisset ihr
dergleichen Exempel? Ist euch eines bekandt? Ja solche falsche Propheten befodern nicht allein die Seelen nicht in dem
Wercke der Buße und Bekehrung: sondern sind ihnen darinnen wol gar hinderlich / und / da sie selbst nicht hinein wollen / so wehren sie auch andern / die von GOtt dazu erwecket
sind. Denn da siehet man ja / daß wenn gleich einige Seelen
etwa in eine göttliche Traurigkeit gesetzet werden / und kommen zu ihnen / und klagen über ihren sündlichen Zustand /
darinnen sie bißher gelebet / auch was sie darüber in ihren
Gewißen fühlen / so heißet es wol / daß man ja dahin sehen
solle / daß man nicht zu tieffsinnig werde / daß man nicht etwa in Melancholey gerathe: oder man spricht wol gar; Ey wie
kommt ihr ietzt auff die Gedancken? Ihr seyd ja lange ein
guter Christ gewesen; Ihr seyd ja fleißig in die liebe Kirche /
zur Beichte / zum Heil. Abendmahl gegangen; Ihr werdet ja
nicht sagen / daß ihr vorher keinen Glauben gehabt hättet;
stärcket euch nur in eurem schwachen Glauben / und so weiter
etc. Siehe / das heißet denn den Weeg GOttes umbkehren!
Und das kommt eben daher / daß solche blinde Leiter selbst
das Werck der Bekehrung in ihren Hertzen nicht erfahren
haben: Darumb bleibet es wol bey dem Ausspruch unsers
Heylandes JEsu CHristi / daß ein Blinder dem andern den
Weeg nicht weisen könne. *Mag auch* / spricht Er / *ein Blinder
dem andern den Weeg weisen / werden sie nicht alle beide in
die Grube fallen.*[15] Siehe das ist ein wahrhafftiges Wort / das
JEsus CHristus gesaget hat. Darumb heißt es: *an ihren Früchten sollt ihr sie erkennen.* Ich sage damit nicht / daß GOttes
Wort nicht an sich selbst kräfftig wäre / oder daß die Krafft
desselben von der Würdigkeit desjenigen / der es vorträgt /

dependiren sollte; sondern glaube / daß GOttes Wort an sich selbst ein kräfftiger und lebendiger Saame ist; Wie solches E. L. in der Predigt am letzten Pfingst-Tage über Joh. X. so mit Göttlicher Hülffe ehester Tage zum öffentlichen Druck wird gegeben werden / ausführlicher gezeiget worden ist[16]: Doch mag ich auch mit den falschen Propheten dieses Lehr-Satzes nicht also mißbrauchen / daß ich sagen wolte / ja ein gottloser Prediger könne eben so wohl GOttes Wort lehren und predigen. Siehe das ist nicht wahr / und stehet nirgend in GOttes Wort: Es heißet: *Ein Gottloser kann nichts rechts lehren; denn es kommt nicht von GOtt / denn zu rechter Lehre gehöret die Weißheit / so giebt GOtt Gnade darzu* / Syr. XV,9.10, CHristus und seine Apostel haben auch so gelehret. Wo GOttes Wort recht gelehret und in Lauterkeit und Göttlicher Weißheit vorgetragen wird / unverfälscht / und ohne Menschen-Tand / da hats freylich seine Krafft: aber das können und wollen die falschen Propheten nicht thun; Denn sie sind triegliche Arbeiter / sie bringen ihren Menschen-Tand darunter / und verdrehen und verkehren das Wort GOttes. Wie ists denn möglich / daß GOttes Wort so denn seine Krafft beweise.

Ich will von solcher Verkehrung des Göttlichen Worts nur ein und ander Exempel setzen: 1. Tim. V,8. heißet es: *So jemand die Seinigen / sonderlich seine Haußgenoßen nicht versorget / der ist ärger als ein Heyde / und hat den Glauben verläugnet /* das ist ja GOttes Wort / daran ist kein Zweiffel: Wie gehets aber mit solchem Spruch / wenn ein geitziger Prediger darüber kommt? Siehe Er weiß ihn bald also zuverdrehen / daß er damit behaupte / es sey nicht unrecht / daß er auch in seinem Ambte dahin sehe / wie Er sich und die Seinen wohl berathe / wie er auch etwas möge vor sich bringen; deßwegen könne es ihm auch ja niemand verdencken / wenn er die Gemeine / der er etwa jetzo vorstehet / und bey der wenig vorhohlen / verlaße / und sich umb einen andern Dienst bewerbe / darbey mehr zubeißen und zubrechen sey. Denn spricht er / es stehet ja geschrieben: *So jemand die Seinen nicht versorget / der ist ärger denn ein Heyde.* Da bedencke selbst / wie doch GOttes Wort seine Krafft beweisen könne / wenn es also verfälscht und verdrehet / und der Sinn des Heil. Geistes verschwiegen wird: der dahin gehet / daß wenn solche Kinder seyn / die arme Eltern haben / und sie noth leiden lassen / da sie doch solchen noch Handreichung thun könnten / solche ärger als die Heyden seyn / und den Glauben verläugnet haben. Denn wenn Glaube / der ja durch die Liebe thätig sich beweisen muß / in ihrem Hertzen wäre / wie könnten sie / will Paulus sagen / das über ihr Hertz bringen / daß sie ihre armen Eltern sollten unversorget lassen / und der Gemeinde auff den Halß schieben / daß sie sollten aus dem öffentlichen Gottes-Kasten erhalten werden / u.s.f. Wenn nun solcher Spruch auff den Geitz geführet wird / kann er seine Krafft nicht behalten.

So gehet es auch / wenn der Spruch aus der Epistel an die Römer III,23. *Wir sind allzumal Sünder / und mangeln des Ruhms / den wir an GOtt haben sollten* / angeführet und dahin gedeutet wird / als ob kein Unterscheid im Christenthum sey / sondern einer sey so wol ein armer Sünder als der andere: welches gewiß Pauli Sinn nicht ist; denn es ja nicht heisset: *wir* / sondern *sie* sind allzumal Sünder. Daraus man ja siehet / daß Paulus von den Menschen / wie sie vor ihrer Bekehrung ausser CHristo und seiner Gnade sind / rede: denn da ist freylich kein Unterscheid / da mangeln sie alle des Ruhms / den sie an GOtt haben sollten. Aber von einem bekehrten Menschen heisset es hingegen also: *Wir rühmen uns GOttes in CHristo JEsu* / nach dem V. Cap. der Epist. an die Römer[17]. Dieselben mangeln nicht des Ruhms / den sie an GOtt haben sollen / sondern sie rühmen sich des HErrn Jesu CHristi / *der ihnen von GOtt gemacht ist zur Weißheit / und zur Gerechtigkeit / und zur Heiligung / und zur Erlösung* / nach der 1. Cor. I,30; ja sie rühmen sich auch der zukünfftigen Herrligkeit / die GOtt geben soll / abermal mit Paulo zu reden aus Röm. V.[18] Wenn das aber nun so hingesaget wird / daß kein Unterscheid sey / wir wären doch allzumal Sünder / wenn gleich einer frömmer wäre als der andere / wie kann da GOttes Wort / wenn es so verdrehet wird / seine Krafft beweisen? Denn es ist da nicht mehr GOttes Wort / sondern es ist der falsche Sinn solcher falschen Propheten / der wird dem Volcke vorgesaget: welches denn eben durch solche Verkehrung in seiner Unbuß-fertigkeit und in dem Wahn von der Unmüglichkeit fromm und heilig zu leben gestärcket wird; indem es einen solchen Schluß machet / es sey eben nicht nöthig / daß man es so genau nehme / es bleibe doch darbey: Wir sind allzumal Sünder / und mangeln des Ruhms / den wir an GOtt haben sollen. Ein solcher Schade entstehet / wenn der Spruch so verdrehet wird / an statt / daß er also erkläret werden sollte / daß die Men-schen dadurch zu einer gründlichen Erkenntniß ihres Elendes / und hertzlichem Verlangen nach der Gnade GOttes in CHri-sto JEsu / zu ihrer Rechtfertigung und Heiligung gebracht werden könnten.

Noch ein Exempel: Wenn gesagt wird: *Der Gerechte fällt des Tages siebenmal* / aus Proverb. XXIV.[19] und solches dahin an-geführet wird / daß man sich deßwegen nicht zu bekümmern habe / daß man täglich vielfältig sündige: denn so der Ge-rechte des Tages siebenmal falle / so sey es nicht Wunder / wenn wir / die wir uns nicht für Gerechte ausgeben / sondern für arme Sünder halten / so sich nur der Gnade GOttes getrö-sten / noch vielmehr fallen. Da nun so viele Irrthümer in sol-cher Lehr-Art stecken / wie kann da GOttes Wort seine Krafft beweisen. Denn erstlich stehet nicht in der Bibel: *Der Gerechte fällt des Tages siebenmal;* sondern es stehet: der Gerechte fällt siebenmal. Das Wort: *des Tages* / ist von ihnen darzu ge-setzet. Zum andern / so handelt der Spruch nicht vom Sünden-Fall / sondern er handelt vom Fallen in Unglück. Wie aus dem Gegen-Satz zu sehen / da es heisset: Ein Gerechter fället sie-ben mal / und stehet wieder auff / aber die Gottlosen versin-cken im Unglück. Wie denn der liebe Lutherus in seiner Rand-Glosse es selbst also erkläret / daß der Spruch nicht von *Sün-den-* sondern Unglücks-Fällen handele / und dieses der Ver-stand sey: daß wenn gleich der Mensch in viel Noth und Elend stecke / so er anders GOtt fürchtet / und vor Augen hat / so werde ihm GOtt schon wieder heraus helffen; Aber derjenige / der dem Gerechten nachstelle / dem werde es nicht wohl gehen / der werde darinn versincken. Wenn aber nun GOttes Wort also verkehret wird / wie können die Menschen anders als ein Pflaster daraus nehmen auff ihre alte stinckende Sünden-Wunden / daß sie meynen / es sey ihnen gantz wol gerathen / und werden doch immer tieffer ins Verderben hinein geführet? Aus dem allen aber ist nun offenbar / wie GOttes Wort seine Krafft nicht mehr beweise / wenn es nach dem Sinne solcher falschen Propheten vorgetragen und angenommen wird / und daß man GOttes Wort / so fern es GOttes Wort ist / und nach dem Sinn des Geistes vorgetragen wird / keines Weeges für unkräfftig achtet / sondern nur umb deßwillen unkräfftig wird / weil die falschen Propheten GOttes Wort nach ihrem Sinn deuten / und nicht die gantze Lehre / noch die gantze Oeconomie des Heyls / und was darzu gehöret / daß einer aus seinem Verderben heraus gerissen werde / dem Menschen klar und deutlich vor Augen stellen.

Wir haben aber nun vielmehr aus unsers Heylandes eigener Erklärung zu lernen / was er meyne / wenn er spricht: *An ihren Früchten sollet ihr sie erkennen.* Denn so heisset es in dem folgenden: *Kann man auch Trauben lesen von den Dornen / oder Feigen von den Disteln? Also ein jeglicher guter Baum bringet gute Früchte / aber ein fauler Baum bringet arge Früchte.* Unser Heyland führet uns auff die Natur / und spricht: wir sind ja von uns selbst wol so klug / daß wenn wir gerne wollten Trauben lesen / wir nicht zu den Dornen gehen; denn das wissen wir wol / daß die Dornen von Natur keine Trauben bringen; sondern wir gehen zum Weinstock: Und wann wir Feigen essen wollen / so werden wir zu keinem Distel Kopff gehen / und daselbst Feigen suchen / so thöricht ist niemand / sondern man gehet zu einem Feigen-Baum. Also spricht unser Heyland: *Ein jeglicher guter Baum bringet gute Früchte / aber ein fauler Baum bringet arge Früchte.* So verhält sichs nun auch im Reich GOttes. Dannenhero wenn jemand wissen will / ob einer ein wahrer Lehrer sey oder nicht / so sehe er auff seine Früchte / nicht nur der Lehre / sondern auch des Lebens. Findet er nun gute Früchte / nehmlich die rechten Früchte des Geistes / wie sie in der Epistel an die Galater am V,22. beschrieben werden / als da sind Liebe / Friede / Freude / Gedult / Freundligkeit / Sanfftmuth / Glaube / Keuschheit: so kann er ja gewiß seyn / daß es ein guter Baum / das ist / ein Lehrer von GOtt / seyn müsse. Denn gleichwie / was Trauben hervor bringet / kein Dornenstrauch / sondern ein Weinstock ist: Also auch ein Lehrer / der solche gute Früchte bringet / kann kein falscher Prophet seyn. Wiederumb heißt es denn auch: *Ein fauler Baum bringet arge Früchte.* Denn ein jeglicher Baum wird an seiner eigenen Frucht erkannt. Dannenhero wenn wir an den Lehrern arge Früchte finden / nehmlich die offenbaren Wercke des Fleisches / wie sie abermal in der Epistel an die Galater am V,23.24.[20] beschrieben werden: so können wir daraus schliessen / daß solche falsche Propheten seyn müssen.

Ja unser Heyland gehet noch weiter und spricht: *Ein guter Baum kann nicht arge Früchte bringen / und ein fauler Baum kann nicht gute Früchte bringen.* Zeiget damit an / daß mans nicht allein so in der Natur finde / sondern daß es auch nach dem gemeinen und ordentlichen Lauff derselben unmüglich anders seyn könne; Ein guter Baum könne nicht arge Früchte bringen / und ein fauler Baum könne nicht gute Früchte bringen: Also wenn man an einem Lehrer die offenbare Wercke des Fleisches sehe / als Eigen-Nutz / Geitz / Hoffarth / Wollust / Verwahrlosung der armen Seelen und andere dergleichen Sünde und Laster; so sey es nicht nur etwa glaublich / sondern es könne auch unmüglich anders seyn / ein solcher müsse ein falscher Prophet seyn. Hingegen wo man die Früchte des Geistes an einem Lehrer gewahr und inne wird / daß er nehmlich beweiset Glauben / Liebe Gedult / Sanfftmuth / Demuth / daß er sich mit hertzlichem Erbarmen der Armen annimmt / daß die Menschen durch sein Wort und Exempel bekehret / geändert und gebessert werden: so solle man

gewiß daraus schliessen / daß ein solcher Lehrer aus GOtt sey.
Man soll sich damit nicht auffhalten / daß man spricht: *Ja sie
meynen es anders; Sie stellen sich nur so; Es ist doch nur Heucheley und Scheinheiligkeit; Sie kommen in Schaaffs-Kleidern / und sind doch wol reissende Wölffe.* Nicht also / sondern wenn du die Früchte des Geistes erkennest / da sollt du
dencken an das Wort CHristi: *Ein fauler Baum kann nicht
gute Früchte bringen.* Denn wie unser Heyland wollte / daß
man daraus schließen sollte weil sein gantzes Ambt dahin
gienge / wie er dem Teuffel sein Reich zerstören und das Böse
abthun möchte / daß er von GOtt gesand wäre / und die Teuffel nicht durch Beelzebub / sondern durch GOttes Finger aus-
triebe; denn ja der Teuffel nicht so thöricht sey / daß er sein
eigen Reich werde verstören helffen: Also schliesset auch unser
Heyland: *Ein jeglicher guter Baum bringet gute Früchte* / thut
aber auch hinzu: *Ein jeglicher Baum / der nicht gute Früchte
bringet / wird abgehauen / und ins Feuer geworffen.* Deutet
damit an / wie es den falschen Propheten ergehen werde.
Denn gleichwie ein Gärtner einen Baum / der nicht gute
Früchte bringet / nicht immer in seinem Garten dultet / sondern denselben abhauet und ins Feuer wirfft; weil er ihn zu
nichts bessers zu gebrauchen weiß: Also will auch GOtt solche
Lehrer / die keine gute Früchte bringen / und deren Wort und
Wercke nicht mit einander übereinstimmen / ins Höllische
Feuer werffen. Aus dem allen ist denn zu sehen / warumb unser Heyland saget: *An ihren Früchten* sollt ihr sie erkennen /
und wie Er mit solchen Worten keines weges uns allein auff
die blossen Lehr-Sätze / wie die falschen Propheten wollen /
weise / sondern vielmehr und hauptsächlich auff die Früchte
der gantzen Führung des Ambts und des Lebens ziele: ob
nehmlich alles mit seiner Lehre über ein stimme. Denn seine
Worte sind klar und deutlich: ja Er erkläret sich hernach noch
deutlicher / was Er damit haben wolle / wenn Er spricht auch
ohne Gleichniß: *Es werden nicht alle / die zu mir sagen HErr /
HErr / ins Himmel-Reich kommen / sondern die den Willen
thun meines Vaters im Himmel.* Will er sich denn nun an die

Lehr-Früchte / das ist / an die Lehr-Sätze kehren? Nein / sondern er will Früchte haben / die aus der Lehre fliessen / Früchte
des Lebens. *Es werden nicht alle* / spricht Er / *die zu mir sagen:
HErr / HErr / das ist / die ihre Lehr-Sätze auff Universitäten fein in die Köpffe gefasset / und andern wieder so vorsagen können / wie sie dieselbe in ihr Gehirn gefasset haben /
ins Himmel-Reich kommen / sondern die den Willen thun
meines Vaters im Himmel.* Was thun denn die falschen Propheten? Sie sagen noch wol darzu / das ist unmöglich / es
kanns kein Mensch thun: und wollen doch haben / daß man
sie an den Früchten ihrer Lehr-Sätze solle erkennen / ob sie
rechtschaffene Lehrer seyn / oder nicht. Nun wolan / so ist
denn offenbar / daß sie nicht aus GOtt sind: darumb daß sie
den Leuten die Unmüglichkeit vormahlen von einer solchen
Sache / die doch CHristus gethan haben will; wenn Er spricht:
*Die werden ins Himmel-Reich kommen / die den Willen thun
meines Vaters im Himmel.* Was ist aber der Wille des Himmlischen Vaters? daß wir gläuben (mit einem göttlichen und uns
innerlich verändernden Glauben) an den Namen des einge-
bohrnen Sohnes GOttes / und daß wir uns unter einander lieben (denn in der Liebe soll der Glaube thätig sich beweisen)
nach dem dritten Cap. der Ersten Epist. Johannis[21].
Unser Heiland fähret fort und saget: *Es werden viele zu mir
sagen an jenem Tage: HErr / HErr / haben wir nicht in deinem
Namen geweissaget?* das ist / geprediget / vielmal auff der
Cantzel gestanden / und haben unsere Predigt auffs herrlichste ausgeschmücket / haben sie den Menschen in deinem Namen auffs beste vorgetragen? *Haben wir nicht in deinem Namen Teuffel ausgetrieben?* Den Exorcismum bey der Heil.
Tauffe so vielmal gebrauchet / und gesaget: Fahre aus du unreiner Geist?[22] *Haben wir nicht in deinem Namen viele Thaten
gethan* / damit daß wir die Ketzer widerlegt; daß wir grosse
Bücher geschrieben / und dieselbe in die Welt ausgeschicket;
daß wir sind grosse Lehrer / grosse Doctores in der Welt gewesen / die jederman admiriret hat? *Dann werde ich ihnen bekennen: Ich habe euch noch nie erkannt / weichet alle von*

mir / ihr Übelthäter. Ihr habt euch nur umb eure Lehr-Sätze bekümmert: und ob ihr wol große Doctores in der Welt gewesen seyd; so habe ich euch doch nicht anders als Ubelthäter erkannt / nicht aber als meine Knechte / die meinen Willen gethan hätten. Darumb wil ich euch nun auch nicht bey mir haben / sondern sollet als kahle unfruchtbare Bäume ins Feuer geworffen werden.

Wir mögen dann aber bey diesem Stück / da die Frage ist: Wobey die falschen Propheten doch zuerkennen seyn? auch billig nach Anweisung der Schrifft dieses zu unserm Unterricht mercken / daß die falschen Propheten keines weges die Maal-Zeichen JEsu CHristi an sich tragen; Da hingegen die wahren Propheten / jeglicher in seinem Theil mit Paulo sagen kann: Gal. VI,17. *Hinfort mache mir weiter Niemand Unruhe / denn ich trage die Maal-Zeichen Christi an meinem Leibe. Was sind aber die Maalzeichen CHristi?* Antw. Die Maalzeichen CHristi sind Schmach / Verfolgung umb des Worts des Evangelii willen und allerley Trübsalen. Suchet selbst die gantze Heil. Schrifft durch / und sehet / was vor Kenn-Zeichen die wahren und falschen Propheten haben. Die wahren Propheten sind allezeit von der Welt verfolget / verspottet und verschmähet worden: Es haben die Menschen allerley Ubels von ihnen geredet. Sie waren der Bösen ihr Liedlein; wie David / Ezechiel und Jeremias / ja alle Propheten darüber Klage führen.²³ So spricht unser Heyland Matth. V,11. in eben dieser Rede / daraus unser jetziges Evangelium genommen: *Seelig seyd ihr / wenn euch die Menschen umb meinet willen schmähen / und verfolgen / und reden allerley Ubels wider euch / so sie daran lügen; Seyd frölich und getrost / es wird euch im Himmel wohl belohnet werden: Denn also haben sie verfolget die Propheten / die vor euch gewesen sind.* Da zeiget unser Heyland an / so sey es immerdar ergangen / nehmlich / daß diejenigen so die Wahrheit denen Leuten vor die Stirn gesaget / die sich vor Menschen nicht gefürchtet / sondern ihnen ihr Verderben und Sünde vor Augen gestellet haben / keine Liebe bey der Welt gefunden: sondern daß sie der größte

Hauffe in der Welt verlachet / verspottet / verleumbdet / verhöhnet und verfolget habe / (davon wir wol ferner nachlesen mögen das eilffte Cap. der Epistel an die Ebräer / in welchem ein gantz Register solcher Creutzes-Zeugen enthalten ist.) Und darumb saget Er / sollten sie sich hieran nicht ärgern: sie wären seelig / wenn es die Welt so mit ihnen spielete; denn so hätten es ihre Väter denen wahrhafftigen Propheten auch gemachet. Sehen wir Christum und seine Apostel selbst an / so finden wir / daß es ihnen nichts besser ergangen sey. War denn nun CHristus wol angenehm bey seinem Volck? Saget nicht Johannes: Er kam in sein Eigenthumb und die Seinigen nahmen Ihn nicht auff?[24] Wer war aber wol Schuld daran? Antw. Die Pharisäer / Schrifftgelehrten und Hohenpriester / die es niemals mit ihm hielten / nach ihrem eigenen Geständniß Joh. VII,48. *Gläubet auch irgend ein Oberster oder Pharisäer an ihn?* Daher wurde denn auch das Volck von ihm abwendig gemachet / welches durch ihr Ansehen und Autorität verblendet und bezaubert wurde. Wie es auch heut zu Tage also gehet / da der arme Hauffe spricht: Ey / wenn es recht wäre / würdens unsere Geistliche auch billigen: wenns wahr ist / warumb sagen es denn unsere Herren Geistliche nicht auch so? Nun so ergieng es auch denen Aposteln: wurden sie wol auffgenommen? Ich meyne ja nicht. Ihr erstes Tractament war / daß sie mit Ruthen gestäupet wurden: Aber sie freueten sich / daß sie würdig geachtet wurden umb des Namens CHristi willen Schmach zu leiden.[25] Im Gegentheil / wie ist es denn ergangen den falschen Propheten? Da spricht unser Heyland bey dem Evangelisten Luca im VI,26. darinnen eben diese Berg-Predigt enthalten ist / also: wehe euch / wenn euch jederman wohl redet; Deßgleichen thaten ihre Väter den falschen Propheten auch. Also ist das Maalzeichen der falschen Propheten gewesen / daß jederman wohl von ihnen geredet hat. Darumb haben denn die falschen Propheten die Maalzeichen JEsu CHristi nicht an sich; denn sie sind Wölffe / und nicht Schaaffe: ja sie scheuen sich auch davor; sie nehmen sich gar wohl in acht / daß sie doch ja nicht bey der Welt einen Ver-

dacht und gehässigen Namen davon tragen mögen: sondern
das halten sie vor ihre Crone / wenn jederman wohl von
ihnen redet; wenn sie bey den Leuten beliebt seyn. Wäre das
nicht / so würden sie sich eines grossen Schadens befahren:
denn damit möchte ihnen vieles von ihrer Ehre / Ansehen /
Respect und Einnahme abgehen. So können wir aus diesem allen
nun wohl erkennen / was es sey / das unser Heyland saget: *an
ihren Früchten sollt ihr sie erkennen.*

Das dritte Stück

Nun müssen wir auch zum dritten sehen / *wie wir uns denn
für den falschen Propheten zu hüten haben:* Denn darauff
gehet ja vornehmlich unser heutiges Evangelium. Es heisset:
Sehet euch für / für den falschen Propheten etc. Da laßt uns
nun denn recht auffmercksam seyn: zumalen hieran ja alles
gelegen / daß man diese geistliche Klugheit und Vorsichtigkeit
recht lernen möge. Wollen wir denn nun für der Verführung
der falschen Propheten bewahret werden: so müssen wir erst
denjenigen grossen Propheten recht kennen lernen / der diese
Warnung gegeben hat / nehmlich JEsum Christum den Heyland der Welt / den sage ich / müssen wir erst recht kennen
lernen / und denselben müssen wir von gantzem Hertzen suchen. Lieben Menschen! woher kommts doch / daß ihr so viel
Furcht in euch habet; Es möchte etwas darhinter seyn / oder
ihr möchtet verführet werden? Es kommt in Wahrheit daher:
daß ihr euch nicht zu dem Ertz-Hirten CHristo JEsu von
gantzem Hertzen wendet. O fanget doch nur an Ihn als euren Lehrer / als euren Propheten / Hirten und Meister anzunehmen. Ihr habt ja sein Wort / das Er euch hinterlassen hat:
Gläubet demselbigen / so werdet ihr nicht verführet. Wer heisset euch / daß ihr euch an diese und jene Menschen hanget?
Ihr seyd nicht gebunden an Menschen; Darauff hat euch GOtt
nicht gewiesen: Sondern Er hat euch gewiesen an seinen ein-
gebohrnen Sohn / und gesaget; *Das ist mein lieber Sohn / an*

dem ich Wohlgefallen habe / den sollt ihr hören.[26] Wenn ihr das
thut / so werdet ihr nicht irre werden. Wenn ihr gleich höret:
Der und der Mann soll in diesem / jener in einem andern Irrthum stecken / und wisset diese und jene Historie zuerzählen /
was gehts euch an? Sie stehen und fallen ihrem HErrn[27] und
Richter. Seyd ihr zu Richtern über sie gesetzet? Sehet ihr nur
dahin / daß ihr euch haltet an den / davon GOtt gesaget hat:
Den sollt ihr hören: auff den seyd ihr gewiesen. Wo ihr euch
nun an denselbigen haltet; Wo ihr euch von gantzen Hertzen
zu demselbigen wendet; wo ihr ihn annehmet als eure Weißheit / Gerechtigkeit / Heiligung und Erlösung:[28] sehet so werdet ihr alsdenn für aller Gefahr der Verführung sicher seyn /
und werdet durch solche Erkenntniß und Gehorsam das
Wahre von dem Falschen am besten unterscheiden lernen.
So müßt ihr aber auch zum andern CHristum und sein Wort
nicht von einander sondern. Ihr sollet viel mehr sein Wort
euch lassen lieb und werth seyn. Woher kommts abermal daß
die Menschen sich befürchten / sie möchten verführet werden /
da sie doch sich nicht zu fürchten Ursach haben? Gewiß / das
ist die Ursache / daß sie nicht GOttes Wort lesen / treiben /
noch damit umbgehen / und ihre Lust daran haben Tag und
Nacht[29] / nach dem ersten Psalm. Wenn denn der Mensch von
GOttes Wort nichts weiß / gehet nicht damit umb / und höret
dieses und jenes: was ist es Wunder / daß er nicht weiß / wie
er daran ist / und daß er sich mit mancheley und frembden
Lehren umbtreiben lässet.[30] Im Gegentheil aber / wann er die
Art hätte der gläubigen Berrhoenser die da fein nachforsche-
ten in der Schrifft / ob sichs auch also hielte[31] / was Paulus lehrete: so würde er bald aus allen seinen Zweiffeln heraus kommen. O wie fein wäre es / wenn es die Zuhörer heut zu Tage
noch also machten / und nicht so blindlings jedem zufielen:
wenn sie das / was sie in der Predigt gehöret / daheim in GOttes Wort fein nachschlügen / und betrachteten ob sichs also
verhielte; so ist kein Zweiffel / sie würden an den Prüffe-
Stein des Wortes GOttes bald das wahre und falsche Gold der
Lehre von einander unterscheiden lernen. So hat unser lieber

Heyland in diesen dreyen Capiteln des Evangelisten Matth.
im 5.6. und 7den seine Lehre so deutlich und klar zusammen
gefasset / daß wenn auch einer nur dieselbe ihm recht bekandt
machete / er gewiß auch darnach könnte urtheilen / welche
Lehre aus GOtt sey oder nicht.

Aber auch dabey solls einer nicht lassen. Es heißt: *Sehet euch*
für. Es kann aber keiner sehen / der nicht Augen hat oder
selbst blind ist. Soll einer sehen / so müssen ihm seine Augen
geöffnet seyn: Ich will sagen / es muß einer selbst den Geist
der Prüfung haben / so er anders die Geister prüffen will.
Er muß selbst durch den Heiligen Geist / der da ist ein Geist
der Weißheit und der Offenbahrung / erleuchtete Augen eines
guten Verständnisses überkommen haben:[32] Sein inwendiges
Auge muß von aller Schalckheit und Unlauterkeit also gereinigt seyn / daß er das wahre von dem falschen unterscheiden /
und was das beste sey / prüffen kann. Darumb ist auch von
nöthen / daß der Mensch sich selbst durch das Wort GOttes
erst gewinnen lasse / und von Hertzens-Grunde begehre sich
nach demselben zurichten. So lange der Mensch nicht den
Zweck hat / daß er gern sein gantzes Wesen und Thun nach
GOttes Wort einrichten will / sondern sich selber ein Christenthum nach seiner eigenen Phantasey schnitzet / und sich nach
dem meisten und grössesten Hauffen richtet / daß er es so und
nicht anders als andere Menschen mache / damit er nicht für
einen Sonderling gehalten werden möge / ob er gleich darunter
sein Gewissen auff mancherley Weyse verletzet: da ist es gewiß / daß ein solcher Mensch zur Prüfung seiner Lehrer gantz
untüchtig und ungeschickt ist: da im Gegentheil / wenn der
Mensch erst selbst zu dem lieben GOtt bekehret ist; so wird
der Heil. Geist in seiner Seele zeugen / daß Geist Wahrheit
ist / er wird durch desselben Krafft erkennen / daß das Wort /
das gelehret wird / Wahrheit sey.

Daraus fliesset denn auch dieses / daß der Mensch an sich den
Anfang machen / und nach der Ermahnung Pauli 2. Cor.
XIII. sich selbst erst prüffen müsse / ob er im Glauben sey /
oder ob JEsus CHristus in ihm sey.[33] Da soll der Mensch sich

selbst erst recht erkennen lernen an seinen eigenen Früchten /
ehe er andere aus ihren Früchten beurtheilet. Erst muß man in
sich selber den falschen Propheten recht erkennen lernen:
Wenn dieses nicht in acht genommen wird / so siehet man /
wie ein verkehrt Urtheil von denen Menschen-Kindern gefäl-
let wird. Hielten sie nicht Johannem für einen solchen / der
den Teuffel habe? Hielten sie nicht CHristum Jesum selbst
für einen Freßer und Säuffer / für einen Zöllner und Sünder-
Gesellen?[34] Ein solch verkehrt Urtheil fället die Welt / wenn
sie sich ohne die eigene Selbst-Prüffung unterwindet die Lehrer
zu prüffen. Aus Liecht machen sie Finsterniß / und aus Finsterniß Licht. Unser Heyland schließet seine Berg-Predigt mit
diesen Worten: *Darumb / wer diese meine Rede höret / und
thut sie / den vergleiche ich einem klugen Manne / der sein
Haus auff einen Felßen bauet; da nun ein Platz-Regen fiel
und ein Gewäßer kam / und webeten die Winde / und stießen
an das Hauß / fiel es doch nicht / denn es war auff einen Felsen gebauet; Und wer diese meine Rede höret / und thut sie
nicht / der ist einem thörigten Manne gleich / der sein Haus
auff einen Sand bauet / da nun ein Platz-Regen fiel / und kam
ein Gewässer / und webeten die Winde / und stießen an das
Haus / da fiel es / und thät einen großen Fall.*[35] Damit wird
angedeutet / wie der Mensch soll sehen / daß er erst in ihm selber einen guten Grund lege / und nicht wie er diese und jenes
an andern richten und tadeln möge: sondern er soll vor allen
Dingen seine meiste Sorge auff sich selbst wenden / daß er die
Rede des Herrn JEsu nicht allein höre / sondern auch thue. Da
soll der Mensch sich selbst fragen / du bist so offt in die liebe
Kirche gegangen / was hastu denn für Nutzen davon? Wie
hast du denn nach der Predigt gethan? hast du nun wol dieselbigen Laster gemieden / die du in der Predigt bestraffen
gehöret? Hast du denn der Tugenden dich von Hertzen be-
fließen / dazu du in der Predigt bist ermahnet und gereitzet
worden? Ist denn nun dein Hertz aus der Finsterniß zu dem
wunderbaren Liechte GOttes bekehret? gehest du auch in der
wahren Nachfolge deines Heylandes JEsu CHristi? und so

weiter. Sehet / so soll der Mensch sich selbst fragen / was er für
Nutzen und Frucht habe von dem Ambt / das da geführet
wird. Wo nun der Mensch dieser Ordnung folget / so wird er
schon zu der rechten Fürsichtigkeit sich für den falschen Propheten zu hüten gelangen.

Uber dieses soll man sich auch also für den falschen Propheten
hüten / daß man wohl erwege / ob man durch ihr Vorgeben /
und wenn man darnach thut / was sie sagen / zu einem recht
seeligen Zustande seiner Seelen gelangen möge / und so man
solches nicht befindet / daß man denn ihnen keines Weeges
folge. Zum Exempel / wenn du hörest / daß die Lehrer dich
bereden wollen; der liebe Gott könne das und das wohl leiden; das poculum hilaritatis sey wohl zugelassen; die Sorgen
der Nahrung könnten nicht so vermieden werden; Tantzen
und Springen sey eine vergönnete Lust; Man dürffe sich wol
nach seinen Stande halten; in prächtigen Kleidern gehen / sey
keine Sünde / wenn nur das Hertz nicht darbey wäre; Man
könne wol in der Welt Schätze sammlen / nach Ehren und höhern Stande streben / u.s.f.; Siehe / so mußt du darinn den falschen Propheten nicht folgen / so lieb dir dein ewiges Heyl
und Seeligkeit seyn mag. Bedencke es selbst / wenn du nun
dergleichen Lehre in dein Hertz kommen läßt / und dich darnach richten willt / wirst du wol alsdenn ein seeliger Mensch
seyn? Wirst du wol bey der verstatteten Eitelkeit und Gleichstellung der Welt / wenn dir die Dornen der Sorge der Nahrung / und der Geitz in deinem Hertzen gelassen / und dir die
weltlichen Lüste eingeräumet werden / ein geruhiges / stilles /
friedsames und freudiges Hertz zu GOTT gewinnen können?
Wirst du wol bey so gestalten Sachen einen rechten Grund von
dem rechtschaffnen Wesen / das in JEsu ist / in deiner Seelen
haben? prüffe es selbst? wirst du dich nicht vielmehr allezeit
mit einem bösen Gewißen schleppen? wird dich nicht bey dem
allen ein heimlicher Wurm in deiner Seele nagen? werden
nicht eitele Dinge den Saamen des göttlichen Worts in dir ersticken / daß du nicht glauben und seelig werden kannst?[36] ja
wird nicht GOttes Wort allenthalben dich unter Augen schel-

ten / du seyst ein Heuchler / der GOtt und der Welt / CHristo und dem Teuffel zugleich dienen und gefallen wolle? Im Gegentheil aber / wenn du auff die enge Pforte / auff den schmalen Weeg gewiesen wirst / daß du nehmlich / wenn Trübsahl kommet / das Creutz JEsu CHristi / und dessen Schmach auff dich nehmen sollest; Wenn du hörest / daß du sollst die Liebe der Welt / als Augen-Lust Fleisches-Lust und hoffärtiges Leben verleugnen; du wirst dahin gewiesen / du sollst deinen Heyland in seinen Fußstapffen fein nachfolgen / und durch die Krafft unsers HErrn JEsu CHristi dich stärcken lassen zu wandeln auff den Weegen GOttes / und deßwegen an deinen eigenen Vermögen und an deiner eigenen Krafft verzagen / hingegen die Krafft von Christo Jesu / die zum Leben und göttlichen Wandel dienet[37] / erbitten / siehe / wenn diese Lehre bey dir kräfftig wird / und du das thust / was dir gesagt wird / wird da dein Haus nicht auf einen Felsen gebauet? Wird da deine Seele nicht in einen seeligen Zustand gesetzet? Wird dir dadurch nicht besser gerathen / als wenn du solche Mittel-Dinge / wie es die Welt nennet / mit machest? Im Gegentheil kannst du nicht / wenn du sie thust / dadurch in Hurerey / in Truckenheit / in Dieberey und in alle Sünden und Laster hineingerathen? Wer räthet dir denn nun am besten? derjenige / der da will / daß du dich auch für der Gelegenheit zusündigen hüten / und dem Teuffel keinen Fingerbreit einräumen / noch deinem Fleische Raum lassen sollst? oder derjenige / der dich bereden will / daß du dieß und das in der Welt noch könnest mit machen; mann könne und müße es eben nicht so genau nehmen; so was besonders haben wollen / sey eine Pharisäische Scheinheiligkeit? Wer räth dir / sage ich / da am besten? darumb sollst du dieses wohl bedencken; auff daß du dich recht hüten mögest für den falschen Propheten.

Umb deßwillen sollst du ihnen auch ja nicht heucheln. Denn CHristus saget: *Sehet euch für / für den falschen Propheten.* Er saget nicht; gebet ihnen noch gute Worte / damit ihr doch gleichwol bey ihnen in Gunst bleibet / und sie also bey guten mögen erhalten werden: er saget nicht; sehet / daß ihr ihnen noch zuweilen den Dienst thut / daß ihr ihre Predigten besuchet / ihre Lästerungen noch fein mit vorlieb nehmet / und daßelbe also erduldet / damit die lieben Leute nicht bös auff euch werden; Nein so saget Er nicht: sondern / sehet euch für / für den falschen Propheten. Denn es ist wol manchmal geschehen / daß / wenn man also auff beyden Achseln getragen hat / und es mit keinem verderben wollen / man dadurch umb alles Gute und umb alle Kräffte des Christenthums gekommen: Ja es ist mancher dadurch in ein größer Verderben gerathen. Daher man das mit gutem Gewissen / gläubigen Seelen / sonderlich Anfängern keines weges rathen kann / daß sie sich in solche Seelen-Gefahr wagen / sondern vielmehr dem Rath unsers Heylandes folgen sollen / der da nicht allein an diesem Ort saget; Sehet euch für: sondern auch sonst / *Laßet sie fahren / sie sind blind / und der blinden Leiter.*[38] Siehe / du lieber Mensch / es ist auch ein Schaaffs-Peltz / damit du dich behängest / der heißet die Christliche Klugheit / wenn du nehmlich sprichst: Ey! man muß sich einer Christlichen-Klugheit gebrauchen / daß man niemand vor dem Kopff stoße / und nicht mehr niederreiße als baue / daß man sich die HErrn Geistlichen nicht zu Feinden mache / u.s.f. Damit betriegest du deine Lehrer / und sie betriegen dich / und heuchelt einer dem andern: Was hilfft dir das / daß du dich in solchen Schaaffs-Peltz einkleidest? wäre es nicht besser / daß du die Heucheley aus deinem Sinne fahren ließest / und wofür du ihr Leben und Thun hieltest / ihnen frey bekennetest? Aber da sprichst du / darüber würde ich von ihnen leiden müssen! Antwort: das ist das Creutz CHristi / das mußt du auff dich nehmen / und es CHristo nachtragen / willstu anders sein Gliedmaß seyn. Siehe / lieber Mensch / wenn es auff Heucheley und Creutz-Flüchtigkeit ankäme / so möchte man so nicht predigen / wie in dieser Stunde geprediget ist: Es dürffte mancher die Application auff sich machen und sagen: Ey damit greifft man diese und jene Leute an / das giebt den größten Unwillen. Allein daran muß man sich nicht kehren. Was wollen denn die armen Helden / die falschen Propheten thun? Siehe / wenn sie nun alle über einen zusammen kämen / wie über den Eliam / und ihrer 400. wären / sollten sie dir wol schaden können? Elias war ein Mensch / gleich wie wir[39] / aber sie kunnten ihm nicht schaden / sondern sie wurden vielmehr zuschanden und zu Spott. Und ob sie gleich umb ihre Altäre herumb hinckten / und ihren GOTT rieffen / daß er hören sollte / siehe / so konnten sie doch dem einigen Mann nichts anhaben; hingegen fügten sie ihnen selbst den größten Schaden zu. Denn es kostete ihnen allen ihre Hälße. Also werden dir die falschen Propheten auch nichts schaden / wo du nur GOtt getreu bist / und einfältig von der Wahrheit zeugest. Achte nur das nicht / daß sie schmähen / daß sie lästern und verfolgen. Aut sub coelo, aut in coelo, entweder unter den Himmel oder im Himmel. Siehe / also muß die Menschen-Furcht gantz und gar von dir weg! O daß nur fein viele von denen jenigen Lehrern / die selbst nicht bekehrt seyn / überzeuget würden / daß der Zustand / darin sie stehen / nicht recht sey! Damit sie durch viele Zeugnisse eingetrieben und bekehret würden; da sonst durch die Schmeicheley / und in dem ihnen jederman heuchelt / viele in ihrem unbekehrten Zustand bleiben. Hinderwärts redet man von ihnen dieß und das; sie haltens nicht recht mit dem lieben GOTT; suchen das Ihrige; sind geitzig; sie thun selbst nicht darnach / was sie sagen; die Ihrigen treiben es ärger / als andere: Aber wenn man es ihnen selbst unter die Augen sagen soll / so ist es lauter Heucheley. Da sinds Christliche Lehrer und unsere geistliche und liebe Seel-Sorger. Siehe mit solcher Heucheley thust du dir selbst Schaden. CHristus spricht: sehet euch für für den falschen Propheten. Es wird damit nicht gesagt / daß du solst auff die Leute schmähen und lästern: sondern du sollt vielmehr hertzlich für sie beten zu dem lieben Gott / und solst ihrer schonen / auch in Abwesenheit nicht was Ubels von ihnen zureden / wenn es dir nicht von Ambts wegen befohlen ist: So dir aber GOtt Gelegenheit dazu öffnet es ihnen selbst zusagen / so sollt du es mit aller Freundligkeit und Leutseeligkeit thun / und von ihrem Wesen zeugen / daß es nicht nach der heylsamen Lehre JEsu CHristi sey;

nur hinterwerts muß man es nicht ohne Noth sagen. Ich kann euch dessen versichern / daß mein Hertz da gar keine Freude daran hat / daß es davon reden soll; sondern wenn es nicht müßte geschehen umb eurer Seel und Seeligkeit willen / und weil man euch muß CHristi Wort lauterlich vortragen / gewiß man würde gerne schonen. Aber nun muß es gesaget werden / daß leider die meisten Cantzeln nicht allein unter den Catholischen und Reformirten / sondern auch unter uns Evangelischen mit falschen Propheten besetzet seyn. Sagets nach! Denn so ist es die Wahrheit: es mag ihnen gedruckt / oder schrifftlich vor Augen geleget werden. Es ist das Verderben gar zu offenbar / und hat in keinem Stande so überhand genommen / als in dem geistlichen Stand. Findet ein rechtschaffener Lehrer Widerstand / so findet er ihn nicht grösser / als von denen / die selbst das Ambt führen / und den Namen haben / daß sie auch Lehrer sind. Und wäre nicht ihr Widerstand; wären nicht ihre Lästerungen und ihre Schmähung / daß mans ausschrie für Verführung / und für dieses und jenes / gewiß / es würde das Wort GOttes viel weiter durchdringen / und manche Seele aus dem Verderben errettet werden. Darumb sollen solche wissen / weil sie sich unterstehen / und der Freyheit gebrauchen die Menschen vor heimlichen Gifft zu warnen / daß ich die Menschen hinwiederumb für sie warne: Denn indem sie das thun / und sich wider die Wahrheit setzen / von heimlichem Gifft reden / und dafür warnen / verrathen sie sich / daß sie falsche Propheten seyn. Trotz sey ihnen geboten / daß sie den heimlichen Gifft darlegen / davon sie nun viel Jahre her gelästert haben. Sind sie nicht Lästerer / Verleumbder und Lügner / so zeigen sie den heimlichen Gifft / und beweisen es / was für falsche Lehre geführet wird? Hingegen kann man sich auff die Erfahrung beruffen. Wodurch ist in diesen Jahren mehr Nutzen geschehen? Hat man mehr Nutzen geschaffet durch das alte Wesen / wie es immer geführet worden / daß man so nach der Larve hinprediget / und es immer so bey dem alten lässet? oder ist mehr Nutzen geschaffet worden durch diejenigen / so die Schmach CHristi getragen haben / und für

Verführer ausgeruffen sind? Wer hat wol den größten Seegen gehabt? Trotz sey euch nun gebothen / daß ihr zeiget denselbigen Seegen / den GOtt seinen Knechten verliehen hat! Sehet / zeiget erst Früchte / legitimiret euch erst / daß ihr Knechte JEsu CHristi seyd. Hier sind unsere Brieffe / die nicht mit Dinten / sondern mit dem Finger des lebendigen GOttes geschrieben sind / die erkannt und gelesen werden von allen Menschen. Daraus könnet ihr ja unsers göttlichen Beruffes und der göttlichen und reinen Lehre / die wir bey euch führen / gewiß seyn. Ihr / sage ich / die ihr mich nun biß ins siebende Jahr (durch GOttes Gnade) gehöret / saget mir / wer ist unter euch / der auff bösen Weege gebracht ist? Wer ist unter euch / dem nicht seine Sünden kräfftig unter die Augen und vor das Hertz gestellet worden / daß er sie erkennen und sich mit ernstlichem Verlangen zu CHristo wenden und bekehren möge / von der Finsterniß zum Liecht / und von der Gewalt des Satans zu GOtt / zuempfahen Vergebung der Sünde und das Erbe sammt denen / die geheiliget werden durch den Glauben an CHristum?⁴⁰ Im Gegentheil sind nicht viel würcklich von den Stricken des Satans errettet? Saget es selbst? wie stehets? Stehets jetzo besser in der Gemeinde; oder hats vorhin besser gestanden? was düncket euch? Findet ihr eine Besserung in der Gemeinde / warumb gläubet ihr denn nicht? warumb bleibet ihr in solchem verstockten Sinn? warumb widerstrebet ihr denn also dem Heil. Geist / wie eure Väter?⁴¹ warumb fahret ihr fort / das Wort GOttes zuverlästern / und zu schmähen? warumb achtet ihrs nicht / wenn man eure Seelen sucht? wollet ihr euch noch für uns als falschen Propheten fürsehen? wie ja / leyder! noch viele unter euch in solcher Lästerung stecken. Hat man nicht vor euch in der Krafft JEsu CHristi das Ambt des Geistes geführet? Darumb sey es einem jeden auff seine Seele gegeben / daß er nach dieser Lehre / wie sie euch jetzt vorgetragen ist / prüffe und forsche / ob er Ursache habe / von uns anders zuhalten / als von Dienern JEsu CHristi. Die jenigen aber / welche in solchen Lästerungen und verstockten Sinn fortfahren wollen / und sich

nicht weisen lassen / noch erkennen / daß man in der Krafft
JEsu CHristi herfürgetreten sey / und den Weeg zur Seeligkeit frey und öffentlich verkündiget habe / die mögen ihr Urtheil über sich selbst nehmen.

Nun so lasset euch dieses einmal zur Warnung gesaget seyn /
damit ihr euch nicht ferner dadurch auffhalten laßet / sondern
vielmehr durch euer sündliches Weesen hindurch brechet in
das rechtschaffene Weesen / das da ist in JEsu CHristo.⁴² Denn
es ist eine große Mauer / welche vor eurer Bekehrung stehet /
so lang ihr das in euren Köpffen habt / ihr möchtet verführet
werden / es möchte ein heimlischer Gifft dahinter seyn: So
lange ihr euch besorget / ihr möchtet etwa nicht auff den rechten Weeg gebracht werden / wie ists möglich / daß wir etwas
an euren Seelen gewinnen können? Darumb so muß diese
Mauer einmal umbfallen / und umbgeworffen werden / daß
Ihr hindurch brechen und einmal erkennen möget / daß ihr
recht geführet / und ja nur darauff gewiesen werdet / wie ihr
euch sollt in der Krafft des Heiligen Geistes zu euren Heyland
JEsu CHristo dem Ertz-Hirten und Bischoff eurer Seele be-
kehren.⁴³ Dieses nehmet doch ja zu Hertzen / damit ihr euch
nicht selbst an dem Reiche GOttes hindern möget / welches
euch so nahe kommen ist. Im Gegentheil aber so hütet euch
und sehet euch für für den falschen Propheten / die in Schaaffs-
Kleidern zu euch kommen / welche die reine Lehre / ihren äußerlichen Beruff / ihren Eyfer für die Orthodoxie und Religion, die alten Gewohnheiten / und dergleichen Dinge mehr
fürwenden / und doch inwendig reissende Wölffe sind; Die
nur damit umbgehen euch davon abzuhalten / daß ihr das
Gute / so ihr höret / nicht zu Hertzen nehmen / noch euer Wesen und Leben bessern möget / sondern vielmehr auff dem
breiten Weeg / darauff ihr lange gegangen seyd / bleiben
sollet unter dem Vorwand / daß ihr ja längst Christen / und
ja keine Heyden / keine Jüden oder Türcken geweßen wäret /
daß ihr euch nun erst bekehren solltet. Sehet für solchen hütet
euch als für falschen Propheten. Was suchen sie anders / als
wie sie euch von euren Lehrern / die euch das Wort GOttes

verkündigen / abführen mögen? wisset ihr aber euch dessen nicht zu erinnern / daß ihr auch für diesem Altar auff uns gewiesen worden / da es euch auff euere Gewissen gebunden ist uns als euren fürgesetzten Lehrern zufolgen? also daß es euch an GOttes und Menschen Zeugniß nicht fehlet / so ihrs anders annehmen wollet. Darumb werdet ihr keine Entschuldigung haben an jenem Tage: sondern so ihr also fortfahret / und nicht in euch gehet / noch das Wort der Wahrheit / das in euch gepflanzet wird und eure Seelen seelig machen kan / mit Sanfftmuth annehmet[44]; so wird traun euer Verdammniß desto grösser seyn / und werdet in die äußerste Finsterniß hinauß gestoßen werden / da Heulen und Zähn-Klappern seyn wird.[45] Und dieses darumb / weil euch die Gnade wiederfahren ist / daß es euch deutlich / klärlich und lauterlich vor Augen geleget worden ist / und ihr dennoch dem lautern Worte GOttes nicht habt glauben wollen / daß ihr errettet würdet von dem Tode.

Ihr aber / die ihr euch bißhero von Hertzen bekehret habet zu demselbigen / euren Heyland JEsu CHristo / als zu dem großen Propheten / und habt seine Worte angenommen / und erkannt seine Stimme in seinen Knechten / ihr habt euch dann zuhüten / daß ihr den falschen Propheten nicht heuchelt / sondern nach der Lehre unsers Heylandes auch für ihnen fürsehet / und frölich und getrost fortfahret in eurem Christenthum. Denn wer ist / der euch schaden kann / so ihr dem Guten nachkommet? und ob ihr auch leydet umb der Gerechtigkeit willen / so seyd ihr doch seelig.[46] Mein / was habt ihr für vergebliche Furcht / daß euch diese und jene schaden werden / und ihr dem Leyden zu entgehen euch noch so und so anstellen müßtet? Wer will euch schaden? So ihr den wahrhafftigen und großen Propheten JEsum CHristum erkennet / und Ihm nachfolget: so habt ihr euch für keinen falschen Propheten zu fürchten / sondern könnet freudig und getrost seyn. Hütet euch aber / daß ihr nicht ein ungerechtes Urtheil fället / und übels redet / da ihrs nicht Ursach habt; sondern enthaltet euch deßen vielmehr / daß nicht durch übeles Nachreden und Ur-

theilen euer Schatz verlästert werde: wandelt aber in der
Stille / und beweiset euer Christenthum mehr in der Krafft /
als in Worten / darinn ohne dem das Reich GOttes nicht bestehet.[47] Denn das ist eine schlechte Kunst / daß man von Predigern übels reden kann: Umb deßwillen ist einer nicht also
fort bekehret. Manche beurtheilen und tadeln andere / die sich
selbst noch nicht beurtheilet haben / sehen den Splitter an andern / und werden des Balcken in ihren eigenen Augen nicht
gewahr. Es soll nicht also seyn / lieben Brüder. Manche dencken wol / wenn es nur wahr ist / was sie von Lehrern und
Predigern sagen / und an ihnen richten / so hätten sie Ursach
gnug bey andern deßen zugedencken / und die Lehrer her-
durch zuziehen: prüffen aber nicht / ob es auch im Geiste der
Liebe / des Erbarmens und Mitleydens / oder zu anderer Erbauung und Besserung geschehe. Es werden leyder offt von
bösen Predigern Historien erzählet / und wird darzu gela-
chet / und hat man ehe seine Lust und Freude daran / an stat
daß man vielmehr darüber weinen / und sich über den Greuel
der Verwüstung / der da stehet an der heiligen Stätte[48] / be-
trüben sollte. Denn ja kein schweerer Gerichte GOttes seyn
kann / als wenn er ein Land mit falschen Propheten straffet /
mit solchen Lehrern / die selbst den Weeg GOttes nicht recht
erkennen / lehren und darauff wandeln. Siehe / das ist ein
großes Gerichte / darüber man billich Blut weinen sollte; Deßwegen auch ein jeder dieß in seine Gebete nehmen / und GOtt
demüthiglich bitten soll / daß er doch solche schweere Gerichte
auswittern lassen / und sich gnädiglich erbarmen über sein armes Volck / und ihnen Hirten nach seinem Hertzen geben
wolle[49] / die das Volck mit aller Treue weyden mögen.
Ja es mag ein jeder wohl darauff sehen / daß er mit recht-
schaffenem und wahrhafftigem Hertzen darnach strebe / daß
er sich destomehr an die Worte CHristi möge halten / je größer der falschen Propheten und blinden Leiter ihre Schalckheit und Verführung ist. O wie leicht ist es / daß auch Kinder
GOTTes ihre Sinnen durch die Schalckheit der Schlangen von
der Einfältigkeit in CHristo verrücken lassen! Denn Fleisch

und Blut hats gar gerne / wenn die Pforte weit / und der Weeg breit gemachet wird / wenn es / wie vorhin gesaget worden / heißet / das und das kann noch dabey stehen / u.s.f. Dafür / sage ich / sollt ihr euch hüten / und destomehr auff GOttes Wort sehen / und euch nicht daran kehren / wenn einer so / und der andere anders saget. Thut nur von Hertzen nach dem Worte GOttes / und lasset es eures Fußes Leuchte und ein Licht auff euren Weegen seyn[50]: so könnet ihr deß gewiß seyn / daß euch niemand verführen noch schaden werde. Denn wer nichts anders suchet / als daß er seine Seeligkeit in CHristo JEsu möge finden; Wer bey dem Worte GOttes / als der einigen Richtschnur des Glaubens und des Lebens vest und beständig hält / und dann sich übet ein unverletzet Gewissen / beydes gegen GOTT und den Menschen zu behalten;[51] Wer diese drey Stücke / sag ich / wohl in acht nimmt / dem will ich Bürge dafür seyn / daß er nicht werde verführet werden: Denn CHristus / den er allein suchet / ist viel zugetreu / daß Er ihn sich sollte aus den Händen reissen lassen: Das Wort GOttes ist viel zu lauter / daß es den Menschen / der sich an daßelbe hält / sollte betriegen; Und so der Mensch seine Treue gegen GOTT beweiset / und durch dessen Krafft sein Gewissen nicht verletze / wie sollte der verführet werden? Sollte dann GOTT der HErr ungerecht seyn / daß Er einen Menschen / Er möge sich hüten / wie er wolle / dennoch in solche Gefahr sollte gerathen lassen? Ach nein! sondern wo ihr werdet bey diesen dreyen Stücken bleiben / so könnet Ihr ausser aller Furcht der Verführung seyn / und werdet euch auch nicht mehr daran kehren / was dieser oder jener lehret. Ihr werdet selbst von GOTT gelehret werden / welches der rechte Weeg sey / und werdet auff demselben frölich wandeln können / und mit der Krafft JEsu gestärcket werden / als fruchtbare Bäume die rechten Früchte des Lebens zu tragen; ja ihr werdet treu geachtet werden von dem HErrn / daß ihr auch andere auff den guten Weege stärcken und die Schwachen / welche sich in die mannigfaltigen Streit-Händel / so unter den Gelehrten vorgehen / nicht schicken können / einfältiglich darauff weisen können / daß sie nach dem Worte GOttes wandeln / und ihr Vertrauen auff JEsum CHristum setzen / und seinen Fußstapffen nachfolgen sollen / in der Zuversicht / daß der Ertz-Hirt CHristus JEsus sie nicht werde irre gehen lassen. Nun das sey dann zu diesemmal gesagt von falschen Propheten. Es lieget euch denn nun ob / daß ihr dieses Wort der Wahrheit inacht nehmet / künfftig für falschen Propheten euch hütet / und dem Worte GOttes / und dem / von welchen es zeuget / nehmlich JESU CHristo / so denn auch seinen Knechten / die ihm in der Wahrheit dienen / desto treulicher nachfolget. Damit nun dieses geschehen möge / so demüthiget euch mit mir vor den allsehenden Augen unsers GOttes / und laßt uns mit einander andächtiglich also beten.[52]

Quelle: August Hermann Francke, Werke in Auswahl. Hrsg. von Erhard Peschke. Berlin: Luther-Verlag 1969. S. 309–333.

Anmerkungen

Die Predigt »Von den falschen Propheten« hat Francke in drei Teile gegliedert: »I. Welche dieselben seyn; II. Wie dieselben zuerkennen; III. Wie man sich dafür zuhüten habe.« Der eigentlichen Abhandlung, die hier wiedergegeben ist, gehen die in der ersten Auflage 1698 abgedruckten Teile voraus: eine Art Einführung, Lesung des Textes (Matth. 7,15–23), Eingang und Gebet.

1. Vgl. Joh. 10,1.
2. Vgl. Matth. 23,3.
3. Vgl. 2. Tim. 3,5.
4. Über verborgene Dinge urteilt die Kirche nicht.
5. Jes. 40,1.
6. Luk. 6,37.
7. Matth. 16,19.
8. Luk. 9,55.
9. Matth. 18,21.
10. Cornelius Cornelissen van Steen (1567–1637), niederländischer Jesuit und Bibelexeget, dessen Bibelkommentare vor allem für die katholische Tradition bedeutsam waren.
11. Wahrscheinlich David Kimchi (1160–1235), jüdischer Grammatiker und Lexikograph. Seine Kommentare zum Alten Testament wurden in die ersten Bibeldrucke aufgenommen. – Raschi, Abkürzung für Rabbi

Salomo ben Isaak (1040–1105), bekannter Bibel- und Talmuderklärer, von mittelalterlichen Kommentatoren und auch von Luther benutzt.
12. Matth. 7,13 ff.
13. Matth. 5,48.
14. Luk. 15,5.
15. Luk. 6,39.
16. »Von dem Dienst untreuer Lehrer«, Pfingsten 1698.
17. Röm. 5,11.
18. Röm. 5,2.
19. Spr. 24,16.
20. Gal. 5,19 ff.
21. 1. Joh. 3,16.
22. Francke hat diese Form der ›Teufelsaustreibung‹ bei der Taufe 1699 aufgegeben.
23. Vgl. Ps. 69,13; Klagel. 3,14.63; Hes. 33,32.
24. Joh. 1,11.
25. Vgl. Apg. 5,41.
26. Matth. 17,5.
27. Vgl. Röm. 14,4.
28. Vgl. 1. Kor. 1,30.
29. Vgl. Ps. 1,2.
30. Vgl. Hebr. 13,9.
31. Vgl. Apg. 17,11.
32. Eph. 1,17 f.
33. 2. Kor. 13,5.
34. Vgl. Matth. 11,18 f.
35. Matth. 7,24 ff.
36. Vgl. Luk. 8,12 ff.
37. Vgl. 2. Petr. 1,3 ff.
38. Vgl. Matth. 15,14.
39. Vgl. 1. Kön. 18,19 ff.; Jak. 5,17.
40. Apg. 26,16 ff.
41. Vgl. Apg. 7,51.
42. Vgl. Eph. 4,21.
43. Vgl. 1. Petr. 2,25.
44. Vgl. Jak. 1,21.
45. Vgl. Matth. 8,12.
46. Vgl. 1. Petr. 3,14 f.
47. Vgl. 1. Kor. 4,20.
48. Vgl. Matth. 24,15.
49. Vgl. Jer. 3,15.
50. Vgl. Ps. 119,105.
51. Vgl. Apg. 24,16.
52. Daran schließt sich das Schlußgebet an.

NIKOLAUS LUDWIG VON ZINZENDORF

1700–1760

Nach dem Studium der Rechtswissenschaft war der pietistisch erzogene Graf von 1721 bis 1726 im Staatsdienst. Aus der Ansiedlung evangelischer Deutscher auf seinem Gut Berthelsdorf in der Oberlausitz wuchs die Herrnhuter Brüdergemeine hervor. Zinzendorf selbst wurde 1734 lutherischer Geistlicher, von 1736 bis 1738 wirkte er nach seiner Ausweisung aus Sachsen unter anderem auch in Nordamerika. Er kehrte 1755 nach Herrnhut zurück. Seine Predigten waren, wie Zeitgenossen berichten, von großer Wirkung, auch im Ausland.

Die »Huldigungs-Rede, gehalten an die sämtlichen zur Huldigung versamleten Unterthanen«, wie der vollständige Titel lautet, fand am 31. Juli 1756 statt. Mit dieser Rede übergab der Graf seiner Tochter Benigna, Freifrau von Wattewille, die Leitung der Herrschaft Berthelsdorf. Neben persönlichen Erinnerungen skizziert dieses Dokument Zinzendorfs Einstellung zu den Untertanen, denen neben der richtigen christlichen Verhaltensweise »der pflegliche Gebrauch des [...] aufgehenden Handels und Wandels« anempfohlen wird.

Huldigungs-Rede

Da mir vor fünf und dreißig Jahren gehuldiget wurde, so ist meine Absicht nicht gleich auf Führung des Regiments gegangen. Meine selige Groß-Frau-Mutter, die eure Herrschaft gewesen war, lebte noch, und ich konnte mich darauf verlassen, solang sie in der Welt war, des Regiments überhoben zu seyn. Meine Gemahlin, die ich dasselbe Jahr geheyrathet, und deren Gedächtnis ihr gestern begangen habt[1], welches allezeit ein guter Geruch bleiben wird, hatte ich, auch mit dem Gedanken, zu meiner Gehülfin genommen, daß sie euch an meiner Statt die Pflichten leisten solte, dazu ich mich nicht hergeben konte. Denn ich bin vor fünf und dreißig Jahren gewesen, was ich heute bin, und habe damals, wie itzt, gedacht.

Ich habe geglaubt, wenn man ein Gut besitzt, mit seinen Unterthanen als ihr bester Mitbürger lebt, ihnen so viel Gutes thut, daß sie selber sehen, es geht so weit, als es kan; sich ihrer Dienste nicht weiter gebraucht, als es die Natur der Sache, und die nothwendige Uebereinstimmung mit der Landes-Art erfordert, davon man nichts nachlassen kan, ohne seine Mitbürger-Pflicht unter der Verfassung des Landes zu verletzen: so sehen die Leute wol bald, daß es einem nicht um sich selber zu thun ist. Daher habe ich geglaubt, wenn mein Caplan-Dienst, den ich just funfzehn Jahre lang, unter euch verwaltet, den Erfolg hätte, daß sich alle Bertholdsdorfer bekehrten; so hätte ich meinen Zwek erreicht, warum ich sie gekauft. Ich habe euch das schon damals bedeutet, und so viel oder wenige noch von der Zeit übrig sind, werden sichs gut erinnern.

Der Heiland hat euch auch an dem benachbarten Gemein-Orte, der damals eben eine Materie war, daraus GOtt etwas machen wolte, (nemlich nichts) sehen lassen, daß, wenn ihr euch alle bekehrt hättet, so wäre es nichts apartes gewesen, nichts, dadurch ihr euch zu einem besondern Spectakel gegeben hättet. Denn ihr seyd von dreymal mehr Zeugen der Seligkeit im Heilande, umgeben, als ihr selbst untereinander seyd. Es hat der Gnaden-Gang in dieser Gegend so viele andere aus der Nähe und Ferne dazu gebracht; es wird itzt ein paar Meilen um euch herum, so vielen Tausenden das reine Evangelium geprediget, daß Beweis übrig genug vorhanden ist, daß der Zwek mit Bertholdsdorf nicht ganz unerhalten geblieben ist.

Daß ich noch immer, wie damals, denke, davon habe ich euch den letzten Winter eine neue Probe gegeben.

Das Regiment über solche leibeigene Unterthanen, die, wenn man sie auch los geben wolte, vielleicht nicht los möchten, ist eine schwere, verwikkelte und unangenehme Sache, und von der Art, daß man weder Gutes, noch gut gemeyntes thun kan, wie man will. Ich kan sagen, daß die Bemühungen, die ich mir die ersten Jahre gegeben habe, euch allenfalls nur im Leiblichen glüklich zu machen, nicht die rechten gewesen sind. Man lernt eben immer, und ich glaube, daß ihr euch itzo besser befindet, da es nicht mehr so gar freygebig zugeht.

Nachdem der Heiland meine liebe Gemahlin zu sich genommen, und mich wieder in die Umstände gesetzt hat, darinn ich vorher war: so ist meine nächste Schuldigkeit, daß ich darauf denke, wem ich euch anvertraue. Und da habe ich und meine Gemahlin schon vorlängst drüber gedacht und gefunden, daß es ganz naturell sey, euch diejenige von meinen Kindern zu einer Pflegerin vorzusetzen, die in euren vier Pfählen geboren, und unter euch aufgewachsen ist, die meinen Sinn, und einen Gemahl hat, der, neben seiner andern Wissenschaft, auch eine Erkentnis besitzt von allen grossen und kleinen Umständen eines Bauren, Gärtners und Häuslers, und der, wenn ihr ihm etwas vortraget, und von ihm verlanget, euch gleich mit Aufrichtigkeit und Herzlichkeit wird sagen können, ob euch selber damit gedient ist, oder nicht, und euch in nichts, was euch angenehm und thunlich ist, bey seiner Gemahlin entgegen seyn wird. Ob er nicht mit unter, auch eure Seelen meynen, und deren Bestes suchen wird, das will ich nicht in Abrede seyn; aber ins Leibliche wird er das nicht mengen, und eure Seelen mit Wohlthaten nicht zu erkauffen denken. Daraus entstehen Unordnungen, die wir kennen.

Meiner Tochter ists so, daß es ihr erstaunlich wohl seyn wird, wenns euch wohl geht. Was ihr Ihr schuldig seyd, weiß Sie nicht, und wird sich auch nicht drum bekümmern; aber es sind andere Herren, die das wissen, und drüber halten, und es wird in dem ordentlichen Gange fortgehen, den ihr gewohnt seyd. Ihr habt Vorgesetzte von solcher Würde und Erfahrung, die selber Herrschaften waren, und zum Theil noch sind; und die entstehen euch in keiner Sache, darinn euer wahres Wohl besteht, (das wißt ihr) und sind weise und glüklich.

Was ihr in den letzten Jahren nach der Reyhe her, alles für göttliche Wohlthaten erfahren habt, und wie ich eure Umstånde gegen dem, als ich sie verlassen, geåndert gefunden habe, das wißt ihr selber. Der Heiland gebe euch nur dankbare Herzen, und lege in euch und in eure Jugend den Sinn, daß ihr ordentliche, gesetzte, und so viel sichs thun låßt, wohlhabende Leute seyn wollt, die anstatt unnöthige Wohlthaten zu empfangen, lieber selber Wohlthaten erweisen. Wenn ihr dem guten Exempel der Wirthschaft eurer Herrschaft nachfolgen werdet; wenn keiner seine wahre Wirthschaft vernachlåssigen, und um eines scheinbaren Profits willen, den er leichter von Herrnhut haben kan, ein schlechter Akkermann werden wird (welches ich allemal mit Unannehmlichkeit wahrnehme;) so wird der Segen des Heilands unter euch noch weiter gehen, und der pfleglliche Gebrauch des unter euch aufgehenden Handels und Wandels wird darum doch nicht zurük bleiben. Das ist eine Wirthschafts-Ermahnung, die ich euch als euer alter guter Freund gebe.

Aber ich bitte von ganzem Herzen, meine Tochter mit Vergnügen anzunehmen, Ihr durch ein gutes ordentliches Bezeigen, den Gang mit euch zu erleichtern, und Ihr Gelegenheit zu machen, euch viele unverfångliche Wohlthaten zu beweisen, darüber Ihr von niemanden, am wenigsten aber von Ihren übrigen, sonderlich benachbarten Unterthanen (denn Herrnhut ist es nicht, das freuet sich, euch Gutes zu thun) etwas vorwürfig gemacht werden könne.

Ich wünsche euch alle Gnade vom Heilande, und daß euch mein oftmaliges Hierseyn zu einem kleinen Vergnügen, und zu einer Ueberzeugung dienen mag, daß ich gern unter euch bin.

Quelle: Nikolaus Ludwig von Zinzendorf, Hauptschriften in sechs Bänden. Hrsg. von Erich Beyreuther u. Gerhard Meyer. Bd. VI Verschiedene Schriften. Hildesheim: Olms 1963 (reprographischer Nachdruck). Einige Reden des Ordinarii Fratrum in Bethel (Berthelsdorf) S. 143–146.

Anmerkung

1. Zinzendorfs Frau, Erdmuthe Dorothea, geb. Gräfin Reuß-Ebersdorf, war am 19. Juni 1756 in Herrnhut verstorben.

CHRISTIAN FÜRCHTEGOTT GELLERT

1715–1769

Der um 1750 bekannteste deutsche Dichter, der »Gewissensrat für ganz Deutschland« (Goethe), Verfasser von Fabeln und Erzählungen, von empfindsamen Stücken und dem empfindsamen Roman »Leben der schwedischen Gräfin von G***« (1747/48), war an der Leipziger Universität Professor für Poesie, Beredsamkeit und Moral. Mit seiner »Sammlung vorbildlicher Briefe nebst einer praktischen Abhandlung von dem guten Geschmack in Briefen« (1751) versuchte er gemäß dem Programm der Aufklärung den allgemeinen Briefstil zu kultivieren. Es sind von ihm auch einige Reden überliefert. Mit seinen Vorlesungen soll er, wie ein Zeitgenosse schildert, auch bei Hofe seinen Zuhörern »Thränen abgelockt« haben. Der bei Studenten offenbar beliebte Gellert hielt 1768, ein Jahr vor seinem Tode, eine Rede, nachdem sich, wie sein Biograph, der Lyriker Johann Andreas Cramer (1723–88), es formuliert, »auf einmal ein ebenso ungewöhnlicher als unglücklicher Geist der Unruhe der in Leipzig studierenden Jugend« bemächtigt hatte. Da diese Ansprache »die Ruhe nur auf einige Tage« wiederherstellte, wiederholte Gellert »seine Ermahnungen in einer anderen Anrede, zu deren Ausarbeitung er weder Zeit, noch Gesundheit und Heiterkeit hatte, die aber bey aller ihrer Kürze auf einen jeden Jüngling, der Gefühl hatte, Eindruck machen mußte«. Diese ziemlich unbekannte Rede wird hier nach Cramers Aufzeichnung wiedergegeben.

Ermahnung an die Studenten der Universität Leipzig

Der Fremde und der Einheimische, meine Herren, der Hohe und der Niedere hat unsrer Akademie seit Jahrhunderten den

Ruhm der Wohlanständigkeit und der guten Sitten ertheilet.
Lassen Sie uns wachen, ich bitte Sie, diese Ehre nicht durch
Ausgelassenheit zu verlieren, sondern durch Stille und Einge-
zogenheit täglich mehr zu behaupten. Wie nöthig ist diese Erinnerung, diese Bitte in unsern Tagen geworden! Und von
wem wollten Sie eben diese Erinnerung, eben diese Bitte willi-
ger anhören, als von mir, von dem Sie wohl wissen, wie sehr
ich Ihre Ehre, Ihr Vergnügen und Ihr Glück suche und liebe?
Von mir, den Sie gewiß wieder lieben und achten? So hören
Sie mich denn an, Theureste Commilitonen! Doch ich bins
nicht allein, der redet; nein, im Namen und auf Befehl meiner
Obrigkeit, die zugleich die Ihrige ist, der ichs, als ein Lehrer zu
gehorchen, für meine Ehre halte, wenn es auch Lernende nicht
für ihre Ehre halten wollten; im Namen dieser unsrer Obrigkeit soll ich Ihnen öffentlich sagen – doch nicht Euch, Edel-
müthige, Lehrbegierige Jünglinge – sondern jenen wenigen
Unruhigen, Leichtsinnigen soll ich öffentlich sagen, was sie
wohl nie mögen erwogen haben; – daß es in einer wohleinge-
richteten Republik ein Verbrechen sey, seine wahren oder ver-
meynten Vorzüge, Rechte und Freyheiten aus eigner Macht,
ohne den Arm der Obrigkeit, mit angemaßter Gewalt zu behaupten: denen soll ich sagen, was sie wohl nie mögen erwogen haben: – daß nächtliche Auflaufe und Tumulte anzurichten, eine sichtbare Umstürzung der Gesetze, die äußerste Stö-
rung der öffentlichen Ruhe, die höchste Beleidigung eines
ganzen ehrwürdigen Publici sey: denen soll ich sagen, was sie
wohl nie mögen erwogen haben: – daß nächtliche Auflaufe
und Tumulte anzurichten, der nächste Weg, auch wider unsern
Willen, zum Verbrechen des Mordes sey – schrecklicher Gedanke: denen soll ich endlich sagen, was sie wohl nicht müssen
erwogen haben: – daß der, welcher seiner Obrigkeit und ihren
Anordnungen widerstrebet, der Ordnung GOttes widerstrebe.
Und wer bist du, Jüngling, der du mit kaltem Blute und
geflissentlich der Ordnung deines Gottes widerstreben
kannst?
Wie? meine geliebten academischen Mitbürger, in der stillen

Stunde der Nacht, wo schon manch frommes Herz zu seinem Gott betet und ihn dankbar preiset; wo mancher elende Kranke auf seinem Lager nach Ruhe und Trost jammert: in dieser Stunde der Nacht durch Geschrey, und Tumult, und tödliche Gewaltthätigkeit das fromme Gebet des Christen unterbrechen, den Jammer des Kranken vermehren, den Fleiß des für uns noch arbeitsamen Gelehrten, für unsre Bequemlichkeit noch arbeitsamen Künstlers und Handwerkers, hindern? – Und diesen Verfall der Sitten sollte unsre Akademie, deren Ehre die Sittsamkeit war, gelassen ansehen? O so wollte ich selbst eilen und mich zu den Füßen meines Fürsten werfen, der Zucht und Ehrbarkeit und Weisheit liebt, und durch sein Beyspiel lehret, und wollte ihn nicht um eine Gnade, die er mir zu bitten befohlen hat, sondern um seine Ungnade und Strenge gegen die Unruhigen und Ungesitteten, um die Wiederherstellung unsrer guten Sitten anflehn; oder ihn um die Gnade anflehn, daß er mir erlauben möchte, meine letzten kranken Tage an einem ruhigern Orte, als in dem mir sonst so liebenswürdigen, so stillen Leipzig zu beschliessen, wo ich die guten Sitten nicht mehr mit Erfolg lehren könnte.

Ach! Mitbürger, Freunde, Söhne dieser Akademie und theurer, würdiger Aeltern, in deren Namen ich Sie zugleich anrede, nein, nicht also, liebe Jünglinge; nicht also! sondern was ehrbar, was gerecht, was züchtig, was gesittet, was liebreich, was wohl lautet: ist etwan eine Tugend, ist etwan ein Lob, dem denket nach! Das ist deine Ehre, studirender Jüngling, deine wahre Ehre vor Gott und den Menschen; und du wolltest sie lieber in dem betrügerischen Unheile einiger deiner leichtsinnigen Commilitonen suchen, die weder sich, noch dich, noch die Ehre kennen: die dich in wenig Jahren gar nicht mehr kennen? und nicht vielmehr in dem Beyfalle und der Liebe verständiger Männer, deiner Gönner, Freunde und Lehrer, der Beförderer deines künftigen Glücks? Würdest du nicht erröthen, das, was du, verborgen in der Dunkelheit der Nacht, stürmisch zu erlangen suchest, am hellen Tage, im Angesichte der Stadt, eben so kühn zu suchen?

O, meine Brüder, wo ist für Studirende mehr wahre Ehre, mehr Ruhe, mehr unschuldiges Vergnügen, mehr Freyheit und Nutzbarkeit von je her gewesen, als auf unsrer Akademie? Haben wir nicht Schauspiele, Concerte, Gärten, Spatziergänge, Landhäuser, öffentliche Cabinetter, Büchersäle, Unterstützungen durch Stipendien und Freytische? Haben wir nicht Künste und Wissenschaften aller Arten zu unserm Dienste und zum Vergnügen? Haben wir nicht eine gelinde akademische Obrigkeit – einen für unsre Ruhe sorgenden Stadtmagistrat – einen gütigen und väterlich gesinten Gouverneur? Und wir wollten nicht unsre Ehre und Dankbarkeit darinne setzen, unter ihnen ein geruhiges und stilles Leben zu führen, in aller Gottseligkeit und Ehrbarkeit? Das sey ferne von uns. In dieser Hoffnung verlasse ich diese Stelle, die ich lieber nie wieder betreten möchte, wenn meine Hoffnung, meine väterliche Bitte unerfüllt bleiben sollte.

Quelle: Johann Andreas Cramer: Christian Fürchtegott Gellerts Leben. Leipzig: Weidmanns Erben und Reich 1774. S. 164–167.

Am 14. Oktober 1771, dem Namenstag Shakespeares, fand im Elternhaus Goethes eine Feier statt, zu der wahrscheinlich diese Rede verlesen wurde. Goethe hatte sie ursprünglich für eine entsprechende Feier im Kreise von Salzmanns Straßburger »Deutscher Gesellschaft« konzipiert. Sie preist im Stil des Sturm und Drang Shakespeares befreiendes Naturgenie und wertet von ihm aus das »regelmäßige Theater« der Franzosen ab. Es geht um Größe, Genie, Natur, um die Leitbegriffe dieser Generation.

Zum Schäkespears Tag

Mir kommt vor, das sey die edelste von unsern Empfindungen, die Hoffnung, auch dann zu bleiben, wenn das Schicksaal uns zur allgemeinen Nonexistenz zurückgeführt zu haben scheint. Dieses Leben, meine Herren, ist für unsre Seele viel zu kurz, Zeuge, dass ieder Mensch, der geringste wie der höchste, der unfähigste wie der würdigste, eher alles müd wird, als zu leben; und dass keiner sein Ziel erreicht, wornach er so sehnlich ausging – denn wenn es einem auf seinem Gange auch noch so lang glückt, fällt er doch endlich, und offt im Angesicht des gehofften Zwecks, in eine Grube, die ihm, Gott weis wer, gegraben hat, und wird für nichts gerechnet.

Für nichts gerechnet! Ich! Der ich mir alles binn, da ich alles nur durch mich kenne! So ruft ieder, der sich fühlt, und macht grosse Schritte durch dieses Leben, eine Bereitung für den unendlichen Weeg drüben. Freylich ieder nach seinem Maas. Macht der eine mit dem stärcksten Wandrertrab sich auf, so hat der andre siebenmeilen Stiefel an, überschreitet[1] ihn, und zwey Schritte des letzten, bezeichnen die Tagreise des ersten. Dem sey wie ihm wolle, dieser embsige Wandrer bleibt unser

Freund und unser Geselle, wenn wir die gigantischen Schritte ienes, anstaunen und ehren, seinen Fustapfen folgen, seine Schritte mit den unsrigen abmessen.

Auf die Reise, meine Herren! die Betrachtung so eines einzigen Tapfs, macht unsre Seele feuriger und grösser, als das Angaffen eines tausendfüsigen königlichen Einzugs[2].

Wir ehren heute das Andencken des grössten Wandrers, und thun uns dadurch selbst eine Ehre an. Von Verdiensten die wir zu schätzen wissen, haben wir den Keim in uns.

Erwarten Sie nicht, das ich viel und ordentlich schreibe, Ruhe der Seele ist kein Festtagskleid; und noch zur Zeit habe ich wenig über Schäckespearen gedacht; geahndet, empfunden wenns hoch kam, ist das höchste wohin ich's habe bringen können. Die erste Seite die ich in ihm las, machte mich auf Zeitlebens ihm eigen, und wie ich mit dem ersten Stücke fertig war, stund ich wie ein blindgebohrner, dem eine Wunderhand das Gesicht in einem Augenblicke schenckt. Ich erkannte, ich fühlte auf's lebhaffteste meine Existenz um eine Unendlichkeit erweitert, alles war mir neu, unbekannt, und das ungewohnte Licht machte mir Augenschmerzen. Nach und nach lernt ich sehen, und, danck sey meinem erkenntlichen Genius, ich fühle noch immer lebhafft was ich gewonnen habe.

Ich zweifelte keinen Augenblick dem regelmäsigen Theater[3] zu entsagen. Es schien mir die Einheit des Orts so kerkermäsig ängstlich, die Einheiten der Handlung und der Zeit lästige Fesseln unsrer Einbildungskrafft. Ich sprang in die freye Lufft, und fühlte erst dass ich Hände und Füsse hatte. Und ietzo da ich sahe wieviel Unrecht mir die Herrn der Regeln in ihrem Loch angethan haben, wie viel freye Seelen noch drinne sich krümmen, so wäre mir mein Herz geborsten wenn ich ihnen nicht Fehde angekündigt hätte, und nicht täglich suchte ihre Türne[4] zusammen zu schlagen.

Das griechische Theater, das die Franzosen zum Muster nahmen, war, nach innrer und äuserer Beschaffenheit, so, dass eher ein Marquis den Alcibiades nachahmen könnte, als es Corneillen dem Sop[h]okles zu folgen möglich wär.

Erst Intermezzo des Gottesdiensts, dann feyerlich politisch, zeigte das Trauerspiel einzelne grose Handlungen der Väter, dem Volck, mit der reinen Einfalt der Vollkommenheit, erregte ganze grose Empfindungen in den Seelen, denn es war selbst ganz, und gros.

Und in was für Seelen!

Griechischen! Ich kann mich nicht erklären was das heisst, aber ich fühls, und berufe mich der Kürze halben auf Homer und Sophokles und Theokrit die habens mich fühlen gelehrt.

Nun sag ich geschwind hinten drein: Französgen, was willst du mit der griechischen Rüstung, sie ist dir zu gros und zu schweer.

Drum sind auch alle Französche Trauerspiele Parodien von sich selbst.

Wie das so regelmäsig zugeht, und dass sie einander ähnlich sind wie Schue, und auch langweilig mit unter, besonders in genere[5] im vierten Ackt das wissen die Herren leider aus der Erfahrung und ich sage nichts davon.

Wer eigentlich zuerst drauf gekommen ist die Haupt und Staatsaktionen auf's Theater zu bringen weiss ich nicht, es giebt Gelegenheit für den Liebhaber zu einer kritischen Abhandlung. Ob Schäckespearen die Ehre der Erfindung gehört, zweifl' ich; genung, er brachte das Art, auf den Grad, der noch immer der höchste geschienen hat, da so wenig Augen hinauf reichen, und also schweer zu hoffen ist, einer könne ihn übersehen oder gar übersteigen. Schäckespear, mein Freund, wenn du noch unter uns wärest ich könnte nirgend leben als mit dir, wie gern wollt ich die Nebenrolle eines Pylades spielen, wenn du Orest wärst, lieber als die geehrwürdigte Person eines Oberpriesters im Tempel zu Delphos.

Ich will abbrechen meine Herren und morgen weiter schreiben, denn ich binn in einem Ton, der Ihnen vielleicht nicht so erbaulich ist als er mir von Herzen geht.

Schäckespears Theater ist ein schöner Raritäten Kasten[6], in dem die Geschichte der Welt vor unsern Augen an dem unsichtbaaren Faden der Zeit vorbeywallt. Seine Plane, sind

nach dem gemeinen Styl zu reden, keine Plane, aber seine
Stücke, drehen sich alle um den geheimen Punckt, (den noch
kein Philosoph gesehen und bestimmt hat) in dem das Eigenthümliche unsres Ich's, die prätendirte Freyheit unsres Wollens, mit dem nothwendigen Gang des Ganzen zusammen-
stösst. Unser verdorbner Geschmack aber, umnebelt dergestalt
unsere Augen, dass wir fast eine neue Schöpfung nötig haben,
uns aus dieser Finsternis zu entwickeln.

Alle Franzosen und angesteckte Deutsche, sogar Wieland, haben sich bey dieser Gelegenheit, wie bey mehreren wenig Ehre
gemacht. Voltaire der von ieher Profession machte, alle Maie-
stäten zu lästern, hat sich auch hier, als ein ächter Tersit[7] bewiesen. Wäre ich Ulysses; er sollte seinen Rücken unter meinem Scepter verzerren.

Die meisten von diesen Herren, stosen auch besonders an
seinen Caräckteren an.

Und ich rufe Natur! Natur! nichts so Natur als Schäkespears
Menschen.

Da hab ich sie alle überm Hals.

Lasst mir Lufft dass ich reden kann!

Er wetteiferte mit dem Prometheus, bildete ihm Zug vor Zug
seine Menschen nach, nur in *Colossalischer Grösse*; darinn
liegts dass wir unsre Brüder verkennen; und dann belebte er
sie alle mit dem Hauch *seines* Geistes, *er* redet aus allen, und
man erkennt ihre Verwandtschafft.

Und was will sich unser Jahrhundert unter stehen von Natur
zu urteilen. Wo sollten wir sie her kennen, die wir von Jugend auf, alles geschnürt und geziert, an uns fühlen, und an
andern sehen. Ich schäme mich offt vor Schäkespearen, denn
es kommt manchmal vor, dass ich beym ersten Blick dencke,
das hätt ich anders gemacht! Hinten drein erkenn ich dass ich
ein armer Sünder binn, dass aus Schäkespearen die Natur
weissagt, und dass meine Menschen Seifenblasen sind von Ro-
manengrillen aufgetrieben.

Und nun zum Schluss, ob ich gleich noch nicht angefangen
habe.

Das was edle Philosophen[8] von der Welt gesagt haben, gilt auch von Schäkespearen, das was wir bös nennen, ist nur die andre Seite vom Guten, die so nothwendig zu seiner Existenz, und in das Ganze gehört, als Zona torrida[9] brennen, und Lapland einfrieren muss, dass es einen gemäsigten Himmelsstrich gebe.

Er führt uns durch die ganze Welt, aber wir verzärtelte unerfahrne Menschen schreien bey ieder fremden Heuschrecke die uns begegnet: Herr, er will uns fressen.[10]

Auf meine Herren! trompeten Sie mir alle edle Seelen, aus dem Elysium, des sogenanndten guten Geschmacks, wo sie schlaftruncken, in langweiliger Dämmerung halb sind, halb nicht sind, Leidenschafften im Herzen und kein Marck in den Knochen haben; und weil sie nicht müde genug zu ruhen, und doch zu faul sind um tähtig zu seyn, ihr Schatten Leben zwischen Myrten und Lorbeergebüschen[11] verschlendern und vergähnen.

Quelle: Der junge Goethe. Neue bearbeitete Ausgabe in fünf Bänden. Hrsg. von Hanna Fischer-Lamberg. Bd. II, April 1770 – September 1772. Berlin: de Gruyter 1963. S. 83–86.

Anmerkungen

1. überholt.
2. Anspielung auf den Einzug Marie Antoinettes in Straßburg.
3. klassisches französisches Theater mit den drei Einheiten.
4. Türme.
5. im allgemeinen.
6. Guckkasten.
7. Thersites, griechischer Spötter (vgl. Ilias II, 212–277 und Shakespeares »Troilus und Cressida«).
8. Giordano Bruno (1548–1600), Baruch de Spinoza (1632–77), Bernhard de Mandeville (1670–1733), Anthony Ashley-Cooper, Earl of Shaftesbury (1671–1713).
9. heiße Zone.
10. Buch Tobias 6, 3.
11. Anspielung auf Rokokolandschaft.

Der sicher bedeutendste und originellste Dichter des Sturm und Drang und Jugendfreund Goethes bezeichnete die »Meynungen eines Layen«, deren zweiter Teil hier abgedruckt wird, als den »Grundstein [seiner] ganzen Poesie«. Die »Stimmen des Layen auf dem letzten theologischen Reichstage im Jahre 1773« sind als Vorträge konzipiert, die er sehr wahrscheinlich in dem nämlichen Jahr vor der Straßburger ›Sozietät‹ gehalten hat. Der Vortrag zeigt, wie der studierte Theologe Lenz Religion der Kunst anzunähern und zu säkularisieren sucht.

Stimmen des Layen
auf dem letzten theologischen Reichstage
im Jahre 1773

Erste Stimme

Meine Herren!
Wenn wir uns selbst ansehen, so finden wir – was? einen Körper, der Materie enthält, die aber auf eine wunderbar vollkommene Weise zusammengesetzt und organisirt ist, deren Geheimnisse alle angewandte Bemühungen der Anatomiker uns noch nicht haben entschleyern können, und alle⟨r⟩ anzuwendenden Bemühungen der grösten mechanischen Künstler, nachzuäffen, noch viel vergeblicher seyn würden. Doch sagt uns die Vernunft, – und die Vernunft der ältesten Nationen hat es schon von jeher gesagt – daß diesem auch aufs künstlichste zusammengesetzten Körper noch etwas fehle, ihn in Bewegung zu setzen, in ihm zu denken, zu empfinden, zu urtheilen und zu wollen, der prometheische Funke, wie ihn die Griechen nannten, der vom Himmel seinen Ursprung neh-

men mußte, die lebendige Seele, wie sie Moses nennt, die Gott selbst in unsre Maschine hinabhauchte. Die Theorie dieses Götterhauchs, den wir in uns fühlen – und weh dem, der ihn nicht fühlt! – stellen wir bey Seite, so viel wissen wir, daß diese uns belebende Kraft der edelste Theil unsers Selbst ist, daß von ihrer Bildung, Erhöhung, Erweiterung die Bildung, Erhöhung und Erweiterung unserer ganzen Glückseligkeit abhange, wer das nicht glauben will, der lasse es bleiben, die Sache redt von sich selbst, je größer die Sphäre ist, in der wir leben, desto beglückter und würdiger unser Leben, wer aber taub ist, dem wird, freylich ewig vergeblich, in die Ohren geschryen werden.

Wir wissen, daß sich die Materie nicht selbst bewegt, alle Kräfte müssen von aussen auf sie wirken, sonst ruht sie ewig, verharrt ewig in ihrem Zustande. Unser Geist aber hat in sich den Ursprung seiner Bewegung, kann denken was er will, wollen was er will, unsere Körper bewegen, wohin und wie er will – es ist thöricht, daß ich auf die ersten Wahrnehmungen eines Kindes zurück führe, aber, um der falschen Weisheit Einhalt zu thun, um die Ikarischen oder Phaetonischen vermeßnen Bestrebungen herab zu ziehen und zu demüthigen, ist oft kein beßrer Rath, als bey den uns jetzt Thorheit dünkenden Beobachtungen unsrer Kindheit wieder in die Schule zu gehen, auf unsre abgeworfene Kinderschuhe zu treten, und wieder von forne anfangen gehen zu lernen, eh wir fliegen können. Unser Geist also ist eine Kraft, die sich selbst bewegt, und doch auch zugleich seine Würksamkeit auf Dinge außer sich äußert, sie bewegt und verändert. Das sind lauter Erfahrungen, die wir machen, so bald wir zu erfahren anfangen, die mir also nicht können bestritten werden. Nun kommt es darauf an, zu wissen, ob diese Kraft ewig sey, ewig und ohne Zeit in Ansehung ihres Ursprungs, ewig und ohne Zeit in Ansehung ihres Endes, ob sie sich selbst immer in ihrem ganzen Umfang und Stärke erhalten könne, oder ob ein anderer da sey, der sie erhält, unterstützt, vermehrt, erweitert, vergrößert oder vermindert. Die Erfahrung lehrt uns, daß diese

Veränderungen in uns vorgehen, die Bibel lehrt uns, von wem sie kommen, lehrt uns, daß einer da sey, der diese Kraft uns gegeben, der ihr ein gewisses Gesetz der Bewegung vorgeschrieben, der nach Maaßgabe der rechten Anwendung dieser Kraft sie in uns vermehre oder vermindere, das heißt, uns belohne oder bestrafe. Und welches ist dann das große Gesetz, nach welchem wir diese Kraft anwenden oder brauchen sollen, um glücklich zu seyn? Ganz einfach! gar nicht weit gesucht, ganz simpel! es ist die völlige Dependenz von dem, der sie uns gegeben hat – von Gott. – Verflucht also die Freyheit, die sich wider ihn empören will, die glücklich seyn will auf einem andern Wege, als den er uns vorgezeichnet, den sein göttlicher Verstand durchgeschaut, sein göttlicher Wille gutbefunden und bestätigt hat. Ja frey sind wir, aber frey vor Gott, wie Kinder unter den Augen ihres liebreichen Vaters frey scherzen und spielen dürfen, kehren wir ihm aber den Rücken, so rennen wir in den Tod, und die Freyheit, die uns von dort entgegen winkt, ist kalt und grauenvoll, ist der Wink des Chaos und der alten Nacht.

War uns also eine nähere Offenbarung des göttlichen Willens nöthig? Hier sind wir wieder an der Frage, die so viel Lärmen in der ganzen Christenheit gemacht hat. Und nicht zu ihrer Ehre. Dann Schande ist es, da uns eine so herrliche Offenbarung geschehen, die wir im Staub hingeworfen mit Dankbarkeit verehren sollten, daß wir jetzt erst fragen, ob eine solche uns nöthig gewesen. Dankest du also dem Herrn deinem Gott, du toll und thörichtes Volk? Hätte der Kamtschadale[1] so gefragt, der von der Bestimmung seiner Seele, von dem höhern Zwecke seiner Schöpfung nichts wußte, sich gern und willig unter die Thiere des Waldes gesellte, mit ihnen fraß, sich gattete und untergieng – hätte der alte Römer oder Grieche so gefragt, der von der Fortdauer seiner Substanz auf längere Zeit, als die achtzig Jahre, die sie unter ihres gleichen sichtbar zubrachten, keine einzige klare Nachricht, nur dunkle schwimmende Ahndungen hatte; aber der Christ –

Nun ja freylich der Christ. – Wir finden unter keiner Sekte in

der Welt größere Verbrecher, größere Scheusale, als unter den
Christen. Und das wird alles ganz treuherzig nicht den Indi-
viduen, nicht den Usurpateurs des christlichen Namens zugeschrieben, sondern der Religion und ihrem Urheber. Das ist
eine Lästerung, die unter dem Himmel ihres gleichen nicht hat,
und die doch, seit der ersten Ausbreitung unserer Religion,
immer mit ihr in gleichen Schritten gegangen ist. Und wer ist
Schuld daran, als eben die Christen, die ihren Namen schänden und zu allen Zeiten geschändet haben, die man in der
ersten Kirche fein aus den Versammlungen der übrigen Unschuldigen heraus stieß, in den nachfolgenden Kirchenver-
sammlungen aber nicht allein beybehielt, sondern feyerte,
vergötterte, krönte und wer weiß nicht was, und um doch das
exkommuniciren ja nicht aus der Mode kommen zu lassen, die
wahren Christen aus der christlichen Gemeine verbannte.
Kann nun die Religion dafür? Ich erzähle hier gar nichts
Neues, sondern was jedem Kinde bekannt ist. Aber die Frage
scheint immer noch unbekannt zu seyn, ob schon sie freylich
auch schon alt genug ist, und der h. Augustin 22 Bücher drüber
geschrieben hat: kann nun die Religion dafür?
Daß wir aber von unserm Zwecke nicht abkommen: wenn also
eine göttliche Offenbarung nöthig war – und ihr lieben Christen! die ihr darüber so viele Scrupel habt, die ihr jetzt so gut
die Regel de tri in Büchern rechnen könnt, ob auch wohl ein
Rechenbuch nöthig war, das von nichts besserm anfing, als
von den elenden fünf Spezies, erlaubt mir doch, zu behaupten,
daß wenn euch Weisen und Klugen die göttliche Offenbarung
nicht mehr nöthig ist, sie doch wohl euren Vorfahren und den
Vorfahren ihrer Vorfahren nöthig gewesen seyn könne, die
euch nachmals mit vieler Müh, aber wenig Dank, rechnen gelehrt haben – erlaubt mir doch zu behaupten, daß unser lieber
Urältervater Adam noch nicht wußte, was er essen sollte, oder
was er stehen lassen sollte, wenn er nicht gleich eine göttliche
Offenbarung empfangen, daß ihr noch jetzt kein Fleisch fressen und keinen Wein trinken würdet, wenn Gott nicht Noah
selber angezeigt, die wilden Thiere zu verfolgen und den

Weinstock zu pflanzen, daß die Heiden viel erkenntlicher gegen Gott waren, den sie nicht kannten, daß sie sich von einer unbekannten Macht fortgerissen fühlten, demjenigen göttliche Ehre zu erzeigen, der zuerst ihren Vorfahren jagen, oder Ackerbau, oder Weinstöcke pflanzen gelehrt, denn das ist der Ursprung des heidnischen Götterdienstes, weil sie wohl einsahen, daß der völlig sich selbst gelassene Mensch nicht auf solche Verbindungen würde gekommen seyn – doch wo gerathe ich hin? sey es, diese Unordnung ist eine Pindarische werth – was wäre unsere Welt ohne die beständige Einmischung und Einwirkung der Gottheit – die ihr sie nicht glaubt, lernt zittern vor ihr, wann sie euch richtet und in Erdbeben, Donner, Wasserfluthen daher thönt, aber was wäre unsere Welt ohne den beständigen nahen seligen Einfluß einer höhern Macht, die wir kennen, die das Spiel alle der verborgenen Kräfte, die wir nicht kennen, in Bewegung setzt, und in dieser Bewegung erhält, ohne daß wir nöthig hätten, einen Fuß deshalb vor unsre Thür zu setzen – die Materie läge todt da, unser Geist nur in einer kleinen Sphäre wirksam, wollte der die Erde ihre Bahn laufen machen, wenn nun plötzlich die sie bewegende Kraft ausbewegt hätte und ruhete, wollte der den Pflanzen Oel, den Thieren Lebensgeister geben, wenn irgend ein feindseliger Planet sich auf immer zwischen uns und unsere Sonne stellte, von deren beseelenden Wärme die ganze Freygebigkeit unsers Bodens, das ganze Lebenssystem aller unserer Thiere abhängt? ja was wär auch unsere Welt, wenn alle diese Naturbegebenheiten nach unveränderlichen Gesetzen fortwährten und die Gottheit sich nie einem menschlichen Geiste näher mitgetheilt hätte? Wir sehen es an uns – an uns starken Geistern selber. Welch eine wilde See voll Zweifel, die alle zu keinem Zweck führen? Wer wird unsere Vernunft leiten, gütige Gottheit, wenn du nicht selbst uns einen Kompaß in die Hand giebst, nach dem wir schiffen können. Je weiter wir kommen, je weiter von den Küsten der Sinne und ihrer Erfahrungen uns entfernen, an denen wir doch unmöglich ewig fortfahren können, wenn wir nicht seicht bleiben wollen, desto unsicherer, ungewisser, dunkler wird der Weg. Gütige Gottheit, entzieh uns das Licht deiner Sterne nicht, oder wir streichen die Segel und gehn unter. Was ist aber von denen zu halten, die gern uns Nebel vor diesen Himmelsleuchten hiengen, und den letzten einigen Wegweiser aus unsern Augen entrücken möchten?

O wenn wir erst dort angekommen seyn werden, in diesem unbekannten Lande, wovon so viel pro und contra disputirt, fingirt, philosophirt, negirt, affirmirt, docirt, in Systeme reducirt wird, weil niemand das Herz hat, mit Kolumbus ins Schiff zu steigen und selbst hinzufahren, sondern nur vom Ufer drüber hin und her zu räsonniren, und darnach, wann ers entdeckt hat, zu sagen, das hätten wir alle eben so gut gekonnt – – alsdenn erst, wenn wir dort angekommen sind, werden wir die Heilsamkeit der Lichter und Sterne, die uns dahin führten, zu erkennen und dankbar zu verehren wissen. Bis dahin laßt uns nicht darüber schwäzen und plaudern, ob der Stern so und so heissen sollte, ob er ein Stern erster oder zweyter Größe sey, ob er sein Licht von sich selber habe, oder von irgend einer andern Sonne – und darüber versäumen, uns einzuschiffen.

Das war eine mehr als poetische Digression. Und nun muß ich sehen, wie ich wieder zu meinem Zwecke zurück komme.

Es war also die Frage, da zur Erhebung und Bildung unserer Seele eine göttliche Offenbarung vonnöthen, weil unserer Seele, als einer wirkenden Kraft, der Weg und die Gesetze ihrer Wirksamkeit mußten vorgeschrieben werden, so gut als den materiellen Kräften in der Welt ihre Gesetze und Harmonie vorgeschrieben ist: auf welche Art diese göttliche Offenbarung am füglichsten geschehen konnte. Nun frage ich, ob man eine bessere Methode anzugeben weiß, sich Geistern, die in Körper eingeschlossen sind, mitzutheilen, als die vom Schöpfer uns anerschaffenen göttlichkunstreich mechanisirten Organe, und die mittelst derselben hervorgebrachte Sprache, die alle[, die] eben die Organe haben, eben die Ideen durch dieselben auszudrücken gewohnt sind, als ein Medium unter

sich stabilirt und festgesetzt haben, ihre Ideen einander wech-
selsweise mitzutheilen. Wir müssen also für so organisirte
Menschen eine göttliche Offenbarung in Worten einer ge-
bräuchlichen Sprache annehmen, und diese Worte müssen auf
eine gewisse Weise gestellt seyn, um einen bestimmten Sinn
auszudrücken. Sie können aber auch mehr ausdrücken und
tiefer gehen, als es beym ersten Anblicke scheint, wie wir diesen Effekt bey allen Schriften von einiger Vortreflichkeit
wahrnehmen, die oft erst bey der dritten, vierten Lesung recht
hell, erwärmend und belebend werden. Natürlich muß bey
einer göttlichen Offenbarung, die für alle Zeiten, alle Völker
und alle Umstände brauchbar seyn soll, diese Eigenschaft in
der höchsten Vollkommenheit angetroffen werden, und müssen wir also, an statt über die dunklen Stellen derselben uns
lustig zu machen, mit vieler Ehrfurcht drüber verweilen, und
das ganze enge Maas der Sphäre unsers Verstandes empfinden,
der schon am Rande so vieler Abgründe zurückbebt, durch deren Tiefen vielleicht schon die nächstfolgenden Geschlechter
ohne Wolken schauen werden. Das verhindert uns aber nicht,
all unsre Kräfte aufzubieten, in dieser Dunkelheit schon itzt
so weit vorzudringen als wir können, denn die Erfahrung
lehrt uns trotz unserer heiligsten Systeme, daß in der Welt
nichts übernatürlich zugehe, daß alle Wirkungen und Produkte unsers Verstandes in ihren Ursachen, in den Bestrebungen und Anstrengungen desselben gegründet sind. Aber da
gleich beym ersten Schritte umzukehren und zu sagen, das
lohnt der Mühe nicht – die Offenbarungen waren nicht göttlich – wahrhaftig! das ist der Weg nicht – das heißt, das kleine
von unsern Aeltern übertragene Pfund fein im Schweißtuche
vergraben, weil man weiß, daß der Herr strenge war, und
erndete, wo er nicht gesäet hatte, uns Sachen sagte, die wir
nicht gleich auf den Stutz verstunden, und uns doch nicht die
Mühe geben wollten, sie verstehen zu lernen.
Ob also die Wahrheiten, die wir in der Bibel anfangs sparsa-
mer ausgestreut, nachgehends häufiger zusammengedrängt
finden, göttlichen Ursprungs seyn, das ist die Frage. Und wie

ist die auszumachen, wie ist die zu beantworten? Wie die Wahrheit immer antwortet und seit Anfang der Welt geantwortet hat. Probirt mich, nehmt mich eine Weile auf Treu und Glauben an, aber ohne Tücke, ohne Hinterhalt eurer anderweitigen Afterneigungen und Begierden, und wenn ihr euch glücklich in meinem Besitze fühlt, nichts mehr zu wünschen und zu hoffen fühlt als mich, und immer mehr mich, so behaltet mich bey und sucht auf dem Wege, den ich euch vorlege, immer weiter vorzudringen, um immer neue Länder der Glückseligkeit zu entdecken: denn es sind ganz gewiß welche da, glaubt mir nur. Wer nun ihr glaubt, der schifft ein, wer nicht will, der bleibt am Ufer stehen und lacht die einfältigen Schöpse aus, die sich immer weiter aus seinem Gesichte entfernen, bis sie zuletzt sein Lachen nicht mehr hören, er aber bleibt wie die Bürger in kleinen Reichsstädten, glücklich auf seinem Mist, und wer wollte ihm sein armes Glück mißgönnen?

Das wäre nun genug wider den Unglauben deklamirt – laßt uns aber nun untersuchen, wie viel und wie wenig wir glauben sollen, um weder Don Quischotte zu seyn und spanische Schlösser und verfluchte Prinzessinnen aufzusuchen, wo Windmühlen und Dulcineen stehen, noch auch den Gefährten des Kolumbus ähnlich, die, so bald sie auf der hohen See waren, schon den Muth verlohren, jemals wieder auf festes Land zu kommen. Wie kann Gott sich Menschen geoffenbart haben, wie ist das möglich? Sie zu Maschinen gemacht und durch sie zu andern Menschen gesprochen, wie die heidnischen Orakel durch die delphischen Priester? – Diesen Begriff nahmen gewisse zunftmäßige Theologen, die den Glauben des Pöbels gepachtet hatten, um sich anderweitige Vortheile damit einzutauschen, mit Freuden an, nur dem Namen nach von jenen Priestern des Alterthums unterschieden, die den Göttern ihre Absichten oder auch absichtslose Einfälle unterschoben, um den Pöbel mit dem allerstrengsten und furchtbarsten Zaume und Gebiß zu regieren, die ein menschlicher Verstand nur aussinnen konnte, mit der Ehrfurcht gegen seine Götter. Diesem

Begriffe lehrt uns also die Philosophie, der gesunde Gebrauch unsers Verstandes ausweichen – aber lehrt sie uns auch in den entgegengesetzten Begriff fallen, lehrt sie uns das, was von der Gottheit, nicht auf der Gottheit unanständige Art hervorgebracht werden konnte, als gar nicht von der Gottheit hervorgebracht, als bloß menschlich, irrig, unbestimmt, schwankend, und vielleicht gar thöricht und elend wegwerfen? Die Perlen, die nicht vom Himmel gefallen, sondern ganz natürlich aus dem Grunde des Meers hervorgefischt sind, mit Füssen treten? – das sey ferne.

Es hat gewisse Menschen gegeben, die der Gottheit lieber waren, als wir. Fällt uns das so schwer, so unmöglich zu glauben? Ey meine lieben und auserwählten Kinder Gottes, ihr, die ihr ganz allein sein Herz habt, gegen die Petrus und Paulus noch einschenken müssen, und die heiligen Propheten und Märtyrer allzumal doch nur Stiefkinder waren, wie, wenn ich euch frey heraus sage, daß ich doch nicht glaube, daß dem Dinge so ist, wenn ich frey heraus bekenne, daß wir mit allem unserm Wissen kreuz und queer, lang und breit, das uns so jämmerlich schwer auf dem Herzen liegt, doch immer, wenn wir uns an diesen Leuten messen, ihnen durch die Beine durchfallen. Und wo hatten sie das her, ja, lieber Gott! wo hatten sie das her, es waren doch nur Fischer und jene Teppichmacher, und die alten Propheten gar Avanturiers, die auf keiner Universität promovirt hatten. Woher kam ihnen das, worauf nach erstaunenden Bestrebungen unsere größesten Genies endlich doch nur halb blindlings und in der Dämmerung des von ihnen ausgegangenen Strahls tappeten. Vom Geiste Gottes? wahrhaftig nicht, nein, das kann nicht seyn, denn was ist Geist Gottes, zeigt mir ihn, beschreibt mir ihn, definirt mir ihn, mahlt mir ihn an die Wand! Von wem denn? wir wissen nicht.

Soll ich versuchen, Ihnen dies Problem aufzulösen? Sie müssen mich aber nicht auslachen, ich bitte Sie, denn ich lasse mich durch Lachen nicht abweisen. Ich würde Sie vorher auffordern, mir zu beweisen, ob Sie mit Verstand gelacht hätten, und können Sie mir das – nun dann will ich mit lachen. Es hat

Leute in der Welt gegeben, wie uns die Bibel sagt, und was ist
zu thun, hier müssen wir doch der Bibel glauben, denn es ist
das älteste Geschichtbuch, das wir haben, die sich es gleich vom
Anfange einfallen ließen, sie könnten doch wohl etwas weniger seyn, als der Gott, der über ihnen donnerte, die also den
Entschluß faßten, diesen Gott, dessen Erkenntniß wenigstens
nach den Anfangsgründen (die gemeiniglich das beste und si-
cherste sind, was wir davon haben) ihnen durch die Tradition
von Adam an bis auf Enos, und von Enos bis auf Henoch,
und von dem bis auf Noah, und von dem so weiter bekannt
geworden war, auch allein als Gott zu verehren, und sich seinem Willen in allen Stücken zu unterwerfen, möcht er ihnen
auch noch so dunkel und unbegreiflich vorkommen. Diese
Leute hießen die Patriarchen, und Gott hat sich ihnen immer
von Zeit zu Zeit unter einer sichtbaren Menschengestalt gezeigt,
und ihnen seinen Willen, den sie freylich noch nicht immer
ganz verstunden, zu erkennen gegeben. Diese Leute erzählen
das Ding ihren Kindern, und diese wieder ihren Nachkommen, und so entstand die ganze jüdische Republik, und die
ganze jüdische Gesetzgebung. Nach und nach, da die Leute
schon gescheuter worden, und nicht mehr zum simplen einfältigen Gehorsam gegen die Befehle der Gottheit zu bringen
waren, sondern immer schon das *aber wie? aber warum?* wissen wollten, da gieng es nicht mehr an, ihnen in ihrer eigenen
Gestalt zu erscheinen, sie hätten sich zu familiär mit der Gottheit gemacht, wie wir in spätern Zeiten schon ein Pröbchen davon sehen werden, und was wär denn aus dem ganzen Gehorsam der Menschen gegen die Gottheit, und aus seinem ganzen
Endzwecke der Schöpfung mit ihnen geworden? Er mußte sich
also in eine Wolke hüllen, donnern und blitzen um sich her,
damit sie mit ihrem überklugen Verstande endlich einsehen
lernten, daß er mehr könne als sie, und diejenigen unter ihnen,
die noch den meisten Gehorsam, die meiste gänzliche Unterwerfung und Ergebenheit in seinen Willen, das größte Gefühl
ihrer Dependenz von ihm zeigten, seiner nähern Offenbarung
würdigen, die mochten hernach sehen, wie sie den übergesun-

den im hitzigen Fieber stolzierenden Patienten die Arzney eingeben, ob mündlich oder schriftlich, ob von Thaten begleitet, die über den Wirkungskreis der erstaunend vernünftigen Tollhäuser waren, und die sie durch die nach Gottes Weg und Ordnung angewandte und geübte in ihnen liegende Kraft bewirkten, die aber, weil sie andern Leuten nicht in dem von ihnen erfundenen Weg und System lagen, durchaus für übernatürlich, unnatürlich oder widernatürlich gelten mußten, nachdem sie bescheidener oder impertinenter in ihren Urtheilen waren. Solche der vorzüglichen sichtbaren Offenbarung Gottes gewürdigten Leute hießen Propheten, und es steht in der Bibel, daß der Herr mit ihnen geredet und daß sie wieder mit dem Volke geredet, so und so sagt der Herr, und das und das wird erfolgen, wenn ihr so handelt, und das und das wird geschehen, wenn ihr anders handelt. Finden Sie nun darinn etwas wider- oder übernatürliches? ich im geringsten nicht. Es ist Mutter Natur, dieselbe, wie sie aus der Hand Gottes kommt, dieselbe, wie ich sie itzt um mich herum allenthalben in ihren Wirkungen fortschreiten sehe und auf meinem Antlitze fußfällig anbete.

Nachdem lang genug Propheten zu dem Volke geschickt waren, die Leute oft genug gesehen, daß das wahr geworden, was sie ihnen unter gewissen Bedingungen gedroht hatten, und daß Gott doch klüger und mächtiger sey als sie, nachdem sie also den hellen Glanz der Wahrheit nicht mehr ableugnen konnten, der ihnen zeigte, daß sie durchaus Gott gehorchen müßten, um glücklich zu seyn, erschien Gott endlich selber wieder, in derselben Gestalt, in der er sich den ersten Menschen, und den Patriarchen und den Propheten allen hatte sehen lassen, und setzte den Gehorsam und die Dependenz der Menschen auf die höchste Probe, auf die sie nur konnten gesetzet werden. Ward gebohren wie sie, elender als sie alle, und starb des allerbittersten Todes, den nur je ein Sterblicher hätte sterben können. Und das gieng ganz natürlich, denn als ein Gott sich unter sie mischte und sich in nichts von ihnen unterscheiden wollte, als in der Vortreflichkeit seiner Lehre und dem Edlen seiner Thaten, wurd er ihnen zu gemein, sie konnten ihn länger nicht an ihrer Seite leiden, und wollten ihn also fort aus einer Welt schaffen, in der sie selbst gern die unbeschränktesten Gebieter und Götter seyn wollten. Er litt mit Demuth und Geduld, denn das war der Zweck seiner Erscheinung, stellte uns das Muster des tiefsten Gehorsams gegen die göttliche Zulassung des physischen und moralischen Uebels in der Welt auf, des Gehorsams bis zum Tode am Kreuz – warum? um uns zu zeigen, daß je weiter diese Unterwerfung, diese Ergebenheit, diese Dependenz von dem Willen der Gottheit gehe, desto herrlicher der Lohn sey, der unser warte, daß alle die Einschränkungen unserer zeitlichen Glückseligkeit, die durch die Vermehrung und Ausbreitung des Menschengeschlechts und seiner guten und bösen Begierden, guten und bösen Thätigkeit nothwendig geworden waren, uns an unserm innern und geistigen und zugleich ewigwährenden und unveränderlichen Glücke nicht den geringsten Abbruch thäten, sondern vielmehr als Dämme anzusehen wären, durch welche der Strohm der Glückseligkeit nur dar‹r›um eine Weile aufgehalten zu werden schiene, damit er hernach desto gewaltsamer und überschwänglicher auf uns zuströhmen könne, und wir hernach in vollem Maaß glücklich und trunken von Seligkeit und Wonne den Himmel im Busen tragen möchten, den die starken Geister läugnen, und die Schwärmer und Abergläubige hundert Brillen aufsetzen ihn aufzusuchen, ich weiß nicht wo.

Das ist meine Ueberzeugung, und ich hoffe, ich werde sie sobald nicht gegen eine andere austauschen, man müßte mir denn ihren Grund und ihre Quelle irgendwo in der Bibel anzugeben wissen. Die nächsten Freunde unsers im Fleische erschienenen Gottes schrieben seine Reden und Handlungen auf, und wohl uns! daß sie es thaten, ich fürchte, durch andere Hände würden diese Geschichte so lauter und unbeschmuzt nicht gegangen seyn, was auch Herr Doktor Bahrdt in Gießen[2] davon halten mag. Die Apostel aber waren von ihm selbst – bedenken Sie, welche Authorität – von ihm selbst ausgewählt, ausgesucht, weil sie den nächsten Umgang mit ihm gehabt, seine Lehren also aus der ersten Hand hatten, sie in der Welt auszubreiten, alle Welt Theil an dieser großen Wahrheit nehmen zu lassen, daß Gott selbst in der Welt sichtbar eine Weile gelebt wie ein andrer Mensch, ausgestanden, gelitten wie ein andrer Mensch, und weit mehr als alle andere Menschen, und doch nicht müde oder muthlos geworden, seinen Weg fortzugehen, menschlich gut und edel, menschlich am besten, am edelsten zu handeln, wenn auch der Tod, und Schimpf und Schand im Tode selbst das Final davon wäre – denken Sie, welch eine Lehre! wie viel Trost! wie viel Aufmunterung für edle Menschen, leidende Helden, leidende Halbgötter. Denken Sie, wenn Kato noch gelebt hätte, und ein Apostel wäre zu ihm gekommen, und ihm das Schicksal seines Gottes erzählt, ob noch Verzweiflung seinen Dolch gegen seine eigene Brust würde gerichtet haben? Dieser Gedanke gehört nicht mein, sondern dem englischen Dichter Kowley[3], aber er ist vortreflich gedacht und noch besser empfunden, und weil ich ihn nachempfinde, so trag ich ihn hier, wie mich deucht, nicht am unrechten Ort auf.

Die Bibel sagt uns aber noch mehr, sie sagt uns, daß diese Leute den Geist Gottes empfangen, und weil uns das dunkel ist, was der Ausdruck sagen will, sollen wir derohalben die ganze Sache in Zweifel ziehen? Mit nichten, wie viel ist, das ihr nicht begreift, und wie vieles, das euch in der That noch hundert Procent unbegreiflicher ist als dieser Ausdruck selber? Habt ihr denn nicht oft genug gelesen, und sagt ihr selber nicht oft genug, dies und das Buch ist in dem Geiste dies und jenes Mannes geschrieben, diese und jene Uebersetzung ist völlig im Geiste ihres Originals? Ein menschlicher Geist, der in der von Gott durch die ganze Welt bekannt gemachten Ordnung des Rechts und der Wahrheit denkt, forscht und handelt, eine Kraft, die sich so unaufhörlich nach der von Gott etablirten und uns empfindbaren Harmonie bewegt, hat schon in gewissen Umständen den Geist Gottes, eine göttliche Gesinnung, eine Gesinnung, die dem Willen der Gottheit konform ist, und so hatte die ganze erste christliche Kirche den Geist Gottes. Da ihr aber die Sphäre der menschlichen Geister nicht immer nach der Sphäre eures eigenen Geistes abmessen könnet, da ihr nicht wissen könnet, wie hoch es gewissen menschlichen Geistern könne gegeben gewesen seyn, zu der Gottheit empor zu streben, sich seiner Fülle zu nähern, und aus derselben einen besondern und vorzüglichen gnädigen Einfluß zu erfahren, da ihr ja eben so wenig die sogenannten Wunder begreifen oder nachmachen könnt, die die Apostel thaten, und uns die historische Feder eines, der kein Apostel war, von ihnen aufgezeichnet hat – warum wollet ihr diese Leute, oder ihre Authorität läugnen, weil sie größer waren als ihr, weil sie aus höhern Fenstern sahen? Warum wollt ihr wegen dessen, was euch in ihren Reden und Episteln dunkel ist, das Vortrefliche, dem ihr mit Amen und Händeklatschen Beyfall geben müßt, das so schön gesagt ist, als es nur gesagt werden konnte, das mehr als den Stempel des Genies trägt, das eure besten Philosophen nicht halb so kurz, lebhaft und kräftig würden haben sagen können, für blos menschlich, für Irthümern unterworfen, für zweydeutig halten? Lernt sie doch erst verstehen, eh ihr so über sie weg urtheilt, das Recht gesteht ihr ja dem niedesten Schmierer zu – und kommt ihr nicht zu eurem Zweck, so schiebt euer Urtheil lieber auf, denn es könnten andere Leute da seyn, oder noch erst gebohren werden, die sie nun besser verstünden als wir, und da, wo wir nichts als Unordnung und Verwirrung und Labyrinth sahen, den schönsten herrlichsten chinesischen Garten entdeckten – einen Garten Gottes wie Eden, und wir, die wir uns weidlich darüber mokirt hätten, welch eine Meynung würden wir unsern Nachkommen von unserm Geschmack hinterlassen.

Diese Leute schrieben nun – und hatten den heiligen Geist – das ist mir genug, und nun werd ich mich schon in Acht nehmen, ihnen Irrthümer oder Kezereyen zuzutrauen. Daß der heilige Geist es nicht war, der ihnen den Griffel führte, sondern daß es ihre eigene menschliche Seele war, die die Muskeln ihrer Hand bewegte, weiß ich so gut als andere, daß sie im

übrigen noch immer Menschen mit Einschränkungen blieben
wie wir, weiß ich auch, denn nur der Unendliche hat keine
Gränzen, und alle geschaffne Geister und Kräfte haben weitere und engere Grenzen, nachdem es seiner Weisheit und
Ordnung beliebt, daß sie also bey Sachen, die mehr die äußere
Einrichtung der Kirche, als die innere Aufrichtung und Entwickelung der menschlichen Geister betrafen, nicht einerley
Meynung seyn, pro et contra disputiren, auch gar irren und
fehlen konnten, will ich alles zugeben, daß sie aber in sofern
geirrt haben, als sie Apostel ans *menschliche* Geschlecht waren,
daß sie für uns geirrt haben, in allgemeinen Wahrheiten, die
sich nicht auf lokale Umstände beziehen – das glaub ich nimmer und in Ewigkeit, und wer es glaubt, setzt ein Mistrauen
in die Güte Gottes, die uns durch die zwölf Apostel auf dem
Wege unsers Heils gewiß nicht in die Irre führen wollte –
Diese Abhandlung ist noch theologisch, m. H., ich hoffe aber,
es soll die letzte seyn. Man wird sie mir verzeihen – weil heut
zu Tage doch die Theologie selber beym Tanzmeister in die
Schule gehen, und Komplimente machen lernen muß: es ist
mir nichts weiter übrig als die Anwendung derselben auf die
Theologen in meinem Vaterland und dann auf die ganze Welt
zu machen, meiner Predigt ein honett Bürgerkleid anzuziehen,
und dann zu versuchen, wie sie in vornehmen Gesellschaften
ihr Glück macht.
Was die ersten anbetrift – meine werthen Herren! so wollt
ich Sie als ein Patriot, denn diesen Titel kann mir niemand
so wenig als meine teutschen Aeltern und das von ihnen empfangene teutsche Blut streitig machen, recht sehr ersucht haben, anstatt der Neuerungssucht, die gar zu gern an allen ehrwürdigen Monumenten hackt und krizelt, um ihr Alterthum
und ihre Ehrwürdigkeit zweifelhaft und zweydeutig zu machen, lieber den Staub und Koth rein abzuwischen, mit welchen alle alte und neue Neuerer seit Konstantins, ja seit der
Apostel Zeiten selber sie betragen haben: alle hineingebrachte
Meynungen und Systeme und ihnen zu gefallen verdrehte und
verstümmelte Sprüche aus dem Wege zu schaffen, und wie

Bienen an der alten lieben Wahrheit, die so treuherzig noch immer durch alle den Epheu Unkraut und Brombeer durchschimmert, zu saugen, und lautern Honig, Götterspeise für die Menschen daraus zu bereiten – nicht aber alte Meynungen ausreuten, um neue an deren Stelle hinein zu pflanzen, die eben so bitter und trostlos sind, blos um uns einen Namen zu machen. Ein Spruch in seiner vorigen Lauterkeit wieder hergestellt, sollte uns schätzbarer seyn, als ein neu System, das uns die Bibel überflüssig machen will, die doch älter als alle Systeme, und ohne Zweifel auch besser ist, denn sie führt das System Gottes. Und wenn wir das auch nicht ganz übersehen, laßt uns doch mit einer Ecke von dem herrlichen Gebäude zufrieden seyn, es ist so groß und das Leben so kurz, ein Glück, daß wir mehr als Ein Leben zu hoffen haben. Wenn im Buch Josua keine philosophische Moral mit dürren Worten anzutreffen ist, so stehn da Begebenheiten, die dem jüdischen Volke begegnet sind, und aus denen sich die allersolideste philosophische Moral zubereiten läßt, wenn man nur Philosoph darnach ist. – Ich will hiemit keiner einzigen aller Ihrer Bemühungen vorgreifen oder vorgebaut haben, der menschliche Geist wird, wie Ludovicus Vives[4] sagt, durch Arbeit geweidet, ich möchte sagen, genährt und gestärkt, fehlgeschlagene Versuche haben auch ihren Nutzen, und da die Wahrheit immer in der Mitte liegt, müssen wir von einer Seite zur andern balanciren, ehe wir auf dem Seile gehen lernen.

Nun noch ein Wort für die galante Welt. Wir haben itzt das Säkulum der schönen Wissenschaften. Paradox und seltsam genug würd' es lassen, zu sagen, daß sich aus den Schriften der Apostel, so wie überhaupt aus der Bibel, eben so gut eine Theorie der schönen Künste abstrahiren ließe, wie aus dem großen Buche der Natur. Verstehn Sie mich nicht unrecht, ich sage dies nicht grade zu, ich will Ihnen nur einen Wink geben, daß die wahre Theologie sich mit dem wahren Schönen in den Künsten besser vertrage, als man beym ersten Anblick glauben möchte. Diesen Satz weiter auszuführen, würde mich hier zu weitläufig machen, erlauben Sie mir nur, ein paar hier nicht her zu gehören scheinende Anmerkungen anzuhängen, ehe ich schließe. Man fängt seit einiger Zeit in einer gewissen Himmelsgegend sehr viel an, von Sensibilité (bey den Deutschen Empfindsamkeit) zu diskuriren, zu predigen, zu dichten, zu agiren, und ich weiß nicht was. Ich wette, daß der hundertste, der dies Wort braucht, nicht weiß, was er damit will, und doch wird das Wort so oft gebraucht, daß es fast der Grundsatz aller unsrer schönen Künste, ohne daß die Künstler es selbst gewahr werden, geworden ist. Der Grundsatz unserer schönen Künste ist also noch eine qualitas occulta[5], denn wenn ich alle Meynungen derer, die das Wort brauchten, auf Zettel geschrieben, in einen Topf zusammen schüttelte, wette ich, ein jeder würde dennoch dieses Wort auf seine ihm eigene Art verstehen und erklären. Und das ist auch kein Wunder, da wir als Individua von einander unterschieden sind, und seyn sollen, und also jeder sein individuelles Nervengebäude, und also auch sein individuelles Gefühl hat. Was wird aber nun aus der Schönheit werden, aus der Schönheit, die wie Gott ewig und unveränderlich, sich an keines Menschen Gefühl binden, sondern in sich selbst die Gründe und Ursachen ihrer Vortreflichkeit und Vollkommenheit haben soll? Homer ist zu allen Zeiten schön gefunden worden, und ich wette, das roheste Kind der Natur würde vor einem historischen Stücke von Meisterhand gerührt und betroffen stehen bleiben, wenn er nur auf irgend eine Art an diese Vorstellungen gewöhnt wäre, daß er gewisse bestimmte Begriffe damit zu verbinden wüste. Dessen kann sich aber das Miniaturgemählde und das Epigramm nicht rühmen, und jener macht eben so wenig Anspruch auf den Titel eines Virtuosen in der Mahlerey, als dieser auf den Titel eines Genies κατ εξοχην[6], eines Poeten, wie Aristoteles und Longin[7] dieses Wort brauchten, eines Schöpfers. Das muß doch seine Ursachen haben. Ja, und die Ursachen liegen nicht weit, wir wollen nur nicht drüber wegschreiten, um sie zu suchen. Sie liegen darinn, daß jene Produkte hervorzubringen, mehr Geist, mehr innere Konsistenz, und Gott gleich stark fortdaurende Wirksamkeit unserer Kraft erfordert wurde, welche bey dem, der sie lieset oder betrachtet, eben die Erschütterung, den süßen Tumult, die entzückende Anstrengung und Erhebung aller in uns verborgenen Kräfte hervorbringt, als der in dem Augenblicke fühlte, da er sie hervorbrachte. Es ist also immer unser Geist, der bewegt wird, entflammt, entzückt, über seine Sphäre hinaus gehoben wird – nicht der Körper mit samt seiner Sensibilité, mag sie auch so fein und subtil seyn als sie wolle. Denn das Wort zeigt nur ein verfeinertes körperliches Gefühl an, das ich durchaus nicht verkleinere, verachte, noch viel weniger verdamme, behüte mich der Himmel! verfeinert euren Körper ins unendliche wenn ihr wollt und wenn ihr könnt, distillirt ihn, bratet ihn, kocht ihn, wikkelt ihn in Baumwolle, macht Alkoholl und Alkahest[8] draus, oder was ihr wollt – der ehrliche Deutsche, der noch seiner alten Sitte getreu, Bier dem Champagner, und Tabak dem eau de mille fleurs vorzieht, der nur einmal in seinem Leben heyrathet, und wenn sein Weib ihm Hörner aufsetzen will, sie erst modice castigat[9], dann prügelt, dann zum Haus nausschmeißt, hat einen eben so guten Körper als ihr, und noch bessern wann ihr wollt, wenigstens dauerhafter, weiß er ihn nicht so schön zu tragen als ihr, nicht so artig zu beugen, nicht so gut zu salben und zu pudern, er braucht ihn wozu er ihn nöthig hat – und sucht das Schöne – wenn der Himmel anders unser Vaterland jemals damit zu beglücken, beschlossen hat – nicht in dem, was seine verstimmte Sensibilität in dem Augenblicke auf die leichteste Art befriedigt, oder vielmehr einschläfert, sondern in dem, was seine männliche Seele aus den eisernen Banden seines Körpers losschüttelt, ihr den elastischen Fittig spannt, und sie hoch über den niedern Haufen weg in Höhen führet, die nicht schwärmerisch erträumt, sondern mit Entschlossenheit und Bedacht gewählt sind. Da mihi figere pedem, ruft er, nicht mit halbverwelkten Blumen zufrieden, die man ihm auf seinen Weg wirft, sondern Grund will er haben, felsenvesten Grund und steile Höhen drauf zaubern, wie Göthe sagt, die Engel und Menschen in Erstaunen setzen. Ist es Geschichte, so dringt er bis in ihre Tiefen, und sucht in nie erkannten Winkeln des menschlichen Herzens die Triebfedern zu Thaten, die Epochen machten, ist es Urania[10], die seinen Flug führt, ist es [die] Gottheit, die er singt, so fühlt er das Weltganze in allen seinen Verhältnissen wie Klopstock, und steigt von der letzten Stuffe der durchgeschauten und empfundenen Schöpfung zu ihrem Schöpfer empor, betet an – und brennt – ist es Thalia[11], die ihn begeistert, so sucht er die Freude aus den verborgensten Kammern hervor, wo der arbeitsame Handwerker nach vieler Mühe viel zu genießen vermag, und der Narr, der euch zu lachen machen soll, ein gewaltiger Narr seyn muß, oder er ist gar nichts. Ists endlich die Satyre selbst, die große Laster erst zur Kunst machten, wie große Tugenden und Thaten die Epopee[12], so schwingt er die Geißel muthig und ohne zu schonen, ohne Rücksichten, ohne Ausbeugungen, ohne Scharrfüße und Komplimente grad zu wie Juvenal[13], je größer, je würdigerer Gegenstand zur Satyre, wenn du ein Schurke bist – kurz –

Wo gerathe ich hin? Ich habe nur mit zwey Worten anzeigen wollen, daß weder Nationalhaß, noch Partheylichkeit, noch Eigensinn und Sonderbarkeit mich begeisterten, wenn ich jemals Unzufriedenheit über die französische Bellitteratur, die so wie alle ihre Gelehrsamkeit mit ihrem Nationalcharakter wenigstens bisher noch immer in ziemlich gleichem Verhältniß gestanden, bezeugt habe: doch das ist grad zu und ohne Einschränkung noch nie geschehen, und geschicht auch jetzt nicht.

Quelle: Jakob Michael Reinhold Lenz, Werke und Schriften. Hrsg. von Richard Daunnicht. Reinbek: Rowohlt 1970. S. 203–216.

Anmerkungen

1. Kamtschadalen (oder Itelmen), altasiatisches Fischer- und Jägervolk auf der ostsibirischen Halbinsel Kamtschatka.
2. Der Gießener Theologieprofessor Carl Friedrich Bahrdt (1741–92) hatte in seinen von Goethe verspotteten »Neuesten Offenbarungen Gottes« (1772 ff.) die Autorität der Evangelisten bezweifelt.

3. Abraham Cowley (1618–67), englischer Dichter und Essayist.
4. Juan Luis Vives (1492–1540), spanischer Humanist und Philosoph, gilt als Wegbereiter der modernen empirischen Psychologie und Pädagogik.
5. verborgene, geheimnisvolle Qualität.
6. schlechthin.
7. In der Schrift »Peri hypsus« (Vom Erhabenen) setzt der sogenannte Pseudo-Longinos schon die künstlerische Begabung über normative Regeln.
8. arab., angebliches Lösungsmittel für alle Stoffe bei den Alchimisten.
9. bescheiden rügt, Vorhaltungen macht.
10. Muse der Astronomie (dargestellt mit Himmelsglobus und Zeigestab).
11. Muse der Komödie (Kennzeichen: komische Maske, Efeukranz und Krummstab).
12. Epopöe, Epos.
13. Decimus Junius Juvenalis (zw. 50 u. 70 bis nach 127 n. Chr.), römischer Satiriker.

FRIEDRICH SCHILLER

1759–1805

*Schillers erste Karlsschulrede, die er am 10. Januar 1779 aus
Anlaß des Geburtstages der Franziska von Hohenheim gehalten hat, kopiert im Aufbau en miniature die am 14. Dezember
1776 gehaltene »Rede über das Genie« seines Lehrers Jakob
Friedrich Abel. Festreden waren auf der Hohen Karlsschule
durchaus üblich; als typisch kann für sie gelten: der rhetorisch
barocke Sprachstil, die optimistische Popularphilosophie der
Aufklärung, die pathetische Überhöhung philosophischer Begriffe und die historischen Exempla. Das moralphilosophische
Thema wurde Schiller zwar gestellt, aber die Art der Ausführung mit ihren Anklängen an Klopstock und Ossian offenbart
doch schon ein paar Merkmale des späteren Dramatikers und
Essayisten. Die Rede macht außerdem den rhetorischen Aus-
gangspunkt des Dichters Schiller deutlich, auf den seit Adam
Müller erst in letzter Zeit wieder hingewiesen wurde (vgl.
Hermann Meyer, Schillers philosophische Rhetorik, in: Zarte
Empirie, Stuttgart 1963; Gert Ueding, Schillers Rhetorik, Tü-
bingen 1969).*

Rede über die Frage:
Gehört allzuviel Güte, Leutseeligkeit und große
Freygebigkeit im engsten Verstande zur Tugend?

Durchleuchtigster Herzog[1],
Erlauchte Gräfin[2]!
Gehört allzuviel Güte, Leutseeligkeit, und große Freygebigkeit
im engsten Verstand zur Tugend? – Diß ist die Frage die nun
zu beantworten mir gnädigst aufferlegt ist; Ich freue mich des
erhabenen Gegenstands meiner Rede. Ich freue mich doppelt
der Tugend Lobredner zu seyn, im Tempel der Tugend.

Nicht die schimmernde That vor dem Auge der Welt – nicht
das stürmende Klatschen des Beyfalls der Menge – die innere
Quelle der That ists, die zwischen Tugend und Untugend ent-
scheidet. Liebe zur Glükseeligkeit muß diese Quelle seyn. Sie,
diese Liebe ist es, die zwischen zwey Gegenneigungen den
Ausschlag geben soll. Sie, die alles alles überwägen muß. Aber
ihr ist der scharfsehende Verstand zum Führer gegeben. Der
Verstand muß jede Neigung prüfen ob sie zur Glükseligkeit
leite. Der Verstand muß den Ausspruch thun, welche Neigung
zu höherer zu weiterumfaßender Glükseligkeit leite; – der
Verstand muß die Wahl der Seele bestimmen! Je heller also,
je gewaltiger, je dringender die gegenseitige Neigung desto
höherer Verstand – desto höhere Liebe – desto höhere Tugend!
Ich sehe den Erhabensten Geist, den je das Alterthum gebahr,
dem nie dämmerte der Offenbahrung Gottes ein blaßer Wie-
derstral; – Er hat den Giftbecher in der Hand – Hier Liebe
zum Leben – das mächtigste Drangsgefül, das je eines Menschen Seele bestürmte; – dort zum Pfade höherer Seeligkeit
ein zitternder Schein, ein eigner durch das Forschen seines Geistes einsam erschaffner Gedanke – Was wird Sokrates wählen? – Das Weiseste. Izt, o Weißheit, leite du seine entsezliche
Freyheit – Tod – Vergehen – Unsterblichkeit – Krone des
Himmels – Versieglung blutige – große – mächtige Versieglung seiner *neuen* Lehre! – Leite seine lezte entscheidende
Freyheit scharfsehender Verstand – Entschieden – getrunken
das Gifft – Tod – Unsterblichkeit – Seine Lehre mächtig versiegelt! – Höchster Kampf; – höchster Verstand – erhabenste
Liebe – erhabenste *Tugend*! Erhabner nichts unter hohem be-
stirntem Himmel vollbracht! –
Was ist also das Wesen der Tugend? Nichts anders als Liebe
zur Glükseeligkeit, geleitet durch den Verstand – Tugend ist
das harmonische Band von Liebe und Weißheit!
Und was anders wenn ich hinaufstaune an das höchste Urbild
der Tugend? – Was wars, das den Weisesten leitete eine Welt
aus dem Chaos zu erheben? – *Unendliche Liebe* – Was wars

das den Liebenden leitete der neugebohrnen Welt Ordnung
und Wohlklang zu geben durch ewige unwandelbare Gesetze?
– *Unendliche Weißheit!* – So ist also Liebe und Weißheit das
Wesen Gottes in beziehung auf seine Geschöpffe – Tugend ist
Nachahmerinn Gottes – Tugend ist das harmonische Band von
Liebe und Weißheit.
Und was sagt von der Tugend der große Lehrer der Men-
schen? Sie ist Liebe zu Gott und den Menschen. Wer kann
Gott lieben ohne Weißheit? Wer Menschen Lieben ohne Ver-
stand? – Wiederum Tugend das harmonische Band von Liebe
und Weißheit. So spricht der Gesezgeber aus den Donnern
von *Sina*! So der Gottmensch auf dem *Tabor*³! – So Religion –
Sittenlehre – Philosophie – und aller Weisen einstimmiger
Mund!

Ich komme nun näher zu meiner Frage: Ist allzuviel Güte,
Leutseeligkeit und große Freygebigkeit Tugend im engsten
Verstand? – Mich soll izt die glänzende Außenseite prangen-
der Thaten nicht verblenden, dringen will ich und forschen in
ihre innerste Quelle, nach dem festgesezten Begriff von Tugend will ich sie richten – auf dieser Waage will ich sie wägen! – –
Ich schaue in die Geschichte. Ich sehe den großen *Julius* das
Römische Volk mit Spielen belustigen – mit Geschenken und
Gaben überschwemmen – ich sehe den Niedrigsten hoch her-
ablächeln sein Aug'. Laut erhebt ihn der Mund des Pöbels –
preißt seinen Nahmen – stellt sein entweyhendes Bild an den
Altar der obersten Gotheit. Hat er tugendhafft gehandelt? –
Er den so hoch erhub der Thoren läppischer Mund – Wie leicht
wird der Weltherrscher dahinflattern auf der Waage der Gerechtigkeit Gottes! überwogen unendlich weit von *Einer* – *Ei-*
ner mitleidigen Träne in Hütten geweint – Herschsucht war
seine Neigung! Ehrgeitz die Quelle seiner That!
Ich dringe weiter in eben der Geschichte – Ich sehe dich – o
Augustus! der du den ersten Purpur wieder trägst – die großen Geister deines Jahrhunderts lokst du mit kaiserlichen Be-

lonungen an deinen Tron! – Rom feyert sein goldenes Alter
unter deinem Zepter – Rom schimmert unter dir in blühender
Jugend! – Herunter die Larve deiner Absichten – Roms Män-
nerseelen willst du entnerven durch sanfftes – wollüstiges Gefühl, daß nimmer sie erhüben zur Rettung des Vatterlands
den furchtbaren Arm – willst prangen sehen deinen Nahmen
im Liede deiner bestochenen Sänger, willst unsterblich werden
mit den Unsterblichen! –
Und dringe ich in die *Heilige* Geschichte! – Was war der
Grundtrieb, der den Sohn *Davids*⁴ beseelte, daß er in *Jerusa-
lems* Thoren in die Umarmung der niedrigsten Bürger sank?
– War dieses fürstliche Güte? – Oder war es die Krone, die
ihm fernner ums Haupt schimmerte – der Durst nach Her-
schafft, der ihn zwang und drang, unter die Stuffe seiner
Hoheit zu sinken, daß er über dieselbe sich emporschwingen
möchte!
Soll ich ferner forschen, oder mit ewigem Schleyer bedeken
diese schändliche Scene? – Hier also war Güte die Larve des in
der Tiefe der Seele laurenden Lasters. Aber verlarvtes Laster
ist greulicher im Auge des großen Kenners im Himmel; als
das, so wie *Ravaillacs* Königsmord⁵, oder *Catilina's* Mord-
brennerey in seiner Schande vor dem Auge der Menschen
steht. Hier war die Güte mit Weißheit aber nicht mit Liebe im
bund. Tugend ist das harmonische Band von Liebe und Weißheit.
Aber allzuviel Güte und Leutseeligkeit hat dich o Weißheit
nicht zur Wegweiserin gehabt. Der Weise ist gütig, aber kein
Verschwender – Der Weise ist leutselig, aber er behauptet
seine Würde. Verschwendung beglükt nicht. Allzuviel Leutseeligkeit beglükt nicht. Güte mit Weißheit, Leutseeligkeit mit
Verstand – diese allein beglüken den Bruder – Und seh ich an
das gröseste Urbild der Tugend? der Güte? Mit welcher Weißheit und Mäßigung hat nicht die *höchste* Güte ihre Wohlthaten ausgespendet? Siehe an die großherrliche Haußhaltung
der Natur! Ich will schweigen. Und von der Leutseeligkeit –
Siehe an das große Urbild der Herablaßung! (Leutseeligkeit

ist beim Unendlichen Herablaßung) Hält nicht des ewigen
Majestät auch den Erhabensten Menschengeist den je ein Körper umgab in *heiliger* Nacht zurük? Siehe an die *heilige* Bücher! Frage dich selbst. Ich will schweigen. Dieses Urbild nachahmen ist Tugend. Allzugroße Güte und Leutseeligkeit ist
nicht Nachahmung Gottes. Nicht Tugend. Sie ist mit Liebe,
aber nicht mit Weißheit im Bund. Tugend ist das harmonische
band von Liebe und Weißheit.

Die Frage noch auf der dritten Seite beantwortet. Ein Wort
noch vom Kampfe der Seele. Die schönste That ohne Kampf
begangen hat gar geringen Werth gegen derjenigen die durch
großen Kampf errungen ist. Ich frage also, hat den allzugütigen
seine That Kampf gekostet? War es ein Reicher der des Glükes
Güter im Übermaaß besizt, dem sein krafftloses Leibesge-
bäude noch Leidenschafften versagte so war ja keine Sorge des
Darbens, war ja keine begierde nach mehreren vorhanden der
Neigung Wohlzuthun das Gegengewicht zu halten. So hat sie
ja nicht kämpffen dörfen. So darf sie auch nicht triumphiren –
Ferne von ihr der glorreiche Nahme *Tugend!*

Und der Allzuleutseelige – hat jener Große dort der seinen
Adel seine Hoheit von sich legt, und zum gemeinen Manne
vertraulich sich gesellt, hat er, frage ich, Seelen-Adel? oder
fleußt seine Denkart mit dieses Gesinnungen zusammen? So
ist ja wiederum das Gefühl *eigener innerer Erhabenheit* nicht
da, der Leutseeligkeit des Großen das Gegengewicht zu halten. So hat sie nicht gekämpfft. So darf sie nicht triumphiren.
Fern auch von dieser der glorreiche Nahme Tugend. Würde
dieser Große mit der Pöbelhafften Seele heute noch ein Gefühl eigener *geistiger* Hoheit erlangen, wer mag bestimmen,
ob nicht diese seine Leutseeligkeit in schwellenden Stolz aus-
arten würde?

So ist demnach allzuviel Güte und Leutseeligkeit und große
Freygebigkeit das harmonische Band von Liebe und Weißheit
nicht; – so hat sie keinen Kampf gekostet; – so hat sie die
Menschen nicht bestmöglich glüklich gemacht – so hat sie Gott
nicht nachgeahmet – Ich verwerffe sie gantz – Sie ist nicht

Tugend! Diß ist ein Satz von großem Gewicht mancher miß-
kannter That eine Krone zu geben, oder zu nehmen. So wird
mancher dem der tobende Lobspruch der Menge: dem der
Affterglantz seiner That von Belonungen träumen ließ – Ha!
wie so einsam, wie so hingeschauert dastehen am großem Gericht! Wir Menschen richten bloß die Außenseite der That: wir
meßen nach den Folgen allein. Aber wie anders gestaltet sie
sich vor jenem Richter, der den Gedanken eh er gebohren war
sah, und eh er vollbracht war belonte, oder verdammte. –

> »– Wie krümmen vor dem der Tugenden höchste
> Sich in's kleine? Wie fleugt ihr Wesen verstäubt in die Lufft
>   aus!
> Einige werden belohnt – die meisten werden vergeben!«[6]

Sie die ächte Tugend des Weisen wanket ihm nicht – fliehet
ihn nicht – höhnet ihn nicht – Ihm ist sie ein mächtiger Harnisch gegentrozend den Donnern des Himmels ein gewaltiger
Schirm wenn zu Trümmern gehen die Himmel, wenn die
Scheintugend, wie vor dem Winde Spreu hinwegflattert – – –

> »Große Wonne ist es vor Gott gelebt zu haben!
> Gute Thaten um sich in vollen Schaaren
> Zu erbliken. Sie folgen
> Alle nach in das ernste Gericht!«[7]

Wo *eine* herrlichere That, je zur Glükseligkeit der Menschen
von Menschen unternommen – je mit mehr Liebe erdacht – je
mit mehr Weißheit vollendet – Wo je eine mehr Nachahmung
Gottes – Wo also *eine* höhere Tugendhafftere That als die
Bildung der Jugend? Diese ist mehr denn Schaar. Auch diese,
Durchleuchtigster Herzog! folgt nach in das ernste Gericht!!

Was also ist die Krone der Tugend! was ihr schönster, herr-
lichster Schmuk! Du o Liebe, Erstgebohrne des Himmels,
schönste, herrlichste im Angesicht Gottes! Beuge dich nieder
blühende jauchzende Natur; beuge dich nieder o Mensch, beuge dich Seraf am Tron! Durch die Liebe seyd ihr hervorgegan-

gen! Durch die Liebe blühet ihr, jauchzet ihr, pranget ihr! durch die Liebe! beuget euch vor der Liebe!

Und du! gleichen Adels mit ihr! gleich ewig im Unendlichen mit ihr! Weißheit! schönste Gespielin der Liebe! die du bist das Hauchen der göttlichen Krafft! Weißheit dich bet ich an. Dich bet ich an! Dich bet ich ewig an! beuge dich nieder große Unendliche Natur! durch die Weißheit bist du so meisterhafft zusammengefüget. Durch sie lebt dein Ewiges Uhrwerk. Durch sie klingen melodisch zusammen deine tausend zitternde Saiten! beuge dich nieder, oh Mensch! erkenn die Würde der Weißheit! durch sie umfaßest du das Meisterwerk Gottes! – durch sie durchdringet dein gottgeadelter Geist des Schöpffers großherrlichen Plan! – durch sie ahmest du den Fürchterlichherrlichen nach! Beuge dich nieder! erkenn die Würde der Weißheit! Betet an vor der Weißheit. Betet an vor der Liebe und Weißheit! Tugend ist das harmonische Band von Liebe und Weißheit. Betet an vor der Tugend!

Du, o Tugend, schön stralst du in deß Menschen Seele! Großen Lohn gibst du deinen Lieblingen. Groß ist ihr Schimmer! Groß ihr Ruhm bei Gott und den Menschen. So *Marcus Aurelius* der gröste unter den Fürsten der Vergangenheit, das Muster der Herrscher. Er war der weiseste und sparsamste Verwalter seiner Güter. Er hat dir, o Göttin der Wohlthätigkeit einen Tempel errichtet. Dir, weil er am meisten verstund dir zu dienen. Und (wenn ich aus dem toden Schutt des barbarischen Heidenthums eine That emporheben darf die von wenigen des lichten Jahrtausends übertroffen wird) »Cathmors Seele war wie der Stral des Himmels. Hoch an Atha's Strande stiegen seine Thürme gen Himmel. An jedem Thurm sieben Hallen, an jeder Halle ein Gebieter, und lude zum Gastmahle Cathmors. Aber Cathmor verbarg sich tief in den Wald die Stimme des Lobs nicht zu hören.«[8]

Aber was soll ich noch lange Geschichte voriger Zeiten durchirren, Muster edler Güte und Leutseeligkeit aus den verwehten Trümmern des Alterthums hervorzuheben?

Durchlauchtigster Herzog!

Nicht mit der schaamrothmachenden Heuchelrede kriechender
Schmeicheley (*Ihre* Söhne haben nicht schmeicheln gelernt)
– Nein – mit der offnen Stirne der Wahrheit kann ich auftreten und sagen:
Sie ists, die liebenswürdige Freundinn Carls – *Sie* die Men-
schenfreundinn! – *Sie*, unser aller besondere Freundinn! Mutter! *Franciska!* Nicht den prangenden Hof – die großen *Carls*
nicht, nicht meine hier versammelte Freunde, die alle glühend
vor Dankbarkeit den Wink erwarten in ein strömendes Lob
auszubrechen – Nein! die Armen in den Hütten ruf ich izt auf
– Tränen in ihren Augen – *Franziska!* – Tränen der Dankbarkeit und Freude – Im Hertzen dieser Unschuldigen wird
Franziskens Andenken herrlicher gefeyert, als durch die
Pracht dieser Versammlung. Wenn dann der gröseste Kenner
und Freund der Tugend Tugend belonet? – *Carl* – wo hat Ihn
je der Schein geschminkter Tugend geblendet? – *Carl* – feyert
das Fest von *Franziska!* – Wer ist größer der so Tugend ausübt – oder der sie belohnet? – beedes Nachahmung der Gotheit! – Ich schweige – Aber ich sehe – ich sehe schon die Söhne
der kommenden Jahre – ich sehe sie neidisch über uns seyn –
ich sehe sie an diesem und – noch *einem* – Feste versammelt,
ich sehe sie irren in den Grabmahlern ihren Voreltern, sie suchen – suchen — Wo ist *Carl, Wirtembergs* trefflicher *Carl?*
Wo ist *Franziska,* die *Freundin* der Menschen?

Quelle: Schillers Werke. Nationalausgabe. Bd. 20 Philosophische Schriften I. Unter Mitwirkung von Helmut Koopmann hrsg. von Benno von
Wiese. Weimar: Böhlau 1963. S. 3–9.

Anmerkungen

1. Karl Eugen von Württemberg (1728–93).
2. Franziska Reichsgräfin von Hohenheim (1748–1811), seit 1770 Mätresse
   des Herzogs.
3. Ort der Bergpredigt.
4. 2. Sam. 15,2 ff.

5. François Ravaillac (1578–1610) ermordete aus religiösem Fanatismus am 14. Mai 1610 König Heinrich IV. von Frankreich.
6. Aus Klopstocks »Messias«, 7. Gesang, V. 419 ff.
7. Frei zitiert aus Klopstocks Ode »Für den König«, V. 61 ff.
8. Aus Ossians »Temora«, 1. Gesang.

Der sprachgewandte Reiseschriftsteller und Naturwissenschaftler nahm bereits 1772 bis 1775 als Begleiter seines Vaters an der 2. Weltreise Cooks teil. 1778 bis 1784 war er Professor für Naturgeschichte in Kassel, anschließend in Wilna. 1788 übersiedelte er als Bibliothekar nach Mainz. 1790 unternahm er eine Reise mit Alexander von Humboldt. Als begeisterter Anhänger der Französischen Revolution trat er 1792 dem Mainzer Jakobinerklub bei, dessen Präsident er 1793 wurde. 1793 war er als Mainzer Abgesandter im rheinischdeutschen Nationalkonvent vertreten und zog als dessen Abgesandter nach Paris, wo er 1794, von Deutschland als Landesverräter geächtet, in Armut starb.
In der hier wiedergegebenen Rede, die Forster am Collegium Carolinum in Kassel 1784 gehalten hat, spiegelt sich zum Teil die damalige Auffassung von Erziehung. Die Unterscheidung der Objekte des Künstlers und des Pädagogen präludieren schon etwas Schillers »Über die ästhetische Erziehung des Menschen« (4. Brief).

Rede bei dem Antritt des Prorectorats am Collegium Carolinum in Cassel

Die öffentliche Feierlichkeit womit der Antritt eines Lehramts verbunden zu sein pflegt, hat auch noch in unsern Zeiten den zwiefachen Nutzen, daß sowol derjenige, der es übernimmt, die Wichtigkeit der damit verknüpften Obliegenheiten gleichsam öffentlich vor vielen Zeugen anerkennen, und stillschweigend oder laut, die bestmöglichste Erfüllung derselben angeloben möge; als auch, daß die Eltern, und die Jugend, die sie seiner Unterweisung anvertrauen, ihrer gegenseitigen und jenen entsprechenden Verbindlichkeiten erinnert werden können.

Die Pflichten des Lehramts haben dies mit vielen andern gemein, daß sie nur bedingungsweise ausgeübt werden können; ja, diese Ausübung hängt vielleicht mehr als jede andre von der Mitwirkung günstiger Verhältnisse ab, wodurch man nach einem regelmäßigen, durchdachten Plane ungehindert fortzuarbeiten in Stand gesetzt wird.

Wäre der Erzieher das, womit man ihn so oft, und jedesmal so ungeschickt verglich, ein Bildner, der den Zögling nach Willkür modeln könnte, und nähme die jugendliche Seele den Eindruck seiner Lehren so tief und bleibend an, wie weiches Wachs, wenn es der warmen plastischen Hand gehorcht: dann überträfe freilich das Lehramt jedes andre Geschäft an Genuß ohne Bitterkeit, an Freuden ohne Ueberdruß, an Unterhaltung ohne Einförmigkeit; dann möchte Jeder gern ein neuer Prometheus, ein Menschenbildner sein.

Allein der erste schärfere Blick auf jenes unabänderliche Gesetz, womit die Kräfte der Natur gebunden sind, entdeckt uns schon das Ungereimte dieser Vorstellung. Weder Kunst noch menschliche Klugheit erstrecken sich so weit, die vorherbestimmte Intension auch nur Einer solchen Kraft zu ändern, oder was sie eigenthümliches hat zu umschaffen. Nicht nur eine jede Art von Geschöpfen, sondern jedes einzelne Ding ist so wesentlich von allen selbst den allerähnlichsten verschieden, daß es unmöglich ein andres ihm vollkommen gleiches geben kann. Ist dies der Fall mit leblosen oder auch organischen Körpern, deren einfachere Mischung weniger Mannigfaltigkeit zuläßt, wie viel überzeugender und augenscheinlicher wird dann nicht die individuelle Verschiedenheit, diese größte Pracht des harmonischen Schöpfungssystems in den Mischungen von Sinn und Empfindung, Leidenschaft und Trieb, Einbildungs- und Beurtheilungskraft, Vernunft, Gewissen und Willen, die nach unzählig veränderten Verhältnissen ineinander greifen, und jeden Menschen mit Eigenthümlichkeit begaben, welche zwar gelenkt, doch keinesweges umgebildet werden kann.

So ist dann schon in jedem Säugling ein System von Anlagen und Kräften vorhanden, nach welchen Jeder lebenslang und Jeder anders wirken soll. Allein wer wagt es nun das vielrädrige Triebwerk in Bewegung zu setzen, und so zu führen, daß es weder selbst zu Grunde geht, noch um sich her Zerstörung verbreitet? Wer pflegt, ernährt und reift die guten Fähigkeiten, wer dämpft die gefährlichen, oder weiß sie so vortheilhaft zu benutzen und so unschädlich zu machen, daß der einzelne Mensch und die bürgerliche Gesellschaft den Grad der Vollkommenheit und der Glückseligkeit erreichen deren beide fähig sind?

Vielleicht wäre es nicht vollends ein Traum aus Platons Republik, sich irgendwo ein solches Erziehungssystem möglich zu denken, wo die Geisteskräfte zweckmäßig entwickelt würden, und die Talente des Jünglings ganz allein seine künftige Laufbahn bestimmten. Vielleicht kann dereinst, wenn die dringenden Vorstellungen menschenfreundlicher Erzieher Gehör finden, und wenn mehrere Fürsten so freigebig wie Hessen's Friederich die Schulverbesserungen unterstützen, Deutschland das Land werden, wo Männer, die mit der Pflugschaar brauchbare Bürger sein könnten, nicht mehr in die überzählige Zunft mechanischer Gelehrten aufgenommen, und Andre, mit Geistesgaben für den ersten Kreis im Staate nicht mehr im Staube vergessen werden. Jedoch für itzt müssen wir noch über diese wesentliche und wünschenswerthe Vervollkommnung des Erziehungswesens hinwegsehen. Gesetzt es finden sich unter der Menge von Lehrern, deren eigenes und einziges Geschäft in der Prüfung und Ausbildung jugendlicher Anlagen besteht, eine hinreichende Anzahl Männer von regem und geübtem Beobachtungsgeiste, von richtiger und schneller Beurtheilungskraft, mit einem Worte von so gesundem Kopf und Herzen; daß ihnen die verschiedenen Mischungen in der annoch unausgebildeten Seele, so wenig verborgen bleiben könnten, als der junge Achill im weiblichen Schleier dem Scharfblick des Ulysses entging; sie hätten nun auch Fähigkeit den Plan der Entwicklung nach jenen Schattirungen der Gemüther für jeden Zögling zweckmäßig zu entwerfen, und Kraft ihn vollends auszuführen: so gelten gleichwol alle diese Vortheile nichts, wo das Schicksal des künftigen Mannes schon in der Wiege entschieden ist.

Schwierigkeiten, die so tief in der Grundverfassung gesitteter Völker liegen, dürften sehr schwer und sicherlich nur mit langsamen allmäligen Schritten zu heben sein. Es ist also die Frage nicht, wie ihnen abzuhelfen wäre, sondern was eine öffentliche Erziehungsanstalt bei der angezeigten Lage der Sachen noch leisten kann? Fürwahr! bei allen Unannehmlichkeiten und allem Mißlichen eines solchen Lehrgeschäfts, wo Kriegsmann und Kaufmann, Künstler und Gelehrter ihre Bestimmung schon erhalten hatten, ehe man noch wissen konnte, ob sie sich dazu schickten, bei dem Zeitaufwand, bei dem anhaltenden Fleiß, der, wenn er fruchtet, sich gleichwol erst so spät belohnt, bei der steten Anstrengung und der langmüthigen Geduld die dieses Geschäft erfordert, ist eine solche Anstalt, welche die Hausväter im Staate mit einemmale aller dieser Sorgen überhebt, keine verächtliche Bequemlichkeit, kein geringes Geschenk wohlthätiger Regenten!

Den Satz unangefochten, daß Mancher in einem andern Fache weit brauchbarer geworden wäre, als grad in dem, wozu ihn eine Reihe von Privatbeweggründen zwangen, so ist es doch in den meisten Fällen unläugbar, daß ein wohleingerichtetes öffentliches Erziehungsinstitut ihn noch immerhin zum nützlichen Mitglied der Gesellschaft machen könne. Phidias, der die Bildsäule des olympischen Jupiters aus edlem Gold und Edelstein schuf, konnte ja wol auch in Erz, Holz, und noch geringeren Materien den Gott mit seinen Abzeichen ausarbeiten, und so wie er ihn als Koloß gebildet, ihn auch in Zwergesgröße darstellen. Nur dann hätte man der Elier gespottet, wenn sie einen spannenlangen Donnerer von Korkholz oder

Töpferthon auf den Riesenstuhl in ihrem Tempel gesetzt hätten. Ein solches Versehen wäre aber des Künstlers Schuld eben so wenig gewesen, als man es einem Lehrer zurechnen kann, wenn das Glück oder der Nepotismus blindlings zugreift, und grade dem untauglichsten seiner Schüler in irgend einem Fache die Oberstelle ertheilt.

Wenn ich zugebe, daß viele tausend Menschen von ganz verschiedenen Anlagen durch die Bemühung redlicher und nachdenkender Lehrer allerdings für eine besondre Bestimmung erzogen, und dazu angeführt werden können, in mehr oder minder untergeordneten Standpunkten dem Staate in der einmal für sie gewählten Laufbahn nützlich zu sein, so ist doch die Mißlichkeit und Beschwerde eines solchen Lehramts gleichwol ein Gegenstand, der nähere Beleuchtung schon um deswillen verdient, weil Diejenigen denen jenes zum Besten gereicht, ihn gewöhnlich ganz übersehen.

Nicht bloßes Wirken allein ist es, was den Menschen zufrieden und glücklich macht; im Gegentheil die leidende Empfindung nach Anleitung der Idee, die in ihm die lebendigste war, gewirkt zu haben, ist oft der höchste Genuß, und das so Gewirkte oder Hervorgebrachte, sei es materiell oder blos idealisch, erneuert ihm dieses angenehme Gefühl, so oft er es von neuem betrachtet. Wäre nicht diese innere Belohnung, bei der schwersten Handarbeit so wie bei den Werken des Geistes, der stärkste Trieb, der uns ohne daß wir uns dessen immer bewußt sind, zur Thätigkeit anmuntert: gewiß Noth, Zwang und Drang des Treibers würden wenig Macht haben den Landmann dahin zu bewegen, daß er mit vielem Schweiß für die Erhaltung der übrigen Stände sorgte. Läßt es sich denken, daß die Idee des kärglichen Gewinnes den der Handwerker aus seiner Arbeit lösen wird, ihn bei dem mühsamsten, langwierigsten Geschäft oft monatelang unablässig wirksam erhalten könne. O wahrlich, wenn er im Weberstuhle sitzt, denkt er nicht daran, wie theuer er seine Waare verkaufen werde. Sein ganzes Dichten und Trachten ist jetzt auf seine Kunst gerich-

tet, und daß jeder Faden seinen Fingern gehorcht, daß das
Gewebe eine Gestalt gewinnt, daß die Blumen im Muster so
und nicht anders werden, wie er es ersann, dies lohnt ihm seine
Geduld, darüber vergißt er seine unbequeme den Körper oft
verunstaltende Stellung. Dieser Genuß ist inniger und voll-
kommener je edler die Werke des menschlichen Fleißes sind.
Vorzüglich bemerkbar ist er im Entzücken des großen Künstlers, wenn derselbe in Erz und Marmor, oder auch in glühen-
den Farbenmischungen so treu und wahr versinnlichte Gedanken darzustellen, so täuschende Nachahmungen der Natur
aus leblosem Stoff hervorzubringen weiß, daß er selbst und
andre Menschen seine Seele in seinen Werken leben, handeln,
denken sehen.

So groß wäre der Lohn den die Kunst ihren Anhängern
schenkt, und die Wissenschaft sollte nicht die ihrigen in eben
dem Maße befriedigen? Das Vorrecht alle Kräfte des Geistes,
die der Lehrer im Zöglinge wahrnimmt, nach seinen Begriffen
zu entwickeln, ihrer Wirksamkeit Richtung zu geben, sie zu
rühmlichen Endzwecken zu befördern oder zu hemmen – dies
königliche Vorrecht – sollte ihm nicht vielmehr die reinste und
vollkommenste Art des Seelengenusses zusichern? Ja! wir
dürfen es nicht bezweifeln; die Freude glückliche Menschen
und rechtschaffene Bürger gebildet zu haben, übertrifft eine
jede andre an Süssigkeit und Dauer, so oft sie Sterblichen zu
Theile wird. Aber ach, wie selten ist dieses Glück! Welche
zahllose Hindernisse streiten gegen den muthvollen, thätigen
Eiferer, der sich's erringen will! Der Stoff den er bearbeiten
soll, verhält sich nicht blos leidend wie jener des Künstlers,
sondern es regen sich eigenthümliche Triebe darin, die mehrentheils in einer seinen Bemühungen schnurstracks entgegengesetzten Richtung wirken, und nur zu oft alle seine Hoffnungen vereiteln. Nie, oder äußerst selten rüstet man ihn mit
jener so unentbehrlichen Vollmacht, alle Hülfsmittel zu gebrauchen, die Erfahrung und Einsicht ihm an die Hand geben,
und deren Anwendung die Umstände gebieten. Wie darf man
doch von seiner Sorgfalt die Bereicherung des Verstandes for-

dern, wenn jede Bemühung das sittliche Gefühl zugleich auszubilden, den Anschein eines gefährlichen Eingriffs in väterliche Vorrechte gewinnt? Wie darf man einigen Erfolg von
seinen Lehren hoffen, wenn der Gedanke der Unabhängigkeit
bei dem Zögling nicht blos geduldet, sondern wohl gepflegt,
und bis zur Verwegenheit erhärtet wird? Ist es auch nur denkbar, daß der Erzieher mit einiger Theilnehmung, mit einiger
Hoffnung den Lohn seines Fleißes zu sehn, den Lehrstuhl be-
steige, wenn falsche Zärtlichkeit, auf einmal seine gehoffte
Ernte versengt? Laßt den Künstler, der alle Schwierigkeiten
besiegt zu haben glaubt, in dem Augenblick da er den Rücken
wendet, durch einen fremden Pinselstrich, durch einen Meisel-
schlag von ungeübter Hand, sein Werk und seinen Ruhm vernichtet sehen, und fragt ihn dann ob Liebe zu der angefange-
nen Arbeit ihn fernerhin beseelen könne? In der That ist keine
Selbstverläugnung stark genug diese Probe zu bestehen, und
nicht vielmehr in Mißmuth und Gleichgültigkeit überzugehen,
wovon die Folgen zum Nachtheil des Staats, wiewol ganz
ohne Schuld des Erziehers, unausbleiblich sind.

So gewiß, so einleuchtend ist es also, daß, wo das Erziehungs-
geschäft getheilt werden muß, die Mitwirkungen aller Derjenigen die daran Antheil haben, zum glücklichen Erfolg auf
keinerlei Weise entbehrt werden kann. In einer wohleinge-
richteten, öffentlichen Erziehungsanstalt wußte daher die
Weisheit des Regenten genau die Grenzen zu bestimmen innerhalb welchen die Führung der heranwachsenden Nachkommen der Einsicht, Willkür und Gewalt der Lehrer überlassen werden sollte. Auf einer hohen Schule, wo die Milde
hessischer Landesfürsten dem Unterthan Gelegenheit ver-
schaffte, seine Söhne zur wissenschaftlichen Erziehung auf
Universitäten vorbereiten zu lassen, ward es daher zur Bedingung gemacht, daß die Lehrer den Plan der künftigen Studien des Zöglings, nach Verhältniß seiner Bestimmung entwerfen, dessen Ausübung durch Prämien belohnen, dessen
Nichterfüllung aber bestrafen, und Niemand ohne ein auf
Wohlverhalten gegründetes gutes Zeugniß ihrer Aufsicht ent-

lassen und zur Akademie befördern sollten. Mehr als ein Be-
wegungsgrund fordert die Bürger Hessens, und dieser Hauptstadt insbesondere auf, zur genauen Befolgung dieser weisen
Verordnung aus allen Kräften beizutragen; ich nenne darunter
nur die Pflicht, das wahre Wohl ihrer Nachkommenschaft nie
aus den Augen zu verlieren, den patriotischen Trieb für des
Vaterlandes Flor zu wachen, die Billigkeit gegen Männer die
sich der Beschwerde des Lehramts willig und nicht als bloße
Miethlinge unterziehn, endlich auch die Dankbarkeit gegen
einen huldreichen Landesfürsten, der nicht nur dieses Institut
unterhält und mit einer großen Anzahl von würdigen Lehrern in jedem wissenschaftlichen Fache besetzt, sondern auch
aus besondrer landesväterlicher Fürsorge, den fleißigen und
verdienstvollen hessischen Jüngling nach abgelegter Probe seines rühmlichen Eifers, zur Erlangung wissenschaftlicher
Kenntnisse auf Universitäten fürstlich unterstützt.
Die großen Vortheile, welche unser Collegium Carolinum der
lehrbegierigen Jugend in Cassel darbietet, hat mein würdiger
Vorgänger in dem Amte, welches ich jetzt antrete, bereits aus-
führlich erwähnt, und zu einer Zeit, da ihre Aufzählung besonders zweckmäßig scheint, und rechte Beherzigung verdient,
den Vätern und Vormündern schon dringend an das Herz gelegt. Allein, so wie es die Obliegenheit eines jeden Lehrers mit
sich bringt, für die Bereicherung des Kopfs und Herzens seiner
Zuhörer zu sorgen, so ist es meine besondre, mir nunmehr
gnädigst anbefohlene Pflicht für den Flor unseres Instituts,
und auf Alles was mittelbar oder unmittelbar zur Erhaltung
desselben abzwecken kann, wachsam zu sein. Mit denselben
Gesinnungen, womit mein hochgeschätzter Herr College sein
rühmlich geführtes Amt, während dessen Dauer ihn noch
andre patriotische Bemühungen beschäftigten, so eben beschlossen hat, und mit dem eifrigen Wunsch darin nach der
Absicht des gnädigsten Landesherrn nützlich zu sein, über-
nehme ich daher das Prorectorat und in derselben guten Absicht gebe ich es nochmals als einen hinreichenden Stoff zum
Nachdenken und zur Selbstprüfung den Vätern dieser Jugend

anheim, wie oft und in welchem reichlichen Maße die unsterblichen Landgrafen Carl und Friederich, für den Unterricht
und die Aufklärung ihrer Unterthanen gesorgt, und nichts
gespart haben, um ihnen sowol durch den Mund gelehrter
Männer, als auch durch lehrreiche Sammlungen aller Art jene
Vortheile zu verschaffen, deren so viele, selbst der ansehnlich-
sten Städte Deutschlands noch entbehren müssen. Sollten dies
Gemeinplätze scheinen deren Wiederholung ermüdend ist, so
wird es mir erlaubt zu fragen sein, wann war es je das Amt
der Lehrer nur *Neues* zu sagen, und nicht vielmehr bekannte
Wahrheit, die wegen ihrer Folgen nicht oft genug wiederholt
werden kann, dann am nachdrücklichsten zu empfehlen, wann
die Gefahr daß sie vergessen, und als veraltete Waare beiseit
geworfen werden möchte, sein Gewissen dazu aufzurufen
scheint. Soll demnach das Carolinum Illustre seinen ehemali-
gen Ruhm behaupten, und dem Staate brauchbare Bürger liefern, so bleibt nach so vielen wiederholten Merkmalen der
fürstlichen Vorsorge für dasselbe, kein Wunsch mehr übrig,
als daß der Plan der Studien, den die Lehrer jedem ihrer Untergebenen nach Maßgabe seiner künftigen Bestimmung vorschreiben, kraft der väterlichen Autorität genau in Ausübung
gebracht werde, und nur dem fleißigen Jüngling der Weg zu
Vorzügen und Unterstützungen offen stehe, welche die Huld
des Landesherrn ihm allein bestimmte.

Auch Ihnen, junge, hoffnungsvolle Mitbürger unseres Caroli-
nums, kann es heilsam sein, wenn sie sich oft der Vortheile
erinnern, die unser gnädigster Beschützer Ihnen hier angedei-
hen läßt. Sie befinden sich hier in seiner Residenz, also unmittelbar unter den Augen des Landesherrn und seiner hohen
Räthe, die einst aus Ihrer Mitte zum Dienst des gemeinen
Besten geschickte Subjekte wählen und Sie für diesen Dienst
belohnen werden. Gewiß ein wichtiger und edler Grund für
Sie, durch Fleiß und Anstrengung nach dem Beifall Ihrer Vor-
gesetzten zu ringen, der einzig und allein Ihr Schicksal bestimmen wird. Ich fordre Sie also hiermit auf, die kostbare
Zeit, deren ganzen Werth wir Menschen vielleicht nie gehörig

zu schätzen wissen, während Ihres Hierseins ungesäumt zu benutzen, und sich von mir bei der Uebergabe meines Amts das beste Zeugniß zu verdienen.

Quelle: Georg Forster's sämmtliche Schriften. Hrsg. von dessen Tochter und begleitet mit einer Charakteristik Forster's von G. G. Gervinus. In 9 Bänden. Bd. V. Leipzig: Brockhaus 1843. S. 217–224.

JOHANN JOSEPH GÖRRES

1776–1848

*Zuerst Anhänger der Französischen Republik und Wortführer
der rheinischen Republikaner, kämpfte er später in seinem
»Rheinischen Merkur« (1814–16), der ersten großen politi-
schen Zeitung, erbittert gegen Napoleon und für die Einheit
Deutschlands. Görres habilitierte sich 1806 in Heidelberg, wo
er auch zu dem Kreis um Arnim und Brentano gehörte. Eine
Zeitlang wegen seiner liberalen Haltung verfolgt, wurde der
inzwischen zur katholischen Kirche zurückgekehrte Publizist,
Gelehrte und Politiker 1826 Professor für Geschichte an der
Universität München. Von seinen beträchtlichen demagogischen Fähigkeiten zeugt auch die am 7. Januar 1798 in der
Patriotischen Gesellschaft in Koblenz gehaltene Rede, die
– wie auch die übrigen seiner Reden, die er in den beiden
Revolutionszeitschriften, dem »Roten Blatt« und »Rübezahl«
veröffentlichte – stark von der Revolutionsrhetorik beeinflußt ist. Görres feiert in der abgedruckten Rede die Übergabe
von Mainz (30. Dezember 1797) und den Untergang des Heiligen Römischen Reiches Deutscher Nation (der dann 1806
auch erfolgt ist); zum Schluß verkündet er mit aggressiver
Ironie das Testament des hingeschiedenen Reichs.*

Auf den Untergang
des hl. römischen Reiches deutscher Nation

Bürger!
Noch hat die Sonne, dem nassen Schoße des Meeres entstie-
gen, nicht sechsmal ihre Toilette gemacht, noch nicht sechsmal ihren gewöhnlichen halsbrecherischen Spaziergang über
das Gebälke des Himmels zurückgelegt und dann hinter den
fernen Gebirgen Versteckens gespielt; oder, dichterisch zu

reden, noch sind keine sechs Tage verflossen, da freuten
wir uns noch gemeinschaftlich über den Fall des unüber-
windlich geglaubten Mainz's. Stolz sprachen wir: *Mainz ist
unser! Mainz ist unser!* hallt es wider bei Gläserklang;
Mainz ist unser! war die hundert und hundertmal getrunkene
Gesundheit unserer Gelage.[1] Kein Wölkchen trübte die Zufriedenheit unserer Seele. Wir träumten zusammen den
Traum der Reichsintegrität; lachten über die drolligte Figur,
die dieses gespenstermäßige Wesen dabei spielte, lachten über
seine zwei Köpfe und 14 Nasen, über sein 400 Morgen Feldes
großes Gebetbüchlein; lachten über die deutsch-spanischen
Grandezzas, die in ihrem Jargon wimmernd darin auftraten,
machten uns lustig über den possierlichen Eifer der bellenden
Fürstenbande, die in ihrem Ingrimme den vor kurzem noch so
sklavisch angebeteten Götzen durchzuprügeln drohte, scherz-
ten auf Kosten der armen, hungernden und dürstenden Mönche, und beaugenscheinigten mit einem angenehmen Entsetzen
die schlotternden Waden und Bäuche der Bedrängten, und sahen mit Achselzucken den lustigen Grimassen und anmutigen
Kabriolen der Pfaffenhorden zu. — Das alles setzte unser
Zwerchfell in eine heilsame Bewegung; wir waren lustig und
froh und − − glücklich: denn nie, nie drückt Kummer den La-
cher im Augenblicke des Ausbruches dieser Empfindung. —
Aber ach! Diese schönen Tage sind vorübergegangen; sie sind
verloren, unwiederbringlich verloren. Die Sonne, die uns damals alle Gegenstände in einem goldenen, strahlenden Lichte
darstellte, hat sich hinter schwarze unglücksschwangere Wolken versteckt, dicke ägyptische Finsternis ist an die Stelle des
allbelebenden Stoffes getreten; still und düster alles um uns
her. Sie sind vorübergegangen, diese Tage des Wohllebens und
der Freude; Tage des Schmerzes und der Trauer sind an ihre
Stelle getreten. Schreckliche Dinge sind über uns gekommen;
die Zuchtrute des Herrn hat uns gestraft um unserer Frevel
willen. Weh über uns! Daß wir diese schrecklichen Tage erleb-
ten; unsere Väter werden noch jenseits das Schicksal segnen,
das sie früher dahinraffte; unsern Kindern werden sich die

Haare sträuben, wenn sie an die Unglückszeit zurück denken.
Ha! Und wären die Sterne vom Himmel gefallen wie Hagel
und hätten unsere Hühner und Gänse erschlagen, und uns
selbst mit Beulen die Köpfe gepflastert: unser Schmerz wäre
nicht so innig, nicht so gerecht, als er jetzt bei dem Trauerfalle
sein muß, der uns zu Boden drückt. Erschiene auch der Würg-
engel noch einmal und erschlüge die Erstgeburt aller Schriftsteller: des Seufzens und Weinens, des Haarausraufens und
Händeringens wäre nicht soviel, als dessen jetzt bei dem
schrecklichen Unfalle, der uns betroffen hat, sein wird. Drum,
seufzet Bürger und jammert! Verhüllt euch in Trauerflöre!
Weinet, bis euern Augen Tränenbäche entquellen, und das
ganze linke Rheinufer zu einem salzigen See machen! Laßt
eure Kinder und Weiber schreien und heulen, daß Sibiriens
fernste Gebirge es zurückhallen. Töne, Trauerglocke, töne! Du
tönst nicht umsonst Schwermut in die Seele; rolle dumpf und
hohl, gedämpfte Trommel! Weinet ihr Bäume! Weinet, ihr
Felsen! Wer wird nicht weinen, wenn ganze Völker in Tränen
zerfließen; traure Natur! Du hast deinen ersten Zögling verloren!

Vernehmet, Bürger, die Trauerpost, die ein unglückliches
Schicksal euch anzukündigen mich zwingt. – Tränen erstik-
ken meine Worte, indem ich dieser traurigen Pflicht nach-
lebe und euch die Botschaft mitteile. Doch ich ermanne mich:
es sei! Macht euch gefaßt, Bürger, das Schlimmste zu vernehmen!

Am 30. Dezember 1797, am Tage des Übergangs von Mainz,
nachmittags um 3 Uhr, starb zu Regensburg in dem blühenden
Alter von 955 Jahren 5 Monaten, 28 Tagen sanft und selig an
einer gänzlichen Entkräftung und hinzugekommenem Schlag-
flusse, bei völligem Bewußtsein und mit allen heiligen Sakra-
menten versehen, *das heilige römische Reich*, schwerfälligen
Andenkens.

Ach Gott! Warum mußtest du denn deinen Zorn zuerst über
das gutmütige Geschöpf ausgießen; es graste ja so harmlos
und so genügsam auf den Weiden seiner Väter, ließ sich so

schafsmäßig zehnmal im Jahre die Wolle abscheren, war immer so sanft, so geduldig, wie jenes verachtete langöhrige Lasttier des Menschen, das nur dann sich bäumt und ausschlägt, wenn mutwillige Buben ihm mit glühendem Zunder die Ohren versengen oder mit Terpentinöl den Hintern besalben. Warum traf dein Blitz nicht lieber eines jener benachbarten Raubtiere, die sich vom Blute derjenigen mästen, die das Unglück haben, schwächer als sie zu sein; die noch jüngst halb Europa auswürgten und mit Graus und Elend die Erde bedeckten. Doch, höchstes Wesen, du bist unerforschlich; deine Wege sind in Dunkel gehüllt; wir stehen anbetend vor deinem Heiligtum.

Versuchen wir, um unseren Schmerzen lindernden Balsam aufzulegen, mit einigen wenigen Pinselzügen die Lebensgeschichte des Verewigten zu malen.

Der *Verblichene* ward geboren zu Verdun im Juni des Jahres 842 nach Christi,[2] unseres gnadenreichen Erlösers Geburt, unter der Regierung Ludwigs des Deutschen. Als er das Licht der Welt erblickte, geschahen mehrere auffallende Wunder, die jeden männiglich in Erstaunen setzten. Der ganze Himmel glühte von unzähligen feurigen Drachen und brennenden Kreuzen, ein blutrotes Licht bedeckte den ganzen nördlichen Horizont, im Zenit flammte ein unglücksschwangerer Perükkenkomet. Die Hebamme war's, die denselben am ersten erblickte. Eine heilige Begeisterung ergriff sie bei dieser Erscheinung, sie tobte und schäumte, bekam Konvulsionen, und sprach endlich in überirdischer Ekstase die poetischen Worte: »Ein Kindlein, unter diesem Gestirne geboren, ist kalter und feuchter Natur, liebt den Frieden, ist leidsam, wird derowegen von bösen Menschen verfolgt werden und das Zeitliche ruhig verlassen.« Der Junge war übrigens bei der Geburt so wohl bei Leibe, daß alle Umstehenden ihre einzige Freude daran hatten. Er wurde nun am Hofe Karls des Einfältigen, Ludwigs des Kindes und ihrer Nachfolger erzogen, in seiner zartesten Jugend statt der Muttermilch mit Heidenblut genähret, und nahm zu und wuchs sichtbarlich wie ein Pilz.

Sobald der junge Prinz die Kinderschuhe abgelegt hatte, wurden ihm die Päpste zu Hofmeistern gesetzt, und diese bemühten sich, ihn in der gehörigen Gottesfurcht und allen seinem hohen Stande zukommenden erlaubten Kenntnissen zu üben. Zu den ermüdenden Beschäftigungen des Kriegs und der Waffen zeigte der Eleve aber wenig Lust; ward er ja einmal zu einem weltlichen Strauße gezwungen, so kehrte er doch immer mit vermehrtem Ekel und Überdrusse an so blutigen Spielereien wieder heim, und seine Hofmeister hielten nicht für gut, ihn darin auf andere Gedanken zu bringen. Die kopfbrechenden Arbeiten des Antiquars und des Mönchs waren dagegen seine Lieblingsbeschäftigung. Jahrhunderte hindurch saß er anhaltend in Archiven, umgeben von Akten und bestäubten Papieren, aus denen ihn nur allenfalls sein Feuereifer für die Religion und die alleinseligmachende Kirche bei Türkenkriegen und Römerzügen hervorrufen konnte. Aber dann focht er auch wie ein Verzweifelter; Ketzer- und Sarazenenblut floß in Strömen um ihn, tausend und tausend warf er hin, den Vögeln des Himmels und den Tieren des Feldes zur Speise. Stolz sahen die Pädagogen zu Rom auf ihren hoffnungsvollen Zögling, stolz sprachen sie: »Das ist unser Werk, laßt uns dasselbe vollenden und unsern Geist ihm einhauchen.« Sie sprachen's und kanonisierten ihn lebendigen Leibes, und es hieß nun das *heilige römische Reich*.[3] Aber ach! indem sie dem Armen die Glorie hingaben, vermochten sie nicht, ihn von den Gebrechen des menschlichen Lebens hienieden zu befreien. Jener Hang zum sitzenden Leben, verbunden mit seinem leidenschaftlichen Eifer für die Religion, schwächten immer mehr seine ohnehin wankende Gesundheit, sein Kopf ward zusehends schwächer, seine Geisteskräfte nahmen von Tag zu Tag immer mehr ab, der Bewohner des Himmels ward fremd auf unserer Erde, bis er endlich in einem Alter von etwa dritthalbhundert Jahren, zur Zeit der Kreuzzüge, wahnsinnig wurde. Nur starke Aderlässe und eine strenge Diät bewirkten seine Herstellung, eine Kur, die aber nur palliativ und nicht radikal war. Daher trat eine starke Hektik an die

Stelle des vertriebenen Wahnsinns und benagte mit scharfem Zahne die Wurzel seines Lebens. Jahrhunderte hindurch schmachtete der Kranke nun sein Leben dahin, abgezehrt zum Schatten, schlich er wie ein Gespenst unter seinen Brüdern umher, aus seinen hohlen Augen grinste der Tod mit allen seinen Schrecknissen hervor. Die Krankheit stieg in einer so fürchterlichen Progression, daß der Patient in einem Alter von etwa achthalbhundert Jahren, zur Zeit des dreißigjährigen Krieges, heftige Blutstürze bekam, die halb Europa überschwemmten und beinahe ein halbes Jahrhundert hindurch dauerten, und von denen er sich kaum wieder erholt hatte, als endlich die leidigen Franzosen hinzukamen und ein Schlagfluß, der ihn, als er sich wieder einmal in seinen Akten vergraben hatte, überraschte, seinem Leiden ein schnelles Ende machte. Sanft und heiter waren die letzten Stunden des Seligen, eine bessere Zukunft lachte ihm entgegen und erleichterte ihm den Todeskampf; er sah ohne Grausen in die fürchterliche Kluft, die ihn zu verschlingen sich geöffnet hatte, denn sein Gewissen drückte keine Blutschuld.

Betet für die arme Seele, ihr Christen! damit Gott ihr ihre Sünden vergebe und sie aus dem Fegfeuer befreie, wenn sie je dort noch geringere Vergehen abbüßen muß. –

Gewiß, Bürger! teilt ihr mit mir und allen Angehörigen des Verstorbenen den gerechten Schmerz, der uns alle zu Boden drückt. Ach! er war ein so guter liebevoller Vater, er ertrug mit einer so nachahmungswürdigen Hingebung, mit einer so echt christlichen Demut alle die Verfolgungen, die er sich gefallen lassen mußte, weil seine Kränklichkeit ihn etwas unbehilflich machte. Er verzieh mit so rührender Langmut allen denen, die ihn neckten und reizten, die ihm die empfindlichsten Wunden versetzten, die es darauf angelegt hatten, seinen Tod zu bewirken, um sich in seine Erbschaft zu teilen; er vergab allen seinen Todfeinden so gern und so willig; er hielt mit einem so lobenswerten Eifer auf die alten Gebräuche und Herkommen, bewahrte seine Tugend so rein von den Flecken der Afteraufklärung und des Verderbs; und ach! diesen Vater haben wir verloren; auf immer verloren, er ist in bessere Welten hinübergegangen und hat uns als trostlose Waisen zurückgelassen.

Vernehmt, *Bürger*! seinen letzten Willen, vernehmt das Testament, in dem er seinem Edelmute und seiner Vertragsamkeit ein unvergängliches Denkmal errichtet, horcht auf die letzten Worte eueres hingeschiedenen Wohltäters!

Sit nomen Domini benedictum![4]

Im Namen der *allerheiligsten Dreifaltigkeit*, Vaters, Sohnes und heiligen Geistes, im Namen der *heiligen Mutter Maria* und *Anna, der heiligen Ursula* mit ihren elftausend *Jungfrauen*, im Namen aller *Heiligen des Monats* Oktober.

Und der Herr sprach zu *Sirach*[5]: Geh und bestelle dein Haus, damit dein Ziel dich nicht unverhofft überrasche!

Da die zunehmenden Schwächlichkeiten des Alters, verbunden mit den beunruhigenden Symptomen einer immer weiter um sich fressenden Krankheit, unsere Gesundheit beständig mehr untergraben und dem Ziele, das einst alle Menschen erreichen werden, immer näher bringt und unsern immer dünner werdenden Lebensfaden zu zerreißen droht, wir uns aber auf einen solchen Fall gefaßt machen und vorbereiten wollen, damit unter unsern etwaigen Leibeserben bei unserm gottbeliebigen Ableben kein Streit und Zank über unsere Verlassenschaft entstehe, sondern alles in Frieden und Ruhe und christlicher Vertragsamkeit abgetan werde: so bestimmen wir hiermit bei völliger Vernunft unsere letzte Willensmeinung und wollen, daß alles, was darin enthalten ist, ebenso pünktlich und buchstäblich vollzogen werde, als wenn wir selbst bei der Ausführung zugegen wären.

Wir setzen daher fürs erste fest und ernennen die *Fränkische Republik* als einzige rechtmäßige Erbin *des ganzen linken Rheinufers*, und bitten diese verehrliche *Republik*, dies kleine, aber gutwillig gegebene Geschenk als ein Zeichen unserer Hochachtung und Liebe anzunehmen.

Ebenso übertragen wir zweitens *Salzburg, Passau und einen*

Teil von Bayern Seiner Majestät dem *König von Preußen*,
und das Übrige *Hannover und die Hansenstädte* Seiner Majestät dem *König von Preußen,* und das Übrige unseres Gebietes soll zu einem Mignaturgemälde unserer ganzen Person
und Physionomie in den Tempel der Unsterblichkeit verwandt werden, nachdem vorher die zehn Reichskreise durch
geschickte Hände eine moderne Façon erhalten haben.

Wir verordnen ferner drittens, daß zur Entschädigung der
durch diese Anordnung ihres Eigentums beraubten Reichsfür-
sten die Reichsinsignien unter dieselben und zwar so verteilt
werden sollen: daß der *Kurfürst von Trier* das *Schwert Karls
des Großen, der Kurfürst von Köln das des heiligen Mauritius*
erhält. Die *Magistrate* von *Nürnberg* und *Frankfurt* sollen
sich in die *Krone,* die von *Worms* und *Köln* in den *Zepter*
teilen. Der Herzog von *Zweibrücken* soll die *Stola,* der Bischof von Passau die *Dalmatika*[6], der von *Salzburg* die *Alba*[7],
der Kurfürst von Hannover die *Strümpfe,* der von *Mainz* die
Hausschuhe, der Kurfürst von *Bayern* den *Gürtel,* die *rus-
sische Armee* aber die *Sandalien* erhalten. Der *Reichsapfel*
endlich, als Zeichen der Weltherrschaft, soll dem britischen
Minister *Pitt* vorbehalten sein.

Die *Reichsoperationskasse* und die *goldne Bulle* viertens soll
seiner *päpstlichen Heiligkeit* zufallen; die erste, um ihre zer-
trümmerten Finanzen damit wieder herzustellen, die zweite
– die goldne Bulle nämlich, – damit selbe ihre eigenen Bullen
damit vergolden und derselben durch den äußerlichen Schimmer, der in unsern verderbten Zeiten notwendig ist, den verlorenen Kredit wieder verschaffen können.

Fünftens: die *große, mittlere* und *kleine Reichstitulatur* soll
einer öffentlichen Versteigerung ausgesetzt und aus dem Erlös
ein jährliches Seelenamt gestiftet werden, das jedesmal an dem
Jahrestage unseres Hintritts mit aller möglichen Feierlichkeit
gehalten werden soll.

Sechstens: die *Kaiserlichen Majestätsrechte* sollen unter die
Reichsbauern verteilt und protegiert werden.

Siebentens vermachen wir die jährlichen Einkünfte des Kaisers ad circa 13 000 Florin dem Armenhause zu Regensburg.

Achtens: die *Reichsritterschaft* soll beritten gemacht, in ein Regiment geformt und dann in *russischen Sold* übergeben werden. Die *rheinische, schwäbische Prälatur* und alle übrigen *Reichsbänke* sollen der *Universität Heidelberg* überliefert werden.

Neuntens: der *Reichstag* mit allen *Prinzipal-* und *Konkommissionen* soll nach vorher gemachtem Inventarium über die vorgefundenen *Kurfürsten, Erzbischöfe, Bischöfe, Äbte, Pröpste, Herzöge, Pfalzgrafen, Markgrafen, Landgrafen, Reichsstädte* und *Ganerben*[8] geschlossen und versiegelt werden.

Zehntens: das *Reichskammergericht* mit seinen *Kanzleiverwandten, Generalreichsfiskalen, Fiskaladvokaten, Protonotarien, Fiskalnotarien, Pfennigsmeistern, Taxeinnehmern, Kompletoren, Botenmeistern, Ingrossisten, Kopisten, Pedellen, Holzhackern, Substituten, Supernumerarien* etc. soll in den Mond versetzt und seine Sitzungen künftig nur in den Hörnern desselben gehalten werden. Ebendie Bewandtnis soll es mit dem *Reichshofrate* haben.

Elftens: die *Reichsdeputation* in Rastatt soll ihre Sitzungen permanent erklären und sich dann mit Abschluß eines ewigen Friedens beschäftigen; jeder Artikel desselben darf aber in nicht weniger als 50 000 Sitzungen abgetan werden.

Zwölftens: die *Reichsarmee* soll dem *Landgrafen* von *Hessenkassel* übergeben werden, damit er sie bei erster bester Gelegenheit dem Meistbietenden zuschlagen und nach *England, Amerika* oder *Ostindien* verhandeln und an den Mann bringen möge.

Dreizehntens: die *Römermonate* und *Kammerzieler* sollen künftig nur am *Krönungstage*, der jedesmal auf den *Nimmertag* fallen wird, gehoben werden.

Vierzehntens: das *Reichswappen* soll auf unserem Grabe aufgehangen und der darauf befindliche doppelte *Adler* zu Tode gefüttert werden.

Fünfzehntens: das *Reichsarchiv* soll ausgestäubt, gesäubert, geordnet und dann den Chemikern ausgeliefert werden, um englisches Riechsalz für unsere allenfalls ohnmächtig werdenden Erben daraus abzuziehen.

Sechzehntens: alle *Nonnen* unseres Gebietes vermachen wir unseren *Mönchen*, und hoffen, daß beide Teile sich wohl dabei befinden werden.

Siebenzehntens: alle sich vorfindenden *Perücken, Mäntel* und übrigen *Apparate* soll dem *Naturalien-Museum* zu London übermacht werden, um dort in die große, für alle Nationen und Zeiten angelegte *Perückensammlung* aufgehangen zu werden.

Achtzehntens: der Status quo soll an den *Bischof von Lüttich*, die Kaiserliche *Plenipotenz* aber an den Groß-*Mogul* fallen.

Endlich ist es unser ernstlicher Wille, daß unser Körper nach unserm gottbeliebigen Ableben einer *Dismembration* oder *Zergliederung* unterworfen, unser *Gehirn*, wenn sich welches vorfindet, dem *Wiener Ministerium*, unser *Herz* aber dem *Minister Pitt*, eben wie oben der *Reichsapfel*, überantwortet werden soll.

Doch aber soll das alles noch immer dem Reichsherkommen gemäß geschehen und ausgeführt werden.

Zum *Exekutor* gegenwärtigen Testamentes ernennen wir seine *Exzellenz* den *Herrn General Buonaparte* und bitten ihn höflich, diese Bemühung gütigst und gefälligst auf- und anzunehmen.

Sollten sich wider Vermuten unter unsern Kindern und respective Enkeln welche finden, die sich dieser unserer letzten *Willens*verordnung widersetzen und etwa gar einen Rechtsstreit darüber anfangen wollten, dann sagen wir ihnen mit Mose Exod. lib. I. Cap. XX.[9]

»Wo ihr meine Satzungen verwerfet und mein Recht verachtet, daß ihr das nicht tut, was von mir geordnet ist, sondern meinen Bund vernichtet, so will ich euch das tun: ich will euch urplötzlich mit Armut heimsuchen und mit Hitz, die euere

Augen verderben soll und euere Seelen verzehren; vergeblich sollt ihr Samen säen, er soll von euern Feinden gefressen werden.«

»Ich will mein Angesicht wider euch setzen, und ihr sollt zu Boden fallen vor euren Feinden und *denen* unterworfen werden, die euch hassen. Ihr sollt fliehen, wenn euch niemand verfolget.«

»Ich will euch den Himmel von oben wie Eisen machen und die Erde wie Erz.«

»Und ich will das Schwert über euch führen zur Rache meines Bundes, und wenn ihr in die Städte fliehet, so will ich die Pestilenz mitten unter euch schicken, und ihr sollt in die Hände der Feinde übergeben werden.«

»Und ihr sollt essen und nicht satt werden. Ihr sollt unter den Heiden umkommen, und das Land eurer Feinde soll euch fressen. Und ich will die Tiere des Feldes unter euch schicken, die sollen euch und *euer* Vieh verderben und alles weniger machen, und sollen eure Straßen wüst werden. Das alles soll euch zustoßen, wo ihr *das* tut. Amen.«

Dessen zur Urkund haben wir dieser Instrumente mehrere in gleicher Form ausfertigen und mit unserm anhängenden großen Insiegel bekräftigen, auch jedem der Teilnehmenden eines überantworten lassen.

Gegeben in unserer und des heiligen Reichs Stadt Regensburg, 8 Tage nach Abschluß des Definitivfriedens, den 25ten Oktobris nach Christi unseres lieben Herrn und Seligmachers Geburt, im 1797ten, unseres Alters im neun hundert fünf und fünfzigsten Jahre.

Das heilige römische Reich.

Erkennet, Bürger, in dieser rührenden Willenserklärung des Verewigten seine väterliche Zärtlichkeit für seine Kinder; lernt den Verlust einsehen, den ihr an ihm erlitten habt. Weine, Germania! Weine! Dein Schutzgeist ist von dir gewichen; die Vorsicht ist in höhere Sphären entrückt und wird nun in den Archiven des Himmels volle Befriedigung für seinen antiquarischen Geist finden. Was wird dich nun vor dem Einbruche des Stromes jener alles zertrümmernden Revolutionswut sichern? wer den Schild vor dich halten, daß die Megäre[10] *Aufklärung* dich nicht verschlingt? Ach! keine zehn Jahre werden vergehen, und du wirst Galliens Schicksal erleben; wilde *Revolutionärs* und *Freiheitsschwindler* werden in deiner Mitte aufstehen und nicht eher ruhen, bis sie auch dir die blutige Freiheitskappe aufgesetzt haben.

Dann, o des Greuels! wird man allen *Adligen* die Sterne und Ordensbänder abreißen, die Wappenschilder zerbrechen; alle Güter der *Kirche* werden profanen Händen anheimfallen; alle *Mönche* werden entkuttet, alle *Nonnen* entschleiert werden; *Räte* und *Direktoren* werden an die Stelle deiner *gesalbten Häupter,* deiner mildtätigen, gerechten, menschenfreundlichen *Fürsten* treten. Der *Bauer* und der *Bürger*, die die Natur doch eigentlich zum *Lasttier* bestimmte, werden stolz das Haupt emporheben und nach ihren *Menschenrechten* fragen; sie werden sich aufbäumen und sprechen: »Wir sind freie Männer; verantwortet euch Despoten! Warum usurpiertet ihr bisher unsere Befugnisse?« Die Guillotine wird dann schrecklich die Stammbäume dahinmähen und die angesehensten Männer würgen. *Herzoge* und *Grafen* werden an ihrem Mordeisen bluten, die Freiheit wird deine schönen Gefilde mit ihrem giftigen Hauche verpesten, und Jammer und Elend bei dir herrschen. So traurig sind die Folgen des Hintritts dieser *hohen Leiche.*

Doch verbeißen wir unsern Schmerz, Mitbürger! Vergraben wir ihn in das Innerste unserer Seele, um imstande zu sein, das Leichenbegängnis des Erblichenen um so würdiger zu feiern. Mit aller, der Größe unserer Nation und der Größe unseres Verlustes angemessenen Pracht, soll dies Trauerfest begangen werden. Es soll sich schämen der Deutsche, der nicht durch seine Gegenwart und sein Vermögen sein Scherflein zur Verherrlichung dieses Nationalfestes beiträgt. *Acht Kurfürsten* werden die Leiche in vollem Ornate zu Grabe tragen; alle übrigen Kinder, Enkel und Urenkel, lauter gekrönte Häupter,

weinend und in schwarzen Dominos ihr folgen, 50 000 *Flöten*
werden dabei seufzen, 80 000 *Waldhörner* stöhnen, 90 000
Fagotte wimmern. Hunderttausend *Feuerschlünde* werden
den Verlust der Unterwelt der obern zubrüllen. Die Natur
wird nicht säumen, das Himmelsgewölbe schwarz zu behan-
gen, eine Sonnenfinsternis zu veranstalten und Berge zu spal-
ten. Der Kaiser selbst wird die Leichenrede halten, und der
heilige Vater die Seelenmesse lesen. Deutschlands Töchter, in
das Gewand der Unschuld gekleidet, werden die Leiche mit
Eichenlaub bekränzen und eine Zypresse auf das Grab pflanzen. Vergißmeinnichte werden dem Boden entsprießen und
ein stolzer Marmor folgende in echt lapidarischem Stile und
mit dichterischem Feuer verfaßte Grabschrift der Nachwelt
überliefern:

> *Von der Sense des Todes gemäht, atemlos und bleich,*
> *Liegt hier das heilige römische Reich.*
> *Wandrer, schleiche dich leise vorbei, du möchtest es wecken,*
> *Und das Erstandne uns dann von neuem mit Konklusen*
> > *bedecken.*
> *Ach! Wären die Franzosen nicht gewesen,*
> *Es würde nicht unter diesem Steine verwesen.*

† † †

Requiescant in Pace.[11]

Quelle: Josef von Görres' Ausgewählte Werke und Briefe. Hrsg. mit Einleitung und Anmerkungen versehen von Wilhelm Schellberg. Kempten
u. München: Kösel 1911. Bd. 1. S. 16–30.

Anmerkungen

1. Hinweis auf seine am 1. Januar 1798 in derselben Gesellschaft, zwei
   Tage nach der Übergabe von Mainz gehaltene Rede.
2. eigentlich August 843.
3. Am 2. Februar 962 wurde Otto I. Kaiser des Heiligen Römischen
   Reiches Deutscher Nation.
4. Gesegnet sei der Name des Herrn.
5. Jes. 38,1.

6. liturgisches Obergewand.
7. kirchliches Gewand.
8. Miterben.
9. Görres macht absichtlich eine falsche Angabe; er benutzt frei 3. Mose 26,14–39.
10. eine der drei Erinnyen, der griechischen Rachegöttinnen.
11. Sie mögen in Frieden ruhen.

JOHANN KASPAR LAVATER

1741–1801

Der philosophisch-theologische Schriftsteller und Begründer
der physiognomischen Forschung, Freund Hamanns, Herders,
Goethes, wirkte lange Zeit als Geistlicher in seiner Heimat-
stadt Zürich. So wie er in seinen Jugendjahren die Ungerech-
tigkeit des Züricher Landvogts Grebel angeprangert hatte,
verurteilte er später ebenso die Gewalttaten des französischen
Direktoriums wie die repressive Politik seiner Kantonsregie-
rung, worauf er 1799 verhaftet und nach Basel deportiert
wurde. Die vorliegende Predigt, die Lavater am Sonntag, dem
11. März 1798, hielt, spiegelt die Unruhe der Zeit wider, wo-
bei der rhetorische Duktus mit den Anklängen an Klopstock
und Sturm und Drang in einem seltsamen Kontrast zum Ap-
pell an Mäßigung steht.

Predige! Was soll ich predigen?

Die Worte, die wir zum Eingang unserer Predigt über verschiedene Texte gewählt haben, stehen in der Prophezeiung
Jesajä, dem vierzigsten Capitel, dem sechsten Verse:
Eine Stimme sprach: Nun schrei oder predige! Und ihr ward
geantwortet: Was soll ich schreien oder predigen?
Meine andächtigen, in Jesu Christo geliebte und durch die gegenwärtige Vaterlandsnoth noch näher als je mit mir verbun-
dene, mir mehr als noch nie auf dem Herzen liegende Zuhörer!
Ungewöhnliche, ja ganz außerordentliche Zeitumstände be-
rechtigen nicht nur zu ungewöhnlichen Predigtarten: sie nöthigen gewissermaßen dazu. Man hat so Vieles zu sagen, das man
nicht auf eine andere, ruhigere Gelegenheit versparen kann;
so Vieles, das sich nicht unter irgend einen einzelnen Text

bringen läßt; so Vieles, das nur mit wenigen Worten berührt werden muß: daß ich nicht einmal um Entschuldigung bitten darf, wenn ich heute über mehr als Einen Text predige. Man muß Alles versuchen, wovon man sich einigen Nutzen versprechen, oder auch nur mit schwacher Hoffnung hoffen darf. Man muß sich nach neuen Erbauungs- und Erweckungsmitteln, die noch niemals versucht worden sind, in diesen Tagen der ungeheuern Zerrüttung aller Dinge umsehen. Und o, daß ich nur solche Mittel ausfinden könnte – gewohnte oder ungewohnte, dieß wäre mir gleich viel; wenn sie nur etwas wirkten, wenn nur geholfen und dem immer steigenden Verderben entgegengearbeitet werden könnte –; wenn nur irgend etwas ausgedacht werden könnte, was erweckte, wie noch nichts erweckt hat; was neues Leben, neue Kraft in die Gemüther zu bringen, was zur Ruhe zu führen, was Eintracht herzustellen, was die entzweiten Herzen zu vereinigen, was Bitterkeit und schnaubende Rache zu besänftigen, was Ordnung, was Billigkeitsliebe, was Landeswohl wieder emporzubringen, oder die bangen Seelen zu beruhigen vermögend wäre.

Schrei – rief eine Stimme an Jesajas – *oder predige!* Und eine Gegenstimme rief: *Was soll ich schreien oder predigen?*

Wann, meine Theuersten! wann erschallt's aus der sichtbaren und unsichtbaren Welt an uns Prediger lauter und dringender: *Schrei und predige!* als zu der gegenwärtigen, mit jeder Stunde bald gefahrvollern und verwirrungsreichern Zeit? Wann muß der Prediger so ängstlich oder doch so zweifelvoll fragen: *Was soll ich schreien, rufen, predigen?*

Ach, was haben wir nicht Alles schon gerufen, geschrieen und gepredigt! Was ist schon von uns bereits versucht worden! Ich dürfte wohl sagen: was ist von uns unversucht geblieben? Ich dürfte aber auch wohl fragen: wo sind die Erfolge und Wirkungen unsers Rufens? die Früchte unsers Predigens? Doch, sind sie auch nicht so auffallend, wie wir wünschen: sie sind vielleicht hie und dort wenigstens dennoch vor Gottes Auge, wenn gleich nicht vor unserm, sichtbar. Wir wollen die Hoffnung nicht aufgeben. Statt zu klagen, wollen wir fortfahren, wollen wir uns aufs Neue erwecken, unser Möglichstes zu thun, aufs Neue ermuntern, nichts unversucht zu lassen, was uns zu einem erwünschten Ziele unserer, Gott weiß, redlichen Absichten führen kann.

Tausendmal fühlten wir unsere Ohnmacht und Unwürdigkeit mit schamvoller Demuth und Wehmuth. Wann können wir solche stärker und tiefer gefühlt haben, als jetzt?

Scheint doch Alles vergebens zu sein, was geduldet, gewagt, geopfert worden; vergeblich jeder Schritt der Liebe, jedes Entgegengehen des friedlichen Sinnes. Was darf sich ein Prediger zu einer Zeit versprechen, wo aller Ordnung Gottes, wie aller menschlichen Ordnung Hohn gesprochen, und Jeder, der von diesem Hohnsprechen nur ein Wort zu sagen wagt, als ein Wahnsinniger und Träumer ausgezischt wird?

Predige dennoch! ruft eine Stimme aus der unsichtbaren Welt. – Also will ich sprechen, rufen und predigen.

Ich spreche ja nicht mit tollkühnen Verächtern alles Verehrenswürdigen; nicht mit Empörern gegen Alles, was allen unsern Vätern und allen gesitteten Nationen heilig war.

Ich spreche ja nicht mit Solchen, die menschheitschändende, gewissenlose Grundsätze wie Göttersprüche aufgenommen, und der verruchtesten Menschen verruchteste Gesinnungen und Handelsweise sich zu eigen gemacht haben. Ich spreche nicht mit Satanen in Menschengestalt, die sich selbst vergöttern und alles Göttliche zur Lüge lästern. Ich spreche mit einer gedrängten aufmerksamen, andächtigen Christenversammlung, die noch viele Hunderte unter sich hat, die Gott nachfragen und denen Recht und Unrecht, Tugend und Laster, Religion und Irreligion, Ordnung und Unordnung, Vaterlandswohl und Vaterlandsuntergang nicht gleichgültige, unbedeutende Dinge sind. Ich spreche mit einer Christenversammlung, die noch manche Hunderte unter sich hat, denen es Ernst ist, Belehrungen zu vernehmen, wie sie sich in der gegenwärtigen Zeit zu betragen haben; Ernst ist, Ermunterungen, Stärkungen, Tröstungen – geschöpft aus Gottes Offenbarungen – zu hören, wodurch sie sich in den gegenwärtigen, tief niederbeugenden Zeiten noch einigermaßen aufrecht erhalten können. O, mit Solchen spreche ich immer noch gern, spreche nicht ohne Hoffnung eines guten Erfolges, spreche mit Zuversicht. Manches Wort der Wahrheit und Liebe wird mit Nutzen angehört und mit bleibendem Segen beherzigt werden.

Um diesen Zweck zu erreichen, wählte ich aus einer Menge der sich mir anbietenden Texte nur einige, die ich dieser Stunde nicht unangemessen finde. Freilich, ich hätte noch treffendere wählen können; doch, wer weiß, ob ich diese zu wählen nicht noch traurige Gelegenheit genug finden werde, wofern die Gelegenheiten, zu predigen, uns nicht überall abgeschnitten werden; – denn was ist in unsern Tagen nicht zu erwarten? Das Unerwartbarste ist das Erwartbarste. Auch muß ich, Ihr Lieben! auf Gegenstände oder Erinnerungen, die ich auch schon an Euer Herz legte, zurückkommen.

Freimüthig, doch vorsichtig und zweckmäßig zu sprechen, was ich für das Nützlichste halte, wird mein ernstes Bestreben sein. Ich werde alle meine Worte wägen, und Manches, was die abgewichene Woche vorging, wobei Euer und mein Herz bluten möchte, nicht oder kaum berühren. Ich werde allgemeiner sprechen, als ich nach meinem besondern Geschmacke bei außerordentlichen Vorfällen zu sprechen gewohnt bin, und dennoch die gegenwärtigen Zeiten und die bedauerliche Lage unsers Vaterlandes nie aus dem Auge verlieren.

O Gott, mein Gott! leite du nur alle meine Gedanken durch deinen guten Geist! Gib Kraft und Leben allen meinen Worten! Sie müssen Demuth, Sinnesänderung und Gebetsernst einflößen! Sie müssen den Leichtsinn verdrängen und die ernsthaftesten Gedanken erwecken! Sie müssen Gesinnungen erregen, die uns dir wieder näher bringen! Sie müssen Frieden und Eintracht befördern! Sie müssen Beruhigung und Trost verbreiten! Sie müssen Vertrauen und Muth erwecken!

O schenke du, der allein Alles in Allen wirkt, diese erwünschten Wirkungen und Lehren, welche vorgetragen werden sollen!

Segne auch die Worte aller Prediger in der Stadt und auf dem Lande (o wie schwer haben es die Brüder auf der Landschaft, frei und nach Herzenslust das Beste zu sagen!). Gib allen Weisheit, das Beste und Nützlichste auf die beste und nützlichste Weise zu sagen. Amen.

I

Predige! Was soll ich predigen? Mir ist, ich höre eine Stimme aus der unsichtbaren Welt, die mir zuruft:

»Predige, was geschrieben steht in dem sieben und fünfzigsten Capitel der Prophezeiung Jesajä, vom fünfzehnten bis zum achtzehnten Verse«:

»Also spricht der Hohe und Erhabene, der die Ewigkeit bewohnet«, dem die Ewigkeit eigen ist, »dessen Namen ist der Heilige. Ich wohne in der Höhe, und in dem Heiligthume, und bei dem, der eines zerschlagenen und demüthigen Geistes ist, daß ich den Geist des Demüthigen und das Herz des Zerschlagenen erquicke. Denn ich hadere nicht ewiglich, und zürne nicht ohne Ende; denn ihr Geist und die Seelen, welche ich gemacht habe, würden vor mir verschmachten. Ich schlage (den Menschen) und verberge mich und zürne. Dennoch wendet er sich von mir und wandelt in den Abwegen seines Herzens. Wenn ich aber seinen rechten Weg wiederum sehe, so mache ich ihn gesund; ich leite ihn und gebe ihm wiederum Trost, und denen, die um ihn getrauert haben.«

O du Wort ernster Gerechtigkeit und huldreicher Erbarmung, möchtest du nicht leichtsinnig von uns angehört, nicht geachtet oder gleich wiederum vergessen werden! O du liebevolles Wort: »Ich hadere nicht ewiglich; denn die Seelen, welche ich gemacht habe, würden vor mir verschmachten«, möchtest du uns aufrichten! Gott wird uns nicht verschmachten lassen! Er, der Vater, wird uns nicht mehr auflegen, als wir ertragen mögen.

»Ich wohne in der Höhe und im Heiligthum«, wo Millionen erhabene Naturen mich schauen und anbeten, »und bei dem,

der eines demüthigen Geistes ist«; dem bin ich spürbar nahe,
dem lasse ich mich nicht unbezeugt!« O unbezahlbares Wort!
O möchtest du uns die unentbehrliche, nie genug zu empfeh-
lende Demuth lehren!

O möchte der Hohe und Erhabene, vor dem die Unermeßlich-
keit ein Punkt, und das, was wir Ewigkeit nennen, ein Augenblick ist, vor welchem alle Größe verschwindet, gegen welchen
alle Lebendigen sind wie ein Stäubchen, das in der ausgewisch-
ten Wagschale übrig bleibt, – möchte dieser Unvergleichbare
uns heilig, er und seine Heiligkeit Ehrfurcht einflößend und
allen Leichtsinn verdrängend für uns werden! Möchten seine
Züchtigungen uns weicher und nicht härter, seine Gerichte uns
demüthiger und nicht stolzer, seine Warnungen uns nicht fre-
cher, sondern zerknirschter, hingeworfener, gnadedürstender,
reuevoller und zu besserm Sinne geneigter machen!

Lasset mich wieder sagen, was ich schon mehrmals sagte: Es
liegt Alles an uns; unser Stolz und Eigensinn, unser Leichtsinn
und Kaltsinn macht uns Gottes Angesicht furchtbar und den
Gedanken an ihn schrecklich. Er scheint uns zu zürnen, wenn
wir ihm treulos sind – wie die Sonne, wohlthätig und lieblich
für gesunde Augen, kranken Augen unerträglich und ein ver-
zehrendes Feuer ist. Sähe Gott wieder unsern rechten Weg und
unser bemüthiges Umwenden nach ihm: »er würde sich wenden und uns gesund machen; er würde uns«, wo nicht mit
sichtbarer, doch mit spürbarer Hand »leiten und uns wieder
Trost geben, und denen, die mit uns getrauert haben.«

Ahab war so gottlos, daß es von ihm hieß: »Er war verkauft,
Uebels zu thun; er sündigte und machte Israel sündigen.«
Dennoch, sobald er sich, nach Ankündigung göttlicher Gerichte, demüthigte, seine Kleider zerriß, fastend einherging, hieß
es sogleich: »Hast du nicht gesehen, wie sich *Ahab* vor mir
demüthigt? Weil er sich nun also demüthigt, so will ich das
Unglück nicht einführen bei seinem Leben.« (1. Kön. XXI. 27,
28.)

Wir können das Schrecklichste noch abwenden durch Demuth,
und das, was unabtreiblich scheint, noch entfernt halten durch

reuevolles Gebet und herzliche Sinnesänderung. Suchet den Herrn, weil er zu finden ist.

II

Predige! Was soll ich predigen? Mir ist, es erschalle eine Stimme aus der unsichtbaren Welt an mein Ohr:

»Predige, was geschrieben steht in der Prophezeiung Jesajä, dem sieben und fünfzigsten Capitel, dem zehnten Verse:

»Du bist müde worden von der Menge deiner Wege. Dennoch hast du niemals gesprochen: Es ist eine verlorne Arbeit.«

O, wie fühlen wir in diesen Tagen, wohl mehr, als je in unserm ganzen Leben, die Thorheit und Unzuverlässigkeit unserer Wege, unserer Unternehmungen, unserer Entwürfe! O, wie oft dachten wir: »Nun haben wir es recht gut gemacht! nun kann es uns nicht fehlen; Alles ist reiflich überlegt und aufs Beste berechnet« – und dennoch hätte uns die Erfahrung belehren und überzeugen sollen: »Alles ist eine verlorne Arbeit.«

Ach, und warum ist Alles eine verlorne Arbeit? Weil wir zu wenig auf Gott und zu viel auf uns selbst sahen. Ach, weil es auch von uns heißen kann: »Wir Alle irren wie die Schafe, ein Jeder kehrt sich auf seinen Weg«: ein Jeder geht seine eigenen Wege; Jeder denkt nur an sich, an seinen Vortheil, seinen Ruhm, seinen Willen, seine Absichten. Ach, zu welchem unter uns kann nicht gesagt werden: Du wandeltest oder wandelst nach deinem eigenen Wege; du dachtest, wie du wolltest; du gingst dem nach, was dich gelüstete: du verlangtest, was dich gut dünkte; du sprachst, was dir auf die Lippen kam; du thatst, was deinen Eigennutz oder Eigensinn, deiner Welt- und Lustliebe angemessen war; du bekümmertest dich nie oder selten um den Willen deines Gottes und um das unveränderliche Gesetz dessen, der dich erschaffen hat; du prüftest dein Herz nicht nach seinem Sinne, und dein Leben nicht nach dem dir bekannt gewordenen Willen des allerhöchsten Gesetzgebers; du lebtest, o wie oft, ohne Gott in der Welt, du selbst machtest dich zu deinem Gott, und deinen eigenen Willen zu deinem obersten und einzigen Gesetze –?

Und was ist dabei herausgekommen? möchte ich dann weiter fragen; und was hast du dabei für deine Seele und die Ruhe deines Herzens gewonnen? »Du bist von der Menge deiner Wege« und deiner Versuche, dich ohne und außer Gott glücklich zu machen, »müde geworden«. Dennoch hast du niemals gesprochen: »Es ist eine verlorne Arbeit«. Dennoch hast du deine Thorheit nie weder erkannt, noch, wenn du sie erkanntest, gestanden und bereut. – Ach, wie lange dauert's, bis der Mensch von seiner eigenen Arbeit sagt: »Verlorne Arbeit!« Er versucht sich immer wieder auf dieselbe, oder andere Weise, häuft Thorheit auf Thorheit, Frechheit auf Frechheit, Starrsinn auf Starrsinn, ehe er spricht: »Es ist verlorne Arbeit.«

Ach, daß wir müde würden von der Menge unserer Wege und einmal erkennten und bekennten: »Es ist Alles eine verlorne Arbeit!« Ohne Gott handeln, heißt wider sich selbst handeln. Wir müssen immer wieder zerstören, was wir aufgebaut haben. Was wir ohne Gott und ohne Gebet, ohne Ehrfurcht vor dem Allgerechten und Allwissenden, ohne Zurathziehung unsers Gewissens und ohne Religiosität unternommen haben, das gelingt nicht, das ist von keiner Dauer, auf dem ruht kein göttlicher Segen, das ist verlorne Arbeit. Nur das besteht und gelingt, was mit Gott angefangen, fortgesetzt und vollendet wird.

O, daß wir dieß als Wahrheit erkennten und beherzigten! O, daß wir das neue, wichtige Werk unserer Staatsumschmelzung nicht ohne Gott, nicht ohne ernste, gewissenhafte Religiosität beginnen möchten! Ohne dieß ist's, meiner Ueberzeugung nach, verlorne Arbeit. Was Religion und Gewissenhaftigkeit, was religiöse Weisheit und Vaterlandsliebe wirkt, das, und sonst nichts, wird gesegnet und von den besten Folgen und von unzerstörbarer Dauer sein.

III

Predige! Was soll ich predigen? Mir ist, ich höre eine Stimme
aus der unsichtbaren Welt mir zurufen:
»Predige: Selig sind die Friedfertigen und die Friedensstifter,
denn sie werden Gottes Kinder heißen. Jaget nach dem Frieden. So viel an Euch liegt, habet Frieden mit Jedermann.«
Arbeitet mit demüthiger Weisheit dem Geiste der Zwietracht
entgegen! Haltet an Euch, besonders auf offener Straße und
in vermischten Gesellschaften, mit jedem Worte der Bitterkeit,
und wenn Ihr auch dazu siebenfach berechtigt zu sein glaubt!
Unterdrückt jede gewaltsame, heftige Gemüthsbewegung! Be-
meistert und macht schweigen in Eurer Brust jede Regung
auch des gerechtesten Zornes, auch der verantwortlichst scheinenden Rache, wenn Ihr nur vermuthen könnt, daß dadurch
der friedliche Sinn unter uns geschwächt oder der Unfriede
dadurch im Geringsten angefacht werden könnte. – Ich wie-
derhole das oft schon Gesagte und muß es unaufhörlich wiederholen; denn die Wiederholung wird mit jedem Tage nöthi-
ger, ist nach dem, was in der letzten, traumähnlichen Woche
vorgegangen, unentbehrlicher geworden: Jetzt muß Alles dem
Frieden aufgeopfert werden! Alles Andere gibt sich nachher
wieder von selbst. Der Sturm wird sich legen, wenn unser
Glaubensgebet den Herrn, der zu schlafen scheint, mit dem
mächtigen Rufe: »Meister! Meister! wir gehen zu Grunde!«
wecken wird. Er wird den Sturm beschelten – und unser
Schifflein wird plötzlich am Lande sein. Aber wir müssen
möglichst am Frieden arbeiten, wir müssen Opfer auf Opfer
bringen. Kein Opfer der redlichen Friedensliebe wird umsonst
sein, keines unbelohnt bleiben!
Lieber schweige gänzlich, wenn du nichts als zweckwidrige,
friedenstörende Wahrheit sprechen kannst!
Jetzt ist eine Zeit des friedeliebenden Schweigens, und wenn
man spricht, so spreche man nichts, als was zum Frieden dient.
– Man frage nur Eins: »Wird mein Wort besänftigen? Kann
es vielleicht Herzen und Herzen einander näher bringen?«

Allenthalben sind scharfe Zungen, die nicht zum Frieden reden, die nur entzünden, entzweien, vergiften. Wollen wir die furchtbare Zahl dieser von der Hölle angezündeten Zungen vermehren? Wollen wir uns an diese Werkzeuge der Ungerechtigkeit anschließen? Wollen wir, möchte ich mit Paulus fragen, Christi Glieder nehmen und Satans Glieder daraus machen? Das sei ferne! – Allenthalben sind Ohren, die nach unsern Worten, Erzählungen, Urtheilen hinhorchen und nach jeder Aeußerung unserer Herzensgesinnungen lauern. Wollen wir diesen Ohren etwas mittheilen oder vertrauen, welches, sobald es Andersdenkenden wieder mitgetheilt oder vertraut wird, in ihren Gemüthern anders nichts, als neuen Eifer, neue heftige Regungen des Zornes und der Rache erwecken kann?

O, lasset uns weise sein! Der Weise vergißt seines Zweckes nie, und der Zweck des Weisen und Guten ist Friede, und heilig ist ihm jedes vernünftige Mittel, das zum Frieden führen kann, und verwerflich Alles, wie gut es immer scheinen möge, was von diesem, o so wünschenswürdigen Ziele entfernt. Ein unweises Wort kann tausend Hände bewaffnen! Ein Schimpfname kann ein Blutbad anrichten. O suche den Frieden und jage ihm nach! Friedensfreunde, Gotteskinder! Friedensstifter, Gottes Ebenbilder! Wer Gott liebt, liebe den Frieden! Wer seliges Gottes Kind heißen will, der strenge alle seine Kräfte an, Frieden zu stiften.

IV

Was soll ich predigen? Welch' einen andern Text, der gegenwärtigen Lage angemessen, soll ich zum Grunde einer zeitbedürftigen Erweckung legen? Ich denke, das Wort Gottes aus der Prophezeiung Jesajä, dem ein und fünfzigsten Capitel, dem zwölften und dreizehnten Verse:

»Ich, ich bin's, der euch tröstet. Wer bist du, der du den sterblichen Menschen, das Menschenkind, welches vergeht, wie das Gras, fürchtest, und vergissest des Herrn, der den Himmel

ausgedehnt und die Erde gegründet hat, und erschrickest allezeit den ganzen Tag vor dem Grimme dessen, der dich ängstigt, wenn er sich rüstet, zu schädigen? Wo ist aber der Grimm
dessen, der dich ängstigt?« – nämlich, wenn *ich* ihn besänftige,
muß nicht sein Grimm weichen, und steht nicht Alles in meiner
Hand?

Mir ist, ich höre den Allmächtigen, wenn je, so in diesen Ta-
gen, also mit uns sprechen: »Sieh weniger auf Andere, als auf
mich! Bin ich es nicht, der betrübt und erfreut, der erniedrigt
und erhöht, der den Trost nimmt und den Trost wieder gibt?
Bin ich nicht mächtiger, als die Mächtigsten, und wer kann
meiner Hand widerstehen? Stürzte *ich* nicht Pharao und sein
Heer in den Abgrund? Rief nicht *ich* über Nebukadnezar:
»Hauet den Baum um?« Führte nicht *ich* Israel mit hoher
Hand aus Aegypten? Schlug nicht *ich* Senacherib's Heer?
»Schaffe ich nicht Alles, was ich will, im Himmel und auf
Erden? Ist meiner Macht je etwas zu schwer? Oder wann ist
meine Hand zu kurz, daß sie nicht mehr helfen könne? Wann
ist bei mir keine Kraft mehr, zu erlösen? Verändere ich nicht
Zeit und Stunden? Setze ich nicht Könige ab und ein? Gebe
ich nicht den Weisen Weisheit und den Verständigen Ver-
stand?« Habe ich es nicht schon tausendfach bewiesen? Oder
bin ich nicht mehr derselbe, der Ich vor Jahrhunderten war?
Kann der Schöpfer des Himmels und der Erde aufhören, der
Schöpfer des Himmels und der Erde zu sein? Kann ich meine
Hand je von meinen Geschöpfen, und meinen allbelebenden
Hauch von denen, die noch leben, zurückziehen? Wie könnet
ihr in irgend einer Noth dessen vergessen, der euch gemacht
hat? Wie Euch je vor dem fürchten, der Euch den Athem ein-
gehaucht hat? – Kann ich nicht zu dem Gewaltigen sagen: »Sei
ohnmächtig!« und zu dem Hochherfahrenden: »Werde zu
nichts!« Sage ich nicht zum Meere: »Bis hieher und nicht weiter! Da soll die Stolzheit deiner Wellen sich niederlegen!« –
»Was fürchtest du denn den Menschen, welcher vergeht, wie
das Gras, und erschrickest allezeit den ganzen Tag vor dem
Grimme dessen, der dich ängstigt? Siehe weniger auf *ihn*, als

auf *mich*; weniger auf den Aengstiger, als auf den Befreier
von jeder Angst. Freilich, die Natur erschrickt vor dem Mächtigen; aber der Glaube sieht den Mächtigern, vor dem der
Mächtige, welchen du fürchtest, nur Ohnmacht ist. Sieh auf
mich, und nicht auf *ihn*! Schließe dich an mich an, und laß
ängstliche Furcht von dir weichen. »Ich bin bei dir in der
Noth!« Ich kann, »ich will dich herausreißen!«

So ist mir, höre ich in diesen Tagen der Beängstigung, des
Schreckens, und der täglich sich vermehrenden Furcht, die
Stimme des Allmächtigen uns Ohnmächtigen zurufen.

Wollen wir diese Ermunterungsstimme hören? Oder soll sie
umsonst mit uns sprechen? Soll sie uns kein Vertrauen einflößen? Keine Furcht aus unsern Herzen verdrängen? Wird
Keiner von Euch sagen: Ich fürchte mich nicht, was mir die
Menschen thun werden. Der Herr ist mit mir. »Der Herr ist
meine Macht und mein Psalm! Ich werde nicht sterben, sondern leben und des Herrn Werk und Hülfe verkündigen. Der
Herr führt in die Grube und wieder heraus. Der Herr hat die
Ausgänge des Todes.«

V

Predige! Was soll ich predigen! Mir ist, ich höre deine Stimme,
du Wohlbekannter, Unbekannter, Allangebeteter und Allver-
gessener, tausendmal Genannter, nie genug Gekannter!

Predige, und lege an das Herz deiner Zuhörer und Aller, die
Trost bei dir suchen, was ich einst bei der Fußwaschung zu
Petrus sprach: »Was ich thue, das weißt du jetzt nicht, du
wirst es aber nachher verstehen!« (Es steht geschrieben im
Evangelium Johannes, dem dreizehnten Capitel, dem sieben-
ten Vers.)

Mir ist, ich höre dich mir den Auftrag geben, meinen Brüdern
zu sagen:

»Meine Gedanken sind nicht eure Gedanken, und meine Wege
sind nicht eure Wege, sondern wie die Himmel höher sind, als
die Erde, also sind meine Wege höher, als euere Wege, und

meine Rathschläge höher, als euere Rathschläge.« Ich führe
anders, als die Weisesten denken, und handle anders, als die
Verständigsten meinen. Unerforschlich ist mein Plan, und un-
ergründlich das Geheimniß meiner Führung. Wer sieht im
Anfange den Ausgang meiner Wege? Was anfangs unerklär-
lich ist, das löst sich am Ende auf; was unverstehbar scheint,
wird zuletzt klar, wie das Licht. »Was ich thue, das weißt du
jetzt nicht, du wirst es aber hernach verstehen.«

»Denke Jeder nur an seine eigene bisherige Führung! Durch
welche Nächte führte ich Jeden! Wie manchmal verwandelten
sich diese drückenden Nächte in lichthellen Tag!

»Verstand Abraham, Isaak, Jakob, Moses, David, Daniel,
verstand Einer von ihnen meine Führung im Anfang? Recht-
fertigte sie sich nicht alle Mal als die beste und weiseste am
Ende? Führt dich eine andere Hand, als die, welche sie und
tausend Andere führte?«

»Was ich thue, das weißt du jetzt nicht, du wirst es aber hernach verstehen.«

Wenn dieß Wort (Geliebte! – möchte ich zu Jedem von uns
sagen), wenn dieß Wort je galt, wird es zu dieser Zeit nicht
gelten? Jetzt sind seine Wege dunkel, wir verstehen sie nicht.
Ja, sie sind dunkel, o mein Gott! aber sie werden klar werden, wir werden sie verstehen lernen und am Ende sagen:
»Der Herr hat Alles wohl gemacht; der Herr berechnet genau
alle guten Folgen des Bösen, das er durch Menschen geschehen
läßt. Auch das Böse, was unter uns geschieht und freilich ein
ewiger Schandflecken unsers Ruhmes vor Gott und Menschen
sein wird, wird unter seiner Leitung, wider die Absicht der
Bösen, von den besten Folgen sein und die Zulassung desselben
überschwenglich rechtfertigen.« – O wie Vieles, woran jetzt
Niemand denken kann, wird Gutes geschehen, was nicht geschehen würde, nicht geschehen könnte, wenn das Böse, das jetzt
geschieht, nicht vorhergehen würde! Wie viele tausend gute
Gedanken werden jetzt rege, die den bösen das Gegengewicht,
ja vor Gott das Uebergewicht halten! Wie viele Thränen werden vergossen, die von schönen oder demüthigen Gesinnungen

zeugen, welche ohne die verhängten Prüfungen nicht vergossen
worden wären! Wie viele Gebete und Seufzer quellen aus dem
Innersten der Seelen, welche nie gehört worden wären!
Welche Geduldübungen werden veranlaßt, die ohne solche
Prüfungen nicht möglich gewesen wären! Welche Thaten helfender Liebe geschehen! Welche Ermunterungen und Tröstungen fließen aus christlichen Herzen in christliche Herzen, die
nie geflossen wären! Welche Kräfte der Menschen werden in
Bewegung gesetzt! Wie schließen sich die Gutgesinnten näher
und fester an einander! Wie viele Thaten des Leichtsinnes und
des Lasters unterbleiben! Wie lernen wir die Eitelkeit aller
sichtbaren Dinge erkennen! Wie uns demüthigen unter die
Hand des Allgewaltigen! Wie erfahren wir seine Hülfe, seinen Schutz, seine gefahrabwendende Vaterhand! Wir sehen
schreckliche Wirkungen. O möchten sie warnend und ab-
schreckend genug sein vor Irreligiosität und roher, mehr als
pöbelhafter Unsittlichkeit! Wir lernen aber auch eine Menge
kleinlicher Vorurtheile und Irrthümer, unter denen wir auch
aufgewachsen waren, kennen. Wir lernen nach wahrer Freiheit hungern und dürsten. – Dieß ist etwas Weniges nur von
den guten Folgen dessen, was geschieht.
»Was ich thue, das weißt du jetzt nicht, du wirst es aber hernach verstehen.«

VI

Von Hunderten, meine Theuersten! noch Eins; zum Beschlusse
noch das Wort aus dem fünfzehnten und sechszehnten Verse
des sieben und zwanzigsten Psalms: »Ich glaube doch, ich
werde die Güte des Herrn sehen im Lande der Lebendigen.
Warte auf den Herrn! Sei getrost und unverzagt und warte
auf den Herrn!«
Lasset uns den Muth nicht verlieren! Der Glaube erliege nicht!
Lasset uns des Wartens nicht müde werden!
So gewiß die Sonne an dem Himmel leuchtet, die nicht wir an
den Himmel hinstellten, so gewiß ist ein Schöpfer der Sonne,

»die er über Gute und Böse aufgehen heißt«, und ein Erbarmer Aller, die Ihn suchen und sich vor ihm demüthigen. Wenn die Sonne sich bewölkt, soll man denken: »Sie wird sich nicht mehr entwölken.« Wenn Gott sein Angesicht verhüllt, soll man denken: »Er wird es nicht mehr enthüllen.« –? Ich glaube, ich werde die Sonne wiedersehen, die sich bewölkt hat. »Ich glaube, ich werde die Güte des Herrn sehen im Lande der Lebendigen. Was betrübst du dich, meine Seele, und bist so unruhig in mir? Hoffe auf Gott, denn ich werde ihm noch Lob und Dank sagen.«

Lasset uns den Muth nicht verlieren! *Seid getrost und unverzagt!*

So gewiß ein Athem in unserer Nase ist, den wir uns selbst nicht gegeben: so gewiß ist ein »Gott, in welchem wir Alle leben, streben und sind.« Und so gewiß ein »Gott und Vater ist, der da ist über Alles, durch Alles und in uns Allen«, so gewiß ist dieser Vater, Vater auch gegen uns und unsere Kinder, so gewiß ist er ein anrufbarer, erflehbarer, gutgesinnter, zu rechter Zeit helfender, auch in seinen empfindlichen Züchtigungen väterlicher Vater, auch für uns, auch in der gegenwärtigen Nothzeit. »Ich glaube doch! Ich bin getrost und unverzagt.«

Lasset uns den Muth nicht verlieren und auf den Herrn warten.

»Der das Auge gestaltet hat, sollte der nicht sehen?« Nicht sehen das Auge, das demuthsvoll kindlich zu seinem Vaterauge aufblickte? Nicht sehen die Zähre der Wehmuth, der Angst, der Zuversicht, der Hoffnung, die aus dem von ihm wunderbar gestalteten Auge fließt?

»Ich glaube doch – getrost und unverzagt.«

Lasset uns den Muth nicht verlieren.

»Der das Ohr gepflanzt hat, sollte der nicht hören?« Nicht hören die Seufzer seiner »Auserwählten, die Tags und Nachts zu ihm schreien? Ja, die Augen des Herrn sehen auf die Gerechten, und seine Ohren merken auf ihr Gebet; aber das Angesicht des Herrn steht wider die, welche Böses thun.«

So gewiß er das Auge gestaltet und das Ohr gepflanzt hat, so gewiß sieht er auch, was die Bösen thun und thun wollen, und höret alle Worte des Trotzes, welche die Gottlosen sprechen. Wir dürfen nicht um Rache schreien, und dürfen Alles ruhig und muthvoll »dem überlassen, der da recht richtet« und der gesagt hat: »Mir gehört die Rache! Ich will Alles wiedervergelten.« Wir dürfen seiner nicht ausbleibenden entscheidenden Rettungsstunde vollkommen gewiß sein; – als ob sie bereits vorhanden wäre.

»Ich glaube doch, ich werde die Güte des Herrn sehen im Lande der Lebendigen. Getrost und unverzagt und warte auf den Herrn!«

Lasset uns den Muth nicht verlieren!

Es ist keine Kunst, zu glauben, wo man sieht.

»Der Glaube ist eine zuversichtlich feste Umfassung der Dinge, die man nicht sieht.«

Der Glaube umfaßt die Allmacht und Treue Gottes. Der Muth des Glaubenden stützt und gründet sich auf Gottes Verheißungen, von Gott schwachen Menschen durch den Mund Stärkerer gegeben! Je mehr die Noth steigt, desto fester wollen wir an Gott halten; wie die Gefahr sich nähert und vergrößert, desto mehr soll unser Vertrauen wachsen. (Ist dieß nicht auch eine Absicht Gottes bei seinen schweren Verhängnissen über uns?)

Wir wollen unserm guten Herrn im Himmel Ehre machen, und Freude dem Herrn unsichtbarer, uns umgebender Zeugen.

»Ich glaube doch – getrost und unverzagt!«

Welche Gefahren wandte er schon von uns ab! Welche Beweise seines Schutzes gab er? Denkt nur an die abgewichene Woche, an die heute zurückkommenden braven, zu jeder Vertheidigung bereitwilligen Streiter fürs Vaterland! – Wann das Wasser uns bis an die Seele ging, versanken wir?

Lasset uns den Muth nicht verlieren! »Getrost und unverzagt!«

Was diese Woche auch immer Neues, Furchtbares, Unerwartetes, Aengstigendes mit sich bringen möge: sie wird nichts bringen ohne Gottes Willen; nichts, was Gott nicht zu unserm Besten wenden wird.

»Getrost und unverzagt!«

Lasset uns ruhig sein, mitten in der Unruhe!

Muthig, bei allen Reizungen zur Muthlosigkeit! Vertrauensvoll, bei allen guten Uebungen des Vertrauens, denen wir entgegen gehen, verharren im Gebet! Vielleicht wird schon der nächste Sonntag ruhiger und furchtloser von uns gefeiert werden können. Gewiß alle Mal, früher oder später, wirst du, o Gott! demüthiges und muthiges Vertrauen krönen! Gewiß werden wir nie umsonst an Dich geglaubt haben! Gewiß werden wir am Ende noch anbeten und sagen: »Der Herr ist mein Heil und mein Psalm. O Herr, verlaß uns nicht, und ziehe deine Hand nicht von uns!«

O, *sei mit uns* in dieser gefahrvollen Woche! O Gott, unser Gott! segne, segne besonders alle Rathschläge, Wahlen, Veränderungen, Vereinigungsprojecte, welche diese Woche auf die Bahn gebracht werden!

Laß Weisheit und Gerechtigkeit die Oberhand behalten, und nicht Leidenschaft, und nicht rohen Pöbelsinn, und nicht herzlose Härte, und nicht vernunftlosen Starrsinn.

Endlich bitten wir dich: segne mit augenscheinlichem Segen Alle, die es getreu mit dir und dem Vaterlande meinten und meinen! Du kennst sie, wir kennen sie, wie sehr sie mißkannt werden mögen. Ach, beschütze sie und laß ihrer keinen in die Hände unrechtmäßiger Gewalt fallen! Laß es keinen von uns erleben, daß wir sehen, daß niedrige, menschheitschändende Rachsucht oder Gewaltthätigkeit empor komme, oder das Blut der Unschuld und Rechtschaffenheit fließe! Ja, verabscheut und verflucht sei, wer nur den verruchten Gedanken hegt, es fließen zu machen! Amen.

Quelle: Johann Kaspar Lavater's ausgewählte Schriften. Hrsg. von Johann Kaspar Orelli. 2. unveränderte Ausgabe in 8 Bänden. Zürich: Schultheß 1844. Bd. 7. S. 149–166.

JOHANN GOTTFRIED HERDER

1744–1803

*Auf Veranlassung Goethes kam Herder 1776 nach Weimar,
wo er nicht nur Hofprediger, Oberkonsistorialrat, General-
superintendent, sondern auch Schulaufseher war. Ab 1779
hielt er bei der jährlichen Abschlußprüfung eine Rede im
Gymnasium zu Weimar. Zu diesen ›Schulreden‹ gehört auch
»Von den Gefahren der Vielwißerei und Vielthuerei« aus
dem Jahre 1801. Herder setzt sich hier mit dem »Erbfluch
unserer Nation, unserer Verfassung und unseres weichmäuligen Charakters«, eben der Vielwisserei und Vieltuerei auseinander, kritisiert die schnellebigen Moden in der Kunst und
fordert im humanistischen Sinn zur Horazischen aurea medio-
critas und zur Selbsterkenntnis auf. Wie etwa die Fragmente
»Haben wir Deutsche Ciceronen?« und »Sollen wir Ciceronen auf den Kanzeln haben?« belegen, hat sich Herder nicht
nur praktisch – als Prediger und Schriftsteller –, sondern auch
theoretisch mit der Rhetorik auseinandergesetzt.*

Von den Gefahren
der Vielwißerei und Vielthuerei

Neugier ist außer körperlichen Bedürfnißen und Anregungen
die erste geistige Triebfeder, die sich beim Kinde äußert. Wie
die Pflanze aus der Erde hervorschießt, sich nach dem Licht
drängt und emporstrebend ihre Blätter, ihre Blume entfaltet:
so sehnet sich, unbewußt wozu? das Kind, der Knabe, der
Jüngling nach neuen Gegenständen und Erfahrungen. Der
Ruhe feind, will er erkennen lernen, versuchen, sich üben.
Abwechslung ist seine Lust; *Thätigkeit* sein Spiel; *Vielthuerei*
und *Neugier* paaren sich in ihm, da diese zu jener, jene zu
dieser führet.

Es fällt in die Augen, zu welchem Zweck die Natur diesen
Stachel der Wiß- und Thatbegierde, jenes Unbehagen an der
Ruhe, jenen Zwang und Drang zu flüchtigem Umherschaun,
zur jugendlichen Vielthuerei in unsrem Geist und in unsre
Brust legte. Wie die Glieder des Körpers durch Lauf und Spiele, so sollen auch die Kräfte der Seele durch vielfache Uebungen erweckt und entwickelt; sie sollen von allen Seiten aus
jedem Keim hervorgelockt werden. Denn eine schlafende
Kraft ist keine Kraft; ja sie peinigt den, der sie unerweckt
ließ, zu seiner Zeit mit jener stumpfen Unruhe die er sich oft
selbst nicht erklären kann; sie naget wie der Rost an seiner
trägen Seele. Nur durch vielseitige Uebung wird der Mensch
das was er werden soll; er ist noch nicht, aber er soll werden.

Daß dies auf dem leichtesten fröhlichsten Wege geschehe, dazu
pflanzte die Natur den Samen der Wißbegierde in unsern
Geist und goß Feuer der Thätigkeit in unsre Adern. Jugend-
lich läuft Atalanta[1] über die Spitzen des Grases dahin, sie
kaum berührend; mit lautem Fluge zieht der junge Vogel in
das ihm unbekannte, ferne Land, wohin ihn ein innrer Trieb
führt und leitet. Wie nach der alten Fabel der Goldge-
schwingte Eros, Liebe es war, die aus dem Ei der alten Nacht
hervorging und vielgeschäftig, unermüdet und unermüdlich
das Chaos ordnete und die Elemente trennte: so der jugendliche Amor, Liebe zur Wißenschaft, Lust zu vielfacher Thätigkeit, zu Versuchen und Proben.

Zugleich ergiebt sich aber auch daß kaum etwas gefährlicher
werden könne, als wenn dieser jugendliche flüchtige Eifer,
dies Anstreben nach dem Neuen und Unbekannten, diese
Viel- und Zuvielthuerei nicht gehörig beschränkt und gelenkt,
oder wenn sie gar unmäßig genährt wird. Wer zu viel thun
will, thut nichts recht, lernt auch nichts recht thun; er bleibt
in allen Dingen ein Versuchmacher, ein Pfuscher und Stümper. Nun aber giebts wohl keinen verächtlichern Titel, ja für
sich und andre kaum eine größere Last des Lebens, als Zeitlebens in seinem und jedem Geschäft ein Stümper zu seyn und

zu bleiben; kein eignes Land, wo wir recht zu Hause sind, sich angeeignet zu haben, in dem wir mit Gewißheit des Eigenthums, mit Ehre und Freude wohnen. Was Horaz von mittelmäßigen Dichtern sagt, gilt von mittelmäßigen Menschen oder gar von Hümplern[2] in jeder Kunst, in jedem Stande; sie sind Göttern und Menschen, ja sich selbst zur Last und zur Plage.

Neugier und Vielthuerei sind kindliche jugendliche Triebe; wer aber wollte Zeitlebens ein Kind bleiben? Und doch bleibt man es, wenn man sich nicht frühe schon an das Joch der Mühe und Geduld, an Regel und Richtschnur gewöhnt hat. Nichts ist verächtlicher und widerlicher als ein puer centum annorum et artium[3], ein umherspielender, bärtiger Knabe.

Wir kommen alle darin überein, daß in jeder Kunst, in jedem Geschäft *Geschmack*, reiner gründlicher tiefer *Geschmack* der Punkt der Vollkommenheit sei, nach dem man theoretisch und praktisch zu streben habe. Auf der Flucht läßt sich dieser aber nicht erlangen; der Schmetterling selbst weilt ja, wenn er ihren Nectar geniessen will, auf seinem Kraut, auf seiner Blume. Wahrer Geschmack an einer Sache, sei es Wißenschaft oder Geschäft und Kunstwerk, läßt sich nur durch stilles Nachdenken, durch ausharrenden Fleiß, durch fortgesetzte, wiederholte Uebung erlangen. Durch Vielwißerei und Vielthuerei wird er bunt; krelle Bilder und Farben treten zusammen, und vernichten einander, oder sie werden zu lächerlichem Quodlibet[4], zu verächtlichem Sammelsurium und furfur[5].

Warum hatten so manche große Gelehrte so wenig oder keinen Geschmack? Weil sie zu gelehrt waren; 999 Geschmäcke mischten sich bei ihnen in einander. Neugierig forschten sie was andre gewußt haben, und wußten selbst nichts recht; vielgeschäftig sammleten sie was andre gedacht hatten, und dachten selbst nicht; wie rasche Knaben legten sie die Hand an Vieles und haben nichts oder wenig vollendet. Was von Gelehrten gilt, gilt von Menschen in allen Ständen.

Ausnehmend ist unsre Zeit darauf eingerichtet, diese Viel-

wißerei und Vielthuerei zu befördern; sie erzwinget sie sogar
und macht Jünglinge wider Willen zu Molkendieben[6]. Unsre
Zeit läuft so schnell; sie bringt in kurzer Zeit so vieles und vielerlei zur Ansicht; wer wollte nicht sehen, was da ist? wer nicht
wissen, was geschah oder geschieht? wer davon nicht zu reden,
zu schreiben wißen? Der sogenannte Kunstfleiß, die ins Fieber
gejagte Industrie der Menschen bringt in wilden Träumen
bunte Ungeheuer hervor, die dem verwirrten tollen Geschmack
unsrer Zeitgenossen das flüchtige Vergnügen des Unerhörten,
des Niegesehenen, des Neuen geben, ihre Sinne aufreizen
und mit dem Verderbniß des guten Geschmacks wenigstens
die Gewinnsucht befriedigen. Solche Geschmacksverderber
stehen auf dem bunten Markt der Welt jetzt an allen Ecken,
vor allen Pforten. Wehe dem Jünglinge, der unter sie fällt! Sie
schreien ihm ins Ohr: »Kauft hier! kauft allerhand, kauft
lang und kurze Waar, gemahlt neumodisch Band! Orgelum,
Orgelei dudeldum dei!« – Wie jämmerlich vergaffen sich auf
diesem Jahrmarkt[7] die Augen der Jünglinge! wie elend verzehren sich ihre Kräfte, ihre Jahre und Stunden, wenn sie an
diesem bunten Gewühl und Gemisch gar thätigen Antheil
nehmen! Sehe man die Fluth der neuen Bücher, die Trödel-
buden gängiger Romane! bemerke man den wüsten Theater-
Geschmack oder Ungeschmack der Teutschen, wo das beste
mit dem schlechtesten wechselt. Jüngling, dem läufst du nach?
den staunest du an?

> Ah miser!
> Quanta laboras in Charybdi
> Digne, puer, meliore flamma.[8]

Laut muß und darf ich in dieser Sache die neumodigen Musen
anklagen. Sie, die Bildnerinnen des guten Geschmacks, Füh-
rerinnen zu Weisheit des Verstandes, Herzens und Lebens
seyn sollten, sind Verführerinnen worden, die indem sie die
Neugierde und die kindische Vielthuerei unaufhörlich reizen,
den wahren Geschmack ersticken, zerstreuen, verwöhnen, verderben. Bei stillem Wetter, nicht im Sturm säet man edlen

Samen; oder man pflanzt ihn gar, man erzieht ihn mit stillem
Fleiß, mit unverdroßner Mühe. Das bunte Durch- und Ueber-
einander verwirrt die Einbildungskraft, und läßt das Herz
kalt und öde. Woher daß der neuere Kunstgeschmack so keck
und kühn seine sogenannt schönen Formen vom Nützlichen
und vom Sittlichen sondert? Nur die flüchtige, die kindische
Neugierde ergetzt sich an schönen Formen; sie nimmt sich
nicht die Zeit, wie jener Fuchs in der Fabel, hinter der ge-
mahlten Larve auch Hirn zu suchen; die Larve ist ihr gnug.
Sie thut in den Bann, wer ins Hohle und Leere dringt, und
nach dem Inwendigen, nach Kern und Inhalt fraget. Dabei
hat sie den Geschmack so weit von der Weisheit in Führung
des Lebens abgesondert, daß man glauben sollte, es seyn lauter
Geister a priori, Körperlose Peri's[9], die auf den Blüthen der
Bäume von himmlischem Thau leben. Dem ganz und rein
Nutzlosen jagen sie nach, weil in ihm die reinste Kunst waltet,
ohne Eingeweide, ohne Herz, ohne Leben.
O Horaz, und ihr Weisen des Alterthums, so dachtet ihr nicht!
Auf jedem Blatt deiner unsterblichen Sermonen und Briefe
sagst und wiederholst du, edler Römer:

> quid verum atque decens, curo et rogo, et omnis in hoc sum.[10]

Auf jedem Blatt wiederholst du: »was man treibt, treibe man
recht! Sapere aude![11] Man suche, was wahr und daurend und
aufs edelste glücklich macht, dem schenke man unabläßigen
Fleiß, Studium und Kräfte.« Edler Römer, werde ein Handbuch der Jünglinge. Sprich freundlich zu ihnen in deinen Sermonen; schreibe deine Briefe in ihr Herz; singe deine Oden in
ihre Seele.
Wozu lesen wir die Alten, als daß ihre hohe Einfalt, ihre
gründliche Würde, ihr gesetzter Gang, ihr ruhiger, weiser, tiefer Geschmack sowohl im Lernen, als im Handeln und Leben
unser Vorbild werde? Majestätisch schreitet Homer einher,
ruhig die Dinge anschauend und erzählend, nie aus sich selbst
gejagt, nie verworren in Grundsätzen und Bildern. Einfach
schreitet das Griechische Trauerspiel einher, abwägend Ge-

sinnungen und Charaktere, Umstände und Glück; auf jeden Mistritt, auf jeden Ueberschwung der Waage merkend. Ruhig wandelt der Geist der beßern und besten Weisen Griechenlands und Roms in Lehre sowohl als in der Unterredung einher, Feind alles Aufbrausens, alles wunderlichen Zickzacks, Feind aller Donnerschläge aus dem Becken, und des Unsinns übelgepaarten Figuren, hergeholt aus aller Welt Ende. Mit Wenigem gaben die Alten viel; wir Weniges oder Nichts mit Vielem. Sie schrieben einfache Unzialbuchstaben[12]; unser Styl mahlt Gothische Mönchszüge, wo tausend Kräuseleien doch nur Einen Buchstaben, der oft schwer zu erkennen ist, bedeuten. Sie lehrten, daß man wenig und nur das beßte, aber gut lesen; daß man im Leben καλον κ' αγαθον[13] das uns Anständige, Edelste und Beste, aufs beste treiben und dazu unermüdlichen Fleiß anwenden solle; wir arme Ixions[14] drehen das Rad und werden daran gedreht; wir wälzen Sisyphus Steine und werden gewälzet; haschen wie Tantalus neugierig und werden nimmer, o nimmer gesättigt, erlabet.

Vorzüglich plagt die Vielwißerei und Vielthuerei uns Deutsche; es ist ein Erbfluch unsrer Nation, unsrer Verfaßung und unsres weichmäuligen Charakters. Unersättlich in unfruchtbarem Wissen und in geschäftigem Treiben für andre hofiren wir allem was fremd ist und tragen die Livrei aller Nationen, nicht einmal als ihre Kammerdiener, sondern als ihre Schuhputzer, Gassenkehrer und Besenbinder. Unsre Gelehrten, ja oft Staatsmänner dünken sich groß, die Canzlisten und Thorschreiber der gesammten Welt zu seyn; auch ungebohrne oder halbgebohrne Gedanken protocolliren sie und tragen sie ein in ihr Seelen- Tauf- und Todtenregister. Was im Innern unsre Deutsche Staats- Handels- Landesverfaßung zur Vielwißerei und Vielthuerei beitrage, gehört nicht für diesen Ort, auch für die kurze Zeit nicht, da mir hier zu reden vergönnt ist. Diese πληθυν —

πληθυν δ' ουκ αν εγω μυθησομαι, ουδ' ονομηνω
Ουδ' ει μοι δεκα μεν γλωσσαι, δεκα δε ζοματ' ειεν
φωνη τ' αρρηκτος, χαλκουν δε μοι ητορ ενειη.[15]

Einheit ist der Grund alles Zählens und aller Zahlen; ohne Mittelpunkt ist kein Zirkel. Wer sich selbst verliert, hat alles verlohren; wer aus sich läuft, besitzet sich selbst nicht mehr. Nec te quaesiveris extra[16], sagte die alte Lehre. Laissés tomber, laß fallen, sagt *Fenelon*[17], was nicht zu *dir* gehöret, und ein früherer sehr reiner Sitten- und Herzensrichter sprach von einem schmalen Wege, einer engen Pforte, die zum Reich der Wahrheit und Glückseligkeit führte. Zertheilung der Seele, Jagen und Streben kann nur, wenn sie vernünftig ist, auf Sammlen der Seele, auf Gewinn und Erlangen der Perle zielen, die man suchet, in deren Besitz man glücklich ist und andre glücklich macht. Aus vielen Wolken zieht sich eine Quelle zusammen, die in sich beschlossen ruhig das Land befeuchtet.

Glücklich ist der Jüngling, der sich selbst früh zu der Quelle macht, über der und in der die Himmlischen wohnen. Mit tausend Blättern flüstere der Ahorn über seinem Haupt; aber seine Seele ist still, sein Grund ist rein wie die Quelle, sein Herz stillthätig, der Mühe geduldig.

Ein zerknütterter Bogen Papier, was ist er werth? was kann man aus ihm machen? Ein ganzes, reines, helles Blatt, es lockt, das beste und nur das beste darauf zu schreiben. So die Seele des Jünglings.

Alle eigentlichen Wißenschaften laden zum Sammlen der Gedanken, zur Ruhe ein. Mathematik gebietet solche; in ihr folgt aus Einem oder Wenigem *Alles,* sehr bestimmt, Gradweise; und alles kehrt zu Einem zurück; das Unendliche und Unassignable zu Eins, dem bestimmten. Die Natur ist *Ordnung*; ihre Wißenschaft ladet uns zur bestimmtesten *Gedankenfolge* ein, zu Bemerkung ihrer *Gesetze,* ihrer Kräfte, des Fortgangs dieser Kräfte in einem ewigen Kreise. Unser Leben, der kleine enge Cirkel, schränkt uns auf einen kleinen Punkt ein, der wir selbst sind; jetzt mit Radien und Bestrebungen, denen wir nicht entweichen können, dann aber auch nicht mehr, es beginnt ein andrer Cirkel. Beschränkung auf uns ist unsre Pflicht; das ewige aus-uns-Laufen ist uns auf keinen Fall weder ersprießlich noch geboten. Also gebe man mit Wenigem und in Wenigem Viel, Vieles in Einem.

Weshalb ich dieß thema zum Eingange des Examen gewählt? Die Ursachen dünkt mich, liegen am Tage. 1) Wir leben in einer kleinen Stadt, in der sich so Viel und Vielerlei zusammendrängt, was man sonst selten beisammen findet; Allerlei kommt dem Jünglinge vor, das ihn reizt, das ihn verführt. Er nascht von allem und verdirbt nicht nur seinen Geschmack sondern auch seinen Magen mit ungesunder Speise! Aus der Schule zieht er auf eine Universität, wo ihn ein Gleiches verführt; er lieset, er hört, er spricht und schreibt sich nicht zwar zum Doctor, aber zum frühzeitigen Autor, der auch den Geschmack verderben hilft, weil er selbst keinen guten Geschmack hat. – Wie manchen Jüngling haben wir gehabt, von guten Gaben, voll schöner Hoffnung; herba floruit, sed flos etc.[18]

2) Im Lehren und Leben ist nichts so schwer zu treffen als die Mitte, nichts so schwer als das »Zuviel!« *nimium*, zu vermeiden. Als sich der Deutsche Geschmack etwas aufzuhellen anfing, schrieb man eine Reihe Bücher und Disputationen de eo quod nimium est[19] in Theologia, Philologia, Philosophia etc. Jedes Jahrzehend sollte diese Fragen an alle Wißenschaften und Lehrmethoden erneuen: denn am Rade der Zeit hat sich ein neues nimium, Unrath gesammlet. Wozu dient dieser Unrath? sollte man also aufs neue fragen, strenge fragen, und das nimium wegwerfen: denn es belastet, hindert, verführt.

3) Examen heißt Prüfung; in den wenigen Tagen und Stunden desselben kann man nicht jeden Kopf, jedes Gedächtniß, jeden Fleiß und zwar in jeder Wißenschaft prüfen. Kein Verständiger wird dies verlangen und fodern. Aber die Waage des Verhältnißes wird aufgehangen, daß öffentlich erscheine »was wird getrieben? wie wirds getrieben? in welchem Verhältniß, in welcher Ordnung, mit welcher Zusammenordnung sind Lectionen und Uebungen geordnet? Was kann der Jüngling wenn er will lernen? in welcher Zeit kann ers lernen? was fehlet? wie ist der Umkreis (cyclus) der Arbeiten beschaffen?

in welcher Zeit läuft er um? ist er Schulmäßig vernünftig?
Dient man der Pansophie, der Polytechnie, und Polymathie
unsrer Zeiten, oder der reinen Wißenschaft und Weisheit der
Alten?« Diese Fragen schweben uns bei dem Examen vor; die
Waage wird aufgehoben, die Gewichte schweben, und die
Göttinn, die sie in der Hand hält, ruft μηδεν αγαν²⁰! In diesem
Gesichtspunkt wollen wir das Examen halten: in der ernsten
Rücksicht bei jeder Lection und im Cyklus aller Lectionen.

Du aber ewiger Geist, Quelle aller Vernunft und grosse Regel
aller Ordnung, Sittlichkeit und Weisheit, der Du nichts ohne
Verhältniß Maas Ziel gemacht hast, jedem seinen Umriß
gabst, seine Schranken setztest und die menschliche Vernunft
zum kleinen Nachbilde Deines unendlichen ursprünglichen
Verstandes machtest, gib auch zu diesem Beginnen, Segen und
Gedeihen: denn es ist Dein Werk, Deine Ordnung.

Quelle: Herder's Sämmtliche Werke. Hrsg. von Bernhard Suphan. Berlin: Weidmann 1889. Bd. XXX. S. 277–285.

Anmerkungen

1. Atalante: Figur der griechischen Mythologie: eine wegen ihrer Schönheit und Schnelligkeit berühmte Böoterin, die ihre Freier zum Wettlauf herausforderte.
2. Hümpler: einer, der langsam und schlecht arbeitet; Pfuscher.
3. ein Knabe von hundert Jahren und hundert Spielereien.
4. Durcheinander, Mischmasch.
5. Kleie, Spreu.
6. ein Milch trinkender Schmetterling (hier im Sinne von Schmarotzer).
7. Hinweis auf Goethes »Jahrmarktsfest zu Plundersweilern« (1773).
8. O Erbarmenswerter, welche Mühe verschwendest du auf die ehrwürdige Charybdis, Knabe, der du doch eine bessere Geliebte verdientest.
9. Peri: überirdisches Wesen in persischer Sage.
10. Was wahr und schicklich ist, darum bin ich besorgt und dafür setze ich mich ein, mit allem, was ich bin.
11. Wahlspruch der Aufklärung: »Wage, dich deines Verstandes zu bedienen« (Horaz, Episteln 1, 2, 40).

12. Unzialschrift: aus römischer Kapitalschrift entstanden, Hauptschrift bis zum 8. Jahrhundert.

13. Das Schöne und das Gute: Ideal der Kalokagathie, verbreitet (vor allem durch Shaftesbury) im 18. Jahrhundert.

14. Nach der griechischen Mythologie rühmte sich Ixion, die Göttin Hera verführt zu haben, worauf er von Zeus im Tartaros auf ein ständig rotierendes feuriges Rad geflochten wurde.

15. Ilias, 2. Ges., V. 488–490, nach der Vossischen Übersetzung: »Nie vermöcht' ich das Volk zu verkündigen oder zu nennen, / Wären mir auch zehn Kehlen zugleich, zehn redende Zungen, / Wär' unzerbrechlicher Laut und ein ehernes Herz mir gewähret.«

16. Suche nichts außerhalb deiner selbst.

17. François Fenelon (1651–1715), französischer Theologe, Erzbischof, Lehrer der Enkel Ludwigs XIV., Verfasser des Erziehungsromans »Die Abenteuer des Telemach« (1699).

18. Die Pflanze hat geblüht, aber die Blüte (zu ergänzen wäre: ist verblüht).

19. Über das, was zuviel ist.

20. Nichts im Übermaß.

FRIEDRICH SCHLEIERMACHER

1768–1834

Der den Brüdern Schlegel und anderen Romantikern nahe-
stehende protestantische Theologe und Philosoph übte mit sei-
nen Schriften, von denen vor allem »Reden über die Religion
an die Gebildeten unter ihren Verächtern« (1799) und »Mo-
nologen« (1800) berühmt geworden sind, einen vielseitigen
Einfluß auf seine Zeitgenossen aus. Er war außerdem ein
erfolgreicher Prediger, der seit 1806 auch politische Reden und
Ansprachen hielt. Wie er seinem Vater am 5. Mai 1793 mit-
teilte, hörte er bald auf, seine »Predigten wörtlich zu konzi-
pieren«. Die überlieferten Predigten wurden meist auf Grund
von Hörernachschriften von Schleiermacher überarbeitet.
Man muß sich also seine ursprünglichen Predigten in Diktion
und Gedankenführung einfacher vorstellen. Die vorliegende,
am 24. Januar 1808 in Berlin gehaltene Predigt gehört zur
zweiten Sammlung, die vor allem politische Predigten enthält.
Anknüpfend an Friedrich den Großen plädiert sie für den
richtigen Maßstab bei der Verehrung früherer Größe, denn
keine Zeit sei gleich und es gäbe »nirgends eine Rückkehr in
menschlichen Dingen». Schleiermacher wendet sich damit ge-
gen reaktionäre Tendenzen, zu denen nicht zuletzt die roman-
tische Verklärung der Vergangenheit beigetragen hatte.

Ueber die rechte Verehrung
gegen das einheimische Große
aus einer früheren Zeit

Der vierundzwanzigste des ersten Monates war ehedem in
diesen Ländern ein vielgefeierter Tag, an welchem die Bewohner derselben sich laut und froh einem eigenthümlichen
erhebenden Gefühl überließen. Er war das Geburtsfest des

großen Königes[1], der eine lange Reihe von Jahren über uns geherrscht hat und noch immer der Stolz seines Volkes ist, eines Königes, auf den von dem ersten Augenblikk an wo er das Scepter ergriff bis an den lezten seines Lebens ganz Europa hinsah, bewundernd seinen durchdringenden Verstand im Großen, seine strenge und genaue Aufsicht im Einzelnen, seine rastlose Thätigkeit, seinen ausdauernden Muth, seinen schöpferischen und erhaltenden Geist, und erwartend von seiner Einsicht und Entschlossenheit den Ausschlag in den wichtigsten Angelegenheiten, eines Königes, der eben so sehr durch weise Verwaltung sein Reich von innen kräftigte als durch Tapferkeit im Felde und durch richtige Benuzung der Umstände es von außen sicherte und vergrößerte, so daß er es auf eine Stuffe der Macht und des Ansehns erhob, für welche es vorher nicht geeignet schien, und von welcher es in diesen neuesten Tagen so schnell ist wieder herabgestürzt worden, daß wir nicht abzusehen vermögen ob oder wann es sie wieder werde besteigen können.

Eben deshalb, meine Freunde, weil eines Theils weder das feierliche Gedächtniß jenes großen Herrschers unter uns kann vertilgt sein, der zu viel dauernde Denkmäler seines Daseins in seinem Volke gestiftet hat als daß jemals Er selbst oder das was wir durch ihn geworden und unter ihm gewesen sind könnte vergessen werden, noch andern Theils irgend Jemand ohne Schmerz und Beschämung denken kann an den jähen Sturz den wir erlitten haben, eben deshalb kann es nicht anders sein, als daß die Bewegungen, welche der heutige Tag in uns hervorbringt, jene Wunden des Herzens wieder aufreißen, die wir gern heilen möchten durch Ruhe und Stille, und daß wir uns befangen finden in einem zerstörenden Zwiespalt von Gefühlen, indem wir nicht davon lassen können die großen Eigenschaften und die herrlichen Thaten jenes Helden uns lobpreisend zuzueignen, zugleich aber auch die leichte Zerstörbarkeit fast alles dessen was er unter uns gewirkt hatte schmerzlich zu beklagen. Wohin aber haben wir uns zu wenden mit jeder Uneinigkeit in uns selbst, als zu den heilenden

Quellen der Religion? wo Schuz zu suchen wenn das Zeitliche mit seinen Widersprüchen uns aufzureiben droht als bei dem Ewigen? wo ist eine beruhigende und einigende Ansicht der Weltbegebenheiten zu gewinnen als durch die Beziehung auf Gott durch welche jeder scheinbare Widerspruch verschwinden und alles sich auflösen muß in Weisheit und Liebe.

Auf diese Weise also laßt uns die Empfindungen heiligen und uns zum Segen wenden, welche, wenn sie uns leidenschaftlich bestürmen dürften, das Gleichgewicht unseres Gemüthes noch mehr stören und unsere Kräfte noch stärker aufreiben würden, und indem wir uns einer frommen Ansicht überlassen, werden wir gewiß dahin gelangen, daß wir jedes große und werthe Andenken bewahren können ohne eine Quelle vergeblicher Schmerzen daran zu besizen, und daß wir auch in die neueren betrübenden Wendungen unseres Schiksales uns fügen ohne uns etwa losreißen zu müssen von dem was sich edles und vortrefliches früher unter uns gebildet hat.

Text. Matth. 24, I. 2.
Und Jesus ging hinweg von dem Tempel, und seine Jünger traten zu ihm, daß sie ihm zeigten des Tempels Gebäu. Jesus aber sprach zu ihnen: Sehet ihr nicht das Alles? Warlich ich sage Euch, es wird hier nicht ein Stein auf dem andern bleiben der nicht zerbrochen werde.

Nachdem der Erlöser, bedauernd daß alle seine Aufforderungen an das Volk, sich zu einem reineren und vollkommneren Reiche Gottes zu einigen vergeblich gewesen, Unheil und Zerrüttung als unvermeidlich vorhergesagt, sehen wir ihn hier mit den Seinigen das Gebäude des Tempels betrachtend, jenes herrlichsten Denkmals der Größe seiner Nation, an welches, was sie nur von Reichthum und Kunst besaß, war gewendet worden, und an welchem sich alles eigenthümliche ihrer Gesinnung ihres geselligen Zustandes und ihrer bürgerlichen Verfassung abspiegelte. Wahrscheinlich daß ihn die Jünger hiehergeführt, um ihm zu zeigen, was sie bei seinen traurigen Ahnungen tröstete, und wie doch alles Unglükk nur vorüber-

gehend sein könne da eben an diesem Tempel als einem
unzerstörbaren Heiligthum das Volk sich immer wieder vereinigen würde und an dieses Gebäudes Einrichtungen und be-
geisternder Kraft gleichsam eine Gewährleistung gegen alle
Zerstörung besize. Aber der Erlöser sagte auch dieses Heilig-
thumes Zertrümmerung mit einer solchen Gewißheit vorher,
daß wir ihn ansehn können als Einen der empfinden mußte
grade wie wir, die wir eine ähnliche Zerstörung früherer
Herrlichkeit und Größe schon erlebt haben, und er thut es mit
einer Ruhe, welche bei dem Werth den dieser Tempel für ihn
hatte, wie wir aus mehreren Auftritten seines Lebens wissen,
und bei der Liebe zu seinem Volke die wir an ihm kennen nur
aus einem richtigen Zusammenstellen der Vergangenheit und
Zukunft, nur aus einer höheren Ansicht aller menschlichen
Dinge sich erklären läßt. Wir wollen also in der bestimmteren
Beziehung, welche wir unserm heutigen Nachdenken schon gegeben haben, aus diesem Beispiele lernen.

*Wie wir es anzusehen haben, daß auch das Große, dessen
wir uns erfreuten wieder verschwunden ist.*

In allen menschlichen Dingen können wir zweierlei unterscheiden. Sie sind auf der einen Seite Irdisches, Zeitliches, und
eben deshalb schon in ihrem Entstehen und Wachsen den Keim
der Vergänglichkeit in sich tragend, welcher sie das bestimmte
Maaß ihrer Dauer nicht überschreiten läßt. Sehen wir aber
tiefer in ihr Inneres hinein, richten wir unsere Aufmerksamkeit weniger auf ihre äußere Gestalt und Erscheinung als auf
ihr Wesen und ihren wahren Gehalt, so erblikken wir in allen
menschlichen Dingen und in dem Größten am meisten – denn
warlich nichts kann wahrhaft groß sein was nicht gut ist, weil
ja die Größe eines jeglichen Dinges nur das Maaß sein kann
seines wahren Seins und Wesens und ja nichts wahrhaft und
wirklich ist als das Gute – zugleich unter dem Zeitlichen und
Vergänglichen das Göttliche und Ewige. An diesem Unterschied uns haltend laßt uns denn *Zuerst jenes Vergängliche
nicht länger geltend machen wollen, nachdem es sein Maaß
einmal erfüllt hat. Zweitens aber auch dieses Bleibende und*

Ewige immer verehren und auch in den folgenden Gestalten der Dinge festzuhalten und darzustellen suchen.

I. Zuerst also wollen wir was vergangen ist, weil es vergänglich war, nicht noch über sein Maaß hinaus geltend machen.

Auf mancherlei Weise äußert sich bei den Menschen, welche an etwas Großem Antheil gehabt, wenn dieses verschwunden ist, ein oft mehr leeres oft mehr verderbliches sehnsüchtiges Zurükblikken auf dasselbe und Zurükwünschen desselben, um so mehr als das äußere Verschwinden des Großen immer mit einem, wenn auch nur vorübergehenden, Zustande der Zerrüttung verbunden ist.

Oft und bei den Meisten wol zunächst durch den leeren Gedanken als ob in der gegenwärtigen Noth *derjenige der einzige Retter sein könnte, welcher zu seiner Zeit der erste Begründer der nun vergangenen Größe gewesen ist.* Gewiß hört auch unter uns der heutige Tag gar viele solche sonst wenigstens nicht so vernehmlich geäußerte Wünsche, O wenn der große König noch da gewesen wäre: so würden wir diesen Zustand der Herabwürdigung nicht erfahren haben! Er hätte nicht so weit anwachsen lassen die Macht die uns erdrükt hat, seinem Adlerauge würden schon längst nicht unbemerkt geblieben sein die Fehler und Mißbräuche ohne welche wir nicht so leicht wären zu überwinden gewesen; und sofern jezt noch Rettung und Wiedererhebung möglich wäre würde er sie noch durch die Kräfte seines gewaltigen Geistes herbeizuführen wissen.

Ich will nicht erinnern wie verkehrt es überhaupt ist in dem wunderbar zusammenhängenden Wechsel menschlicher Dinge bestimmen zu wollen, wie das Eine sein würde wenn ein Anderes gewesen wäre; ich will nicht klagen, wie sich solche Gedanken wie dieser selten aussprechen lassen ohne von ungerechten Aeußerungen begleitet zu sein gegen einzelne Lebende; sondern nur darauf will ich aufmerksam machen, wie wenig ehrenvoll, ja ich darf wol sagen wie schimpflich es ist für ein ganzes Volk sein Wohlergehen seine Selbstständigkeit nur hoffen zu wollen von einem Einzelnen von Eines Kraft von

Eines Art zu handeln. Warlich hierin beschämt uns jenes alte
Volk dessen Unglükk Christus vorhersagte. Viele sahen es mit
ihm voraus und fast keiner war schon seit langer Zeit ohne
bange Besorgniß. Aber sie hoften nicht wie sie vertraut mit
dem Wunderbaren wol gekonnt hätten, daß David jener
große König wiederkehren möchte der die Selbstständigkeit
und Macht seines Volkes gegründet hatte, sondern nur auf einen
Nachkommen desselben hoften sie nächst Gott; also auf einen
freilich gleichen Stammes mit ihm und ihnen, aber der Zeit
selbst angehörigen für die er Noth that. Und so wird gewiß
jeder wohlthätige König aus früherer Zeit am besten geehrt.
Denn war es nicht eine in dem Schooße seines Volkes entstan-
dene und gepflegte Kraft durch die er so großes auszurichten
vermochte, o so ist der Stolz auf ihn ein leerer, und die Zeit
der Herabwürdigung war schon die gepriesene selbst. War
aber sein Geist so einheimisch unter seinem Volk; warum
sollte es nicht vertrauen, daß er sich auch öfter erneuern
würde unter ihm? Wie vielmehr noch wenn wie in unserm
Falle der frühere Held und Herrscher vorzüglich darauf bedacht gewesen war nicht etwa nur allein zu glänzen durch
seinen Geist und seine Talente, und alle Andern soweit als
möglich zu überstrahlen, sondern soviel er nur irgend konnte
alle geistigen Kräfte in seinem Volk auszubilden und durch
die freieste Theilnahme an den öffentlichen Angelegenheiten
immer reifere Einsicht in sein eignes Wohl in demselben zu
entwikkeln. So wären ja seine schönsten Bemühungen dennoch
unfruchtbar geblieben, wenn wir nicht je länger je mehr im
Stande wären uns selbst zu helfen in der Noth, und wir legten, indem wir ihn am schönsten zu preisen denken ein hartes
Zeugniß ab gegen ihn und uns. In der That, solche leere Wünsche gleichen nicht wenig denen aus jener lehrreichen Erzählung des Erlösers, wo Einer, um seine Brüder aus dem bedau-
ernswürdigsten Zustande des geistigen Elendes zu erretten
auch wünschte ihnen einen Todten zu erwekken, der Stamm-
vater aber seines Volkes ihm verneinend antwortete: laß sie
Mosen hören und die Propheten[2]. Auch wir, meine Freunde,

haben Mosen und die Propheten, die Belehrungen der Geschichte und des göttlichen Geistes, und wenn wir uns von diesen nicht leiten lassen, wenn durch diese nicht während der Zeit der Prüfung und der Bedrängniß allerlei Gutes wie es die Umstände erfodern in uns selbst aufgeht: so würde vergebens auch der größte der Könige von den Todten wiederkehren um uns Heil zu bringen durch seine Herrschaft; denn er würde nicht im Stande sein uns die wir selbst todt wären zu beleben.

Aber eben diese leeren Wünsche hindern uns nur auf die Stimme der Wahrheit, wie laut und vernehmlich sie uns auch ertöne, zu merken; und wie alles Schlechte sich immer unter sich vermehrt, so sind auch sie zugleich ein Erzeugniß der Trägheit und ein Beförderungsmittel derselben, und nur um ihre Ungeschiktheit, ihren Mangel an Eifer, ihr laues Wesen wo möglich sich selbst zu verbergen, täuschen sich die Menschen, als würden sie und alles besser sein, wenn sie nur noch in Verbindung wären mit denen, welche ehedem die gemeinsamen Angelegenheiten leiteten. Als ob sie sich nicht dadurch für unmündig erklärten, und als ob Unmündige Richter darüber sein könnten, wer ihnen ein guter Vormund ist oder nicht. Und eine solche Wahrheit, welche ihnen unvernommen bleibt unter den Ausrufungen ihrer eitlen Wünsche ist vorzüglich auch die, daß wie ein jeder Mensch von Gott in eine bestimmte Zeit gesezt ist, so auch Jeder, den größten und kräftigsten nicht ausgenommen, sondern vielmehr ein solcher am meisten nur in dieser Zeit wirken konnte was er zu wirken verordnet war. Es gilt auch hier ganz strenge, was Gott verbunden hat soll der Mensch nicht scheiden[3], noch in seiner Einbildung ein leeres Spiel treiben mit den Ordnungen Gottes. In seine Zeit eben so sehr als in sein Volk ist jeder bedeutendste Mensch aufs innigste verwachsen, an ihr hat er sich genährt und geübt, in Beziehung auf sie hat er sich seine Fertigkeiten und Tugenden erworben, und eben so haben auch ihre Mängel und Beschränkungen soviel Einfluß auf ihn gehabt, daß Niemand einen solchen in seiner Treflichkeit recht verstehen und gehörig würdigen kann, wenn er ihn nicht immer in denen Verbindungen und Umständen betrachtet in welche ihn Gott gesetzt hatte, welches auch besonders, wie Jeder gestehen wird, mit dem großen Mann der Fall ist, den wir so gern den Unsrigen nennen, und der eben auch in jener Beziehung so häufig ist verkannt worden. So sei uns denn sein Andenken zu heilig um es auf eine so unverständige Art zu entweihen, und eben je mehr Großes Gott durch ihn gewirkt hat zu seiner Zeit, um desto sicherer laßt uns wissen, daß wir jezt anderer Werkzeuge Gottes bedürfen, und laßt uns besseres als leere und verkehrte Wünsche gewinnen durch die Betrachtung seines thatenreichen Lebens.

Abgesehen aber auch von den einzelnen Menschen, welche Großes in einer früheren Zeit begründet haben, wünschen wenigstens Viele *die äußeren Einrichtungen und die ganze Verfassung einer glänzenden Periode zurükrufen zu können*, meinend daß in diesen die beglückende und erhebende Kraft gewohnt habe. Wie oft hören wir nicht dergleichen unter uns! Wären wir nur allem was jener große König angeordnet hatte buchstäblich treu geblieben, kehrten wir nur jezt wieder zurükk zu derselben Zucht und Vorschrift, so würde uns am ersten geholfen werden, meinen Viele. Aber auch das, meine Freunde, ist eine thörichte Meinung, und offenbar nicht übereinstimmend mit den Ordnungen Gottes. Denn es giebt nirgends eine Rükkehr in menschlichen Dingen, und nichts kommt so wieder wie es da gewesen ist, wie eifrig auch das Bestreben der Menschen darauf gerichtet sei. Erinnern wir uns nur an das Beispiel welches unser Text uns vorhält. Wie oft hat nicht das jüdische Volk diesen Wechsel erlebt von einem ansehnlichen Grade der Macht und des Ansehns bis zur tiefsten an Nichtigkeit gränzenden Erniedrigung, und wiewol es, so oft es sich erneuern konnte, immer wieder zurükkam auf dasselbe unter göttlichem Ansehn gegebene Gesez, so nahm doch seine Verfassung jedesmal eine veränderte Gestalt an, am meisten aber nachdem das Land und die Stadt Gottes von einem feindlichen Heere erobert und fast zerstört, und nicht

die Streitbaren allein sondern der größte Theil des Volkes
fortgeführt worden war in ferne Gegenden. So war auch der
Tempel vor dem Jesus stand nicht mehr der den die urväter-
lichen Könige erbaut hatten, die Ordnungen des ihm angehörigen Priesterthums hatten verloren von ihrer ursprünglichen
Gestalt, und es nahete die Zeit wo diese ganze alte Verfassung
mit ihren ehrwürdigen Denkmälern ohne Wiederkehr sollte
zerstört werden, so daß auch kein Stein auf dem andern gelassen würde. Wenn nun unter ganz veränderten Umständen
so wenig Beständigkeit selbst solchen Gesezen und Ordnungen
zu sichern war, welche des Vorzuges einer höheren unmittelbar göttlichen Einsezung sich erfreuend natürlich um so enger
die Kräfte der Menschen zu seiner Erhaltung vereinigten, damit sie sich nicht sträflicher Vernachlässigung anvertrauten
Gutes gegen den schuldig machten der am härtesten strafen
kann: wie sollten wir uns wol schmeicheln, daß wir, was der
Gewalt der Zeit erliegend eingestürzt ist, eben so wieder sollten aufbauen können! und unter wie veränderten Umständen! Wenn jener zerstörenden Kraft, welche nach einer langen
Stille zuerst als ein über Einer Gegend furchtbar schwebendes
Ungewitter ausbrach, und dann als ein schnell hineilender
Sturm Verheerung über unsern ganzen Welttheil verbreitete,
wenn ihr nichts widerstanden hat, und alles was aus den
Trümmern allmählich aufsteht sich in einer neuen Gestalt erhebt: sollen wir glauben, daß wenn nur unser altes Gebäude
noch ohne alle Veränderungen bestanden hätte, wir würden
verschont geblieben sein? glauben, daß wir auch für die Zukunft nicht sicherer und anständiger wohnen könnten als
wenn es ganz nach den alten Umrissen wieder errichtet
würde? Wie widersprechend allem was wir vor Augen sehen!
wie zuwider gewiß auch jedem nicht ganz verblendeten Verstand, jedem nicht ganz in Einseitigkeit verhärteten Gefühl!
Warlich ehe sollten die Ereignisse der neuesten Zeit uns auf
den Verdacht führen, ob wir nicht schon zu lange alles gelassen hatten in seiner väterlichen Gestalt, ob nicht gar vielerseits
bei uns das Aeußere überlebt hatte sein Inneres! eher sollten

auch wir uns vorbereiten darauf, daß von jenem alten und seiner Zeit treflichen Gebäude bald kein Stein wird auf dem andern gelassen werden; wir sollten uns hüten, daß wir nicht etwa uns zum Verderben über sein beschiedenes Zeitmaaß hinaus festhalten wollen was nur ehedem ein Seegen sein konnte.

Gewiß, meine Freunde, liegt in dieser Einsicht, je mehr sie wohl begründet ist, um desto weniger eine Undankbarkeit gegen die Ordnungen und Geseze der früheren Zeit. Diese wollen wir fern von uns halten, wir wollen eingestehen, daß wir weise und gut sind geführt worden, und wir können es beweisen durch die bewunderungswürdigen Werke und Thaten die aus jenen Ordnungen hervorgegangen sind. Aber wenn wir sehen, daß sie jezt mit der Blüthe zugleich, welche sie hervorgetrieben hatten abgestorben sind: so geschehe auch das ohne Klagen und übelgegründeten Mißmuth. Laßt uns nicht nach einem zu beschränkten Maaßstabe das Dasein eines Volkes abmessen, und nicht, indem wir nur mit dem vorigen blühenden Zustande die gegenwärtige Zerrüttung vergleichen, uns der Furcht wegen der Zukunft überlassen! Ein Volk ist ein ausdauerndes Gewächs in dem Garten Gottes, es überlebt manchen traurigen Winter, der es seiner Zierden beraubt, und oft wiederholt es seine Blüthen und Früchte. Und sehet ob uns nicht das Leben eines jeden Menschen etwas ähnliches zeigt von dem was wir jezt im Großen erleiden. Wenn die Blüthe der Kindheit sich am schönsten aufgethan hatte, folgt nicht gewöhnlich darauf eine Zeit der Trägheit, der Erschlaffung? aber vergeblicherweise beunruhigten wir uns darüber, denn es war die Zeit wo körperlich und geistig die schönere Entwiklung des Jünglinges sich vorbereitete. Und wenn der Jüngling geblüht hat, unterbricht nicht diese schöne Erscheinung eine Zeit, wo er unsicher und schwankend in der Welt auftritt, nicht recht zu wissen scheinend wie er sein Leben gestalten und in die mannigfachen Verhältnisse der Welt eingreifen soll, manches Gute vielleicht vergeblich versuchend und manchem gehaltlosen sich getäuscht hingebend? Aber mit Unrecht wür-

den wir deshalb besorgen, jene Blüthe sei taub gewesen und
falle nun fruchtlos ab; vielmehr wird in diesem unscheinbaren
und bedenklichen Zustande der Grund gelegt zu der Festigkeit
des Urtheils und zu den sicheren Kraftäußerungen des Mannes. So tritt auch in den längeren geschichtlichen Lebenslauf
eines Volkes leicht zwischen jede frühere und spätere Blüthe
eine Zeit der Verwirrung und der Gefahr, die jedoch nur bestimmt ist zu einem vollendeteren Zustande den Uebergang
zu bilden.

Damit sie uns aber hiezu auch wirklich gereiche, so *laßt uns
auch ja nicht eben durch jene verfehlte Anhänglichkeit an das
Vergangene zurükgehalten werden dasjenige nicht gern und
willig zu thun, was der gegenwärtige Zustand der Dinge von
uns fodert.*

Laßt mich nur Eines erwähnen, das gewiß Jedem jezt am Herzen liegen muß. Unser bisheriger Zustand zeichnete sich aus
durch eine große Ungleichheit der einzelnen Theile und Mitglieder des Staates⁴. Mit Unrecht dachten wir dabei nur an den
Unterschied der höheren Stände von den niederen; es war
vielmehr so in allen Ständen, von Lasten und Obliegenheiten
war der Eine befreit die ein Anderer ihm ganz ähnlich zu
tragen hatte, mit Freiheiten und Begünstigung der Eine versehen, welche Andern aus seiner Ordnung fehlten. Nicht als
ob jemals die Willkühr Lasten aufgelegt oder den Einzelnen
Begünstigungen ertheilt hätte zum Nachtheil der Uebrigen,
wenigstens nicht seitdem wir in die Reihe der angesehenen und
gebildeten Völker eingetreten waren, aber durch alte Gewohnheiten aus den frühesten Zeiten her bestanden diese Unterschiede. Gewiß kann es niemand Unrecht finden, wenn in
dem gewöhnlichen Lauf der Dinge ein Jeder behält und ver-
theidiget was er besizt, ohne sich an die Einzelnen zu kehren,
welche, sei es nun aus Eifersucht gegen einzelne Vorrechte
oder aus guter Meinung daß es so heilsamer wäre, auf ausgleichende Neuerungen dringen wollten, und mit Unrecht würden
wir es bloß den Verblendungen des Eigennuzes zuschreiben,
wenn Viele dasjenige was für sie vortheilhaft war auch als

nüzlich für den Staat ansahen und darstellten. Anders freilich wird es, wenn der Widerwille gegen diese Ungleichheiten und Vorrechte fast allgemein geworden ist, wenn traurige Erfahrungen endlich nicht unzweideutig die nachtheiligen Folgen derselben und der davon abhängigen Einrichtungen ins Licht sezen, wenn bei der Nothwendigkeit einer allgemeinen Erneuerung nicht nur einzelne Stimmen die sich aus dem Volk erheben, sondern auch der Verstand der an der Spize der Verwaltung steht auf diese Ungleichheiten und Vorrechte als auf das größte Hinderniß einer vollständigen und gedeihlichen Wiedergeburt hinweiset. Aber auch dann, meine Freunde, laßt uns nicht voreilig sein in gehässigen Beschuldigungen, wenn Viele noch wünschen, oder auch alles was in ihren Kräften steht anwenden, um die Nothwendigkeit solcher Aenderungen zu umgehen, nicht unbrüderlich alles der härtesten Selbstsucht Schuld geben, welche um nur die eigenen Vorzüge ungekränkt zu erhalten sich gewaltsam stemmt gegen jeden Versuch die Wohlfahrt des Ganzen wiederherzustellen und fester zu gründen. Bedenken wir vielmehr, wie stark überall die Anhänglichkeit an das Alte wirkt, wie viel kräftiger sie noch in denen sein muß, denen es mit seinen wohlthätigen Einflüssen so viel näher stand; und schreiben lieber alles auf die Rechnung von dieser. Bedenken wir wie was den Einen nur als ein Erzeugniß finsterer Zeiten der gegenwärtigen und künftigen unwürdig erscheint, den Andern dagegen sich darstellt unter der heiligen Gestalt des alten Rechtes, als ein Denkmal von der Weisheit der Väter, geschäzt durch die Erfahrung von Jahrhunderten während deren das Ganze sich wol befand bei diesen Anstalten, durch die stille schweigende Billigung der weisesten Fürsten und Könige welche dies alles nicht nur so bestehen ließen, sondern sich dieser Einrichtungen vortreflich zu bedienen wußten in der weisesten und ruhmvollsten Regierung.

Allein auch indem wir der Abgeneigtheit gegen Aenderungen auf diesem Gebiet einen solchen ohnstreitig edleren Ursprung zuschreiben, müssen wir sie doch für nicht minder gefährlich erklären. Es ist ein Uebel welches uns Allen droht, Jeder wird irgend etwas dieser Art haftend finden an seiner Stelle in der bürgerlichen Gesellschaft, und vielleicht nur zu geneigt sein sich das seinige vorbehalten zu wollen indem er Aufopferungen fordert von Andern. O laßt uns ja nicht den Unterschied der Zeiten übersehend uns desjenigen weigern, was die gegenwärtigen dringend von uns fodern, sondern gern und willig bringe Jeder dar was er aus der Fülle des Ganzen empfangen hat, damit alles übereinstimmend könne umgebildet werden zu dem neuen Gebäude dessen wir bedürfen. Eben bei unserer innigen Verehrung gegen die Weisheit und Größe unserer früheren Zeit möchte ich uns beschwören; denn diese legt uns ja die Pflicht auf zu sorgen, daß nicht was wir so hoch achten unverschuldet Verderben erzeuge indem wir es unnatürlich nöthigen sich selbst zu überleben. Eben bei der Heiligkeit des Rechtes möchte ich uns beschwören der Welt das Beispiel zu zeigen, wie am würdigsten das Recht sich bildet durch die Uebereinstimmung Aller als die natürlichste Wirkung des vereinigten Verstandes und der vereinten Kräfte, nicht immer nur aus dem ermüdenden Streit roher Gewalten. Wenn wir von innerlichen Zwistigkeiten beherrscht den günstigen Zeitpunkt verabsäumen den eben diese allgemeine Zerrüttung uns darbietet um uns auf eine neue Stuffe der Vollkommenheit zu erheben und für eine lange Zukunft hinaus ein besseres Dasein zu begründen: dann gewiß droht uns ein ärgerer Verlust als der schon erlittene, dann droht uns eine völlige Zerstörung, und wir gleichen ganz dem Bilde, welches unser Text uns darbietet. Daß kein Stein auf dem andern bleiben sollte an dem Tempel der damals stand, das konnte der Erlöser mit Ruhe ansehn, denn es konnte gar wol bestehen mit der gänzlichen Erneuerung seines Volkes die er herbeiführen wollte, und bei der es eines solchen Tempels nicht bedurfte. So können auch wir mit Ruhe zerfallen sehn, was Macht und Weisheit einer früheren Zeit für jene Zeit gebauet und erhalten hatte. Aber daß seine Zeitgenossen in Verstoktheit des Herzens die Zeichen jener Zeit nicht erkannten[5], daß sie mit unverständi-

gem Eifer an Sazungen hielten, die ihre rechte Bedeutung verloren hatten und in denen kein Heil mehr zu finden war, das
erregte mehr als einmal seinen Unwillen; und daß sie, wie oft
auch und laut von ihm aufgefordert und belehrt nicht bedenken wollten was zu ihrem Frieden diente[6], das brachte ihn zum
Weinen über die heilige Stadt seines Volkes und zu der in
jedem ähnlichen Fall gewiß nur zu sicher erfüllt werdenden
Weissagung, Euer Haus soll euch wüste gelassen werden[7].
II. Wenn wir aber so auf der einen Seite die Vergänglichkeit
aller menschlichen Dinge durch die That selbst auch in dem
anerkennen was sich unter uns früherhin großes und vortrefliches gebildet hat; so laßt uns auf der andern Seite auch *das
bleibende und unvergängliche darin verehren*, indem wir es
uns durch nichts in der Welt entreißen lassen, und es in jeder
künftigen Gestaltung unserer Angelegenheiten immer schöner
und vollkommner darstellen.
Denn so gewiß der König an den uns der heutige Tag besonders erinnert, und den wir gewohnt sind als den Mittelpunkt
der Größe in der bisherigen Geschichte unseres Volkes anzu-
sehn, so gewiß er ein großer König war und das Gebäude des
Staates, welches er aufführte, der Geist in dem er es verwal-
tete, das Gepräge der Größe trug, so gewiß war auch Gutes
darin, was bleibend sein muß und was wir nicht dürfen untergehen lassen. Und wer darf an jener Größe zweifeln der die
schnellen Fortschritte in dem wahren Wohlergehen unseres
Vaterlandes in sein Gedächtniß ruft, der sich erinnert wie ein
fast allgemeiner, nicht um der Gewalt zu fröhnen erheuchel-
ter, sondern freiwillig sich äußernder auch auswärtiger Beifall
fast allen wesentlichen Einrichtungen unserer Verfassung
folgte, wie viele davon ein Muster wurden für andere Staaten
Deutschlands, nicht ein gewaltsam aufgedrungenes, sondern
ein frei mit Ueberzeugung angenommenes. Solche Werkzeuge
können nur da entstehen, wo nicht nur mit einer richtigen
Kenntniß und Benuzung der Zeitumstände gehandelt wird,
sondern auch dem Geist und der wahren Bestimmung des Volkes gemäß. Jenes ist dasjenige, wodurch menschliche Einrich-

tungen und Werke für den Augenblikk gelingen und schnelle
Wirkungen hervorbringen aber wodurch sie auch ihre Vergänglichkeit schon in sich tragen; dieses dasjenige wodurch sie
sich dauernd erhalten, um deswillen sie geliebt und willig be-
folgt werden. Wenn wir also jenes in dem Maaß Preis geben
als sich die Umstände auf welche sich Einzelnes bezog in unsern Gesezen und Ordnungen wesentlich geändert haben: so
laßt uns dagegen auch dieses mit der größten Anstrengung
fest halten, bedenkend daß jede menschliche Einrichtung inwiefern sie den Geist eines Volkes wesentlich und unverfälscht
ausspricht, insofern eben so sehr ein göttliches Gesez und eine
Offenbarung göttlicher Macht und Herrlichkeit ist wie jenes
Gesez und jene Ordnungen denen das Volk des alten Bundes
diesen Namen gab. Denn Gott ist es ja allein und unmittelbar
der jedem Volk seinen bestimmten Beruf auf Erden anweiset,
seinen besonderen Geist ihm einflößt um sich so durch jedes
auf eine eigenthümliche Weise zu verherrlichen. O warlich es
giebt keinen sträflicheren Frevel, keine verwerflichere Hint-
ansezung göttlicher Ordnungen, keine hofnungslosere Herabwürdigung, als wenn ein Volk thörichter weise mit dem
Vergänglichen zugleich auch das Bleibende wegwirft und entweder leichtsinnig verführt oder feigherzig erschrekt freiwillig sich in eine fremde Gestalt hineindrängt. Vielmehr dadurch
laßt uns die entschlafenen Väter und Helden des Landes, dadurch laßt uns die Geschichte und die Sazungen der Vergangenheit ehren, daß an den Geist an das innere Wesen derselben jede folgende Umbildung sich anschließe, und wir eben
dadurch Eines mit ihnen bleiben und uns wahrhaft als ihre
Nachkommen und Zöglinge erweisen. Wenn es wahr ist, wessen wir uns vorher erinnerten, daß jedes Volk mehrere Zeiten
der Blüthe und des Fruchttragens durchlebt: so ist doch jede
folgende aus der gleichen Natur desselben Stammes hervorgegangen der vorigen ähnlich, und es ist nur Ein und dasselbe
Werk Gottes welches gefördert werden soll durch die ganze
Entwiklung seines Daseins. Eben so sah auch der Erlöser,
wenn gleich von dem Verfall der bestehenden Verfassung und

von der Nothwendigkeit eine neue zu gründen überzeugt, doch zugleich auch von dieser Seite das Gesez seines Volkes an, mehrmals erklärend er sei nicht gekommen es aufzulösen sondern es zu erfüllen[8]. Und er hat es auch erfüllt und zu seiner Vollendung gebracht. Denn da seine Abzwekkung war jene Gemeinschaft deren Mittelpunkt die Verehrung des Höchsten ist vorzubereiten, und die wesentlichen Züge derselben allmählig zu entwikkeln: so ist es zu seiner Vollendung gelangt, indem in dem Gebiet und durch den Dienst desselben die Gemeine Jesu gestiftet und ans Licht geboren ward; und die dies nicht als seinen Zwek und seine Vollendung anerkennen wollten, weiheten sich dadurch selbst unvermeidlichem Untergang.

Das sei also unsere Verehrung gegen alles Große im Bezirk unserer eigenen Vergangenheit, daß wir mit andächtigem Sinn immer richtiger suchen das wesentliche darin zu scheiden von dem zufälligen, das was nur die Wirkung einer gewissen Zeit war von dem worin sich der Geist der Menschen und des Volkes selbst abspiegelt, daß wir dem Triebe unseres Herzens welches uns immer zu dem lezten in Liebe und Gehorsam hinziehen wird redlich folgen, damit wir das köstliche Erbtheil ruhmwürdiger Vorfahren getreulich bewahren, damit die Absicht Gottes mit unserm gemeinsamen Dasein immer heller ins Licht trete und sich immer herrlicher entwikle.

Und wenn wir auf das Leben und die Thaten jenes großen Königes und der glorwürdigsten seiner Ahnherrn sehen, wieviel trefliches wird uns nicht in die Augen leuchten, was wir nur seinem innern Wesen nach festhalten, nur wie es jedesmal die Zeit erfodert immer weiter bilden dürfen um sicher unserer Vorfahren würdig und unserer Bestimmung treu zu bleiben.

Zuerst wie deutlich drükt sich nicht überall das Bestreben aus *Arbeitsamkeit und Sparsamkeit* zu herrschenden Tugenden unseres Volkes zu machen. Wie durch die Natur so auch durch die Veranstaltungen unserer Beherrscher sind wir immer vorzüglich gewiesen worden an unsern im Ganzen nicht eben zu

reichlich begabten Boden, an ihm unsere bildende Kraft auszuüben daß er fruchtbarer werde und bewohnbarer. Wie haben sie sich immer dieser inneren Eroberungen vorzüglich beflissen, und auch nach jedem Zuwachs an äußerer Macht sie
nicht etwa ruhen gelassen sondern mit erneuerten Kräften
weiter getrieben! Wie wolgemeint und heilsam waren dabei
die Ermunterungen, welche sie allen Künsten des Lebens ge-
währten, um solche Fortschritte zu begünstigen, daß wir in
Absicht auf alle würdigen Bedürfnisse in einem gewissen
Maaß selbstständig sein könnten und unabhängig, und unser
Verkehr mit andern Völkern dadurch immer freier würde und
edler. Wie wohlthätig das Beispiel von Mäßigung im Auf-
wande, von persönlicher Sparsamkeit und Genügsamkeit, um
das richtige Gefühl immer lebendig zu erhalten daß unser gemeinsamer Wolstand sich noch nicht dem Ueberfluß nähern,
daß wir ihn noch nicht in unwesentlichen Dingen verschwen-
den sondern immer wieder zur Vermehrung unserer Kräfte
anlegen müßten. Wenn wir nun an dieser väterlichen Weise
und an jenem großen Beruf festhalten, wenn wir dabei thun
was die jezigen Zeiten erfodern, da jezt alle bei dem wichtigen
Geschäfte des Akkerbaues mitwirkenden Kräfte richtiger geschäzt werden, da Einsicht und Kunst, wenn man ihnen
freien Spielraum vergönnt sich von allen Seiten zur Veredlung
desselben vereinigen werden; o dann werden wir ja aufs Würdigste die Vorzeit ehren, dann wird man ja ihre Art und ihren
Geist überall an uns wiedererkennen, und fern von üppiger
Verweichlichung wird auch der alte Verstand und der alte
Muth sich immer wieder erneuern können unter uns.
Nicht minder aber erfreuten wir uns schon in jenen früheren
glänzenden Zeiten des Ruhmes, daß überall bei uns in den
Verhältnissen zwischen Obrigkeit und Untergebenen *rechtli-*
ches Wesen und wahre Biederkeit fast mehr als irgend anders
wo herrschte in Staaten von gleichem Umfang. Die parteiische
Beugung des Rechtes, die freche Unterdrükkung des Geringe-
ren, die verrätherische Zersplitterung öffentlicher Güter, die
Ehrlosigkeit der Bestechung und des Unterschleifes, wo haben

wol, ja wir dürfen es zuversichtlich fragen, wo haben diese
verderblichen Uebel weniger geherrscht als bei uns? wo ist
mehr Vertrauen gewesen theils unmittelbar in die Rechtschaffenheit der Mitbürger, theils in die Güte des Rechtsganges
und der Geseze welche kein Unrecht auch nicht des Höchsten
gegen den Niedrigsten würden unentdekt und ungeahnet lassen? so daß wenn auch wir noch etwas in dieser Hinsicht zu
klagen fanden dies nur klein war und unbedeutend. Wolan
denn laßt uns dieselbe Gesinnung auch jezt bewähren bei allem was es wird geben zu unternehmen anzuordnen sich gefallen zu lassen, daß überall feste Redlichkeit herrsche und wahrer Gemeinsinn, daß nicht ehrsüchtige List oder eigennüzige
Ränke uns das Geschäft unserer bürgerlichen Wiedergeburt
verunreinigen, daß sich keiner täusche wenn er den Andern
in dieser großen Sache von reinem vaterländischen Eifer be-
seelt glaubt, daß so der Untergebene treu und redlich seiner
Obrigkeit sich vertraue, und diese auch offen und unverstellt
fodre, anordne, auflege was nothwendig ist zum gemeinen
Wohl. Dann werden wir auch so der Gemüthsart unseres Volkes getreu bleiben und durch alle nothwendige Veränderungen wird sie sich immer mehr verherrlichen.

Vergessen wir ferner nicht wie sehr als ein Grundsaz schon in
der Regierung jenes großen Königes hervorragte, *daß alle
Bürger gleich sein müßten vor dem Gesez*, wie laut er es sagte
daß jeder Einzelne ihm nur werth wäre nach dem Maaß als er
gehorsam und treu beitrüge durch seine Thätigkeit zum Wohl
des Ganzen. Denken wir zurükk, wie sein Beispiel allmählich
auch die öffentliche Meinung immer stärker nach sich zog, wie
die scharfe Trennung der verschiedenen Stände von einander
die vorher noch obgewaltet hatte anfing sich zu verlieren, wie
je länger je mehr der Mann ohne inneren Werth außer Stand
gesezt wurde troz der äußeren Zeichen eines hohen Ranges
sich geltend zu machen und auf eine Art zu erheben die ihm
nicht gebührte, und wie dagegen zwanglosere, vertraulichere
Annäherung möglich wurde zwischen Personen aus den ver-
schiedensten Ständen, welche sich gegenseitige Achtung abzu-

gewinnen wußten und sich anzogen durch ihre Talente oder
ihre Denkungsart. Wenn wir es so weit gebracht haben zu
einer Zeit wo die Gesellschaft noch weit mehreren Vorurthei-
len hingegeben war, wo der äußere Glanz aller Art noch weit
stärker blendete: was kann uns mehr obliegen, was mehr
übereinstimmen mit jenem Geiste als wenn wir weiter gehend
auf jenem Wege, in gleichem Verhältniß mit den Hülfsmitteln
die sich uns nun darbieten, und aus Kraft derselbigen Gesinnung immer mehr das Aeußere auf seinen wahren Werth ein-
schränken, immer mehr die Schäzung des Inneren geltend machen in der Gesellschaft, und von den Umständen geleitet
solche Einrichtungen unter uns treffen und begünstigen wodurch ein Jeder in Stand gesezt werde seinen ganzen innern
Werth darzulegen durch nüzliche Thätigkeit jeder Art damit
er anerkannt werde von der Gesellschaft? Warlich besser werden wir durch solche Fortschritte, und sollte auch darüber von
dem Aeußeren eines noch älteren Gebäudes kein Stein auf dem
andern bleiben, jene gepriesene Zeit und ihren Helden verehren, als wenn wir träge und nachläßig auf derselben Stufe
stehen blieben auf welcher er uns verlassen hat.
Eben so laßt uns fest halten an dem wahren schon in jenen
Zeiten von uns her so laut verkündigten Grundsaz, daß vom
Irrthum nie etwas Gutes noch weniger Besseres zu erwarten
ist als von der Wahrheit, daß Vorurtheile und Aberglauben
nicht die Mittel sein können um die Menschen bei dem was
recht und heilsam ist festzuhalten und weiter im Guten zu
führen, laßt uns fortfahren daher in dem *rühmlichen Bestreben richtige Einsichten* in alles was dem Menschen werth und
wichtig sein muß so weit als möglich *zu verbreiten,* den Sinn
für Wahrheit zu erwekken, das Vermögen der Erkenntniß zu
stärken und zu beleben. Laßt uns ferner wakker sein und
muthig, Jeder nachdem Gott ihm das Licht der Wahrheit an-
gezündet hat hineinleuchtend in die dunklen Schlupfwinkel
der Unwissenheit und des immer unheiligen Betruges. Und
wenn, wie alles des Mißbrauchs fähig ist, und das Böse und
Verkehrte sich immer mit einzuschleichen sucht unter der Ver-

kleidung des Guten, auch hiermit Mißbrauch ist getrieben
worden unter uns; wenn frevelnde Gleichgültigkeit gegen
frommen forschenden Ernst, wenn seichte Unfähigkeit das
Gute und Heilige zu leiten sich nicht selten angemaßt haben
zu belehren und Belehrungen zu leiten, und wir uns so zu
entsündigen haben von Vergehungen einer früheren Zeit und
wieder gut zu machen erlittenen Schaden: o so laßt uns nur
um so mehr denselben Ernst und Eifer kehren gegen die Blinden welche der Blinden Leiter sein wollen[9] und wie es doch
überall leicht sein muß aufdekken ihren Mangel an Beruf,
laßt uns nur zugleich unter uns immer mehr stärken und be-
festigen jedes fromme Gefühl, jede dem Menschen einge-
pflanzte heilige Ehrfurcht, damit Jeder bis er selbst auch ge-
nugsam erleuchtet ist habe was ihn schüzen könne gegen die
Einwirkungen eines leichtsinnigen Unverstandes.
Endlich aber, was uns hier am nächsten liegt, und uns fast als
das größte erscheinen muß, laßt uns ja heilig bewahren und
durch nichts in der Welt uns jemals entrissen werden die in
jenen Zeiten so oft als ein Grundgesez unseres Vaterlandes
ausgesprochene köstliche *Freiheit des Glaubens und des Gewissens*. O es war warlich nicht, wie Manche wol geglaubt
haben, nur Gleichgültigkeit gegen jede bestehende Art gemeinsamer Gottesverehrung weshalb jener große König so
leicht und so unbeschränkt diese Freiheit bewilligte in seinem
Reich; es war der Wunsch Unterthanen zu haben welche würdig wären beherrscht zu werden; es war eine laute und edle
Anerkennung der Grenzen seiner Macht, es war ein seinem
liebevollen Gemüth einwohnendes Gefühl davon, daß alles
was zur unmittelbaren Beschäftigung der Seele mit Gott gehört ein unzugängliches Heiligthum sein müsse für jede Willkühr und jede Gewalt. Wem auch irgend Frömmigkeit einen
Werth hat als göttliche Kraft und Tugend, der muß ja fühlen
daß der tiefste Verstand keinen kräftigeren Schuz für sie aussinnen könnte als diese Freiheit, indem sie sich nur da rein
erhalten kann wo Niemand durch Geseze und öffentliche Einrichtungen muß in Versuchung geführt werden zu heucheln.

Wem irgend die Liebe werth ist als die Quelle aller Tugenden
als das vollkommene Band aller Kräfte, der muß ja einsehn
daß es keine innigere und umfassendere Aeußerung, keine
kräftigere Sicherstellung derselben giebt als dieses brüderliche
Anerkennen dessen was einem Jedem das Heiligste ist. Darum
war auch soviel Liebe zu dem Ganzen herrschend welches diese
edle Freiheit sicherte, eine Liebe die noch in uns Allen lebt und
am mächtigsten wieder erwachen wird wenn jemals jener Freiheit Gefahr drohen sollte. Denn ganz herabgewürdiget ist der
Mensch dann, wenn ihm auch der Werth der Ueberzeugungen
und der Empfindungen von göttlichen Dingen die sich in ihm
bilden durch äußere Gewalt abgeläugnet und der segensreiche
Umtausch derselben gehemmt wird, so daß er sich muß gebieten und anweisen lassen wo er Wahrheit finden soll und sittliche Kraft, ganz überwunden ist er dann, wenn er sich so
anschmieden läßt an ein fremdes Joch daß sich auch das Herz
nicht mehr in der ihm natürlichen Richtung aufschwingen
darf zum Himmel, ganz arm und ausgesogen ist er dann,
wenn er auch unvermögend gemacht wird solche Nahrung des
Herzens, solche Stärkung des Geistes und Befestigung im Guten sich zu verschaffen und in solcher Gesellschaft zu genießen wie er sie von jeher bewährt und heilsam gefunden hat.
Sehet da, meine Freunde, die alten sichern Grundlagen unseres
Wohlergehens die zu tief liegen und gleichsam Wurzel schlagen bei uns als daß die äußere Verheerung sie sollte zerstört
haben. Mögen wir nur recht bedenken wie nothwendig sie zu
unserm Frieden dienen, mögen wir sie nur immer ansehn als
das heiligste was uns anvertraut ist um es zu pflegen und un-
vergänglich zu bewahren, mögen wir nur auf ihnen das neue
Gebäude errichten in welchem wir wohnen werden: dann
werden wir nicht Ursache haben zu klagen daß das alte den
Stürmen der Zeit gewichen ist, dann werden wir der geprie-
senen Vorfahren nicht unwürdig und ihnen nicht unähnlich
sein bei aller äußeren Verschiedenheit unseres Zustandes; mit
der Ruhe des Erlösers werden wir dem verschwundenen nach
und dem kommenden entgegensehen, und indem sich ein neues

Wohlergehen unter uns erhebt als Bürger werden wir uns auch zugleich bauen als seine Gemeine und Ihn preisen und verherrlichen als das Volk seines Eigenthums[10] welches ihm geweiht bleibt bis ans Ende der Tage.

Quelle: Friedrich Schleiermacher, Kleine Schriften und Predigten. Hrsg. von Hayo Gerdes u. Emanuel Hirsch. Berlin: de Gruyter 1970. Bd. I. S. 314–330.

Anmerkungen

1. Geburtstag Friedrichs des Großen, später, am 24. Januar 1826, wird Schleiermacher ihm eigens eine Rede widmen.
2. Vgl. Luk. 16,19.
3. Vgl. Mark. 10,9.
4. Um diese Zeit hatte man in Preußen eine komplizierte und undurchschaubare Vielfalt von Rechtsverhältnissen.
5. Vgl. Matth. 16,3.
6. Vgl. Luk. 19,42.
7. Vgl. Matth. 23,38.
8. Vgl. Matth. 5,17.
9. Vgl. Matth. 15,14.
10. Vgl. 1. Petr. 2,9.

JOHANN GOTTLIEB FICHTE

1762–1814

*Der Philosoph, dessen »Wissenschaftslehre« Friedrich Schle-
gel in einem Athenäums-Fragment zu den »größten Tendenzen
des Zeitalters« zählte, hätte, wie ein Zeitgenosse meinte, auch
als »politischer Autor« berühmt werden können. In der Tat
wollte Fichte mit der Armee als Redner in den Krieg gegen
Napoleon ziehen. Von seinem agitatorischen und rhetorischen
Talent zeugt vor allem die Schrift »Zurückforderung der
Denkfreiheit von den Fürsten Europens, die sie bisher unterdrückten« (1793), aber auch die bekannten »Reden an die
deutsche Nation«, die er vom 13. Dezember 1807 bis zum
20. März 1808, an 14 Sonntagen mittags um 12 Uhr, im Berliner Akademiegebäude gehalten hat und von denen hier die
letzte, die zusammenfassende 14. Rede (1808), abgedruckt
wird. Fichte ruft die junge und alte Generation, Geschäfts-
leute, Denker, Gelehrte, Schriftsteller und Fürsten zu einer
politischen Aktion für die Einheit Deutschlands auf. Statt
wie in den Frühschriften die revolutionären und emanzipati-
ven Tendenzen, betont Fichte in den »Reden« die nationalen,
nationalistischen.*

Vierzehnte Rede an die deutsche Nation

Die Reden, welche ich hierdurch beschließe, haben freilich ihre
laute Stimme zunächst an Sie gerichtet, aber sie haben im
Auge gehabt die ganze deutsche Nation, und sie haben in ihrer
Absicht alles, was, so weit die deutsche Zunge reicht, fähig
wäre, dieselben zu verstehen, um sich herum versammelt in
den Raum, in dem Sie sichtbarlich atmen. Wäre es mir gelungen, in irgendeine Brust, die hier unter meinem Auge geschlagen hat, einen Funken zu werfen, der da fortglimme und das

Leben ergreife, so ist es nicht meine Absicht, daß diese allein und einsam bleiben, sondern ich möchte, über den ganzen gemeinsamen Boden hinweg, ähnliche Gesinnungen und Entschlüsse zu ihnen sammeln und an die ihrigen anknüpfen, so daß über den vaterländischen Boden hinweg, bis an dessen fernste Grenzen, aus diesem Mittelpunkte heraus eine einzige fortfließende und zusammenhängende Flamme vaterländischer Denkart sich verbreite und entzünde. Nicht zum Zeitvertreibe müssiger Ohren und Augen haben sie sich diesem Zeitalter bestimmt, sondern ich will endlich einmal wissen, und jeder Gleichgesinnte soll es mit mir wissen, ob auch außer uns etwas ist, das unserer Denkart verwandt ist. Jeder Deutsche, der noch glaubt, Glied einer Nation zu sein, der groß und edel von ihr denkt, auf sie hofft, für sie wagt, duldet und trägt, soll endlich herausgerissen werden aus der Unsicherheit seines Glaubens; er soll klar sehen, ob er recht habe oder nur ein Tor und Schwärmer sei, er soll von nun an entweder mit sicherem und freudigem Bewußtsein seinen Weg fortsetzen, oder mit rüstiger Entschlossenheit Verzicht tun auf ein Vaterland hienieden, und sich allein mit dem himmlischen trösten. Ihnen, nicht als diesen und diesen Personen in unserm täglichen und beschränkten Leben, sondern als Stellvertretern der Nation, und hindurch durch Ihre Gehörswerkzeuge der ganzen Nation, rufen diese Reden also zu:

Es sind Jahrhunderte herabgesunken, seitdem ihr nicht also zusammenberufen worden seid, wie heute; in solcher Anzahl; in einer so großen, so dringenden, so gemeinschaftlichen Angelegenheit; so durchaus als Nation und Deutsche. Auch wird es euch niemals wiederum also geboten werden. Merket ihr jetzo nicht auf und gehet in euch, lasset ihr auch diese Reden wieder als einen leeren Kitzel der Ohren, oder als ein wunderliches Ungetüm an euch vorübergehen, so wird kein Mensch mehr auf euch rechnen. Endlich einmal höret, endlich einmal besinnt euch. Geht nur dieses Mal nicht von der Stelle, ohne einen festen Entschluß gefaßt zu haben; und jedweder, der diese Stimme vernimmt, fasse diesen Entschluß bei sich

selbst und für sich selbst, gleich als ob er allein da sei, und alles
allein tun müsse. Wenn recht viele einzelne so denken, so wird
bald ein großes Ganzes dastehen, das in eine einige engver-
bundene Kraft zusammenfließe. Wenn dagegen jedweder, sich
selbst ausschließend, auf die übrigen hofft, und den andern
die Sache überläßt; so gibt es gar keine anderen, und alle zusammen bleiben, so wie sie vorher waren. – Fasset ihn auf der
Stelle, diesen Entschluß. Saget nicht, laß uns noch ein wenig
ruhen, noch ein wenig schlafen und träumen, bis etwa die Besserung von selber komme. Sie wird niemals von selbst kommen. Wer, nachdem er einmal das Gestern versäumt hat, das
noch bequemer gewesen wäre zur Besinnung, selbst heute noch
nicht wollen kann, der wird es morgen noch weniger können.
Jeder Verzug macht uns nur noch träger, und wiegt uns nur
noch tiefer ein in die freundliche Gewöhnung an unsern elenden Zustand. Auch können die äußern Antriebe zur Besinnung niemals stärker und dringender werden. Wen diese Gegenwart nicht aufregt, der hat sicher alles Gefühl verloren. –
Ihr seid zusammenberufen, einen letzten und festen Entschluß
und Beschluß zu fassen; keineswegs etwa zu einem Befehle,
einem Auftrage, einer Anmutung an andere, sondern zu einer
Anmutung an euch selber. Eine Entschließung sollt ihr fassen,
die jedweder nur durch sich selbst und in seiner eignen Person
ausführen kann. Es reicht hierbei nicht hin jenes müßige Vorsatz-
nehmen, jenes Wollen, irgend einmal zu wollen, jenes träge Sich-
bescheiden, daß man sich darein ergeben wolle, wenn man etwa
einmal von selber besser würde; sondern es wird von euch gefordert ein solcher Entschluß, der zugleich unmittelbar Leben
sei und inwendige Tat, und der da ohne Wanken oder Erkäl-
tung fortdaure und fortwalte, bis er am Ziele sei.
Oder ist vielleicht in euch die Wurzel, aus der ein solcher in
das Leben eingreifender Entschluß allein hervorwachsen
kann, völlig ausgerottet und verschwunden? Ist wirklich und
in der Tat euer ganzes Wesen verdünnet, und zerflossen zu
einem hohlen Schatten, ohne Saft und Blut und eigene Beweg-
kraft; und zu einem Traume, in welchem zwar bunte Gesich-

ter sich erzeugen und geschäftig einander durchkreuzen, der
Leib aber todähnlich und erstarrt daliegen bleibt? Es ist dem
Zeitalter seit langem unter die Augen gesagt, und in jeder Ein-
kleidung ihm wiederholt worden, daß man ohngefähr also
von ihm denke. Seine Wortführer haben geglaubt, daß man
dadurch nur schmähen wolle, und haben sich für aufgefordert
gehalten, auch von ihrer Seite wiederum zurückzuschmähen,
wodurch die Sache wieder in ihre natürliche Ordnung komme.
Im übrigen hat nicht die mindeste Änderung oder Besserung
sich spüren lassen. Habt ihr es vernommen, ist es fähig gewesen, euch zu entrüsten; nun, so strafet doch diejenigen, die so
von euch denken und reden, geradezu durch eure Tat der
Lüge: zeiget euch anders vor aller Welt Augen, und jene sind
vor aller Welt Augen der Unwahrheit überwiesen. Vielleicht,
daß sie gerade in der Absicht, von euch also widerlegt zu werden, und weil sie an jedem andern Mittel, euch aufzuregen,
verzweifelten, also hart von euch geredet haben. Wie viel besser hätten sie es sodann mit euch gemeint, als diejenigen, die
euch schmeicheln, damit ihr erhalten werdet in der trägen
Ruhe, und in der nichtsachtenden Gedankenlosigkeit!
So schwach und so kraftlos ihr auch immer sein möget, man
hat in dieser Zeit euch die klare und ruhige Besinnung so
leicht gemacht, als sie vorher niemals war. Das, was eigentlich
in die Verworrenheit über unsre Lage, in unsre Gedankenlosigkeit, in unser blindes Gehenlassen, uns stürzte, war die
süße Selbstzufriedenheit mit uns, und unsrer Weise dazusein.
Es war bisher gegangen, und ging eben so fort; wer uns zum
Nachdenken aufforderte, dem zeigten wir, statt einer andern
Widerlegung, triumphierend unser Dasein und Fortbestehen,
das sich ohne alles unser Nachdenken ergab. Es ging aber nur
darum, weil wir nicht auf die Probe gestellt wurden. Wir sind
seitdem durch sie hindurchgegangen. Seit dieser Zeit sollten
doch wohl die Täuschungen, die Blendwerke, der falsche
Trost, durch die wir alle uns gegenseitig verwirrten, zusam-
mengestürzt sein? – Die angebornen Vorurteile, welche, ohne
von hier oder da auszugehen, wie ein natürlicher Nebel über

alle sich verbreiteten, und alle in dieselbe Dämmerung ein-
hüllen, sollten doch wohl nun verschwunden sein? Jene Dämmerung hält nicht mehr unsre Augen; sie kann uns aber auch
nicht ferner zur Entschuldigung dienen. Jetzt stehen wir da,
rein, leer, ausgezogen von allen fremden Hüllen und Umhän-
gen, bloß als das, was wir selbst sind. Jetzt muß es sich zeigen,
was dieses Selbst ist, oder nicht ist.

Es dürfte jemand unter euch hervortreten, und mich fragen:
was gibt gerade Dir, dem einzigen unter allen deutschen Männern und Schriftstellern, den besondern Auftrag, Beruf und
das Vorrecht, uns zu versammeln und auf uns einzudringen?
hätte nicht jeder unter den Tausenden der Schriftsteller
Deutschlands ebendasselbe Recht dazu, wie du; von denen
keiner es tut, sondern du allein dich hervordrängst? Ich ant-
worte, daß allerdings jeder dasselbe Recht gehabt hätte, wie
ich, und daß ich gerade darum es tue, weil keiner unter ihnen
es vor mir getan hat; und daß ich schweigen würde, wenn ein
anderer es früher getan hätte. Dies war der erste Schritt zu
dem Ziele einer durchgreifenden Verbesserung, irgendeiner
mußte ihn tun. Ich war der, der es zuerst lebendig einsah; darum wurde ich der, der es zuerst tat. Es wird nach diesem irgendein anderer Schritt der zweite sein; diesen zu tun haben
jetzt alle dasselbe Recht; wirklich tun aber wird ihn abermals
nur ein einzelner. Einer muß immer der erste sein, und wer es
sein kann, der sei es eben!

Ohne Sorge über diesen Umstand verweilet ein wenig mit
eurem Blicke bei der Betrachtung, auf die wir schon früher
euch geführt haben, in welchem beneidenswürdigen Zustande
Deutschland sein würde, und in welchem die Welt, wenn das
erstere das Glück seiner Lage zu benutzen, und seinen Vorteil
zu erkennen gewußt hätte. Heftet darauf euer Auge auf das,
was beide nunmehr sind, und lasset euch durchdringen von
dem Schmerz und dem Unwillen, der jeden Edlen hierbei er-
fassen muß. Kehret dann zurück zu euch selbst, und sehet, daß
Ihr es seid, die die Zeit von den Irrtümern der Vorwelt lossprechen, von deren Augen sie den Nebel hinwegnehmen will,

wenn ihr es zulaßt; daß es Euch verliehen ist, wie keinem Geschlechte vor Euch, das Geschehene ungeschehen zu machen, und den nicht ehrenvollen Zwischenraum auszutilgen aus dem Geschichtsbuche der Deutschen.

Lasset vor euch vorübergehen die verschiedenen Zustände, zwischen denen ihr eine Wahl zu treffen habt. Gehet ihr ferner so hin in eurer Dumpfheit und Achtlosigkeit, so erwarten euch zunächst alle Übel der Knechtschaft, Entbehrungen, Demütigungen, der Hohn und Übermut des Überwinders; ihr werdet herumgestoßen werden in allen Winkeln, weil ihr allenthalben nicht recht, und im Wege seid, so lange, bis ihr, durch Aufopferung eurer Nationalität und Sprache, euch irgendein untergeordnetes Plätzchen erkauft, und bis auf diese Weise allmählich euer Volk auslöscht. Wenn ihr euch dagegen ermannt zum Aufmerken, so findet ihr zuvörderst eine erträgliche und ehrenvolle Fortdauer, und sehet noch unter euch und um euch herum ein Geschlecht aufblühen, das euch und den Deutschen das rühmlichste Andenken verspricht. Ihr sehet im Geiste durch dieses Geschlecht den deutschen Namen zum glorreichsten unter allen Völkern erheben, ihr sehet diese Nation als Wiedergebärerin und Wiederherstellerin der Welt.

Es hängt von euch ab, ob ihr das Ende sein wollt und die letzten eines nicht achtungswürdigen und bei der Nachwelt gewiß sogar über die Gebühr verachteten Geschlechtes, bei dessen Geschichte die Nachkommen, falls es nämlich in der Barbarei, die da beginnen wird, zu einer Geschichte kommen kann, sich freuen werden, wenn es mit ihnen zu Ende ist, und das Schicksal preisen werden, daß es gerecht sei; oder ob ihr der Anfang sein wollt und der Entwicklungspunkt einer neuen, über alle eure Vorstellungen herrlichen Zeit, und diejenigen, von denen an die Nachkommenschaft die Jahre ihres Heils zähle. Bedenket, daß ihr die letzten seid, in deren Gewalt diese große Veränderung steht. Ihr habt doch noch die Deutschen als Eins nennen hören, ihr habt ein sichtbares Zeichen ihrer Einheit, ein Reich und einen Reichsverband gesehen, oder davon vernommen, unter euch haben noch von Zeit zu Zeit Stimmen sich hören lassen, die von dieser höhern Vaterlandsliebe begeistert waren. Was nach euch kommt, wird sich an andere Vorstellungen gewöhnen, es wird fremde Formen, und einen andern Geschäfts- und Lebensgang annehmen; und wie lange wird es noch dauern, daß keiner mehr lebe, der Deutsche gesehen, oder von ihnen gehört habe?

Was von euch gefordert wird, ist nicht viel. Ihr sollt es nur über euch erhalten, euch auf kurze Zeit zusammenzunehmen und zu denken über das, was euch unmittelbar und offenbar vor den Augen liegt. Darüber nur sollt ihr euch eine feste Meinung bilden, derselben treu bleiben und sie in eurer nächsten Umgebung auch äußern und aussprechen. Es ist die Voraussetzung, es ist unsre sichere Überzeugung, daß der Erfolg dieses Denkens bei euch allen auf die gleiche Weise ausfallen werde, und daß, wenn ihr nur wirklich denket, und nicht hingeht in der bisherigen Achtlosigkeit, ihr übereinstimmend denken werdet; daß, wenn ihr nur überhaupt Geist euch anschaffet, und nicht in dem bloßen Pflanzenleben verharren bleibt, die Einmütigkeit und Eintracht des Geistes von selbst kommen werde. Ist es aber einmal dazu gekommen, so wird alles übrige, was uns nötig ist, sich von selbst ergeben.

Dieses Denken aber wird denn auch in der Tat gefordert von jedem unter euch, der da noch denken kann, über etwas, offen vor seinen Augen liegendes, in seiner eignen Person. Ihr habt Zeit dazu; der Augenblick will euch nicht übertäuben und überraschen; die Akten der mit euch gepflogenen Unterhandlungen bleiben unter euren Augen liegen. Legt sie nicht aus den Händen, bis ihr einig geworden seid mit euch selbst. Lasset, o lasset euch ja nicht lässig machen durch das Verlassen auf andere, oder auf irgend etwas, das außerhalb eurer selbst liegt; noch durch die unverständige Weisheit der Zeit, daß die Zeitalter sich selbst machen, ohne alles menschliche Zutun, vermittelst irgendeiner unbekannten Kraft. Diese Reden sind nicht müde geworden, euch einzuschärfen, daß euch durchaus nichts helfen kann, denn ihr euch selber, und sie finden nötig, es bis auf den letzten Augenblick zu wiederholen. Wohl mögen Regen und Tau, und unfruchtbare oder fruchtbare Jahre, gemacht werden durch eine uns unbekannte und nicht unter unsrer Gewalt stehende Macht; aber die ganz eigentümliche Zeit der Menschen, die menschlichen Verhältnisse, machen nur die Menschen sich selber und schlechthin keine außer ihnen befindliche Macht. Nur wenn sie alle insgesamt gleich blind und unwissend sind, fallen sie dieser verborgenen Macht anheim: aber es steht bei ihnen, nicht blind und unwissend zu sein. Zwar in welchem höhern oder niedern Grade es uns übelgehen wird, dies mag abhängen teils von jener unbekannten Macht, ganz besonders aber von dem Verstande und dem guten Willen derer, denen wir unterworfen sind. Ob aber jemals es uns wieder wohlgehen soll, dies hängt ganz allein von uns ab, und es wird sicherlich nie wieder irgendein Wohlsein an uns kommen, wenn wir nicht selbst es uns verschaffen: und insbesondre, wenn nicht jeder einzelne unter uns in seiner Weise tut und wirket, als ob er allein sei, und als ob lediglich auf ihm das Heil der künftigen Geschlechter beruhe.

Dies ist's, was ihr zu tun habt; dies ohne Säumen zu tun, beschwören euch diese Reden.

Sie beschwören euch Jünglinge. Ich, der ich schon seit geraumer Zeit aufgehört habe, zu euch zu gehören, halte dafür, und habe es auch in diesen Reden ausgesprochen, daß ihr noch fähiger seid eines jeglichen über das Gemeine hinausliegenden Gedankens und erregbarer für jedes Gute und Tüchtige, weil euer Alter noch näher liegt den Jahren der kindlichen Unschuld und der Natur. Ganz anders sieht diesen Grundzug an euch an die Mehrheit der ältern Welt. Diese klaget euch an der Anmaßung, des vorschnellen, vermessenen und eure Kräfte überfliegenden Urteils, der Rechthaberei, der Neuerungssucht. Jedoch lächelt sie nur gutmütig dieser eurer Fehler. Alles dieses, meint sie, sei begründet lediglich durch euren Mangel an Kenntnis der Welt, d. h. des allgemeinen menschlichen Verderbens, denn für etwas anderes an der Welt haben sie nicht Augen. Jetzt nur, weil ihr gleichgesinnte Gehilfen zu finden hofftet, und den grimmigen und hartnäckigen Widerstand, den man euren Entwürfen des Bessern entgegensetzen werde, nicht kenntet, hättet ihr Mut. Wenn nur das jugendliche Feuer eurer Einbildungskraft einmal verflogen sein werde, wenn ihr nur die allgemeine Selbstsucht, Trägheit und Arbeitsscheu wahrnehmen würdet, wenn ihr nur die Süßigkeit des Fortgehens in dem gewohnten Geleise selbst einmal recht würdet geschmeckt haben: so werde euch die Lust, besser und klüger sein zu wollen, denn die andern alle, schon vergehen. Sie greifen diese gute Hoffnung von euch nicht etwa aus der Luft; sie haben dieselbe an ihrer eignen Person bestätigt gefunden. Sie müssen bekennen, daß sie in den Tagen ihrer unverständigen Jugend ebenso von Weltverbesserung geträumet haben, wie ihr jetzt; dennoch seien sie bei zunehmender Reife so zahm und ruhig geworden, wie ihr sie jetzo sähet. Ich glaube ihnen; ich habe selbst schon in meiner nicht sehr langwierigen Erfahrung erlebt, daß Jünglinge, die erst andere Hoffnung erregten, dennoch späterhin jenen wohlmeinenden Erwartungen dieses reifen Alters vollkommen entsprachen. Tut dies nicht länger, Jünglinge, denn wie könnte sonst jemals ein besseres Geschlecht beginnen? Der Schmelz der Jugend zwar wird von euch abfallen, und die Flamme eurer Einbildungskraft wird aufhören, sich aus sich selber zu ernähren; aber fasset diese Flamme und verdichtet sie durch klares Denken, macht euch zu eigen die Kunst dieses Denkens, und ihr werdet die schönste Ausstattung des Menschen, den Charakter, noch zur Zugabe bekommen. An jenem klaren Denken erhaltet ihr die Quelle der ewigen Jugendblüte; wie auch euer Körper altere oder eure Knie wanken, euer Geist wird in stets erneuerter Frischheit sich wiedergebären und euer Charakter fest stehen und ohne Wandel. Ergreift sogleich die sich hier euch darbietende Gelegenheit; denkt klar über den euch zur Beratung vorgelegten Gegenstand; die Klarheit, die in Einem Punkte für euch angebrochen ist, wird sich allmählich auch über alle übrige verbreiten.

Diese Reden beschwören euch Alte. So wie ihr eben gehört habt, denkt man von euch, und sagt es euch unter die Augen;

und der Redner setzt in seiner eignen Person freimütig hinzu, daß, die freilich auch nicht selten vorkommenden und um so verehrungswürdigern Ausnahmen abgerechnet, in Absicht der großen Mehrheit unter euch man vollkommen recht hat. Gehe man durch die Geschichte der letzten zwei oder drei Jahrzehnte; alles außer ihr selbst stimmt überein, sogar ihr selbst, jeder in dem Fache, das ihn nicht unmittelbar trifft, stimmt mit überein, daß, immer die Ausnahmen abgerechnet und nur auf die Mehrheit gesehen, in allen Zweigen, in der Wissenschaft sowie in den Geschäften des Lebens, die größere Untauglichkeit und Selbstsucht sich bei dem höheren Alter gefunden habe. Die ganze Mitwelt hat es mit angesehen, daß jeder, der das Bessere und Vollkommnere wollte, außer dem Kampfe mit seiner eignen Unklarheit und den übrigen Umgebungen, noch den schwersten Kampf mit euch zu führen hatte; daß ihr des festen Vorsatzes waret, es müsse nichts aufkommen, was ihr nicht ebenso gemacht und gewußt hättet; daß ihr jede Regung des Denkens für eine Beschimpfung eures Verstandes ansahet, und daß ihr keine Kraft ungebraucht ließet, um in dieser Bekämpfung des Besseren zu siegen, wie ihr denn gewöhnlich auch wirklich siegtet. So waret ihr die aufhaltende Kraft aller Verbesserungen, welche die gütige Natur aus ihrem stets jugendlichen Schoße uns darbot, so lange, bis ihr versammelt wurdet zu dem Staube, der ihr schon vorher waret, und das folgende Geschlecht, im Kriege mit euch, euch gleich geworden war und eure bisherige Verrichtung übernahm. Ihr dürft nur auch jetzt handeln, wie ihr bisher bei allen Anträgen zur Verbesserung gehandelt habt, ihr dürft nur wiederum eure eitle Ehre, daß zwischen Himmel und Erde nichts sein solle, das ihr nicht schon erforscht hättet, dem gemeinsamen Wohle vorziehen: so seid ihr durch diesen letzten Kampf alles fernern Kämpfens überhoben; es wird keine Verbesserung erfolgen, sondern Verschlimmerung auf Verschlimmerung, so daß ihr noch manche Freude erleben könnt.

Man wolle nicht glauben, daß ich das Alter als Alter verachte und herabsetze. Wird nur durch Freiheit die Quelle des ursprünglichen Lebens und seiner Fortbewegung aufgenommen in das Leben, so wächst die Klarheit, und mit ihr die Kraft, so lange das Leben dauert. Ein solches Leben lebt sich besser, die Schlacken der irdischen Abkunft fallen immer mehr ab, und es veredelt sich herauf zum ewigen Leben, und blüht ihm entgegen. Die Erfahrung eines solchen Alters söhnt nicht aus mit dem Bösen, sondern sie macht nur die Mittel klarer und die Kunst gewandter, um dasselbe siegreich zu bekämpfen. Die Verschlimmerung durch zunehmendes Alter ist lediglich die Schuld unsrer Zeit, und allenthalben, wo die Gesellschaft sehr verdorben ist, muß dasselbe erfolgen. Nicht die Natur ist es, die uns verdirbt, diese erzeugt uns in Unschuld, die Gesellschaft ist's. Wer nun der Einwirkung derselben einmal sich übergibt, der muß natürlich immer schlechter werden, je länger er diesem Einflusse ausgesetzt ist. Es wäre der Mühe wert, die Geschichte anderer sehr verdorbener Zeitalter in dieser Rücksicht zu untersuchen und zu sehen, ob nicht z. B. auch unter der Regierung der römischen Imperatoren das, was einmal schlecht war, mit zunehmendem Alter immer schlechter geworden.

Euch Alte sonach und Erfahrne, die ihr die Ausnahme macht, euch zuvörderst beschwören diese Reden: bestätigt, bestärkt, beratet in dieser Angelegenheit die jüngere Welt, die ehrfurchtsvoll ihre Blicke nach euch richtet. Euch andere aber, die ihr in der Regel seid, beschwören sie: helfen sollt ihr nicht, störet nur dieses einzige Mal nicht, stellt euch nicht wieder, wie bisher immer, in den Weg mit eurer Weisheit und euren tausend Bedenklichkeiten. Diese Sache, so wie jede vernünftige Sache in der Welt, ist nicht tausendfach, sondern einfach, welches auch unter die tausend Dinge gehört, die ihr nicht wißt. Wenn eure Weisheit retten könnte, so würde sie uns ja früher gerettet haben, denn ihr seid es ja, die uns bisher beraten haben. Dies ist nun, sowie alles andere, vergeben, und soll euch nicht weiter vorgerückt werden. Lernt nur endlich einmal euch selbst erkennen, und schweiget.

Diese Reden beschwören euch Geschäftsmänner. Mit wenigen
Ausnahmen waret ihr bisher dem abgezogenen Denken und
aller Wissenschaft, die für sich selbst etwas zu sein begehrte,
von Herzen feind, obwohl ihr euch die Miene gabet, als ob ihr
dieses alles nur vornehm verachtetet; ihr hieltet die Männer,
die dergleichen trieben, und ihre Vorschläge, so weit von euch
weg, als ihr irgend konntet; und der Vorwurf des Wahnsin-
nes, oder der Rat, sie ins Tollhaus zu schicken, war der Dank,
auf den sie bei euch am gewöhnlichsten rechnen konnten.
Diese hinwiederum getrauten sich zwar nicht über euch mit
derselben Freimütigkeit sich zu äußern, weil sie von euch ab-
hingen, aber ihres innern Herzens wahrhafte Meinung war
die: daß ihr mit wenigen Ausnahmen seichte Schwätzer seiet
und aufgeblasene Prahler, Halbgelehrte, die durch die Schule
nur hindurchgelaufen, blinde Zutapper und Fortschleicher im
alten Geleise, und die sonst nichts wollten oder könnten.
Straft sie durch die Tat der Lüge, und ergreifet hierzu die jetzt
euch dargebotene Gelegenheit; legt ab jene Verachtung für
gründliches Denken und Wissenschaft, laßt euch bedeuten,
und höret und lernet, was ihr nicht wißt; außerdem behalten
eure Ankläger recht.
Diese Reden beschwören euch Denker, Gelehrte, Schriftsteller, die ihr dieses Namens noch wert seid. Jener Tadel der
Geschäftsmänner an euch war in gewissem Sinne nicht ungerecht. Ihr ginget oft zu unbesorgt im Gebiete des bloßen Denkens fort, ohne euch um die wirkliche Welt zu bekümmern
und nachzusehen, wie jenes an diese angeknüpft werden
könne; ihr beschriebet euch eure eigne Welt, und ließet die
wirkliche zu verachtet und verschmähet auf der Seite liegen.
Zwar muß alle Anordnung und Gestaltung des wirklichen Lebens ausgehen vom höheren ordnenden Begriffe, und das
Fortgehen im gewohnten Geleise tut's ihm nicht; dies ist eine
ewige Wahrheit, und drückt in Gottes Namen mit unverhohl-
ner Verachtung jeglichen nieder, der es wagt, sich mit den
Geschäften zu befassen, ohne dieses zu wissen. Zwischen dem
Begriffe jedoch und der Einführung desselben in jedwedes

besondere Leben liegt eine große Kluft. Diese Kluft auszufüllen, ist sowohl das Werk des Geschäftsmanns, der freilich
schon vorher soviel gelernt haben soll, um euch zu verstehen,
als auch das eurige, die ihr über der Gedankenwelt das Leben
nicht vergessen sollt. Hier trefft ihr beide zusammen. Statt
über die Kluft hinüber einander scheel anzusehen und herab-
zuwürdigen, beeifere sich vielmehr jeder Teil von seiner Seite
dieselbe auszufüllen, und so den Weg zur Vereinigung zu bahnen. Begreift es doch endlich, daß ihr beide untereinander euch
also notwendig seid, wie Kopf und Arm sich notwendig
sind.

Diese Reden beschwören noch in andern Rücksichten euch
Denker, Gelehrte, Schriftsteller, die ihr dieses Namens noch
wert seid. Eure Klagen über die allgemeine Seichtigkeit, Gedankenlosigkeit und Verflossenheit, über den Klugdünkel
und das unversiegbare Geschwätz, über die Verachtung des
Ernstes und der Gründlichkeit in allen Ständen mögen wahr
sein, wie sie es denn sind. Aber welcher Stand ist es denn, der
diese Stände insgesamt erzogen hat, der ihnen alles Wissenschaftliche in ein Spiel verwandelt, und von der frühsten Jugend an zu jenem Klugdünkel und jenem Geschwätze sie angeführt hat? Wer ist es denn, der auch die der Schule entwach-
senen Geschlechter noch immerfort erzieht? Der in die Augen
fallendste Grund der Dumpfheit des Zeitalters ist der, daß es
sich dumpf gelesen hat an den Schriften, die ihr geschrieben
habt. Warum laßt ihr dennoch immerfort euch so angelegen
sein, dieses müßige Volk zu unterhalten, ohnerachtet ihr wißt,
daß es nichts gelernt hat und nichts lernen will; nennt es Publikum, schmeichelt ihm als eurem Richter, hetzt es auf gegen
eure Mitbewerber, und sucht diesen blinden und verworrnen
Haufen durch jedes Mittel auf eure Seite zu bringen; gebt
endlich selbst in euren Rezensieranstalten und Journalen ihm
so Stoff wie Beispiel seiner vorschnellen Urteilerei, indem ihr
da ebenso ohne Zusammenhang und so aus freier Hand in den
Tag hineinurteilt, meist ebenso abgeschmackt, wie es auch der
letzte eurer Leser könnte? Denkt ihr nicht alle so, gibt es unter

euch noch Bessergesinnte, warum vereinigen sich denn nicht diese Bessergesinnten, um dem Unheile ein Ende zu machen? Was insbesondere jene Geschäftsmänner anbelangt; diese sind bei euch durch die Schule gelaufen, ihr sagt es selbst. Warum habt ihr denn diesen ihren Durchgang nicht wenigstens dazu benutzt, um ihnen einige stumme Achtung für die Wissenschaften einzuflößen, und besonders dem hochgebornen Jünglinge den Eigendünkel beizeiten zu brechen, und ihm zu zeigen, daß Stand und Geburt in Sachen des Denkens nichts fördert? Habt ihr ihm vielleicht schon damals geschmeichelt, und ihn ungebührlich hervorgehoben, so traget nun, was ihr selbst veranlaßt habt!

Sie wollen euch entschuldigen, diese Reden, mit der Voraussetzung, daß ihr die Wichtigkeit eures Geschäfts nicht begriffen hättet; sie beschwören euch, daß ihr euch von Stund an bekannt macht mit dieser Wichtigkeit und es nicht länger als ein bloßes Gewerbe treibt. Lernt euch selbst achten, und zeigt in eurem Handeln, daß ihr es tut, und die Welt wird euch achten. Die erste Probe davon werdet ihr ablegen durch den Einfluß, den ihr auf die angetragene Entschließung euch geben, und durch die Weise, wie ihr euch dabei benehmen werdet.

Diese Reden beschwören euch, Fürsten Deutschlands. Diejenigen, die euch gegenüber so tun, als ob man euch gar nichts sagen dürfte, oder zu sagen hätte, sind verächtliche Schmeichler, sie sind arge Verleumder eurer selbst; weiset sie weit weg von euch. Die Wahrheit ist, daß ihr ebenso unwissend geboren werdet, als wir andern alle, und daß ihr hören müßt und lernen, gleichwie auch wir, wenn ihr herauskommen sollt aus dieser natürlichen Unwissenheit. Euer Anteil an der Herbeiführung des Schicksals, das euch zugleich mit euren Völkern betroffen hat, ist hier auf die mildeste und, wie wir glauben, auf die allein gerechte und billige Weise dargelegt worden, und ihr könnt euch, falls ihr nicht etwa nur Schmeichelei, niemals aber Wahrheit hören wollt, über diese Reden nicht beklagen. Dies alles sei vergessen, so wie wir andern alle auch wünschen, daß unser Anteil an der Schuld vergessen werde. Jetzt beginnt, so wie für uns alle, also auch für euch, ein neues Leben. Möchte doch diese Stimme durch alle die Umgebungen hindurch, die euch unzugänglich zu machen pflegen, bis zu euch dringen! Mit stolzem Selbstgefühl darf sie euch sagen: ihr beherrschet Völker, treu, bildsam, des Glücks würdig, wie keiner Zeit und keiner Nation Fürsten sie beherrscht haben. Sie haben Sinn für die Freiheit und sind derselben fähig; aber sie sind euch gefolgt in den blutigen Krieg gegen das, was ihnen Freiheit schien, weil ihr es so wolltet. Einige unter euch haben späterhin anders gewollt, und sie sind euch gefolgt in das, was ihnen ein Ausrottungskrieg scheinen mußte gegen einen der letzten Reste deutscher Unabhängigkeit und Selbständigkeit; auch weil ihr es so wolltet. Sie dulden und tragen seitdem die drückende Last gemeinsamer Übel; und sie hören nicht auf, euch treu zu sein, mit inniger Ergebung an euch zu hangen und euch zu lieben, als ihre ihnen von Gott verliehene Vormünder. Möchtet ihr sie doch, unbemerkt von ihnen, beobachten können; möchtet ihr doch, frei von den Umgebungen, die nicht immer die schönste Seite der Menschheit euch darbieten, herabsteigen können in die Häuser des Bürgers, in die Hütten des Landmanns, und dem stillen und verborgenen Leben dieser Stände, zu denen die in den höhern Ständen seltner gewordene Treue und Biederkeit ihre Zuflucht genommen zu haben scheint, betrachtend folgen können; gewiß, o gewiß würde euch der Entschluß ergreifen, ernstlicher denn jemals nachzudenken, wie ihnen geholfen werden könne. Diese Reden haben euch ein Mittel der Hilfe vorgeschlagen, das sie für sicher, durchgreifend und entscheidend halten. Lasset eure Räte sich beratschlagen, ob sie es auch so finden, oder ob sie ein besseres wissen, nur, daß es ebenso entscheidend sei. Die Überzeugung aber, daß etwas geschehen müsse, und auf der Stelle geschehen müsse, und etwas Durchgreifendes und Entscheidendes geschehen müsse, und daß die Zeit der halben Maßregeln und der Hinhaltungsmittel vorüber sei: diese Überzeugung möchten sie gern, wenn sie könnten, bei euch selbst hervorbringen, indem sie zu eurem Biedersinne noch das meiste Vertrauen hegen.

Euch Deutsche insgesamt, welchen Platz in der Gesellschaft ihr einnehmen möget, beschwören diese Reden, daß jeder unter euch, der da denken kann, zuvörderst denke über den angeregten Gegenstand, und daß jeder dafür tue, was gerade ihm an seinem Platze am nächsten liegt.

Es vereinigen sich mit diesen Reden und beschwören euch eure Vorfahren. Denket, daß in meine Stimme sich mischen die Stimmen eurer Ahnen aus der grauen Vorwelt, die mit ihren Leibern sich entgegengestemmt haben der heranströmenden römischen Weltherrschaft, die mit ihrem Blute erkämpft haben die Unabhängigkeit der Berge, Ebenen und Ströme, welche unter euch den Fremden zur Beute geworden sind. Sie rufen euch zu: vertretet uns, überliefert unser Andenken ebenso ehrenvoll und unbescholten der Nachwelt, wie es auf euch gekommen ist, und wie ihr euch dessen und der Abstammung von uns gerühmt habt. Bis jetzt galt unser Widerstand für edel und groß und weise, wir schienen die Eingeweihten zu sein und die Begeisterten des göttlichen Weltplans. Gehet mit euch unser Geschlecht aus, so verwandelt sich unsre Ehre in Schimpf, und unsre Weisheit in Torheit. Denn sollte der deutsche Stamm einmal untergehen in das Römertum, so war es besser, daß es in das alte geschähe, denn in ein neues. Wir standen jenem und besiegten es; ihr seid verstäubt worden vor diesem. Auch sollt ihr nun, nachdem einmal die Sachen also stehen, sie nicht besiegen mit leiblichen Waffen; nur euer Geist soll sich ihnen gegenüber erheben und aufrecht stehen. Euch ist das größere Geschick zuteil geworden, überhaupt das Reich des Geistes und der Vernunft zu begründen, und die rohe körperliche Gewalt insgesamt, als Beherrschendes der Welt, zu vernichten. Werdet ihr dies tun, dann seid ihr würdig der Abkunft von uns.

Auch mischen in diese Stimmen sich die Geister eurer spätern Vorfahren, die da fielen im heiligen Kampfe für Religions- und Glaubensfreiheit. Rettet auch unsere Ehre, rufen sie euch zu. Uns war nicht ganz klar, wofür wir stritten; außer dem rechtmäßigen Entschlusse, in Sachen des Gewissens durch äußere Gewalt uns nicht gebieten zu lassen, trieb uns noch ein höherer Geist, der uns niemals sich ganz enthüllte. Euch ist er enthüllt, dieser Geist, falls ihr eine Sehkraft habt für die Geisterwelt, und blickt euch an mit hohen klaren Augen. Das bunte und verworrene Gemisch der sinnlichen und geistigen Antriebe durcheinander soll überhaupt der Weltherrschaft entsetzt werden, und der Geist allein, rein und ausgezogen von allen sinnlichen Antrieben, soll an das Ruder der menschlichen Angelegenheiten treten. Damit diesem Geiste die Freiheit werde, sich zu entwickeln und zu einem selbständigen Dasein emporzuwachsen, dafür floß unser Blut. An euch ist's, diesem Opfer seine Bedeutung und seine Rechtfertigung zu geben, indem ihr diesen Geist einsetzt in die ihm bestimmte Weltherrschaft. Erfolgt nicht dieses, als das letzte, worauf alle bisherige Entwickelung unsrer Nation zielte, so werden auch unsre Kämpfe zum vorüberrauschenden leeren Possenspiele, und die von uns erfochtene Geistes- und Gewissensfreiheit ist ein leeres Wort, wenn es von nun an überhaupt nicht länger Geist oder Gewissen geben soll.

Es beschwören euch eure noch ungeborne Nachkommen. Ihr rühmt euch eurer Vorfahren, rufen sie euch zu, und schließt mit Stolz euch an an eine edle Reihe. Sorget, daß bei euch die Kette nicht abreiße: machet, daß auch wir uns eurer rühmen können, und durch euch, als untadeliges Mittelglied, hindurch uns anschließen an dieselbe glorreiche Reihe. Veranlasset nicht, daß wir uns der Abkunft von euch schämen müssen, als einer niedern, barbarischen, sklavischen, daß wir unsre Abstammung verbergen, oder einen fremden Namen und eine fremde Abkunft erlügen müssen, um nicht sogleich, ohne weitere Prüfung, weggeworfen und zertreten zu werden. Wie das nächste Geschlecht, das von euch ausgehen wird, sein wird, also wird euer Andenken ausfallen in der Geschichte: ehrenvoll, wenn dieses ehrenvoll für euch zeugt; sogar über die Gebühr schmählich, wenn ihr keine laute Nachkommenschaft

habt, und der Sieger eure Geschichte macht. Noch niemals hat
ein Sieger Neigung oder Kunde genug gehabt, um die Über-
wundenen gerecht zu beurteilen. Je mehr er sie herabwürdigt,
desto gerechter steht er selbst da. Wer kann wissen, welche
Großtaten, welche treffliche Einrichtungen, welche edle Sitten
manches Volkes der Vorwelt in Vergessenheit geraten sind,
weil die Nachkommen unterjocht wurden, und der Überwin-
der, seinen Zwecken gemäß, unwidersprochen Bericht über sie
erstattete.

Es beschwöret euch selbst das Ausland, inwiefern dasselbe nur
noch im mindesten sich selbst versteht und noch ein Auge hat
für seinen wahren Vorteil. Ja, es gibt noch unter allen Völkern Gemüter, die noch immer nicht glauben können, daß die
großen Verheißungen eines Reichs des Rechts, der Vernunft
und der Wahrheit an das Menschengeschlecht eitel und ein
leeres Trugbild seien, und die daher annehmen, daß die gegenwärtige eiserne Zeit nur ein Durchgang sei zu einem bessern
Zustande. Diese, und in ihnen die gesamte neuere Menschheit,
rechnet auf euch. Ein großer Teil derselben stammt ab von
uns, die übrigen haben von uns Religion und jedwede Bildung
erhalten. Jene beschwören uns bei dem gemeinsamen vaterländischen Boden, auch ihrer Wiege, den sie uns frei hinterlassen haben; diese bei der Bildung, die sie von uns als Unterpfand eines höhern Glücks bekommen haben, – uns selbst auch
für sie, und um ihrer willen zu erhalten, so wie wir immer
gewesen sind, aus dem Zusammenhange des neu entsprossenen
Geschlechts nicht dieses ihm so wichtige Glied herauszureißen zu
lassen, damit, wenn sie einst unsers Rates, unsers Beispiels,
unsrer Mitwirkung gegen das wahre Ziel des Erdenlebens hin
bedürfen, sie uns nicht schmerzlich vermissen.

Alle Zeitalter, alle Weise und Gute, die jemals auf dieser Erde
geatmet haben, alle ihre Gedanken und Ahnungen eines Höhern, mischen sich in diese Stimmen und umringen euch, und
heben flehende Hände zu euch auf; selbst, wenn man so sagen
darf, die Vorsehung und der göttliche Weltplan bei Erschaf-
fung eines Menschengeschlechts, der ja nur da ist, um von

Menschen gedacht und durch Menschen in die Wirklichkeit
eingeführt zu werden, beschwöret euch, seine Ehre und sein
Dasein zu retten. Ob jene, die da glaubten, es müsse immer
besser werden mit der Menschheit, und die Gedanken einer
Ordnung und einer Würde derselben seien keine leeren Träume, sondern die Weissagung und das Unterpfand der einstigen
Wirklichkeit, recht behalten sollen, oder diejenigen, die in ihrem Tier- und Pflanzenleben hinschlummern, und jedes Auf-
fluges in höhere Welten spotten: – darüber ein letztes End-
urteil zu begründen, ist euch anheimgefallen. Die alte Welt
mit ihrer Herrlichkeit und Größe, sowie mit ihren Mängeln,
ist versunken durch die eigne Unwürde und durch die Gewalt
eurer Väter. Ist in dem, was in diesen Reden dargelegt worden, Wahrheit, so seid unter allen neueren Völkern ihr es, in
denen der Keim der menschlichen Vervollkommnung am ent-
schiedensten liegt, und denen der Vorschritt in der Entwicklung derselben aufgetragen ist. Gehet ihr in dieser eurer Wesenheit zugrunde, so gehet mit euch zugleich alle Hoffnung
des gesamten Menschengeschlechts auf Rettung aus der Tiefe
seiner Übel zugrunde. Hoffet nicht und tröstet euch nicht mit
der aus der Luft gegriffenen, auf bloße Wiederholung der
schon eingetretenen Fälle rechnenden Meinung, daß ein zwei-
tesmal, nach Untergang der alten Bildung, eine neue, auf den
Trümmern der ersten, aus einer halb barbarischen Nation hervorgehen werde. In der alten Zeit war ein solches Volk, mit
allen Erfordernissen zu dieser Bestimmung ausgestattet, vorhanden, und war dem Volke der Bildung recht wohl bekannt
und ist von ihnen beschrieben; und diese selbst, wenn sie den
Fall ihres Unterganges zu setzen vermocht hätten, würden an
diesem Volke das Mittel der Wiederherstellung haben entdek-
ken können. Auch uns ist die gesamte Oberfläche der Erde
recht wohl bekannt, und alle die Völker, die auf derselben leben. Kennen wir denn nun ein solches, dem Stammvolke der
neuen Welt ähnliches Volk, von welchem die gleichen Erwartungen sich fassen ließen? Ich denke, jeder, der nur nicht bloß
schwärmerisch meint und hofft, sondern gründlich untersu-

chend denkt, werde diese Frage mit Nein beantworten müssen. Es ist daher kein Ausweg: wenn ihr versinkt, so versinkt die ganze Menschheit mit, ohne Hoffnung einer einstigen Wiederherstellung.

Dies war es, E. V., was ich Ihnen, als meinen Stellvertretern der Nation, und durch Sie der gesamten Nation, am Schlusse dieser Reden noch einschärfen wollte und sollte.

Quelle: Johann Gottlieb Fichte, Werke. Auswahl in sechs Bänden. Hrsg. u. eingel. von Fritz Medicus. Leipzig: Eckardt 1910. (Photomechanischer Nachdruck Darmstadt: Wissenschaftliche Buchgesellschaft 1962.) Bd. V. S. 592–610.

ADAM MÜLLER

1779–1829

Der längere Zeit fast vergessene, der Romantik nahestehende, mit Friedrich Gentz und Heinrich von Kleist befreundete Staats-, Gesellschafts- und Kunsttheoretiker galt in politischer Hinsicht als Opportunist. 1805 hielt er in Dresden Vorlesungen über »Deutsche Wissenschaft und Literatur«, 1808/09 über »Die Elemente der Staatskunst«. 1813 wechselte Müller vom preußischen Staatsdienst in den österreichischen über. Er starb in Wien als nobilitierter Hofrat Adam Müller, Ritter von Nitterdorff. Persönlich von zweifelhaftem Charakter, politisch den reaktionären Kräften zugetan, findet man andererseits in den Schriften Müllers weitsichtige Kommentare zur Gesellschaft, Ökonomie, Zeitgeschichte und vor allem zur Literatur und Kunst. Daß Adam Müller außerdem ein Meister deutscher Beredsamkeit ist, zeigen vor allem seine »Zwölf Reden über die Beredsamkeit und deren Verfall in Deutschland«, die er in Wien im Frühjahr 1812 gehalten hat. In der hier abgedruckten sechsten Rede illustriert Müller am Beispiel Burkes auf rhetorisch eindrucksvolle Weise die Macht der Beredsamkeit.

Von der politischen Beredsamkeit und deren Verfall in Deutschland

Demosthenes[1] wurde einst gefragt, welches das erste und wichtigste Erfordernis der Beredsamkeit sei; er antwortete darauf, nach dem Zeugnisse des Cicero[2] und des Quintilian[3]: es sei der *Vortrag*. Auf die Frage, welches das zweite Hauptstück der Redekunst sei, antwortete er abermals: der *Vortrag*; auf die Frage, welches das dritte, gab er dieselbe Antwort. Es sei nicht bloß das erste, sondern das *einzige* Erfordernis, schien

er damit sagen zu wollen. – Wir, in der Verzauberung der
Schrift Befangene, vernehmen diesen Ausspruch des großen
Mannes nicht ohne einiges Befremden und trösten uns über die
darin enthaltene Paradoxie damit, daß wir annehmen, der
Redner lege dieses ungebührliche Gewicht auf den Vortrag,
weil dieser die Schwierigkeit gewesen sei, mit welcher er besonders zu kämpfen gehabt habe. Aber sollte das Geheimnis
der Redekunst wirklich wo anders liegen als in dem Momente,
wo sie durch das Ohr in das Herz des Hörers überströmt?
Von der dunklen, verborgnen Stelle an, wo der Gedanke des
Redners entspringt, bis dahin, wo er in seiner vollendeten
Klarheit und Majestät ans Licht tritt, geht er allerdings durch
unzählige Verwandlungen hindurch; die mannigfaltigsten Gefühle erwachen, drängen sich durch Seitenwege ihm nach, er-
gießen sich in ihn, färben, erheben ihn. Aber die allergrößte
Verwandlung erfährt er erst, wenn er nun wirklich als leben-
diges Wort an die Brust des Hörers schlägt. – Die Verlegenheit, die jeder empfindet, der eine vorbereitete Rede vor einer
Versammlung aussprechen will, ist höchst natürlich; sie enthält das einfache Geständnis: »Was ich euch sage, sollte frisch
und lebendig aus meinem Herzen in das eurige übergehn, in
jedem folgenden Worte, in jedem folgenden Gedanken sollte
schon enthalten sein, sollte schon einfließen eure lebendige
Antwort, und was wir Auge in Auge, an diesem Orte und zu
dieser Stunde in einander finden und lesen und was nur dieser
unvorhergesehene Moment, und kein anderer, je wieder ebenso zusammenfügt. Statt dieser Frische nun bringe ich euch etwas Kaltgewordenes, und deshalb schäme ich mich; statt daß
meine Rede euch unmittelbar ergriffe und fester und fester
uns umstrickte in dem großen Gedanken, auf den ich es abge-
sehn, läuft sie nun neben euch her, berührt euch gelegentlich
und wo es etwa der Zufall will, verfehlt euch aber da, wo sie
es bestimmt auf euch angelegt hatte, gewiß.«
Man kann eine Rede mit der größten Genugtuung niedergeschrieben haben; und da sie gehalten werden soll, findet man
das meiste an der unrechten Stelle. Es ist ein Gefühl, wie es

ein junges Mädchen bei der Toilette und bis zu dem Augenblick, wo sie in die Gesellschaft eintritt, haben mag; der Mut,
die Zuversicht, die Vorstellung von dem Eindruck, von der
bestimmten Wirkung, die sie machen werde, das ganze ideali-
sche Gebilde einsamer Selbstgefälligkeit verschwindet vor der
völlig unerwarteten, völlig unberechneten Wirklichkeit; was
man mitbrachte, worauf man am sichersten baute, gilt wenig,
wird überglänzt; man herrscht nicht, wie man geglaubt hat,
man muß sich schicken, fügen; die Seele muß in der Geschwin-
digkeit, mitten in der Versammlung, eine ganz neue Toilette
machen. Sie hatte unter den Träumereien am Spiegel vergessen, daß solch eine Versammlung antwortet und ihre besonderen Gedanken hat und nicht die eigenen Phantasien wieder
zurückgibt wie der Spiegel. – So nun ist es mit der Rede; sie ist
eigentlich nicht eher da, als bis sie leibhaftig vor denen ausgesprochen wird, die dadurch ergriffen werden sollen. *Pronunciatio* übersetzt Quintilian das Wort des Demosthenes;
das deutsche Wort *Vortrag* bezeichnet nur unvollständig, was
er meint. Seine eigentliche Meinung war: es redet ein Gott
durch den Mund des Menschen, wo dieser wirklich *redet*; und
der Gott soll nicht etwa auf die Hörer warten, sondern diese
müssen erst zugegen sein, dann erscheint er. – Das ist der Zauber jener unwillkürlichen Beredsamkeit, welche der große
Moment selbst herbeiführt; wenige abgerissene Worte, weil
sie recht in die Gegenwart hineinfallen und der Disposition
des Redners und seiner Versammlung gegeneinander wie auch
den Veranlassungen, dem Gemütszustande recht angemessen
sind, können Wirkungen hervorbringen, welche die absicht-
liche Redekunst nie erreicht. Es gehört ein gewisses Zusammentreffen dazu, welches ganz außer dem Gebiete der einsamen menschlichen Kraft oder auch der Verabredung liegt,
einer Fügung, die, am natürlichsten, göttlichen Einflüssen zugeschrieben wird, wie auch die unerwartete Klarheit göttlicher
Ideen, die solchen Wirkungen immer zum Grunde liegen, die
Nähe des Überirdischen andeutet. Es ereignet sich dieses
Höchste in allen Künsten; und so wird das Hauptstück der

Beredsamkeit eine gewisse gehorsame Stimmung der Seele wie
der besonders tätigen Organe, der Stimme nämlich und des
Ohrs sein, damit sie unmittelbar eingreifen können in solches
Zusammentreffen, die Nähe des Göttlichen aussprechen und
verkündigen können. Diese erhabene Gegenwart des Geistes
wie der Organe – denn eines ist unzertrennlich von dem andern – meint Demosthenes unter der *pronunciatio*; und wer
will leugnen, daß, wenn irgendeines, so dieses das Hauptstück
der Redekunst sei?

Erlauben Sie mir ein Beispiel, welches durch seine Eigentümlichkeit sich besonders empfiehlt und um so mehr hierher gehört, weil zwei der größten Redner unsrer Zeit, *Burke*[4] und
Fox[5], die handelnden Personen sind. Bekanntlich war der britische Parlamentsredner *Edmund Burke* der erste Mensch in
Europa, der den Charakter der Französischen Revolution erkannte, der schon damals, als noch alle diejenigen, denen es
vergönnt war, eine solche Begebenheit frei von allem Privat-
interesse zu erleben, noch von ihr befangen und umstrickt waren, ihre Richtung, ihre Folgen nicht bloß erkannt, sondern
ausgesprochen hatte. Er war in dem Augenblick der größten
Gefahr, die sein Vaterland und diesen Weltteil bedrohte, ich
möchte sagen, die einzige Schildwacht, die an ihrem Posten
war. Eine beinahe zwanzigjährige Freundschaft, geschlossen
an dem einzigen Orte in Europa, wo es der Mühe wert sein
kann, Verbindungen auf Leben und Tod einzugehen, teils weil
er nie entweiht worden, teils weil es ein ernsthafter Ort ist
und die meisten andern gegen ihn nur Lustörter, *im Parlament
von Großbritannien,* verband mit jenem großen Manne den
jüngeren *Fox.* Eine Verbindung, die auf nichts anderem be-
ruhen konnte als auf der Größe und Göttlichkeit ihres Gegenstandes, mußte erschüttert werden, als über das Wesen der
bürgerlichen Freiheit, über den altbritischen und neufranzösi-
schen Sinn dieses Wortes, erst ein Streit über die wörtliche
Auslegung, dann über die praktische Anwendung sich erhob
und dann unmittelbar das ganze Gebäude dieser Freundschaft
ergriff und verzehrte. *Fox* sah in der Revolution nichts als

den Triumph der Sache, für die sie beide gelebt hatten; *Burke*
hingegen ihren Untergang und mit einer Rührung, die zu
menschlich ist, als daß sie sich nicht jedem Herzen von selbst
darstellen sollte, das Opfer, welches sie ihm selbst abforderte
in seinem Freunde. Es kostete ihm den schönsten Irrtum seines
Lebens, die Meinung, die er zwanzig Jahre hindurch von Fox
genährt hatte.

Die Trennung war beinahe ein Jahr hindurch undeklariert geblieben. Die Täuschung, einander selbst festzuhalten, nachdem der gemeinschaftliche Boden verschwunden ist, auf dem
man miteinander gelebt, nährt jeder, so lange er kann, bewußtlos. – Beide Freunde hatten sich vermieden, und eine
heilige Scheu, die solcher Bund wie solche Trennung wohl verdient, hielt jeden Dritten von aller versöhnenden wie von
aller entzweienden Einmischung zurück. Es war in der Nacht
vom 11. zum 12. Februar des Jahres 1791, als diese große
Angelegenheit, als die Staatsangelegenheit dieser Freundschaft endlich im Parlamente zur Sprache kam.

Die Beredsamkeit hat nie größere Wunder getan als in dieser
Nacht; alles aber war unerwartet, wie von einer höheren
Macht zubereitet. Die beiden Redner, und mit ihnen alle Zeugen, vergaßen sich selbst: die Ordnung des Parlaments, seit
einem Jahrhunderte ununterbrochen, stand stille; so man keinen Namen nennen darf, damit sich die Persönlichkeit nicht
aus den großen Verhandlungen ungebührlich heraushebe, da
galt es zehn Stunden hindurch nur die Persönlichkeit zweier
Mitglieder. Der Anfang war kalt und ruhig; es betraf die
Verfassung jenes Teils von Nordamerika, der England nach
dem letzten Frieden verblieben war. Es lagen zwei Pläne auf
dem Tische, der erste im altbritischen, der andere im neufran-
zösischen Sinne der Freiheit. Gleichgültige Redner sprachen
lange, und die Nacht war schon sehr vorgerückt, als *Burke* das
Wort nahm. Nach wenigen schneidenden Urteilen über den
vorliegenden Gegenstand und die bisherige Erörterung ging
er mit einer kurzen Catonischen Wendung auf die größere
Sache der Französischen Revolution über. In der peinlichen

Stimmung, in der die Fürsten und Helden von Troja die warnenden Verwünschungen der Kassandra angehört haben mögen, wartete das Parlament auf die Rückkehr des Redners zu dem vorliegenden Gegenstande über eine Stunde lang. Es schien kein Gefühl zu antworten, aber die Scheu der Ehrfurcht, wie vor einem großen Kranken, verhinderte die Unterbrechung; die prophetische Melancholie einer einzigen Seele lag drückend auf der ganzen Versammlung, bis eine Wendung der Rede eine neue, tiefere Erörterung der Folgen der Revolution ankündigte und somit noch ein Stunde in Beschlag zu nehmen schien. Ein fast allgemeines Geschrei *zur Ordnung* unterbrach ihn; *Fox* schwieg; der große *William Pitt*[6], allein in der ganzen Versammlung, erklärte seine Meinung, daß der Redner sehr wohl in der Ordnung sei. Es ward über die Frage gestimmt, und das Parlament von England entschied, daß *Burke* in der Ordnung sei. Hierauf erhob er sich von neuem und fuhr fort in einem Strom von Beredsamkeit, dem keine Feder folgen konnte. Die Zeitungsschreiber gaben angefangene Perioden und bemerken zu mehreren Malen in dem Text ihres Berichts die Totenstille, die über der ganzen Versammlung ruhte. Plötzlich, da er das Gemälde der Wirkungen der Französischen Revolution mit einem Zitat aus dem *Macbeth* vollendet hatte, stockte *Burke*. Es war Mitternacht; niemand wagte aufzustehen, und, mit verhaltenen Tränen, mit ungewöhnlich sanfter Stimme fuhr er fort, einen Blick auf *Fox* werfend: »Das Gift der Revolution ist mit gemeinen Opfern nicht zufrieden; sein Stachel sucht das Hohe auf Erden, das Stolze, das Schöne, das recht Erprüfte, die heiligsten Verbindungen des Lebens und wird nichts verschonen. Ich selbst, am Rande des Grabes, müde nach dreißigjähriger rechtschaffener Arbeit für England und für die Freiheit, hatte mich umgesehen nach einem Erben, dem ich das Vermächtnis meiner Sorgen, meiner Hoffnungen, meiner geheimen Gedanken über dieses Jahrhundert und über dieses mein Vaterland getrost übertragen und dem ich sagen könnte: Vollende, du Glückli-

cher, was ich gewollt! – Ich habe ihn gefunden; achtzehn Jahre
hat er mein Testament und mich, wie das Bild seines Vaters,
am Herzen getragen; – die Revolution ist ausgebrochen, und
ich habe ihn nicht mehr; ich bin allein, mein Blut ist ausge-
storben in diesem Hause, ich sterbe unbeerbt.« – Bei diesen
Worten hörte man vernehmlich, daß *Fox*, ohne aufzustehn,
den Blick vor sich hingesenkt, sagte: »*Unsrer Freundschaft
wird das nichts anhaben.*« – Lassen Sie es sich von Zeugen
beschreiben, wie diese alltäglichen Worte, im Tone einer gewissen Beklemmung und Unsicherheit gesagt, die Versammlung getroffen haben. Fünfhundert Personen waren nunmehr
in Zwei verwandelt, in Einen vielmehr – ganz England hing
an den Lippen dieses Einen Menschen, der mit einer eiskalten
Stimme fortfuhr: »Diese Freundschaft *ist* zu Ende!« – dann
aber plötzlich, wie von dem ganzen Feuer seiner Jugend überkommen, *Fox* und seine Sorgen und seine Jahre abschüttelte,
die alten, längst entschlafenen Helden der britischen Freiheit
herbeirief, tröstend von *der* Freiheit sprach, die das Volk dieser unüberwundenen Inseln eigentlich meinte, er, der Einsame,
eine große Partei aus dem britischen Altertum um sich her
versammelte und, wie von einer fernen sonnenhellen Zukunft
seines Vaterlandes verklärt, die vierstündige Rede beschloß.
Es war ein Viertel nach zwei Uhr morgens; die Versammlung
erschrak, als er aufhörte, niemand war zum Reden gefaßt.
Fox stand auf, und im Augenblicke war die Todesstille wieder
da; ein Strom von Tränen brach ihm aus den Augen; er setzte
sich sprachlos nieder. Das Parlament wartete einige Minuten;
alle Augen gerichtet auf die beiden Freunde, die stumm einander gegenübersaßen. Man fand es unanständig, nach solchem Ereignis weiter zu reden; die Sitzung wurde aufgehoben. –
Ich behalte mir vor, die Geschichte jener merkwürdigen
Nacht, in der, wenn je aus dem Gefühle einer Stunde Weltbegebenheiten herzuleiten sind, das Schicksal von England,
und von mehr als England entschieden worden ist, aus allen
den zerstreuten Materialien, Zeitungsberichten, Parlaments-

Rapports, mündlichen Aussagen usf. vollständig zusammen-
zutragen.

Man hat in den Künsten die Erfahrung gemacht, daß die
größte augenblickliche Wirkung, z. B. die des Schauspielers,
die vergänglichste ist; und daß jede Kunst von der ewigen
Gerechtigkeit der Weltordnung für die geringere augenblickliche Wirkung entschädigt wird durch die Dauer. Etwas Ähnliches wird der Beschreiber jenes großen Auftritts anerkennen
müssen. Nur die äußeren Umstände lassen sich wiederherstellen und festhalten; das eigentliche Wunder der Beredsamkeit
ist nur für die beneidenswürdigen Gegenwärtigen. Und wären
uns alle Worte jener Nacht zurückgeblieben: wer kann die
Töne wiedergeben? – Das ist der Vorzug des Dichters! Für
alle Leiden, für alle Resignation, für das Entbehren der gegenwärtigen, anwesenden Majestät entschädigt ihn die *Dauer*.
Eine Rede, wenn sie einmal erkaltet ist, wenn sie herausge-
nommen wird aus dem Zusammenhange ihrer Geburt, möchte
ich sagen, niedergelegt in die Schrift, kann auf unzählig verschiedene Weise gelesen werden, weil sie eben, ohne ihren
Autor, nichts ist, weil sie nicht unabhängig, nicht entlassen ist
vom Verfasser, nicht emanzipiert, nicht freigesprochen wie
das Werk der Poesie: so muß der Vorleser den Mangel ergänzen, aus freier Kraft die Seele, die dazugehört, die Persönlichkeit des Redners hinzutun; und so erhalten wir etwas anders
als die Rede. Ich glaube, eine Rede läßt sich deutlicher und
wahrer beschreiben als rezitieren, ein Werk der Poesie hingegen trägt seine Seele in sich; es ist völlig unverständlich ohne
diese Seele, ohne ganz eigentümlichen Ton und Bewegung: es
kann unempfunden durch eine ganze stumme Generation hin-
durchgehn. Der erste Enkel, der es versteht und, was ich vor-
aussetze und was von aller Bildung vorausgesetzt werden
sollte, nur die Organe der Stimme und des Ohrs in Bereit-
schaft hat, kann es nur auf Eine mögliche Weise verstehen und
lesen. Ort, Zeit, äußere Umstände, alles, was auf den Redner
einwirkt (einen Akkord der äußeren Gegenwart möchte ich es
nennen) treffen nie wieder so zusammen; hier nur flammt das

Göttliche auf, es erscheint im Fluge. In der Poesie *wohnt* es: diese Akkorde stammen aus der Seele des Dichters: nichts Äußeres, Augenblickliches hat eingegriffen; jedes reine Gemüt, still in sich selbst und auf die Kräfte, auf die Begebenheiten in seiner menschlichen Brust beschränkt, kann sie wiederherstellen.

Es ist also klar, daß der ganze Standpunkt für die Theorie der Beredsamkeit verrückt wird, wenn man ihr eigentliches Wesen, wie es die ganze neuere Rhetorik tut, in das *Konzept* setzt, in das vorbereitende häusliche Erdichten und Aufschreiben der Rede. Die Rede kann durchaus nicht eher vorhanden sein, als der ganze Akkord von Menschen und Umständen, in den sie eingreifen soll, wirklich da ist; also kann sie nicht eher vorhanden sein als in dem Augenblicke, wo sie auch schon gesagt werden muß; folglich ist das Sagen, das Aussprechen der Rede nicht bloß das Haupterfordernis, sondern das einzige Erfordernis zur Beredsamkeit; folglich hat Demosthenes recht. – Im britischen Parlament schreibt bekanntlich nur der Anfänger seine Rede auf; und wer eine wahrhafte Rede niederschreiben will, vermag es nur, indem er alle äußern Verhältnisse durch eine poetische Fiktion hinzusetzt, die Rede selbst aber vielmehr durch die Feder ausspricht als schreibt. – Dies ist die praktische Natur der Beredsamkeit!

Die Schule der Beredsamkeit eröffnet sich also mit der Übung und Bildung der Stimme wie des Gehörs und nicht etwa mit dem, was man in unsern Schulen sehr ungeschickt *Stilübung* nennt. *Stil* in der Rede ist jenes Unaussprechliche und im gemeinen Wege völlig Unerlernbare, welches das lebendige Leben hinzutut. Der Charakter, den die Waffenübung der Seele, den die Heldengenossenschaft mit großen Männern und ihrer selbst bewußten Meistern absetzt, klingt durch die Rede hindurch. Dies ist die Seite, von welcher auch der späteste Vorleser einer Rede gebunden ist; dieser Grund der Rede ist ein bestimmter, der nicht verändert werden darf, nicht verändert werden kann. In den griechischen und britischen Rednern drängt er sich von selbst auf. – Mit dem erhabenen Wesen

nun, mit jener freien Eigentümlichkeit einer ganzen Gemeinde von Rednern und Helden, denen sich der einzelne Redner,
wenn er nach vielfältigen Kämpfen den Meridian seiner Kraft
erreicht hat, mit ebenso freiem Bekenntnis, mit einer Art von
männlichem Gelübde anschließt, – soll unsere früheste Jugend
vertraut werden; zehnjährige Knaben sollen sich, die Feder in
der Hand, diesen Stil des Geistes angewöhnen. Ein gewisses
Gesichterschneiden der Seele wird ihnen gelehrt. Erst lernen
wir lesen und schreiben, dann den Stil und wären nun unge-
fähr auf dem Punkte, wo die Griechen aufhörten, als ihre Na-
tionalbildung erreicht war. – Wir aber treten nun erst ins Leben und lernen stammeln, sprechen, wenn's glückt, *reden* wenige; überglücklich, wenn in den spätern, reiferen Jahren des
Lebens uns etwas entschlüpft, was niedergeschrieben zu werden und zu bleiben verdient; überglücklich, wenn in dieser
reiferen Zeit wir endlich einen der großen Autoren der Vorzeit verstehen lernen und sich dann nun endlich die Mühe
bezahlt macht, mit der wir so frühe lesen gelernt. Der Stil
aber? des Lebens, der Rede, der Schrift? – wird er in der Stu-
ben-Konversation über die Zeitungen und über die Schnitzer
der Feldherrn und Regenten gelernt oder im Studierzimmer,
in den Büros, in den einsamen Werkstätten handwirkender,
nachahmender Künste, ohne Händereichen und Gemeinschaft
der Geister? – »*Ich habe wenige Frauen gefunden*«, sagt der
Verfasser des *Woldemar*[7], »*die ihren Anzug auf eigentümliche
Weise zu besorgen wußten*«; ich habe wenige Männer gefunden, füge ich hinzu, die nur im Privatleben, wohin alle ihre
Sorge gerichtet war, unabhängig gewesen wären und selbstän-
dig und frei von Manier und Ziererei. Wie sollte ich von ihnen
verlangen einen Stil, ein freies Eingreifen in das öffentliche
Leben, ein Sich-selbst-behaupten, indem man sich einer gan-
zen Republik von Geistern anschließt, der Denk-, Sprech- und
Handlungsweise einer ganzen Korporation großer Naturen
sich mit Freiheit, mit Stolz und Demut unterwirft. Dies ist das
Wesen des Stils, worin wir unsere Knaben üben!
Ich glaube, ich habe in einzelnen großen, vielleicht noch allzu

harten Zügen ausgedrückt, was der Anfang, was das Ende der Redekunst sei. Der einzelne kann für diese gewaltigste und gegenwärtigste unter allen Künsten nichts tun als seinen Mund bilden; die Nation bildet im Laufe der Jahrhunderte durch die anbetende Ehrfurcht, mit der sie an ihren Helden hängt, mit der sie alles Große, was ihr Boden erzeugt, zusammenknüpft, wie in ein Pantheon zusammenstellt, das andere Hauptstück hinzu, nämlich den *Stil*; die Nation bildet hinzu jene gewisse harmonische Einheit unter allen Erzeugnissen ihrer Kunst, zumal der höheren Beredsamkeit, um derentwillen nun das einzelne zu bleiben, durch den Stil, durch die Feder fortzuleben verdient. Nichts bestätigt diese Darstellung so als der einzige Schauplatz echter Beredsamkeit, der diesem unserm stummen Jahrhundert verblieben ist und den ich im Anfange meiner heutigen Vorlesung zu vergegenwärtigen suchte: das britische Parlament.

Die Grundlage der Erziehung des britischen Redners ist der Umgang mit den Alten, die nur versteht, wer sie sich sprechend, nicht aber schreibend denkt; keine Stilübungen, aber vielfältige Versuche in Versen. Die Poesie, die Quelle des Geschmacks, wird gegenwärtig erhalten, künstlich hereingeleitet in die Brust des künftigen Redners. So vorbereitet ergreift ihn das politische Leben und das unnachlassende Gespräch des Parlaments, der Gerichtshöfe und zuletzt der Stil der Redner von England. Dies war die einfache Vorschule des großen *William Pitt-Chatham*, *Burkes*, des jüngeren und größeren *William Pitt* und *Foxens*, dieser großen Heerführer der britischen Beredsamkeit, durch deren Mund England nunmehr gesagt hat, was es sei. Die erhabensten ihrer Werke – eines davon habe ich zu beschreiben versucht – sind hingestorben mit ihnen selbst; – denn es muß bemerkt werden, ausdrücklich bemerkt, daß England noch besteht, nachdem diese Säulen eingestürzt sind, die es zu tragen schienen. Die erhabensten ihrer Werke sind dahin wie die großen Veranlassungen, die sie erzeugten. Von *Fox* sind kaum wenige Worte erhalten, aber nichtsdestoweniger wird alle Erinnerung an seine Irrtümer und Schwächen niedergehalten, aufgewogen durch den wortlosen Nachklang dessen, was er durch die Gewalt seiner Rede für die Gegenwart gewesen ist. Stat nominis umbra, nur der Schatten seines Namens ist geblieben, und dennoch heute, mehrere Jahre nach seinem Tode, sind die Gemüter von dem Eindruck seiner Stimme noch nicht zurückgekehrt in ihre alten Fugen. Dieser Wortredner des Verderbens, gepeitscht von allen Furien des Ehrgeizes und einer Sinnlichkeit, wie sie sonst nur der tropische Himmel auszubrüten pflegt, wußte einzugehen in allen Eigensinn, in alle Unart wie in allen Stolz seines Volkes; die ganze Vergänglichkeit von England, folglich auch alle Macht über die Gegenwart, standen ihm zu Gebote, und die ungezogene, aber im Grunde wohlwollende, schwache und immer berauschte, aber freigebige, großmütige Seele dieses Mannes spiegelte das *wirkliche* England mit allen seinen Einzelheiten und Sichtbarkeiten so deutlich und doch so veredelt ab, daß er der Mann des Volkes bleiben mußte bis an sein Ende.

Ihm achtzehn Jahre zur Seite und dann fünf Jahre gegenüber stand der königliche Redner *Edmund Burke*, Stellvertreter des *unsichtbaren* Englands, der Geisterseher seiner Geschichte, der Prophet seiner Zukunft; ein rechtschaffenes, still bürgerliches Herz, das nichtsdestoweniger England ganz ausfüllte bis an den Rand; ein behaglicher, sich in alle nahen Umstände einwohnender Geist, dem nichtsdestoweniger Europa zu enge war, und eine Rede, an der selbst die Gegner nichts auszusetzen wußten als die mitunter allzu blendende Hoheit, die allzu schlagende Kraft und den kassandrischen Trübsinn, in den sie sich verlor unter den Gewitterwolken, welche die letzten Jahre seines Lebens hindurch über England ruhten. Ich habe es oben angedeutet, er hatte keine Partei in dem wirklichen Parlament und dem damaligen Volk. Im Parlament, wo sich die Parteien, soviel es gehen will, auch in den Sitzen absondern und gegenüberstellen, setzte er sich unten im Grunde des Hauses allein; William Pitt, die Grenvilles[8] und alle Regierenden seiner Zeit horchten still auf ihn; – aber seine Partei war bei denen, die nicht sterben in England wie anderswo, deren Geist fortsitzt im Parlament, wo ihn keine Gegenwart, und sollte sie selbst durch Foxens Mund reden, verdrängen kann. Und so hat er mit dem Beistande dieser Partei oder — haben sie durch seinen Mund mehr gewirkt und vollendet als alle Parteien der Zeit durch ihre Heerführer. Wenn die *weltliche* Beredsamkeit und alles, was die Kunst der Rede über derbe, tüchtige, wohlgenährte, lüsterne Weltkinder vermag, in *Fox* seinen Gipfel erreicht hat: so hat die *heilige Beredsamkeit* in diesem Jahrhundert nur durch Einen Mund geredet, durch den Mund *Burkes.* Wer möchte dieser Zeit predigen, ohne die teuren Überreste dieses großen Mannes, insbesondere die der letzten Epoche seines Lebens zu studieren, zu verehren, in allen feierlichen Augenblicken des Lebens, wie in einer Wallfahrt, dahin zurückzukehren. Welcher Ohnmächtige wird es wagen, über die Angelegenheiten der Völker zu reden, ohne die Gewalt über das teure Abwesende, Untergegangene, von unkeuscher Größe Verdrängte, von Burke zu lernen, ohne von ihm zu lernen die gewaltige, ihm ganz eigentümliche Waffe des tragischen Witzes.

Diese beiden großen Redner haben England ausgedrückt, der eine, wie es ist, der andere, wie es war; den beiden andern, den *Pitts*, den größten Staatsmännern ihres Jahrhunderts, verdankt England, daß es, wie es war, so blieb und, indem es blieb, größer wurde, als es war. Auch sie haben mit der unmittelbaren Gewalt der Rede viel mehr als durch schriftlichen Befehl England regiert; sie haben verdient, jener im Rednerstuhl, inmitten des Parlaments und seiner Taten und der Denkmale seines Lebens und bestrahlt von dem Glanze seines Vaterlandes, den er entzündet, zu sterben; dieser, der jüngere Pitt, verdient, daß, als er nach sechzehnjährigem Ministerium am Tage nach seiner Verabschiedung ins Parlament trat und an den Sitzen der Minister vorüberging, diese, die Neuerwählten, ihm instinktartig Platz machten und das ganze Gespräch der ersten Abende verrückt war, da man diese Stimme von einer andern Seite her vernahm.

Bin ich von meinem Gegenstande abgekommen, habe ich mich
bloß überwältigen lassen von der Erinnerung an diese großen
Charaktere, oder gab es wirklich keinen kürzeren Weg für die
Anregung dessen, was mit diesen Vorlesungen ich eigentlich
meine, als sich in die Mitte des Gegenstandes zu versetzen; —
die Konzept-Ansichten der deutschen Redekunst, das stumme
Vergnügen, eine Mosaik aus fremder Gesinnung zusammen-
zusetzen, die rhetorischen Adressen an die Wand oder, wenns
hoch kommt, an den Spiegel beiseite zu werfen; — und die
Meinung, als hätte ich es auf Regeln für die Abfassung und
Korrektur solcher Konzepte abgesehen, zu widerlegen durch
eine Erzählung von großen Rednern und ihren Taten? — Entweder wird der *Geist des lebendigen Wortes* geweckt; entweder Deutschland bekennt die unermeßliche Macht der Rede,
die es schlummern läßt oder die es doch vergräbt in die Ein-
samkeit der Bibliotheken; entweder die Jugend erkennt, daß
die Frucht alles Denkens und Lernens lebendig auf den Lippen
schweben müsse, daß man wohl *dichten* könne für die Welt,
so wie die Welt für uns, aber keiner *reden* könne für den andern: oder dies Geschlecht möge nur unter seinen Stilübungen,
unter seinen poetischen und philosophischen Phrasen vollends
ersterben und verstummen. — Vergiß nicht, möchte ich der
Jugend meines Vaterlandes zurufen, die große Lehre des Demosthenes: Was du deiner Zeit etwa Großes oder Tüchtiges zu
sagen hast — und es wird sie nichts treffen, wenn du sie nicht
wirklich und leibhaftig anredest —, also, was du wirklich sagst
und in Schriften niederlegst, liest nicht der trefflichste Zweite
so wieder, wie du es empfunden hast; er trifft deinen Ton
nicht, er liest sein Gemüt hinein, seine Zeit und die Umstände
seines Orts. Du kannst ihm nicht befehlen, wie er dich lesen
soll, so wie es der Dichter kann. Also wirf die Feder beiseite
wo sie nicht hingehört; denke nicht früher an die Nachwelt,
als bis du die Gegenwart besorgt, schreibe nicht eher, bis du
reden kannst, damit du zuletzt wenigstens Gesprochenes nie-
derschreibst und nicht Gedanken, die schon deine Seele ge-

schrieben hat statt zu denken, sprechend zu denken; totge-
bornes, kaltes Wesen, vor dem die besser empfindende, hoffentlich warmblütigere Nachwelt zurückscheuen wird. Sieh,
die reichen Saatfelder, die jene großen Redner bestellten; die
üppige Frucht, welche sie gebaut, hat die Jahreszeit, hat die
Gegenwart, haben die Zeitgenossen weggemäht; sie lebt in
der Kraft ihres Volkes und in neuen Ernten fort. Sie haben
die Ewigkeit besorgt, indem sie des Augenblicks wahrnahmen;
um die Spuren ihres großen Geistes zu kosten, halten wir
ängstliche Nachlese auf den Feldern. Seine Werke auf die
Zukunft zu bringen, ist, wenn überhaupt, eine Rücksicht des
Redners, doch nur seine *zweite* Rücksicht: *die Werke des Redners müssen eigentlich sterben, allmählich, wie der Samen in
der Erde*, sie werden unlesbar, ihre Farben erblassen; nur die
Werke der Poesie haben ewiges Leben, nie verlöschende Farben oder doch einen Balsam, ein Salz des Lebens in sich, welches sie erhält, solange die Völker leben, welche sie gesungen.
Der Redner hat die Gegenwart, der Dichter die Zukunft; re-
signiere er auf die Zukunft, wie sie auf die Gegenwart Verzicht tut. Was ihnen beiden gemein ist, worin beide eigentlich
leben, das ist ja doch ewig! – Seine Werke der Zukunft zu
übergeben und zu erhalten, ist des großen Redners *zweite*,
sich selbst im Ganzen, wenn auch namenlos, in der Begeisterung des Ganzen fortzusetzen, ist des Redners *erste* Rücksicht.

Quelle: Adam Müller, Kritische / ästhetische und philosophische Schriften.
Kritische Ausgabe hrsg. von Walter Schroeder u. Werner Siebert. Neuwied u. Berlin: Luchterhand 1967. Bd. I. S. 365–378.

Anmerkungen

1. Der bedeutendste griechische Redner, 384–322 v. Chr.
2. Der bedeutendste römische Redner, 106–43 v. Chr.; von ihm stammt
   auch die Schrift »De Oratore«.
3. Wirkte seit 69 n. Chr. als Redner in Rom, schrieb »Institutio Oratoria«.
4. Edmund Burke (1729–97), englischer Politiker und Schriftsteller, neben

Fox eine Zeitlang Führer der Whigs im Unterhaus, Gegner der Französischen Revolution.

5. Charles James Fox (1749–1806), englischer Staatsmann, mit Burke im Unterhaus, 1782 Außenminister, bekämpfte den jüngeren Pitt, vertrat entschieden liberale Tendenzen.

6. Es handelt sich um den jüngeren Pitt (1759–1806), seit 1783 Premierminister in England, Gegner der Französischen Revolution und Napoleons.

7. Friedrich Heinrich Jacobi (1743–1819), sein Roman »Woldemar« erschien 1779 (erweitert 1794).

8. Alte englische Familie; ihr entstammen die Earls of Temple und die letzten Herzöge von Buckingham.

CLAUS HARMS

1778–1855

*Der zu seiner Zeit berühmte Prediger unterscheidet sich von
Schleiermacher schon durch die soziale Herkunft. Claus
Harms, am 25. Mai 1778 in Fahrstedt (Süderdithmarschen)
als Sohn eines Müllers geboren, war zunächst Knecht bei seinem Vater, dann Müller und schließlich Dienstjunge bei einem
Bauern. Er begann spät mit dem Studium und wandte sich
schon als Student unter dem Einfluß von Schleiermachers »Reden über die Religion« von dem Rationalismus und Ästhe-
tizismus in der Theologie ab. In seinem Predigtstil hielt er im
Gegensatz zu Schleiermacher auf Natürlichkeit, Allgemein-
verständlichkeit, Volkstümlichkeit und freie Verkündigung.
Immer wieder setzte sich Harms, seit 1806 Diakonus in Lunden, für die Belange der einheimischen Landbevölkerung ein
oder geißelte, wie in dem hier abgedruckten Text, die Mißstände im kommunalen Leben. In 95 Thesen trug er 1817 als
Archidiakonus von St. Nikolai (seit 1816) in Kiel zum Re-
formationsjubiläum einen scharfen Angriff auf die rationali-
stische Richtung der Theologie vor. Sie führten zur Mitbe-
gründung des Neuluthertums und der Pastoraltheologie. Als
man Harms später (1835) die Nachfolge Schleiermachers an
der Berliner Dreifaltigkeitskirche anbot, lehnte er zugunsten
der Propstei Kiel ab. Er starb am 1. Februar 1855 in Kiel.
Zwischen 1806 und 1848 haben auch die Kanzelredner immer
häufiger zu politischen Ereignissen Stellung genommen. Ein
besonders signifikantes Dokument stellt in diesem Zusammenhang Harms' Predigt »Der Krieg nach dem Kriege oder: die
Bekämpfung einheimischer Landesfeinde« dar, die er am
Sonntag Sexagesima 1814 mit großem Erfolg in Lunden gehalten hat. Sie wurde anschließend gedruckt und schnell im
ganzen Land verbreitet. Harms gelang es, mit dieser Predigt
eine öffentliche Untersuchung und Korrektur der bestehenden
Mißstände zu erwirken. Er selbst beschrieb seine Handlungs-*

*weise folgendermaßen: »Da hab' ich nicht gesagt: Jagt die
Beamten weg! Bestürmt ihnen das Haus und werft ihnen die
Fenster ein! Bringt ihnen eine tüchtige Katzenmusik! Nein,
solches hab' ich nicht gesagt, sondern, wie das im alten und
neuen Israel einem Jeden zu tun verstattet ist: Gehe zu deiner
Obrigkeit.«*

Der Krieg nach dem Kriege oder:
die Bekämpfung einheimischer Landesfeinde

Ein Mehreres ist nicht verordnet worden für heute, die Dank-
und Freudenpredigt vermutlich ausgesetzt bis zum allgemeinen Frieden, welchen uns der gütige Gott, uns und allen Tausenden, die nach demselben verlangt, bald geben wolle. So
habe ich mich denn zu wenden in meinem Vortrag auf eine
andere Materie. Allein, immer kann ich noch nicht wieder
über solche Wahrheiten reden, die zu jeder Zeit können ausgelegt werden, weil sie mit der Zeit in keiner Verbindung
stehn; wie nötig, wie heilsam auch diese und jene sei, fürcht'
ich doch, keine Aufmerksamkeit bei euch zu finden, indem die
Zeit und was sie angeht, so mächtig alle Herzen ergriffen hat,
daß sie uns zwingt gleichsam, an sie zu denken, zu reden von
ihr. Darum lasset mich bleiben in der Ähnlichkeit, in der Verwandtschaft der angeregten Materie, fortfahren von Krieg
und Frieden zu reden, nur in anderer Wendung, nämlich von
Gott auf uns selbst zurück, von seiner Güte zu unserm Verhalten, von seinen Gaben zu unsern Anwendungen. Frieden
hat Gott dem Lande gegeben, aber was ist es, daß die Freude
darüber nicht aufkommen lassen will? Die traurige Wahrnehmung ist es, daß in einem solchen Zustande das Land sei, welchen man für weniger besser als den Krieg selber hält. Sie
kommen, sie kommen, die großen Rechnungen für das Frie-
denskleid, welches dem Lande gemacht ist, die müssen bezahlt
werden, versteht sich; sie kommen ebenfalls und bleiben nicht

aus die Unterschleife, die schlechte Menschen sich erlauben, die
Betrügereien, die von verschmitzten Köpfen verübt werden,
die Bubenstücke, die in schwarzen Herzen ausgeheckt sind
– nun zu fischen, da das Wasser trübe ist, nun zu pflücken, da
der Körper doch wund ist, nun anzufallen, da die Gemüter
einmal in Angst sind und noch eine Weile den Krieg fortzu-
spielen, – die früher vielleicht schon als Igel[1] sogen des Landes
Blut, kommen als Wölfe und lecken das Mark des Landes, –
wie ja immer die Raubtiere sich häufiger und dreister zeigen,
wann der Krieg Öden gemacht hat. Öden hast du genug, mein
schönes Vaterland, du herrliches Land am Eider- und Elb-
strom, auf den Böden, in den Ställen, in den Kassen der meisten deiner Einwohner sind traurige Öden. Gottes Segen und
der Fleiß werden sie wieder zu füllen anfangen, Landesfriede
und die Sparsamkeit den neuen Erwerb zu behüten suchen –
vergebens, – ja, vergebens wird alles sein, wenn Feinde unter
uns hausen, einheimische, die ärger sind als die fremden, zehnmal ärger. Sie wollen Krieg, sie sollen ihn haben.
Der Krieg nach dem Kriege, ist mein Vortrag, oder: Die Bekämpfung einheimischer Landesfeinde. Und dreierlei zieh' ich
in Betracht:
1. Welches sind die Feinde? 2. Welches sind unsre Waffen?
3. Welches sind die Botschaften an uns, in diesen Krieg zu
gehen?
Ich rede an heiliger Stätte: das weiß ich; mein Amt sei, zum
Frieden zu reden: das tue ich. Wolltet ihr es nur wissen, daß
Menschenwohl eine heilige Sache sei, es einsehen, daß mit
Feinden des Menschenwohls nicht dürfe gehandelt, sondern
nur gekämpft werden, mich verstehen, wenn ich sage, daß ich
schlechterdings nicht gleichen will jenen Priestern, die Jeremias verwirft, Kap. 6 V. 14, »welche sagen: Friede, Friede,
und ist doch nicht Friede!« Nein, zum Kriege ruf' ich auf,
durch Krieg zum Frieden, dann ist Friede.

I

Welches sind diejenigen denn, wider die sich sollen erheben
alle rechtschaffenen Menschen und Landesfreunde? Welches
sind einheimische Landesfeinde? ist meine, oder vielmehr eure
erste Frage. Freilich, denn lächerlich würde es sein, Schild und
Speer zu erheben gegen unlautere Gestalten der Einbildung,
gegen nicht vorhandene Feinde, und der Aufruf keines An-
hörens wert. Aber, lieben Zuhörer, sehe ich falsch, so sehen
tausend falsch! Bin ich in Irrtum, so ist das ganze Volk in Irrtum! Und des Volkes Urteil, wisset ihr wohl, ist die Stimme
der Wahrheit. Mit Freimut habe ich angefangen, mit Freimut
fahre ich fort: die einheimischen Landesfeinde sind jene drei
Haufen, welche bestehen aus solchen, die ihre Hände ausstrek-
ken nach dem Gut des Landes, und aus solchen, die ihre Schultern entziehen der Last des Landes, und aus solchen, die ihre
Augen vor beidem zutun. Das sind sie.
Die ihre Hände ausstrecken nach dem Gut des Landes. »Ein
Arbeiter ist seines Lohnes wert«, hat auch Christus gesagt,
Luk. 10,7. Allein, wer da zu schaffen macht, wo nichts zu tun
ist, auf daß ihm bezahlt werde dafür, wer Dinge verwirrt und
die Geschäfte vermehrt, um seinen Verdienst zu vermehren,
wer den Lohn für seine Arbeit widerrechtlich steigert und, so
er es nur erhalten kann, auch das Dreifache und Zehnfache zu
nehmen sich weder scheut noch schämt, wer sich erlaubt, selbst
da Lohn zu fordern, wo er gar nicht gearbeitet hat, d. h. zu
ernten auf einem Acker, da er keine Furche gezogen, kein einziges Körnlein gesät hat und nicht einmal Unterschied macht,
ob einer Witwe oder Waisen oder Armen der Acker gehöre,
wer nach dem Durst seiner Habsucht oder nach dem steten
Hunger seiner Verschwendung mit langen Fingern und weitem Gewissen antastet, was nicht sein ist, unter allerlei Vorwand, wenn Augen auf ihn gerichtet sind und ohne Vorwand,
wenn er meinet, es unbemerkt zu tun, wer die Gerechtigkeit
teurer macht als das Recht selber ist, wer Ungerechtigkeiten
feil hat für jeden Meistbietenden und Parteilichen beweist

nach Gunst und Gabe: wer das tut an einer Kommüne und in ihr, den nenn' ich einen einheimischen Landesfeind. Ich glaube, nicht beweisen zu dürfen, daß er das ist.

Die ihre Schultern entziehen der Last des Landes. »Einer trage des andern Last«, diese Apostelvermahnung, Gal. 6,2, ist auch in unserm Verstande eine richtige. Heißt nicht jeder Ort, jedes Kirchspiel eine Kommüne? Kommüne aber heißt eine Verbindung der Einwohner zur Gemeinschaft in allen bürgerlichen Leistungen nach Pflicht und Recht. Wer zu dieser Gemeinschaft gehört, der hat die Pflicht auf sich, nach seinem Vermögen und Anteil die Last, die auf dem Ganzen liegt, mitzutragen, und jeder andre hat das Recht für sich, es zu fordern, zu fordern ohne Unterschied der Person. Im Kriege wird ergriffen, wer bereit steht. Im Kriege wird genommen, was zur Hand liegt. Da mag sich zurückziehen, wer eine Ausflucht hat. Da mag einer bergen, was er zu verbergen Zeit und Gelegenheit hat. Allein, schon während des Kriegs pflegt's zu geschehen, nach demselben geschieht es allemal, daß nach Ordnung und Regel die Lasten verteilt, die Leistungen bestimmt werden. Wer bist du, der du auf deine Schultern nichts nehmen willst, der du verleugnest, was du kannst, um nicht zu Hülfe gerufen zu werden, der du verleugnest, was du hast, um nichts hergeben zu dürfen? Da haben sich genug in das Schlepptau der Barmherzigkeit gebracht durch schlechtes Haushalten. Willst du noch die Last vermehren durch schleichende Künste, durch Schmeicheln, Schenken und Lügen dich frei machen von gerechter, schuldiger Teilnahme? Sind deine Hände vielleicht zarter? Ist dein Roß, dein Rind, dein Korn dir etwa teurer, als seines dem Nächsten ist, und dein Geld, mit saurem Schweiß erworben, als ihm seines? Du behältst, er muß geben, für sich, aber auch für dich, von seinem Fleiß für deine Faulheit, von seiner Notdurft für deinen Überfluß, von seiner Kinder Brot vielleicht für dein Schwelgen, für dein Huren, für dein Spielen, – und er weiß nicht, wie es geschieht, er darf nicht sagen, was geschieht, trägt unter der schweren

Last, die du hast schwerer gemacht, trägt, seufzt und erliegt, wenn Gott nicht hilft. Du bist ein Landesfeind.

Die ihre Augen vor beidem zutun. Es sind nämlich Männer gewählt mit dem bestimmten Auftrag des Prophetenworts (Jer. 29,7: »Suchet der Stadt Bestes!«), die eigens wachen sollen davor, daß niemand seine Hände ausstrecke nach des Landes Gut, niemand seine Schultern entziehe der Landeslast. Sie stehen auf einem wichtigen, in unsern Tagen besonders wichtigen Posten; sie sind die wahre Landwehr, Kirchspielwehr, zum Dienst der Gerechtigkeit und zur Abwendung der Ungerechtigkeit bei uns eingeführt[2], wie nicht in allen Gegenden Holsteins. Es sind Männer aus unsrer Mitte. Es sollten sein lauter einsichtige, redliche und von Gemeinsinn beseelte Männer, die gestellet werden auf diesen Posten, nicht wahr? – Wiewohl es leider hier und da so aussieht, als wenn Männer, die es nicht sind, den Vorzug haben. Wem es denn fehlet an den nötigen Eigenschaften, an dem Gemeinsinne, der sich selbst und seinen Vorteil und seine Freundschaft vergißt um andrer willen oder an der Redlichkeit, die keinen Unterschleif duldet und in Ewigkeit nicht ihr Ja und ihren Namen hingibt, um einen Betrug zu decken; wem es fehlt an Einsicht, daß er weder die Sprache noch die Schrift versteht, in der Landes- und Kirchspielssache verhandelt wird, zu geschweigen, daß er, wie's manchmal nötig ist, Gedanken und Pläne von fern versteht; – wessen Vermögensumstände so schwach sind, daß er nicht zu reden wagt, wessen Eitelkeit aber noch so stark ist, daß er nicht abtreten und einem andern seinen Platz einräumen mag; wer so feige ist, daß er schon zittert vor Menschen, die nur einen Finger breit höher stehn; wer so taub ist, daß er nicht die Stimme des Publikums vernimmt und himmelschreiende Sünden; wer so blind ist, daß er handgreifliches Unrecht nicht sehen, sonnenklare Schelmerei nicht erkennen kann, wenn ihm eine aufstößt – wer wäre doch so blind! – der tut seine Augen mit Fleiß zu, ist ein Hehler der Stehler, ist ein Landesfeind, das ist er.

II

Was hilfts, daß die fremden Feinde weg sind[3], falls noch solche
unter uns hausen? Dann ist es Friede und doch nicht Friede,
indem es ja hergeht, als wäre noch Krieg. Lasset den Krieg
sein, Brüder! Ihr kennt die Feinde. Ich habe gesagt, welches
sie sind, ihr findet denn selber leicht, wer sie sind und wo sie
sind, die Namen zu den Bezeichneten. Jedoch, wer in den
Krieg gehen will, der untersucht vorher, mit welchen Kräften
und Waffen, ob er auch vermögend sei, etwas wider den Feind
auszurichten. Ihr habt Waffen von dreierlei Art, nämlich das
bessere Beispiel, das freie Urteil und die gerichtliche Klage.
Mit diesen Waffen geht aus wider einheimische Landesfeinde!

Das bessere Beispiel. Das Böse steckt an, aber das Gute auch,
wenn gleich in geringerm Grade. Wer schlechte Menschen zu
seiner Rechten und zu seiner Linken hat, wer es sieht, wie man
seine Hände nach fremdem Gut ausstreckt und beide Hände
jedesmal voll wieder einzieht, wer dahinter kommt, wie einer
von seinen Schultern abwälzt die gemeinsame Last und seinen
Teil andern aufzubürden versteht, wer die Reden solcher
Menschen anhört und ihre Entschuldigungen und ihre Beschö-
nigungen: der ist in Gefahr, ihnen gleich zu werden. Die Augen der Lust sehen auf jedem Baum eine verführende Schlange, und die böse Lust erwacht so leicht in der verderbten Men-
schennatur! Aber das Gute steckt auch an. Tretet, ihr bessern
Menschen, den schlechten unter die Augen mit eurem bessern
Beispiel, und laßt euer Licht leuchten von ihnen, Matth. 5,16.
Zeigt ihnen eure Wahrhaftigkeit, die sich kein falsches Wort
erlaubt zu eigenem Vorteil, – eure Redlichkeit, die jedes Versprechen hält, auch das zu eigenem Schaden, – euren Abscheu
vor jedem unrechtmäßigen Schilling, deren einer doch auch
zehn rechtmäßige verzehrt, – eure Aufopferung, die keine Arbeit für zu sauer, kein Gut für zu teuer hält, wenn der
Menschheit damit gedienet wird, – und eure Scheu vor dem
Gelde, wenn ihr Pflicht- und Liebeswerke verrichten sollt.

Schrecklich steht es im Lande, wenn kein Mensch etwas mehr umsonst tun will. Da bleibt das Beste und Nötigste immer ungeschehen. »Umsonst«, spricht man, »ist der bittre Tod«, – »aber auch die ewige Seligkeit«, setzet hinzu, »für Geld«, sprechet ihr, »ist des Landes Verderb und Untergang«, und zeigt den Mietlingen eure Uneigennützigkeit, ob sie sich schämen, wenn noch Scham in ihnen ist und von ihren landesfeindlichen Gesinnungen abstehen, fahren lassen die Beute, welche vielleicht schon mit der einen Hand ergriffen ist.

Das freie Urteil. Und wenn noch eine Ader von Scham in ihnen ist, so werdet ihr viel ausrichten mit dieser Waffe. Woher sind die Feinde so kühn und so frech? Weil sie nicht wissen, was von ihnen geredet wird, weil sie nichts hören als Höflichkeiten und Schmeicheleien, allenfalls ein Wort des Tadels hier und da, das wie in Übereilung gesprochen ist und unter Bitten um Vergebung wieder zurückgenommen wird. Nicht so feige! Vor der Wahrheit fliehen andre Tyrannen, als mit denen ihr können zu tun haben, die Stimme der Wahrheit klingt ihnen wie eine Ladung in das Tal Josaphat, zur strengsten Rechenschaft, Joel 3,7. Nicht so feige! Merket ihr etwa nicht, daß die Feinde furchtsam sind, ungeachtet sie kühn und frech auftreten? Merkt ihr's daran nicht, daß sie sich mit Unwissenheit umgeben und mit Geheimnissen panzern? Machten's gern zu lauter Geheimnissen, was öffentliche Sache, was Landes- und Kirchspielssache ist! Nehmt die Waffe des freien Urteils und erfahrt, wie bange der Feind vor ihr sei. Aber führet sie recht; nicht bloß unter euren Vertrauten, wo ihr sicher seid, daß eure Rede bei ihnen bleibe, sondern vor jedermann und überall, wo ihr vermuten könnet, daß eure Rede an den rechten Mann komme. Führet sie recht, nicht sowohl unter vier Augen mit dem Schlechten, auf daß ihr nötigenfalls vor seiner Verfolgung könnt fliehen auf die Tümpel des Leugnens, sondern vor so vielen Zeugen als möglich, auf daß euer Wort des andern Wort wecke und aus jedem Auge die Pfeile der Verachtung auf den Schändlichen fliegen. Führet sie recht, diese Waffe, nicht dann und wann, dieses Jahr und über ein Jahr

wieder, daß allemal die Wunde heilen könne, sondern so oft
ein Anlaß gegeben wird, bei kleinen wie bei großen Ungerechtigkeiten, daß immer tiefer werde die Gewissenswunde und
nicht heilen könne, ehe sie gewaschen wird mit den salzigen
Tränen des Bekenntnisses und der Reue. Euer Mitleid irre
nicht! Wem gebührt euer Mitleid, den Drängern oder den Bedrängten, den Wenigen, die ihren Raub auskehren sollen oder
den Vielen, die durch Räubereien geplagt und geängstiget
werden? Spricht David: »Der Mann ist ein Kind des Todes,
der das tut!«, so sage Nathan zu ihm kühn und getrost: »Du
bist der Mann!«, nach 2. Sam. 12, [5–7].
Die gerichtliche Klage war die dritte Waffe, auf die ich wies,
als mit der gekämpft werden soll gegen einheimische Landesfeinde. Stehet denn nicht offen – Gottlob nun wieder offen –
von jedem Ort aus der Weg zu den Gerichtsstühlen, von dem
niedrigsten bis zu dem höchsten, wo der gerechten Sache richtiger Vortrag sein Gehör findet? Was klagt es denn einer dem
andern, wenn ja bei uns Unrecht geschieht, und wird die Klage
nicht weiter vernommen als bei uns! Suchet das Recht. Und
wird einem der Weg zu schwer, gehet ihn in Gesellschaft. Ermü-
det nicht, wenn es der List oder der Bestechung auch gelingen
sollte, euch jahrelang in Arabiens Wüste herumzuführen. Wir
sind in Kanaan, sobald keine Feinde mehr unter uns sind. Darum, darum werden so manchmal die Obrigkeiten verschrieen,
als wenn sie das Unrecht behüteten, weil vor ihnen die Klagen
nicht laut werden. Sie aber müssen vertrauen den Männern,
welchen Amt und Würde gegeben sind und können nichts
Böses fürchten von Männern, die heiligen Schwur abgelegt haben und bleiben ohne Schuld, während die Feinde ungestört
und ungestraft das Land plündern. Deswegen werdet vor allen Gerichtsstühlen laut, wenn ihr die Taten eines Betrügers
wahrnehmt! Wer auch sei der Betrüger, euch wird Gerechtigkeit werden gegen ihn. Norderdithmarschen sollte wohl zwei
Exempel kennen, eines Harders aus neuer Zeit und eines Feh-
rings[4] aus alter Zeit: die waren mächtige Landesfeinde und

mußten doch fallen, als man mit den rechten Waffen wider sie auszog. Denn »Wer seine Höh' auf Ach und Weh gebauet hat, muß fallen!«

III

Welches sind endlich die Botschaften an uns, wider einheimische Landesfeinde in den Krieg zu gehen? O, sie kommen zahlreich und in dichten Reihen an jedweden Landesfreund, er sei jung oder alt, reich oder arm, Mann oder Weib, denn eine Waffe kann jeder Mensch führen, der nur ein Herz in seiner Brust und eine Zunge im Munde hat. Es sind scharfe Stimmen, schaurige, heilige Stimmen, mit denen die Botschaft zu uns gebracht wird.

Stimmen der Seufzenden. Schreiet zum Himmel, nach Jak. 5,4, der Arbeiter Lohn, wenn er abgebrochen wird, und kommt ihr Rufen vor die Ohren des Herrn: wie sollte uns es denn nicht erreichen und ins Herz schneiden, wenn die Einfalt hintergangen, die Armut bestohlen, die Schwachheit geplündert, die Gutmütigkeit gerupft, Witwen beraubt, Waisen ausgezogen werden, öffentliche Kassen dem Privatgebrauch offen stehen? Die Seufzer sollten uns nicht auffordern, in den Krieg zu gehen? Ob du leidest, ob nicht, es ist genug, wenn andere leiden mit Unrecht. Glaube mir, der Seufzer, den du hättest stillen können und hast es nicht getan, der wird dir noch einst in den Ohren heulen; die Träne, die du hättest trocknen können und hast es nicht getan, die wird dir noch einst auf dem Herzen brennen; der Raub, um den du wußtest, und hast ihn nicht aufgedeckt, der wird dir noch einst auf dem Gewissen liegen wie ein Zentnerstein, mit diesem meinem Wort dazu, wenn du es gehört und nicht darnach getan hast. Glaube mir!

Stimmen der Vorwelt. Sie zogen das Schwert, die alten Dithmarscher[5], und fürchteten sich nicht vor vielen tausend ausheimischen Landesfeinden. Und wir sollten stumm sein, wie Schafe vor ihren Scherern, sollten nicht entgegentreten, so sich

einheimische Landesfeinde hervortun? Dann wären wir ja
nicht wert, in dem Lande der Väter zu wohnen, nicht wert, daß
wir begraben würden, wo ihr Staub liegt! Die Freiheit liegt
bei ihnen, aber ihre Tochter, die Gerechtigkeit, sei noch unter
den Lebenden und werde behütet von den Nachkommen freier
Männer!

Stimmen der Nachwelt. Die Kinder, die noch ungeborenen
Kinder, sollen die Last des Landes tragen. Schande über uns,
wenn wir durch Feigheit auf ihre Schultern wälzen, was wir
durch Freimut abwenden können! Der Kinder und Kindes-
kinder Verachtung, wenn sie seufzen in Armut und Knechtschaft – der Arme ist immer ein Knecht – eines Jahrhunderts
Verachtung wird fallen auf unsre Leichenhügel. Neue Schulden und Sporteln[6] sind neue Ketten; lasset doch wenigstens
die Schlösser daran nicht rosten, daß auch die Nachkommen
verzweifeln müssen, sie abzuwerfen!

Stimmen vom Throne her. Wo es vielleicht abgewendet war,
hat sich das Herz nun wieder zugewendet unserm Könige, seit
der neulichen Erfahrung, und jedermann wird sprechen: »Das
Unglück doch hat unser König soviele Jahre fern gehalten!«,
jedermann bekennen, er habe den Frieden teuer, sehr teuer
für uns erkauft. Und er sollte es leiden, wenn Einheimische
den Krieg fortspielten? Er sollte nicht helfen wider die, so
unglücklich machen sein schönes Land? Das zu denken wär'
ein sträflicher Argwohn, das zu behaupten ein Staatsverbre-
chen. Aber du hättest den Beruf nicht, das Amt nicht? O
Mensch, Menschenweh zu lindern, dem Unrecht zu steuern,
dazu ist jeder berufen; hat jeder das Amt, ist jeder verei-
digt.

Stimmen vom Altare her rufen uns und machen heilig den
Krieg. Hört, Christen, die ihr an Jesu Tisch gehet, die ihr
aufschauet zum Heiland, wie er aus Menschenliebe sich auf-
opferte, die ihr gelobet dort, ihm nachzugehen, sei es auch in
seinen Tod für die Sache der Gerechtigkeit, die ihr das Blut
trinket des Heldenmutes und der Einigkeit, hört, wollt ihr
verlassen, derer sich Jesus erbarmte wie eurer? Und wenn ihr

steht in den Augenblicken voll heiligen Grauens, voller Wonn'
und süßen Bebens, mit euren Brüdern und Schwestern vor
dem Gott des Altars, vernehmt ihr des gegenwärtigen Gottes
Stimme nicht: Laßt niemand sie kränken? Antwort: Nein, das
geschehe nicht! Du willst, so wollen auch wir und wollen nicht
ruhen, bis Friede sein wird, völliger Friede! In Gottes Namen
daran, wenn auch das Land voll Teufel wär' und wollt'n uns
gar verschlingen.

So habe ich geredet, vor hundert oder zweihundert. Ich
möchte vor tausend, ich möchte heute vor dem ganzen Lande
geredet haben!

Quelle: Claus Harms, Ausgewählte Schriften und Predigten. Hrsg. von
Peter Meinhold. Flensburg: Wolff 1955. Bd. 2. S. 287–293.

Anmerkungen

1. Egel, Blutegel.
2. In Norderdithmarschen seit dem Jahre 1631.
3. Die fremden Truppen waren für Schleswig-Holstein eine starke Bela-
   stung. Die letzten Truppen verließen erst nach dem 8. Februar 1815
   das Land.
4. Johann Fehring wird von Harms als »gottloser und ungerechter Mann«
   beschrieben, der 1641 das Land verlassen mußte.
5. Wahrscheinlich meint Harms die Schlacht bei Hemmingstedt am 17. Februar 1500.
6. Gebühren (welche Beamte erhoben).

FRIEDRICH LIST

1789–1846

Der schwäbische Nationalökonom entstammte einer Reutlinger Handwerkerfamilie und wurde 1817 Professor in Tübingen. Er mußte 1820 wegen Differenzen mit der württembergischen Regierung sein Amt niederlegen. 1822 wurde er, zum Abgeordneten der württembergischen Kammer gewählt, wegen ›staatsfeindlicher Aufreizung‹ zu Festungshaft verurteilt, der er sich zunächst durch Flucht entzog; als er 1824 freiwillig zurückkehrte, kerkerte man ihn auf dem Hohenasperg ein. 1825 mit der Auflage der Emigration entlassen, wanderte er nach Amerika aus, von wo er 1832 als amerikanischer Konsul nach Deutschland zurückkehrte. Ende 1840 erschien sein Hauptwerk »Das nationale System der politischen Ökonomie«. Er plädierte für die deutsche Zolleinigung als eine wirtschaftspolitische Notwendigkeit und setzte sich für die Errichtung eines deutschen Eisenbahnnetzes ein.

Die Verteidigungsrede innerhalb des gegen ihn angestrengten Verfahrens hat List am 7. Februar 1821 in der württembergischen Kammersitzung gehalten. Nach Ansicht des Justizministers und des Gerichtshofs, den List mehrmals für inkompetent erklärt hatte, enthielt diese Rede »Vorwürfe und Beschuldigungen gegen die Justizpflege Württembergs und die sämtlichen Gerichtsstellen des Königreichs«. Der ganze Prozeß dokumentiert, wie die Staatsfunktionäre trotz der durch die Verfassung garantierten bürgerlichen Rechte nach absolutistischem Modell weiterhin die Emanzipationsbestrebungen unterdrückten. List klagte die Richter an, die Gesetze »nach Rechtsgrundsätzen römischer Imperatoren« zu beurteilen. Die Ausschließung Lists aus der württembergischen Kammer, die Art und Weise, wie der Prozeß geführt und argumentiert wurde, zeigt, in welchem Ausmaß die Bürokratie das öffentliche Leben beherrschte.

Verteidigungsrede

Ich bitte die hohe Kammer, die vorliegende Untersuchungssache gegen mich nicht sowohl in Beziehung auf meine Person als hinsichtlich ihres Einflusses auf den ganzen konstitutionellen Zustand des Landes zu würdigen. Denn es sind durch dieselbe zwei Grundsäulen des Repräsentativsystems bedroht: die freie Gedankenmitteilung unter dem Volk und die Freiheit der Volksvertretung.

Ohne Freiheit der Meinung gibt es keine lebendige Verfassung, keine bürgerliche Freiheit, keine konstitutionelle Monarchie. Freie Kritik nur bildet die Gesetzgebung den Bedürfnissen des Volkes gemäß, durch sie allein kommen die Gebrechen vorhandener Institutionen an den Tag; sie ist das einzig wirksame Mittel, die Funktionäre des Staats in den Schranken ihrer Pflicht zu halten. Frei aber ist die Meinung alsdann erst, wenn nicht nur das Gesetz die Mittel freigibt, durch welche man zum Publikum spricht, sondern auch die Gerichtsverfassung dem Bürger Garantie leistet, daß die ausgesprochene Meinung nicht willkürlich zum Verbrechen könne gestempelt werden. Eine solche Garantie liegt einzig in dem Urteilsspruch unabhängiger, aus der Mitte des Volks hervorgehender Männer. Denn wie ist von Staatsdienern, deren Amtsverwaltung selbst der Kritik des Volkes ausgesetzt ist, welche mehr oder minder unter dem Einfluß Höherer stehen, in Fällen, wo der einzelne den Machthabern gegenübersteht, ein unbefangenes Urteil zu erwarten? Der vorliegende Fall scheint bestimmt zu sein, zu dem bereits von einer Kommission gemachten Antrag auf Herstellung der Geschworenengerichte die Beweise zu liefern.[1]

Hier ist ein klares Faktum. Jeder, der meinen Petitionsentwurf liest, wenn er auch in seinen politischen Ansichten nicht mit mir übereinstimmt, überzeugt sich, daß nichts darin enthalten ist, was nicht das Preßgesetz zu sagen erlaubt, nichts, was nicht schon hundertmal in dieser Kammer und in öffentlichen Schriften gesagt worden wäre. Und doch welch ein Verfahren! Polizeikommissäre nehmen die Schriften in Beschlag und dringen sogar in das Haus des Verfassers ein, ein Polizeidirektor verhört ihn, eine Schar verkleideter und nicht verkleideter Polizeidiener liegen auf der Lauer, zu sehen, wer aus dem Hause des Verfassers aus- und eingehe. Die abscheulichsten Gerüchte über das Verbrechen des Verfassers sind im Umlauf. Er will sie widerlegen; im Vertrauen auf das Preßgesetz läßt er sämtliche Aktenstücke drucken.² Es kommt ein Teil davon ins Publikum; die Polizei erfährt, daß man sich unterwinden will, ihr Verfahren öffentlich bekanntzumachen, sie nimmt auch diese Schrift in Beschlag, sie duldet nicht, daß dieselbe an öffentlichen Orten aufgelegt werde.

Der bedrängte Verfasser beruft sich auf den Rechtsweg. Man hätte doch glauben sollen, daß eine bedächtliche³ Justiz wie die unsrige, welche überwiesene Verbrecher, die das Leben verwirkt haben, jahrelang auf den Tod harren läßt, sich auch einige Zeit nehmen werde, ob denn ein Volksrepräsentant, ein ehrenhafter Bürger, der getrost auftreten und öffentlich fragen kann, welcher Mann im Lande ihn einer einzigen rechtswidrigen Handlung zeihen könne, ob er denn wirklich auch mit Recht in Untersuchung gezogen werden könne; ob denn wirklich Grund vorhanden sei, gegen die klaren Buchstaben eines konstitutionellen Gesetzes zu verfahren. Aber nein! Heute beruft sich der Verfasser auf den Rechtsweg, morgen früh schon ist das Erkenntnis da, die Untersuchung zu beginnen. Und doch, meine Herren, wohnt der Gerichtshof drei Stunden von hier in Eßlingen. Es scheint, die Kommunikationen seien per Estafette⁴ hin und her gegangen. Ist das nicht prompte Justiz? Alle Welt sieht nichts Strafbares, nur allein der Gerichtshof wittert Verbrechen. Der Kriminalrichter beginnt; alle Verhöre gegen Diebe, Gauner und Betrüger werden ausgesetzt; man achtet nicht die Krankheit des Verfassers, nicht auf das Zeugnis des Arztes. Ein anderer Arzt, ein Herr Dr. Reuß, wird zur Nachbesichtigung abgeordnet. Dieser sieht den Kranken obenhin an und meint, er habe wohl noch so viel Leben, um ein Verhör auszuhalten. Vergebens führt der Kranke diese Rücksichtslosigkeit dem Kriminalrichter zu Gemüte, vergebens stellt er ihm vor, wie höchst ungerecht es sei, das Zeugnis des Arztes, der ihn längst behandle, durch das Zeugnis eines anderen Arztes, der ihn nur so obenhin angesehen habe, zu verwerfen. Nichts kann helfen! Der Kriminalrichter rückt ihm mit Skabinen ins Haus und verlangt sogar, daß man ihn vom Schlafe aufwecke. Kaum ist er erwacht, so ist der Kriminalrichter wieder da, die Verhöre dauern bis in den späten Abend. Wer den Kriminalrichter je gesehen hat, wird ihm schwerlich Grausamkeit vorwerfen, aber dem guten Mann war leicht abzumerken, daß er von einer höheren Gewalt gedrängt werde. Das Verhör wird eiligst beschlossen, wenn ich nicht irre, am 31. v. M., und schon am fünften, also vierten Tage nachher (worunter ein Sonn- und ein Feiertag), ist das Erkenntnis gefällt. In früher Morgenstunde, sagt man, vor Tagesanbruch schon, haben sich die Richter versammelt; nach Verlauf einer Stunde sei das Erkenntnis fertig gewesen und per Estafette an das Justizministerium abgegangen. Hierauf sei der Geheime Rat versammelt und von ihm um die elfte Stunde desselbigen Tages schon beschlossen worden, auf die Ausschließung des Verfassers aus der Ständeversammlung anzutragen. Und welche Richter sollen dies beschlossen haben! Ein sogenannter Referendar, der aus fremden Landen gekommen sein, um sich durch unentgeltliche Beweise seiner Brauchbarkeit von dem Justizminister eine Anstellung zu verdienen, sei Referent gewesen. Ob der Mann majorenn[5] ist, weiß ich nicht; aber es wird zu fragen erlaubt sein, ob in dem Land, aus dem er gekommen ist, noch die Willkür oder das Gesetz herrsche? Ob er einen Begriff von einem konstitutionellen Staate habe? Und ob er denn wirklich, bevor er über konstitutionelle Rechte Urteile spricht, auch zuvor die Württembergische Konstitution gelesen habe? Beigesessen sei ein Assessor mit geringer außerordentlicher Besoldung und ein Kriminalrat. Da aber vier Richter kein Urteil sprechen können, so habe man dem Kanzleidirektor eine Stimme verliehen. Es wäre überflüssig, über dieses Verfahren nur ein Wort zu verlieren. Die einfache Tatsache reicht hin, um alle diejenigen mit Schauer zu erfüllen, deren Ehre, Freiheit und Leben sich in den Händen von Gerichten befinden, die alles können, was sie nur wollen.

Das Resultat von allem diesem, nämlich der eilige Antrag auf meine Ausschließung aus dieser hohen Versammlung, setzt noch dem Ganzen die Krone auf. Also nicht allein die verfassungsmäßige freie Gedankenmitteilung unter dem Volke will man durch richterliches Erkenntnis töten, der tote Körper soll auch noch dazu dienen, die Redefreiheit in der Kammer der Abgeordneten zu vernichten, indem man darauf anträgt, diejenigen, welche sich eines angeblichen Mißbrauchs der Presse schuldig gemacht haben, als Kriminalverbrecher aus dieser Versammlung auszustoßen.

Nun ist kein Abgeordneter, welcher allgemeine Landesbeschwerden vorgetragen oder über solche sich in öffentlichen Schriften hat vernehmen lassen, mehr sicher, mein Schicksal zu teilen. Es gibt kein Mittel dagegen, als sich den Ministern gefällig zu bezeigen. Denn es ist uns gestern aus dem Munde des Herrn Präsidenten dieser Kammer kundgeworden, daß die Gerichte auch nicht einmal gegen die gesetzgebende Gewalt verantwortlich seien, wenn sie gegen klare konstitutionelle Rechte sprechen. Zwei Referendare, meine Herren, und ein Assessor, also drei Personen, welche in fixem Staatsdienst stehen und wovon der eine noch dazu ein Ausländer ist, stehen höher als die gesetzgebende Gewalt, interpretieren uns das Preßgesetz doktrinell zum Lande hinaus, erschaffen durch einen einzigen Spruch einen Gerichtsgebrauch, kondemnieren nach diesem alle nachfolgenden Angeklagten, welche sich einen freimütigen Tadel erlauben, und treffen so zugleich die nötigen Voranstalten, um widerspenstige Deputierte von der Kammer auszustoßen.

Ich sage, kein Deputierter ist mehr sicher, und besonders scheinen diejenigen in Gefahr zu sein, welche im Jahr 1815 ein so inhaltsreiches Beschwerdelibell[6] verfaßt und verbreitet haben.

Es ist aber nach dem gestern in dieser Versammlung vorgenommenen Ausspruch des Herrn Präsidenten nicht einmal erlaubt, des Einflusses zu erwähnen, in welchem ein Justizminister zum Beispiel zu der Staatsverwaltung im allgemeinen und dann insbesondere zu den untergeordneten Gerichten steht, um zu dergleichen sonst unerklärlichen Vorgängen den Schlüssel zu liefern. Meine Herren! Ich finde durch diesen Einspruch die Freiheit der Kammer im Prinzip verletzt, und zwar durch dasselbe Präsidium, welches bestellt ist, diese Freiheit zu wahren.

Wie? Ein Mitglied, auf dessen Herausschaffung die Minister antragen, sollte nicht einmal der Kammer die Triebfedern dieses Verfahrens enthüllen dürfen? Die Mitglieder dieser Kammer sollten die Minister nicht tadeln dürfen, sie, die berechtigt wären, wegen solcher Attentate auf Unterdrückung konstitutioneller Rechte und der Freiheit der Kammer die Minister öffentlich anzuklagen?

Doch ich bin weit entfernt, wegen dieser Verfolgung einen Vorschlag zu machen, wobei man mir persönliche Rache zur Last legen könnte; ich begnüge mich, diese hohe Versammlung zu bitten, daß sie Mittel ergreifen möchte, die konstitutionellen Rechte des Volks durch Herstellung unabhängiger Gerichte sicherzustellen. Unzählige Gründe sprechen für diese Maßregel.

In Staaten, welche erst kürzlich eine Verfassung erhalten haben, wie Württemberg, sind die höheren und niederen Staatsbeamten an einen freimütigen Tadel ihrer Verwaltung noch nicht gewöhnt, daher um so mehr geneigt, erlaubte Rügen für verbrecherische Ausfälle zu halten und die Urheber derselben gerichtlich zu verfolgen. In der Willkürherrschaft erzeugt sich bei allen im Staatsdienst stehenden Personen, die Richter nicht ausgenommen, eine gewisse Ergebenheit in die Wünsche der Oberen und von oben eine gewisse Angewöhnung, von dieser Ergebenheit Gebrauch zu machen.

Es ist aber nicht zu erwarten, daß mit dem Augenblick der Herstellung einer Verfassung diese Wirkung der Willkürherrschaft sich sogleich verlieren werde. Ebensowenig darf man hoffen, daß die Gerichte längst rezipierte Gerichtsbräuche und Grundsätze, welche sie unter der Willkürherrschaft zur Richtschnur ihrer Urteilssprüche genommen haben und welche der Natur der Willkürherrschaft angemessen sein mußten, mit dem Moment, da der Staat in den konstitutionellen Zustand übertritt, ablegen und der Natur der konstitutionellen Monarchie anpassen werden.

So z. B. mag es ganz dem Wesen der Alleinherrschaft, in welcher jeder untergeordnete Staatsdiener sich als einen Teil der höchsten Gewalt betrachtet, entsprechen, wenn eine zur Publizität gebrachte Rüge gegen einen öffentlichen Beamten, ohne den Angeklagten zum Beweis der Wahrheit zuzulassen, und indem man die Absicht zu injurieren präsumiert, als Vergehen bestraft wird. Wenn aber in Württemberg eine solche Gerichtspraxis jetzt nach Herstellung der Verfassung noch fortbesteht, wie unter der Willkürherrschaft, so wird dadurch nicht nur im allgemeinen das Wesen der konstitutionellen Monarchie, sondern auch insbesondere das in dem Preßgesetz ausdrücklich enthaltene Recht des Bürgers zur freien Kritik der Verwaltung verletzt. Die nachteiligen Wirkungen einer so unkonstitutionellen Strafrechtspflege auf die bürgerliche Freiheit waren bis jetzt in Württemberg darum nicht so fühlbar, weil bei dem Mangel an Strafgesetzen beinahe die ganze Strafrechtspflege auf purer Gerichtspraxis beruht. Wären Gesetze dagewesen, so würde ohne Zweifel der Widerspruch zwischen der Verfassung und der Strafgesetzgebung auf den ersten Augenblick eingeleuchtet haben und wahrscheinlich schon durch die Verfassung gehoben worden sein.

Die Gerichtspraxis zu reformieren, könnte aber niemand einfallen, weil diese niemand anders als den Gerichten selbst bekannt ist. Diese nachteiligen Wirkungen sind um so gefährlicher, je mehr der Gerichtsbrauch den individuellen Ansichten der Richter Spielraum läßt und je weniger die Schriftsteller, auf deren Autorität sich der Gerichtsbrauch gründet, mit dem Geist der konstitutionellen Monarchie vertraut waren, je mehr also die nichtkonstitutionelle Regierungsform auf ihre Theorien Einfluß gehabt hat. Mir ist aber kein einziger Kriminalrechtslehrer von allen jenen, welche in unseren Gerichten Autorität haben, bekannt, welcher unter einer konstitutionellen Monarchie und mit Rücksicht auf den Geist derselben geschrieben hätte. Mit der Herstellung der Konstitution kann ferner nicht sogleich auch die ganze Gesetzgebung, welche sich unter der Alleinherrschaft mehr nach den Zwecken des Herrschers als nach den Bedürfnissen des Volkes bildet, dem Geist der konstitutionellen Monarchie gemäß umgeformt werden. In keinem Zweige aber ist ein solcher Widerspruch zwischen dem konstitutionellen Zustand und den Gesetzen der Freiheit des einzelnen gefährlicher und dem Ansehen der Regierung nachteiliger als da, wo es sich um Strafen handelt, nirgends ist es also nötiger, durch Institutionen einem solchen Widerspruch vorzubeugen.

Wenngleich Württemberg nur sehr wenige Strafgesetze besitzt, so ist doch eines unter denselben, dessen Anwendung von seiten der Gerichtsbehörde zureichen würde, um jede freisinnige Äußerung über die Gebrechen des Staats, also das ganze konstitutionelle Leben, zu unterdrücken. Zwar ist dieses Strafgesetz vermittelst des Preßgesetzes verfassungsmäßig aufgehoben worden[7], und es sollte also keine Rede von der Anwendung desselben sein können. Dessenungeachtet vernimmt man, daß die Gerichte es in vorkommenden Fällen immer noch als gültig betrachten und also dadurch den ganzen konstitutionellen Zustand des Landes gefährden. Dieses Gesetz ist enthalten in den Strafgesetzen über Staats- und Majestätsverbrechen vom 5. März 1810 und lautet wie folgt: Art. XXV. »Wer in der Absicht, Mißvergnügen zu verbreiten und die Untertanen zu grundlosen Beschwerden zu veranlassen, die amtlichen Handlungen obrigkeitlicher Stellen und Personen auf eine gehässige Art tadelt oder verspottet, ist mit Gefängnis-, Festungs- oder Zuchthausstrafe bis auf die Dauer von einem Jahr zu belegen.«

Dieses Gesetz ist rein despotischer Natur und nur anwendbar

in Staaten, wo die Herrscher nicht gerne an die Früchte ihrer Saaten erinnert sein wollen. Mißvergnügen kann man nur durch Regierungshandlungen und Institutionen, welche das Volk in den Zustand der Unfreiheit und Unbehaglichkeit versetzen, nicht durch Worte verbreiten. Will man also die Urheber des Mißvergnügens unter dem Volke bestrafen, so muß man unfähige, eigennützige und herrschsüchtige Minister und Staatsbeamte zur Rechenschaft ziehen. Schriftsteller aber und diejenigen, welche dem Volke seine Beschwerden verfassen, haben nicht die Macht, Mißvergnügen zu erregen, sondern ihnen steht nur das Wort zu Gebot, um bereits vorhandenes Mißvergnügen auszusprechen. Würden sie aber grundlose Beschwerden vorbringen, so wäre ihr Vortrag wirkungslos, weil niemand, der mit seiner Lage zufrieden ist, durch bloße Worte unzufrieden gemacht werden kann.

Hieraus erhellt, daß es gar nicht möglich ist, durch grundlose Beschwerden Mißvergnügen zu verbreiten; es verschwindet also der Grund, auf dem das ganze Gesetz ruht, nämlich die Absicht, Mißvergnügen zu verbreiten, und dasselbe erscheint demnach schon durch die doktrinelle Interpretation als ein reiner Ausfluß der Willkürherrschaft, der zugleich mit der Konstitution wirkungslos werden müßte. Es bedarf aber nicht einmal der doktrinellen Interpretation, da das Preßgesetz, welches nach dem § 28 der Konstitution[8] als ein Bestandteil derselben zu betrachten ist, in seinem § 6 mit klaren Worten die öffentliche Bekanntmachung der Beschwerden jeder Art erlaubt und folglich jenes Gesetz aufhebt. Wenn aber dessenungeachtet jenes Gesetz von den Gerichten noch in Anwendung gebracht werden wollte, so würde hierdurch der ganze konstitutionelle Zustand des Landes untergraben.

Die Heiligkeit des Regenten endlich erfordert in der konstitutionellen Monarchie nicht minder als die Freiheit des Volks einen vor höherem Einfluß unabhängigen Rechtsspruch bei öffentlichen Vergehen und Verbrechen. Denn gleichwie die geheiligte Person des Regenten erhaben ist über jeden persönlichen Angriff und Tadel, so würde sie auch schon durch den

Anschein der Rache entweiht. Daher muß die Gerichtsverfassung so beschaffen sein, daß niemand einen solchen Einfluß vermuten kann und daß die Nation selbst als Rächer auftritt gegen diejenigen, welche die öffentliche Ruhe verletzt oder die Majestät des Throns entweiht haben.

In Staaten, welche eben erst vor kurzem aus dem Zustand der Willkürherrschaft in das konstitutionelle Leben eingetreten sind, kommen hierzu noch die weiteren Gründe, daß hier das Volk gewohnt ist, die Aussprüche der Staatsdienergerichte als den Ausspruch des Regenten selbst zu betrachten und daß die Minister immer noch gerne, wie zur Zeit der Willkürherrschaft, ihre Leidenschaften unter dem Schein, als hätten sie Befehle von oben, also auf Kosten des Regenten, befriedigen. Ein einziger Fall, wo die Minister auf eine auffallend ungerechte Weise durch ihren Einfluß auf die Staatsdienergerichte an einem ihrem System widerstrebenden Bürger oder Volksrepräsentanten Rache nehmen würden, könnte allen Glauben an einen verfassungsmäßigen Zustand vernichten und also dem Staate selbst unersetzlichen Schaden bringen.

Ich hoffe durch diese Gründe dargetan zu haben, daß in Württemberg, solange kein verfassungsmäßiger Zustand besteht, als nicht der Rechtsspruch in Sachen, wobei die Minister und Staatsbeamten interessiert sind, von ihrem Einfluß unabhängig ist, daß, solange dies nicht geschehen ist, die Freiheit des Volks, die freie Rede der Volksrepräsentanten und die Würde des Throns jeden Augenblick in Gefahr schwebe, und daß daher diese hohe Kammer kein dringenderes Geschäft kennen sollte, als die Sicherung eines unabhängigen Rechtsspruchs.

Ich würde aus den angeführten Gründen keinen Anstand nehmen, auf schleunige Herstellung der vorgeschlagenen Geschworenengerichte als das gründlichste Hilfsmittel anzutragen, wenn nicht mein Beispiel lehren würde, daß diesem Mittel, dessen Herstellung auf dem gesetzlichen Wege auf jeden Fall einige Zeit anstehen muß, ein augenblickliches vorangehen müsse.

Ich trage daher darauf an, die Regierung zu bitten: daß sie in allen bereits anhängigen oder noch anhängig werdenden Strafsachen, wobei dem Angeschuldigten ein Staats- und Majestätsverbrechen oder Überschreitung des Preßgesetzes zur Last gelegt wird, dem Angeklagten freigestellt werde, die Staatsdienergerichte zu perhorreszieren[9] und dagegen zwei deutsche Juristenfakultäten als Richter vorzuschlagen, aus welchen der Staatsanwalt eine auswählt, an die er die Akten versendet, oder aber die Herstellung der Geschworenengerichte zu beschleunigen und die Regierung zu bitten, daß bis zur Herstellung derselben ein Rechtsspruch in solchen Strafsachen ausgesetzt bleibe.

Diese Anträge bitte ich der wegen meiner Sache zu wählenden Kommission zur Begutachtung mitzuteilen und derselben zugleich auch aufzugeben, über die Maßregeln Bericht zu erstatten, welche zu ergreifen wären, um die Aufhebung der gegen meine Verantwortung verfügten Beschlagnahme zu bewirken.

Quelle: Friedrich List, Schriften / Reden / Briefe. Im Auftrag der Friedrich-List-Gesellschaft e. V. mit Unterstützung der deutschen Akademie und der Notgemeinschaft der deutschen Wissenschaft hrsg. von Erwin v. Bekkerath, Karl Goeser, Friedrich Lenz, William Notz, Edgar Salin, Artur Sommer. Bd. 1, zweiter Teil (Handelspolitische Schriften der Frühzeit und Dokumente zum Prozeß, hrsg. von Karl Goeser u. Wilhelm v. Sonntag). Berlin: Hobbing o. J. [1933]. S. 693–699.

Anmerkungen

1. Gemeint ist ein von Uhland am 13. Juni 1820 vorgebrachter Antrag »die Rechtspflege mit Ausnahme der freiwilligen Gerichtsbarkeit betreffend«.
2. Es handelt sich um seine Flugschrift: »Aktenstücke und Reflexionen über das polizeiliche und kriminelle Verfahren gegen den Professor List, Abgeordneten der Stadt Reutlingen«, Stuttgart 1821. List leitete sie mit diesen Worten ein: »Wo Freiheit, Ehre und Vermögen des Bürgers durch verfassungswidrige Handlungen der Staatsfunktionäre bedroht sind, da wird es wohl keiner Entschuldigung bedürfen, wenn der Verfolgte an die öffentliche Meinung appelliert. Seine Sache ist die Sache aller, und wer heute noch über die Unterdrückung seines Mit-

bürgers frohlockt, kann leicht morgen als ein Opfer derselben Willkür fallen.«

3. langsame.

4. Eilboten.

5. mündig, volljährig.

6. Es handelt sich um die 1815 edierten Beschwerdeschriften: »Darstellung des Betragens der württembergischen Landstände«.

7. List bezieht sich hier vermutlich auf §§ 1 und 2 des Gesetzes über die Preßfreiheit vom Jahre 1817.

8. Der entsprechende Paragraph lautet: »Die Freiheit der Presse und des Buchhandels findet in ihrem vollen Umfange statt, jedoch unter Beobachtung der gegen den Mißbrauch bestehenden oder künftig zu erlassenden Gesetze.«

9. zurückweisen, ablehnen.

Ein dezidierter Gegner Goethes, war der politische Schriftstel-
ler und seit der Julirevolution (1830) radikale Liberale wie
die meisten Jungdeutschen ein besonderer Verehrer der Prosa
Jean Pauls. Die Denkrede auf den am 14. November 1825
gestorbenen Dichter verfaßte Börne im Auftrag des »Frank-
furter Museums«, wo sie auch am 2. Dezember von Pfarrer
Anton Kirchner mit großem Erfolg vorgetragen wurde; sie
zeigt wie viele Schriften Börnes die beträchtliche rhetorische
Begabung.

Denkrede auf Jean Paul

Ein Stern ist untergegangen, und das Auge dieses Jahrhunderts wird sich schließen, bevor er wieder erscheint; denn in
weiten Bahnen zieht der leuchtende Genius, und erst späte
Enkel heißen freudig willkommen, von dem trauernde Väter
einst weinend geschieden. Und eine Krone ist gefallen von
dem Haupte eines Königs! Und ein Schwert ist gebrochen in
der Hand eines Feldherrn; und ein hoher Priester ist gestorben! Wohl mögen wir den beweinen, der uns Ersatz gewesen
und uns nun unersetzlich geworden. Jedem Lande ward für
jedes trübe Entbehren irgendeine freundliche Vergütung. Der
Norden ohne Herz hat seine eiserne Kraft; der kränkelnde
Süden seine goldene Sonne; das finstere Spanien seinen Glauben; die darbenden Franzosen erquickt der spendende Witz,
und Englands Nebel verklärt die Freiheit. *Wir* hatten Jean
Paul, und wir haben ihn nicht mehr, und in ihm verloren wir,
was wir nur in ihm besaßen: Kraft und Milde und Glauben
und heitern Scherz und entfesselte Rede. Das ist der Stern, der
untergegangen: der himmlische Glaube, der in dem Erlosche-
nen uns geleuchtet. Das ist die Krone, die herabgefallen: die

Krone der Liebe, die den beherrschte, der sie getragen, wie
alle, die ihm untertan gewesen. Das ist das Schwert, das gebrochen: der Spott in scharfer Hand, vor dem Könige zittern
und der blutleere Höflinge erröten macht. Und das ist der
hohe Priester, der für uns gebetet im Tempel der Natur – er
ist dahingeschieden, und unsere Andacht hat keinen Dolmet-
scher mehr. Wir wollen trauern um ihn, den wir verloren, und
um die andern, die ihn nicht verloren. Nicht allen hat er gelebt! Aber eine Zeit wird kommen, da wird er allen geboren,
und alle werden ihn beweinen. Er aber steht geduldig an der
Pforte des zwanzigsten Jahrhunderts und wartet lächelnd, bis
sein schleichend Volk ihm nachkomme. Dann führt er die Mü-
den und Hungrigen ein in die Stadt seiner Liebe; er führt sie
unter ein wirtliches Dach: die Vornehmen, verzärtelten Geschmacks, in den Palast des hohen Albano[1]; die Unverwöhn-
ten aber in seines Siebenkäs[2] enge Stube, wo die geschäftige
Lenette am Herde waltet und der heiße beißende Wirt mit
Pfefferkörnern deutsche Schüsseln würzt.

Jahrhunderte ziehen hinab, die Jahreszeiten rollen vorüber,
es wechselt die Witterung des Glücks; die Stufen des Alters
steigen auf und steigen nieder. Nichts ist dauernd als der
Wechsel, nichts beständig als der Tod. Jeder Schlag des Herzens schlägt uns eine Wunde, und das Leben wäre ein ewiges
Verbluten, wenn nicht die Dichtkunst wäre. Sie gewährt uns,
was uns die Natur versagt: eine goldene Zeit, die nicht rostet,
einen Frühling, der nicht abblüht, wolkenloses Glück und
ewige Jugend. Der Dichter ist der Tröster der Menschheit; er
ist es, wenn der Himmel selbst ihn bevollmächtigt, wenn ihm
Gott sein Siegel auf die Stirne gedrückt und wenn er nicht um
schnöden Botenlohn die himmlische Botschaft bringt. So war
Jean Paul. Er sang nicht in den Palästen der Großen, er
scherzte nicht mit seiner Leier an den Tischen der Reichen. Er
war der Dichter der Niedergebornen, er war der Sänger der
Armen, und wo Betrübte weinten, da vernahm man die süßen
Töne seiner Harfe. Mögen wir der stolzen Glocke, die an sel-
tenen Festtagen majestätisch schallt, unsere Ehrfurcht zollen –

unsere Liebe wird der vertrauten Uhr, die jeden Pulsschlag
unsers Herzens begleitet, die jede Viertelstunde unserer Freude nachtönt und alle unsere Schmerzen Minute nach Minute
von uns nimmt.

In den Ländern werden nur die Städte gezählt; in den Städten
nur die Türme, Tempel und Paläste, in den Häusern ihre Herren; im Volke die Kameradschaften; in diesen ihre Anführer.
Vor allen Jahreszeiten wird der Frühling geliebkost; der
Wanderer staunt breite Wege und Ströme und Alpen an; und
was die Menge bewundert, preisen die gefälligen Dichter.
Jean Paul war kein Schmeichler der Menge, kein Diener der
Gewohnheit. Durch enge, verwachsene Pfade suchte er das
verschmähte Dörfchen auf. Er zählte im Volke die Menschen,
in den Städten die Dächer und unter jedem Dache jedes Herz.
Alle Jahreszeiten blühten ihm, sie brachten ihm *alle* Früchte.
Auch der ärmste Dichter, und schlotterte ihm nur *eine* Saite
noch auf seiner kümmerlichen Leier, hat die Feiertage der ersten Liebe besungen. Jean Paul wartet diese heilige Flamme,
bis sie mit dem Tode verlischt. Bei jeder goldenen Hochzeit ist
er der trauende Priester, der die alten Herzen noch einmal
aneinanderlegt und die zitternden Hände zum letzten Male
paart, bevor der Tod sie trennt. Durch Nebel und Stürme und
über gefrorne Bäche dringt er in das eingeschneite Häuschen
eines Dorfschulmeisters, die Christnachtfreuden seiner Kinder
zu teilen. Mit vollen Klängen besingt er die königliche Lust
auf den Wonneinseln des Lago Maggiore[3]; aber mit leisern
und wärmern Tönen das enge Glück eines deutschen Jubel-
seniors[4] und die Freuden eines schwedischen Pfarrers[5].

Für die Freiheit des Denkens kämpfte Jean Paul mit andern;
im Kampfe für die Freiheit des Fühlens steht er allein. Selt-
same, wunderliche Menschen, die wir sind! Fast sorglicher
noch als unsern Haß suchen wir unsere Liebe zu verbergen,
und wir fliehen so ängstlich den Schein der Güte, als wir unter
Dieben den Schein des Reichtums meiden. Wie oft geschieht
es, daß wir auf dem Markte des täglichen Treibens oder in den
Sälen alltäglichen Geschwätzes all den wichtigen, volljährigen

Dingen, die hier getrieben, dort besprochen werden, erlogene
Aufmerksamkeit schenken! Wir scheinen gelassen und sind bewegt, scheinen ernst und sind weich, scheinen wach und sind
von süßer Lust gewiegt, gehen bedächtigen Schrittes, und unser Herz taumelt von Erinnerung zu Erinnerung, und wir
wandeln mit breitem Fuße zwischen den Blumenbeeten unserer Kindheit und erheben uns auf den Flügeln der Phantasie
zu den roten Abendwolken unsrer hinabgesunkenen Jugend.
Wie ängstlich lauschest du dann umher, ob kein Auge dich ertappt, ob kein Ohr die stillen Seufzer deiner Brust vernommen! Dann tritt Jean Paul nahe an dich heran und sagt dir
leise und lächelnd: »Ich kenne dich.« Du verbirgst deine Freuden, weil sie dir zu kindlich scheinen für die Teilnahme der
Würdigen; du verheimlichst deine Schmerzen, weil sie dir zu
klein dünken für das Mitleid. Jean Paul findet dich auf und
deine verstohlene Lust und spricht: »Komm, spiele mit mir!«
Er schleicht sich in die Kammer, wo du einsam weinest, wirft
sich an dein Herz und sagt: »Ich komme, mit dir zu weinen!«
Schlummert und träumt irgendeine kindliche Neigung in deiner Brust, und sie erwacht, steht Jean Paul vor ihrer Wiege,
und vielleicht waren es nur seine Lieder, die dein Herz in solchen Schlaf und in solche Träume gelullt. Nicht wie andere es
getan, spürt er nach den verborgenen Einöden im menschlichen Herzen, er sucht darin die versteckten Paradiese auf.
Er löset die Rinde von der verhärteten Brust und zeigt den
weichen Bast darunter; und in der Asche eines ausgebrannten
Herzens findet er den letzten, halbtoten Funken und facht ihn
zur hellen Liebesflamme an. Darin hat er seinem Volke wohl-
getan, darin war er sein Retter! Es gab eine Zeit, wo kein
deutscher Jüngling, wenn er liebte, zu sagen wagte: »Ich liebe
dich«. Zünftig und bescheiden, wie er war, sagte er: »Wir lieben dich, Mädchen!« Hinangezogen am Spalier der Staats-
mauer, hinaufgerankt an der Stange des Herkommens, hatte
er verlernt, seinen eignen Wurzeln zu trauen. Jean Paul mun-
terte die blöden Herzen auf; er zuerst wagte das jedem Deutschen so grause Wort *Ich* auszusprechen, und wenn die Frei-

heit nicht darin besteht, daß man ohne Gesetze lebe, sondern daß jeder sein eigner Gesetzgeber sei, so war es Jean Paul, der für unsere Enkel die Saat der deutschen Freiheit ausgestreut.

Jean Paul war der Dichter der Liebe auf die schönste und erhabenste Weise, wie man dieses Wort nur deuten mag. Einst in seiner Jugend hatte er folgenden Eid geschworen: »Großer Genius der Liebe! ich achte dein heiliges Herz, in welcher toten oder lebenden Sprache, mit welcher Zunge, mit der feurigen Engelszunge oder mit einer schweren, es auch spreche, und will dich nie verkennen, du magst wohnen im engen Alpental oder in der Schottenhütte, mitten im Glanze der Welt; und du magst den Menschen Frühlinge schenken oder hohe Irrtümer oder einen kleinen Wunsch oder ihnen alles, alles nehmen!« Er hat den Eid geschworen, und er hat ihn gehalten bis in den Tod. Doch was ist Liebe ohne Gerechtigkeit? Die Milde des Räubers, der dem einen schenkt, was er dem andern genommen. Jean Paul war auch ein Priester des Rechts. Die Liebe war ihm eine heilige Flamme und das Recht der Altar, auf dem sie brannte, und nur reine Opfer brachte er ihr. Er war ein sittlicher Sänger. Nie schmückte er häßliche Sünde mit den Blumen seiner Worte aus; nie bedeckte er eine unedle Regung mit dem Golde seiner Reden. Er hätte es vermocht, wenn er gewollt; auch er hätte vermocht, mit seinem mächtigen Zauber dem frommen Tadler ein Lächeln abzuschmeicheln; aber er hat es nicht getan. Er stritt für Wahrheit, für Recht, für Freiheit und Glauben, und nie deckte bei ihm die Flagge eines mächtigen Namens sündlich-heilloses Gut, es den Ungläubigen zuzuführen.

Die Trostbedürftigen zu trösten und als befruchtender Himmel dürstende Seelen zu erquicken – dazu allein ward der Dichter nicht gesendet. Er soll auch der Richter der Menschheit sein und Blitz und Sturm, die eine Erde voll Dunst und Moder reinigen. Jean Paul war ein Donnergott, wenn er zürnte, eine blutige Geißel, wenn er strafte; wenn er verhöhnte, hatte er einen guten Zahn. Wer seinen Spott zu fürchten hatte, mochte ihn fliehen; ihn zu verlachen, wenn er ihm begegnete, war keiner frech genug. Trat der Riese Hochmut ihm noch so keck entgegen, seine Schleuder traf ihn gewiß! Verkroch sich die Schlauheit in ihrer dunkelsten Höhle, er legte Feuer daran, und der betäubte Betrüger mußte sich selbst überliefern. Sein Geschoß war gut, sein Auge besser, seine Hand war sicher. Er übte sie gern, seinen Witz hinter Höfe und hinter Deutschland hetzend. Nicht nach der Beute der Jagd gelüstete ihm, er wollte nur fromm die Felder des Bürgers und des Landmanns Äcker vor Verwüstungen schützen. Von der Feder manches Raubvogels, von dem Geweihe und der Klaue manch erlegten Wildes können wir erzählen; doch lassen wir uns zu keinen Jagdgeschichtchen verlocken in dieser sehr guten Hegezeit[6], wo schon strafbar gefunden und bestraft wird, nur die Büchse von der Wand herabzuholen.

Freiheit und Gleichheit lehrt der Humor und das Christentum – beide vergebens. Auch Jean Paul hätte vergebens gelehrt und gesungen, wäre nicht das Recht ein liebes Bild des toten Besitzes und die Hoffnung eine Schmeichlerin des Mangels. Jean Paul hat gut gemalt, er hat uns zart geschmeichelt. Der Humor ist keine Gabe des Geistes, er ist eine Gabe des Herzens, er ist die Tugend selbst, wie ein reichbegabtes Herz sie lehrend übt, weil es sie nicht übend lehren darf. Der Humorist ist der Hofnarr des Königs der Tiere in einer schlechten Zeit, wo die Wahrheit nicht tönen darf wie eine heilige Glocke, wo man ihr nur ihr Schellengeläute vergibt, weil man es verachtet, weil man es belächelt. Der Humorist löst die Binde von den Füßen des Saturns, setzt dem Sklaven den Hut des Herrn auf und verkündigt das saturnalische Fest[7], wo der Geist das Herz bedient und das Herz den Geist verspottet. Einst war eine schönere Zeit, wo man den Humor nicht kannte, weil man nicht die Trauer und nicht die Sehnsucht kannte. Das Leben war ein olympisches Spiel, wo jeder durfte seine Kraft und Hurtigkeit erproben. Der Schwäche war nur das Ziel versperrt, nicht der Weg; der Preis verweigert, nicht der Kampf. Jean Paul war der Jeremias seines gefangenen Volkes. Die Klage ist verstummt, das Leid ist geblieben. Denn jene falschen Propheten wollen wir nicht hören, die ihn begleitet und ihm nachgefolgt; und nur aus Liebe zu dem geliebten Toten wollen wir seiner kranken Nachahmer mit mehr nicht als mit wenigen Worten gedenken. Sie dünken sich frei, weil sie mit ihren Ketten rasseln; kühn, weil sie in ihrem Gefängnisse toben, und freimütig, weil sie ihre Kerkermeister schelten. Sie springen vom Kopfe zum Herzen, vom Herzen zum Kopfe – sie sind hier oder dort; aber der Abgrund ist geblieben; sie verstanden keine Brücke über die Trennungen des Lebens zu bauen. Verrenkung ist ihnen Gewandtheit der Glieder, Verzerrung Ausdruck des Gesichts, sie klappern prahlend mit Blechpfennigen, als wenn es Goldstücke wären, und wirft ihnen ja einmal der Schiffbruch des Zufalls irgendein Kleinod zu, wissen sie es nicht schicklich zu gebrauchen, und man sieht sie, gleich jenem Häuptling der Wilden, ein Ludwigskreuz am Ohrläppchen tragen.

Die Bewunderung preist, die Liebe ist stumm. Nicht preisen wollen wir Jean Paul, wir wollen ihn beweinen! Der lüsterne Gast vergißt über das Mahl den Wirt, der herzlose Kunstfreund den Künstler über sein Werk. Zwar wird als Dankbarer gelobt, wer von dem genossenen Wohltat erzählt; aber der Dankbarste ist, der die Wohltat vergißt, sich nur des Wohltäters zu erinnern. So wollen wir des seligen Geistes liebend gedenken, nicht der Arbeiten und Werke, womit er unsere Bewunderung verdient. Und wollten wir anders, wir vermöchten es nicht. Man kann Jean Pauls Werke zählen, nicht sie schätzen. Die Schätze, die er hinterlassen, sind nicht alle gemünztes Gold, das man nur einzurollen braucht. Wir finden Barren von Gold und Silber, Kleinodien, nackte Edelsteine, Schaumünzen, die der Gewürzkrämer als Bezahlung abweist; aufgespeicherte, ungemahlne Brotfrucht und Äcker genug, worauf noch die spätesten Enkel ernten werden. Solcher Reichtum hat manches Urteil arm gemacht. Fülle hat man Überladung gescholten, Freigebigkeit als Verschwendung! Weil er so viel Gold besaß als andere Zinn, hat man als Prunksucht getadelt, daß er täglich aus goldenen Gefäßen aß und trank. Hat aber Jean Paul doch hierin gefehlt, wer hat seinen Irrtum verschuldet? Wenn große Reichtümer durch viele Geschlechter einer Familie herab erben, dann führt die Gewohnheit zur Mäßigkeit des Genusses; die Fülle wird geordnet; alles an schickliche Orte gestellt und um jeden Glanz der Vorhang des Geschmacks gezogen. Der Arme aber, den das Glück überrascht, dem es die nackten Wände zauberschnell mit hohen Pfeilerspiegeln bedeckt, dem der Gott des Weins plötzlich die leeren Fässer füllt – der taumelt von Gemach zu Gemach, der berauscht sich im Becher der Freude, teilt unbesonnen mit vollen Händen aus und blendet, weil er ist geblendet. Ein solcher Emporkömmling war Jean Paul; er hatte von seinem Volke nicht geerbt. Der Himmel schenkte ihm seine Gunst; das Glück stürzte gutgelaunt sein Füllhorn um und überschüttete ihn mit Blumen und Früchten; die Erde gab ihm ihre verborgenen Schätze. Er sah und zeigte sie gerne! Doch was der Neid der Mitlebenden belächelt, darüber lachen froh die Erben. Gold bleibt Gold, auch in der Erzstufe, nur von wenigen erkannt, und die Fassung der Edelsteine erhöht ihren Preis, nicht ihren Wert.

So war Jean Paul! – Fragt ihr: wo er geboren, wo er gelebt, wo seine Asche ruhe? Vom Himmel ist er gekommen, auf der Erde hat er gewohnt, unser Herz ist sein Grab. Wollt ihr hören von den Tagen seiner Kindheit, von den Träumen seiner Jugend, von seinen männlichen Jahren? Fragt den Knaben Gustav[8]; fragt den Jüngling Albano und den wackern Schoppe[9]. Sucht ihr seine Hoffnungen? Im Kampanertale[10] findet ihr sie. Kein Held, kein Dichter hat von seinem Leben so treue Kunde aufgezeichnet, als Jean Paul es getan. Der Geist ist entschwunden, das Wort ist geblieben! Er ist zurückgekehrt in seine Heimat; und in welchem Himmel er auch wandere, auf welchem Sterne er auch wohne, er wird in seiner Verklärung seine traute Erde nicht vergessen, nicht seine lieben Menschen, die mit ihm gespielt und geweint und geliebt und geduldet wie er.

Quelle: Ludwig Börne, Sämtliche Schriften. Neu bearb. u. hrsg. von Inge und Peter Rippmann. Düsseldorf: Melzer 1964. Bd. 1. S. 789–798.

Anmerkungen

1. Held des Romans »Titan« (1800–03).
2. Siebenkäs und seine Frau Lenette sind Gestalten aus dem Roman »Blumen-, Frucht- und Dornenstücke, oder Ehestand, Tod und Hochzeit des Armenadvokaten F. St. Siebenkäs im Reichsmarktflecken Kuhschnappel« (1796/97).
3. am Anfang des »Titan«.
4. im 1797 erschienenen Appendix zu Jean Pauls Roman »Quintus Fixlein« (1796).
5. In den »Flegeljahren« (1804/05) schreibt Gottwalt Harnisch, eine der beiden Hauptfiguren, einen Aufsatz über »Das Glück eines schwedischen Pfarrers«.
6. Anspielung auf die vielen Zensurmaßnahmen der Restauration.
7. römisches Fest vom 17. bis 24. Dezember, wo Herren und Sklaven die Rollen vertauschten.
8. Gestalt aus dem Roman »Die unsichtbare Loge« (1793).
9. eine der interessantesten Schöpfungen Jean Pauls; kommt sowohl im »Siebenkäs« als auch im »Titan« vor.
10. 1797 erschien Jean Pauls Schrift »Das Kampanertal oder über die Unsterblichkeit der Seele . . .«

FRANZ GRILLPARZER

1791–1872

Beethoven starb am 26. März 1827, und sein Famulus Schind-
ler bat Grillparzer um eine Grabrede. Nachdem sie der Zensor
genehmigt hatte, wurde sie von dem damals berühmten Burg-
schauspieler und Rezitator Heinrich Anschütz (1785–1865) am
29. März am Sarge vorgetragen. Ohne Wissen Grillparzers
wurde sie zum ersten Mal in der Berliner Schnellpost für Lite-
ratur, Theater und Geselligkeit am 29. Mai 1827 gedruckt.

Rede am Grabe Beethovens

Indem wir hier an dem Grabe dieses Verblichenen stehen, sind
wir gleichsam die Repräsentanten einer ganzen Nation, des
deutschen gesamten Volkes, trauernd über den Fall der einen,
hochgefeierten Hälfte dessen, was uns übrig blieb von dem
dahingeschwundenen Glanz heimischer Kunst, vaterländischer
Geistesblüte. Noch lebt zwar – und möge er lange leben! – der
Held des Sanges in deutscher Sprach' und Zunge; aber der
letzte Meister des tönenden Liedes, der Tonkunst holder
Mund, der Erbe und Erweiterer von Händel und Bachs, von
Haydn und Mozarts unsterblichem Ruhme hat ausgelebt, und
wir stehen weinend an den zerrissenen Saiten des verklunge-
nen Spiels.
Des verklungenen Spiels! Laßt mich so ihn nennen! Denn ein
Künstler war er, und was er war, war er nur durch die Kunst.
Des Lebens Stacheln hatten ihn tief verwundet, und wie der
Schiffbrüchige das Ufer umklammert, so floh er in deinen
Arm, o du des Guten und Wahren gleich herrliche Schwester,
des Leides Trösterin, von Oben stammende Kunst! Fest hielt
er an dir, und selbst als die Pforte geschlossen war, durch die
du eingetreten bei ihm, und sprachst zu ihm; als er blind ge-

worden war für deine Züge, durch sein taubes Ohr, trug er noch immer dein Bild im Herzen, und als er starb, lags noch auf seiner Brust.

Ein Künstler war er, und wer steht auf neben ihm? Wie der Behemoth[1] die Meere durchstürmt, durchflog er die Grenzen seiner Kunst. Vom Girren der Taube bis zum Rollen des Donners, von der spitzfindigsten Verwebung eigensinniger Kunstmittel, bis zu dem furchtbaren Punkte, wo das Gebildete übergeht in die regellose Willkür streitender Naturgewalten, alles hatte er durchmessen, alles erfaßt. Der nach ihm kommt, wird nicht fortsetzen, er wird *anfangen* müssen, denn sein Vorgänger hörte nur auf, wo die Kunst aufhört. Adelaide und Leonore! Feier der Helden von Vittoria! und des Meßopfers gläubiges Lied! Kinder ihr der drei- und vier-geteilten Stimmen! Brausende Symphonie! »Freude schöner Götterfunken« du Schwanengesang! Muse des Liedes und des Saitenspiels! stellt euch rings um sein Grab, und bestreuts mit Lorbeern.

Ein Künstler war er, aber auch ein Mensch. Mensch in des Worts vollkommenster Bedeutung. Weil er von der Welt sich abschloß, nannten sie ihn *feindselig,* und weil er der Empfindung aus dem Wege ging, *gefühllos.* Ach, wer sich *hart* weiß, der flieht nicht! Gerade das *Übermaß* der Empfindung weicht der Empfindung aus! – Wenn er die Welt floh, so wars, weil er in den Tiefen seines liebenden Gemütes keine Waffe fand, sich ihr zu widersetzen; wenn er sich den Menschen entzog, so geschahs, nachdem er ihnen alles gegeben und nichts zurückempfangen hatte. Er blieb einsam, weil er kein Zweites fand. – Aber bis zum Tode bewahrte er ein menschliches Herz allen Menschen, ein väterliches den Seinen, Gut und Blut aller Welt!

So war er, so starb er, so wird er leben für alle Zeiten.

Ihr aber, die ihr unserm Geleite gefolgt bis hieher, gebietet eurem Schmerz! Nicht verloren habt ihr ihn, ihr habt ihn gewonnen. Erst wenn die Pforte des Lebens hinter uns sich schließt, springen auf die Pforten zum Tempel der Unsterblichkeit. Dort steht er nun bei den Großen aller Zeiten unantastbar, für immer. Darum scheidet, trauernd, aber gefaßt von seiner Ruhestätte, und wenn euch je im Leben wie der kommende Sturm die Gewalt seiner Schöpfungen übermannt, wenn eure Tränen fließen in der Mitte eines jetzt noch ungeborenen Geschlechts, so erinnert euch dieser Stunde und denkt: wir waren dabei, als sie ihn begruben, und als er starb, haben wir geweint.

Quelle: Franz Grillparzer, Sämtliche Werke. Ausgewählte Briefe, Gespräche, Berichte. Hrsg. von Peter Frank u. Karl Pörnbacher. München: Hanser 1964. Bd. 3. S. 881–883.

Anmerkung

1. im Alten Testament: Nilpferd; in der Apokalypse das mythische Tier der Endzeit.

GEORG BÜCHNER

1813–1837

Daß der Naturwissenschaftler, Dichter und aktive Revolutionär auch alle Register der Beredsamkeit beherrschte, beweist nicht nur die meisterhafte, berühmte Flugschrift »Der Hessische Landbote« (1834), sondern schon seine »Rede zur Vertheidigung des Cato von Utika«, die er am 29. September 1830 als siebzehnjähriger Schüler im Ludwig-Georg-Gymnasium in Darmstadt nach Rezepten der Schulrhetorik hielt. Büchner rechtfertigt hier, indem er die Argumente der christlichen Moral als anachronistisch abtut, den Selbstmord Catos von einer hohen Freiheitskonzeption her und stellt die Größe des römischen Republikaners heraus. Mag auch bei manchen Formulierungen Schiller, den vor allem Büchners Mutter verehrte, Pate gestanden haben, in dieser Rede zeigen sich schon Gedankengänge, die für den späteren Büchner typisch sind.

Rede zur Vertheidigung des Cato von Utika

Groß und erhaben ist es, den Menschen im Kampfe mit der Natur zu sehen, wenn er gewaltig sich stemmt gegen die Wuth der entfesselten Elemente und, vertrauend der Kraft seines Geistes, nach seinem Willen die rohen Kräfte der Natur zügelt. Aber noch erhabner ist es, den Menschen zu sehen im Kampfe mit seinem Schicksale, wenn er es wagt einzugreifen in den Gang der Weltgeschichte, wenn er an die Erreichung seines Zwecks sein Höchstes, sein Alles setzt. Wer nur *einen* Zweck und *ein* Ziel bey der Verfolgung desselben sich vorgesteckt, giebt den Widerstand nie auf, er siegt oder – stirbt. Solche Männer waren es, welche, wenn die ganze Welt feige ihren Nacken dem mächtig über sie hinrollenden Zeitrade beugte, kühn in die Speichen desselben griffen, und es ent-

weder in seinem Umschwunge mit gewaltiger Hand zurück-
schnellten, oder von seinem Gewichte zermalmt einen rühmlichen Tod fanden, d. h. sich mit dem Reste des Lebens *Unsterblichkeit* erkauften. Solche Männer, die unter den Millionen, welche aus dem Schooß der Erde steigen, ewig am Staube
kleben und wie Staub vergehn und vergessen werden, sich zu
erheben, sich Unvergänglichkeit zu erkämpfen wagten, solche
Männer sind es, die gleich Meteoren aus dem Dunkel des
menschlichen Elends und Verderbens hervorstrahlen. Sie
durchkreuzen wie Kometen die Bahn der Jahrhunderte; so
wenig die Sternkunde den Einfluß der einen, eben so wenig
kann die Politik den der andern berechnen. In ihrem excen-
trischen Laufe scheinen sie nur Irrbahnen zu beschreiben, bis
die großen Wirkungen dießer Phänomene beweisen, daß ihre
Erscheinung lange vorher durch jene Vorsehung angeordnet
war, deren Gesetze eben so unerforschlich, als unabänderlich
sind. –

Jedes Zeitalter kann uns Beyspiele solcher Männer aufweisen,
doch alle waren von jeher der verschiedenartigsten Beurtheil-
lung unterworfen. Die Ursache hiervon ist, daß jede Zeit
ihren Maaßstaab an die Helden der Gegenwart oder Vergangenheit legt, daß sie nicht richtet nach dem eigentlichen
Werthe dieser Männer, sondern daß ihre Auffassung und Beurtheilung derselben stets bestimmt und unterschieden ist
durch die Stufe, auf der *sie selbst* steht. Wie fehlerhaft eine
solche Beurtheilung sey, wird Niemandem entgehen: für einen
Riesen paßt nicht das Maaß eines Zwergs; eine kleine Zeit
darf nicht einen Mann nach sich beurtheilen wollen, von dem
sie nicht *einen* Gedanken fassen und ertragen könnte. Wer
will dem Adler die Bahn vorschreiben, wenn er die Schwingen
entfaltet und stürmischen Flug's sich zu den Sternen erhebt?
Wer will die zerknickten Blumen zählen, wenn der Sturm
über die Erde braust und die Nebel zerreist, die dumpfbrü-
tend über dem Leben liegen? Wer will nach den Meinungen
und Motiven eines Kindes wägen und verdammen, wenn Ungeheures geschieht, wo es sich um Ungeheures handelt? Die

Lehre davon ist: man darf die Ereignisse und ihre Wirkungen nicht beurtheilen, wie sie *äußerlich* sich darstellen, sondern man muß ihren *inneren tiefen* Sinn zu ergründen suchen, und dann wird man das *Wahre* finden.

Ich glaube erst dießes vorausschicken zu müssen, um bey der Behandlung eines so schwierigen Themas zu zeigen, von welchem Standpunkte man bey der Beurtheilung eines Mannes, bey der Beurtheilung eines alten Römers ausgehen müsse, um zu beweisen, daß man an einen *Kato* nicht den Maaßstaab unsrer Zeit anlegen, daß man seine That nicht nach neueren Grundsätzen und Ansichten beurtheilen könne.

Man hört so oft behaupten: *subjectiv* ist *Kato* zu rechtfertigen, *objectiv* zu verdammen d. h. von unserm, vom *christlichen Standpunkte* aus ist *Kato* ein *Verbrecher*, von *seinem eigenen* aus ein *Held*. Wie man aber diesen christlichen Standpunkt hier anwenden könne, ist mir immer ein Räthsel geblieben. Es ist ja doch ein ganz eigner Gedanke, einen alten Römer nach dem Katechismus kritisiren zu wollen! Denn da man die Handlungen eines Mannes nur dann zu beurtheilen vermag, wenn man sie mit seinem Charakter, seinen Grundsätzen und seiner Zeit zusammenstellt, so ist nur *ein* Standpunkt und zwar der *subjective* zu billigen und jeder andre, zumal in diesem Falle der christliche, gänzlich zu verwerfen. So wenig als *Kato* Christ war, so wenig kann man die christlichen Grundsätze auf ihn anwenden wollen; er ist nur als *Römer* und *Stoiker* zu betrachten. Dießem Grundsatze gemäß werde ich alle Einwürfe, wie z. B. ›es ist nicht erlaubt sich das Leben zu nehmen, das man sich nicht selbst gegeben‹ oder ›der Selbstmord ist ein Eingriff in die Rechte Gottes‹ ganz und gar nicht berücksichtigen und nur die zu widerlegen suchen, welche man *Kato* vom Standpunkte des *Römers* aus machen könnte, wobey es nothwendig ist, vorerst eine kurze, aber getreue Schilderung seines Charakters und seiner Grundsätze zu entwerfen. –

Kato war einer der untadelhaftesten Männer, den die Geschichte uns zeigt. Er war streng, aber nicht grausam; er war

bereit, Andern viel größere Fehler zu verzeihen, als sich selbst. Sein Stolz und seine Härte waren mehr die Wirkung seiner Grundsätze, als seines Temperaments. Voll unerschütterlicher Tugend, wollte er lieber tugendhaft *seyn*, als *scheinen*. Gerecht gegen Fremde, begeistert für sein Vaterland, nur das *Wohl* seiner Mitbürger, nicht ihre *Gunst* beachtend, erwarb er sich um so größeren Ruhm, je weniger er ihn begehrte. Seine große Seele faßte ganz die großen Gedanken: *Vaterland, Ehre* und *Freiheit*. Sein verzweifelter Kampf gegen *Cäsar* war die Folge seiner reinsten Ueberzeugung, sein Leben und sein Tod den Grundsätzen der Stoiker gemäß, die da behaupteten:
›Die Tugend sey die wahre, von Lohn und Strafe ganz unabhängige Harmonie des Menschen mit sich selbst, die durch die Herrschaft über die Leidenschaften erlangt werde; diese Tugend setze die höchste innre Ruhe und Erhabenheit über die Affectionen sinnlicher Lust und Unlust voraus; sie mache den Weisen nicht gefühllos, aber unverwundbar und gebe ihm eine Herrschaft über sein Leben, die auch den Selbstmord erlaube.‹
Solche Gefühle und Grundsätze in der Brust, stand *Kato* da, wie ein Gigant unter Pygmäen, wie der Heros einer untergegangnen Heldenzeit, wie ein Riesenbau, erhaben über seine Zeit, erhaben selbst über menschliche Größe. Nur *ein* Mann stand ihm gegenüber. Er war *Julius Cäsar*. Beide waren gleich an Geisteskräften, gleich an Macht und Ansehn, aber beyde ganz verschiednen Charakters. *Kato* der *letzte Römer, Cäsar* nichts mehr als ein glücklicher *Katilina*; *Kato* groß durch sich selbst, *Cäsar* groß durch sein Glück, mit dem größten Verbrechen geadelt durch den Preis seines Verbrechens. Für zwei solcher Männer war der Erdkreis zu eng. Einer mußte fallen, und *Kato* fiel, nicht als ein Opfer der Ueberlegenheit *Cäsars*, sondern seiner verdorbenen Zeit. Anderthalbe hundert Jahre zuvor hätte kein *Cäsar* gesiegt. –
Nach Cäsars Siege bey *Thapsus* hatte *Kato* die Hoffnung seines Lebens verloren; nur von wenigen Freunden begleitet begab er sich nach Utika, wo er noch die letzten Anstrengungen

Georg Büchner   445

machte, die Bürger für die Sache der Freiheit zu gewinnen.
Doch als er sah, daß in ihnen nur Sclavenseelen wohnten, als
Rom von seinem Herzen sich losriß, als er nirgends mehr ein
Asyl fand für die Göttin seines Lebens, da hielt er es für das
Einzigwürdige, durch einen besonnenen Tod seine freie Seele
zu retten. Voll der zärtlichsten Liebe sorgte er für seine
Freunde, kalt und ruhig überlegte er seinen Entschluß, und als
alle Bande zerrissen, die ihn an das Leben fesselten, gab er sich
mit sichrer Hand den Todesstoß und starb, durch seinen Tod
einen würdigen Schlußstein auf den Riesenbau seines Lebens
setzend. Solch ein Ende konnte allein einer so großen Tugend
in einer so heillosen Zeit geziemen!
So verschieden nun die Beurtheilungen dieser Handlung sind,
eben so verschieden sind auch die Motive, die man ihr zum
Grunde legt. Doch ich denke, ich habe nicht nöthig, hier die
zurückzuweisen, welche von Eitelkeit, Ruhmsucht, Halsstar-
rigkeit und dergleichen kleinlichen Gründen mehr reden (solche Gefühle hatten keinen Raum in der Brust eines *Kato*!)
oder gar die zurückzuweisen, welche mit dem Gemeinplatz
der *Feigheit* angezogen kommen. Ihre Widerlegung liegt
schon in der bloßen Schilderung seines Charakters, der nach
dem einstimmigen Zeugniß aller alten Schriftsteller so groß
war, daß selbst *Vellejus Paterculus*[1] von ihm sagt: *homo vir-
tuti simillimus et per omnia ingenio diis, quam hominibus
propior.*[2]
Andre, die der Wahrheit schon etwas näher kamen und auch
bey den Meisten Anhänger fanden, behaupteten, der Beweggrund zum Selbstmord sey ein unbeugsamer Stolz gewesen,
der nur vom Tode sich habe wollen besiegen lassen. Wahrlich,
wäre dieß das wahre Motiv, so liegt schon etwas Großes und
Erhabnes in dem Gedanken, mit dem Tode die Gerechtigkeit
der Sache, für die man streitet, besiegeln zu wollen. Es gehört
ein großer Charakter dazu, sich zu einem solchen Entschluß
erheben zu können. Aber auch nicht einmal dieser Beweggrund war es – es war ein höherer. *Katos* große Seele war
ganz erfüllt von einem unendlichen Gefühle für *Vaterland*

und *Freiheit,* das sein ganzes Leben durchglühte. Diese beyden Gedanken waren die Centralsonne, um die sich alle seine Gedanken und Handlungen drehten. Den Fall seines Vaterlandes hätte *Kato* überleben können, wenn er ein Asyl für die andre Göttin seines Lebens, für die *Freiheit,* gefunden hätte. *Er fand es nicht.* Der Weltball lag in Roms Banden, alle Völker waren Sclaven, frei allein der Römer. Doch als auch dieser endlich seinem Geschicke erlag, als das Heiligthum der Gesetze zerrissen, als der Altar der Freiheit zerstört war, da war *Kato* der *einzige* unter Millionen, der *einzige* unter den Bewohnern einer Welt, der sich das Schwert in die Brust stieß, um unter Sclaven nicht leben zu müssen; denn Sclaven waren die Römer, sie mochten in goldnen oder ehernen Fesseln liegen – sie waren *gefesselt.* Der Römer kannte nur *eine* Freiheit, sie war das Gesetz, dem er sich aus *freier* Ueberzeugung als *nothwendig* fügte; diese Freiheit hatte *Cäsar* zerstört, *Kato* war Sclave, wenn er sich dem Gesetz der Willkühr beugte. *Und war auch Rom der Freiheit nicht werth, so war doch die Freiheit selbst werth, daß Kato für sie lebte und starb.* Nimmt man diesen Beweggrund an, so ist Kato gerechtfertigt; ich sehe nicht ein, warum man sich so sehr bemüht, einen niedrigern hervorzuheben; ich kann nicht begreifen, warum man einem Manne, dessen Leben und Charakter makellos sind, das Ende seines Lebens schänden will. Der Beweggrund, den ich seiner Handlung zu Grunde lege, stimmt mit seinem ganzen Charakter überein, ist seines ganzen Lebens würdig, und also der wahre. –

Diese That läßt sich jedoch noch von einem andern Standpunkte aus beurtheilen, nämlich von dem der *Klugheit* und der *Pflicht.* Man kann nämlich sagen: handelte *Kato* auch *klug?* hätte er nicht versuchen können, die Freiheit, deren Verlust ihn tödtete, seinem Volke wieder zu erkämpfen? Und hätte er, wenn auch dieses nicht der Fall gewesen wäre, sich nicht dennoch seinen Mitbürgern, seinen Freunden, seiner Familie erhalten *müssen?*

Der erste Einwurf läßt sich widerlegen durch die *Geschichte.*

Kato mußte bey einigem Blick in *sie* wissen und wußte es, daß Rom sich nicht mehr erheben könne, daß es einen Tyrannen nöthig habe, und daß für einen despotisch beherrschten Staat nur Rettung in dem *Untergang* sey. Wäre es ihm auch gelungen, selbst *Cäsarn* zu besiegen, Rom blieb dennoch Sclavin; aus dem Rumpfe der Hyder wären nur neue Rachen hervorgewachsen. Die Geschichte bestätigt diese Behauptung. Die That eines *Brutus* war nur ein leeres Schattenbild einer untergegangnen Zeit. Was hätte es also *Kato* genützt, wenn er noch länger die Flamme des Bürgerkrieges entzündet, wenn er auch *Roms* Schicksal noch um einige Jahre aufgehalten hätte? *Er sah, Rom und mit ihm die Freiheit war nicht mehr zu retten.* –

Noch leichter läßt sich der andre Einwurf, als hätte *Kato* sich seinem, wenn auch unterjochten Vaterlande, dennoch erhalten müssen, beseitigen. Es giebt Menschen, die ihrem größeren Charakter gemäß mehr zu allgemeinen großen Diensten für das Vaterland, als zu besondern Hülfsleistungen gegen einzelne Nothleidende verpflichtet sind. Ein solcher war *Kato*. Sein großer Wirkungs-Kreis war ihm genommen, seinen Grundsätzen gemäß konnte er nicht mehr handlen. *Kato* war zu groß, als daß er die freie Stirne dem Sclavenjoche des Usurpators hätte beugen, als daß er, um seinen Mitbürgern eine Gnade zu erbetteln, vor einem *Cäsar* hätte kriechen können. Kleineren Seelen überließ er dieß; doch wie wenig durch Nachgeben und Fügsamkeit erreicht wurde, kann *Ciceros* Beyspiel lehren. *Kato* hatte einen andern Weg eingeschlagen, noch den letzten großen Dienst seinem Vaterlande zu erweisen; sein Selbstmord war eine Aufopferung für dasselbe! Wäre *Kato* leben geblieben, hätte er sich mit Verläugnung aller seiner Grundsätze dem Usurpator unterworfen, so hätte dieses Leben die Billigung *Cäsars* erhalten; hätte er dieß nicht gewollt, so hätte er in offnem Kampf auftreten und unnützes Blut vergießen müssen. Hier gab es *nur einen* Ausweg, er war der *Selbstmord*. Er war die Apologie des *Kato*, war die furchtbarste Anklage des *Cäsar*. *Kato* hätte nichts größres für

sein Vaterland thun können, denn diese That, dieses Beyspiel
hätte alle Lebensgeister der entschlafnen *Roma* wecken müssen. Daß sie ihren Zweck verfehlte, daran ist nur *Rom*, nicht
Kato schuld. –

Dasselbe läßt sich auch auf den Einwurf erwidern, *Kato* hätte
sich seiner Familie erhalten müssen. *Kato* war der Mann nicht,
der sich im engen Kreise des Familienlebens hätte bewegen
können, auch sehe ich nicht ein, warum er es hätte thun sollen;
seinen Freunden nützte sein Tod mehr, als sein Leben; seine
Porcia hatte einen *Brutus* gefunden, sein Sohn war erzogen;
der Schluß dieser Erziehung war der Selbstmord des Vaters,
er war die letzte große Lehre für den Sohn. Daß derselbe sie
verstand, lehrte die Schlacht bey *Philippi*.³

Das Resultat dieser Untersuchung liegt in *Ludens*⁴ Worten:
›*wer fragen kann, ob Kato durch seine Tugend nicht Rom
mehr geschadet habe, als genützt, der hat weder Roms Art
erkannt noch Katos Seele, noch den Sinn des menschlichen Lebens.*‹

Nimmt man nun alle diese angeführten Gründe und Umstände zusammen, so wird man leicht einsehen, daß *Kato* seinem Charakter und seinen Grundsätzen gemäß so handeln
konnte und *mußte*, daß nur *dieser eine* Ausweg der Würde
seines Lebens geziemte und daß jede andre Handlungsart seinem ganzen Leben widersprochen haben würde. –

Obgleich hierdurch nun *Kato* nicht allein entschuldigt, sondern auch gerechtfertigt wird, so hat man doch noch einen andern, keineswegs leicht zu beseitigenden, Einwurf gemacht; er
heißt nämlich: ›eine Handlung läßt sich nicht dadurch rechtfertigen, daß sie dem besondern Charakter eines Menschen
gemäß gewesen ist. Wenn der *Charakter* selbst *fehlerhaft*
war, so ist es die *Handlung* auch. Dieß ist bey *Kato* der Fall.
Er hatte nämlich nur eine sehr einseitige Entwicklung der Natur.
Die Ursache, warum sein Charakter die Handlung
des Selbstmords übereinstimmte, lag nicht in seiner Vollkommenheit, sondern in seinen Fehlern. Es war nicht seine *Stärke*
und sein *Muth*, sondern sein *Unvermögen*, sich in einer unge-

wohnten Lebensweise schicklich zu bewegen, welches ihm das Schwert in die Hand gab. –‹

So wahr auch diese Behauptung klingt, so hört sie bey näherer Betrachtung doch ganz auf, einen Flecken auf *Katos* Handlung zu werfen. Diesem Einwurf gemäß wird gefordert, daß *Kato* sich nicht allein in die Rolle des *Republikaners*, sondern auch in die des *Dieners* hätte fügen sollen. Daß er dieß nicht *konnte* und *wollte*, schreibt man der Unvollkommenheit seines Charakters zu. Daß aber dieses Schicken in alle Umstände eine Vollkommenheit sey, kann ich nicht einsehen, denn ich glaube, daß *das* das große Erbtheil des Mannes sey, *nur eine* Rolle spielen, nur in *einer* Gestalt sich zeigen, nur in das, was er als wahr und recht erkannt hat, sich fügen zu können. Ich behaupte also im Gegentheil, daß grade dieses Unvermögen, sich in eine seinen heiligsten Rechten, seinen heiligsten Grundsätzen widersprechende Lage zu finden, von der *Größe*, nicht von der *Einseitigkeit* und *Unvollkommenheit* des *Kato* zeugt.

Wie groß aber seine Beharrlichkeit bey dem war, was er als wahr und recht erkannt hatte, kann uns sein *Tod selbst* lehren. Wenig Menschen werden je gefunden worden seyn, die den Entschluß zu sterben mit soviel Ruhe haben fassen, mit soviel Beharrlichkeit haben ausführen können. Sagt auch *Herder* verächtlich: ›*jener Römer, der im Zorne sich die Wunden aufriß!*‹ so ist doch dieß ewig und sicher wahr, daß grade der Umstand, daß *Kato* leben blieb und doch nicht zurückzog, daß *grade* der Umstand die That nur noch *großartiger* macht.

So handelte, *so* lebte, *so* starb *Kato*. Er selbst der Repräsentant Römischer Größe, der letzte eines untergesunknen Heldenstamms, der größte seiner Zeit! Sein Tod der Schlußstein für den ersten Gedanken seines Lebens, seine That ein Denkmal im Herzen aller Edlen, das über Tod und Verwesung triumphirt, das unbewegt steht im fluthenden Strome der Ewigkeit! *Rom*, die Riesin, stürzte, Jahrhunderte gingen an seinem Grabe vorüber, die Weltgeschichte schüttelte über ihm ihre Loose, und noch steht *Katos* Namen neben der Tugend

und *wird* neben ihr stehn, so lange das große Urgefühl für
Vaterland und *Freiheit* in der Brust des Menschen glüht! –

Quelle: Georg Büchner, Sämtliche Werke und Briefe. Historisch-kritische
Ausgabe mit Kommentar hrsg. von Werner R. Lehmann. München: Hanser
1972 (begründet als ›Hamburger Ausgabe‹ Hamburg 1971) Bd. 2. S. 25–32.

Anmerkungen

1. Verfaßte 29 n. Chr. eine römische Geschichte in zwei Bänden (von
   den Anfängen bis zum Kaiser Tiberius).
2. Ein Mensch, welcher der Tugend am ähnlichsten und, vor allem, an
   Fähigkeiten mehr den Göttern als Menschen gleich.
3. Hier siegten 42 v. Chr. Antonius und Octavian über die Republikaner.
4. Heinrich Luden (1780–1847), Historiker; 1824 erschien sein »Handbuch
   der allgemeinen Geschichte der Völker und Staaten des Altertums« in
   dritter Auflage.

*Ähnlich wie bei der Rede Gellerts waren Studentenunruhen
der äußere Anlaß auch dieser Ansprache. Der Philosoph hielt sie
am Abend des 29. Dezember 1830 in der Aula Academica der
Universität München, nachdem es zu blutigen Zusammenstö-
ßen zwischen Militär und Studenten und einem seit vier Tagen anhaltenden Tumult gekommen war. Schelling wendet
sich mit rhetorischem Geschick an den »gesunden Verstand,
das richtige Urtheil, die gute Gesinnung« der Studenten und
fordert sie auf, sich selbst zu überwinden und wieder Ruhe
eintreten zu lassen. Nach der Rede versprach eine Abordnung
der Studenten, Schellings Rat zu befolgen und von einer weiteren Konfrontation mit dem Militär abzusehen.*

Rede an die Studierenden
der Ludwig-Maximilians-Universität zu München

Meine Herren!
Ich habe Sie, außerordentlicher Weise, gebeten, mich *heute*
noch zu hören; ich spreche zu Ihnen nicht in Auftrag, nicht
daß ein Mensch es mir angemuthet oder mich darum ersucht
hätte, sondern ganz allein, weil das eigne Herz es mir gebietet,
weil ich es nicht mit ansehen kann, daß noch eine Nacht wie
die letzten herankomme und der Zustand von Unruhe fortdaure, der schon so viele unglückliche Folgen gehabt hat und
mit noch unglücklicheren uns, Sie alle, die Hoheschule selbst
bedroht; um *mit* Ihnen zu überlegen, wie die Ruhe in die Gemüther, der Friede in die gestörten Verhältnisse zurückzuführen
ren sey; was noch sich thun lasse, um dem immer weiter um
sich greifenden, unsern liebsten Hoffnungen schmähliche Ver-
nichtung drohenden Unheil ein Ziel zu setzen. Ich rede zu

Ihnen – nicht als ein Vorgesetzter, sondern als Ihr Lehrer, dessen Stimme Sie in manchen ruhigen und, ich darf sagen glücklichen Stunden, wenn es ihm gelang, Sie in Ihr eignes Inneres und in die Tiefen menschlicher Gedanken zu führen, mit Lust, mit Liebe, selbst mit Begeisterung gehorcht haben – ich rede zu Ihnen, nicht als einer der Ihnen gegenüber steht, sondern der mit Ihnen dasselbe Interesse hat, als Freund der Jugend, als *Ihr* Freund, der in Ihnen nie etwas anderes gesehen hat als wahre Commilitonen, Mitstreiter im großen Kampfe des menschlichen Geistes. Hören Sie also auch heute den, dem Sie als Anführer auf dem Wege der Wissenschaft mit Vertrauen und Muth gefolgt sind, mit Liebe und Vertrauen, und lassen Sie ein gutes Wort bei Ihnen eine gute Statt finden! Denn: *Heilbar sind die Herzen der Edeln,* wie Homer sagt. Zeigen Sie sich als Edle, als höher Denkende, die über das Zufällige hinwegsehen und nur das Wesentliche im Auge haben. Die Erbitterung ist groß, dennoch halte ich sie nicht für unheilbar. Die bloße Gewalt ist blind; der einmal entfesselten vermag der beste Wille, die zärtlichste Sorgfalt nicht mehr Ziel und Maß zu geben; über die Gewalt vermag ich nichts, aber über *Sie* sollte ich billig etwas vermögen; ich habe es – warum dürfte ich es nicht sagen? – ja ich habe es um Sie verdient durch meine Liebe zu Ihnen, durch die Aufrichtigkeit meiner Vorträge, in denen ich Sie bis auf den Grund meiner Gedanken sehen lasse. Ich kann mich nicht an die Gewalt wenden, darum wende ich mich an *Sie*; *Sie* habe ich mir ersehen, und zu Ihnen hege ich das Vertrauen, daß durch Sie – *durch Sie allein ohne andere Dazwischenkunft* – durch einen einzigen großen und auf immer ruhmwürdigen Entschluß Ihres Herzens das alles beendigt werde, was mich nicht allein, was alle Ihre Lehrer, alle, die eines Gefühls für die Hoffnungen des Vaterlandes fähig sind, mit der tiefsten Betrübniß, mit den bangesten Sorgen erfüllt. Noch stehen die Sachen so, daß man sie ansehen kann als solche, die von einem ersten, vielleicht unüberlegten, insofern zwar tadelhaften, doch verzeihlichen Anfang durch eine Verkettung von Umständen und

Verhältnissen, gegen die nicht jeder gleich stark und gewaffnet ist, bis zu dem Punkte gediehen sind, wo der nicht Wollende mit dem Wollenden, der Unschuldige mit dem Schuldigen fortgerissen wird, wo die Besinnung flieht und blinde Wuth bis zum Aeußersten fortschreitet – ja bis zum *Aeußersten!* oder *soll* es, *kann* es noch weiter kommen, nachdem *Blut*, ich schaudere es zu sagen, das Blut der Jünglinge, die uns zu geistiger Pflege und Ausbildung anvertraut sind, geflossen ist? O hätt' ich nimmer diesen Tag gesehen! Excidat illa dies aevo! Möge eine augenblickliche, jetzt gleich, und indem ich Sie anrede, beschlossene Umkehr diese Tage in eine ebenso tiefe als schnelle Vergessenheit begraben! An *Ihnen* ist es – ich sage es frei und furchtlos – an Ihnen ist es umzukehren; oder sollten Sie den Abgrund nicht sehen, der sich zu Ihren Füßen bereits geöffnet hat, der Sie, der uns alle, der unsere theuersten und schönsten Hoffnungen zu verschlingen droht? Hören Sie die Stimme der Weisheit und einer väterlichen Zuneigung, denken Sie, daß aus Ihren Lehrern, daß aus mir in diesem Augenblick Ihre Eltern, Ihre Verwandten, alle, die Ihnen die liebsten und werthesten unter den Menschen sind, zu Ihnen sprechen, Sie beschwören, durch eine plötzliche, nie zu spät kommende Besinnung still zu stehen auf der gefährlichen Bahn, die Sie betreten haben. Noch ist es Zeit, bald – einen Schritt noch – und es wird zu spät seyn!

Ich weiß es – unvollkommen zwar und nur aus Angaben einzelner unter Ihnen, die den rechten Weg gewählt haben, sich deßhalb an die vorgesetzte akademische Behörde zu wenden, aber ich weiß es – daß auch Sie zum Theil über schwere Unbilden, über unnöthig grausame Behandlung einzelner sich zu beklagen haben. Glauben Sie nicht, daß Ihre Lehrer gleichgültig sind gegen das, was Ihnen widerfährt; kehren *Sie* nur zuerst in die Schranken der Ordnung zurück! Ich rede zu Ihnen, wie gesagt, ohne Auftrag, der Entschluß selbst, an Sie mich zu wenden, ist ohne Vorwissen der akademischen Behörde gefaßt; aber die Gesinnungen meiner verehrten Amtsgenossen sind mir, wie meine eignen, zu gut bekannt, als daß ich mich nicht berechtigt halten sollte, mich dafür zu verbürgen, daß wir bereit sind, alles zu thun, um den unverschuldet Gekränkten oder Mißhandelten jede Genugthuung zu verschaffen, die von einer gerechten und selbst jetzt (ich bin dessen gewiß) noch viel weniger entrüsteten als schmerzlich betrübten Regierung zu erwarten steht. Wenden Sie sich von heute an in jedem Fall, wo Ihnen über Gebühr geschehen, an den akademischen Senat, setzen Sie diesen selbst in den Stand, alle Thatsachen solcher Art, hinlänglich beglaubigt, der höchsten Behörde vorzulegen.

Sie sehen, wie wenig ich geneigt bin, *alles* Unrecht nur auf Ihrer Seite zu suchen. Aber, meine theuersten Herrn und Freunde, *Sie* haben die Gewalt hervorgerufen, und Sie haben während vier Tage nicht aufgehört sie hervorzurufen. Wir beklagen, ja wir beweinen alles, was ohne Noth gegen Sie verübt worden seyn sollte; allein unsere Klage wendet sich immer zuletzt an Sie selbst zurück. Von Ihnen hängt es ab, die Stille und Ruhe wieder eintreten zu lassen, bei der allein gerechte Klagen Gehör fordern und finden können.

Schon trägt man sich zum Theil mit gräßlichen Beschuldigungen von Absichten, die Ihnen zugetraut werden. Ich bin wie von meinem eignen Leben überzeugt, daß der gesunde Verstand, das richtige Urtheil, die gute Gesinnung des bei weitem größten Theiles unter Ihnen den bloßen Gedanken solcher Absichten mit Abscheu und Entrüstung zurückstößt. Aber eben darum, und weil man Absichten dieser Art vorauszusetzen eben jetzt so geneigt ist und leider zum Theil so viele Ursache hat, eben weil durch eine Verkettung von Umständen und unglücklichen Maßregeln gerade in Deutschland – zwar in geringer Zahl – aber denn doch eine Gattung von Menschen sich erzeugt hat, die, gleich heimathlos im Reiche des Geistes wie im Gebiete des Staates, unfähig durch irgend einen wahrhaft großen Gedanken, durch eine ruhmwürdige That die Aufmerksamkeit ihrer Mitbürger zu erregen, den Umsturz suchen, der ihre unbedeutende, aber von einem sinnlosen Ehrgeiz verzehrte Persönlichkeit an die Stelle setze, wo sie bemerklich werde; eben deßhalb und dieser Umstände wegen, die ich mit Freimüthigkeit ausspreche, hat jeder, dem das Vaterland lieb, dem die Ehre der Nation ein unschätzbares Gut ist, aufs gewissenhafteste zu verhüten, daß durch keine *Art* von Verletzung der öffentlichen Ordnung irgend eine Lücke, eine offene Stelle entstehe, durch welche jene den Staat umschleichenden und vergebens bis jetzt in ihn einzudringen suchenden Wölfe wirklich einzubrechen vermöchten. Wenn Auflehnung gegen die rechtmäßig eingesetzte Gewalt, selbst dann, wenn diese durch eine offenbare und schreiende Verletzung beschworener Pflichten und Rechte sie hervorruft, stets ein Unglück, da wo keine unwiderstehlich dringende Ursache dazu vorhanden ist, stets ein Verbrechen ist, so wäre sie hier, so wäre sie in Verhältnissen wie die unsrigen außerdem zugleich – *Wahnsinn*. Ich *weiß*, daß Sie diese Ueberzeugung mit mir theilen; kann ich aber ebenso gut wissen, können Sie selbst wissen, daß Wölfe von der eben bezeichneten Art nicht auch unter Ihnen herumschleichen, die durch treulose und verrätherische Einflüsterungen eine Sache, die nur jugendliche Unbesonnenheit angefangen, groß zu ziehen und bis zu jenem Aeußersten zu bringen suchen könnten? Müßten Sie nicht erschrecken, wenn unversehens in Ihren Reihen Stimmen eines solchen Wahnsinns sich erheben sollten, die freilich unfähig, unsere Verhältnisse, das Glück welches *wir* vor so vielen andern Völkern, nah und fern, unter Gesetzen und einer alle unsere theuersten Rechte schützenden Verfassung genießen, zu erschüttern, aber hinlänglich wären, die in meinen Augen unauslöschliche Schmach auf uns zu laden, daß wir selbst solchen Stimmen Gelegenheit gegeben hätten, auf bayerischem Boden und im Anblick eines Volks sich vernehmen zu lassen, das von jeher zu stolz gewesen, Fremdes blind nachzuahmen, von leeren erfindungsarmen Köpfen sich führen zu lassen, oder seine Eigenthümlichkeit zu verleugnen.

– O wie erfreut mich dieser Sturm eines lauten, anhaltenden, eben *hier* aus dem Herzen hervordringenden Beifalls, den ich nicht als Beifall für mich, den ich nur als Ausbruch der inner-

sten und herzlichsten Zustimmung zu den von mir ausge-
drückten Gesinnungen ansehen kann!

Um so mehr, und weil dieß Ihre Gesinnungen sind, ist es die
höchste Zeit, meine Herrn, und ich rechne von diesem Augenblick mit Gewißheit darauf, daß die Unordnungen aufhören,
von denen Sie selbst nicht wissen können, wohin sie führen
und wo sie enden. Die einzige Frage ist *wie*? wie herauskommen aus dieser unseligen Verwicklung? Nichts einfacher, wenn
Sie nur, – Sie selbst, wenn *Sie* Ihrer eignen Würde, Ihres
eignen hohen Standpunktes sich bewußt seyn wollen. Aufge-
reiztem Pöbel kann man nicht zumuthen, daß er sich selbst
überwinde. *Ihnen*, Jünglingen, die die Sonnenhöhen der Wissenschaft kennen, die tief unter sich gemeine Denkart und ge-
meines Vorurtheil sehen, die ihren Geist an dem Höchsten zu
üben gewohnt und zu üben aufgefordert sind – Ihnen kann
man zutrauen, daß Sie den Werth der Selbstüberwindung
fühlen, und daß Sie in sich selbst die Kraft finden, sie wirklich
zu üben; *Sie* kann man auffordern, eben jetzt ein Beispiel dieser Selbstüberwindung zu geben, das nicht allein *Sie* ehren,
sondern – als allein durch die Stimme der Vernunft und der
bessern Einsicht bewirkt – ein allgemeines Zeugniß für den
Geist deutscher Universitäten ablegen wird. Was will die bloß
physische Unerschrockenheit, mit der auch der Barbar, der
Sklave selbst, vom Stecken des Treibers getrieben, blitzenden
und todtverbreitenden Waffen oder festen und unbezwingbar
scheinenden Mauern sich entgegenstürzt, was will diese Unerschrockenheit, der auch die tiefste Rohheit fähig ist, gegen
die Tapferkeit sagen, mit der ein edles Gemüth *sich selbst be-
zwingt*? Den bloßen Naturmenschen kann man auch an dem
Widerstand erkennen, den er der physischen Gewalt ent-
gegensetzt; den Gebildeten und wahrhaft menschlichen Menschen, unter den Gebildeten den Mann, der *Mann* ist im vollen Sinne des Worts, erkennt man an der Gewalt, die er über
sein eignes Inneres ausübt. O lassen Sie diesen höchsten Sieg
nicht sich entgehen! Niemand wird sich über die Gründe Ihres
Entschlusses täuschen, niemand wird verkennen, daß Sie sich

zu gut und durch ihren Beruf zu erhoben gefühlt haben, um ferner einen Kampf hervorzurufen, der ohne Gegenstand, der ohne allen vernünftigen Zweck ist, den Sie selbst nach wenigen Wochen, schon nach wenigen Tagen, wenn er heute noch fortgesetzt würde, verwünschen, ja verfluchen müßten.

Wissen Sie, was uns bevorsteht? Wenn dieser Kampf noch einen einzigen Abend erneuert wird, so ist vorauszusehen, daß die Vorlesungen geschlossen, auf mehrere Monate alle einheimischen Studirenden die Stadt, alle auswärtigen das Land zu verlassen genöthigt werden. Die öffentliche und allgemeine Ordnung ist ein zu großes und unschätzbares Gut, als daß hier eine Rücksicht auf irgend ein besonderes Institut stattfinden könnte. Wissen Sie, was noch entfernter bevorstehen kann? Ich muß es sagen: leider gibt es noch immer eine Anzahl Menschen unter uns, die der Verlegung der Hohenschule in die Hauptstadt, die der Macht, welche der wissenschaftliche Geist dadurch erlangt hat, gram und im Innern abgeneigt sind, die alles aufbieten werden, diese Vorfälle zu benutzen, um die Hoheschule für immer von hier zu verbannen, sie auf den alten Stand zurückzusetzen. Bayerische Jünglinge, die Ihr wißt, die Ihr fühlt, was Ihr der hiesigen Universität verdankt, welche Vortheile für allseitige, gründliche, immer dauernde Bildung sie Euch gewährt, die Ihr insbesondere im Stande seyd, den gegenwärtigen Zustand mit dem frühern zu vergleichen, wendet alles an, weiteres Unglück zu verhüten! Vielleicht ist es sogar in diesem Augenblicke schon zu spät, und es bleibt uns nur die Hoffnung, wenn dieser Abend die vorigen Scenen nicht wieder erneuert, noch die Katastrophe abwenden zu können.

Die Zeit drängt, ich kann nur kurz noch sagen, wie weniges ich im Grunde Ihnen zumuthe. Es ist nur dieß, daß Sie diese Eine Nacht alle, wie Sie hier sind, sich ruhig zu Hause halten, daß die, welche mich gehört haben, alles thun, um auch die, welche mich nicht gehört haben, zu diesem Entschluß zu bewegen. Es ist so wenig, um das ich bitte, zu dem ich Sie als Lehrer, als Freund ermahne. Ich war auch einst Student; ich muthe Ihnen

nichts zu, was der Ehre wahrer akademischer Bürger nach-
theilig seyn kann. Sie dürfen sich nicht schämen, meiner Stimme zu folgen; auch mein Herz hat für alles Rechte, was Sie
empfinden, geglüht und glüht noch dafür. Nun also, ich fordere Sie auf, *wagen* Sie es sich selbst zu überwinden, einen
Augenblick der Verleugnung wird es Sie kosten, im nächsten
Augenblick des *fest* gefaßten Entschlusses werden Sie sich größer, werden Sie sich über sich selbst erhoben fühlen. Ich ent-
lasse Sie nicht von hier, ohne daß Sie das, was ich verlange
– im Namen des Vaterlandes, im Namen der Wissenschaft,
im Namen dieser Universität von Ihnen verlange – ehe Sie
dieß *fest*, wie Männer beschließen, beschlossen haben. Geben
Sie nicht zu, daß man von mir sage, er hat sich in seiner Meinung getäuscht, sein guter Wille ist ihm schlecht gelohnt worden. Zeigen Sie, daß zwar nicht Kolbenstöße, nicht Bajo-
netstiche, noch Säbelhiebe, aber daß das Wort eines einzigen
Lehrers, der nichts bei Ihnen voraus hat als die Meinung von
seiner herzlichen Zuneigung und Liebe, daß das Wort eines einzigen Lehrers im Stande war, Sie zur Stille, zur Ruhe zurück-
zurufen. Jetzt gleich, indem Sie nach Hause gehen, bitte ich
Sie, alles Aufsehen zu vermeiden. Wie schmerzlich müßte ich
es empfinden, wenn dem guten Willen, die Sonne nicht untergehen zu lassen, ohne noch alles aufgeboten zu haben, was zu
Ihrem Besten geschehen konnte, wenn diesem nur die kleinste
durch ihn veranlaßte Unordnung vorgeworfen werden könnte! Nein; die Ehre Ihres Lehrers ist eins mit Ihrer eignen, und
welches auch Ihre Empfindungen seyn mögen, Sie werden den
Lehrer, der sich an Ihr Vertrauen gewendet, nicht bloßstellen,
Sie werden das Vertrauen, das er in Sie gesetzt hat, nicht be-
schämen lassen!

Gott mit Ihnen!

Quelle: Schellings Werke. Nach der Originalausgabe in neuer Anordnung
hrsg. von Manfred Schröter. Bd. 5 Schriften zur geschichtlichen Philosophie 1821–1854. München: Beck & Oldenbourg 1927. (Unveränderter
Nachdruck München: Beck 1965.) S. 63–70.

LUDOLF WIENBARG

1802–1872

Der Theoretiker und Programmatiker des Jungen Deutsch-
land gründete 1835 mit Karl Gutzkow die »Deutsche Revue«,
für die u. a. schon Börne, Heine, Büchner, Grabbe, Varn-
hagen, Mundt und Laube ihre Mitarbeit zugesagt hatten. Das
Erscheinen der Zeitschrift wurde durch das Edikt des Bundes-
tages gegen das Junge Deutschland (10. Dezember 1835) ver-
hindert, Autoren wie Gutzkow, Wienbarg, Mundt und Laube
verfolgt. Die wohl bekannteste Publikation Wienbargs sind
die dem Jungen Deutschland gewidmeten »Ästhetischen Feld-
züge« (Hamburg 1834); es handelt sich um 24 Reden oder
Vorlesungen, die Wienbarg im Sommer 1833 als Privatdozent
an der Universität in Kiel mit großem Erfolg gehalten hat.
Wienbarg setzt hier nicht nur die neue, wirklichkeitsorien-
tierte Kunstauffassung gegen die vergangene Kunstperiode,
sondern übt auch Kritik am gesellschaftlichen Leben seiner
Zeit, was ihm die Mißbilligung der Universitätsverwaltung
eintrug. Die hier abgedruckte fünfte Vorlesung kann ebenso
als paradigmatisch für die thematische Tendenz gelten wie für
die rhetorische Begabung Wienbargs.

Ästhetische Feldzüge

Fünfte Vorlesung

Es fehlt uns nicht an Philosophie, wenigstens nicht an Philosophen, es fehlt uns nicht an Gelehrsamkeit, es fehlt uns an
einem gemeinsamen Mittelpunkt der Bildung, und Ursache
dessen, es fehlt uns an gemeinsamem Leben.
Was ist der Zweck der Erziehung? Der Zweck der Erziehung
ist Vorbereitung auf den Zweck des Lebens. Was ist Zweck des
Lebens? Der Zweck des Lebens ist das Leben selbst.

Scheint etwas einfacher zu sein als diese Antworten auf diese Fragen? Gewiß nicht. Dennoch hat man den Ruf der Natur überhört und die künstlichsten Systeme, Erziehungspläne und Lebensansichten auf die Bahn gebracht.

Leben wir, um zu lernen? Oder lernen wir vielmehr, um zu leben? Daß man die Natur auf den Kopf stellen kann, um das erstere zu behaupten! Hat es doch in Deutschland sogar den Anschein, als ob die Menschen der Bücher wegen geboren würden. Kläglicher Irrtum, mönchische Verdumpfung, trauriger Rest aus den Klosterzellen.

Leben, was ist das? Kein Wort ist schwerer oder vielmehr weniger zu definieren. Leben ist ein Hauch, ein wehender Atem, eine Seele, die Körper baut, ein frisches, wonnigliches, tatkräftiges Prinzip, und wenn es jemand nicht wüßte oder fühlte, er erinnere sich einer Stunde, wo sein Herz voll aufging, wo seine Muskeln sich spannten, seine Augen glänzten und ein männlicher Entschluß allen Hindernissen zum Trotz in seiner Seele aufstieg; auch schlage er nur das Buch des Lebens auf, die Geschichte, und frage nach den Griechen, nach den Römern, den Römern, die soviel Tatenfülle auf einen kleinen Punkt der Welt, zwischen sieben armselige Hügel zusammendrängten, daß sie damit das ganze Erdenrund überschnellten. Die haben gelebt, und darum sind sie auch unsterblich.

Aber großartiges und ruhmvolles Leben, obwohl am würdigsten für die Träume der Jugend, ist oft nur Resultat der Zeit und Umstände, bei einzelnen wie bei ganzen Völkern. Es gibt ein Leben, das dem Griffel der Geschichte keine Nahrung gibt und dennoch aus der göttlichen Quelle entsprungen ist, aus der alles Lebendige abstammt. Sie wissen aus Herodot[1], wie wenig dazu gehörte, einem alten Perser im Sinne seines Volkes eine solche Lebensbildung zu geben. Man gab ihm ein Pferd, Pfeil und Bogen, lehrte ihn die Wahrheit sprechen, und damit war er fertig. Sollen wir mit christlichem Mitleid auf des armen Menschen Unwissenheit herabsehen? Ich denke, wir lassen es bleiben. Ein Perser auf seinem schnellen Roß, hinter Tigern durchs Gebirge streifend, Pfeil und Bogen in den schlanken

Händen, Augen voll Feuer, trotziges Lächeln auf den von Lüge unentweihten Lippen, das war ein Mensch, auf den die Sonne, die er anbetete, mit Lust und Wohlgefallen herabsah – wir würden eine schlechte Rolle an seiner Seite spielen.

Das bloße Wissen, meine Herren, hat kein inneres Maß und Ziel, es geht ins Unendliche, sein Stoff zerfließt in Zentillionenteilchen. Wie manche Wissenschaft, ja wie mancher Ast einer früheren, erfordert gegenwärtig eines Menschen volles Leben, tägliches und nächtliches Arbeiten und Lernen, um sich des Stoffes nur einigermaßen zu bemächtigen. Nun stellen Sie sich vor, wir hätten eine Welthistorie nach zweitausend Jahren, die mit Begebenheiten so reich ausstaffiert wäre als das letzte Jahrtausend, oder imaginieren Sie sich einen Professor, der a dato nach zweitausend Jahren im Kollegio Welthistorie vorzutragen hätte – bedenken Sie, daß nicht bloß Europa, daß auch Asien, Afrika, Amerika, die Inseln der Südsee eine Geschichte haben werden, und wenn Sie auch der Ansicht leben, daß die Geschichte sich immer mehr vergeistigen und die inneren Umgestaltungen der Künste, Erfindungen, des Lebens befassen werde, bedenken Sie, welche Flut von Erfindungen, Veränderungen, Evolutionen im Staatsleben, in der Kunst, in der Wissenschaft müssen tausend Millionen gebildeter Menschen in tausend und aber tausend Jahren beständiger Generationserneuerung hervorbringen, und beurteilen Sie darnach die Angst und Verlegenheit besagten Professors der Geschichte, wenn er das alles in einen halbjährigen oder einjährigen oder dreijährigen akademischen Kursus einzwängen soll. Wie will er es nur selbst zu einem Stückwerk von Gelehrsamkeit, zu einer oberflächlichen Materialienkenntnis bringen in einem Fache, das so unendlich, unübersehlich sein wird wie das Weltmeer, von so unzählbaren Einzelheiten wie Tropfen darin. Ins Unendliche teilen müßte man die gelehrte Arbeit, wie es in Fabriken geschieht, wo der eine den Knopf, der andere den Schaft, der dritte die Spitze der Nadel fabriziert. Der eine Professor verstände sich auf das Jahr 2000, der andere auf das Jahr 1999, oder der eine wäre gelehrt in der Geschichte aller großer Männer, deren Name mit dem Buchstaben A, der andere in der Geschichte der berühmten Leute, deren Name mit dem Buchstaben Z anfängt, und wie man sich noch weiter scherzhafterweise den lächerlichen Wirrwarr entknäueln mag, der aus der ungeheuerlichen Menge und Zerfallenheit des Stoffes mehr und mehr entspringen wird.

Also, Wissen als solches kann nicht Aufgabe und Zweck des Lebens sein, weil dasselbe maßlos mit dem Anwachsen des Stoffes sich selbst zerstört und aufhebt. Diesem maßlosen Wirken gegenüber steht ein Geist, dessen Kräfte nur zu wohl gemessen und abgewogen sind. Die Vergrößerung der Wissensmasse macht das menschliche Hirn nicht größer, seine Kapazität bleibt dieselbe wie vor alters. O wie dieses gelehrte Unwesen seit Jahrhunderten die edelsten Kräfte Deutschlands zur unfruchtbaren Tantalusarbeit[2] verurteilt hat, wie wir Deutsche aus wandernden Helden Stubensitzer, aus Kriegern und Jägern lebenssieche, tatenscheue Magister geworden sind!

Hatten die Griechen nicht auch Gelehrte, Wissende? Ich meine. Aber kein griechischer Gelehrter konnte sich dermaßen verknöchern, weil Welt und Studium sich die Hand boten und die Palästra neben der Stoa[3] sich befand. Die Wissenschaft der Griechen war die Frucht ihres Lebens, uns ist sie der traurige Rest desselben. Als jenes griechische Leben verfiel, als jenes schöne Herz stockte und stillstand, da ward es in der Kapsel nach Ägypten gebracht, zu Alexandrien einbalsamiert, und die trockene Mumie nannte Eratosthenes[4] *Philologie*. Meine Herren, als das Leben tot war, hielt die Gelehrsamkeit Leichenschau.

Hätten wir nur das eine von den alten Griechen gelernt, das eine, wie wir den Organismus unsers Geistes, die Einheit unsers Lebens über alles, alles übrige aber danach zu schätzen wüßten, ob es sich unserm Organismus lebendig verassimiliert.

Eine kleine Welt nennt man den Menschen, und man hat recht. Mikrokosmus könnte und sollte der Mensch sein, denn eingeschlossen sind in seinem Wesen die Elemente und die Kräfte des Alls, und er ist im buchstäblichen Sinn die ganze Schöpfung im Auszug. Alles Geschaffene ist freilich Mikrokosmus, Stern, Tier und Blume, doch in trüberer Gestalt und bewußtlos. So ist es, und doch für uns ist der Ausdruck und die Wahrheit nur beschämend, wir ahnen, was wir sein sollten, und fühlen, was wir nicht sind. Wir repräsentieren nicht unsere eigene Welt, wir tragen nur eine fremde zur Schau, unsere Gebildeten, unsere Dichter und Denker begnügen sich damit, die Welt in kalter Geschliffenheit wieder abzuspiegeln, unsere Gelehrten dünken sich eine Welt zu sein, wenn sie sich eine Welt von Gedanken, Sachen, Zahlen und Wörtern in den Kopf gelernt haben.

Daher, klein genug sind wir, aber wo bleibt unsere Welt, die lebendig organische Ganzheit, die gesunde, vollblühende Gegenwart? Die kleinste Alpenrose beschämt uns. Sie hat ein pulsierendes Herz, Lebenseinheit, sie gleicht einer Welt im Kleinen. Was uns geistig zusammenhält, ist nicht innerer Hauch, nicht polarische Attraktion, sondern gemeine Kohäsion. Die Alpenrose mit ihren klaren, klugen Augen ist auf ihre Weise auch nicht ungelehrt, sie ist eine kleine Studentin, hört Kollegia über Felserde, Wetterkunde, Tautropfen, Frühlingsatem, aber sie weiß alles besser in sucum et sanguinem[5] zu vertieren, das ist bei uns nur eine schulfüchsige Redensart, womit wir unser ödes, lateinisches Treiben selbst verspotten.

Das Leben ist des Lebens höchster Zweck, und höher kann es kein Mensch bringen, als den lebendigen Organismus darzustellen. Kenntnisse und Wissenschaften sind nicht für sich, sind nur für den Geist vorhanden, dessen Trank und Speise sie sind. Der Geist ist kein Magazin, keine kalte, steinerne Zisterne, die den Regen des Wissens auffängt, um sich damit bis an den Rand zu füllen. Er gleicht einer Blume, die ihren Kelch den Tautropfen aufschließt und aus den Brüsten der Natur Leben und Nahrung saugt. Aufzublühen, ins Leben hineinzublühen, Farben auszustrahlen, Düfte auszuhauchen, das ist die Bestimmung der Menschenblumen.

Wir haben uns herausstudiert aus dem Leben, wir müssen uns wieder hineinleben. So gründlich, wie wir studieren, so gründlich sollen wir leben. Deutschland war bisher nur die Universität von Europa, das Volk ein antiquarisches, ausgestrichen aus der Liste der Lebendigen und geschichtlich Fortstrebenden. Tausend Hände rührten sich, um der Vergangenheit Geschichte zu schreiben, wenige Hände, um der Zukunft eine Geschichte zu hinterlassen. Deutschland hatte nur Bibliotheken, aber kein Pantheon. Die Deutschen waren nur Zuschauer im Theater der Welt, aber hatten selbst weder Bühne noch Spieler. Sie waren stolz auf ihre Unparteilichkeit, ihre vorurteilsfreie Anerkennung und Würdigung aller Lebens- und Kraftäußerungen fremder Nationen, aber sie selbst wurden nicht wieder anerkannt, denn sie hatten keinen positiven Lebensgehalt zur Rückanerkennung fremden Völkern zu bieten. Nur die Kraft mag anerkennen, und sie erhöht ihren Wert, wenn sie es nicht unterläßt – *die Schwäche muß*. Der Kräftige fragt den Schwächling nicht, ob er ihn und seine Kraft gelten lassen will, dem Schwächling bleibt keine Wahl, er muß, er sieht sich dazu gezwungen, aller Bettelstolz hilft ihm zu nichts. Der kleinste Funke einer schöpferischen Lebenskraft hat seinen Altar auf der Welt, seine Priester, Verehrer, aber ohne den ist alles nichts.

Bloßes Wissen, sage ich, kann nicht Zweck der Erziehung, nicht Aufgabe des Lebens sein, und ich habe unter Wissen bisher nur den Ballast historischer Positivitäten verstanden, womit Deutschland zum Versinken befrachtet ist. Es gibt aber ein dem historischen und dogmatischen Wissen entgegengesetztes höheres, ein Wissen nicht des Gedächtnisses, sondern des Verstandes, ein selbsttätiges, verstehendes Wissen, das man mit dem Namen des philosophischen bezeichnet. Der tiefsten metaphysischen Seite desselben ist in voriger Stunde mit schuldiger Ehrerbietung Erwähnung getan, sie führt vom Leben ab, das liegt in ihrer Natur, und die Tatsache leidet keinen Zweifel; denn sie muß die Welt erst zerstören, um sie aufzubauen, sie ist der Tod der Sinne und der Sinnlichkeit, und schon Plato definierte sie als ein langsames Absterben für die bunten und wechselnden Gestalten und Erscheinungen der Welt und ein Festwerden in den Ideen der Ewigkeit. Auch hängt sie in höherem Grade, als eine bloß dialektische, kritische und psychologische Sekte der modernen Philosophie zugestehen mochte, mit dem religiösen Mystizismus eng zusammen.

Neben und außer der Philosophie, die sich in der Gesellschaft gleichsam isoliert, herrscht ein weites Reich des Gedankens, das sich gleich jener über den Zwang des Gegebenen, Historischen und Positiven erhebt, keinesweges aber mit ihr gleichsam an die äußersten Grenzen der erschaffenen Welt verliert, sondern in der Mitte und Fülle der lebendigen Schöpfung stehenbleibt und sich an den organischen und gebildeten Naturen derselben erfreut. Auch hier ist Zweck und Resultat ein Wissen, und zwar ebenfalls ein solches, das sich sowohl durch die Analogie der Erscheinungen als durch die Harmonie mit den Gesetzen unseres Denkvermögens bewährte, ein Wissen, zu dem am Ende auch die abstrakte Philosophie gelangen muß, wenn sie, wie Herbart[6] in Königsberg dies witzig und scharfsinnig ausgedrückt hat, wenn sie Rechnungsproben zu ihren allgemeinen Sätzen sucht. Es hat dieses Wissen bald die Natur, bald den Staat und die Gesellschaft, bald die einzelnen Produktionen derselben, die Werke der Kunst, Beredsamkeit und Poesie im Auge. Es zerstört nicht das Gegebene, es erhebt sich nur über dasselbe, es läßt sich in freie Betrachtungen ein, es untersucht, urteilt, prüft und vergeistigt sich den Stoff, indem es ihn geistig bearbeitet und reproduziert. Der Naturforscher untersucht den Organismus der Pflanzenwelt, die Metamorphosen eines Gewächses, die Brechungen des Lichts, die Kristallisationen des Flüssigen, und es ist überall sein höchstes Bemühen, den organischen Zusammenhang und die Identität des Mannigfaltigen an einem Werke, einer Erscheinung der Natur aufzufassen. So untersucht und erforscht der Politiker den Organismus des Staats, der Ästhetiker den Organismus der Kunst und die Gesetze und Bedingungen, unter

denen sich die Kunstschönheit entfaltet. Zweck und Resultat
alles dessen ist und bleibt das Wissen, so sehr es sich auch durch
Frische und Individualität vom abstrakten und gar geistlosen
historischen Wissen unterscheidet.

Aber auch dieses Wissen, das Kennzeichen der Bildung, das
allgemeinste Erfordernis, um auf den Namen eines denkenden
und gebildeten Menschen Anspruch zu machen, habe man sich
nunmehr auf die eine oder auf die andere Seite desselben geworfen, *ist nicht und ersetzt nicht das Leben;* wenn sie auch in
naturgemäßem Zustande denkbar wäre, ohne Voraussetzung
des letzteren.

Denn es ist der Mensch nicht bloß der Spiegel, der die Schöpfung reflektiert und geistig wieder auffaßt, er ist ja selbst eine
Schöpfung, und ihm angeboren ist das Recht und die Kraft,
selbst etwas für sich zu sein und unter den Existenzen der
Welt seinen Platz einzunehmen. Er soll sich dort behaupten
durch selbsteigene schöpferische Tätigkeit, er soll, da wo er
geboren ist, mit den Füßen Wurzel fassen in der Gegenwart
und die Hand rühren zu Werken, welche sein flüchtiges Dasein beurkunden, er soll sich freuen an menschlicher Tat, sich
hingeben menschlichem Genusse, das Spiel seiner Kräfte ent-
falten, für Recht und Wahrheit in die Schranken treten, die
Unschuld lieben, die Tugend ehren, die Lüge hassen, die Bosheit entlarven, den Frevel rächen, die Gefahr verachten und
wenn's nötig sein Leben für die höchsten Güter, sei's zur Er-
ringung oder Behauptung derselben, für Freiheit und Vaterland in die Schanze zu schlagen.

Wir sind nicht bloß auf die Welt gesetzt, um über die Welt zu
räsonieren, um Philosophen, Naturforscher, Ärzte und Politiker zu sein. Die Welt geht ihren Gang ohne uns, wir sollten
nur mehr unsern eigenen Gang gehen, die Sinne schärfen, die
Kraft ausbilden und Kraft gegen Kraft abreiben. Um das
Denken und die humane Bildung ist es eine schöne Sache, aber
fehlt ihr der Mittelpunkt, fehlt ihr das Herz, das Leben, der
ungebrochene starke Wille, so ist das Denken nur ein Spiel
und die Bildung ohne Gehalt. Denke dir den Blitz und fühle

ihn, sagt ein Schwede, und das Wort ist selbst ein Blitz, das man denkend fühlt.

Das Leben ist des Lebens höchster Zweck, kein Wissen und keine Wissenschaft, keine Bildung ersetzt den Fond des Lebens, könnte sie auch ohne Voraussetzung des letzteren im naturgemäßen Zustande gedacht werden.

Allein, meine Herren, das kann keine Wissenschaft. Nur im Element des Lebens bilden sie sich naturgemäß, außer diesem sind es künstliche Gewächse, die mehr oder minder die Flecken und Gebrechen der Willkür, der Unnatur, der Geschmacklosigkeit an sich tragen. Das Leben rächt sich an seinen Verächtern, und seine Rache besteht darin, daß es die großen, einfachen Wahrheiten, die sonst jedermann einleuchten, mit einem Nebel von Vorurteilen verhüllt und sie dem Auge der Naturforscher, der Philosophen, der Politiker, der Ästhetiker entzieht. Zum schlagenden Beweise führe ich die unnatürliche Geschmacklosigkeit an, die in den letztvergangenen zwei Jahrhunderten in allen Kreisen der Kunst und Wissenschaft an der Tagesordnung war. Die Politik, diese hohe Wissenschaft, die den vollkommensten aller Organismen, den Staat, analysieren soll, wie könnte sie sich zu der Höhe dieser Bedeutung aufschwingen, da die europäischen Staaten so unendlich tief unter ihr standen und ein französischer König mit edler Dreistigkeit zu behaupten sich unterstand: »L'état c'est moi.«[7] Was konnte sie anders sein zu dieser Zeit als ein trauriges Abbild dieses höfischen Ichs, das sein gepudertes Haupt aus allen Fenstern und Erkern des Staatsgebäudes heraussteckte, als eine Wissenschaft des Despotismus, der Intrige, der Geheimniskrämerei, als eine Satire auf den Staat? Und die Ästhetik, die Lehre des Geschmacks, die Analyse der Schönheit, konnte sie auch nur im entferntesten der Idee entsprechen, zu einer Zeit, wo die Natürlichkeit der menschlichen Lebensäußerungen untergegangen war im steifsten Zeremoniell, wo nichts sich rührte und regte als auf den Wink pedantischer Zuchtmeister, wo man schwarze Lappen auf geschminkten Wangen Schönpflästerchen nannte und die Damen ihre Hüften mit ungeheuern Reifbändern umgaben, wo das Volk sich in die Pfütze warf, wenn abgeschmackte goldene Karossen mit betreßten und bezopften Hanswürsten hinterm Kutschenschlag vorüberrasselten, wo im ausbrechenden Kriege die Generale und Kondottieris miteinander Schach spielten, moderne Helden, die durch Mätressen ebensooft ihre Stelle erhielten als verloren und noch öfter die Feldzugspläne aus dem Schlafgemach des Königs ins Lager mitnahmen. Wie war zu dieser Zeit eine schöne Natur möglich in Frankreich oder gar in Deutschland, wo man sich der plumpesten Nachahmung des französischen Unsinnes hingab. Wie war zu dieser Zeit ein Künstler, ein Dichter möglich und nun gar ein Ästhetiker, der doch der Schönheit, der Kunst, der Poesie nicht gesetzgeberisch *vorauf*, sondern gesetzempfangend hintennach geht. Sie werden vom Abbé *Batteux*[8] gehört haben. Sein »Unique principe des belles lettres« war einmal ein europäisch berühmtes Werk der Ästhetik, und Ramler hat es in vier deutsche Bände gebracht. Dieser Abbé nannte die Nachahmung der Natur, und zwar der schönen Natur, das einzige große ästhetische Prinzip, das den Arbeiten des Geschmackes zugrunde gelegt werden müsse. Lesen Sie das Werk eines sonst geistreichen Mannes, das noch immer die Art von Verachtung nicht verdient, womit man gegenwärtig davon spricht, was das eigentlich mit der schönen Natur und ihrer Nachahmung auf sich hatte und in einer Epoche auf sich haben konnte, als alle wirkliche Natur aus dem Leben geschwunden war und Malerei, Bildhauerei, Musik, Poesie, Baukunst, Gartenkunst und was es sonst für Künste gibt, die an einem gegebenen Stoff das Schöne verwirklichen wollen, unglaublich verschroben und manieriert waren.

Diderot und Rousseau hießen die beiden unsterblichen Männer, die sich aus der Unnatur ihres Jahrhunderts zuerst herausrissen. Rousseaus »Emile« legte den Grund zu einer neuen Erziehung der europäischen Jugend, sein »Contrat social« den Grund zur Französischen Revolution, dem Todesstoß der europäischen Tyrannis in Kunst, Sitte und Staat. Für die

Deutschen ging zu gleicher Zeit Shakespeare auf und damit ein flutendes Luftmeer von Genien und Kräften, woran die unersättlichste Phantasie ewigen Stoff zur Schwelgerei findet. Lange Zeit nahm man den Genuß nur so hin, ohne über die Quelle desselben nachzudenken; so wie man sich auch die Französische Revolution mit der Phantasie aneignete, ohne etwas Arges dabei zu denken und ohne aus der Schläfrigkeit des bürgerlichen Lebens zu erwachen. Dann aber kam eine Zeit, und sie dauert fort, wo man sich fragt, woher stammt diese Fülle von Leben und Kraft, die uns an Shakespeare entzückt und seine dichterischen Gebilde so lebensderb, so kühn, so unübertrefflich macht? Und da lautete die Antwort: das hat er sich nicht auf seinem Stübchen zusammengedichtet, das hat er nicht aus dem Stegreif phantasiert, das hat er gelernt und herausgeschaut aus dem wildbewegten, großartigen Leben, das seine Jugendträume umflatterte und ihn später als Jüngling und Mann in seine Mitte aufnahm.

Und so kommt uns von allen Seiten die Bestätigung zu, daß das Leben das Höchste ist und allem übrigen, wenn es gedeihen soll, zugrunde liegen muß, geschweige der Kunst, der Schönheit und der sich mit ihr beschäftigenden Ästhetik.

Und so schließe ich diese Vorlesung mit den Schlußworten der vorigen:

Es fehlt uns an einem gemeinsamen Mittel der Bildung, weil es uns an gemeinsamem Leben fehlt. Doch schon diese Einsicht, die sich immer mehr verbreitet, ist ein Schritt zur Besserung, und dieselbe, zur höchsten Evidenz und Klarheit gebracht, die ein jeder ihr zu geben imstande ist, steht schon damit in der Vorhalle derjenigen Wissenschaft, welche, unter Voraussetzung eines rechten und tüchtigen Lebens, die Schönheit der Bildungen in Leben und Kunst aufweiset und erläutert, der Ästhetik.

Quelle: Ludolf Wienbarg, Ästhetische Feldzüge. Hrsg. von Walter Dietze. Berlin u. Weimar: Aufbau-Verlag 1964. S. 46–56.

Anmerkungen

1. bekannter griechischer Geschichtsschreiber (485–425 v. Chr.), Beschreibung der Perserkriege.
2. entweder eine Arbeit, die Tantalusqualen verursacht, oder aber einfach Verwechslung mit ›Sisyphusarbeit‹, vergebliche Mühe.
3. der Sportplatz neben der Lehranstalt.
4. griechischer Gelehrter (um 295/280 bis 200 v. Chr.) und Leiter der Bibliothek von Alexandria.
5. in Fleisch und Blut (Redensart geht auf Cicero zurück).
6. Johann Friedrich Herbart (1776–1841), Philosoph und Pädagoge, seit 1808 in Königsberg Professor, seit 1831 in Göttingen.
7. Die Formel wird Ludwig XIV. von Frankreich zugeschrieben, dem Prototyp eines absolutistischen Herrschers.
8. Charles Batteux (1713–80), einflußreicher französischer Ästhetiker, dessen Werk von dem deutschen Lyriker Karl Wilhelm Ramler (1725–98) übersetzt wurde (1756–58).

WILHELM GRIMM

1786–1859

Gemeinsam mit seinem Bruder Jakob bearbeitete er das »Deutsche Wörterbuch«, die »Deutschen Sagen«, die »Kinder- und Hausmärchen«. Außerdem edierte er zahlreiche deutsche Texte des Mittelalters. Als sein Hauptwerk gilt »Die deutsche Heldensage« (1829). Er folgte 1830 seinem Bruder nach Göttingen, wo er 1831 Professor wurde und man ihn dann 1837 als einen der Göttinger Sieben des Amts entsetzte. 1841 wurde er mit Jakob Mitglied der Akademie der Wissenschaften in Berlin.

Den nachstehenden »Bericht über das deutsche Wörterbuch« hat Wilhelm Grimm im September 1846 während der »Verhandlungen der Germanisten zu Frankfurt« vorgetragen und die Ziele des umfangreichen Unternehmens skizziert. In der anschaulichen und rhetorisch durchgeformten Entwicklung des ideologischen und methodischen Konzepts stellt dieser Bericht ein Musterbeispiel für die akademische Rede dar.

Bericht über das deutsche Wörterbuch

Meine Herren, ich erlaube mir Ihre Aufmerksamkeit für kurze Zeit auf eine Sache zu lenken, die an sich Ihrer Betrachtung nicht unwürdig ist: da sie aber zugleich als eine persönliche Angelegenheit erscheint, so muss ich im voraus um Ihre Nachsicht bitten. Vor mehreren Jahren haben wir beide, mein Bruder und ich, die Ankündigung eines deutschen Wörterbuchs erlassen. Man hat uns eine Theilnahme gezeigt, die schmeichelhaft war, selbst dann, wenn sie einige Ungeduld über die noch nicht eingetretene Erfüllung zeigte: oder wenn man, irre ich nicht, von Berlin aus, wo man leicht Erkundigung einziehen konnte, in öffentlichen Blättern anzeigte, dass

der erste Theil des Werks bereits der Presse übergeben sei. Ja,
es ist schon an die Buchhandlung das Begehren gestellt worden, den dreissigsten Bogen zu senden, was natürlich schon
neun und zwanzig bereits gedruckte voraussetzt. Es sollte mir
lieb sein, wenn dem so wäre. Allein ein Werk dieser Art bedarf langer und mühsamer Vorarbeiten, deren Beendigung
nicht erzwungen werden kann. Das Wörterbuch soll die deutsche Sprache umfassen, wie sie sich in drei Jahrhunderten ausgebildet hat: es beginnt mit Luther und schliesst mit Goethe.
Zwei solche Männer, welche, wie die Sonne dieses Jahrs den
edlen Wein, die deutsche Sprache beides feurig und lieblich
gemacht haben, stehen mit Recht an dem Eingang und Ausgang. Die Werke der Schriftsteller, die zwischen beiden auf-
getreten sind, waren sorgfältig auszuziehen, nichts Bedeuten-
des sollte zurückbleiben. Ich brauche nicht zu sagen, dass die
Kräfte Zweier, zumal wenn sie über die Mitte des Lebens
längst hinweggeschritten sind, nicht zureichen, diesen Schatz
zu heben, kaum zu bewegen: aber ganz Deutschland (auch
hier machte das nördliche und südliche keinen Unterschied)
hat uns treuen Beistand, manchmal mit Aufopferung geleistet;
oft ist er uns da, wo wir ihn nicht erwarteten, angeboten, nur
selten, wo wir ihn erwarteten, versagt worden. Ich kann die
Zahl der Männer von den Schweizerbergen bis zu der Ostsee,
von dem Rhein bis zur Oder, welche an der Arbeit Theil genommen haben, nicht genau angeben, aber sie ist beträchtlich:
selbst unter den Mitgliedern dieser glänzenden Versammlung
erblicke ich einige von ihnen und kann unsern Dank öffentlich
aussprechen. In Luther gewann die deutsche Sprache, nachdem
sie von der früheren, kaum wieder erreichbaren Höhe herab-
gestiegen war, wieder das Gefühl ihrer angebornen Kraft.
Aus Luthers Jahrhundert war was sich nur erreichen liess zu
benutzen. Hernach hat der dreissigjährige Krieg Deutschland
und sein geistiges Leben verödet; gleichmässig welkte die
Sprache und die Blätter fielen einzeln von den Ästen; was sich
in dieser Zeit irgend auszeichnete, musste berücksichtigt werden. Im Anfang des achtzehnten Jahrhunderts hieng trübes

Gewölk über dem alten Baum, dessen Lebenskraft zu schwinden schien. Mit Anmassung, zunächst unter Gottsched, erhob sich die Grammatik und gedachte der Sprache aufzuhelfen. Aber eine Grammatik, die sich nicht auf geschichtliche Erforschung gründete, sondern die Gesetze eines oberflächlichen Verstandes der Sprache aufnöthigen wollte, würde selbst bei minderer Beschränktheit unfähig gewesen sein, den rechten Weg zu finden. Ein solches Gebäude schwankt hin und her, die Sprache gewinnt durch ein willkürliches Gesetz eine gewisse Gleichförmigkeit und scheinbare Sicherheit, aber die innere Quelle beginnt zu versiegen, und das trockene Gerüst fällt schnell zusammen. Für diese Zeit war nur eine Auswahl zulässig: dass wir das Richtige getroffen haben, dürfen wir hoffen, aber das Urtheil steht andern zu. Unserm Vaterland ist mehrmals ein Retter erschienen, der seine Geschicke wieder aufwärts lenkte: so erschien Goethe auch der Sprache als ein neues Gestirn, Goethe, der dieser Stadt angehört, dessen Standbild, das seine schönen und edlen Züge bewahrt, ich ohne Bewegung nicht betrachte, der in die Tiefen der menschlichen Seele hinab, zu ihren Höhen hinauf geblickt hat und über den eigenen Lorbeerkranz, der in seiner Hand ruht, hinweg schaut. Der Stab, mit dem er an den Felsen schlug, liess eine frische Quelle über die dürren Triften strömen: sie begannen wieder zu grünen und die Frühlingsblumen der Dichtung zeigten sich aufs neue. Es ist nicht zu erschöpfen, was er für die Erhebung und Läuterung der Sprache gethan hat, nicht mühsam suchend, sondern dem unmittelbaren Drange folgend; der Geist des deutschen Volkes, der sich am klarsten in der Sprache bewährt, hatte bei ihm seine volle Freiheit wieder gefunden. Was sonst hervorragende Männer, wie Wieland, Herder, Schiller in dieser Beziehung gewirkt haben, erscheint ihm gegenüber von geringem Belang; Lessing stand, was die Behandlung der Sprache betrifft, ihm am nächsten, aber niemand hat ihn bis jetzt erreicht, geschweige übertroffen. Goethe ist also für die letzte Periode, der sein langes Leben eine glückliche Ausdehnung gegeben hat, der Mittelpunkt des

deutschen Wörterbuchs. Wenn die Auszüge aus den Werken
der Zeitgenossen, die seinem Anstoss bewusst oder unbewusst
folgten, völlig beendigt sind, und dieses Stück unseres Weges
wird bald zurück gelegt sein, so kann erst das eigentliche
Werk, ich meine die Anordnung und Verarbeitung des gesam-
melten Stoffes, beginnen. Dann wird sich zeigen, ob wir im
Stande sind, dem Ziel, das uns vorschwebt, nahe zu kommen:
dann vermögen wir der Theilnahme, die sich oft geäussert,
und dem Beistand, den man uns geleistet hat, einen würdigen
Dank zu bringen.

Meine Herren, wenn ein Franzose unsicher ist über den Begriff eines Wortes, wenn er nicht weiss, ob es überhaupt in der
Schriftsprache zulässig ist, wenn er fürchtet, einen orthogra-
phischen Fehler zu machen, so holt er sein Gesetzbuch herbei,
ich meine das Wörterbuch der Akademie. Er schlägt nach und
findet eine Entscheidung, welche, um mich juristisch auszudrücken, kein Gericht wieder umstossen darf, mit andern
Worten, er schreibt correct und ist gegen jeden Tadel gesichert.
Welch ein glücklicher Zustand! so scheint es wenigstens, die
Sprache zeigt sich in letzter Vollendung, niemand kann ihr
etwas anhaben, niemand hat etwas mehr von ihr zu fordern,
sie legt, wenn sie weiter schreitet, nur reines Gold in ihre
Schatzkammern. Aber die Rückseite des glänzenden Bildes gewährt einen ganz andern Anblick, man kann sagen, einen
traurigen. Napoleon drückte sich vortrefflich aus, scharf, bestimmt, wie es die französische Sprache vermag, er schlug den
Nagel auf den Kopf, das wird ein jeder eingestehen, auch wer
ihn so wenig liebt als ich: aber er schrieb erbärmlich. Auf
St. Helena fragte er den Vertrauten Las Cases, der seine Mit-
theilungen auffasste, ob er Orthographie verstände, und fügte
verächtlich hinzu, das sei das Geschäft derer, die sich zu dieser
Arbeit handwerksmässig hergäben. In der That, selbst geistig
ausgezeichnete Männer, zumeist Schriftstellerinnen, deren sich
dort nicht wenige geltend machen, wissen nicht richtig zu
schreiben, sie übergeben die Handschrift jenen Handlangern,
die das Unzulässige streichen, das Fehlerhafte bessern, die

Orthographie berichtigen, kurz die Sprache auf gesetzlichen Fuss bringen. Jetzt erst wird das Buch gedruckt und die Welt erfährt nichts von dem Zustand, der dahinter besteht und allein der wahre ist. Diese Einrichtung hat etwas Bequemes und sorgt für den äussern Anstand, ja man könnte in Versuchung gerathen, der verwahrlosten, hingesudelten Sprache, die bei uns oft genug in ihrer Blösse sich zeigt, eine solche polizeiliche Aufsicht zu wünschen. Aber die natürliche Freiheit, die keine Fesseln duldet, hat sich in Frankreich gegen jene Allgewalt schon aufgelehnt. Es giebt eine Partei, welche die Aussprüche des Wörterbuchs der Akademie nicht mehr anerkennt und ihre Sprache nach eigenem Belieben bildet, nicht bloss frei, kühn und keck, auch rücksichtslos und gewaltsam; man kokettirt in der Bildung neuer Wörter, wie in dem Gebrauch der bekannten. Dies ist die Gefahr, welche jede Rückwirkung gegen übergrosse Spannung mit sich führt, und es wird noch zweifelhaft sein, was dieses plötzliche Umstürzen der alten Grenzpfähle herbeiführt, grössern Vortheil oder grössern Nachtheil. So steht es nicht bei uns, und ich glaube, wir dürfen sagen zu unserm Glück. Unsere Schriftsprache kennt keine Gesetzgebung, keine richterliche Entscheidung über das, was zulässig und was auszustossen ist, sie reinigt sich selbst, erfrischt sich und zieht Nahrung aus dem Boden, in dem sie wurzelt. Hier wirken die vielfachen Mundarten, welche der Rede eine so reiche Mannigfaltigkeit gewähren, auf das Wohlthätigste. Jede hat ihre eigenthümlichen Vorzüge: wie munter und scherzhaft drückt sich der Süddeutsche aus! Geht der grösste Reiz von Hebels alemannischen Gedichten nicht verloren, wenn man sie in das vornehmere Hochdeutsch übersetzt? Zwischen den Kehllauten des Schweizers dringt das Naive seiner Worte um so lebhafter hervor; welche vertrauliche Redseligkeit und anmuthige Umständlichkeit herrscht in der Sprache der Niedersachsen! Ich berühre nur die auffallendsten Gegensätze, denn unter einander würden diese Stämme oft sich gar nicht verstehen, während dazwischen liegende Mischungen und Abstufungen sie wieder verbinden. Unsere Schriftsprache schwebt über dieser Mannigfaltigkeit, sie zieht Nahrung aus den Mundarten und wirkt, wenn auch langsam, wieder auf sie zurück. Dieses Verhältnis ist alt, ein hochdeutscher Dichter des dreizehnten Jahrhunderts wünscht schon, dass sein Gedicht von der Donau bis Bremen gelesen werde; die Schriftsprache ist also das Gemeinsame, das alle Stämme verbindet, und giebt den höheren Klang an zu der Sprache des täglichen Verkehrs. Weil die scharfe Sonderung, wie sie das Gesetzbuch der französischen Akademie fordert, nicht besteht, so pflegen unsere Schriftsteller, und grade die vorzüglichern, die Mundart ihrer Heimat, wenn sie das Bedürfnis darauf leitet, einzumischen, so hat z. B. Voss häufig Wörter und Wendungen des Niederdeutschen hervor gezogen. Niemand verargt ihnen das, dringen sie damit nicht immer durch, so ist das kein Verlust. Goethe hat mit dem richtigsten Gefühl, wie der Augenblick drängte, die ihm angeborne Mundart benutzt und mehr daraus in die Höhe gehoben, als irgend ein anderer. Auch seine Aussprache, zumal in vertraulicher Rede, war noch danach gefärbt, und als sich jemand beklagte, dass man ihm den Anflug seiner südlichen Mundart in Norddeutschland zum Vorwurf gemacht habe, hörte ich ihn scherzhaft erwidern: »man soll sich sein Recht nicht nehmen lassen, der Bär brummt nach der Höhle, in der er geboren ist.« Und soll man den Vortheil aufgeben, den der Wechsel der höhern, geläuterten Rede und der heimischen Mundart, wie ihn verschiedene Stimmungen fordern, natürlichen Menschen gewährt?

Sie sehen, meine Herren, wo ich hinaus will, welches Ziel ich dem Wörterbuch stecke. Sollen wir eingreifen in den Sprachschatz, den die Schriften dreier Jahrhunderte bewahren? entscheiden, was beizubehalten, was zu verwerfen ist? sollen wir, was die Mundarten zugetragen haben, wieder hinausweisen? den Stamm von den Wurzeln ablösen? Nein, wir wollen der Sprache nicht die Quelle verschütten, aus der sie sich immer wieder erquickt, wir wollen kein Gesetzbuch machen, das eine starre Abgrenzung der Form und des Begriffs liefert und die nie rastende Beweglichkeit der Sprache zu zerstören sucht. Wir

wollen die Sprache darstellen, wie sie sich selbst in dem Lauf
von drei Jahrhunderten dargestellt hat, aber wir schöpfen nur
aus denen, in welchen sie sich lebendig offenbart. Sollen wir
zusammen scharren, was nur aufzutreiben ist, wie Campe[1]
und andere gewollt haben? was aus den Winkeln, wo das Ge-
würm der Litteratur hockt, sich an das Tageslicht gewagt hat?
Unser Werk wird, wenn Sie mir den Ausdruck erlauben, eine
Naturgeschichte der einzelnen Wörter enthalten. Jedem, in
welchem sich das Gefühl für die Sprache rein erhalten hat,
bleibt das Recht, den Inhalt eines Worts zu erweitern oder
zusammenzuziehen, der Fortbildung wird keine Grenze gesetzt, aber sie muss auf dem rechten Weg bleiben. Die französische Sprache neigt dahin, einen logisch bestimmten, vorsichtig beschränkten Begriff eines jeden Wortes zu gewinnen, das
entspricht der Natur des französischen Volks und gewährt
eine gewisse Bequemlichkeit, zumal denen, deren Geist dürftig
geblieben ist, sie reden immer noch besser als sie denken; aber
in diesem Zustande steigt der Saft in dem Stamm nur träge
und langsam auf. Ich hoffe, es wird dem deutschen Wörterbuch gelingen, durch eine Reihe ausgewählter Belege darzu-
thun, welcher Sinn in dem Wort eingeschlossen ist, wie er immer verschieden hervorbricht, anders gerichtet, anders be-
leuchtet, aber nie völlig erschöpft wird; der volle Gehalt lässt
sich durch keine Definition erklären. Gewiss, das Wort hat
eine organische Form, die nicht in die Gewalt des Einzelnen
gegeben ist, wiederum aber, der Geist ist es allein, der das
Wort erfüllt und der Form erst Geltung verschafft; es giebt
ebensowenig ein buchstäbliches Verständnis, als der Geist
ohne das Wort sein Dasein kund zu thun vermag. Wie wäre
die Erscheinung sonst zu erklären, dass einzelne Wörter in
dem Fortschritt der Zeit ihre Bedeutung nicht bloss erweitert
oder eingeengt, sondern ganz aufgegeben haben und zu der
entgegengesetzten übergegangen sind?
Es würde ungeschickt sein, wenn ich hier von der innern Einrichtung des Wörterbuchs oder von der Weise reden wollte,
mit der wir den kaum zu überschauenden Stoff zu bewältigen

gedenken; man darf auf glücklichen Takt bei der Ausarbeitung eines solchen Werks, das mehr als eine Schwierigkeit zu besiegen hat, zwar hoffen, doch ihn nicht vorausverkündigen. Aber glauben Sie nicht, das Wörterbuch werde, weil es sich der geschichtlichen Umwandlung der Sprache unterwirft, deshalb auch lässig oder nachsichtig sich erweisen. Es wird tadeln, was sich unberechtigt eingedrängt hat, selbst wenn es muss geduldet werden; geduldet, weil in jeder Sprache einzelne Zweige verwachsen und verkrüppelt sind, die sich nicht mehr gerad ziehen lassen. Eben weil es die Freiheit nicht allein, sondern auch die Nothwendigkeit anerkennt und das Gesetz will, aber nur das aus der Natur hervorgegangene, es sich gegen eine andere Richtung kämpfen, die zwar früher hier und da zum Vorschein gekommen ist, aber erst in der letzten Zeit auf eine unerträgliche Weise sich breit gemacht hat. Ich meine zunächst die Anmassung, mit welcher einzelne sich berechtigt glauben, die Sprache zu bessern und nach ihrem Verstand einzurichten. Kleine Geister haben es gewagt, das Messer zu ergreifen und in das frische Fleisch einzuschneiden. Ich will nur das traurige Andenken an Wolke[2] und Radlof[3] erneuern, die mit Eifer und Fleiss, aber mit beispiellosem Unverstand die natürliche Gestalt der Sprache zerstören wollten. Noch immer spuken es fort, zwar minder gewaltsam, aber desto gefährlicher; man lebt in dem Wahn, ein jeder dürfe, wie es ihn gelüste, mit der Sprache umspringen und ihr seine geistlosen Einfälle aufdrängen, sobald sie etwa logischen Schein haben oder sich irgend eine Analogie dafür anführen lässt; ja, auch ohne eine solche Entschuldigung wirft man ihr Schutt und Schlacken dieser Art auf den Weg. Nur ein Paar Beispiele, wie sie mir gerade einfallen. Ich habe lesen müssen und zwar gedruckt von »mehrmaligen ausstreckenden Hinzureimungen«, was hinzugefügte Verse eines Gedichtes bedeuten soll. Da ist nicht von der Verstossung der Gemahlin, sondern von dem »Verstoss« die Rede oder von der »Treugestalt« eines Mannes. Was »augenstecherische, meerwerferische Zusicherungen« sein sollten, habe ich vergessen. Ich will die Gelegenheit benutzen, noch einiger Zusammensetzungen (es sind auch nur Beispiele) zu gedenken, die eben jetzt mit der Anmassung auftreten, als liege darin eine Bereicherung und ein Fortschritt der Sprache. Man nennt »selbstredend« was sich von selbst versteht, als wäre es gut Deutsch, wenn man sagte: »der Stumme schwieg selbstredend still.« Selbstredend ist nur, wer bei seiner Rede sich selbst vertritt und keines andern bedarf, wie selbstständig, wer auf eigenen Füssen, nicht aber gleich einem Korkmännchen von selbst steht. Wie wohl nach dieser schönen Erfindung ein Selbstdenker zu erklären wäre? er könnte sich jede Anstrengung beim Denken ersparen, wie der Selbstthätige beim Handeln[4]. Was Gegenwart heisst, weiss ein jeder, aber »Jetztzeit«[5], übelklingend und schwer auszusprechen, soll bedeutungsvoller sein, warum nicht auch »Nunzeit« oder »Nochzeit«? es wäre ebenso zulässig, ebenso sinnreich. Wer nicht fühlt, wie abgeschmackt »Zweckessen« lautet, der ist nicht zu bessern. Alle diese neugeschaffenen Missgestalten springen wie Dickbäuche und Kielkröpfe zwischen schön gegliederten Menschen umher. Will sich die Sprache aus ihrem Alterthum durch Wiederaufnahme einzelner Wörter stärken, so habe ich nichts dagegen, aber es muss mit Einsicht und Mass geschehen, nur wenn man fühlt, dass das Welkgewordene noch Kraft hat, sich wieder aufzurichten, mag man es versuchen; in das völlig Abgetrocknete dringt kein neues Leben; wen aber die Erforschung der alten Sprache nicht dazu berechtigt, der thut klug, sich an das zu halten, was die Gegenwart bietet. Glaubt sich doch jeder befugt, auch die Orthographie zu meistern, die, wie verderbt sie ist, doch nur durch Einsicht in das geschichtliche Verhältnis der einzelnen Laute allmählich kann gereinigt werden. Zu diesem kecken Vordrängen macht die Furchtsamkeit einen seltsamen Gegensatz, mit welcher man sich scheut, die grossen Buchstaben aufzugeben (es ist das Natürlichste von der Welt und geschichtlich wohlbegründet): man erschrickt davor wie vor einer Umwälzung der bestehenden Ordnung.

Ein Redner vor mir hat mit Recht behauptet, die Wissenschaft suche nicht sich selbst allein, sie sei vorhanden, um den Geist

des ganzen Volks (ich begreife alle Stände darunter) zu erheben und auf seinem Wege zu fördern. Möge daher das Wörterbuch nicht bloss die Forschung begünstigen, sondern auch
im Stande sein, das Gefühl für das Leben der Sprache zu er-
frischen. Luther hat gesagt, die Sprache sei die Scheide, in welcher der Stahl des Gedankens stecke: die Scheide ist schlotterig
geworden, Nebel und Dünste setzen sich mit Rostflecken auf
den Glanz. Jede gesunde Sprache ist bildlich, auch der zarteste
Gedanke verlangt einen sichtbaren Leib. In der letzten Bil-
dungsstufe hat sich eine überwiegende Neigung zu abstracten
Ausdrücken gezeigt: nicht zum Vortheil, denn das abstracte
Wort schliesst sich nicht fest an den Gedanken: es lässt eine
Leere dazwischen und läuft Gefahr, inhaltlos zu werden. Man
nimmt den Mund voll und sagt wenig, manchmal gar nichts.
Die Knochen erweichen, das Antlitz wird bleich und bleifar-
big. Könnte das Wörterbuch dahin wirken, dass die sinnliche
Rede, der bildliche Ausdruck (ich meine nicht die von allen
Händen abgegriffenen Gleichnisse) selbst auf die Gefahr,
derb oder eckig zu erscheinen, wieder in ihr Recht gesetzt
werde! – »Damit der Bezug übersinnlicher Anschauungen auf
die Wirklichkeit sichtbarer Wesenheiten vergegenwärtigt werde,« würden jene hinzusetzen, die sich darin gefallen, den
Kern der Sprache zu verflüchtigen, die nur grau in grau malen
wollen.

Ich will noch *eine* Saite anschlagen. Wir geben uns der Hoffnung hin, dass das Wörterbuch den Sinn für Reinheit der
Sprache wieder erwecke, der in unserer Zeit völlig abgestorben scheint. Keine andere Sprache befindet sich, von dieser
Seite betrachtet, in einem so erbarmungswürdigen Zustand.
Das bleibt wahr, wenn man auch zugiebt, dass abgeleitete wie
die romanischen und gemischte wie die englische der Gefahr
weniger ausgesetzt sind, ihren Ursprung und ihre Würde zu
vergessen. Ich muss andeuten, wie ich das verstehe. Kein Volk,
wenigstens kein europäisches, scheidet sich streng von dem andern und setzt geistigen Berührungen Grenzpfähle entgegen,
wie man den Waaren und Erzeugnissen des Bodens thut. So-

bald aber Völker sich äusserlich nähern, so erfahren auch ihre Sprachen eine nothwendige Wechselwirkung. Wer kennt nicht den Zusammenhang jener beiden Stämme, bei welchen unsere Bildung wurzelt, denen wir Unsägliches verdanken, mehr als wir uns in jedem Augenblick bewusst sind? ich meine natürlich die Griechen und Römer. Ich will nicht berühren, dass die Völker, die man die kaukasischen nennt, Gemeinsames genug, ja unbezweifelte Spuren einer untergegangenen Ursprache bewahren: ich rede nur von der sicheren Wahrnehmung, dass sie eine Anzahl Wörter von einander geborgt und aufgenommen haben. Das musste geschehen und war ein Gewinn. Daheim nicht ausgebildete oder gar nicht vorhandene Begriffe holt man von andern und nimmt das Wort dafür mit: könnten wir z. B. auskommen, wenn wir »Idee« wieder wegweisen sollten? Schon das Althochdeutsche hat sich dieses Rechts bedient, nur mit richtigem Gefühl die fremde Form der einheimischen angenähert[6]. Hat doch die romanische Sprache in Gallien anfänglich mehr aus der deutschen geborgt, als die deutsche aus ihr[7]. Manche von den Römern empfangene Wörter, wie etwa »Frucht, Tisch, Kampf« sind zu uns so völlig übergegangen, dass wohl mancher überrascht wird, wenn er von fremdem Ursprung hört. Reden wir von »dichten«, so empfinden wir schon den Hauch des Geistes, jenes geheimnisreiche Schaffen der Seele: es ist nichts als das lateinische dictare, das zu dieser Würde sich erhoben hat. Aber auch Wörter, deren fremde Abkunft offen liegt, müssen geduldet werden: die Wissenschaften, Künste und Gewerbe bedürfen technischer Ausdrücke, die einen scharfbegrenzten, voraus verabredeten Begriff unverändert festhalten sollen. Versucht man eine Übersetzung, so klingt sie hölzern und lächerlich. Kann Jemand bei »Befehl« an den grammatischen Imperativ denken, bei »Einzahl« an den Singularis, bei »Mittelwort« an das Participium, bei »Geschlechtswort« an Artikel? Ob wohl ein Pedant schon pedantisch genug gewesen ist, für das fremde Wort, das ihn allein genau bezeichnet, ein einheimisches zu erfinden? Einem Humorist wird es nicht in den Sinn kommen sich zu übersetzen:

wie wäre es möglich, die in allen Farben glänzenden Strahlen seines Geistes frei spielen zu lassen ohne das Recht, auch nach dem fremden Ausdruck zu greifen: das Anmuthigste und Heiterste müsste ungesagt bleiben. Auch im Ernst zwingt uns die Noth zum Borgen. Wissen wir Germanisten uns doch keinen erschöpfenden deutschen Namen zu geben.

Hat es bisher den Schein gehabt, als wollte ich der Einmischung des Fremden das Wort reden, so ist doch gerade das Gegentheil meine Absicht; ich wollte nur nicht das Kind mit dem Bade ausschütten. Was ich eben vertheidigt habe, ist so sehr in der Natur der Sache begründet, dass der steifleinene Purismus, der sich manchmal aufrichten will[8], immer wieder zu Boden fällt. Aber gefährlich im höchsten Grad ist der Missbrauch, der in unserer Zeit alles Mass übersteigt; ich kann mich nicht stark genug dagegen ausdrücken. Alle Thore sperrt man auf, um die ausländischen Geschöpfe herdenweise einzutreiben. Das Korn unsrer edlen Sprache liegt in Spreu und Wust: wer die Schaufel hätte, um es über die Tenne zu werfen! Wie oft habe ich ein wohlgebildetes Gesicht, ja die geistreichsten Züge von solchen Blattern entstellt gesehen. Öffnet man das erste Buch, ich sage nicht ein schlechtes, so schwirrt das Ungeziefer zahllos vor unsern Augen. Da liest man von »Amplificationen, Collectionen, Constructionen, Publicationen und Manipulationen«, da ist die Rede von »Divergenz, Reticenz, Omnipotenz, Cohärenz, Tendenz und Tendenzprocessen«, von »Localisirung«, von »nobler Natur« und »prolifiquer Behandlung«, von »socialen Conglomeraten« oder von »futilem Raisonnement«. Die Verhältnisse sollen nicht zart, sie müssen »delicat« sein; wir werden nicht davon bewegt, sondern »afficirt«: das Leben versumpft nicht, es »stagnirt«. Ungleichartig versteht niemand, aber gewiss »heterogen«: das Jahrzehnd nimmt an Gewicht zu, wenn es »Decennium« heisst. Das alles ist auf wenigen Blättern zu finden, und immer bot die Muttersprache das natürlichste, eindringlichste Wort. Und gar wenn Dürftigkeit des Geistes dahinter steckt! Die arme Seele borgt von den Philosophen ein Paar technische

Ausdrücke, sie spricht vom »Objectiven und Subjectiven«, von der »Speculation und Intelligenz« oder gar von dem »Absoluten«, das alle anderen Gedanken verschlingt. Es ekelt mich an, weitere Beispiele aufzusuchen. Diesen traurigen Verfall mag stumpfe Gleichgültigkeit gegen den hohen Werth der Sprache, die ein Volk noch zusammen hält, wenn andere Stützen brechen, mangelndes Gefühl von ihrer innern Kraft, manchmal auch die Neigung, vornehmer zu erscheinen, herbei geführt haben: Gewohnheit und Trägheit halten die Unsitte fest und lassen das Verderbnis immer weiter um sich greifen. Man weiss nicht mehr, dass man sündigt[9]. Habe ich doch, ich muss es sagen, an dieser Stelle, von den geehrten Rednern dieser Versammlung, welchen Glanz und Ruhm des Vaterlands am Herzen liegt, mehr fremde Worte gehört als sich ertragen lassen, sogar von denen, welche gegen die Anwendung des römischen Rechts und dessen Sprache sich so stark erklärt haben. Über Nacht lässt sich das Unkraut nicht ausreissen, wir müssen zunächst trachten, dass es nicht weiter hinauf wuchere und der edlen Pflanze Sonne und Luft raube.

Das war es, meine Herren, was ich Ihnen bei Gelegenheit des deutschen Wörterbuchs sagen wollte: ich schliesse mit dem Wunsch, dass es bei Ihnen eine gute Stätte finden möge.

Quelle: Wilhelm Grimm, Kleinere Schriften. Hrsg. von Gustav Hinrichs. Bd. I. Berlin: Dümmler 1881. S. 508–520.

Anmerkungen

1. Joachim Heinrich Campe (1746–1818) gab ein »Wörterbuch der deutschen Sprache« (5 Bände, 1807–11) heraus.
2. Christian Heinrich Wolke (1741–1825), philanthropischer Pädagoge, Gehilfe und Nachfolger Basedows in Dessau, dann einige Jahre in Rußland. Erfand u. a. 1777 eine Lesemaschine. In seinen Schriften, zu denen auch die »Anleitung zur deutschen Gesamtsprache oder Zur Erkennung und Berichtigung einiger (zuwenigst 20tausend) Sprachfehler usw.« (Dresden 1812) gehört, benützte er gleich Klopstock eine eigene Orthographie; er war ein Sprachpurist und ein erklärter Feind von Fremdwörtern.

3. Johann Gottlieb Radlof, 1775 bei Merseburg geboren, veröffentlichte seit 1802 Aufsätze und Schriften über deutsche Sprache, erkannte vor Grimm den Vokalwandel. Zwar wurde er von den Brüdern Grimm wegen seiner Verdienste um die Erforschung der deutschen Sprache anerkannt, aber sie griffen seine Pedanterie und seinen Hang zum Sprachpurismus an, was Radlof übel aufnahm. So bemerkte er abschätzig: »Basedows Zuckerbuchstaben, Herrn Grimms Kindermärchen und Sagen ... werden schwerlich je ... ein ernstlich gelehrtes oder wissenschaftliches Werk über Geschichte und Sprache entbehrlich machen.«

4. »Er hat die Adresse *selbstverständlich* ebenfalls unterschrieben.« Deutsche Zeitung 1847. S. 540. – Selbstgewachsene Blume wird noch niemand sagen für die, welche sponte wächst (Anm. W. Grimm).

5. »Jetztwelt« Augsburger Allgemeine Zeitung 1847. S. 1381, Simrocks Rheinl. S. 341, »Jetztzustand« Gerv. Deutsche Zeitung 1847. S. 202 (Anm. W. Grimm).

6. Über das Gothische vgl. Wackernagel Gesch. der Litt. S. 20, 21 (Anm. W. Grimm).

7. Gottfried hat im Tristan schon viele französische Wörter aufgenommen. Der Tanhauser mischt viel französische Worte ein (Anm. W. Grimm).

8. Das Urbild der deutschen Reinsprache von Wr (Dr) J. D. C. Brugger, Heidelberg 1847. Die neuste Albernheit. S. 41: Hochwissanstalt (Akademie der Wiss.), Chaos (Urgemisch), Krisis (Entscheidzeit), philosophisch (weltweisheitlich), Centralorgan (Mittelwerkzeug), mythologisch (sagen- oder götterlehrisch), Phantasie (Schaffkraft), litterarische Demonstration (schriftthümliche Angriffsdrohung), S. 57, 59: Wissner, Wissmeister (Dr), Hochschulinnung (Facultät) (Anm. W. Grimm).

9. Fällt es denn niemand ein, dass dieser Gebrauch fremder Wörter die Sprache des Volkes, das sie nicht verstehen kann und sie nur ungeschickt und oft lächerlich anwendet, zu Grunde richtet? (Anm. W. Grimm).

ROBERT BLUM

1807–1848

Der Schriftsteller und Politiker Robert Blum, am 10. November 1807 in Köln geboren, war einer der begabtesten Redner und Agitatoren seiner Zeit. Aus einfachen Verhältnissen stammend, fand er nach einigen Jahren Handwerkslehre eine Anstellung als Theaterkassierer in Leipzig. Er widmete sich während dieser Zeit neben seinen politischen und sozialen Interessen auch schriftstellerischen Arbeiten. 1840 gründete er die politisch engagierte Leipziger Schillergesellschaft, von 1843 bis 1847 edierte er mit Friedrich Steger den politischen Almanach »Vorwärts«, 1845 schloß er sich der deutschen katholischen Bewegung an, und 1848 wurde er der Führer der demokratischen Linken in der Frankfurter Nationalversammlung. Blum schrieb mehrere Bücher, verfaßte unter anderem ein Drama (»Die Befreiung von Candia«), edierte ein »Theaterlexikon« und ein »Staatslexikon für das deutsche Volk«. Wegen seiner kurzen Teilnahme am Wiener Oktoberaufstand (1848) wurde er verhaftet und einige Tage darauf, am 9. November 1848, standrechtlich erschossen, was in den demokratischen Kreisen Deutschlands einen Sturm der Empörung auslöste.
Die hier aufgenommene Rede, in der er vor den heraufziehenden Gefahren einer neuen Diktatur warnt, hat Robert Blum am 20. Juni 1848 in der Deutschen Nationalversammlung zu Frankfurt gehalten. Zu dem Frankfurter Akademikerparlament, in dem sich liberale, monarchisch orientierte und links ausgerichtete Vertreter zusammenfanden, gehörte eine Reihe bedeutender Namen wie Ernst Moritz Arndt, Heinrich Freiherr von Gagern, Jakob Grimm, Robert von Mohl, Johann Gustav Droysen, Ludwig Simon, Ludwig Uhland und Friedrich Dahlmann.

Rede über die Centralgewalt

Diese Versammlung, meine Herren, erscheint mir oft wie der Prometheus; seine Riesenkraft war angeschlossen an einen Felsen und er konnte sie nicht brauchen, – die Riesenkraft der Versammlung scheint mir zuweilen angeschlossen zu sein an den Felsen des Zweifels, den sie sich selbst aufbaut. Zu verschiedenen Zeiten ist sie sich dieser ungeheuren Kraft bewußt geworden, und der Ausdruck derselben genügte, in den Augen der Nation sie wieder auf den Standpunkt zu stellen, den sie einnimmt, den aber der Zweifel auf der andern Seite ihr streitig zu machen suchte; so bei dem Beschlusse über den Raveaux'schen Antrag[1], dem der Zweifel voranging; so bei dem Zweifel, ob man einen Friedensschluß genehmigen könne und dürfe, während es doch sonst Niemanden gibt, der ihn genehmigen kann; so bei der Bewilligung der 6 Millionen für die Marine, und so heute wieder, als Sie mit dem großartigsten Schwunge einen Krieg erklärt haben[2], ohne sich zu fragen, ob Sie ein Heer haben, und ob Sie eine Flotte haben, und ob Sie Mittel dazu haben; aber Sie haben mit der kühnen Erklärung zu gleicher Zeit den *Sieg* beschlossen, denn der Sieg lebt *in uns*, nicht da draußen und nicht in materiellen Dingen! Eine neue große Entscheidung schlägt an Ihr Herz und Sie sollen noch einmal den Zweifel lösen, ob Sie Ihre Gewalt fühlen und die unumstößliche Majestät, die in Ihren Händen liegt, und ob Sie sie gebrauchen wollen. – Sie sind hierher gekommen, um dieses zerstückelte Deutschland in ein Ganzes zu verwandeln; Sie sind hierher gekommen, um den durchlöcherten Rechtsboden in einen wirklichen, in einen starken zu verwandeln; Sie sind hierher gekommen, bekleidet mit der Allmacht des Vertrauens der Nation, um das »*einzig und allein*« zu thun. Genügt es dazu, daß Sie Beschlüsse fassen und sagen: die Nationalversammlung beschließt, daß das oder das geschehe? Durchaus nicht. Sie müssen sich das Organ schaffen, durch welches diese Beschlüsse hinausgetragen werden in das Leben, durch welches sie gesetzliche Geltung erlangen; dieses Organ zu schaffen, ist der Gegenstand unserer Verhandlung. Was wird dieses Organ sein? Bei dem ersten Anblick dessen, was wir bedürfen, eben nur das Organ, welches Ihren Willen verkündet. Man sagt uns, der Vollziehungs-Ausschuß, der von einer sehr kleinen Minderheit vorgeschlagen worden ist, sei eine republikanische Einrichtung, und wir geben das sehr gerne zu; wir verhehlen gar nicht, wir wollen die Republik für den *Gesammtstaat*, wir wollen diese Einrichtung, und nicht deshalb, weil wir die Verhältnisse in Deutschland auflösen wollen, sondern weil wir sie schützen wollen, weil wir glauben, daß zwei gleichartige Richtungen nicht mit einander bestehen können, weil wir in der republikanischen Form an der Spitze des Gesammtstaates Sicherheit sehen für die Freiheit jedes einzelnen Staates, seinen eigenen Willen auszuführen und zu erhalten, und weil wir zu gleicher Zeit diese Spitze nicht dem Zielpunkt niederen Ehrgeizes sein lassen wollen. Allein es ist ein arger Irrthum, wenn man dieses Streben nach einer republikanischen Einheit verwechselt mit dem, was in den einzelnen Staaten geschieht oder geschehen soll. Wir bauen den Gesammtstaat aus den einzelnen Theilen, die vorhanden sind, wir erkennen die Thatsache dieses Vorhandenseins ebenso wie die Formen an, und unser Bestreben ist dahin gerichtet, in der großen Gesammtheit einer jeden Einzelnheit ihre Freiheit, den Spielraum zu ihrer eigenthümlichen Entwickelung zu gönnen und zu belassen. Schaffen Sie den *Vollziehungs-Ausschuß*, so sind es die bestehenden Gewalten, die bestehenden Regierungen, welche vom Vollziehungs-Ausschuß die Beschlüsse der Nationalversammlung empfangen und diese Beschlüsse ausführen; sie werden in ihrem Wesen und in ihrer Kraft nicht im Mindesten angetastet, sie bleiben vielmehr im Vaterlande völlig auf dem Standpunkte, den sie sich bis jetzt zu erhalten vermocht haben. Wenn die Regierungen das sind, was man so vielfach behauptet, gutwillig in Bezug auf die Ausführung und bereit, Opfer zu bringen zum Gedeihen des Ganzen, so ist diese Einrichtung so einfach, daß es keine einfachere gibt; wenn sie aber nicht gutwillig sind, was von anderer Seite auch vielfach be-

hauptet wird, und wofür man sich auf einzelne Erfahrungen
stützt, die man vielleicht überschätzt, dann – wir haben kein
Hehl in unsern Gedanken – dann soll er die Bedürfnisse der
Zeit stellen über die Regierungen, dann soll er ihnen entgegentreten, dann soll er die Nation nicht den Sonderinteressen auf-
opfern, sondern vielmehr die Widerstrebenden – gradezu her-
ausgesagt! – zermalmen. – Wäre ein solcher Fall denkbar, ich
hoffe, er ist es nicht, dann wäre es eine sonderbare Einrichtung, daß wir Denen die Vollziehungsgewalt oder die provisorische Regierung, die es dann allerdings werden müßte, in
die Hand geben, gegen die sie handeln soll und handeln muß.
– Man hat den Vollziehungsausschuß auch in anderer Beziehung angegriffen und hat ihn ungenügend genannt, da er nur
die Vertretung Deutschlands nach Außen, nicht die Vertheidigung desselben enthält. Nun, es muß in dieser Beziehung ein
arges Mißverständniß herrschen, denn die Vertretung eines
Landes nach Außen besteht nicht blos im diplomatischen Ver-
kehre, sie besteht auch in der Entwickelung der ganzen Kraft
und Gewalt, die eine Nation hat, da wo sie nothwendig wird.
Der Vollziehungsausschuß hat ferner einen großen Vortheil:
Er gewährt den Regierungen, was sie bedürfen, den Mittelpunkt, in dem das Staatsleben für den Gesammtstaat in diesem Augenblick zusammenläuft. Er ist ihnen, wenn sie wirklich das Beste der Nation wollen, ihr Aufstreben fördern,
nicht im geringsten gefährlich. Er sichert die Versammlung
vor jedem Mißbrauch; denn die Versammlung hat es in der
Hand, ihn zurückzuziehen, sobald er die Begrenzung überschreitet, die sie ihm zu stecken für gut findet. Er sichert die
Regierungen auch durch die *Wahl*; denn wie die Versammlung zusammengesetzt ist, haben sie nicht zu besorgen, daß
eine Meinung aufkomme und an die Spitze gestellt werde, die
den Regierungen Besorgnis erregt. Hat doch ein Mann, der in
jenen Kreisen lange Jahre gelebt und gewirkt hat, Ihnen ausdrücklich gesagt, daß er ohne alle Besorgniß das Wohl der
Gesammt- wie der einzelnen Staaten in den Händen dieser
Versammlung sehe. Der Vollziehungsausschuß sichert aber

auch das Volk vor möglichen Uebergriffen, indem er als ein
Ausfluß der Gewalt der Träger seiner Majestät und Souverä-
netät dasteht, und das Vertrauen des Volkes aus seinem Ur-
sprunge schon für sich in Anspruch nimmt. Das Directorium[3],
welches man Ihnen vorgeschlagen hat, sichert in dieser Beziehung Niemanden. Wird es stark, dann sind die einzelnen Regierungen ihm preisgegeben; die Fürsten der kleineren Staaten
können sich als halb mediatisiert betrachten, sobald dieses
Directorium ins Leben tritt. Es sichert die Versammlung nicht;
denn die Versammlung, die ihre stillschweigende, wenigstens
ihre prüfungslose Zustimmung dazu geben soll, sie hat nicht
mehr die Macht, dasselbe zu entfernen. Die angebliche Verantwortlichkeit, sie ist eine leere Phrase. Es gibt keine Verantwortlichkeit ohne Gesetz; es gibt keine Verantwortlichkeit
ohne einen Gerichtshof, wo ich den Verantwortlichen belangen kann; und nicht einmal das letzte kümmerliche Mittel, sich
zwar nicht eine Verantwortlichkeit, aber doch einen *Rückzug*
zu erzwingen, die Steuerverweigerung, sie ist nicht in Ihrer
Hand. Und weil Sie keine Verfassung haben, und weil Sie
keine Grundlage haben, auf welcher diese Gewalt steht, und
weil Sie keine Schranken gezogen haben, innerhalb deren sie
sich bewegen muß, und weil Sie kein Mittel haben, sie in den
Schranken zu halten, deshalb ist es die *Despotie*, deshalb ist es
die *Diktatur*, die *schrankenloseste Diktatur*, die die Freiheit
gefährdet, wie nie etwas anderes. Sie wollen ein solches Direktorium schaffen, und ich frage Sie: Dürfen Sie dasselbe schaffen? Haben Sie ein Mandat dazu, mit irgend Jemand in der
Welt zu verhandeln? Hat eine einzige Wahlhandlung auch
nur einen derartigen Vorbehalt nicht aufkommen, sondern
nur gewissermaßen als eine Ansicht aufdämmern lassen? Nirgends in der Welt. Berufen sind Sie durch die Allmacht des
Volkes und Sie sind nur jenem Mandate treu, so lange Sie
diese Allmacht wahren. *Sie dürfen nicht verhandeln;* Sie müssen eher Ihr Mandat niederlegen, als sich von der Aufgabe
entfernen, die uns geworden ist. Sie dürfen am wenigsten in
dem Augenblicke, wo das Volk seine lange verkümmerten

Rechte und seine lange verkümmerte Macht errungen hat, mit
Denen unterhandeln, die seit 30 Jahren niemals mit uns unter-
handelt haben, die selbst unsern Rath niemals hörten, wenn es
sich darum handelte, Deutschland als *ein Ganzes* zu vertreten.
Allein es wird auch der Unterhandlungen nicht bedürfen;
wahrlich, Diejenigen leisten den Regierungen einen sehr
schlimmen Dienst, die sie darstellen als etwas, was außerhalb
uns, d. h. außerhalb des Volkes steht; man sagt uns ja immer:
»Die Regierungen sind jetzt volksthümlich, sie sind aus dem
Volke hervorgegangen, sie gehören dem Volke an.« – Nun
wohlan! Wenn das wahr ist, so vertreten wir sie mit, wir vertreten nicht den Einzelnen, nicht den Stand, keine Kaste; wir
vertreten das Volk *und* die Regierungen, sie gehören zum
Volke; mindestens *sollen* sie zum Volke gehören. Wo das nicht
der Fall wäre, daß die Regierungen im Volke aufgingen, nun,
dann würde nichts vorliegen, als die Wahrung der alten Für-
sten- und Dynasteninteressen, und wahrlich ein Volk von
40 Millionen, es würde nicht unterhandeln können mit
34 Menschen, die ihr Sonderinteresse fördern wollen. So ist in
unserm Vorschlage nach meiner Ueberzeugung gewahrt, was
Sie wahren wollen: das allseitige Recht, die allseitige thatsäch-
liche Stellung ist anerkannt, wenn Sie sich darauf beschränken, zu erklären, was Sie bedürfen, und wenn Sie warten in
Beziehung auf die Ausdehnung der Gewalt, bis Sie sie bedürfen. – Man hat uns vielfach in diesen Tagen darauf hingewiesen, es herrsche die Anarchie, und sie trete hervor an diesem und jenem Orte in Deutschland, und das ist wahr, leider
ist es wahr; aber fragen Sie, was ist denn diese Anarchie? Ist
sie etwas anderes, als die Zuckung der Ungeduld, die in dem
gehemmten Leben sich kundgibt, die Zuckung der Kraft, die
nach Außen oder nach Innen sich geltend machen will? In
einer Weise, wie es die Weltgeschichte noch nie gesehen hat,
hat das Volk in Deutschland seine Revolution gemacht; es hat
mit wenigen Ausnahmen die Gewaltäußerungen gescheut,
weil eine revolutionäre Volksversammlung, eine revolutionäre Nationalvertretung im Vorparlament hier zusammen-

trat und dem Gesammtausdruck seine Geltung zu verschaffen
suchte; es hat sich gemäßigt, weil aus jener revolutionären
Volksvertretung eine zweite, gleichartige, wenn auch in anderer Beziehung auf einem Gesetze beruhende Volksvertretung
sich gestaltete; verhehlen wir es nicht, eine auf einem Gesetze
der Revolution beruhende Versammlung, die ihm versprach
seine Wünsche zur Geltung zu bringen, seine Bedürfnisse zur
Wirklichkeit zu machen. Wollen Sie der Anarchie entgegentreten, Sie können es nur durch den innigen Anschluß an die
Revolution und ihren bisherigen Gang. Das Direktorium, das
Sie schaffen wollen, ist aber kein Anschluß daran; es ist ein
Widerstand, es ist Reaktion, es ist Contrerevolution, – und die
Kraft erregt die Gegenkraft. Man wirft mitunter schielende
Blicke auf einzelne Parteien und Personen, und sagt, daß sie
die Anarchie, die Wühlerei, und wer weiß was, wollen. Diese
Partei läßt sich den Vorwurf der Wühlerei gern gefallen; sie
hat gewühlt ein Menschenalter lang mit Hintansetzung von
Gut und Blut, mindestens von allen den Gütern, die die Erde
gewährt; sie hat den Boden ausgehöhlt, auf dem die Tyrannei
stand, bis sie fallen mußte, und Sie säßen nicht hier, wenn
nicht gewühlt worden wäre. (Stürmischer, anhaltender Beifall
in der Versammlung und auf den Gallerien.) Allein die Leute,
die man in dieser Beziehung ansieht, sie sagen Ihnen mindestens geradezu und ungeschminkt, was sie wollen. Ich muß
bekennen, ich habe das in dem Kommissionsberichte nicht gefunden. Ja ich fürchte, daß die Dinge, die hinter demselben
versteckt sind, schlimmer sind als die Dinge, die ausgesprochen
wurden. Sie haben eine Abstimmung gehört in Ihrem Kreise
heute, als man Ihnen vorschlug, die Gewalt einer Krone zu
übertragen[4], – man hat dieselben verhöhnt, ausgelacht, was
thun Sie anders, als die Gewalt 3 Kronen oder 34 Kronen zu
übertragen? Glauben Sie, daß die Abstimmung über Ihren
Vorschlag anders werde? Ein Antrag, dessen Urheber sich
nicht einmal genannt hat, schlägt Ihnen auch vor, den vor
10 Wochen auf dieser Stelle zur Leiche erklärten Bundestag
beizubehalten, und der Kommissionsbericht hat es nicht ge-

wagt, sich darüber auszusprechen, was mit demselben werden
solle. Oh! beschenken Sie doch das deutsche Volk mit Ihrem
Direktorium und legen Sie den nach den Gesetzen der Natur,
wenn er Leiche geworden war, in Fäulniß übergegangenen
Bundestag dazu! – Sie werden sehen, was Sie aussäen damit,
indem Sie behaupten, die Einheit zu säen! – Man hat mich
hingewiesen auf andere Länder, und ein Vorgänger vor mir
hat Ihnen bereits in sofern widersprochen, als er Ihnen gesagt
hat, daß Belgien, bevor es unterhandelte, seine Verfassung,
seine Grundlagen, seine Sicherheit sich geschafft hat. Thun Sie
dasselbe, und Sie werden auch hoffentlich das Glück Belgiens
genießen. Man hat Sie hingewiesen auf einen andern Staat[5],
auf einen Staat, der großartig sich erhoben hat für die Freiheit
in der letzten Zeit. Man hat ein Gespenst heraufbeschworen
und hat Ihnen gesagt, dieser starke Staat erzittre vor einem
unbedeutenden jungen Menschen. Meine Herren! Es gab einen
Staat[6] in Deutschland, der auch stark war, der auf dem historischen Rechtsboden stand, auf Ihrem historischen Rechtsboden, der uns hier so oft vorgeführt wird. Dieser Staat ward
in seinen Grundvesten erschüttert durch den Fuß einer *Tänze-
rin*. (Bravo!) Es mag manches fest scheinen im deutschen Vaterlande, was, beim Lichte gesehen, nicht fester ist, als der
Zustand, den eine *Phryne*[7] stürzte. Es ist nach meiner Ansicht
eine Gotteslästerung der Freiheit, wenn man ihr aufbürdet,
daß sie krankt an dem Erbe, welches sie von der Despotie un-
freiwillig hat mit übernehmen müssen. Es ist eine Gotteslästerung an der Menschlichkeit, wenn man darauf hinweist, daß
dieser Staat achtzigtausend seiner hungernden Brüder hat ernähren müssen.[8] Diese achtzigtausend Hungernde kosten nicht
so viel, als ihnen der gestürzte Thron gekostet hat, und man
kann noch eine Null hinzufügen und sie kosten immer noch
nicht so viel. Abgesehen davon, daß in dem Sumpfe, der sich
um diesen korrumpirten und korrumpirenden Thron ausge-
breitet, neben aller Sittlichkeit, Ehre und Tugend auch alle
Mittel verschlungen wurden, die nöthig waren, um die Hungernden zu ernähren. Auf dem historischen Rechtsboden, auf

welchem wir angeblich stehen, hat man in einem ganz ähnlichen Falle⁹ die Hungernden lieber der Hungerpest preisgegeben. (Bravo!) Dorthin, wo man das Gespenst hervorruft, wird die Freiheit den Kranz des unverwelklichen Dankes niederlegen, wenn sie siegt; und wenn sie unterliegt, wird auch der letzte sehnsüchtige Blick ihres brechenden Auges sich dorthin wenden. Wollen Sie das Himmelsauge brechen sehen, und die alte Nacht über unser Volk aufs Neue heraufführen, so schaffen Sie Ihre Diktatur! (Stürmisches Bravo.)

Quelle: Ausgewählte Reden und Schriften von Robert Blum. Hrsg. von Hermann Nebel. Leipzig: Genossenschafts-Buchdruckerei 1879. Heft 6. S. 3–9.

Anmerkungen

1. Der Raveauxsche Antrag (19. Mai 1848) wollte sicherstellen, daß ein Abgeordneter der Nationalversammlung auch gleichzeitig Mitglied der preußischen Nationalversammlung in Berlin sein konnte, deren Aufgabe es unter anderem war, die vom König versprochene Preußische Verfassung vorzubereiten. Schließlich einigte man sich am 27. Mai auf folgenden Wortlaut: »Die Deutsche Nationalversammlung [...] erklärt: daß alle Bestimmungen einzelner deutscher Verfassungen, welche mit dem von ihr zu gründenden allgemeinen Verfassungswerke nicht übereinstimmen, nur nach Maßgabe des letzteren als giltig zu betrachten sind – ihrer bis dahin bestandenen Wirksamkeit unbeschadet.«
2. Blum bezieht sich hier auf einen Beschluß der Nationalversammlung, jeden Angriff auf Triest oder einen deutschen Hafen als Kriegserklärung gegen Deutschland zu betrachten. Von Mai bis August 1848 wurde Triest durch eine neapolitanisch-sardinische Flotte blockiert.
3. Ausschuß von drei Mitgliedern, die von der deutschen Regierung ernannt und durch die Nationalversammlung bestätigt werden sollten.
4. Blum bezieht sich auf den Vorschlag, bis »zur definitiven Begründung einer obersten Regierungsgewalt für Deutschland [...] die Ausübung derselben der Krone Preußens« zu übertragen.
5. Frankreich.
6. In Bayern wurde König Ludwig I. vom Volk gezwungen, seine Geliebte, Lola Montez, außer Landes zu verweisen.
7. Hetäre im Athen des 4. Jh.s v. Chr.
8. Gemeint ist Frankreich.
9. Blum bezieht sich auf die Situation der schlesischen Weber im Jahre 1844.

ERNST MORITZ ARNDT

1769–1860

*Der politische Schriftsteller, Patriot und Dichter Arndt, am
26. Dezember 1769 als Sohn eines früher leibeigenen Bauern
zu Schoritz auf Rügen geboren, studierte von 1791 bis 1793
evangelische Theologie und Geschichte in Greifswald, von
1793 bis 1794 in Jena, wo er unter den Einfluß Fichtes geriet.
1805 wurde er Professor für Geschichte an der damals schwedischen Universität Greifswald, an der er sich 1800 habilitiert
hatte. Mit einer Schrift erreichte er 1806 die Aufhebung der
Leibeigenschaft in Pommern und auf Rügen, mit einer anderen (»Geist der Zeit«, I) nahm er gegen Napoleon Stellung.
1808 rief er in der Monatsschrift »Nordischer Kontrolleur«
die Staaten Europas zum allgemeinen Widerstand gegen Napoleon auf, von 1812 bis 1815 wirkte er an der Seite des Frei-
herrn vom Stein für die Emanzipation Deutschlands und trat
ab 1813 mit einer größeren Zahl von Flugschriften, Freiheits-
liedern und patriotischen Gedichten hervor, mit denen er für
die nationale Erhebung gegen Napoleon agitierte. 1815/16
gab er die politische Zeitschrift »Der Wächter« heraus, 1818
wurde er Professor in Bonn, wo man ihn nach Kotzebues Er-
mordung (1820) wegen angeblich demagogischer Umtriebe
suspendierte. Von Friedrich Wilhelm IV. 1840 wieder rehabi-
litiert, war er 1848 als Vertreter des 15. rheinpreußischen
Wahlbezirks Mitglied der Nationalversammlung in Frankfurt; hier trat er vor allem für ein Erbkaisertum unter preußischer Führung und für die politische Freiheit und Einheit
Deutschlands ein. Arndt mit seiner deutschnationalen Einstellung gehörte kurze Zeit der äußersten Rechten an, er schloß
sich dann aber keiner Partei mehr an. Aus der Nationalversammlung schied er im Mai 1849 aus und zog sich auf seine
Professur zurück. Er war weiterhin im patriotischen Sinn
publizistisch tätig und starb am 29. Januar 1860 in Bonn.
Über den Redner Arndt schrieb ein Zeitgenosse: »Die Redner-*

bühne bestieg [er] selten, gewöhnlich nur bei Verhandlungen,
welche irgendein großes nationales Interesse betrafen; aber so
oft es geschah, trat er auf mit einer jugendlichen Lebendigkeit,
welche ganz gemacht war, die Aufmerksamkeit der Versamm-
lung durch die kräftige Stimme, das fließende Wort, den war-
men Vortrag von vornherein zu gewinnen.« In der Rede über
den deutschen Adel, die Ernst Moritz Arndt am 1. August
1848 in der Nationalversammlung, dem ersten deutschen Par-
lament, zu Frankfurt a. M. gehalten hat, nimmt er, der sich
selbst als Plebejer und Republikaner bezeichnet, wie nach ihm
auch Jakob Grimm für den Artikel II, § 6, des deutschen
Grundrechts Stellung; dieser besagte: »Alle Deutschen sind
gleich vor dem Gesetze. Standesprivilegien finden nicht statt.
Die öffentlichen Ämter sind für alle dazu Befähigten gleich
zugänglich. Die Wehrpflicht ist für Alle gleich.« Die Wieder-
gabe der Rede erfolgt nach dem »Stenographischen Bericht
über die Verhandlungen der deutschen constituierenden Na-
tionalversammlung zu Frankfurt am Main«, hrsg. von Wigard,
Frankfurt a. M. 1848, Bd. 2, S. 1299–1301.

Rede über den deutschen Adel

Der deutsche Adel ist für die Ehre der deutschen Geschichte
und für das Glück der Zukunft des deutschen Volks noch nicht
wegzustreichen.
Meine Herren! Ich alter Plebejer, der ich den Streit gegen den
Adel und zwar den Streit gegen die Mißbräuche mit angefangen habe, die der Adel gegen die Bauernschaften in meiner
Heimat geübt[1], ich sollte gleichsam nur durch mein Gemüth
– denn etwas Anderes bewegt mich wahrlich nicht – für den
Adel sprechen; aber, wie ich glaube, ist es eine alte Lehre, daß
wir Alle Adams Kinder sind, daß wir Alle *eines* Stammes,
eines Blutes, *einer* geistigen Würdigkeit sind. Ich erinnere hier
an den Scherz, den der große *Pitt*[2] in seiner frühesten Jugend

über die alte englische Nobility fliegen ließ, ich erinnere an diesen Scherz, wo er sagt: »Wenn Gott Alles zweckmäßig gemacht hätte, so gäbe es gleichsam zwei Menschengeschlechter: das eine Geschlecht wäre geschaffen worden mit Sporen, und der andere Theil mit dem Sattel geboren.«

Ich bin auch der Meinung des Ausschusses, und ich bin der Meinung des ganzen deutschen Volkes und aller denkenden Männer, welche die Freiheit wollen, *daß das Privilegium*, daß die Bevorrechtigung *in jeder Beziehung aufhören muß*, das Privilegium, welches dem Adel gleichsam die Erde an die Füße gebunden hat, oder doch wenigstens das Privilegium, wonach der Adel gewisse Rechte – nicht gewisse Ehrenvorzüge, sondern Gold- und Silbervortheile – auch an sich gebunden glaubte. Dies soll abgeschafft werden. *Aber etwas Anderes ist es mit der Abschaffung der idealen Bilder*, ich möchte sagen, eines jeden Standes. Wie schwer, wie hart ist es den Schuhmachern und Schneidern und manchen Anderen gewesen, als man ihnen ihre Laden genommen, als man ihnen ihre Privilegien und Satzungen für abgeschafft erklärt hat, als man ihnen ihre Gebräuche aufgehoben!

Es liegt eine unendliche Gewalt in der Erinnerung, in dem Gefühle der Erinnerung, die der Mensch in sich empfindet: es liegt eine gewaltige Kraft darin. Ich will darauf nicht drükken, daß der Adel einen Reiz zur Tugend hat, zur größeren Aufopferung, zur größeren Ansporung, zu edleren Strebungen und Thaten, indem seine Ahnen, die Thaten der früheren Geschlechter vor ihm schweben. Etwas ist darin, aber das ist nicht mächtig genug, um vorzuhalten: die Lehre der Tugend, die Lehre der Gerechtigkeit. Diese ist in der Hütte und Werkstätte, wenn die Eltern und die Lehrer recht sind, an der Wiege eines Jeden so mächtig wie in den adeligen Geschlechtern. Die Gefühle der Menschen aber, die Urtheile, die Vorurtheile der Menschen, Alles, was oben schwebt, das Heiligthum der Menschheit, ich möchte sagen, das poetische Heiligthum der Menschheit, müssen wir in unsern Versammlungen schonen, weil wir sie tief begründet sehen in dem

Volke und den Menschengeschlechtern aller Zeiten und Jahrhunderte.

Man[3] sprach von den Wappen und den Ehren des Adels und sprach scherz- und spottweise da hinaus, daß man diese so hinwerfen könne.

Ich bin vom schlechten Bauernstande, aber wenn ich ein Gütchen hätte, wo Bäume ständen, die mein Urgroßvater schon gepflanzt hätte, das wäre mir Adel.

Niebuhr[4], der Unsterbliche, hat mehrmal den Antrag, adelig zu werden, erhalten. Er hat geantwortet: »Ich bin stolz, daß ich vom Bauernstande der Friesen entsprungen bin, die zu Tacitus' Zeiten schon edelste Edelleute genannt werden.« Das war Bauernstolz.

Kommen Sie nach Norwegen, gehen Sie in die Hütte der Bauern. Es ist davon geredet worden[5], daß den Grafen und Baronen der Titel abgeschafft werden solle. Kommen Sie dahin, die Geschlechtsregister werden lange fortgeführt: sie gehen nicht etwa nur auf einen alten König, sie gehen auf Odin und Thor zurück. Man mag sagen, das ist eine Thorheit, auf Thor zurückzukommen, um einen Spaß zu machen, aber es ist begründet.

Ich habe vor einem halben Jahre einen Americaner kennen gelernt, einen schlichten Mann von der presbyterianischen Kirche. Ich sagte: »Wie heißen Sie?« *Salisbury.* Ja,« sagte er, »wir stammen von dem großen Grafen v. *Salisbury*, der unter *Eduard III.* die siegreichsten Schlachten in Frankreich miterkämpft hat.«

Diese Bilder, diese heiligen Gefühle, die jedes Haus, jeder Stand, jede Hütte in sich hat, wollen wir sie den Fürsten, den Grafen, den Freiherren wegschneiden, wollen wir jedes Gefühl, jedes Vorurtheil wegschneiden, nachdem wir die Vorrechte, in so fern sie andere Stände bedrängen können, ihnen unter den Füßen weggeschnitten haben, das wäre Unbarmherzigkeit.

Ich habe gesagt in meinem Antrage: wegen der Ehre unserer Geschichte soll man es nicht thun. Man mag das scherzhaft oder ernsthaft nehmen, es ist aber etwas Wahres daran. Wer Geschichte gelehrt hat in den letzten zwanzig, dreißig Jahren, weiß, was die neuen Eintheilungen der Länder für ein Ding sind, in den Schulen und Gymnasien, wie sie aus dem Mittelalter, aus allem richtigen Verständniß desselben herausgeschnitten sind. Das sage ich gleichsam scherzweise, aber die Ehren der Namen sind – von einem guten Theil unsers Adels kann man es sagen – seit Jahrhunderten mit unserer Geschichte verbunden, sie sind ein Glanz der Geschichte zugleich. Warum wollen wir diese Namen nicht durchgehen lassen?

Dieses erinnert mich an eine Anekdote, – aber nicht eine Anekdote, sondern eine wirkliche Geschichte – die sich zur Zeit der französischen Revolution begeben hat. Es war ein Jüngling in Straßburg, ein Candidat der Theologie, der machte in einem demokratischen Club den Vorschlag: »Herunter mit dem verfluchten Münster! Er sieht wie ein Aristokrat auf alle anderen Kirchen und Häuser herab. Brecht ihn ab!«, und sie brachen am nächsten Tage die Köpfe der Kaiser, Bischöfe, Heiligen herunter, – so weit sie mit Leitern reichen konnten – die man später wieder aufgestellt hat. Dieser arme Kerl, der nicht guillotinirt wurde, ist im Jahre 1810 im Irrenhaus zu Straßburg gestorben.

Diese Anwendung will ich nicht machen, sondern nur warnen, daß wir nicht tabula rasa machen bei einem Volk wie das deutsche Volk.

Ich bin gewiß ein Republicaner: darauf kann ich mich berufen, wenn ich an meine Jugend, mein Leben und meine Sitten zurückdenke. Ich bin gewiß ein Republicaner, und zwar aus dem innersten Herzen, *aber vor einer allgemeinen, ungeheuer großen Republik mit einem gewählten verantwortlichen Präsidenten an der Spitze, davor habe ich ein Grauen*, nicht, weil es an sich gefährlich wäre, sondern weil es eine große Uniformität, eine große Gleichheit machen würde, wobei unser Volk nur verlieren könnte. Ich bin nicht derjenige, der im Leben und in Büchern nicht erkannt hätte, wie die

Vielerleiheit, die Vielgestaltigkeit unseres deutschen Lebens, besonders die politische Vielgestaltigkeit uns vielfach geschadet hat; ich bin nicht derjenige, der sich nicht erfreut hat, daß wir auf kleinere Zahlen heruntergekommen sind, und nicht wünschen muß, daß noch einige kleine Zahlen verschwinden, nicht, um zu unterdrücken, sondern um ein tüchtiges Regiment in der Heerverfassung und Verfassung überhaupt möglich machen zu können: aber loben werde ich ewig die Vielseitigkeit, die Mannigfaltigkeit, die Vielerleiheit des glücklichen Volkes, das sich das deutsche nennt; denn wir können uns ansehen als ein Muttervolk des Welttheiles, als dasjenige, in dessen verschiedenen Strebungen und Entwickelungen Alles, was gut und tapfer ist, aber auch Alles, was wunderlich, idealisch, träumerisch ist, auf eine Weise ausgedrückt ist wie bei keinem anderen europäischen Volke, so daß wir selbst zu Zeiten des Unglückes, wenn wir keinen Frieden zu Hause hatten, daß wir in den Zeiten unseres Unglückes sagten: »Glücklich, daß wir in Germanien geboren sind, wo man empfinden und denken kann und träumen für die ganze Welt; denn wir sind ein idealisches Volk, und das ist unser Glück.« – Wenn ein gescheidter Fremder, ein Engländer oder Franzose, jahrelang unter den Deutschen gelebt hat und einigermaßen des deutschen Lebens sich bewußt worden ist, so gehen sie mit dem Geständnisse weg: »Bei euch habe ich frei leben gelernt,« hinspielend an das geistige Leben, welches das freieste ist, obwohl das politische das nach Außen hin edelste und nothwendigste ist.

Ich habe geredet gegen den Gedanken einer großen deutschen Republik, eines Dinges von vierzig, fünfzig, dann bald sechzig Millionen Seelen, und da hat mir die Gefahr vorgeschwebt, welchen furchtbaren Umschwung das Rad bekommen müßte, und wie viel weggeschnitten, wie viel mit Gewalt gleichsam weggerädert werden müßte, was in Deutschland an liebenswürdiger Mannigfaltigkeit da steht und besteht. Denn das sind Fratzen und Thorheiten, mit denen man das arme Volk am Demagogenzügel hin- und herführt und ihm einbildet, als

ob in einer Republik weicher und sanfter regiert werden
könnte als in einem constitutionellen Staate. Je größer die
Republik ist, desto strenger müssen die Gesetze sein: das wird
die Erfahrung der Geschichte predigen; mit bloßen Lauten ist
es nicht gethan. Wir haben unsere Freunde und Nachbarn zur
rechten Hand, gegen Westen hin. Wir sehen die Erfolge aus
der letzten Zeit, wie das Associationsrecht, der Ausdruck der
freien Meinung eben da steht; wir sehen die Gefahren der ungeheuern Bewegung des großen Volkes, und wenn wir auch
ruhiger und bedächtiger sind als unsere welsche Nachbarn, so
würden in einer gewissen Aehnlichkeit [bei] uns ähnliche Erscheinungen vorkommen.[6]

Man beruft sich auf die Republiken, die bestanden haben und
noch bestehen; man beruft sich, aber nicht mit Recht, auf England und Holland.[7]

Sie sind einmal Republiken gewesen, sie haben aber jetzt con-
stitutionelle Könige. Aber wenn man sagt, sie könnten Republiken sein, so sage ich: eher als wir! Sie machen einen Theil
der ruhigsten, bedächtigsten und, ich möchte sagen, am Meisten auf der Erde fest gegründeten Volksstämme aus; sie sind
Sachsen, Angeln und Friesen von unseren Westküsten, bedäch-
tig und ruhig, Alles, was mit den Händen erfaßt werden
kann, erfassend, in der Philosophie und Theologie immer auf
festem Erdboden stehend. Wie anders ist es mit den Schwaben,
Thüringern, Bayern usw., mit den immer an dem Idealischen
hin- und herschwebenden Menschen! Wenn Jene diese Zutha-
ten alle hätten, es würde anders ergangen sein und anders ergehen.

Von America rede ich gar nicht.

Also indem ich von der Vielseitigkeit, Vielerleiheit, Mannigfaltigkeit, Vielsinnigkeit, Vielfältigkeit Deutschlands rede
und sie preise, so ist es mir auch sehr natürlich, daß, wenn man
dem Adel das nimmt, wodurch er als eine Last auf dem Volke
gelegen hat und zum Theil noch liegt, wenn man ihm die Vorrechte nimmt, die er gehabt hat, man ihm seine Ahnen, Wappen und Bilder und Zeichen lassen soll, die künftig unter den

hundert und tausend kleinen Fähnchen und Wimpeln unter
der großen Reichsadlerfahne mitflattern können.
Das ist meine Meinung.

Quelle: Reden und Redner des ersten deutschen Parlaments. Hrsg. von
Georg Mollat. Osterwieck (Harz): Zickfeldt 1895. S. 108–112.

Anmerkungen

1. Mit seiner Schrift »Versuch einer Geschichte der Leibeigenschaft in
   Pommern und Rügen« (1803) erreichte Arndt die Aufhebung der Leibeigenschaft.
2. William Pitt, der ältere, Earl of Chatham (1708–78), britischer Staatsmann und Redner, unterstützte Friedrich den Großen während des
   Siebenjährigen Krieges mit Hilfsgeldern, war für die Zerstörung der
   französischen Kolonialmacht verantwortlich.
3. Arndt bezieht sich auf eine voraufgehende Rede von Moritz Mohl
   (Stenographischer Bericht, a. a. O., Bd. 2, S. 1294–97).
4. Barthold Georg Niebuhr (1776–1831), Historiker und Staatsmann, Begründer der historischen Quellenkritik, 1806 bis 1810 im preußischen
   Staatsdienst, 1816 bis 1823 preußischer Gesandter beim Vatikan.
5. Arndt bezieht sich auf seinen Vorredner Friedrich Kierulff (Stenographischer Bericht, a. a. O., Bd. 2, S. 1298).
6. Die französische Nationalversammlung bestätigte General Cavaignac
   nach Niederwerfung des Juniaufstands (23.–26. Juni 1848) diktatori-
   sche Vollmachten, starke Beschränkungen der Versammlungs-, Vereins-
   und Pressefreiheit.
7. Arndt spielt hier, wie auch Mollat vermutet, auf Arnold Ruge an, den
   Abgeordneten der Linken, der England wie Schweden und Norwegen
   als Republiken bezeichnete (Stenographischer Bericht, a. a. O., Bd. 1,
   S. 481).

HEINRICH FREIHERR VON GAGERN

1799–1880

Der am 20. August 1799 in Bayreuth geborene Politiker gehörte zwar während seiner Studienzeit in Heidelberg und Jena zu den Gründern der Burschenschaft, aber politisch trat er erst als Führer der Liberalen im Großherzogtum Hessen hervor, wo er seit 1829 Regierungsrat war. Wegen seiner unbequemen liberalen Forderungen, die er im Darmstädter Landtag erhoben hatte, mußte er 1833 um seine Entlassung einkommen. Nach längerer politischer Zurückhaltung übernahm von Gagern am 5. März 1848 bei Ausbruch der Revolution in Hessen-Darmstadt das Amt des Ministerpräsidenten. Am 19. Mai wurde er zum Ersten Präsidenten der Frankfurter Nationalversammlung gewählt, der er auch als parteiloser Vertreter des 3. großherzoglich hessischen Wahlbezirks angehörte, und übernahm am 18. Dezember den Vorsitz im Reichsministerium. Sein am 15. Januar 1849 akzeptiertes Programm (»Reden und Redner des ersten deutschen Parlaments«, a. a. O., S. 326 ff.) eines kleindeutschen Bundesstaates unter preußischer Führung scheiterte sowohl an der Ablehnung durch den preußischen König Friedrich Wilhelm IV. als auch an der zentralistischen und revolutionsfeindlichen Politik des österreichischen Ministerpräsidenten Fürst Schwarzenberg (der dem ›Gagernschen Programm‹ überdies den Plan eines mitteleuropäischen Siebzigmillionen-Reiches entgegenstellte). Im März 1849 nahm von Gagern als Präsident des Reichsministeriums seinen Abschied und trat am 20. Mai auch aus der Nationalversammlung aus. Als Gegner Bismarcks stellte er sich 1862 offen auf die Seite der österreichisch-großdeutschen Politik. Von 1864 bis 1872 hessischer Gesandter in Wien, war er bei seinem Tod in Darmstadt, am 22. Mai 1880, in der Öffentlichkeit schon so gut wie vergessen.
Spricht ihm Heinrich Laube in seiner Schilderung des ersten deutschen Parlaments (1849) als Redner und als Staatsmann

den ersten Preis zu, so schränkt ein Artikel in dem von den Liberalen Rotteck und Welcker herausgegebenen »Staatslexikon« (³1862) zumindest seine rednerischen Fähigkeiten dahingehend ein: »Seine Reden hatten öfters, namentlich im Anfange, etwas Schwerflüssiges; sobald er jedoch große politische Prinzipien entwickelte oder gegen gemeinschädliche Verirrungen des politischen Urteils oder gar sittliche Schlechtigkeit zu Felde zog, gab das Feuer einer edlen und mächtigen Leidenschaft, welches dann sein ganzes Wesen belebte, auch seiner Beredsamkeit einen höhern, freiern Schwung und verlieh seinen Worten einen unbeschreiblichen, unwiderstehlichen Eindruck.«

Die hier aufgenommene Rede hat Heinrich von Gagern am 19. September 1848 in der Nationalversammlung gehalten; sie bezieht sich auf den einen Tag vorher ausgebrochenen Volksaufstand, bei dem die Abgeordneten des rechten Flügels, Felix Fürst von Lichnowsky und General Hans von Auerswald, ermordet wurden. Da man diese turbulenten Vorgänge, welche die Autorität der deutschen Nationalversammlung nicht wenig erschütterten, mit Kreisen der extremen Linken in Verbindung brachte, wurde auch eine Untersuchung gegen die Abgeordneten Zitz, Schlöffel und Simon eingeleitet. In diesen Kontext gehört auch die in diesem Band abgedruckte Verteidigungsrede Ludwig Simons vom 16. Oktober 1848. Die Wiedergabe der Rede erfolgt nach dem »Stenographischen Bericht«, a. a. O., Bd. 3, S. 2185 f.

Der Septemberaufstand in Frankfurt

Meine Herren! Es ist unter dem Eindruck der traurigsten Ereignisse, daß ich die heutige Sitzung eröffne. Die Bewegung in unserm Vaterlande, hat neue Gestaltung, hat neue Opfer verlangt. Ich sagte: verlangt. Das ist ein unrichtiger Ausdruck: sie sind muthwillig und barbarisch hingeschlachtet worden.

Unter den Opfern, die wir zu beklagen haben, sind zwei hoch-geehrte, ausgezeichnete Mitglieder dieser Versammlung, und ich bin tief erschüttert, indem ich Ihnen anzeigen muß den Tod des Herrn v. *Auerswald*[1] und des Herrn Fürsten *Lich-nowski*[2]. Es war diesen ritterlichen Männern nicht beschieden, wozu sie gerne bereit gewesen wären, den Tod zu finden für das Vaterland in Vertheidigung seiner Ehre gegen äußere Feinde. Nicht im Kampf für die Erhaltung der gesetzlichen Ordnung im Innern, für Unterdrückung des Aufstandes sind sie gefallen: sie sind auf die niederträchtigste Art meuchlings ermordet, geschlachtet worden.

Meine Herren! Ich will nicht aufregen, aber das *Gefühl der Scham* für die Schmach, welche durch solche That über die Nation kommt, kann ich nicht unterdrücken.

Was ist die *Veranlassung dieses Aufstandes*, wo stehen wir, und was wird die Folge sein?

Die Veranlassung war ein *Beschluß dieser Versammlung*: sie hat mit Mehrheit ausgesprochen, daß die Nation den Streit, den sie mit Dänemark auszufechten hat, einstweilen ruhen lassen und den Frieden anbahnen wolle.[3]

Ich ehre alle redliche Ueberzeugungen, und so erkenne ich gern die redliche Ueberzeugung derer an, die geglaubt haben, es werde besser, dem empfindlichen Gefühl für Nationalehre entsprechender sein, wenn wir den Krieg fortsetzten und den Frieden nicht anstrebten. Aber die Mehrheit, mit dem wenig-stens gleichen Recht auf Anerkennung auch ihres Gefühls für Nationalehre, hat anders entschieden, und für diese Entschei-dung verlangt die Nation den Gehorsam Aller. Dieser Gehor-sam ist von einer Anzahl verblendeter oder irregeleiteter Menschen verweigert worden. Daß aber eine solche bösliche und auflösende Weigerung des Gehorsams nicht ungestraft hingehen kann, darüber wird in dieser Versammlung kein Zweifel obwalten.

Meine Herren! Was ist der *Charakter dieses Aufstandes* ge-wesen?

Er hat angestrebt gegen das, was wir Alle wollen, *gegen die*

Einheit unseres Vaterlandes. Die Einheit, worauf beruht sie, was ist ihre Bedingung? Vor Allem, sollte ich denken, die Ausgleichung der gegenseitigen Stammesvorurtheile, die Vermittlung der Volksgefühle und -anschauungen zwischen Nord und Süd, zwischen Ost und West. Wenn eine solche Vermittlung, wenn ein solches gleichartigeres Denken und Fühlen nicht möglich ist, dann ist auch die Einheit nicht möglich, und wer dazu beiträgt, statt solche Vorurtheile zu bekämpfen, sie zu nähren, in bösartiger, zersetzender Absicht geltend zu machen, als habe man hier ein feineres Ehrgefühl als dort, während im Gefühl der Nationalehre kein Volksstamm vor dem andern ein Voraus hat, der strebt nicht für die Einheit: er zerreißt das Vaterland, er macht die Eintracht unmöglich.

Aber, meine Herren, es war auch ein Verbrechen *gegen die Freiheit.* Die Freiheit wollen wir, wir wollen sie gewiß Alle aufrichtig, ehrlich. Auch jetzt, auch heute werden Alle eingedenk sein, daß die Einheit Deutschlands nur mit seiner Freiheit Hand in Hand gehen könne, und mag auch das Rachegefühl in manchem Busen in diesem Augenblick durch den schmählichsten Mißbrauch der Freiheit, wie er in dem gedämpften Aufruhr sich hat zu erkennen gegeben, gerechtfertigt sein, es wird unterdrückt, die Freiheit geachtet werden. Ich verlange dies von allen Ehrenmännern, und ich bin ihrer Zustimmung gewiß. Wir werden unsern Weg einhalten, der auch die Freiheit schützt. Wir werden keinem Gelüste Vorschub leisten, das etwa rückwärts führen könnte.

Aber es war auch ein *die Menschlichkeit entwürdigendes Verbrechen.* Ich sage es mit tiefer Erschütterung: wenn die Barbarei zunehmen sollte, welche solche That, wie sie gestern geschah, herbeizuführen vermag, dann würde man verzweifeln müssen an dem menschlichen Fortschritt, und diejenigen, welche die Pflicht fühlen, Vieles, Alles, was sie vermögen, beizutragen, um die Freiheit aufrechtzuerhalten und zu sichern, oh! diese mögen alle Stärke ihres Geistes und Herzens zusammennehmen, um freudig bei ihrem Vorsatz beharren zu können; sie mögen den unsittlichen und unmenschlichen Auswüchsen

entgegenwirken, Alles aufbieten, daß die Richtung niederge-
bändigt werde, die solcher Barbarei zugänglich ist.

Meine Herren! Ich habe Ihnen aber auch – und ich bitte Sie
um Geduld – einige *politische Betrachtungen* vorzutragen,
politische Betrachtungen, die zunächst unsere parlamentarischen Zustände betreffen.

Die neuesten Ereignisse sind hervorgegangen aus einem Zer-
würfniß dieser Versammlung, zu welchem kein tief liegender
Grund vorlag. Wenn man sich bemüht hätte, Verständigung
zu suchen, statt die Leidenschaften aufzuregen und walten zu
lassen, statt im Partei- und Coteriegeist sich abzuschließen,
wir würden die Ereignisse nicht erlebt haben, wie wir sie
haben erleben müssen. Ein Redner⁴ hat vor einigen Tagen
darauf aufmerksam gemacht, ein Reichsministerium in unserer jetzigen provisorischen Lage könne eigentlich keine Majorität haben. Das ist in gewisser Beziehung wahr, indem die
gewöhnlichen Mittel fehlen, eine Mehrheit zu gewinnen. Wie
unsere Verhältnisse stehen, fehlen einem Reichsministerium,
an der Spitze Deutschlands ohne speciell von ihm verwaltetes
Land, eine Menge der Fäden, wodurch Mehrheiten entstehen
und gebildet werden. Mehrheiten entstehen durch Anein-
anderschließen der Interessen. Diese Interessen concentriren
sich aber nicht in dem Maße bei der Centralgewalt und in dieser Versammlung als bei wirklichen Staatsverwaltungen.

Aus dieser Betrachtung folgere ich *zwei Dinge*:

Es ist leicht, mittelst dieser Versammlung, bei einer Velleität⁵
von Abneigung gegen einzelne Persönlichkeiten, bei der Unzufriedenheit und Kritik über einzelne Regierungshandlungen, ein Ministerium zu stürzen, aber schwer, daß eines sich
wiedergestalte, und daraus muß für diese Versammlung die
Warnung hervorgehen, daß es unerläßlich sei, ehe wir zu so
entscheidenden Beschlüssen schreiten, wie dies jüngst der Fall
war, unsern ganzen Zustand in Erwägung zu ziehen und genau zu untersuchen, worum es sich handelt.

Eine weitere Folge ist die: wir sind in der Lage, die uns die
Pflicht auferlegt, das provisorische Ministerium⁶ stützen zu

müssen, die Ereignisse und ihre Verwicklungen sind bedeutend, ein kräftiges und entschiedenes Eingreifen dringend, und die Verantwortung, die auf den Ministern ruht, groß. Es sind Maßregeln zur Wiederherstellung der öffentlichen Ruhe von dem Reichsministerium, getroffen worden,[7] und wir werden gewiß zu Allem die Hand bieten was zur Wiederherstellung der gesetzlichen Ordnung nothwendig ist, und zwar sowohl zur Erhaltung der Achtung vor dem Gesetze als auch zur Kräftigung der Vollziehung. Ich bin überzeugt, die Mehrheit dieser Versammlung, Alle werden daran mitwirken.

Wollen wir die Freiheit, so müssen wir sie mit Maß wollen und ihr Maß lehren; wollen wir die Einheit, so lassen Sie uns vor Allem hier einträchtiger zusammenwirken!

Quelle: Reden und Redner des ersten deutschen Parlaments, a. a. O., S. 184–187.

Anmerkungen

1. Hans von Auerswald (1772–1848), preußischer General, verfaßte u. a. einen deutschen Wehrverfassungsentwurf für die Nationalversammlung.
2. Felix Fürst von Lichnowsky (1814–48), kämpfte im spanischen Bürgerkrieg (1834–40) für Don Carlos, führte den rechten Flügel in der Nationalversammlung an.
3. Der äußere Anlaß für den Volksaufstand war der zuerst (5. September 1848) von der Nationalversammlung unter Führung Friedrich Christoph Dahlmanns verworfene, dann aber gebilligte (16. September) preußisch-dänische Waffenstlllstand, das heißt die Entscheidung, den Konflikt mit Dänemark auf friedlichem Wege beizulegen.
4. Gagern meint eine Rede (»Stenographischer Bericht«, a. a. O., Bd. 3, S. 1829) des Abgeordneten Georg Waitz (1813–86), Professor der Geschichte in Kiel, Angehöriger des rechten Zentrums, 1849 Professor in Göttingen, Direktor der Monumenta Germaniae Historica in Berlin.
5. Anwandlung.
6. Da weder Dahlmann noch Wilhelm von Hermann die Bildung eines neuen Kabinetts gelang, führte das Reichsministerium die Geschäfte provisorisch weiter.
7. Das Reichsministerium verhängte am 18. September 1848 über Frank-

furt den Belagerungszustand, der erst nach Veröffentlichung des von
der Nationalversammlung befürworteten Schutzgesetzes (Oktober
1848) aufgehoben wurde. Das Schutzgesetz bestand aus 9 Artikeln und
hieß »Gesetz zum Schutze der verfassunggebenden Reichsversamm-
lung und der Beamten der provisorischen Centralgewalt«.

LUDWIG SIMON

1810–1872

Ursprünglich Advokat, wurde der in Trier geborene Ludwig Simon als Vertreter des 2. rheinpreußischen Wahlbezirks Abgeordneter der Nationalversammlung; er gehörte zur äußersten Linken, war Mitglied des Rumpfparlaments, wurde in contumaciam zum Tode verurteilt und lebte bis zuletzt als Emigrant im Ausland. Er starb am 2. Februar 1872 in Montreux.

Während Heinrich Laube in seiner Schrift »Das erste deutsche Parlament« (1849) Simon als einen geistvollen und interessanten »Feuerwerker« eher kritisch darstellt, beschreibt ihn die »Allgemeine deutsche Biographie« (1892) als »einen der gewandtesten und besten Redner des Hauses« und charakterisiert folgendermaßen: »Seine mit voll tönender Stimme gesprochenen Reden, die sich durch juristischen Scharfsinn und streng logische Beweisführung kennzeichneten, hatten etwas Packendes.«

Die hier nach dem »Stenographischen Bericht« (a. a. O., Bd. 4, S. 2662–65) abgedruckte Verteidigungsrede hielt Simon am 16. Oktober 1848 in der Nationalversammlung. Man hatte ihm und seinen Kollegen Zitz (1803–77) und Schlöffel (1800–70) vorgeworfen, maßgeblich am Septemberaufstand in Frankfurt beteiligt gewesen zu sein, und ein Verfahren gegen sie angestrengt. Simon weist in seiner Rede nicht nur mit aller Schärfe die gegen ihn erhobenen Vorwürfe zurück, sondern analysiert auch kritisch die mißliche deutsche Situation, die er nicht zuletzt den reaktionären Kräften anlastet. Ebenso lakonisch wie deutlich nennt er gleich zu Anfang seiner Auseinandersetzung die eigentliche Ursache des Septemberaufstandes: »Der Aufstand ist die Folge der verleugneten Revolution.«

Verteidigungsrede

Meine Herren! Indem ich als Angeklagter vor Sie trete, nehme ich nicht bloß das Recht der *Vertheidigung*, nehme ich auch das Recht des *Angriffs* in Anspruch, so weit es zur Vertheidigung gehört. Seit mehr als drei Wochen bin ich in Wort und Schrift der Art verdächtigt und verunglimpft worden, daß es mir schwer werden wird, mein empörtes Gefühl zurückzuhalten. Ich habe aber in diesem Hause noch nie den Anstand verletzt, mir noch nie einen Ordnungsruf zugezogen, und es soll mir auch, so hoffe ich, heute gelingen, dies zu vermeiden.

Einmal habe ich unrichtige Thatsachen zurückzuweisen. Ich werde mich dabei immer bloß des Wortes »unwahr« bedienen, ohne zu untersuchen, ob die Unwahrheit aus der Quelle verzeihlichen Irrthums oder aus dem Sumpfe boshafter Lüge stamme.

Ich lege mir ferner das Recht bei, Ihnen die Ursachen des Aufstandes, der uns in die Schuhe geschoben wird, *darzulegen, wo* und *wie* ich sie finde.

Sie fragen nach den Gründen des Aufstandes?

Der Aufstand ist die Folge der verleugneten Revolution, welche sich hier in Frankfurt mit dem schmerzzerrissenen Antlitz der Emeute, welche sich in Wien[1] mit dem stolzen blutigen Haupte der Revolution erhoben hat, um zu zeigen, daß sie noch da sei!

Herr *Bassermann*[2] meint, wir ständen jetzt *in* der Freiheit, nicht mehr *vor* derselben.

Meine Herren! Wo ist die Freiheit?

Als wir hier zusammentraten, da wurde laut und feierlich der Grundsatz der Volkssouveränetät verkündet.[3]

Wie ist dieser Grundsatz zur Anwendung gekommen? Wir haben bei dem Beschlusse über den Antrag des Herrn *Raveaux*[4] anerkannt, Wien und Berlin müßten ihre constituirenden Versammlungen haben, damit ja kein Unfriede dort entstehe, damit die Entwickelung friedlich vor sich gehe. Aber wie ist dieser Grundsatz in Süddeutschland gehandhabt wor-

den? Mit allen Mitteln der Verschiebung und Verzögerung
hielt man da den Volksgeist zurück, weil das vorgeschrittene
Bewußtsein dieser Landestheile auf dem Wege der constituirenden Versammlungen leicht zur Beseitigung der Fürstensou-
veränetät hätte führen können.

Ist *das* die gerühmte Volkssouveränetät, die so Viele im
Munde, aber Wenige im Herzen tragen? Ist *das* die Wahrheit,
ist *das* die Ehrlichkeit der deutschen Entwickelung auf gleicher
Basis hier, auf gleicher Basis dort?

Bereits ist durch die Unverantwortlichkeit unserer Centralgewalt und deren Nichtverpflichtung zur Vollziehung unserer
Beschlüsse[5] die Einleitung zu einem Systeme getroffen, welches
nie die Entwickelung um *ihrer selbst willen* gewollt hat, sondern bloß in so weit es nöthig war, um *neue Herren* ans Ruder
zu bringen.

Eine große Verkennung beherrscht unsere ganzen Verhandlungen! Viele glauben, wir ständen da, wo Frankreich im Jahr
1789 oder 1830 stand. Nein, meine Herren, der dritte Stand
ist bei uns nicht erst auszubilden, ehe der vierte kommt: der
vierte sitzt gleich berechtigt in *unserer* Mitte, in *Wien* und
Berlin. Sie können ihn nur hinausweisen, d. h. reagiren. Wir
stehen nicht da, wo Frankreich 1789 und 1830 stand: wir
stehen da, wo es im Jahr 1793 und im Februar 1848 stand.

Meine Herren! Wenn wir nicht zu dem Spielball der Regierungen werden wollten, so mußten wir uns der ungetheilten
Sympathie und Kraft des *Volkes* versichern.

Was haben wir aber gethan? Wir hatten kein Wort des *Schutzes* für die *verfolgten* und *unterdrückten Vereine,* wir hatten
kein Wort der *Versöhnung* für die *unterlegenen, im Kerker
schmachtenden Opfer* einer bewegten Zeit, und als uns dadurch die Sympathien des Volkes mehr und mehr verloren
gingen, da haben wir uns durch *Beschränkung der Oeffent-
lichkeit* förmlich von ihm *abgesperrt.*

Kein Wunder, meine Herren, wenn wir also der Politik der
Regierungen mehr und mehr verfallen sind. Bereits vor Monaten hat die Partei des dynastischen Preußenthums in Berlin

in Wort und Schrift ausgesprochen, daß Jeder ein *Landesver-
räther* sei, der die deutsche Centralgewalt anerkenne: dagegen
hatten Sie kein Wort! Damals verharrten Sie in Ohnmacht,
und jetzt, wo das unzufriedene, das über unsere Ohnmacht
verzweifelnde Volk herantritt und Sie *Volksverräther* nennt,
da schreiten die Gerichte pflichtschuldigst ein. Wahrlich, *eine
große Heldenthat!*
Wir haben in dem Gesetz über die provisorische Centralgewalt beschlossen, daß die Centralgewalt das deutsche Ge-
sandtschaftswesen in die Hand nehmen solle[6], und die *alten*
Gesandten der Einzelstaaten sitzen noch auf ihren Plätzen, ja,
es treten *neue* ein, während die unsrigen vor den Thüren um
Anerkennung *betteln*!
Wir haben beschlossen[7], daß das sämmtliche Heerwesen der
Leitung unserer Centralgewalt anheimfallen solle, und am
6. August[8] ist die schwarz-roth-goldene Cocarde verleugnet
und beschimpft worden. Dagegen wurde am 18. September
das darüber empörte Volk aus schwarz-roth-goldenen Kano-
nen[9] zusammengeschmettert!
Das ist unsere gerühmte Einheit: gegen die *Regierungen* nirgends Kraft, überall Ohnmacht, gegen das hierüber unzufriedene *Volk* die höchste Gewalt und jegliche Kraftanstrengung!
Für die *Regierungen* stets Vermittelung und jeglicher Friede,
aber als einige Vermittler kamen und um *Frieden* baten für
das niedergetretene, über unsere Ohnmacht empörte *Volk*, da
war keine Zeit zu Vermittelung und Frieden! Fürwahr, *eine
große Heldenthat*!
Und während im Innern die Freiheit überall unterlag, was ist
aus den Märzforderungen der geknechteten *Völker* geworden?
Ueberall ist die Revolution zurückgesunken, überall schürzen
sich wieder die alten Knoten der Gewalt, durch welche Menschen und Völker zu garstigem Zwitterleben zusammengefes-
selt werden. Ein neuer Schnitt in die Brust des seit Jahrzehn-
ten gemarterten *weißen Adlers Ungarn*, durch den Verrath
der deutschen Camarilla den Greuelthaten des erbitterten Sla-

vismus preisgegeben und zum neuen todesmuthigen Kampfe gedrängt, *Sicilien* wieder befleckt durch die Hand eines volksmörderischen Königs, das *schöne Italien* wie eine Dirne preisgegeben den Herrschergelüsten verhaßter Gebieter, *Schleswig-Holstein* wieder entgegengehend der verzehrenden Umschlingung seines tödtlichen Feindes: überall, wo wir hinsehen, die Revolution zurückgesunken!

Im Vorparlament hieß es: Schleswig-Holstein *deutsch*, Polen *frei*! Heute heißt es: Schleswig-Holstein die Magd des Königs von Dänemark, Polen verloren!

Meine Herren! *Das sind die Früchte unserer Revolution in der inneren, das sind sie in der äußeren Politik!*

Haben wir deshalb 900 000 Mann geschaffen und auf die Beine gestellt, um dem äußeren Feinde zu weichen, um Berlin mit *Wrangel*schen[10] Armeebefehlen, um Wien vielleicht mit deutschen Reichstruppen und ganz Deutschland mit dem Belagerungszustande zu beglücken? Sind das die Gründe, die man geltend machte, als man die Vermehrung der stehenden Heere dringend verlangte? Ist diese Vermehrung eingetreten, um das *despotische Rußland* drohen, um das *aristokratische England*, den natürlichen Feind unserer Einheit, den Vermittler spielen zu lassen, um *Frankreich* zu ignoriren, um die *freie Schweiz* zu beleidigen und die Sympathien *Americas* zu verscherzen?

Oh! meine Herren, wo sind wir seit den glorreichen Tagen des März hingerathen?

Wir könnten ein *Staat* sein, wenn wir den richtigen Moment erfaßt, wenn wir zur Zeit unseres Zusammentritts, als alle Pulsschläge der Einheit begeistert zuflogen, dieselben warm aufgegriffen und dadurch das Herz Deutschlands in Frankfurt gebildet hätten. Jetzt sind wir als *Staat* verloren. Wir sind jetzt höchstens eine Universität, wo, nach meiner Meinung, eine sehr langweilige *Politik* gelesen wird; die ökonomische, die sociale Frage, welche die materielle Verbesserung der Lage des Volkes betrifft, hat uns noch gar nicht gerührt. Im Gegentheil, hier rollt man zur Beschönigung alles historischen

Unrechts und zur Abwendung jedes vernünftigen Eingriffs in verderbliches Recht tagtäglich das Schreckbild der rothen Republik auf, aber in einer Weise, die bloß die eigene Häßlichkeit und nicht die wahre Gestalt der Gegner offenbart.

Glauben Sie, meine Herren, daß unsere Committenten uns gewählt haben, bloß um die Ehre zu haben, vertreten zu sein? Bloß um uns der Ehre theilhaftig zu machen, neben Abgeordneten zu sitzen, welche [gerade so wie wir] das schlesische Naturrecht[11] nicht begreifen?

Oh! meine Herren, viele Urwähler, die mich ausersehen haben, die hoffend auf mich schauten, um Erlösung aus ihrer Noth zu finden, geben wenig auf die Ehre, hier vertreten zu sein. Ja, meine Herren, mein Republicanismus sitzt nicht bloß im Geist und Herzen, er reicht auch in die materiellen Interessen, bis in die tiefsten Bedürfnisse des Volkes hinab!

Längst hätten wir auch an diese Fragen herantreten und mit dem Naturrechte das historische Recht abschaffen müssen, das nichts taugt. Von alle dem Nichts!

Das sind die Thaten der aus demokratischen Urwahlen hervorgegangenen ersten deutschen Nationalversammlung!

Diejenigen, die da glaubten, daß unser Vaterland dem Ziele der Freiheit in stetem Fortschritte, unbefleckt durch die Verbrechen des alten Systems und darum auch ungestört durch blutige Acte verzweifelter Selbsthilfe, entgegengehen werde, sind bitter getäuscht worden. Wir haben die *Blüten* der Freiheit gesehen, aber der böse Geist der alten Zeit wandelte nächtlich durch die Fluren, vergiftete die Blüten, und das getäuschte Volk ringt sich die Hände blutig nach *verlorenen Früchten*!

Dies sind die wahren Gründe der Zuckungen im gesammten deutschen Vaterlande!

Erlauben Sie mir nun auch, mir, der ich diese Ueberzeugungen schon lange hege, vor Ihnen auszusprechen, *wie ich mich zu dem Aufstande vom 18. September verhalten habe.*

Ich bin grundsätzlich kein Freund der *Gewalt*, ich halte die Gewalt an und für sich nicht für sittlich, mag sie als stehendes

Heer organisirt sein, mag sie als Revolution ungeordnet auftreten. Die Gewalt bekommt ihren sittlichen Werth nur durch
den Inhalt desjenigen, wofür sie verwendet wird. Die bloße
Verwendung für den augenblicklichen Rechtszustand heiligt
noch keineswegs deren Anwendung. Für angebliches Recht
wurde gekämpft in Wien, Berlin und Neapel, für angebliches
Recht wird heute gekämpft, geraubt und geplündert in Buka-
rest. Die bestehende Gewalt an sich ist nichts Heiliges, sie bekommt ihren sittlichen Werth erst durch das, wofür sie verwendet wird. Die *Revolution* ist in gleicher Lage: auch sie erhält ihren sittlichen Werth durch das, wofür sie verwendet
wird. Selbst das umfassende Bild einer Nationalversammlung
ist keineswegs ein unbedingter Schild gegen jede Revolution,
besonders wenn in dieser Versammlung Männer sitzen, welche
ihre Stellen wie Königthümer betrachten, von denen man
nicht eher weggeht, bis man fortgejagt wird.

Ich habe bereits drei Tage vor Genehmigung des Waffenstill-
standes an die vereinigten Fractionen der Linken das An-
suchen gestellt, aus der Paulskirche auszuscheiden, so fern die
Genehmigung ertheilt würde. Was ich mir damals als Folge
dieses Schrittes gedacht habe, das mag mir vorbehalten bleiben, aber so viel können die damals Anwesenden bekunden,
daß ich nicht der Meinung gewesen bin, ein solcher ausgetrete-
ner Theil der Versammlung könne sich als Repräsentant von
ganz Deutschland betrachten, vielmehr habe ich deutlich ausgesprochen, daß ich in diesem Falle die Anordnung neuer Wahlen für nothwendig halte. Als aber dieser Antrag am Sonntag
Abend gegen bloß neunzehn Stimmen verworfen worden war,
bin ich es gewesen, welcher nunmehr auftrat und aussprach:
»Nachdem bloß neunzehn für den Austritt gestimmt haben
und eine solche geringe Anzahl auf die Sympathien des Volkes
nicht wohl rechnen kann, so fordere ich nun auch alle meine
Freunde auf, in der Paulskirche zu verharren!«

Dies werden mir Alle, die zugegen waren, bestätigen, und
nicht Alle gehören zu meinen politischen Freunden. So habe
ich mich lediglich der »Ansprache an das deutsche Volk« an-

geschlossen, wodurch die Wähler aufgefordert werden, diejenigen Abgeordneten zurückzuberufen, welche nicht mehr in
ihrem Sinne sprechen und stimmen. Mag Herr Vicepräsident
Riesser[12] diejenigen als Verräther am Volke bezeichnen, welche gegen die Mehrheit dieser Versammlung einen Theil des
Volkes aufzuregen suchen, mag auch das Abberufungs*recht* in
Ermangelung eines betreffenden Gesetzes bezweifelt werden,
so betrachte ich es doch als eine *Ehrenpflicht* jedes redlichen
Mannes, in dem Augenblicke seine Stelle zu verlassen, in welcher er die Ueberzeugung gewonnen, daß die Mehrzahl seiner
Wähler mit seiner Handlungsweise nicht mehr einverstanden
ist, und ich nenne denjenigen einen Verräther am Volke, welcher gegen besseres Wissen die Wünsche seiner Wähler hintan-
setzt und vereiteln hilft. Wir sind keine sechshundert Könige[13], greifen Sie nicht nach dem traurigen Anker einer neuen
Legitimität! Weichen Sie der Stimme des Volkes, das Sie geschickt hat, – ich würde wenigstens ein anderes Benehmen mit
meiner Ehre nicht für verträglich halten!

Wenn stets in diesem Sinne gehandelt wird, dann wird jeder
Abgeordnete vor dem abendlichen Klopfen an der Thüre
sicher, und Herr *Bassermann* seiner Todesangst vor angeb-
licher Mordlust enthoben sein!

Am Sonntag Abend also habe ich die fraglichen Erklärungen
gemacht, am Sonntag Abend, als die Volksversammlung[14]
schon verlaufen war, in welcher ich bereits zur Gewalt und
zur Mißhandlung aufgefordert haben soll.

In dieser Volksversammlung habe ich mich allerdings hart
über die bisherige Wirksamkeit der Mehrheit dieser Versammlung ausgesprochen, und wo mir ferner Gelegenheit gegeben sein sollte, ein Aehnliches zu thun, werde ich sie nicht
versäumen, ohne mich deshalb als Urheber aller derjenigen
Aufstände anzusehen, welche meine Grundsätze *vorschnell* in
das Reich der *Wirklichkeit* gewaltsam zu übersetzen trachten.
Ich habe aber auch gerade das Gegentheil gethan von dem,
was man mir zur Last legt: ich habe gerade darauf hingewiesen, daß Süddeutschland und dessen Abgeordnete wenig

Schuld trügen; ich habe darauf hingewiesen, daß es die Pflicht
der *norddeutschen* Wähler sei, sich über die Wirksamkeit ihrer
Abgeordneten auszusprechen. Ich werde dem Gerichte Zeugen
stellen, – denn ich wünsche die Untersuchung – welchen ich
auf dem Wege zur Pfingstweide gesagt habe, daß dieser Ge-
sichtspunct der hauptsächlichste sei, mittelst dessen man
gegenwärtig der vorhandenen Aufregung entgegenzutreten
vermöge, und welche bekunden werden, daß ich auch vornehmlich in diesem Sinne gesprochen habe.[15]
Die zweite gegen mich erhobene Anschuldigung, daß ich zu
Mißhandlung von Abgeordneten der Mehrheit aufgefordert
habe, ist *entehrend*, und diese Beschuldigung weise ich mit der
ganzen Entrüstung meines sittlichen Bewußtseins von mir ab.
Wer gegen die Todesstrafe gestimmt hat, dessen Gefühl wird
durch die Mißhandlung oder den Tod eines Mannes, welcher
wehrlos der überwiegenden Mehrheit seiner Gegner preisgegeben ist, jederzeit verletzt werden; ich kenne in dieser Hinsicht nur das Recht der *Vertheidigung*. Aber, meine Herren,
wenn die Soldaten des Grafen *Auersperg*[16] vor Wien vier in
ihre Hände gerathene Studenten sofort aufhängen, so ist dies
eben so wenig zu rechtfertigen, als wenn einige Mitglieder des
Reichstags von dem empörten Volke getödtet wurden. Solche
Ausbrüche finden Sie in bewegten Zeiten überall und auf
allen Seiten.
Aber ich gehe weiter und frage: Wer hat durch Verwerfung
der Amnestie[17] zuerst das Zeichen der *Unversöhnlichkeit*, wer
hat durch das Andringen auf diese Tribüne zuerst das Beispiel
der *Gewalt*, wer hat durch zahlreiche Briefe an *Blum, Brentano, Ruge*,[18] mich und Andere, in welchen mit Mißhandlung,
Mord und Todtschlag gedroht war, zuerst das Signal der *Bru-
talität* gegeben?
Angesichts solcher Thatsachen lassen sich die traurigen Vorfälle, wenn auch nicht billigen, dann doch begreifen, ohne das
Vorhergehen einer kalt berechneten Aufforderung, deren
Schuld ich abermals mit Empörung von mir abweise. Vielmehr
habe ich ausdrücklich die Mißhandlungen des Vorabendes

mißbilligt, und wenn es in einer Zeugenaussage heißt, ich
hätte bloß die vorabendliche Mißhandlung eines Mitglieds *der
Linken* oder von *meiner Partei* getadelt, so ist dies eine Unwahrheit; denn der Abgeordnete, von dem ich sprach, gehört
weder zur *Linken* noch zu *meiner Partei*. Richtig aber mag es
sein, daß ich, indem ich Herrn *Zell*[19] meinte, seiner letzten
Abstimmung Erwähnung that. Jede Insinuation dagegen, als
ob ich angedeutet, daß ich es wohl gern gesehen hätte, wenn
ein Mitglied von der Rechten mißhandelt worden wäre, weise
ich als Unwahrheit gebührend zurück.[20]

Wenn ich zum Schlusse die vorliegenden, sich vielfach wider-
sprechenden Aussagen abermals überblicke und mich der patriotischen Ungeduld der wohllöblichen »Oberpostamtszei-
tung« erinnere, wenn ich damit ein Rescript zusammenstelle,
welches mit dem Namen [des Reichsjustizministers R. v.
Mohl][21] unterschrieben ist und die Gerichtsbehörde, welche
doch nach den Versicherungen der Vorredner so viel Vertrauen verdient, zur Einleitung der Untersuchung anspornt,
wenn ich ferner erwäge, wie hierauf die Gerichtsbehörde nicht
nur die Genehmigung zur Untersuchung verlangt, sondern
ihre *vorsorgliche* Zärtlichkeit sofort auch bis auf meine Freiheit erstreckt hat, dann drängt sich mir die gegründete Ver-
muthung auf, daß es nicht die Göttin der Gerechtigkeit, daß
es vielmehr der böse Geist der politischen Reaction sei, der sich
an meine Ferse geheftet hat.

Sie haben die Aeußerung des Ministers v. *Schmerling*[22] gegen
den Abgeordneten *Schmidt* aus Schlesien vernommen: »Das
ist auch eine von den Canaillen, die wir hinausbringen müssen!« Hieraus mögen Sie entnehmen, daß es allerdings Männer gibt, welche sich unser gar zu gern entledigen möchten.

(Mehrere Stimmen: Beweise!)

Sie fragen nach Beweisen! An den Tischen der Stenographen
sind diese Worte gehört worden: ich habe mich wohl der
Wahrheit versichert! Es hat in der stenographischen Kanzlei
sogar ein Streit stattgefunden, ob sie in den stenographischen
Bericht gesetzt werden sollen.

Fahren Sie fort, Herr Minister! Bedienen Sie sich einer Mehrheit, unter welcher sich solche befinden, die bereits das Vertrauen ihrer Wähler verscherzt haben, um pflichtgetreue Abgeordnete auszuschließen, die noch das volle Vertrauen ihrer Wähler besitzen! Fahren Sie fort, Herr Minister! Ihre Thaten werden Ihnen nachfolgen!

Ich habe nun meine politische Ehre gewahrt. Beschließen Sie nun die Untersuchung! Sie können meine Freiheit, Sie können mehr, *Sie können Alles haben, nur meine politische Ehre nicht! Alles, was ich Ihnen biete, ist ja ein geringes Opfer gegen die großen blutigen Anstrengungen unseres hochherzigen Volkes!*

Quelle: Reden und Redner des ersten deutschen Parlaments, a. a. O., S. 198–207.

Anmerkungen

1. Am 6. und 7. Oktober 1848 erfolgte ein Volksaufstand in Wien, bei dem der Kriegsminister Latour ermordet und das Zeughaus geplündert wurde.
2. Der Abgeordnete Friedrich Bassermann (1811–55) gehörte zum rechten Zentrum. Simon spielt hier auf eine Äußerung Bassermanns in einer Rede (»Stenographischer Bericht«, a. a. O., Bd. 4, S. 2650–52) an.
3. Von Heinrich von Gagern am 19. Mai 1848.
4. Der Antrag von Raveaux zielte darauf, neben der Mitgliedschaft zur Frankfurter Nationalversammlung auch die Zugehörigkeit zu einer weiteren konstituierenden Versammlung zu erlauben. Vgl. Anm. 1 zu Blum und »Reden und Redner des ersten deutschen Parlaments«, a. a. O., S. 6–14.
5. Meint das »Gesetz über Einführung einer provisorischen Centralgewalt in Deutschland« (28. Juni bis 27. September 1848); die erste Nummer lautet: »Bis zur definitiven Begründung einer Regierungsgewalt für Deutschland soll eine provisorische Centralgewalt für alle gemeinsamen Angelegenheiten der deutschen Nation bestellt werden.«
6. Nr. 2 c des obigen Gesetzes: Die provisorische Centralgewalt hat »die völkerrechtliche und handelspolitische Vertretung Deutschlands auszuüben und zu diesem Ende Gesandte und Consuln zu ernennen«.
7. Nr. 2 b des obigen Gesetzes: Die provisorische Centralgewalt hat »die Oberleitung der gesammten bewaffneten Macht zu übernehmen und namentlich die Oberbefehlshaber derselben zu ernennen«.

8. An diesem Tag wurde dem Reichsverweser Erzherzog Johann von Österreich gehuldigt.

9. Preußische und österreichische Truppen unterdrückten am 18. September den Volksaufstand.

10. Friedrich Graf Wrangel (1784–1877), preußischer Generalfeldmarschall, der April 1848 die dänischen Truppen aus Schleswig vertrieben hatte.

11. Anspruch auf Abschaffung aller Feudallasten ohne Entschädigung.

12. Gabriel Riesser (1806–63), Abgeordneter der Nationalversammlung, gehörte zuerst zum linken Zentrum, später zum Zentrum. Simon bezieht sich hier auf eine Stelle aus der Rede Riessers vom 6. Oktober 1848, die folgendermaßen lautet: »... und wir betrachten die als Verräther am Volke, welche gegen die Majorität dieser Versammlung einen Theil des Volkes aufzuregen und aufzuhetzen suchen.«

13. Ursprünglich gehörten der Nationalversammlung 605 Abgeordnete an; wegen der Aufnahme Schleswigs und der preußischen Ostprovinzen in den Deutschen Bund erhöhte sich die Zahl (einschließlich der Ersatzmänner) später auf 819 Mitglieder.

14. auf der Pfingstweide.

15. Die Druckvorlage verzichtet auf die sich nun anschließende Kritik der Zeugenaussage.

16. Anton Karl Graf Auersperg (1771–1850), österreichischer General.

17. Die Verhandlung über die Amnestie politischer Verbrecher am 7. und 8. August 1848 gehörte zu den stürmischsten des Parlaments. Vgl. dazu »Reden und Redner des ersten deutschen Parlaments«, a. a. O., S. 77–84, S. 789 f.

18. Es handelt sich um die links stehenden Abgeordneten Robert Blum (1807–48), Lorenz Brentano (1813–91) und Arnold Ruge (1803–80).

19. Friedrich Josef Zell (1814–81), unterlag zunächst Ludwig Simon im Trierer Wahlkampf, kam aber über den 4. rheinischen Wahlbezirk doch noch als Abgeordneter in die Nationalversammlung. Saß mit Dahlmann, Beseler, Welcker, Waiz, Pfizer u. a. im Verfassungsausschuß, war Anhänger der konstitutionellen Monarchie, gehörte dem linken Zentrum an, stimmte u. a. gegen den Antrag Franckes (»Stenographischer Bericht«, a. a. O., Bd. 3, S. 2149–53).

20. Die Druckvorlage verzichtet hier auf die Kritik der Zeugenaussagen.

21. Robert von Mohl (1799–1875), Professor in Tübingen (1827) und Heidelberg (1847), einer der Führer des südwestdeutschen Liberalismus, gehörte 1848/49 der Nationalversammlung an und war 1848 Reichsjustizminister.

22. Anton Ritter von Schmerling (1805–93), war in der Nationalversammlung 1848/49 Führer der österreichischen Abordnung und der Großdeutschen, von Juli bis Dezember 1848 außerdem Reichsminister des Inneren und Reichsministerpräsident.

LUDWIG UHLAND

1787–1862

*Der bekannteste Vertreter der schwäbischen Spätromantik
war von 1819 bis 1839 liberaler Abgeordneter im württembergischen Landtag und stand bei den Verfassungskämpfen
auf seiten der Unterprivilegierten. Mehrere Jahre als Rechts-
anwalt tätig, wurde der Jurist und Philologe 1829 Professor
für deutsche Sprache und Literatur an der Universität Tübingen. Uhland legte 1833 die Professur aus politischen Gründen
nieder. Er gehörte sowohl der Frankfurter Nationalversammlung als auch dem Stuttgarter Rumpfparlament an.*
*Die Rede »Für ›zeitweilige‹ Wahl des Reichsoberhauptes«
hielt Ludwig Uhland am 22. Januar 1849 in einer Sitzung des
Frankfurter Parlaments. Nachdem sein Antrag, demzufolge
nicht nur Fürsten, sondern jeder Deutsche als Reichsoberhaupt
wählbar sein sollte, am 19. Januar mit 258 gegen 211 Stimmen abgelehnt worden war, unternahm er damit einen neuen
Vorstoß. Er erklärte sich für eine »periodische Wahl des
Reichsoberhaupts durch die Volksvertretung« und gegen den
immer noch üblichen »Erbgang« und setzte sich dann am
Schluß, dem lebhaftesten Teil der Rede, für die großdeutsche
Lösung, ein Deutschland mit Österreich, ein.*

Für »zeitweilige« Wahl des Reichsoberhauptes

Meine Herren! Ich erkläre mich für die periodische Wahl des
Reichsoberhauptes durch die Volksvertretung. In voriger Sitzung habe ich, ohne Aussicht auf Erfolg, für den weitesten
Kreis der Wählbarkeit gestimmt und folgerichtig auch gegen
den Paragraph des Entwurfes, vermöge dessen nur regierende
Fürsten zu dieser Würde berufen werden können. Nachdem
der Beschluß gefaßt worden ist, wie er lautet, bleibt mir übrig,

für Anträge zu stimmen, welche gegen die Erblichkeit und eben damit gegen die Bevorrechtigung eines einzelnen Staates und Stammes sowie gegen den Ausschluß Österreichs gerichtet sind, vor allem für das vierte Erachten, die Wahl auf sechs Jahre. Ich werde Sie mit keiner langen Rede hinhalten, mein Vorhaben ist einzig, jetzt, da wir vor dem Schlußsteine des Verfassungswerkes stehen, an den Grund desselben, an unsern eigenen Ursprung zu erinnern, dessen Gedächtnis mir nicht überall mehr lebendig zu sein scheint. Es ist in diesen Tagen wiederholt von Jugendträumen gesprochen worden, ich gestehe meinesteils, es verfolgt mich noch immer ein Traum, der Frühlingstraum des Jahres 1848. Die von einem Teile des Ausschusses angetragene Erblichkeit und damit zusammenhängende Unverantwortlichkeit ist eine Anwendung der Grundsätze des in den deutschen Einzelstaaten durchgeführten Systems der konstitutionellen Monarchie auf die neu zu gründende Würde des Reichsoberhauptes. Ich will die Verdienste dieser Staatsform nicht herabsetzen, ihre geschichtlichen Leistungen und ihre Nützlichkeit für die Gegenwart, aber ich kann auch eine Schattenseite derselben nicht unberührt lassen, die ich gerade da erblicke, wo die reine Lehre den Lichtpunkt derselben findet. Der unverantwortliche, erbliche Monarch ist ein personifizierter Begriff der einheitlichen und stätigen Staatsgewalt, ein allegorisches Wesen, eine Fiktion des Regierens, keine natürliche Wahrheit. Da er nicht vermöge seiner persönlichen Eigenschaften, sondern durch das Erbfolgerecht zur Gewalt berufen ist, so müssen für den rechten Gebrauch dieser Gewalt verantwortliche Räte einstehen. Unter dieser Bevormundung kann ein selbständiger Charakter schwer gedeihen, und wenn solche Charaktere sich fühlen, wenn sie aus der lästigen Stellung eines lebenden Gemäldes hervorbrechen wollen, so kommen sie mit dem konstitutionellen Rahmen in Widerstoß. Das System der konstitutionellen Monarchie hat sich in England geschichtlich herangebildet[1], hat von da aus weitere Pflanzungen gegründet und ist sodann von der Doktrin als das einzig richtige für alle Zeit festgestellt worden. Ursprünglich deutsch ist diese Staatsform nicht, die deutschen Wahlkönige, erblich, solange das Geschlecht tüchtig war, fallen nicht unter dieselbe. Es waren in langer Reihe Männer von Fleisch und Bein, kernhafte Gestalten mit leuchtenden Augen, thatkräftig im Guten und Schlimmen. Der Mißstand, den ich berührte, hat sich in der obschwebenden Verhandlung auf eine merkwürdige Weise hervorgestellt. Ein Redner hat angeführt, daß der König von Sachsen[2] durch sein verantwortliches Ministerium behindert sei, seine ursprüngliche und auch jetzt nicht zu bezweifelnde deutsche Gesinnung zu gunsten einer preußisch-deutschen Erbmonarchie wirksam zu machen. Also diejenige Form, wodurch ein Regent gehindert ist, seine hochherzigen Entschließungen auszuführen, eben diese Form wird uns jetzt als die für ganz Deutschland angemessene dringend empfohlen, von demselben Redner lebhaft angerühmt. Eine mächtige Volkserhebung muß sich aus ihrem eigenen Geiste die ihr angemessene Form schaffen. Wenn neulich behauptet worden ist, es sei ein Widerspruch, die Monarchie in den Zweigen zu erhalten und im Gipfel zu entbehren, so glaube ich, diesem Widerspruch einen andern entgegenhalten zu können. Ist denn unsre politische Neugestaltung von der monarchischen, dynastischen, aristokratischen Seite des bisherigen deutschen Staatslebens ausgegangen? Nein! unbestritten von der demokratischen. Die Wurzel ist also eine demokratische, der Gipfel aber schießt nicht von den Zweigen, sondern aus der Wurzel empor. Das wäre dem natürlichen Wachstum der neu erstehenden deutschen Eiche nicht gemäß, wenn wir ihrem Gipfel ein Brutnest erblicher Reichsadler aufpflanzen wollten. Wollte man der Systematik wegen verlangen, daß der einzelne Teil mit dem Ganzen durchaus übereinstimmen müsse, was ich nicht für nötig halte, so würde daraus nicht folgen, daß das Neue sich dem Alten fügen müsse, vielmehr umgekehrt. Ich bin aber auch der Meinung, daß die Staatsformen oft in der Wirklichkeit nicht so weit auseinander liegen als in der Theorie und im Feldgeschrei des Tages. So werden durch die Aufhebung der politischen

Standesvorrechte und durch Einführung freisinniger Wahlgesetze die Verfassungen der einzelnen deutschen Staaten den demokratischen Anforderungen der Neuzeit näher rücken. Ich spreche, wie gesagt, nicht gegen den Fortbestand der konstitutionell-monarchischen Verfassungen, aber davon bin ich nicht überzeugt, daß diese Staatsform mit ihren herkömmlichen Regeln für eine gänzlich neue, umfassende Schöpfung, für die Verfassung des deutschen Gesamtvaterlandes, triebfähig und maßgebend sein könne. Ich gestehe, einmal geträumt zu haben, daß der großartige Aufschwung der deutschen Nation auch bedeutende politische Charaktere hervorrufen werde, und daß hinfort nur die Hervorragendsten an der Spitze des deutschen Gesamtstaates stehen werden. Dies ist nur möglich durch Wahl, nicht durch Erbgang. Hier war freies Feld, hier war offene Bahn für wahre und kühne Gedanken, und ich glaube, daß das deutsche Volk für solche Gedanken empfänglich ist. Man wendet wohl ein: was vermag ein einzelner Mann ohne Hausmacht, ohne dynastischen Glanz? Aber, meine Herren, in jener Zeit, als wir noch im deutschen Volk einen volleren Rückhalt hatten, als die Staatsmänner noch nicht darauf verzichten mußten, Volksmänner zu sein, wenn wir damals einen Mann gewählt hätten, einen solchen, der in der ganzen Größe bürgerlicher Einfachheit durch den Adel freierer Gesinnung auch die rohe Gewalt zu bändigen, die verwilderte Leidenschaft in die rechte Strömung zu lenken verstanden hätte, gewiß, einem solchen wäre das gesamte deutsche Volk eine Hausmacht gewesen. Ein Hauch jenes ursprünglichen Geistes gab sich noch kund in dem Beschlusse der Volksvertretung, lediglich aus der vom Volke verliehenen Macht, einen Reichsverweser zu wählen. Ein Fürst wurde gewählt, nicht *weil,* sondern *obgleich* er ein Fürst war. Beigefügt aber war die Unverantwortlichkeit und somit bereits in die konstitutionelle Richtung eingelenkt. Besonders infolge dieser Verbindung habe ich nicht für einen Fürsten gestimmt; ich sah schon den doktrinären Erbkaiser auftauchen, dessen Widersacher ich war, als er noch bei den Siebzehnern[3] in den Win-

deln lag, und der mir auch nicht lieber geworden ist, nun er
ernstlich Versuche macht, auf den deutschen Thronsessel zu
klettern. Seit jener Wahl ist die Stimmung weiter zurückge-
gangen, und der neueste Beschluß beschränkt die Wahl auf die
regierenden Fürsten. Diese Beschränkung kann allerdings auch
so gefaßt werden, daß die regierenden Fürsten eben vermöge
ihres Regentenberufes, nicht in ihrer dynastischen Eigenschaft,
zum Oberhaupt würden gelangen können; denn andere Mitglieder der dynastischen Geschlechter sind ausgeschlossen. Das
Wahlrecht in sich ist noch vorhanden, aber allerdings der
Kreis der zu Wählenden um vieles verengt. Es ist auch die
periodische Wahl dasjenige, wodurch der äußerste Partikularismus noch beseitigt werden kann, der Partikularismus, durch
welchen *ein* Fürstenhaus und *ein* Einzelstaat als Volk Gottes
für immer über die andern gestellt wird, welche eben damit,
wie der Herr Berichterstatter sich glücklich ausgedrückt hat,
in das Verhältnis des Dienens treten würden. Die einmalige
Wahl, vermöge welcher das zum erstenmal gewählte Oberhaupt die Würde vererben würde, diese erste Wahl ist ein
letzter Wille, ein besonders feierlicher Verzicht auf das Wahlrecht. Ich hoffe, meine Herren, Sie werden diesen Verzicht
nicht aussprechen; er steht im Widerspruch mit dem Geiste,
durch den Sie hierher gerufen sind. Die Revolution und ein
Erbkaiser – das ist ein Jüngling mit grauen Haaren. Ich lege
noch meine Hand auf die alte offene Wunde, den Ausschluß
Österreichs. *Ausschluß*, das ist doch das aufrichtige Wort;
denn wenn ein deutsches Erbkaisertum ohne Österreich beschlossen wird, so ist nicht abzusehen, wie irgend einmal noch
Österreich zu Deutschland treten werde. Auch ich glaube an
die erste Zeit erinnern zu müssen. Als man Schleswig erobern
wollte, wer hätte da gedacht, daß man Österreich preisgeben
würde? Als die österreichischen Abgesandten mit den deutschen Fahnen und mit den Waffen des Freiheitskampfes in die
Versammlung des Fünfziger-Ausschusses einzogen[4] und mit
lautem Jubel begrüßt wurden, wem hätte da geträumt, daß
vor Jahresablauf die österreichischen Abgeordneten ohne

Sang und Klang aus den Thoren der Paulskirche abziehen
sollten? Die deutsche Einheit soll geschaffen werden; diese
Einheit ist aber nicht eine Ziffer; sonst könnte man fort und
fort den Reichsapfel abschälen, bis zuletzt Deutschland in
Lichtenstein[5] aufginge. Eine wahre Einigung muß alle deutschen Ländergebiete zusammenfassen. Das ist eine stümper-
hafte Einheit, die ein Dritteil der deutschen Länder außerhalb
der Einigung läßt. Daß es schwierig ist, Österreich mit dem
übrigen Deutschland zu vereinigen, wissen wir alle; aber es
scheint, manche nehmen es auch zu leicht, auf Österreich zu
verzichten. Manchmal, wenn in diesem Saale österreichische
Abgeordnete sprachen, und wenn sie gar nicht in meinem
Sinne redeten, war mir doch, als ob ich eine Stimme von den
Tiroler Bergen vernehme oder das Adriatische Meer rauschen
höre. Wie verengt sich unser Gesichtskreis, wenn Österreich
von uns ausgeschieden ist! Die westlichen Hochgebirge weichen zurück; die volle und breite Donau spiegelt nicht mehr
deutsche Ufer. Es genügt nicht, staatsmännische Pläne auszu-
sinnen und abzumessen, man muß sich in die Anschauung, in
das Land selbst versetzen, man muß sich vergegenwärtigen die
reiche Lebensfülle Deutsch-Österreichs. Welche Einbuße wir
an Macht, an Gebiet, an Volkszahl erleiden würden, das ist
hinreichend erörtert, ich füge nur *eines* bei: Deutschland
würde ärmer um all' die Kraft des Geistes und Gemütes, die
in einer deutschen Bevölkerung von acht Millionen lebendig
ist. Ich glaube, meine Herren, daß, wenn wir mit einem Bun-
desstaat ohne Österreich nach Hause kommen, unser Werk
nicht überall wird gelobt werden; ich glaube namentlich dieses
von dem südlichen Deutschland sagen zu können, wo zwischen
der dortigen Bevölkerung und der österreichischen eine nahe
Verwandtschaft der Naturanlagen und der geschichtlichen Erinnerungen obwaltet. Schonen Sie, meine Herren, das Volks-
gefühl! Ich werde gegen meinen Landsmann[6], der vor mir
gesprochen, keinen Bürgerkrieg führen, aber ich glaube doch
sagen zu können, daß auch meine Gesinnung in dieser Beziehung nicht in der Luft hängt. Wir wollen, meine Herren – ge-

statten Sie zum letztenmal! – einen Dombau; wenn unsere alten Meister ihre riesenhaften Münster aufführten, der Vollendung des kühnen Werkes ungewiß, so bauten sie den einen Turm, und für den andern legten sie den Sockel – der Turm Preußen ragt hoch auf, wahren wir die Stelle für den Turm Österreich! Der Turmspitzen haben wir freilich eine große Zahl – ich will mich anders fassen. Mitten in der Zerrissenheit dieser Versammlung war mir das ein erhebendes Gefühl, daß, so sehr wir uns oft gegeneinander aufbäumen, wir dennoch durch das nicht mehr zu brechende, im Volksbewußtsein gefestigte Gebot der deutschen Einheit wie mit eisernen Banden zusammengeschmiedet sind; trennen Sie Österreich ab, so ist das Band zerschlagen. Zum Schlusse, meine Herren, verwerfen Sie die Erblichkeit, schaffen Sie keinen herrschenden Einzelstaat, stoßen Sie Österreich nicht ab, retten Sie das Wahlrecht, dieses kostbare Volksrecht, dieses letzte fortwirkende Wahrzeichen des volksmäßigen Ursprungs der neuen Gewalt! Glauben Sie, meine Herren, es wird kein Haupt über Deutschland *leuchten*, das nicht mit einem vollen Tropfen demokratischen Öls gesalbt ist!

Quelle: Uhlands Werke. Hrsg. von Ludwig Fränkel. Leipzig u. Wien: Meyer 1893. Bd. 2. S. 331–337.

Anmerkungen

1. seit der dem König Johann ohne Land 1215 abgezwungenen »Magna charta libertatum«.
2. Friedrich August II., regierte von 1830 (1836) bis 1854, ein volksfreundlicher, wenn auch der Demokratie nicht eben geneigter Fürst.
3. Im März 1848 traten zu Frankfurt a. M. 17 Vertrauensmänner der deutschen Regierung zusammen, darunter Uhland als Abgesandter des neuen liberalen württembergischen Ministeriums. Der von der Mehrheit der Siebzehner dem Bundestag am 26. April vorgelegte Entwurf, im wesentlichen von Fr. Chr. Dahlmann herrührend, schlug ein erbliches Reichsoberhaupt, ein (Fürsten-)Ober- und ein (Volksvertreter-)Unterhaus vor.
4. Die österreichischen Demokraten sandten im Mai 1848 von ihrem Sitz

Wien aus eine Abordnung, um ein Einschreiten der Nationalversammlung gegen die Unnachgiebigkeit der österreichischen Regierung zu erbitten; der Fünfziger-Ausschuß stellte eine Art ›Senioren-Konvent‹ der einzelnen Klubs dar.

5. das (noch jetzt völlig souveräne) Fürstentum Liechtenstein, der kleinste Staat des »Deutschen Bundes«.

6. der Nationalökonom Gustav Rümelin (1815–89), Vertreter von Nürtingen, ein Führer der ›kleindeutschen‹ Erbkaiserpartei.